의료와 4차산업기술 융합을 위한

IT 분석 및 응용

Information Technology Analysis & Application

남상엽 · 최선정 · 홍재혁 · 임용순 공저

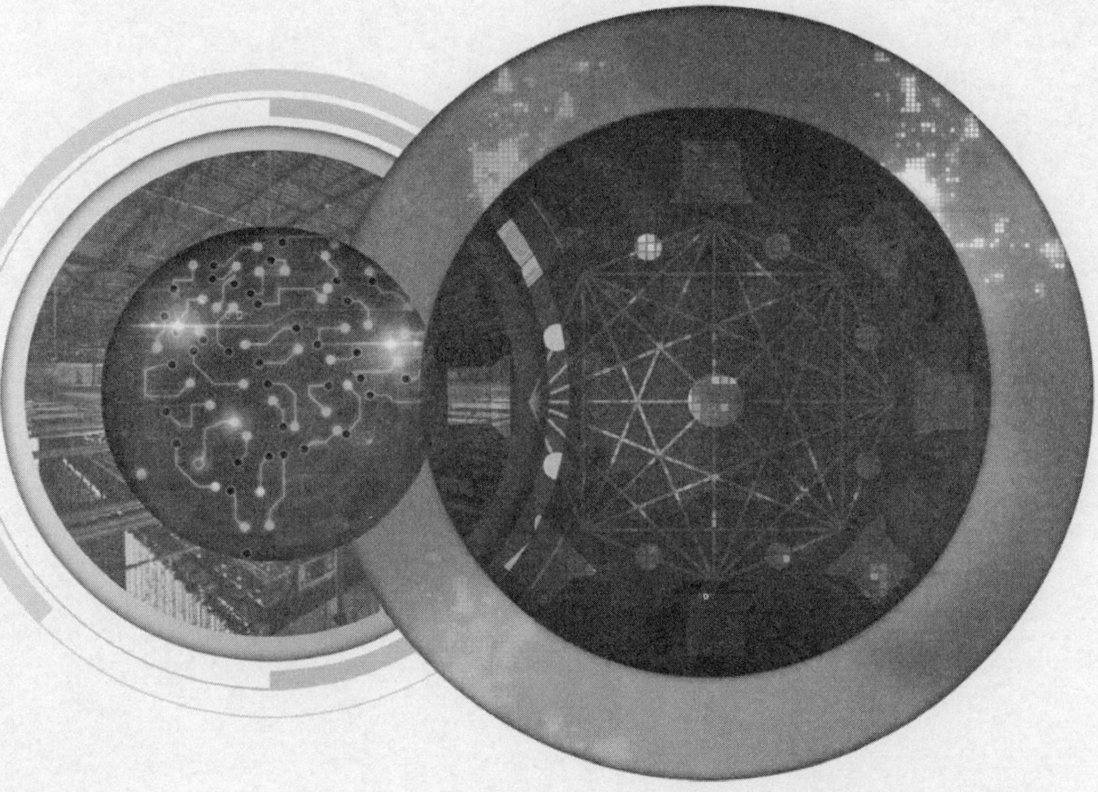

도서출판 상학당

欲爲大者 當爲人役

크고자 하거든 남을 섬기라

의료와 4차산업기술 융합을 위한

IT 분석 및 응용

(Information Technology Analysis & Application)

4차산업 기술은 혁신기술로 인해 경제 · 사회의 변화가 초래되는 것이 아니라, 이러한 혁신이 등장하고, 지속되고, 확산되도록 하는 플랫폼 경쟁이 그 이면에 작동하는 메커니즘이다. 4차산업 기술은 플랫폼 경쟁과정에서 씨앗이 뿌려졌고, 이는 지능형 IT 기술들의 대두라는 결실을 낳는다. 이어 지능형 IT 기술들은 초연결, 초지능 환경에서 플랫폼 경쟁을 전 산업으로 확산시키고, 플랫폼 주도 기업이 전통산업의 파괴와 혁신을 가져오게 된다. 지능형 IT 기술들의 혁신 메커니즘은 지식 · 아이디어에 대한 비(非)배제성 강화라는 플랫폼 경쟁에 따른 혁신 메커니즘의 진화를 따르며, 이는 지능형 IT 기술들의 발전 · 확산으로 이어져 상기의 선순환 관계를 더욱 강화시킨다. 그 결과는 기술혁신을 통하여 IT 기술의 지수적 발전과 창조적 파괴를 가져온다.

4차산업혁명(4IR : Fourth Industrial Revolution)의 15대 핵심기술 분야를 보면 ICT(Information Communication Technology : 정보통신기술)의 융합으로 이루어진 기술임을 알 수 있다. 15분야의 핵심기술은 ① 인공지능(AI : Artificial Intelligence)/빅데이터(Big Data), ② 5세대 이동통신(5G : Fifth Generation), ③ 정보보안(Information Security), ④ 지능형 센서(Intelligent Sensor), ⑤ 증강현실/가상현실(AR : Augmented Reality/VR : Virtual Reality), ⑥ 스마트 가전(Smart Home Appliance), ⑦ 로봇(Robot), ⑧ 미래형 자동차(Futuristic Car), ⑨ 스마트 공장(Smart Factory), ⑩ 바이오(Bio), ⑪ 웨어러블(Wearable), ⑫ 물류(Logistics), ⑬ 안전(Safety), ⑭ 에너지(Energy), ⑮ 스마트 홈(Smart Home) 등이다.

결국 4차산업 기술들인 인공지능, 생명공학 등 IT 기술들과의 융합기술은 현재 4차산업혁명의 대표적인 혁신기술들로 지목되는 것 외에도 미래에 큰 변화를 유발할 수 있는 기술에 대한 대비를 할 필요가 있다.

양자 컴퓨팅, 뉴로모픽 칩, 뇌-컴퓨터 인터페이스 등 뇌공학 관련기술, 합성생물학, 우주개발, 노화방지 및 생명연장 기술 등 미래의 GPT 후보군에 대한 역량을 축적해야 할 것이다.

'의료기기'란 사람 또는 동물에게 단독 또는 조합하여 사용되는 기구 · 기계 · 장치 · 재료 또는 이와 유사한 제품으로서 하드웨어 기반의 전통적인 의료기기와 소프트웨어 기반의 디지털 치료기기(Digital Therapeutics)로 구분할 수 있다.

최근 의료기기 시장은 전통적인 제조업체 또는 의료정보시스템이 지배해왔던 환경에서 스마트 헬스케어라는 새로운 시장을 통해 변혁의 시기를 맞고 있다. 현재의 시대는 소득증가 및 의료기술의 발전으로 삶의 질이 높아지고 건강에 대한 접근방식과 삶에 대한 사고 및 정의가 변화되면서 기존의 치료중심의 의료 패러다임이 예측(Predictive), 예방(Preventive),

개인맞춤(Personalized), 참여(Participatory) 중심으로 변화되고 있다.

특히 빠르게 진행되고 있는 고령화로 인해 의료비 지출이 급증하고 있고, 만성질환자를 위한 의료수요 또한 계속 늘어나고 있는 상황에서 스마트 헬스케어는 효과적 해결책이자 대안으로 주목받고 있다.

디지털 치료기기는 의학적 장애나 질병을 예방, 관리, 치료하기 위해 환자에게 근거 기반의 치료적 개입을 제공하는 소프트웨어 의료기기(SaMD : Software as a Medical Devices)이다. 디지털 치료기기의 사용은 치료적 개입이 필요한 '환자'를 대상으로 한다.

의료기기 시장은 질병치료중심에서 질병예방중심의 체질개선을 반영한 AI 등 디지털 헬스케어의 산업 확대가 이어질 것이라는 전망이 나왔다. 과거 의료기기가 하드웨어와 소모품으로 구성되었다면 지금은 웨어러블 · 빅데이터 · 건강기록 분석 등으로, 미래에는 로봇 · AI · AR 등으로 변화할 것이다.

의료기기 시장 판도가 과거기록 및 증거기반 치료에 활용된 의료용 제품에서 실시간 증거기반 치료인 웨어러블, 빅데이터 등 의료 플랫폼을 거쳐 예방 - 정밀의료로 이어지는 의료 솔루션영역으로 발전한다는 것이다. 최근 AI진단 기술로 코로나19 진단보조에 나서고 있는 국내 AI 진단기업 메디컬아이피가 미래 먹거리 산업의 선례이다.

의료 · 재활 · 돌봄 등 의료서비스 분야는 IT와 의료기술이 세계 정상급인 우리나라가 선점할 수 있는 몇 안되는 분야로, 저출산 · 고령화 대응을 위한 필수분야이다. 4차산업혁명시대의 통신, 의료기기 등 관련 산업의 시너지 및 일자리 창출효과와 장애인, 노인거동보조, 재활운동보조 등에 로봇공학 기술을 적용하여 고령화 사회 서비스 혁신, 새로운 비즈니스 모델을 창출하는 니즈에도 부합되는 분야이다.

의료서비스 로봇의 범위는 해외의 경우 시장의 크기, 수요를 고려하여 수술 · 재활 · 간호 · 안내 · 물류 등 핵심기술 중심의 분류체계를 적용하고 있으며, 국내의 경우 정확한 정의는 없으나 돌봄 · 간호 등의 서비스 행위중심의 포괄적 범위로 접근한다.

사회 고령화에 따른 뇌병변, 척수손상, 파킨슨, 루게릭병 등의 뇌신경질환의 유병률 증가로 재활환자 증가와 정보통신기술(ICT), 로봇기술(RT) 등 첨단기술 발전으로 환자 맞춤형 재활의료로봇과 신경조절 자극장치기술이 발전하고 있다.

최근 재활의료로봇 또는 재활장치와 신경조절 자극장치가 융복합되어 단일 또는 복합 형태로 재활치료시 뇌가소성 증가를 나타낸다는 임상연구 결과가 다수 나타나고 있으며, 재활의료분야에서 높은 성장성을 나타내고 있는 재활의료로봇 및 신경조절 자극장치의 관련 시장, 기술, 허가 및 가이드 라인, 특허, 임상 및 논문현황 분석을 통해 가까운 시일

내 임상, 허가 등 실용화 단계까지 예상되는 환자 맞춤형 재활의료기기 관련 안전기술을 전망하고자 하였다.

앞으로 추가적인 임상연구들이 수행됨에 따라 재활로봇과 더불어 뇌졸중, 파킨슨, 마비 환자 등에 재활치료시 뇌가소성 증대를 위한 목적으로 발전할 것으로 기대되며, 이와 함께 관련 장치들에 대한 규격, 안전성 및 성능평가 가이드라인 등의 개발이 필요할 것으로 전망된다.

스마트 헬스케어란 헬스케어와 인공지능(AI), 빅데이터, 사물인터넷, 클라우드, 나노 등의 기술들이 융합된 새로운 개념으로 기존의 헬스케어 영역에서 더 나아가 언제 어디서나 개인이 손쉽게 건강관리를 받을 수 있어 최근 각광받는 분야이다. 스마트 헬스케어는 의료와 기술이 융합된 형태로 의료데이터 기반의 지능화된 서비스를 의미하며, 환자 사용자의 개인별 건강상태를 시간과 장소의 제약없이 실시간으로 모니터링 및 관리하고 건강정보 및 질병상태 등을 분석하여 최적화된 맞춤형 진료를 제공하는 서비스 또는 시스템으로 정의한다.

질병의 예후 · 예측에 있어서 다양한 정보의 제공이 중요해지면서 차세대 융복합 체외진단시스템 관련 분야가 주목된다. 차세대 융복합 진단시스템에서는 환자 질병의 예후 · 예측을 위한 정보의 정확도 향상과 효율성 증대 및 다양화가 중요하며, 이를 위해 기존 체외진단기기와 유전공학기술, 정보통신공학기술의 융복합을 통한 다양한 체외진단기술들이 발전하고 있다.

디지털 치료제(DTx : Digital Therapeutics)는 개인의 유전정보, 임상정보, 생활습관 정보 등을 분석하여 질병의 진단, 치료, 예측, 예방 및 관리를 위해 환자에게 근거를 기반한 치료적 개입(Evidence-based Therapeutic Interventions)을 제공하는 소프트웨어 의료기기이고 SaMD(Software as a Medical Device)의 한 종류이다.

디지털 치료제는 AI, 앱, 게임, XR(VR/AR/MR/HR), 챗봇 등의 형태를 가진 고도의 소프트웨어 프로그램에 기반하며 질병이나 장애를 치료, 예방 및 관리하는 제품으로 의약품과 마찬가지로 엄격한 치료효과 검증과 규제기관의 인허가를 거친 후 출시된다.

보통 디지털 치료제는 과거의 치료제를 구분하여 분류하면 1세대 치료제인 합성화합물, 2세대 치료제인 생물제제(항체, 단백질, 세포)에 이은 제3세대 치료제로서 디지털 치료제로 분류되기도 하며 인공지능의 발전 및 디지털 기기의 일상화와 맞물려 그 성장 가능성이 높을 것으로 주목받고 있다.

인공지능(人工知能, AI : Artificial Intelligence)이란 인간처럼 학습하고 생각할 수 있는 컴퓨터 시스템이며, 사전적 의미로 '기계로부터 만들어지는 지능'으로 '컴퓨터 공학에서 이상적인 지능을 갖춘 존재, 혹은 시스템에 의해 만들어진 지능'을 의미한다. 즉 인공지능은 컴퓨터 기술을 이용하여 특별한 업무수행에 인간의 학습능력, 추론능력, 지각능력, 자연어의 이해능력, 인간을 대체, 인지능력의 제고, 자연스러운 인간의 의사소통 통합, 복잡한 콘텐츠의 이해, 결론을 도출하는 과정 등 모든 지능적인 행동들을 모방함으로써 문제를 해결할 수 있는 기술이다.

인공지능은 4차산업혁명의 핵심기술이다. 의료인공지능(AI in Medicine 또는 작은 범주로 Medical AI)이란 기계학습 방식으로 의료용 데이터를 학습하고 특정 패턴을 인식하여 질병을 진단 · 예측하거나 환자에게 적합한 맞춤 치료방법을 제공할 수 있도록 개발된 기술을 의미한다. 인공지능 기술을 의료기기에 활용함으로써 기존 의료기기보다 성능, 효율 및 질적 수준을 크게 향상시켜 판독의 정확성을 높이고, 질병예측 및 예방 등 새로운 가치창출을 할 수 있을 것으로 전망된다.

빅데이터(Big Data)는 종래의 사용되는 데이터 수집, 관리 및 처리 소프트웨어의 수용한계를 넘어가는 방대한 크기의 데이터를 의미한다. 즉 기존 데이터베이스 관리도구의 능력을 넘어서는 대량(수십 Tera Byte)의 정형, 비정형의 데이터를 포함한 데이터로부터 가치를 추출하고 결과를 분석하는 기술이다. 21세기 원유로 주목받고 있는 빅데이터는 디지털 경제의 기반이며, 빅데이터에 대한 생산 · 수집 · 분석 · 활용능력은 국가 미래 경쟁력의 중요한 요소이다.

의료와 빅데이터 융합분야는 생활습관 데이터, 임상정보, 건강보험정보, 약물반응성 데이터, 유전체 정보뿐만 아니라 데이터 마이닝 등 새로운 비즈니스 기회를 창출하고 있다. 이러한 빅데이터를 이용한 시스템은 나라를 과학기술 강대국으로 만드는 데 큰 역할을 차지하고 있지만, 우리나라는 보건의료 및 바이오 연구의 결과데이터에 대한 관리시스템이 아직 체계적으로 구축되지 않고 있다. 특히 보건의료 및 바이오분야에서 축적된 빅데이터는 국가 과학기술의 경쟁력을 향상시킬 수 있기 때문에 보건의료 및 바이오데이터가 효과적으로 활용될 수 있도록 체계적으로 수집 · 공유하는 작업이 반드시 필요하다.

사물인터넷(IoT : Internet of Things)은 사람, 사물, 공간, 데이터 등 모든 것이 인터넷으로 서로 연결되어 정보가 생성 · 수집 · 공유 · 활용되는 초연결 인터넷이다. 모바일 기반에서 IoT, 클라우드(Cloud), 빅데이터(Big Data)가 연계된 새로운 가치와 서비스를 창출한다.

AI가 없더라도 센서를 사용하여 환자의 혈압을 수집하고 기록할 수 있으며, 체온 및 의료장비와 같은 정보를 HIS(Hospital Information System) 시스템으로 전송함으로써 비교적 간단하게 적용할 수 있다. 하지만 빅데이터, 딥러닝, 지능로봇 등 신기술의 도움으로 의료용 사물인터넷은 더 이상 단순한 데이터 수집과 전송에 그치지 않고 원격의료 및 병원의 지능화를 개선시키고 있다.

IoT 분야의 사업화를 위한 인공지능의 도입이 자연스러운 흐름으로 인식되면서 AIoT가 새로운 산업으로 주목받고 있다. 기존의 연결형 IoT에 기계학습 알고리즘 기반의 데이터 분석을 통해 비지니즈 프로세스의 최적화로 생산성 향상을 추구하고 있기 때문이다.

다른 한편으로는 인공지능 확대에 따른 노동시장의 축소와 소득 양극화 등 부정적 요인으로 인해 또 다른 사회적 변혁을 이 사회에 요구하게 될 것이고, 이러한 문제를 극복하는 시도로 메타버스와 같은 또 다른 가상의 세계관을 통한 새로운 경제가 출현하고 활성화되는 것을 경험하게 될 것이다.

5G 시대의 차세대 의료서비스로 5G 기술과 원격의료/스마트 헬스케어가 꼽히고 있다. 차세대 의료서비스와 5G의 융합기술은 의료와 인공지능(AI), 빅데이터, 사물인터넷 기술이 결합하여 개인별 건강관리와 진료가 가능한 환경을 제공하는 것이다.

사람의 근육이나 안구는 물론 생체에서 발생하는 신호까지 유기적으로 '웨어러블' 기기에 연동 및 제어할 수 있고, 휴대가 가능하다는 장점 때문에 그 활용분야는 무궁무진할 것으로 기대를 모으고 있다.

실제로 이러한 차세대 서비스는 영국 랭커스터 대학에서 우울증, 불안 및 조울증으로 진단받은 사람들이 자신의 감정을 5G와 인공지능 시스템을 통하여 모니터링할 수 있도록 돕기 위한 방법으로 활용되고 있다.

전통적인 IT 기술은 콘텐츠, 플랫폼, 네트워크, 디바이스가 유기적으로 결합한 IT 생태계인 CPND로 요약된다. CPND의 C는 콘텐츠를 의미하며, 장치와 플랫폼이 발전할 수 있는 윤활유 역할을 한다.

4차산업혁명 관련 기술의 발달로 로봇과 인공지능은 전통적으로 인간의 몫이었던 콘텐츠의 기획과 방송출연을 대체하고 있으며, 진화하는 그래픽기술은 버추얼아이돌을 만들어 인간연기자를 대체하고 있다. IT 기술의 핵심 중 하나인 콘텐츠의 발전과 멀티채널 네트워크(MCN)는 4차산업혁명을 선도할 기술과 함께 이들 산업에 대단한 영향을 미치게 될 것이다.

디지털 트윈(Digital Twin) 기술은 실제 생산공장, 플랜트, 선박, 항공기, 오일과 가스 설비, 에너지 등 자산 중심의 산업분야에서 물리적인 물체 및 시스템을 운용상의 위험과 안정을 효과적으로 관리하면서도 고효율과 저비용의 혁신을 기대할 수 있는 가상의 디지털 세계에 고스란히 재현하는 방식의 복제하는 기술의 의미한다.

메타버스는 가상세계와 현실세계가 융합된 플랫폼으로 이용자들에게 새로운 경제 · 사회 · 문화적 경험을 제공한다. 반면 디지털 트윈은 가상세계에 실제와 동기화한 시뮬레이션을 거쳐 현실대상에 대한 의사결정에 활용하는 기술이다. 과거 일부 분야의 모의실험 형태였던 디지털 트윈은 AI · XR · 5G 등 기술의 발전과 더불어서 의사결정이 필요한 모든 산업에 확장되는 추세다.

블록체인(Blockchain, 区块链, qū kuài liàn)이란 다수의 거래내역을 묶어 블록을 구성하고, 해시를 이용하여 여러 블록들을 체인처럼 연결한 뒤, 다수의 사람들이 복사하여 분산 저장하는 알고리즘이다. 블록체인 기술을 이용하면 데이터의 위 · 변조가 불가능하여 권위 있는 중개기관이 없더라도 신뢰할 수 있는 안전한 거래와 데이터 처리를 할 수 있다.

블록체인은 향후 인공지능(AI)이나 사물인터넷(IoT) 등 4차산업혁명을 이끄는 핵심기술들과도 융합 · 복합될 가능성이 높다. 대용량 데이터의 수집과 운용이 중요해지는 4차산업혁명 시대에 블록체인은 데이터 보안은 물론 개별 데이터에 대한 개인의 통제권을 강화시킴으로써 빅데이터 시장의 확산을 이끌 것으로 예상된다. 블록체인의 산업적 활용 가능성에 대한 기대가 높아지면서 서로 다른 시스템 간의 상호연결성을 확보하는 작업이 점점 더 중요해지고 있다.

메타버스(Metaverse)는 가상 · 추상을 의미하는 초월(Meta)과 현실세계를 의미하는 세계 · 우주(Universe)의 합성어로, 현실세계와 같은 사회적 경제적 활동이 통용되는 3차원 가상공간 세계가 실감기술을 통해 매개, 결합되어 만들어지는 융합세계로 정의한다. 실감기술은 헤드 마운티드 디스플레이, 3D 매핑, 모델링, 시청각 사용자 인터페이스 등 실제와 유사한 경험을 가능하게 하는 기술이다. 미래에는 메타버스가 인터넷의 뒤를 잇는 가상현실 공간의 주류가 되면서 인터넷과 SNS를 잇는 차세대 서비스로 자라잡을 것이다.

코로나19 팬데믹으로 뮤지션들이 가상세계에서 공연을 진행하면서 최근 메타버스에 대한 논의가 더욱 활발해졌다. 메타버스는 게임, 문화콘텐츠, 국방, 의료, 교육, 제조업, 관광 분야와 결합하면 충분한 시너지 효과를 낼 수 있다. 이미 와버린 미래에 기대감과 공포감만 가질 것이 아니라 한국이 가장 잘할 수 있는 응용영역을 찾아내는 것이야말로 최고의 준비인 것이다.

따라서 실세계의 제약조건에서 자유로울 수 있는 다양성의 보장은 메타버스의 중요한 매력이자 성공요소일 수 있다. 이를 위해 메타버스 내에서의 물리규칙, 정치, 경제, 문화적 규범이 자체적으로 정의되고 진화할 수 있어야 한다.

머리말

이 《IT 분석 및 응용》은 전기, 전자, 컴퓨터, 정보통신, 디지털 트윈, IoT, AR/VR/MR, 인공지능, 콘텐츠, 핀테크 엔지니어링, 보안, 에너지, 전력전자 등 4차산업 관련 공학, 환경, 위생, 금융 및 경영분야의 입문자를 대상으로 IT 분석 및 응용에 대한 기본적인 지식이 없어도 단계별 필요지식 및 수행과정을 꾸준히 따라오면 IT 분석 및 응용에 관련 지식을 얻어 이해하는 단계로 발전하여 능력향상이라는 숲을 볼 수 있도록 눈높이를 맞추는 데 1차적인 목표를 두었다.

《IT 분석 및 응용》의 주요구성은 다음과 같다.

학습 1. 4차산업 기술 및 응용, 학습 2. 의료기기 기술 및 응용, 학습 3. 의료용 로봇 기술 및 응용, 학습 4. 스마트 헬스케어 기술 및 응용, 학습 5. 디지털 치료제 기술 및 응용, 학습 6. 인공지능 기술 및 응용, 학습 7. 빅데이터 기술 및 응용, 학습 8. 사물인터넷 기술 및 응용, 학습 9. 5G 네트워크 기술 및 응용, 학습 10. 디지털 콘텐츠 기술 및 응용, 학습 11. 디지털 트윈 기술 및 응용, 학습 12. 블록체인 기술 및 응용, 학습 13. 메타버스 기술 및 응용으로 구성되어 있다.

특히 각 장에서는 IT 분석 및 응용에 대한 교재의 수행질문에 따라 임의적으로 해법을 제시하여 창의적인 사고를 각장의 본문 및 수행과제로 수행할 수 있다.

《IT 분석 및 응용》이 출간되기까지 가장 많은 지원과 아낌없는 격려를 보내주신 도서출판 상학당의 남승우 사장님 및 IT 분석 및 응용 관련 자문 및 논문, 보고서 사이트 등 자료제공을 해주신 관련 교수님, 기업 및 단체에 대하여 지면을 빌려 깊은 감사의 말씀을 드리고, 특히 IT 분석 및 응용 관련 자료를 인터넷 블로그 및 관련 연구소 자료집에 올려주신 저자들 등 관련 관계자 여러분에게 감사의 마음을 전합니다. 이 《IT 분석 및 응용》에서 부족했던 점이나 기타 문의사항과 관련한 자료제공 및 지원은 도서출판 상학당을 통해 지속적으로 지원할 계획이며, IT 분석 및 응용에 필요한 자료 등, 기타 보충자료 또한 지속적으로 업데이트할 예정이므로 독자 여러분의 따뜻한 질책과 조언을 부탁드립니다.

저자 씀

차 례

차 례

1. 학습모듈의 목표

IT 기술의 분석 및 응용에 대한 시장 및 특허동향과 응용 관련 기술에 대한 기본적인 이해를 통하여 IT 기술의 분석 및 응용을 파악하여 그 목표와 응용 및 기술활용 범위를 정의하고, 이를 구축하기 위한 기술과 활용 방향을 계획할 수 있다. IT 기술의 분석 플랫폼 및 IT 기술들의 분석 및 활용을 구축하기 위하여 기능 설계에 따라 학습, 추론, 인지, 모델링, 플랫폼 관리기능을 구현할 수 있다.

2. 선행 학습

4차산업, 의료기기, 의료용 로봇, 인공지능, IT 범용기술(General Purpose Technology), 빅데이터, XR(eXtended Reality)기술, 디지털 트윈, 블록체인, 5G 네트워크, 모바일 엣지 컴퓨팅(MEC), IoT, 플랫폼, 세컨라이프, 3D 그래픽, 클라우드, 사이버스페이스(Cyber Space), 가상세계(Virtual World), 가상현실(Virtual Reality), 가상환경(Virtual Environment), CAVE(Cave Automatic Virtual Environment), GUI(Graphical User Interface), 디지털 휴먼(Digital Human), 증강현실(Augmented Reality), Natural Language Processing, Video Synthesis, Audio Synthesis, 3D Rendering, 정보기술 환경분석, IT 프로젝트 범위 관리, IT 프로젝트 일정 관리, IT 프로젝트 원가관리, 소프트웨어공학, 요구공학, 메타버스 등

3. 핵심 용어

4차산업기술, 의료기기, 의료용 로봇, 디지털 치료제, 보안, 전자지갑, ISMS-P, 메타버스, 인공지능, 빅데이터, XR(eXtended Reality)기술, 디지털 트윈, 블록체인, 5G 네트워크, IoT, 플랫폼, 인공지능 플랫폼, 세컨라이프, 3D 그래픽, 클라우드, NFT, IP, 사이버스페이스(Cyber Space), 메타버스, 가상세계(Virtual World), 가상현실(Virtual Reality), 가상환경(Virtual Environment), Intelligent Assistant, Companion, 요구사항, 요구사항 수집, 요구사항 정의, 요구사항 명세, 요구사항 검증, 요구사항 관리

4. 교육과정 학점 및 이수시간

학 습	교육과정 학점 및 이수시간	
	학점	이수시간
1. 4차산업 기술 및 응용	3	3
2. 의료기기 기술 및 응용	3	3
3. 의료용 로봇 기술 및 응용	3	3
4. 스마트 헬스케어 기술 및 응용	3	3
5. 디지털 치료제 기술 및 응용	3	3
6. 인공지능 기술 및 응용	3	3
7. 빅데이터 기술 및 응용	3	3
8. 사물인터넷 기술 및 응용	3	3
9. 5G 네트워크 기술 및 응용	3	3
10. 디지털 콘텐츠 기술 및 응용	3	3
11. 디지털 트윈 기술 및 응용	3	3
12. 블록체인 기술 및 응용	3	3
13. 메타버스 기술 및 응용	3	3

학습명	학습내용명
1. 4차산업 기술 및 응용	1-1 4차산업 기술의 개요 1-2 4차산업 기술의 응용 1-3 4차산업 기술의 미래
2. 의료기기 기술 및 응용	2-1 의료기기 기술의 개요 2-2 의료기기 기술의 응용 2-3 의료기기 기술의 미래
3. 의료용 로봇 기술 및 응용	3-1 의료용 로봇 기술의 개요 3-2 의료용 로봇 기술의 응용 3-3 의료용 로봇 기술의 미래
4. 스마트 헬스케어 기술 및 응용	4-1 스마트 헬스케어 기술의 개요 4-2 스마트 헬스케어 기술의 응용 4-3 스마트 헬스케어 기술의 미래
5. 디지털 치료제 기술 및 응용	5-1 디지털 치료제 기술의 개요 5-2 디지털 치료제 기술의 응용 5-3 디지털 치료제 기술의 미래
6. 인공지능 기술 및 응용	6-1 인공지능 기술의 개요 6-2 인공지능 기술의 응용 6-3 인공지능 기술의 미래
7. 빅데이터 기술 및 응용	7-1 빅데이터 기술의 개요 7-2 빅데이터 기술의 응용 7-3 빅데이터 기술의 미래

학습명	학습내용명
8. 사물인터넷 기술 및 응용	8-1 사물인터넷 기술의 개요 8-2 사물인터넷 기술의 응용 8-3 사물인터넷 기술의 미래
9. 5G 네트워크 기술 및 응용	9-1 5G 네트워크 기술의 개요 9-2 5G 네트워크 기술의 응용 9-3 5G 네트워크 기술의 미래
10. 디지털 콘텐츠 기술 및 응용	10-1 디지털 콘텐츠 기술의 개요 10-2 디지털 콘텐츠 기술의 응용 10-3 디지털 콘텐츠 기술의 미래
11. 디지털 트윈 기술 및 응용	11-1 디지털 트윈 기술의 개요 11-2 디지털 트윈 기술의 응용 11-3 디지털 트윈 기술의 미래
12. 블록체인 기술 및 응용	12-1 블록체인 기술의 개요 12-2 블록체인 기술의 응용 12-3 블록체인 기술의 미래
13. 메타버스 기술 및 응용	13-1 메타버스 기술의 개요 13-2 메타버스 기술의 응용 13-3 메타버스 기술의 미래

학습 1 4차산업 기술 및 응용

학습 2	의료기기 기술 및 응용
학습 3	의료용 로봇 기술 및 응용
학습 4	스마트 헬스케어 기술 및 응용
학습 5	디지털 치료제 기술 및 응용
학습 6	인공지능 기술 및 응용
학습 7	빅데이터 기술 및 응용
학습 8	사물인터넷 기술 및 응용
학습 9	5G 네트워크 기술 및 응용
학습 10	디지털 콘텐츠 기술 및 응용
학습 11	디지털 트윈 기술 및 응용
학습 12	블록체인 기술 및 응용
학습 13	메타버스 기술 및 응용

학습 목표

1. 4차산업 기술 및 응용을 이해할 수 있다.

1-1 4차산업 기술의 개요

1. 4차산업 기술의 정의와 시사점

4차산업혁명은 인간과 기계의 잠재력을 획기적으로 향상시키는 '사이버-물리 시스템(Cyber-Physical System)'으로 2016년 다보스 포럼에서 정의하였다.

지금까지의 산업혁명은 노동, 자본 등 전통적인 생산요소에 범용성을 갖춘 혁신 기술(GPT : General Purpose Technology)이 더해져 경제 · 사회의 변화를 초래한다는 프레임을 통해 이해되어 왔다. 예를 들면 증기기관, 철도, 전기, 자동차, PC와 인터넷 등이 대표적인 GPT의 기술로 특정 제품/서비스의 발전 차원을 넘어서 시공간 및 에너지 활용, 정보처리 등 기업과 개인 등 경제주체의 전반적인 활동에 영향을 미치는 기술들이다. 하지만 혁신적인 기술이 모두 성공하는 것은 아니며, 지능형 IT 기술 등 유망 기술들의 대두만으로 4차산업혁명을 이야기하는 것은 기술중심주의에 불과하다는 비판도 존재한다.

기계가 지능이 필요한 작업을 수행하고 기업, 정부 및 수요자간의 소통을 새로운 방식으로 향상시키는 등 '기술이 사회에 자리잡는 (Embedded) 방식이 새로워지는 시대이다. 4차 산업혁명의 기반은 지능형 IT 기술이라고 할 수 있다. 즉 지능형 IT 기술이 4차산업혁명 시대의 새로운 범용기술(GPT : General Purpose Technology)이다.

지능형 IT 기술은 범용성, 기술의 확장성 및 가격하락, 비용절감 등 GPT의 특징을 갖추고 있다. 인공지능, 빅데이터, 디지털 트윈, 블록체인, 메타버스, IoT, 5G, 로봇 등 지능형 IT 기술들은 클라우드상의 플랫폼화되고 누구나 접근이 용이하며 어느 산업에나 그 산업에 적합한 (Domain specific) 방식으로 개발, 적용이 가능하다.

또한 인간과의 동일 공간內 협업이 가능한 백스터(Baxter) 로봇은 2만 달러대의 가격에 불과하다. IoT, 클라우드, 모바일 등을 통해 축적되는 빅데이터에 인공지능이 결합되면 암묵적 지식의 영역까지도 (인간의 영역) 알고리즘의 단계적 명령으로 전환이 가능하다. 따라서 의료, 교육 등 다양한 인간이 수행하는 일에서 기계와 인간과의 협업이 가능하고 기존의 경제, 사회에도 변화를 초래한다.

초연결, 초지능 환경으로 인해 기술발전의 속도(Velocity), 범위(Scope), 구조에의 충격이 과거의 산업혁명에 비해 크다. 하지만 사이버-물리 시스템의 경제사회 내재화와 지속적 혁신이 지능형 IT 기술의 발전만으로 자동적으로 자리 잡는 것은 아니다. 기술혁신은 초연결-초지능 환경에서 경쟁의 심화 및 수확체증 세계의 작동을 통하여 비로소 4차산업혁명으로 이어진다.

2. 4차산업 기술의 경제 작동 메커니즘

4차산업 기술은 혁신기술로 인해 경제 · 사회의 변화가 초래되는 것이 아니라, 이러한 혁신이 등장 · 지속 · 확산되도록 하는 플랫폼 경쟁이 그 이면에 작동하는 메커니즘이다. [그림 1-1]처럼 4차산업 기술을 통한 작동 메커니즘이다.

① 4차산업 기술은 플랫폼 경쟁과정에서 씨앗이 뿌려졌고, 이는 지능형 IT 기술들의 대두라는 결실을 낳는다.
② 이어 지능형 IT 기술들은 초연결, 초지능 환경에서 플랫폼 경쟁을 전 산업으로 확산시키고, 플랫폼 주도 기업이 전통산업의 파괴와 혁신을 가져오게 된다.
③ 지능형 IT 기술들의 혁신 메커니즘은 지식 · 아이디어에 대한 非배제성 강화라는 플랫폼 경쟁에 따른 혁신 메커니즘의 진화를 따르며, 이는 지능형 IT 기술

들의 발전·확산으로 이어져 상기의 선순환 관계를 더욱 강화시킨다.

④ 그 결과로 기술혁신을 통하여 IT 기술 지수적 발전과 창조적 파괴를 가져온다.

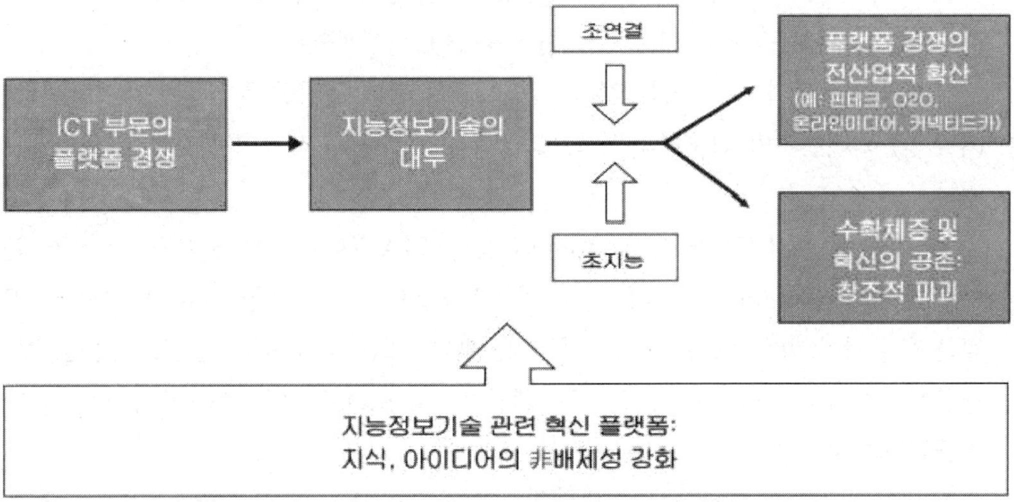

[그림 1-1] 4차산업 기술의 작동 메커니즘

3. 4차산업의 핵심기술

4차산업혁명(4IR : Fourth Industrial Revolution)의 15대 핵심기술 분야를 보면 ICT(Information Communication Technology : 정보통신기술)의 융합으로 이루어진 기술임을 알 수 있다. 15분야의 핵심기술은 ① 인공지능(AI : Artificial Intelligence)/빅데이터(Big Data) 분야, ② 5세대 이동통신(5G : Fifth Generation) 분야, ③ 정보보안(Information Security), ④ 지능형 센서(Intelligent Sensor), ⑤ 증강현실/가상현실(AR : Augmented Reality/VR : Virtual Reality), ⑥ 스마트 가전(Smart Home Appliance), ⑦ 로봇(Robot), ⑧ 미래형 자동차(Futuristic Car), ⑨ 스마트 공장(Smart Factory), ⑩ 바이오(Bio), ⑪ 웨어러블(Wearable), ⑫ 물류(Logistics), ⑬ 안전(Safety), ⑭ 에너지(Energy), ⑮ 스마트 홈(Smart Home)이다.

이처럼 1차산업혁명에서 4차산업혁명의 기술들은 끊임없이 계속 변화해 왔다.

4차산업혁명(4IR)의 특징은 초연결, 초지능, 초융합으로 설명할 수 있다. 융합의 의미는 새로운 등장, 새로운 발전과정, 미래전망 등으로 전개하는 것을 말한다.

융합은 일상적인 용어로는 섞는다는 의미로써 퓨전(Fusion)에 해당되고, 정책적인 용어일 때는 융합(融合)과 이질적 개체들(지식과 학문, 제품과 서비스, 산업, 사회 등 새로운 여러 가지 개념, 기법, 사물 등으로 치환, 연결, 창조물)을 연결하여 통합된 부가가치를 더 큰 새로운 개체로 만드는 창의적인 혁신 활동 사항들, 컨버젼스(Convergence)를 사용하는 여러 관점에서 신개념의 혁신을 의미한다. 즉 디지털 컨버젼스는 ICT와 전통산업인 기계, 전자, 섬유, 금융 등이 디지털 제품, 서비스, 산업 등의 등장으로 IT 융합, 산업융합이 탄생하였다.

컨버젼스는 과거에는 지식/학문 · 기술 · 산업 등에 등장한 현상, 즉 자연발생적인(우연한) 혁신이지만 언제부터는 목표 달성을 위한 의도적인 혁신으로 탄생하게 되었다.

예를 들면 메카트로닉스(Mechatronics, 기계공학+전기/전자공학+시스템공학), 서비스 과학(Service Science, 경영학+산업공학+심리학+수학+사회학 등) 같은 융합지식/학문 또는 바이오 컴퓨팅, 재생의학(Regenerative Medicine) 같은 융합기술(Converging Tech)은 자연발생적으로 또는 학자/기술자들이 의도적으로 만들어 낸 것이다.

21세기에 들어오면서 나노기술(NT : Nano Technology, 기계+전기+전자+화학+물리학+생물+IT 등 융합기술), 바이오 기술(BT : Bio Technology, 유전자(Gene : 생명체의 융합기술), 정보기술(IT : Information Technology), 그리고 인지과학(Cognitive Science, 뉴우런(Neuron : 신경계)의 창조적인 융합, 즉 언어학+신경과학+철학+인류학+인공지능+심리학 등의 융합) 등이 탄생하기 시작했다.

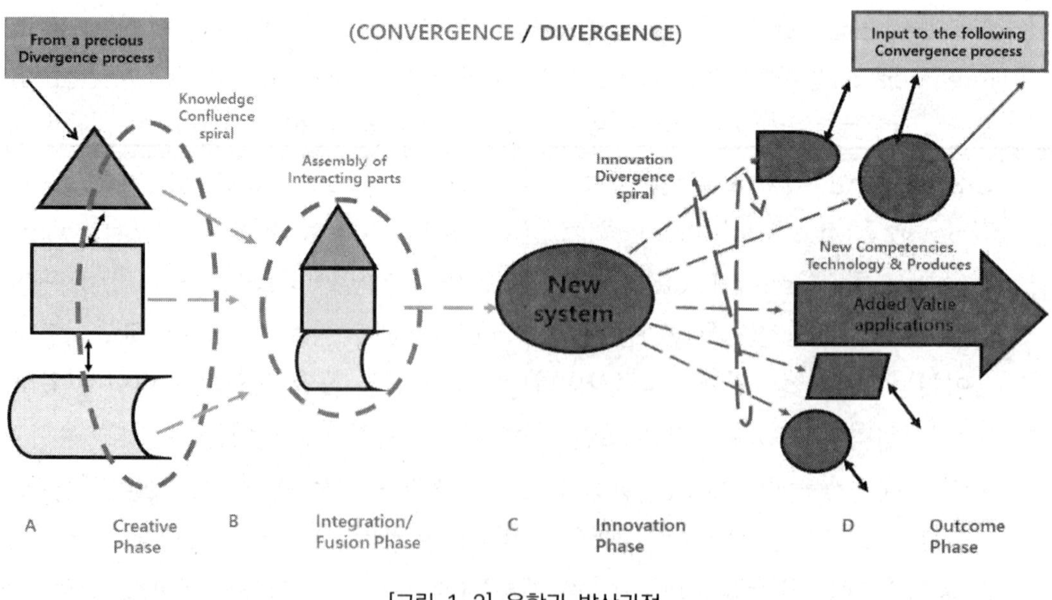

[그림 1-2] 융합과 발산과정

출처 : WTEC, Convergence of Knowledgem Technology and society, 2013.7.

이러한 컨버젼스는 융합제품/서비스(스마트 자동차/선박, 헬스케어 등), 융합산업(스마트시티, 스마트팜, 스마트그리드, 스마트팩토리, 스마트홈, 디지털 트윈 등) 등으로 발전하게 되었다.

〈표 1-1〉 4차산업혁명 15대 핵심기술 분야

전략분야	기술개발 테마
AI/ 빅 데이터 (8)	① 음성인식 SW ② 영상처리 시스템 ③ 인공지능 플랫폼 ④ 인지과학 SW ⑤ 빅데이터 기반 SW ⑥ Cloud Brokering ⑦ Cloud Service ⑧ 가상화/컨테이너
5G (7)	① 초고속 단거리 무선통신부품 ② 5G 무선전송 및 접속기술 ③ 5G 프론트홀 · 백홀기술 ④ 5G 코어 네트워크 기술 ⑤ Massive MCT 기술 ⑥ 무선접속을 위한 RRH 기술 ⑦ 고속 이동체를 위한 초고속 인터넷 제공 기술
정보 보호 (9)	① 생체인증 ② 클라우드 보안 ③ 사물 인터넷 보안 ④ 모바일 보안 ⑤ 스마트 산업제어시스템(ICS) 보안 ⑥ 지능형 자동차 보안 ⑦ 지능형 보안위협 대응 ⑧ 블록체인/블록체인 기반 보안 ⑨ 지능형 영상보안
지능형 센서 (9)	① 광학부품 및 기기 ② 반도체 검사장비 ③ 반도체 공정장비 ④ 반도체 패키징 소재 ⑤ 전력 반도체 소자 ⑥ 고주파 반도체 ⑦ SoC 부품 ⑧ 반도체 센서 ⑨ 반도체 화학 소재
AR/VR (7)	① AR/VR 응용 서비스 플랫폼 ② 실사 기반 AR/VR 영상 입력장치 ③ 과업 특화형 개인 AR/VR 디스플레이 도구 ④ AR/VR 서비스용 콘텐츠 ⑤ AR/VR 오감 인터랙션 시스템 ⑥ 공간형 AR/VR 디스플레이 솔루션 ⑦ AR/VR 콘텐츠 제작용 소프트웨어
미래형 자동차 (9)	① 운전자용 편의시스템 ② 자율주행 차량용 카메라 ③ 정보제공 시스템 ④ 자율주행 차량의 Lidar ⑤ 전기자동차 충전인프라 ⑥ 친환경 경량화 부품 ⑦ 전력변환 시스템 ⑧ 전기구동 시스템 ⑨ 에너지 저장/관리 시스템
스마트 공장 (8)	① 스마트 제조 애플리케이션 ② 센서 및 화상처리 기술 ③ 스마트 제조 CPS ④ 제조 빅데이터 분석 시스템 ⑤ 스마트 제조 AR/VR ⑥ 3D 프린팅 제조 시스템 ⑦ 산업용 고신뢰/저전력 네트워킹 ⑧ 스마트공장 플랫폼
바이오 (9)	① 유전체분석 및 정보 분석 ② 바이오칩 ③ 분자 진단 ④ 면역화학 진단 ⑤ 웰빙 전통식품 ⑥ 건강 기능성 식품 소재 ⑦ 기능성 화장품 ⑧ 아토피개선 화장품 ⑨ 부착형 화장품

전략분야	기술개발 테마
웨어러블 (8)	① 스마트 시계 · 밴드 ② 스마트 신발 ③ 스마트 의류 ④ 스마트 패치 ⑤ 생활약자 보조 착용기기 ⑥ 실감 · 체험형 웨어러블 디바이스 ⑦ 레저 · 스포츠용 웨어러블 디바이스 ⑧ 휴대용 생체인증기기 · 시스템
물류 (6)	① 물류 로봇 · 드론 관제 시스템 ② 소형지게차 기술 ③ 스마트 화물이동정보 모니터링 시스템 ④ 스마트 패키징 시스템 ⑤ 배송물류 라우팅 지원 시스템 ⑥ 스마트 물류창고
스마트 가전 (8)	① 피코 프로젝터 ② 스마트 미러 ③ 에어가전 ④ 스마트 콘센트 및 플러그 ⑤ 스마트 비서 ⑥ 융 · 복합형 정수기 ⑦ 스마트 키친 디바이스 ⑧ 고효율 난방기기
로봇 (8)	① 인간 친화형 협동 로봇 ② 착용형 근력증강 웨어러블 로봇 ③ 산업용 부상방지 및 작업지원 로봇 ④ 물류 로봇 ⑤ 스포츠 시뮬레이터 로봇
로봇 (8)	⑥ 노인과 장애인을 위한 근력보조 웨어러블 로봇 ⑦ 소셜 로봇 플랫폼 및 서비스 ⑧ 가전 로봇
안전 (6)	① 센서형 식품 안전관리 시스템 ② 안전사고 대응 지능형 모니터링 시스템 ③ 지능형 화재안전 대응 시스템 ④ 유해물질 유통 모니터링 시스템 ⑤ 미세먼지 측정 시스템 ⑥ 범죄 대응 시스템
에너지 (15)	① 대기오염 물질처리 소재 및 공정 ② 수처리 공정 전처리 설비 ③ 재활용 폐기물 분리 및 재사용 설비 ④ 연료전지용 M-BOP ⑤ xEMS 시스템 ⑥ 소규모 분산자원 중개 시스템 ⑦ 폐열에너지 활용 시스템 ⑧ 제조업 부생가스 재활용 ⑨ 레독스 플로우 배터리 ⑩ 초고용량 커패시터 ⑪ 이차전지 전해질 ⑫ 건물 일체형 신재생에너지 시스템 ⑬ 태양광 발전 시스템 ⑭ 태양광 공정장비 ⑮ 소형풍력 발전기
스마트 홈 (5)	① 생활밀착형 스마트디바이스 ② 스마트홈 서비스 플랫폼 ③ 스마트 통합형 홈네트워크 연동기술 ④ 홈/빌딩 지능형 공간 서비스 ⑤ 지능형 HEMS

컨버젼스의 미래는 지식, 기술 및 사회의 융합인 CKTS융합(Convergence of Knowledge, Technology, and Society), 즉 국가 및 인류차원의 사회문제를 해결을 위한 지식과 기술의 융합을 의미한다.

융합, 컨버젼스는 새로운 시스템이 만들어 질 때가지 이질적 요소들이 하나로 모이는 수렴(Convergence)과정과 새로운 시스템이 다양한 애플리케이션(Application)을 통해 확산되는 발산(Divergence)과정이 반복되는 진화과정으로 정의한다.

많은 사람들이 4차산업혁명의 핵심기술 분야에서 일을 하거나, 업무에 4IR 관련 기술을 활용하므로 4IR과 연관된 단어를 배우고 사용하는 것은 큰 도움이 될 것이다. 가장 흔하게 사용되는 4IR 기술관련 단어들을 알아 두어야 한다.

4IR 핵심기술은 어떻게 기술 간에 융합하고 응용하느냐에 따라서 새로운 분야와 새로운 기술이 탄생하곤 한다.

4IR는 AI, BigData, Blokchain, 드론, 3D 프린터, GPU, 시스템 반도체, NT와 소재기술, 센서, 슈퍼컴퓨터, 초고속 통신망, 분산처리 등 하나의 신기술이나 제품이 만들어 내는 변혁이 아니라 요소기술과 제품/서비스가 서로 연결되어 폭발적인 시너지를 만들고 선도기업들이 시장과 산업을 선점하는 협업 네트워크 컨버젼스의 대변혁이다.

1-2 4차산업 기술의 응용

1. 지능형 IT 기술은 플랫폼 경쟁 및 인터넷 발전에 응용

MS 및 아마존의 예에서 알 수 있듯이, 플랫폼 경쟁과정에서 연결로 인한 새로운 비즈니스 기회, 가치 창출의 기회가 확대되면서 지능형 IT 기술들의 발전이 이어지고 있다. 즉 사람, 사물들의 연결, 항시 접속 가능한 모바일 인터넷, 이를 뒷받침하는 클라우드 인프라의 확충 등이다.

그 과정에서 빅데이터라는 암호화된 지식 · 아이디어의 거대한 축적이 이어지고, 이의 활용을 위해 인공지능의 발전이 이어지고 있다.

빅데이터는 그 자체로서는 이용가치가 없고, 이를 분석 · 해석해 유용한 지식 · 아이디어의 창출로 이어져야 하는데, 이를 가능하게 하는 것이 인공지능이다.

인공지능은 빅데이터 분석, 해석의 자동화 수단이므로 빅데이터 축적에 따라 주목받고, 투자가 집중될 수밖에 없다.

2. 지능형 IT 기술인 인공지능 분야로 전체 산업에 응용

인공지능(AI)은 초연결과 결합한 초지능으로 우리의 대리인(Agent)으로 기능하고 지식 · 아이디어를 직접 창출 · 확산시키고 전 산업을 변화시킨다.

인공지능은 (학습을 통한 빅데이터 분석 등으로) 인간의 인지, 예측, 분석을 보조하고 장기적으로는 스스로 지식 · 아이디어 창출 활동을 함으로써 우리의 대리인 역할을 수행한다. 이미 인공지능은 지식 창출에서 인간의 보조기능을 광범위하게 수행하고 있으며, 특히 장기적으로는 과학지식의 창출에서 그 영향이 크게 나타날 전망이다.

쇼핑 · 일정관리 등을 돕는 AI 비서, 번역, 금융투자전략 제시, 미디어 콘텐츠 추천 등 인간 보조 서비스가 이미 등장하고 있으며 AI를 이용하여 데이터, 문서, 음성 및 동영상 콘텐츠를 자동생성 · 확산시키는 것이 가능하다.

인공지능은 초기 발전단계에서는 주변 환경의 인지, 데이터에서 식별, 분류 등 일차적인 기능을 특정 산업/비즈니스에서 특정 문제의 해결에 한정한다. 예를 들면 의료 자료분야에서 일부 질병의 진단, 구글의 랭크브레인과 같이 검색기능 보완 등에 사용된다.

다음 단계에서는 기업차원에 Customize된 AI의 광범위한 이용, 관련 커뮤니티의 확대로 서비스산업의 경우 개인화된 맞춤형 서비스가 본격 제공되고, 제조업도 개별 기업차원이 아니라 전체 Supply Chain을 망라한 클러스터에 AI가 적용되어 (생산 공정 및 사후 서비스 포함) 문제해결 영역이 인간 대체/보완 수준을 넘어서 인간이 할 수 없는 일에 도전 시작한다.

예를 들어 여러 약품 동시 복용에 따르는 부작용 이해는 인간의 직관을 넘어서는 능력을 요구, 심장 부정맥 유발 가능한 약품 조합에 대한 기계학습 알고리즘은 거대한 의료 기록을 반으로 약 1000개의 가설을 검증, 가장 가능성 높은 두 약품의 조합을 도출할 수 있다.

신경망 인공지능을 설계하기 위해서는 전문적인 지식과 기술 그리고 시간이 요구되며, 현재로서는 그러한 역량의 엔지니어, 연구원은 제한적이다. 그래서 구글은 기계학습 모델의 디자인 단순화를 목적으로 'AutoML'이라는 프로젝트를 통해 복잡하고 힘든 모델의 학습을 인공지능에 맡기고 자동화함으로써 고급 기술을 가진 엔지니어 없이 머신러닝을 활용한 개발을 할 수 있도록 도움을 주고 있다.

장기적으로 인공지능은 분야별(Domain별)로 일반화된 인공지능으로 발전하고 (Domain Specific AGI : Artificial General Intelligence) 해당 분야의 연구, 지식의 창출에 직접 기여한다.

예를 들면 의료분야 자연어처리 기술의 발달로 의료진과 기계간 소통, 환자 자문 등 직무별로 구분되던 기술들을 모든 의료기관이 동일한 기술, 플랫폼에서 처리가 가능하다.

암 정복처럼 기존에 인간의 힘으로 풀지 못하던 난제의 해결에 인공지능이 큰 역할을 수행한다.

즉 맞춤의료, 정밀의료 시대 특정 질환, 예를 들어 암 치료와 같은 의학의 신기원은 개별 세포에서 인체 각 세포에 대한 모델, 이들 간의 상호작용을 포괄하는 의학적 모델을 필요로 하는데, 여기에 클라우드에서 작동하는 인공지능의 역할이 필수적이다. 거대한 양의 지식과 데이터를 기반으로 파편화된 전문분야를 통합하고 모두 이해 · 분석하는 것이 인공지능 없이는 불가능하기 때문이다.

지식의 발전은 이제 컴퓨터 없이는 점점 불가능해지고 있는데, 이는 수학공식의 증명, 우주 이론, 인간 질병 이해에 필요한 유전형(Genetics)과 형질형(Phenotype) 간의 관계 파악 등 많은 분야에서 인간 직관을 넘어선 이해를 요구하기 때문에 인공지능은 지식 · 아이디어 창출의 인간 대리인의 역할을 한다.

하버드 케네디 스쿨의 최근 연구에서는 특히 다음과 같은 세 가지 측면에서 인공지능의 지식창출 능력을 강조하고 있다.

① 과학실험의 자동화 : 생명공학 등 일부 분야에서 가설검정 및 실험을 AI가 담당
② 수많은 과학연구 성과를 통합하여 새로운 발견 · 지식을 도출
③ 기계공학적 디자인의 자동 생성(자동차 엔진 등)

인간과 인공지능 사이의 관계는 주인-대리인 문제(Principal-agent Problem)에서 로봇이 스스로 의사결정하는 관계이다.

현 단계에서 지능과 인공지능 간의 차이는 사회적인 의사소통 능력에 있다. 인공지능(로봇)간 사회적 작용을 통해 스스로 의사결정을 하는 단계에 이르면 인공지능은 인간의 대리인이라 할 수 있다.

주인 - 대리인 관계에서 주인인 인간은 인공지능에 특정 목적 달성을 위한 목표값(효용값)을 제시하고, 인공지능은 환경변화에 적응하고 목표달성을 위해 '학습'한 뒤 스스로 의사결정을 한다.

이미 우주개발 로봇(화성탐사 로봇 로보)은 스스로 환경을 학습하고 효용값을 계산해 활동한다. 인공지능을 장착한 기계는 인간이 설정한 목표값에 대응하는 자의식이 없는 고등지능에 불과하므로 인공지능은 인간을 주인으로 하는 대리인의 관계를 지킬 것이다.

인공지능의 성능이 (특정 문제 해결에서) 인간의 지능을 능가한다는 것은 인공지능의 필요조건이다. 이러한 능력을 바탕으로 (연결된) 지능이 인간을 대리하여 지식을 창출, 공유한다.

인공지능의 발전 과정에서 연결된 인공지능, 즉 초지능은 연결된 기업 · 조직 · 사람 · 사물과 결합되어 새로운 제품 · 서비스, 가치의 창출로 이어지고 인공지능 플랫폼을 주도하는 기업이 4차산업혁명을 주도하는 기업이 될 것이다.

인공지능 플랫폼 기업은 사실상 금융, 상거래, 미디어, 로봇 등 전 산업에 진출해 자신의 플랫폼을 확대시킬 수 있다.

1-3 4차산업 기술의 미래

1. 산업지형의 변화

4차산업 기술의 확장으로 인하여 [그림 1-3]처럼 초연결, 초지능 환경에서는 수확체증의 메커니즘이 전 산업으로 확산되고 전통산업에 파괴적 혁신이 이루어 질 것이다.

초연결은 전산업에 걸쳐 이루어지고 있으며, 초지능은 전 산업에 활용될 수 있는 범용기술이므로 네트워크 효과 등 수확체증 현상이 더욱 강화될 것이다.

수확체증 메커니즘 확산의 대표적인 예로써 금융산업과 핀테크, 미디어 산업과 OTT, 전통적인 유통산업과 O2O, 로봇과 제조업 등 대부분의 산업에서 기업의 비즈니스는 ICT 분야의 인터넷 비즈니스, 경쟁 환경과 본질적으로 동일해 질 것이다.

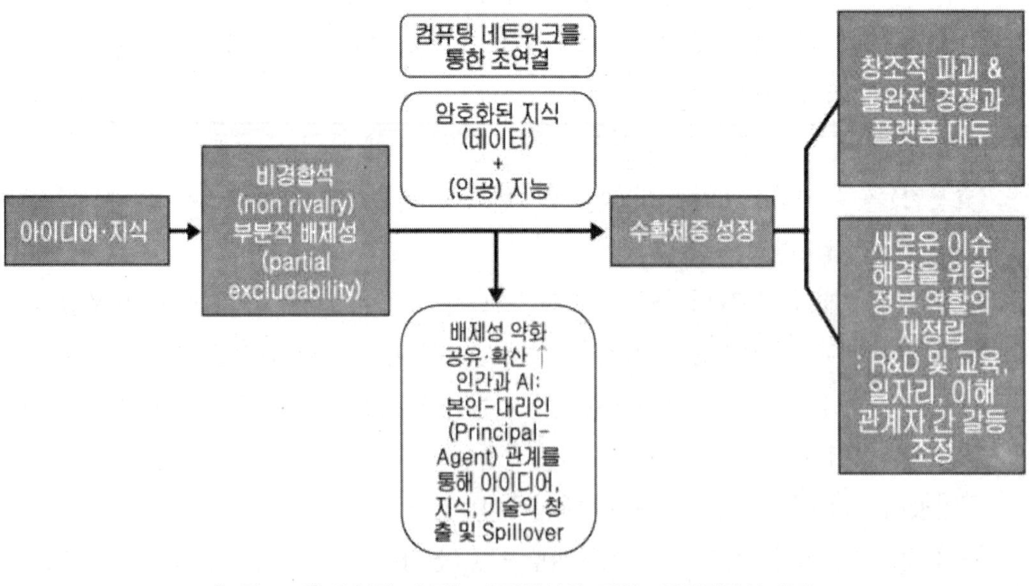

[그림 1-3] 초연결, 초지능 환경에서의 지식 · 아이디어의 세계

1) 금융분야의 변화

금융분야의 초연결 환경에서 금융서비스는 지능형 IT 기술과 결합하여 네트워크 서비스화가 진행(초연결 및 초지능)될 것이다. 그 과정에서 다양하고 새로운 서비스가 계속적으로 등장하고, 플랫폼이 형성 · 강화되면서 수확체증의 메커니즘에 지배될 것이다.

일종의 사채 네트워크인 랜딩클럽은 전통적인 금융기관을 거치지 않고 누구나 대출자 · 차입자가 될 수 있게 해준다.

랜딩 클럽과 같은 새로운 핀테크 플랫폼은 신용평가 등에 지능정보기술을 활용해 빅데이터 기반의 새로운 사용자 가치를 창출할 수 있고, 이를 통해 연결 · 참여를 확대시키고 자체 플랫폼의 가치를 높이는 네트워크 효과, 즉 수확체증의 법칙에 따른다. 핀테크 비즈니스는 구글, 아마존 등과 본질적으로 같은 성격의 비즈니스이고 같은 종류의 경쟁환경에 놓이게 될 것이다.

2) 미디어 분야의 변화

미디어 분야에서 넷플릭스는 초연결, 초지능 환경을 통하여 미디어 시장에서의 위상을 강화시킨 대표적인 예이다. 누구나 언제 어디서건 넷플릭스의 콘텐츠를 소비할 수 있으며(초연결), 추천서비스 등 지능정보기술 기반의 서비스로(초지능) 콘텐츠 제공자 및 이용자 확대 → 넷플릭스 네트워크의 강화(네트워크 효과), 수확 체증의 메커니즘 작동으로 이어지고 있다. 이를 활용하지 못하는 미디어는 점차 경쟁우위를 상실할 것이다.

B. Arthur는 비즈니스 세계를 수확체감 및 수확체증의 세계로 구분하였는데, 초연결 및 초지능 환경은 수확체증의 세계 확대를 초래하게 될 것으로 예측하고 있다.

3) 유통 · 상거래 분야의 변화

유통 · 상거래 분야에서 O2O도 초연결 - 초지능 환경을 이용한 새로운 서비스(아마존 알렉사, 쇼핑 인공지능 비서 등)로 온/오프라인의 구매자/판매자 참여를 확대하고 네트워크 효과 등으로 수확체증 메커니즘이 적용될 것이다.

4) 공유경제 분야의 변화

공유경제 분야에서 우버, 에어비엔비 등은 자동차, 공간 등 유휴자산의 공급자 및 수요자를 연결해주고 차별화된 서비스를 제공해 기존 산업에 충격을 주었다. 이는 누구나 참여를 통해 각자 프렌차이즈가 될 수 있어 네트워크에의 참여를 촉진할 수 있을 것이다. 따라서 초연결 및 초지능(빅데이터 활용 등)으로 인한 네트워크 효과, 수확체증이 가능할 것이다.

5) 로봇과 제조분야의 변화

로봇과 제조업 분야에서 로봇은 서로 연결되고 '학습'하는 존재로 발전해 (즉 초연결 및 초지능) 생산현장에 혁신이 가능할 것이다.

연결된 로봇(로봇 플랫폼)은 언어 창출, 학습의 공유를 통한 능력 향상이 전망되고, 이는 연결된 대상(로봇)이 많을수록 더욱 두드러지는 수확체증 메커니즘에 적용될 것이다.

2. 지능형 IT 기술들의 혁신 메커니즘의 진화

지능형 IT 기술의 혁신 메커니즘은 비(非)배제성 강화라는 플랫폼 경쟁에 따른 혁신 메커니즘의 진화를 따르며, 이는 지능정보기술의 발전, 확산으로 이어져 [그림 1-2]에서 제시된 메커니즘을 더욱 강화시키고 진화될 것이다. 이것이 4차산업혁명의 불가역성이다.

지식 · 아이디어의 非배제성이 강화되고, 수확체증의 현상에도 불구하고 경쟁이 심화되는 이유는 플랫폼 경쟁 때문이다. 플랫폼은 (주요 활동 무대인 인터넷의 속성상)

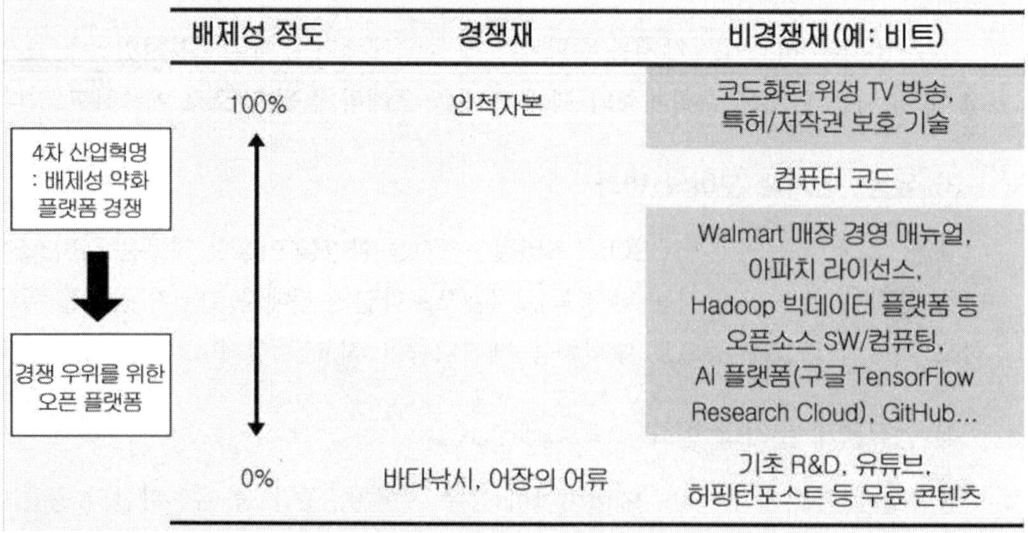

[그림 1-4] 경쟁 · 비경쟁재와 배제성 조합 : 플랫폼 경쟁 → 비(非)배제성 강화

지식 · 아이디어의 배제성을 완화할 수밖에 없다 즉, 보완재 집합으로서의 플랫폼 확장을 위해서 자신의 지식 · 아이디어를 제3자에 일정 수준 제공할 수밖에 없을 것이다.

특정 서비스에서 독점적 지위를 갖는 기업도 보완재 집합으로서의 플랫폼 경쟁에서 패하게 되면 시장에서 퇴출이 불가피할 것이다. 예를 들면 검색시장을 지배하더라도 경쟁 플랫폼이 검색의 필요성 자체를 약화시키면(SNS, 쇼핑 도우미 등의 경쟁 서비스가 검색의 필요성을 약화) 검색시장 지배자도 혁신을 통해 새로운 시장을 개척하고 선점해야 한다는 경쟁 압력을 받게 될 것이다. 아마존의 예에서 알 수 있듯이, 플랫폼 사업자는 보완재 집합을 확대시켜 더 많은 참여자를 유도하고 네트워크의 가치를 증대시켜야 할 것이다

API의 개방, 데이터의 공유, 오픈소스 개발자 그룹에의 지원 등을 통한 개발자 그룹의 포섭 등이 불가피하고 이는 플랫폼 제공자의 지식 · 아이디어의 배제성을 약화시키고 제3자의 이용 가능성을 제고할 것이다. 이러한 노력은 플랫폼 제공자에 기술 혁신, 시장변화에의 대비 측면에서도 중요하다.

특히 지능형 IT 기술분야 플랫폼에서 지식의 非배제성이 주목될 것이다. 대표적인 예로써 구글의 안드로이드는 아파치 라이센스이므로 아마존 등 제3자가 자체 버전을 만들어 활용할 수 있으며, 오픈소스 빅데이터 기술인 하둡(Hadoop)은 구글이 기본 프레임을 제공하고 야후 등이 기술개발에 기여할 것이다.

하지만 두 사례 모두 스마트폰 및 빅데이터 생태계의 활성화에 기여해 궁극적으로 구글 플랫폼을 강화될 것이다. 특히 최근의 오픈 AI플랫폼(라이브러리, 개발 툴, 학습데이터, 컴퓨팅 파워 제공 등)을 주목할 필요가 있다.

즉 지식 · 아이디어의 배제성 정도는 사회적 선택(지식재산의 보호, 개방 관련 제도로 나타남)인데, 이제 그 선택이 시장의 힘(플랫폼 경쟁)에 의해 이루어지고 있는 것이다.

개방(비배제성)의 최적 수준을 기업이 결정하며, 대부분의 플랫폼은 알고리즘의 소스는 개방할 것이고, 데이터는 전유 또는 일부를 개방할 것이다.

이제 지능형 IT 기술 등 GPT의 혁신은 제3자, 개발자 그룹간 지식 · 아이디어의 공유라는 개방적 혁신시스템에 의해 이루어지고 이는 더욱 강화된 지식의 스필오버 효과가 전산업적으로 이루어지게 될 것이다.

대부분의 산업에서 지식재산권 관련 체제에 큰 변화가 없어도, 각 산업이 지능형 IT 기술들을 활용하면서 사람, 지식, 데이터, 지능의 연결과 확산이 스필오버를 강화할 것이다. 그 과정에서 벤처부문의 활성화도 이루어질 것이다.

플랫폼 경쟁환경에서 자체 혁신을 보완하기 위해 CVC을 통한 글로벌 차원의 투자, M&A, 인재 및 데이터 확보 경쟁이 치열할 것이다. 과거 인터넷 버블과는 달리 지금은 투자자가 투자의 성공 가능성을 염두에 둔 거대 플랫폼 기업이고, 벤처는 이들이 주목하는 분야에 뛰어들고 이들에게 인수되기를 희망할 것이다.

VC도 자신이 투자한 벤처기업이 인수됨으로써 투자이익 실현을 기대하는 것이 현 벤처 생태계의 모습일 것이다. 이에 따라 지능형 IT 기술분야 대형 M&A 및 수많은 유니콘의 등장이 이어질 것이다.

3. 혁신의 지속적 발전과 창조적 파괴 확산 전망

경쟁력을 보유한 플랫폼은 지속적으로 혁신을 추구하고, 전체 경제에서 혁신의 지수적 폭발과 창조적 파괴가 진행될 것이다. 혁신의 지수적 폭발은 단지 연결의 강화와 무어의 법칙 때문만이 아니라, 플랫폼간 경쟁의 결과이기도 하다.

중요한 기술혁신에 따라 새로운 지배적 기업이 시장을 장악하고 게임의 룰을 결정하나 뒤이은 새로운 혁신에 따라 새로운 기업, 게임의 룰이 등장하는 과정이 이어지고, 이러한 수확체증의 세계에서는 기존 거대기업도 생존을 위해 혁신에 대한 투자를 지속적으로 이어 질 것이다. 즉 수확체증의 세계에서 경쟁이 심화된다는 역설이 그래서 가능한 것이다.

좁은 의미의 시장 · 산업 내 경쟁이 의미가 없고 산업간 경계도 없고 차별화된 플랫폼간 경쟁이 전 산업에 일상화될 것이다.

초지능 및 초연결에 기반한 ICT 플랫폼 기업이 전 산업에 새로운 가치를 추가할 수 있어 이들의 시장 진입, 기존 기업과의 제휴가 나타나게 될 것이다. 즉 4차산업혁명은 신기술 GPT로서의 지능형 IT 기술들이 플랫폼 경쟁이라는 경쟁환경에서 그 잠재력을 전 산업적으로 구현하는 것이며 지식의 비경쟁성, 非배제성을 기반으로 하는 새로운 혁신시스템으로 인해 되돌릴 수 없는 불가역성을 갖는 혁명이다.

4. 지능형 IT 기술분야의 새로운 혁신시스템인 분산형 혁신의 탄생

4차산업혁명 시대 플랫폼 기업의 혁신시스템은 보다 개방적인 시스템이 될 것이다. 개방적 혁신시스템이어서 스필오버와 배치되지 않아(배제성 약화) 전체 경제의 혁신과 성장을 촉진할 것이다.

동시에 플랫폼 기업은 네트워크/링크의 확대를 통해 기업가치 증대, 이윤 증대

(새로운 시장, 전에 존재하지 않던 새로이 창출된 서비스에서의 단기적 수확체증)를 기대할 수 있어 공적 및 사적 이익의 조화가 가능할 것이다.

경쟁으로 인해 계속 개방형 혁신(Open Innovation)을 하고 이용자 · 개발자의 네트워크를 확장해야 하므로 혁신을 계속 할 수밖에 없고, 지식 · 아이디어는 장기적으로 유출되어 공공이익(성장)에 기여하게 될 것이다.

플랫폼 기업의 개방적 혁신시스템은 다음과 같은 두 가지 이유 때문에 4차산업혁명 시대에 중요하다.

첫번째는 인공지능과 같은 GPT 분야에 적용되어 혁신의 '낙수효과(Trickle Down Effect)'를 기대할 수 있기 때문에 중요하다. 즉 개방적 혁신시스템을 통해 발전한 인공지능이 우리의 '대리인'으로 다양한 분야에서 역할을 증대할 것이다.

두번째는 4차산업혁명 시대에는 플랫폼 기업이 장기적으로 모든 산업에서 주도적인 역할을 할 것이고, 따라서 플랫폼 기업의 혁신시스템도 여러 산업에서 보편화될 가능성이 충분하다.

4차 산업혁명의 촉진자인 인공지능(AI) 부문의 완전 분산형 혁신(Fully Distributed Innovation) 시스템인 오픈 AI 플랫폼에 주목해야 한다. 인공지능 플랫폼은 사회 전체의 아이디어 · 지식의 생산, 전파 및 활용 측면에서 파급력 크기 때문이다.

또한 개발자 그룹의 포섭 등 플랫폼 기업의 혁신 및 경쟁력 강화에도 인공지능 플랫폼이 중요하므로 4차산업혁명 시대의 산업지형을 파괴할 가능성이 높은 글로벌 ICT기업의 움직임에 주목해야 한다.

즉 오픈 AI 플랫폼은 빅데이터에서 본격적으로 과실을 얻으려는, 그리고 지능형 IT 기술들(특히 인공지능)이라는 파괴적 혁신기술의 충격에서 생존하려는 플랫폼 기업 노력의 일환이다. 아마존의 알렉사가 시장을 지배하면 소수만이 구글 검색을 할 것이므로 두 기업 모두 오픈 AI플랫폼 경쟁이 불가피하다. AI 플랫폼은 알고리즘을 소프트웨어적으로 구현하여 모듈화한 라이브러리 및 그러한 라이브러리의 구성모듈들을 불러내어 도구로 사용할 수 있게 하는 인터페이스 등으로 구성되어 있다.

오픈 AI 플랫폼의 특징은 완전 분산형 혁신(Fully Distributed Innovation)이다. 혁신의 속도 및 범위 측면에서 가장 혁신 친화적인 시스템은 중앙의 통제가 거의 없이 컴퓨팅 자원, 데이터, 라이브러리를 누구에게나 공개하고 저비용으로 누구나 자체 기술/서비스/비즈니스를 운용할 수 있게 해주는 분산형 혁신시스템(Fully Distributed Innovation)으로 최근의 오픈 AI 시스템이 대표적이다.

주요 플랫폼 사업자 및 SW 벤더들은 전 산업의 플랫폼 경쟁환경에서 지장의 장약을 위해 모두 오픈 AI 플랫폼 경쟁에 뛰어들고 있다.

이미 알고리즘이 일정 수준 정립이 되어 있는 상황에서 플랫폼 제공 기업들은 참여자들과 함께 서비스 제공 영역별로 데이터, 이용자 피드백, 개발 경험 공유, 오픈소스 라이브러리화 등을 통해 자체 플랫폼의 업그레이드 및 다양한 각 분야에 대한 대응과 이용 확산이 가능하다.

플랫폼 제공기업이 스스로 모든 것을 할 수는 없으며, 다음의 플랫폼의 예처럼 대학, 공공연구기관, 스타트업의 참여가 불가피하다.

1) 텐서플로우(TensorFlow)

구글에서 오픈소스로 공개한 인공지능/기계학습 라이브러리로 딥러닝(Deep Learning)과 머신러닝(Machine Learning) 시스템을 제3자가 구축하여 이용이 가능하다. 일반 버전과 GPU 가속 버전 두 가지가 공개되어 있으며, 최근 GitHub에서 가장 인기 있는 프로젝트이다.

구글 자체 개발 AI 가속 하드웨어인 TPU(Tensor Processing Unit)가 180 petaflop의 컴퓨팅 파워와 함께 구글의 AI 리서치 클라우드에 무료로 제공되고, 학습용 데이터 셋인 'imagenet'도 공개하고 있다.

2) PyTorch

오픈 소스 기계학습 라이브러리로 페이스북 인공지능 연구 그룹이나 IBM 등 주요 기업이 참여하고 있다.

3) HPE(Hewlett Packard Enterprise)

HP가 제공하는 오픈 AI 플랫폼으로 텍스트/이미지 분석, 음성인식 등에 필요한 제반 솔루션을 제공하고 있다.

4) IBM Watson Developer Cloud(WDC)

자연어 분류, 시각 인지, 음성의 텍스트화 등 인지능력 갖춘 로봇의 프로그래밍에 필요한 제반 도구, 기술을 제공하고 있다.

5) Theano

몬트리올 대학 기계학습 그룹의 프로젝트에서 시작된 Python 기반 오픈소스 라이브러리이다.

6) Keras

오픈소스 신경망 네트워크 라이브러리로 2017년 구글은 Keras를 텐소플로어의 핵심 라이브러리로 육성 · 지원을 결정하였다.

7) 삼 성

인공지능 플랫폼 Veles를 '15년 1월에 공개하였다.

8) 에어비엔비

기계학습을 위한 에어로솔브(Aerosolve)를 공개하고, 범용적으로 활용되기보다는 집주인에 적절 가격을 추천하는 등 숙박업계의 필요에 부응하는 특화 플랫폼이다.

9) 특정 기업에 종속되지 않는 독립적 온라인 크라우드소싱 플랫폼

데이터 마이닝 및 크라우드소싱 플랫폼인 크라우드 플라워(Crowd Flower), 학습데이터 생산을 위한 DaaS(Data as a Service) 플랫폼인 Mighty AI 등이 있다.

오픈 AI플랫폼의 확산과 스타트업의 참여는 전 경제사회적인 AI 활용을 촉진해 AI의 민주화를 이끌 전망이다. 이는 누구나 AI 서비스를 점하고, 4차산업혁명의 작동 메커니즘의 강화를 초래하고 있다.

결과적으로 플랫폼을 주도하려는 기업은 ① 데이터 센터(클라우드 인프라), ② AI 기술, ③ 데이터 보유 + 데이터 지속 창출 가능한 서비스 제공이라는 세 가지 요소를 갖추어야 한다. 검색, 메신저, SNS 기업 O2O 등이 빅데이터 축적 등으로 인해 서비스 측면에서는 유리하다. 해당 분야들은 글로벌 ICT 기업들의 핵심 영역이기도 하다.

결국 4차산업 기술들인 인공지능, 생명공학 등 IT 기술들과의 융합기술은 현재 4차 산업혁명의 대표적인 혁신기술들로 지목되는 것 외에도 미래에 큰 변화를 유발할 수 있는 기술에 대한 대비가 필요가 있다. 양자 컴퓨팅, 뉴로모픽 칩, 뇌-컴퓨터 인터페이스 등 뇌공학 관련기술, 합성 생물학, 우주 개발, 노화방지 및 생명연장 기술 등 미래의 GPT 후보군에 대한 역량을 축적해야 할 것이다.

수행 내용

재료 · 자료

- IT 분석 및 응용 관련 자료

기기(장비 · 공구)

- 컴퓨터, 문서작성 프로그램, 프린터, 주변기기

안전 · 유의사항

- IT 분석 및 응용 관련 장비의 안전 및 유의사항을 숙지한다.

수행 순서

01 4차산업혁명이 도래된 이유가 기존의 전통적인 사고방식의 한계로 인하여 탄생된 것이므로 이에 대하여 분석하라.

전통적 사고방식의 한계는 산업화 시대 경제의 작동방식에 대한 일반적인 설명을 통하여 설명을 다음과 같이 할 수 있다.

기업은 수확체감의 법칙과 경쟁시장 환경에서 활동하고, 자연독점이나 핵심기술의 전유적(Proprietary) 소유 등 일부 예외적인 경우에 독점적 지위를 누린다. 독점은 규제(주로 가격 규제 등으로)로 통제되고, 산업화에 필요한 기초교육이 광범위하게 제공된다.

기업은 저비용으로 기존보다 높은 질의 제품/서비스를 제공할 목적으로 기술적 우위를 추구하나 혁신의 속도나 적용범위의 확산이 점진적이다. 거대한 변화를 초래할 새로운 범용기술(GPT)의 등장이나 확산은 우연적, 외생적 충격으로 설명되어 경제 작동구조 內에서 필연적인 인과관계를 제시하지는 못한다. 따라서 왜 지금 4차산업혁명이 대두하는 것인지, 4차산업혁명에서 주목되는 기술들이 왜 등장하게 되었는지, 그리고 이들 기술들이 왜 경제 · 사회를 변화시키는 GPT가 될 수 있는지 등을 설명하지 못한다.

최근의 기술혁신들과 더불어 경제 · 산업지형에서 벌어지고 있는 주요 현상들을 4차 산업혁명과 연관지어 이해하기 위해서는 경제 · 시장의 작동 방식을 새로운 개념적 프레임으로 바라볼 필요가 있다.

인터넷을 기반으로 하는 거대 글로벌 기업들이 시장 지배력을 확대하는 과정에서 역설적으로 플랫폼간의 경쟁이 전산업적으로 확산되고 하이테크 분야의 혁신 및 글로벌 차원에서 벤처부문의 활성화도 동시에 이루어지고 있다. 또한 지식 · 아이디어 · 기술의 오픈 플랫폼이 확산되고 이를 공유하는 커뮤니티가 발전하고 있다. 예를 들면 GitHub 등을 통한 공유 등이다.

기술적인 측면에서는 인공지능을 필두로 하는 지능정보기술이 대두하고 바이오, 생명공학, 신소재 등 다방면에서 혁신이 이루어지고 있다. 이러한 현상들은 지식 · 아이디어와 물리적 대상(Object)를 구분하는 신성장 이론의 경제성장 프레임을 통해 해석이 가능하다.

4차산업혁명은 [그림 1-5]처럼 새로운 프레임이다. 즉 지식 · 아이디어 및 물리적 대상(Object)으로 구성된 수확체증의 세계이다. 경제는 지식과 아이디어가 물리적 대상을 변형시켜 결과를 산출하는 과정에서 성장한다.

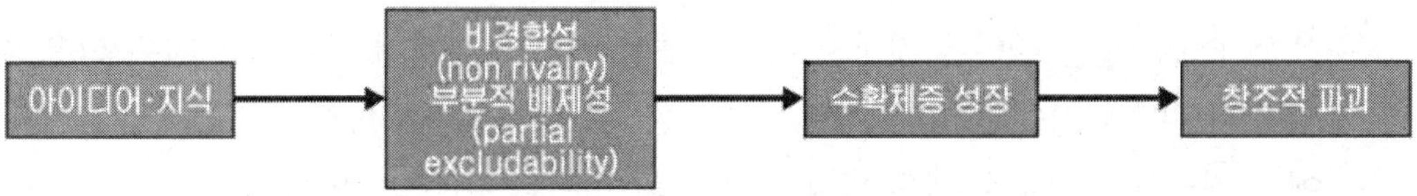

[그림 1-5] 지식 · 아이디어의 세계와 수확체증

노동, 자본 등 전통적인 생산요소 투입을 통한 경제와는 다른 관점에서 경제성장을 설명한다.

지식 · 아이디어는 재사용 비용이 사실상 없고 타인이 사용시 소모되지도 않는 비경쟁재(Nonrival Good)이지만 지식재산권을 통해 타인의 사용을 배제할 수 있다.

지식 · 아이디어의 투입에 따르는 이익은 지식 · 아이디어의 보호를 통해 지식재산권 소유자에 귀착(지식의 배제성)한다. 이는 단기적으로 독점적 이윤을 가능하게 하고 지식 · 아이디어를 보유한 혁신기업은 시장 지배력을 행사할 수 있다. 특히 하이테크 산업에서는 R&D 비용에 비해 제품/서비스의 한계비용이 낮아져 수확체증 효과를 자신만이 누리면서 시장지배력 확보가 가능한 네트워크 효과, 잠금효과 등으로 수확체증을 더욱 강화시킬 수도 있다.

하지만 현실세계에서 지식의 배제성은 다양한 수준에서 결정될 수 있으며 장기적으로는 지식의 외부성, 즉 스필오버(Spillover)를 통하여 제3자에 퍼져나갈 수 있다.

즉 완전한 의미에서의 배제성은 불가능하기 때문에(Partial Excludability) 장기적으로 혁신기업의 시장지배력은 사라지고 지식 창출 노력의 혜택은 모든 기업으로 확산되고 새로운 혁신도 등장한다. 경제는 지식 · 아이디어의 스필오버로 인해 지속적인 성장이 가능하고 전통적인 생산요소의 한계 생산성 체감 문제를 해결하는 지식 · 아이디어의 한계생산성은 증가하고 이에 따라 전체 경제는 수확체증이 된다.

02 MIT가 제시한 과학기술이 해결할 10대 글로벌 도전 과제에 대하여 분석하라.

1. 과학기술로 극복 가능한 10대 글로벌 도전과제(Global Challenges)

기후변화, 고령화, 물 부족 등 인류의 주요 도전과제 해결을 위해 전세계 과학자들은 다양한 노력을 시도하고 있으며, 최근 4차산업의 핵심기술인 인공지능과 결합한 첨단기술들을 개발 중이다.

2. 10대 도전과제

1) 탄소격리(Carbon Sequestration)

① 온실가스 배출을 줄이는 것만으로도 지구의 기온이 급격히 상승하는 것을 막을 수 있기 때문에 엄청난 양의 이산화탄소를 대기에서 제거해야 한다. 이산화탄소를 대기에서 격리하는 비용은 매우 비싸며, 포집된 이산화탄소로 무엇을 할 것인가에 대한 문제를 제기한다.

② 합성연료, 고분자, 탄소섬유 및 콘크리트 등의 제품으로 이산화탄소를 재활용하는 방법을 모색하는 벤처들이 증가하고 있다.

③ 대기 중에서 격리한 수십억 톤의 이산화탄소를 영구히 저장하는 저렴한 방법을 찾는 것이 절실하다.

2) 그리드 규모 에너지 저장(Grid-Scale Energy Storage)

① 풍력 및 태양과 같은 재생 가능한 에너지원은 저렴하고 널리 보급되어 있으나, 기상상태(해가 비치치 않거나 바람이 불지 않을 때 등)에 따라 전기생산이 불안정하다. 이는 석탄, 천연가스와 같은 안정적인 자원의 고갈시기 및 이러한 자원이 얼마나 많은 힘을 공급할 수 있는지를 제한한다.

② 많은 과학자들과 신생기업들은 플로우 전지(Flow Batteries)나 용융염 탱크(Tanks of Molten Salt)를 포함한 장기간 지속될 수 있는 보다 저렴한 그리드 규모의 저장장치 개발에 노력하고 있다.

③ 광대한 양의 전기를 저장하는 보다 효율적이고 저렴한 방법의 개발이 필수적이다.

3) 범용성 독감백신(Universal Flu Vaccine)

① 유행성 독감은 드물지만 치명적이다. 1918년 H1N1 독감으로 적어도 5천만 명이 사망했으며, 1957~58년, 1968년 대유행시에는 약 100만 명이 사망하였다. 2009년 재발한 H1N1에 50만 명이 사망하였고 최근 사망자 수가 적은 것은 Mild Strains이기 때문이다.

② 그러나 다음번에는 운이 좋지 않을 수 있다. 바이러스의 강력한 변종은 어떠한 맞춤형 백신이라도 빨리 복제할 수 있어 효과적으로 싸울 수 없다.

③ 범용적인 독감백신으로 상대적으로 덜 유해한 변종뿐만 아니라 한 세기에 한 번 돌발(Outbreak)하는 치명적인 변종에 대비하는 것은 중요한 공중보건의 도전이다.

4) 치매치료(Dementia Treatment)

① 65세 이상의 미국인 10명 중 1명 이상은 알츠하이머를 앓고 있으며, 85세 이상은 1/3에 해당한다. 인간의 수명이 길어지면서 미국과 전세계 알츠하이머 환자들은 급증할 것이다.

② 그러나 알츠하이머병은 제대로 이해되지 않았으며, 결정적인 진단은 사망 후에야 가능하다. 심지어 의사들도 알츠하이머 병과 다른 형태의 치매를 구분하는데 논쟁이 있다.

③ 신경과학과 유전학의 진보로 알츠하이머에 대한 이해가 증가하고 질병상태의 파괴적인 영향을 늦추거나 심지어 멈출 수 있는 방법에 대한 단서를 제공한다.

5) 해양청소(Ocean Clean-Up)

① 수십억 개의 플라스틱, 일명 마이크로 플라스틱이 전세계 해양에 떠다니고 있다. 이 쓰레기는 대부분 시간이 지남에 따라 부식된 가방이나 빨대에서 나온다.

② 이것은 새, 물고기 및 인간에게 독이 된다. 연구자들은 인류의 건강과 환경에 미치는 영향이 심각할 것으로 우려하고 있으며, 지난 수십 년간 축적된 수억 톤의 플라스틱을 청소하는데 수세기가 걸릴 수 있다.

③ 오염이 많이 확신되었기 때문에 청소가 어렵고, 대규모 해양 쓰레기 패치에 대한 프로토 타입 방법이 있긴 하나, 해안·바다·수로에 대한 해결책은 없다.

6) 효율적인 담수화(Energy-Efficient Desalination)

① 지구에는 신선한 물보다 50배 많은 바닷물(소금물)이 있다. 세계의 인구증가 및 기후변화로 인한 가뭄 심화로 신선한 물에 대한 필요성은 더욱 커질 것이다. 기후변화 적응 기술에 관한 한 해양에서 식수를 생산하는 것은 최우선 과제이다.

② 이스라엘은 세계에서 가장 큰 역삼투법 담수화 설비를 건설했으며, 현재 대부분의 가정용수를 바다에서 얻고 있다. 그러나 이 방법은 에너지 집약적, 세계적으로 실용적이지 못하다.

③ 새로운 형태의 막(Membrane)이 도움이 될 수 있으며, 전기화학 기술은 바닷물을 이용한 관개용수 개발에 도움을 줄 수 있다.

7) 안전한 자율주행 자동차(Safe Driverless Car)

① 자율주행 차량은 일반 도로에서 수백만 마일의 테스트를 거쳐, 피닉스 교외 지역에서는 배달 및 택시 서비스를 위한 파일럿 프로그램이 진행되고 있다.

② 그러나 아직 운전자가 없는 자동차는 혼잡한 교통을 처리하는데 어려움이 있으며, 눈과 안개와 같은 기상조건으로 인한 어려움이 발생한다.

③ 자율주행 자동차의 안전을 신뢰할 수 있다면, 교통의 전체를 재구성할 수 있다. 교통체증이 사라지고 주차장을 새로운 형태로 개발할 수 있어 도시가 변화될 수 있다. 무엇보다도 교통사고로 인한 연간 125만명의 사망자가 대부분 사라질 것으로 전망된다.

8) 체화된 인공지능(Embodied AI)

① 로봇기업 Boston Dynamics는 네발 달린 로봇이 계단을 오르고 혼자 문을 열고, 빠른 속도로 달리며, 무거운 짐을 나를 수 있는 휴머노이드 로봇 Altas를 개발하였다.

② AlphaGo는 구글 딥마인드가 개발한 인공지능 바둑 프로그램으로, Altas는 AlphaGo를 실행할 수 없으며, AlphaGo도 Altas를 재생할 수 없다.

③ 그렇다면 AlphaGo의 마음을 몸에 넣으면 어떻게 될까? 많은 연구자들은 진정한 인공지능은 내부 계산과정을 실제 세계의 실제 사물과 관련시키는 능력에 달려 있으며, 인공지능은 사람과 동물처럼 실제 세계와 상호작용 하는 것을 학습함으로써 그 능력을 습득할 것이라고 말한다.

9) 지진 예측(Earthquake Prediction)

① 현재 인류는 허리케인의 발생 가능성을 몇 주 전에 예측할 수 있으나, 지진에 대해서는 예측 불가능하다.

② 2010년 아이티 지진으로 10만 명 이상이 사망했으며, 2004년 인도양의 강력한(진도 규모 9.3) 지진 해일로 인도네시아, 스리랑카, 인도 및 기타 지역에서 25억명의 사망자가 발생하였다.

③ 중기적 확신을 갖는 지진 예측이 가능하면 내구성 있는 해결책을 찾을 수 있다. 적어

도 몇 시간 전 경고가 가능하면 위험지역에서 대피시켜 수백만 명의 생명을 구할 수 있다.

10) 두뇌 해독(Brain Decoding)

① 인간의 두뇌는 아직 미지의 영역으로, 우리가 생각하고 기억하는 모든 것과 모든 움직임은 우리 머릿속에 있는 수십억 개의 뉴런에 코딩되어야 한다. 그러나 그 코드는 무엇인지 규명되지 않았다.

② 두뇌가 우리의 생각을 저장하고 전달하는 방식을 이해하는데 아직 많은 미지의 문제와 퍼즐이 남아 있다.

③ 그 코드를 해독하는 것은 정신분열증, 자폐증과 같은 정신질환을 어떻게 치료할 수 있는지에 대한 획기적인 발전으로 이어질 것으로 기대한다.

④ 두뇌에서 컴퓨터 또는 다른 사람들에게 직접 전달되는 인터페이스를 향상시켜 부상이나 퇴행성질환으로 인해 마비된 사람들의 삶의 변화를 위한 개발을 가능케 한다.

03 4차산업혁명으로 전환하기 위한 디지털 전환에 대하여 분석하라.

4차산업혁명으로 인한 제조 패러다임 변화로 제조업에서 '디지털 전환'이 중요한 이슈로 부각하고 있다.

디지털 전환에 대한 정의는 다양하나 제조 관점에서는 '디지털 新기술을 활용, 경영환경 변화에 선제적 대응, 신제품 · 서비스 창출을 지속 추진하여 경쟁력을 높이는 프로세스'로 정의할 수 있다. 디지털화를 통한 기업의 전략 · 프로세스 변화부터 비즈니스 모델 · 커뮤니케이션 · 시스템 등에 이르기까지의 전체를 포괄한다.

디지털 기술의 발전으로 저비용으로 쉽게 다양한 산업의 니즈를 반영하고 디지털 전환이 가능한 환경이 조성되고 있다.

〈표 1-2〉 디지털 전환의 주요기술

구 분	성 격	기술분야
플랫폼 디지털 기술	다양한 산업군의 요구사항을 적용하여 성과를 강화시키는 '플랫폼' 성격의 기술	클라우드, 모바일, 빅데이터, 소셜 영역 등
가속 디지털 기술	플랫폼 디지털 기술의 발전/플랫폼 기반 혁신을 가속하는 디지털 기술	로봇, IoT, 인공지능, 차세대 보안, 3D 프린터, 인터페이스 등

디지털 전환에 따라 제조 혁신은 크게 ① 커넥티드, ② 고객맞춤형, ③ 협업형, ④ 친환경, ⑤ 인텔리전트의 방향으로 진행될 전망이다.

① 커넥티드 제조(Connectivity)

- 기기間 연결 : 글로벌 산업용 IoT 표준(㉥ IIoT, OPC UA)에 맞게 이종기기 간 상호 데이터 호환 · 제어가 가능한 제조 시스템이다.
- 공장間 연결 : 공장 간 유기적 연결을 통해 전사적 경영효율화를 추진하고, 개별공장의 효율화 성과를 全 공장으로 신속히 확산한다.

  ㉥ 보쉬(獨) : '20년까지 250여개 자사 공장을 연결하여 새로운 경영효율화 프랙티스를 함께 창조(Co-create)하고, 성공 사례의 상호복제(Copy) 추진하였다.

② 고객맞춤형 제조(Customization) : 개별 고객의 다양한 니즈에 신속하게 대응가능한 생산시스템 구현을 통해, 유연생산이 가능한 제조 시스템이다.

㉥ 아디다스 '스피드팩토리' : 신발 밑창 제작에 3D프린팅 기술을 적용, 연간 백만 켤레 생산 추진하였다.

③ 협업형 제조(Collaboration) : 사람 - 기계간 협업장비와 빅데이터, CPS 등을 연계, 공장전체의 생산성 증대가 가능한 고용친화형 제조시스템이다.

㉥ 보쉬(獨) : MR 기반의 스마트 툴(Smart Tool)을 통해 중앙 서버에서 작업자의 업무를 인지, 지시하고 旣 세팅된 프로그램에 따라 툴을 실행하였다.

④ 친환경 제조(Sustainability)

- 에너지 : 전력 · 에너지 사용량 절감을 위한 수요관리 및 신재생 에너지 사용 확대 등 에너지 효율형 제조 시스템이다.

  ㉥ 제조 공정 전반의 에너지를 효율적으로 관리하는 시스템(FEMS)
- 산업폐기물 : 자원재활용 · 유해물질 누출방지 등 친환경 폐기물 관리 시스템이다.

⑤ 인텔리전트 제조(Intelligence) : 공장전체를 가상화한 디지털 트윈과, 인공지능 등을 활용한 빅데이터 분석을 통해 최적의 공정을 구현하는 지능형 제조시스템이다.

㉥ 파낙(獨) : 엣지컴퓨팅과 인공지능 결합시스템인 Field를 통해 현장 데이터를 공장에서 즉시 분석 · 피드백하여 설비 지능화를 실시간 제고하고 있다.

학습활동.1 교수 · 학습 방법

교수 방법

- 4차산업 기술 및 응용에 대한 관련 용어, 구성, 방식 이해 정도를 파악한 후 수업을 진행한다.
- 교수자의 주도로 4차산업 기술 및 응용 등의 내용을 PPT 자료로 제시한 후 설명한다.
- 가능하면 사전에 개인별 학습 자료를 준비하여 모든 학생이 참여할 수 있는 문제 해결식 수업, 협력 수업이 가능하도록 한다.
- 4차산업 기술 및 응용 전 과정을 작업의 순서에 따라 단계적으로 실습이 이루어질 수 있도록 지도한다.
- 교재를 통해 수업을 준비하는데 있어서 필요한 모든 정보나 팁, 힌트 등 도움이 될 만한 내용들을 확인할 수 있다.
- 학생들이 만들게 될 각 모델들은 수업시간에 중점적으로 다뤄질 부분과 어휘, 질문, 답을 포함하고 있으며 또한 탐구할만한 추가적인 아이디어들도 포함하고 있다.

학습 방법

- 4차산업 기술 및 응용에 대한 관련 용어를 숙지하고, 4차산업 기술 및 응용에 대해 이해한다.
- 4차산업 기술 및 응용의 각 단계별 중점 사항을 체계적으로 학습한다.
- 4차산업 기술 및 응용의 수행순서의 전 과정을 실습한다.
- 4차산업 기술 및 응용의 내용을 이해한다.
- 4차산업 기술 및 응용을 이해하고 숙달이 될 때까지 학습한다.

학습활동.1 평가 및 피드백

평가 준거

- 평가자는 피평가자가 수행 준거 및 평가 내용에 제시되어 있는 내용을 성공적으로 수행할 수 있는 지를 평가해야 한다.

학습내용	평가항목	성취수준		
		상	중	하
4차산업 기술 및 응용	4차산업 기술 및 응용을 이해할 수 있다.			

평가 방법

- 작업 포트폴리오

학습내용	평가항목	성취수준		
		상	중	하
4차산업 기술 및 응용	4차산업 기술 및 응용을 이해할 수 있다.			

- 필기시험

학습내용	평가항목	성취수준		
		상	중	하
4차산업 기술 및 응용	4차산업 기술 및 응용을 이해할 수 있다.			

- 체크리스트를 통한 관찰

학습내용	평가항목	성취수준		
		상	중	하
4차산업 기술 및 응용	4차산업 기술 및 응용을 이해할 수 있다.			

- 피드백

1. 작업 포트폴리오
   - 제출한 보고서를 평가한 후 주요 사항에 대하여 표시하여 돌려준다.
2. 필기시험
   - 평가 결과 성적이 저조한 학생은 보고서 제출 기회를 부여한다.
3. 체크리스트를 통한 관찰
   - 실습 과정에서 평가한 후 개선해야 할 사항 등을 정리하여 돌려둔다.

참 | 고 | 문 | 헌

- 김덕현, 4차산업혁명과 융합, https://brunch.co.kr/@duk-hyun/11, 2018.08.04.
- 엄일연, https://m.post.naver.com/viewer/ 철저히 준비하고 혁신적으로 도전하라, 글로벌SE, 2018. 12.04.
- 이상범 외, 4차 산업혁명 대응을 위한 디지털 제조혁신 정책연구 보고서, 전자부품연구원, 2018.9.17.
- 최계영, 4차산업혁명 시대의 경제 작동 메카니즘, 2017.08.21.
- 중앙일보, 라이프 트렌드, 글로벌 기업 일자리 도전, 청년들이여 이렇게 준비하라
- 위키백과, https://ko.wikipedia.org/wiki/
- 컴퓨터 정보용어 대사전 한국사전연구사
- 4차산업혁명 15대 핵심기술분야
- Brian Arthur, "Increasing Returns and the New World of Business", 1996.4. Harvard Business Review, July-Aug, 1996.
- http://www.moreagile.net/2014/08/it.html
- https://blog.hyosung.com/1381 [마이프렌드 효성 블로그]
- https://daystudy.tistory.com/227
- https://m.blog.naver.com/PostView.
- https://newsroom.intel.co.kr/인텔, 글로벌 도전과제
- https://phrase.dict.naver.com/네이버 글로벌 회화
- https://www.bioin.or.kr/과학기술이 해결할 수 있는 10대 글로벌 도전과제, 2019.4.11.
- https://www.oxford-royale.com/articles/reasons-learn-english/
- https://www.sedaily.com/NewsVIew/1VQZIUGI22
- MIT Technology Review, Ten big global challenges technology could solve, 2019.2.27.

학습 1	4차산업 기술 및 응용
학습 2	**의료기기 기술 및 응용**
학습 3	의료용 로봇 기술 및 응용
학습 4	스마트 헬스케어 기술 및 응용
학습 5	디지털 치료제 기술 및 응용
학습 6	인공지능 기술 및 응용
학습 7	빅데이터 기술 및 응용
학습 8	사물인터넷 기술 및 응용
학습 9	5G 네트워크 기술 및 응용
학습 10	디지털 콘텐츠 기술 및 응용
학습 11	디지털 트윈 기술 및 응용
학습 12	블록체인 기술 및 응용
학습 13	메타버스 기술 및 응용

학습 목표	1. 의료기기 기술 및 응용을 이해할 수 있다.

2-1 의료기기 기술의 개요

1. 의료기기 기술의 개요

1) 의료기기의 정의

'의료기기'란 사람 또는 동물에게 단독 또는 조합하여 사용되는 기구 · 기계 · 장치 · 재료 또는 이와 유사한 제품으로서 다음의 어느 하나에 해당하는 제품을 말한다(의료기기법 제2조).

① 질병을 진단 · 치료 · 경감 · 처치 또는 예방할 목적으로 사용되는 제품
② 상해(傷害) 또는 장애를 진단 · 치료 · 경감 또는 보정할 목적으로 사용되는 제품
③ 구조 또는 기능을 검사 · 대체 또는 변형할 목적으로 사용되는 제품
④ 임신을 조절할 목적으로 사용되는 제품

2) 의료기기 등급 분류기준

〈표 2-1〉 식품의약품안전처의 의료기기 등급 분류기준

등 급	내 용	비 고
1등급	• 잠재적 위해성이 거의 없는 의료기기 • 개인과 공중보건에 미치는 잠재적 위해성이 낮은 경우	의료용 칼, 가위, 영상 저장·조회용 소프트웨어 등
2등급	• 잠재적 위해성이 낮은 의료기기 • 개인에게 중증도의 잠재적 위해성을 가지며 공중보건에 미치는 잠재적 위해성이 낮은 경우	전동식 침대, 영상전송·출력용 소프트웨어
3등급	• 중증도의 잠재적 위해성을 가진 의료기기 • 개인에게 고도의 잠재적 위해성을 가지며 공중보건에 중증도의 잠재적 위해성을 가지는 경우	엑스선 촬영장치, CT, MRI 등
4등급	• 고도의 위해성을 가진 의료기기 • 개인과 공중보건에 고도의 위해성을 가지는 경우	심장박동기, 흡수성 봉합사 등

3) 의료기기의 구분

의료기기는 하드웨어 기반의 전통적인 의료기기와 소프트웨어 기반의 디지털 치료기기(Digital Therapeutics)로 구분할 수 있다.

최근 의료기기 시장은 전통적인 제조업체 또는 의료정보시스템이 지배해왔던 환경에서 스마트 헬스케어라는 새로운 시장을 통해 변혁의 시기를 맞고 있다.

현 시대는 소득증가 및 의료기술의 발전으로 삶의 질이 높아지고 건강에 대한 접근 방식과 삶에 대한 사고 및 정의가 변화되면서 기존의 치료중심의 의료 패러다임이 예측(Predictive), 예방(Preventive), 개인맞춤(Personalized), 참여(Participatory) 중심으로 변화되고 있다.

특히 빠르게 진행되고 있는 고령화로 인해 의료비 지출이 급증하고 있고, 만성질환자를 위한 의료 수요 또한 계속 늘어나고 있는 상황에서 스마트 헬스케어는 효과적인 해결책이자 대안으로 주목 받고 있다.

디지털 치료기기는 의학적 장애나 질병을 예방·관리·치료하기 위해 환자에게 근거 기반의 치료적 개입을 제공하는 소프트웨어 의료기기(SaMD : Software as a Medical Devices)이다. 디지털 치료기기의 사용은 치료적 개입이 필요한 '환자'를 대상으로 한다.

소프트웨어 의료기기는 하드웨어에 종속되지 않고 의료기기의 사용목적에 부합하는 기능을 가지며, 독립적인 형태의 소프트웨어만으로 이루어진 의료기기이다.

기존의 전통적인 의료기기와 스마트 헬스케어 제품의 특징적 차이를 〈표 2-2〉와

같이 이해할 수 있다.

디지털 치료기기 분야는 정보통신 및 기타 최첨단 과학기술을 빠르게 융합시키는 특징을 갖고 있으며, 기존 의료기기와 달리 네트워크를 이용하여 다른 기기 또는 앱 등과 밀접하게 연결된다. 또한 제품 출시 사이클도 기존 의료기기와 비교해 1/10 정도로 짧아지는 특징을 갖고 있고, 복잡도의 측면에서도 여러 기능이 융복합되는 특징을 나타내고 있다. 그러므로 이러한 디지털 치료기기와 관련 산업 육성을 위해서는 기존 의료기기 방식과는 다른 규제 및 관리방안에 대한 고민이 필요하다.

〈표 2-2〉 기존 의료기기 대비 디지털 치료기기의 특징 비교

	전통적인 의료기기	디지털 치료기기
물리적 기반	Hardware 기반	SaMD(Software as a Medical Device)와 같이 소프트웨어 포함
주요 기술	전자기적 제어 및 측정 기술	정보통신 신기술(클라우드, 빅데이터, 인공지능, 딥러닝, 사물인터넷, 무선네트워크, 3D 프린팅 등)
연결성	독립적인 기기로서 동작하고, 데이터의 흐름은 일반적으로 단방향	다양한 형태의 네트워크에 연결되어 상호운영성을 가지고 외부 기기 또는 소프트웨어(앱) 등과 밀접하게 결합되어 양방향으로 데이터 통신
보안성	물리적 보안에 집중	커넥티드 디바이스가 가지는 다양한 위협요소들을 내포하고 있음
제품 출시 사이클	개발에서 출시까지 장기간의 시간이 소요되고, 출시된 제품은 10년 이상 시장에서 이용(디자인 기능 변경이 하드웨어 제약 때문에 빠르게 변하지 못함)	소프트웨어 기반의 기기와 작은 기능들과 소프트웨어가 융합되어 돌아가는 기기의 경우, 기획에서 개발까지 1년이 걸리지 않는 경우도 많고 상대적으로 라이프 사이클도 짧음
마켓 접근성	기존 의료기기는 오프라인 시장이 기반이었고, 접근대상은 의사나 환자 등 실 환자들에게 제약	온라인 마켓(앱스토어 포함) 등 다양한 경로로 다양한 유저들이 접근 가능
위험도	전통적 의료기기는 고위험(High Risk) 기기들로 이로 인한 규제의 강화가 필수요인	스마트 헬스케어 기기의 경우, 고위험 기기도 있지만 상대적으로 위험도가 거의 없는 기기들이 많음(활동량계 등)
지 능	-	스마트 헬스케어 기기는 인공지능 기술과 결합하여 축적된 지식을 처리/분석하여 새로운 지식을 생산 사용자에게 보다 나은 정보 및 서비스를 제공
복잡도	복잡도가 낮고, 하나의 기기가 하나의 역할을 수행	여러 기능들이 융합되어 복잡도가 높고, 하나의 기기로 다양한 역할을 수행하는 기기의 등장

전통적인 의료기기 제품군으로 보면 진단영상기기, 의료용품, 환자보조기기, 정형외과/보철기기, 치과기기/용품, 기타 의료기기 등으로 구분된다.

기존 의료기기는 사용방법(일회용 의료기기, 조합 의료기기, 한벌구성 의료기기, 첨단 의료기기 등)에 따라 구분된다.

일회용 의료기기(Single - use Medical Devices)는 한 번 사용할 목적 또는 한 번의 시술과정에서 한 환자에게 한 번 사용할 목적인 의료기기이다(다만 최외 진단용 의료기기는 한 번의 검사과정에서 사용할 목적인 경우를 말한다). 예를 들면 [그림 2-1](a)와 같이 초음파 수술기 등 전기 수술장치에 사용되는 전극이다.

조합 의료기기(Composite Medical Devices)는 2가지 이상의 의료기기가 모여 하나의 의료기기가 되는 것으로서 복합적인 기능을 발휘하는 의료기기이다. 예를 들면 저출력 광선 조사기인 전지를 사용하는 의료기기와 요관용 커넥터 내에 광섬유카레타를 조합하여 요관진료 및 약물통과와 같은 전기를 사용하지 않는 의료기기가 있다.

한벌구성 의료기기(Medical Devices Packaged in Set)는 2가지 이상의 의료기기를 하나의 포장단위로 구성한 의료기기이다. 예를 들면 정맥이나 동맥으로의 카레터의 경피적 배치를 용이하게 하기 위해서 사용하는 삽입기로서 출혈을 방지하기 위한 [그림 2-1](b)와 같이 지혈밸브가 부착되어 있는 지혈밸브 부착 카테나 삽입기 등이 이에 해당된다.

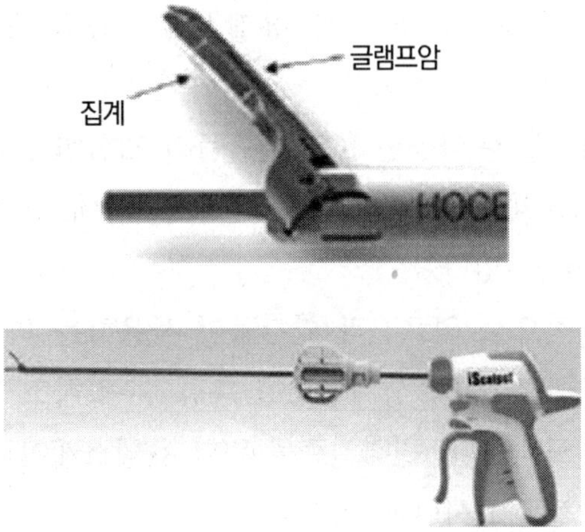

(a) 일회용 손조절식 전기수술용 전극

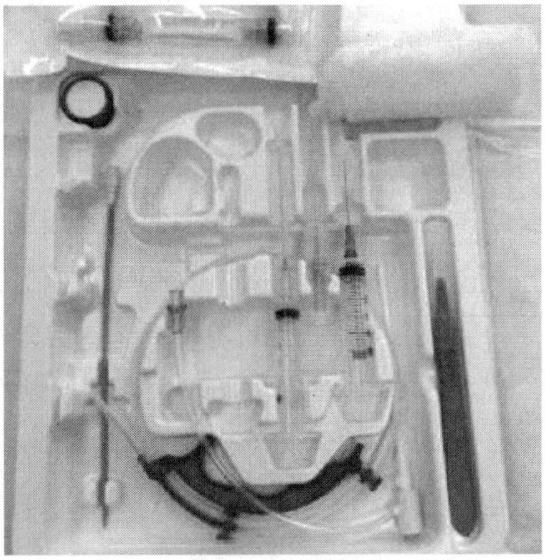

(b) 지혈밸브 부착 카테나 삽입기

[그림 2-1] 의료기기 분류 예시

학습 2

첨단 의료기기(Hi Tech Medical Devices)는 융복합 의료기기를 포함하여 바이오기술, 정보기술, 나노기술, 로봇기술, 의료기술 등 혁신적 과학기술을 기반으로 한 새로운 의료기기이다. 예를 들면 [그림 2-2]의 콘텐트렌즈에 센서를 넣어 체내 포도당, 케톤의 농도, 또는 안압 등을 측정하여 스마트폰 또는 다른 IT기기에 전송하여 환자관리에 사용하는 렌즈인 스마트 콘택트렌즈 등이 이에 해당된다.

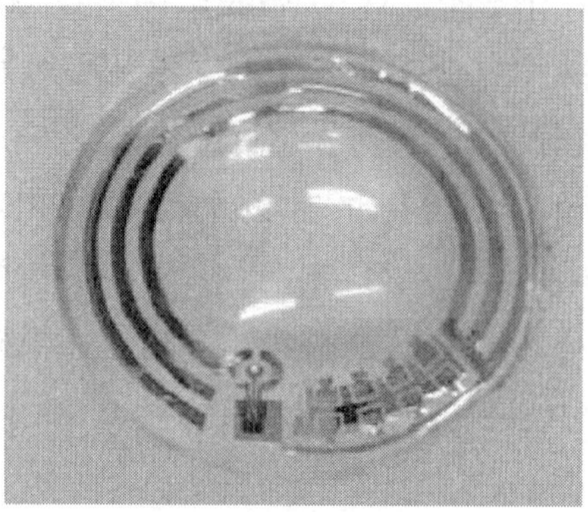

[그림 2-2] 스마트 콘택트렌즈

2. 디지털 치료기기의 개요

1) 디지털 치료기기의 정의 및 분류

디지털 치료기기는 스마트 헬스케어를 지원할 수 있는 ICT 기술과 융합된 소프트웨어 기반의 디지털 치료기기를 뜻한다. 디지털 치료기기는 기존의 의료기기 및 개인건강관리를 위한 의료기기, 헬스케어 사물인터넷 기기, 유헬스기기 등을 포함한다.

의료기관에서 이용되는 디지털 치료기기들은 다양한 ICT 기술들과 결합한 스마트 베드, 의료용 스마트 카트, 스마트 체온계, 스마트 혈압계 등과 같이 네트워크 기술이 결합된 의료기기 제품들이 등장하고 있다.

유헬스케어 의료기기는 원격진료의 목적으로 의료진과 환자들이 사용하는 의료기기로 의료기관 이외의 장소에서 환자의료정보 및 생체정보를 측정 · 수집하고 의료기관에 전송 · 저장하여 의사의 진단을 도와준다. 원격진료를 위한 유헬스케어 의료기기는 식약처에서 2011년 신설품목으로 고시한바 있다.

〈표 2-3〉 디지털 치료기기의 분류

구 분	설 명	관련 제품	규제 대상
의료기관용 스마트 헬스케어 기기	의료기관에서 진단, 처치, 치료에 이용되는 ICT 기술과 결합된 의료기기	인퓨전펌프, PCA, CAD 소프트웨어 등	대상 (식약처 승인)
유헬스케어 의료기기	원격진료를 위해 생체신호의 측정·관리를 돕는 ICT 융합기기로 위해도가 높은 기기	혈당측정, 유헬스케어 게이트웨이 등	대상 (식약처 승인)
헬스케어 사물인터넷 기기	사물인터넷을 통해 건강정보 및 생체정보를 측정·제어·관리하는 기기	체중계, 심박계, 체온계, 혈당계, 혈압계, 활동량계 등	대상 예정 (식약처 승인)
웰니스기기 (개인용 건강관리제품)	건강증진/개선을 위해, 이용되는 생체신호 측정 및 모니터링과 생활상태 개선을 위한 도움을 주는 기기로 위해도가 낮은 기기	활동량 측정, 밴드형 체지방 측정기, 혈압관리 앱 등	비대상

2) 디지털 치료기기의 등급

최신 IT 기술과 함께 급성장하는 스마트 전자의료기기는 의료기기법에서 정한 의료기기 중 전기 또는 자기를 이용하는 기구, 기계장치로 정의할 수 있다. 식약처의 전자의료기기 기준규칙에 따라 각종 전자의료기기를 별도로 규격화하였다.

의료기기법 시행규칙과 의료기기 등급분류 및 지정에 관한 기준·절차·등급에 따라 시장에 유통이 가능하다. 인체에 유해성이 낮은 1등급은 단순 신고만으로 허가를 받을 수 있고, 2~4등급은 일련의 심사과정을 거쳐 의료기기 품목허가를 받아야 한다.

2-2 의료기기 기술의 응용

1. 의료기기의 시장

의료기기 시장은 질병치료중심에서 질병예방중심 체질개선을 반영한 AI 등 디지털 헬스케어의 산업 확대가 이어질 것이라는 전망이 나왔다. 또한 코로나19 여파로 인한 폐질환 관련 의료기기 및 진단키트는 활기를 보일 것이다. 그러나 비필수 의료, 임상시험 관련 의료기기, 외부 활동 감소로 인한 정형외과·창상 관련 의료기기 시장은 주춤할 수 있다.

헬스케어 트렌드인 의료의 개인 질병예측과 예방은 지속될 것이고 헬스케어 산업과 데이터, ITC 산업이 융합한 디지털 헬스케어 확대는 이어질 것이다.

과거 의료기기가 하드웨어와 소모품으로 구성됐다면 지금은 웨어러블, 빅데이터, 건강기록 분석 등으로 미래에는 로봇, AI, AR 등으로 변화할 것이다.

의료기기 시장 판도가 과거기록 및 증거기반 치료에 활용된 의료용 제품에서 실시간 증거기반 치료인 웨어러블, 빅데이터 등 의료 플랫폼을 거쳐 예방-정밀의료로 이어지는 의료 솔루션영역으로 발전한다는 것이다.

최근 AI 진단기술로 코로나19 진단보조에 나서고 있는 국내 AI 진단기업 메디컬아이피가 미래 먹거리 산업의 선례이다. 메디컬아이피의 인공지능솔루션은 코로나19 확진 정확도를 98.7%까지 끌어올리고 있다. 현재 메디컬아이피는 웹사이트에 솔루션을 무료로 배포해 현재 53개국 1,300여 기관에서 활용하고 있다.

아울러 코로나19 여파가 지속될 경우 긴급하지 않은 의료기기 개발은 지연되고 비필수 의료기기 역시 고전할 수 있다. 코로나19로 치과미용이나 임상시험 등 비필수적인 수술이나 의료가 중단될 수 있고, 현재까지도 국내 업계는 어려운 시간을 보내고 있다.

이밖에 정형외과 의료기기, 창상치료 의료기기 등도 역시 수요가 감소할 것이다. 반면 폐진단 영상기기와 체외진단기 시장의 발전에는 속도가 붙을 것이다.

체외진단기는 국내 업체는 물론 글로벌 시장 역시 상당히 커지고 있는 상황이며 이 같은 분위기는 지속될 것이다. 폐를 검사하는 X-ray나 흡입기 같은 약물전달기기 등 폐질환 관련 의료기기 수요도 높아질 것이다.

출처 : 히트뉴스(http://www.hitnews.co.kr)

2. 인체 삽입형과 패치형 의료기기 응용

세계적인 고령화로 수명연장 및 인체기능을 돕는 기기에 대한 수요가 증가하고 있어 환자의 고통을 최소화하기 위한 인체 삽입형 또는 패치형 의료기기들이 꾸준히 개발되고 있다.

1) 인체 삽입형 의료기기 개발 현황

(1) 뇌 속 소형 인공칩 '뉴로프로스테틱(Neuroprosthetic)'

미국 스타트업 커널(Kernel)은 알츠하이머, 뇌진탕 등의 뇌손상을 회복시키기 위해 인간 뇌에 주입할 수 있는 초소형 인공칩 뉴로프로스테틱을 개발하고 있다.

뉴로프로스테틱은 신경의 활동을 돕는 보철기구라는 의미로, 향후 환자들뿐만 아니라 인간지능 전반에 큰 도움을 줄 수 있을 것으로 기대되고 있다.

현재 학습과 기억 등의 기능을 지닌 인공해마로 동물실험을 마친 상태이다. 원숭이와 쥐를 대상으로 뇌 속에 소형칩을 주입하는데 성공했으며, 뇌 기능을 일부 회복하는 데 성공하였다. 인공칩의 시제품을 출시할 수 있을 것이며, 뇌전증(Epilepsy) 환자를 대상으로 임상실험을 실시하고 있다.

(2) GSK와 구글 자회사 베릴리, 생체전자의약업체 '갈바니' 설립

구글의 자회사 베릴리 생명과학은 GSK와 손잡고 생체전자의약품의 R&D와 상용화를 추진하기 위한 '갈바니 바이오일렉트로닉스(Galvani Bioelectronics)'를 설립하였다.

생체전자의약품(Bioelectronic Medicine)은 생물학과 공학의 최신 기술을 활용해 전기적 상호작용을 분석하고, 각 신경에 부착되는 소형장치를 통해 질병이 발생했을 때 나타나는 불규칙한 패턴을 바로잡는 새로운 과학분야이다. 갈바니 바이오일렉트로닉스의 지분은 GSK가 55%, 베릴리가 45% 보유하고, 향후 7년간 최대 5.4억파운드(미화 약 7.7억달러, 한화 약 9,100억원)를 투자할 것이다.

생체전자의약 장치를 이용해 관절염, 당뇨병, 천식과 같은 만성질환을 치료할 수 있을 것으로 기대된다.

(3) 구글, 인체 삽입형 진단기기 특허

구글은 미국 특허상표청(USPTO)에 '압타머 기반의 센서, 삽입형 기기와 감지 시스템(Aptamer-based Sensors, Implantable Devices and Detection System)' 특허를 출원(공개번호 : US20160278638)하였다. 압타머는 질병 진단에 이용하는 차세대 바이오 물질로 해당 특허는 몸 안에 삽입한 센서가 질병의 징후를 미리 파악하는 기술이다.

피부 진피 내 삽입된 진단기기는 센서를 통해 인간의 혈액 · 땀 · 간질액 등을 분석하고, 생리적 지표를 모니터링하고 얻은 정보를 내장된 안테나를 이용해 무선신호로 전송하여 판독기기와 통신을 한다.

판독기기는 센서에 동력을 공급하며 인체 삽입형 진단시스템의 작동을 제어하고, 또한 센서에 혈액지수를 연속 측정하고 저장할 수 있다.

인체 삽입형 진단기기는 구글X의 스마트워치와 함께 사용될 것이다.

(4) 미국의 UC 버클리 연구팀, 먼지 크기의 인체 삽입형 센서 '뉴럴 더스트' 개발

쥐의 근육과 말초신경에 이식하여 생체 내 전기 생리학 기록을 얻을 수 있는 초소형 무선 센서인 '뉴럴 더스트(Neural Dust)' 관련 논문을 발표하였다.

뉴럴 더스트의 크기는 길이가 3mm, 너비는 1mm로 모래 한 알 정도에 해당하고 향후 머리카락 굵기의 절반 이하로 크기를 줄일 계획이다.

뉴럴 더스트는 뇌나 근육을 자극하여 특정 장기가 제대로 동작하는지 확인할 수 있으며, 체내에서 평생 사용이 가능하다.

당초 뇌와 기계간 차세대 인터페이스 개발을 목표로 연구되었으나, 향후 여러 신체에 삽입하여 활용영역이 확대될 전망이다.

(5) 광주과학기술원 이종호 교수 연구팀, 인체 삽입용 태양전지 개발

심박조율기 등 인체 내 의료기기의 전력을 지속적으로 공급하는 박막구조의 피부 삽입용 태양전지를 개발하였다.

연구결과는 어드밴스드 헬스케어 머터리얼스(Advanced Healthcare Materials)지에 'Subdermal Flexible Solar Cell Arrays for Powering Medical Electronic Implants'라는 제목으로 발표하였다.

인체 삽입형 의료기기의 난제인 전력부족 문제를 획기적으로 해결할 수 있는 방법이라는 점에 의의가 있다. 향후 많은 전력을 지속적으로 필요로 하는 실시간 혈당 분석기, 질병 진단 센서, 혈액 분석 센서 등과 같은 헬스케어 인체 삽입 의료기기 개발에 기여할 것으로 전망된다.

2) 패치형 의료기기 개발 현황

(1) 패치 부착만으로 혈당을 조절하는 당뇨 패치 'The U-Strip' 개발

미국의 피부 패치 전문기업인 트랜스더말 스페셜티스 글로벌은 주사바늘 없이 패치만으로 혈당을 조절하는 기술 개발하였다. 인슐린이 담긴 패치를 피부에 부착한 뒤 초음파 파형 공정을 이용해 모공과 혈관으로 인슐린을 주입하는 새로운 형태의 의료기기이다. 기존 방식에서 사용되던 인슐린 양의 25%만 가지고도 보다 우수한 혈당조절 결과 보인다. 해당 패치는 미국 FDA 승인을 받아 2017년에 출시되었다.

(2) 패치형 헬스 모니터링 장치 개발

한양대를 포함한 미국 일리노이대, 스위스 취리히연방공대 등 국제공동 연구진은 피부에 부착하기만 하면 심박수와 자외선 노출 정도 등 건강정보를 알려주는 패치형 장치를 개발하였다.

연구결과는 사이언스 어드밴스(Science Advances)지에 'Battery-free, Stretchable Optoelectronic Systems for Wireless Optical Characterization of The Skin' 라는 제목으로 발표하였다.

이 장치는 LED와 광센서 · 안테나 등 다양한 요소로 구성되어 있으나, 지름이 1.5cm 정도에 불과한 얇은 스티커 형태이다. 기존 헬스 모니터링 장치보다 크기를 획기적으로 줄일 수 있었던 것은 근거리 무선통신(NFC) 기술로 외부에서 무선으로 전원을 공급받기 때문이다.

심박수와 혈액 안의 산소포화도, 자외선 노출 정도, 피부색 변화를 측정할 수 있으며, 측정 결과는 스마트폰, 태블릿 기기 등으로 전송돼 사용자가 쉽게 확인이 가능하다.

(3) 패치형으로 혈당측정 겸 약물전달 장치 개발

기초과학연구원 김대형 박사 연구팀은 땀에 들어 있는 당분으로 혈당수치를 파악하는 센서와 약물 주입용 미세 약물침을 하나로 만든 당뇨 환자용 전자피부(피부에 달라붙어 자유롭게 휘어지는 전자장치)를 개발하였다.

연구결과는 네이처 나노테크놀로지(Nature Nanotechnology)지에 'A Graphene-based Electrochemical Device with Thermoresponsive Microneedles for Diabetes Monitoring and Therapy'라는 제목으로 발표하였다.

2-3 의료기기 기술의 미래

1. 미래 융복합 혁신 의료기기

의료환경과 치료의 패러다임이 질병 중심모델(Disease-centered Model)에서 환자 중심모델(Patient-centered Model)로 변화하면서 환자를 최우선으로 생각할 때에 의료서비스의 가장 큰 가치가 창출된다고 여겨진다.

질병중심 의료(Disease-centered Care, DCC)에서는 단기적인 환자의 치료에만 목적을 두지만, 환자중심 의료(Patient-centered Care, PCC)에서는 장기적인 관점에서 환자의 건강과 질병의 예측 · 예방에 초점을 두고 환자존중, 정보공유, 환자참여 및 협력을 최우선으로 한다.

[그림 2-3]처럼 미래에 일어날 글로벌 헬스케어 산업의 핵심 변화와 시장의 전망으로 보건의료시스템의 자동화, 인공지능(Artificial Intelligent, AI), 데이터 분석(Data Analytics), 디지털 치료(Digital Therapeutics) 및 정밀의료(Precision Medicine) 등을 손꼽았다.

[그림 2-3] 글로벌 헬스케어 산업의 핵심 변화와 시장의 전망

최근 의료기기산업은 전통적인 하드웨어 및 첨단기술 기반의 융복합 의료기기 개발뿐 아니라 의료용 소프트웨어(SaMD : Software as Medical Device), 의료 빅데이터 공통데이터 모델(CDM : Common Data Model), 디지털 치료(Digital Therapeutics), 유전자 분석, 웨어러블 기술이 등장하고 있다. 이러한 보건의료 패러다임의 변화와 4차산업혁명 기술의 등장은 진단, 치료 및 재활영역에서 지속적인 환자 건강 증진, 환자 맞춤형 진단 및 치료 등 가치창출 영역을 넓혀가고 있다. 이를 통해 기존 의료기기산업의 보완적인 가치사슬을 확대시킬 수 있을 것으로 전망된다.

현재 의료기기산업의 가장 큰 특징 중 하나는 환자 데이터(의료영상, 생체신호, 유전자데이터 등)와 첨단기술의 융합으로 유의미한 임상 분석결과를 제시하여 정확한 진단, 치료기간 단축 및 환자 안전 등 임상적 가치창출을 중심으로 연구와 개발이 이루어지고 있다. 특히 유전자 분석기술 및 정보통신기술(ICT : Information and Communication Technology)의 진보와 요소기술들의 연구개발 노력 덕분에 관념적으로만 그려지던 4P[Predictive(예측), Preventive(예방), Personalized(개인맞춤), Participatory(참여)] 중심의 정밀의료(Precision Medicine)가 현실로 다가왔다.

4차산업 기술과 더불어 정보통신기술(ICT), 로봇기술(RT), 생명공학기술(BT) 등

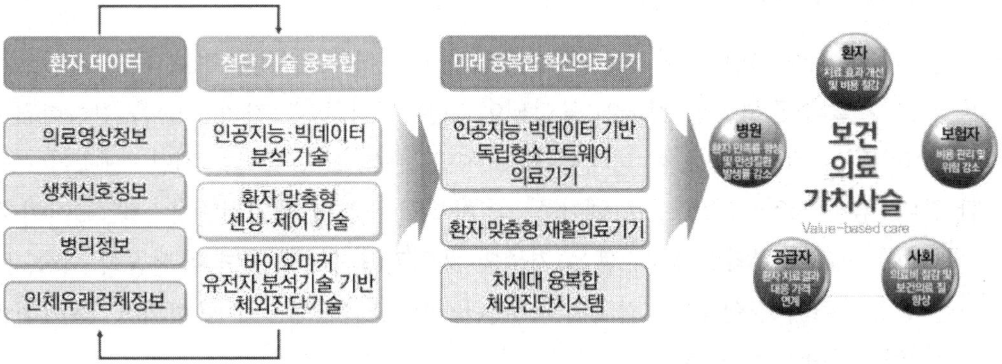

[그림 2-4] 미래 융복합 혁신 의료기기

첨단기술 융합기반의 미래 융복합 혁신 의료기기 중 대표적인 분야는 다음과 같은 세 가지 분야이다.

1) 인공지능 · 빅데이터 기반 독립형 소프트웨어

진료기록 또는 의료기기로부터 측정된 생체 측정정보, 의료영상, 유전정보 등 다양한 의료용 빅데이터를 분석하여 질병을 진단 또는 예측하는 '인공지능 · 빅데이터 기반 독립형 소프트웨어' 분야이다.

인공지능 · 빅데이터 기반 독립형 소프트웨어는 소프트웨어 그 자체로서 의료기기의 사용목적에 부합하는 기능을 가지며, 범용 컴퓨터와 동등 환경에서 운영되는 의료기기 소프트웨어이다. 추가로 의료영상 및 생체신호데이터를 이용하고, 인공지능 · 빅데이터 기술을 적용하여 의사의 진단 지원 · 보조역할을 하는 의료기기이다.

2) 환자 맞춤형 재활의료기기

단순 반복의 전통적 재활치료 방식에서 생체신호, 환자 움직임 정보, 뇌파 신호 분석 등의 생체신호를 기반으로 정보통신 기술과 로봇기술이 융복합되어 생체피드백을 활용한 센싱 · 처리 · 구동시스템을 개발하였다. 이는 환자의 뇌가소성 증진 및 기능 회복 유도를 통해 재활치료 기간 단축 또는 안전성 개선 등의 효과를 나타내고 있는 '환자 맞춤형 재활의료기기' 분야이다.

환자 맞춤형 재활의료기기는 환자의 뇌가소성 증진을 통한 기능적 회복 유도 및 운동학습을 통한 뇌신호 전달 신경계 회복을 목적으로 수행되는 재활 의료기기 중에서 생체신호, 환자의 운동하중, 뇌신호 등의 환자 데이터 기반 생체 피드백 기술을 적용하여 재활치료 시 안전하고 정확한 환자 맞춤형 재활치료가 가능한 의료기기이다.

3) 차세대 융복합 체외진단시스템

인체 유래 데이터인 혈액 · 체세포 · 유전자 데이터 또는 병리정보 등을 기반으로 생명공학기술과 정보통신 기술이 융합되어 기존 체외진단기기의 성능을 향상하거나 기존 병리의 유리 슬라이드를 디지털화하고 이를 통해 신속 정확한 진단 · 예측이 가능한 장비, 검사 시약, 진단소프트웨어 등의 '차세대 융복합 체외진단시스템' 분야이다.

차세대 융복합 체외진단시스템은 기존의 체외진단기기와 함께 유전공학 기술, IT 기술과 융합되어 진단장비, 검사시약, 진단소프트웨어 등으로 구성되어 성능(정확도, 정량도 등)이 향상 된 의료기기이다.

혁신 의료기기의 제품화 촉진 등으로 인하여 급진전하고 있는 혁신 의료기기 기술 개발에 대응하고, 신기술 의료기기 특성에 맞는 탄력적 규제 체계 확립과 산업 육성의 중요성이 증대함에 따라 미국, 일본, 유럽 연합(EU) 등 주요국들은 국가적인 전략 수립을 통해 향후 급성장이 전망되는 의료산업 시장에서 선점 효과를 누릴 수 있도록 규제과학 도입 등 의료산업 지원을 추진하고 있다.

각 나라별로 개인 의료정보의 정의나 활용 범위, 이해관계자 간에 발생하는 이슈에 대응하면서 의료기기 안전기술 관련 선제적 제도와 기준, 정책을 마련하고 있다.

식품의약품안전처와 보건복지부 소관 「의료기기산업육성 및 혁신의료기기 지원법」이 2019년 4월에 제정되어 2020년 5월부터 시행 예정이다. 해당 법은 혁신 의료기기 및 혁신형 의료기기 기업을 정의하고 지원하기 위한 내용을 다루고 있으며, 혁신 의료기기 지정에 따른 허가 · 심사 특례, 혁신 의료기기 안전관리 기반 구축 및 표준화 지원 등의 안전기술에 관한 내용이 포함되어 있다.

유전자 분석기술 등 미래 개인 맞춤형 정밀의료 분야와 관련하여 식품의약품안전처 소관 「체외진단의료기기법」이 2019년 4월에 제정되어 2020년 5월부터 시행하고 있다. 또한 체외진단의료기기의 제조 · 수입 등 취급과 관리 및 지원에 필요한 사항을 규정하여 체외진단의료기기의 안전성 확보 및 품질 향상을 도모할 수 있도록 하며, 체외진단의료기기의 특성을 반영한 별도의 안전관리체계를 마련하고 있다.

「의료기기산업 육성 및 혁신의료기기 지원법」과 「체외진단의료기기법」의 제정 및 시행과 더불어 의료기기의 효율성 및 안전성 등 임상적 유용성을 증대시키기 위하여 임상데이터(Clinical Data), 유전체데이터(Genomics Data) 등 다양한 보건의료데이터를 중심으로 정보통신기술(ICT), 로봇기술(RT), 생명공학기술(BT)과 같은 첨단기술과 융복합되어 개발되고 있는 '미래 융복합 혁신 의료기기'의 대표적인 사례로 인공지능 · 빅데이터 기반 독립형 소프트웨어의료기기, 환자 맞춤형 재활의료기기, 차세대 융복합 체외진단시스템 등이 있다.

수행 내용

재료 · 자료

- IT 분석 및 응용 관련 자료

기기(장비 · 공구)

- 컴퓨터, 문서작성 프로그램, 프린터, 주변기기

안전 · 유의사항

- IT 분석 및 응용 관련 장비의 안전 및 유의사항을 숙지한다.

수행 순서

01 비대면 의료의 확대와 디지털 헬스케어 플랫폼에 대하여 분석하라.

의료법 위반에 관한 오랜 논쟁에도 불구하고 포스트 코로나 시대에 비대면 의료의 확대는 불가피한 흐름으로 보인다. 비대면 의료나 헬스케어가 디지털 플랫폼 기술과 결합한 디지털 헬스케어 플랫폼 개발 역시 증가하고 있다.

2019년 규제 샌드박스를 통해 재외국민을 대상으로 한 비대면 의료서비스 플랫폼이 임시허가를 받아 원격 모니터링 기반의 비대면 진료 및 상담서비스를 제공하게 되었으며, 최근에는 이러한 디지털 헬스 플랫폼에 재활 및 인공지능 기반 진단기능을 더하기 위하여 의료기기 소프트웨어 기업들이 협업을 진행하고 있다.

일반적인 플랫폼은 생산자와 소비자 같은 다양한 그룹이 한데 모여서 상품이나 서비스, 정보 등 다양한 가치를 교환할 수 있는 장소 내지 구축된 환경을 의미한다. 이러한 전통적인 플랫폼과 디지털 플랫폼은 디지털 요소기술을 활용할 수 있는 전문성과 이를 해당 산업에 적용하는 이른바 디지털 역량(Digital Capability)에 기본적인 차이가 있다고 한다.

디지털 플랫폼에서 데이터 및 분석시스템은 그 핵심적인 기능으로서 다른 구성요소들이 이를 원활히 활용할 수 있도록 하는데, 최근에는 인공지능이 이러한 작업을 수행한다. 기존 플랫폼에서 ICT 기술은 해당 산업에서 전문성을 지원하는 보조적인 역할에 그쳤던 것에 반해, 디지털 플랫폼에서는 디지털 플랫폼이 작동하는 인프라를 제공할 뿐만 아니라 데이터 기반의 차별화된 프로세스 구축을 가능하게 해준다.

헬스케어 분야에서의 디지털 플랫폼은 그리 생소한 개념은 아니다. 이미 애플(Apple)은 지난 2014년 6월 모바일 운영체제 차기 버전 iOS8에 디지털 헬스케어 플랫폼 HealthKit과 어플리케이션 Health를 탑재함으로써 디지털 헬스분야 진출을 본격화하였다.

나아가 Health Record 플랫폼을 통해 개별 병원의 EMR시스템에 저장된 기록을 환자 자신의 아이폰으로 받아올 수 있게 하는 PHR시스템을 구축하였다(2019년 2월 기준으로 200여개 병원이 연동되었다). 같은 해인 2014년 5월 삼성전자가 디지털 헬스케어 하드웨어와 소프트웨어 플랫폼을 제공하는 Samsung DigitalHealth Initiative를 발표하였으며, 비슷한 시기에 구글 역시 헬스케어 플랫폼 GoogleFit을 공개하여 통합된 개인건강정보를 외부사업자들이 활용할 수 있도록 하는 보다 개방된 형태의 플랫폼을 발표하였다.

글로벌 IT 기업을 중심으로 디지털 헬스케어 플랫폼이 개발되면서 민간보험 영역에서도 디지털 헬스케어 플랫폼이 활용되고 있다. 예컨대, 글로벌 보험사 디스커버리(Discovery)와 미국 생명보험사 존핸콕(John Hancock), 유나이티드헬스케어(United HealthCare), 중국 핑안보험(Ping An Insurance, 平安保險) 등이 디지털 헬스로 건강생활 습관 기반 포인트 시스템을 구축하는 등 보험사 중심 로열티 플랫폼 서비스를 제공하고 있으며, 보험사와 디지털 스타트업 간의 협업을 통해 디지털 헬스 활용범위가 확대되고 있다.

특히 코로나19 이후 미국, 일본 등 주요국에서 의료 접근성 제고와 시장 수요확대에 적극 대응하기 위해 원격의료의 허용범위가 확대되면서 관련 기업들의 움직임과 성장도 빨라지고 있다. 미국의 원격의료 플랫폼 기업인 텔라닥(Teladoc health)은 인수합병을 통해 세계 최대 원격의료 기업으로 자리매김했고, 중국의 '핑안굿닥터'는 코로나19 팬데믹 초기인 2020년 1월 신규 이용자 수가 전월대비 900% 급증했다.

그러나 국내 상황을 들여다보면, 디지털 헬스케어 플랫폼 사업은 녹녹치 않은 규제 현실에 놓여 있다.

디지털 헬스케어 플랫폼은 소프트웨어를 활용한다는 점에서 의료기기 규제 영역과 맞닿아 있고, 서비스 측면에서는 의료와 비의료 사이의 그레이존에서 의료법상 규제대상인지 여부의 문제에 놓여 있다. 또한 디지털 헬스케어 플랫폼을 이용한 헬스케어(진료, 모니터링 및 예방적 건강관리)는 이를 건강보험제도권으로 포섭하여 수가에 반영할 것인지의 문제가 있다.

규제 대상 여부와 관련하여, 최근 정부는 소관부처의 지침을 통해 보다 명확한 기준을 제시하고자 하였다.

2019년 보건복지부가 「비의료 건강관리서비스 가이드라인」을 발표했으며, 금융위원회가 「건강증진형 보험상품 개발 가이드라인」 개정안을 발표한 것 등이 그 예에 해당한다. 그러나 가이드라인과 같은 규제당국의 지침은 법적 구속력이 없고 법원의 최종적 판단과 다를 수 있으므로 궁극적으로는 의료기기법 · 의료법의 개정 및 명확한 위임을 통해 그 기준이 마련되어야 한다. 다만 그 입법절차와 국민적 공감대 형성에 소요되는 시간을 고려할 때 이러한 법률적 차원의 대응으로는 빠르게 변화하는 시장요구에 대처하기 어렵다는 현실적인 딜레마에 빠지게 된다.

02 소프트웨어 기반의 새로운 의료제품에 대하여 분석하라.

1. 인공지능 기반 의료기기

기술발전과 급속한 고령화로 첨단기술을 활용한 질병 조기진단이나 노인성 질환에 대한 관심이 높아짐에 따라 인공지능 기반 의료기기의 임상시험 사례도 증가하고 있다.

2019년 의료기기 임상시험계획 승인 건수가 전년 대비 22%로 증가하였으며, 특히 의사 진단을 보조하는 인공지능(AI)이 적용된 소프트웨어의 임상시험이 2018년 6건에서 2019년 17건으로 대폭 늘었다.

물론 의료현장에서 인공지능 의료기기는 종합분석 능력에서의 부족함, 의료기관 간 데이터의 폐쇄성, 이용 범위의 제한성 등 그 한계가 드러나 해외 주요국에 비해 성장속도가 더디다는 평가가 있다. 그러나 앞으로는 최첨단 의료기기를 활용한 비대면 의료가 강조되면서, 의료현장에서는 인공지능 의료기기가 활용되는 범위가 다양해지고 그 비중도 더욱 커질 것이다.

최근 코로나19 증상인 흉부 질환에 대한 판독으로 코로나 감염여부를 신속하게 진단하고 판독자간 경력별 정확도 차이를 줄이는 등 코로나 팬데믹 하에서 인공지능 의료기기의 활용가치는 더욱 부각되고 있다.

실제로 병원과 업체간 협약을 통한 인공지능 소프트웨어의 개발은 최근 더욱 활력을 띠는 듯하다. 데이터 기반 인공지능으로 사람에 비해 더 빠르고 정확하게 코로나19를 진단함은 물론, 확진자나 자가격리자들의 동선 추적에도 활용할 수 있기 때문이다.

한편 인공지능 활용단계에 이르지 않더라도 수술로봇을 활용한 치료나 수술 역시 코로나 팬데믹 하에서 확대될 것이다. 실제로 중국에서는 이미 의료현장은 물론 소독 및 온도 측정, 마스크 착용 여부 감시 등 다양한 보건의료 영역에서 로봇이 활발히 이용되고 있다.

우리나라에서도 최근 의사와 환자가 직접 접촉하지 않아도 진료에 필요한 검사 대상물을 원격으로 채취할 수 있는 로봇이 개발되기도 하였다.

인공지능 기반 의료기기와 관련해서는 그 시장진입 과정은 물론 진입 이후의 여러 가지 쟁점들이 논의된다.

첫째, 의료기기 해당 여부 등 기존 규제기준의 적용 문제이다.

이세돌과 알파고의 세기의 바둑대결로 촉발된 인공지능에 대한 관심과 법적 이슈는 특히 의료기기 영역에서는 제일 먼저 의료기기 해당 여부의 문제로 나타난다. 다양한 기능과 특성을 가진 인공지능 기반 제품들 중 과연 어느 범위까지 의료기기에 포함시킬지 모호하다.

한 예로 인공지능 왓슨 포 온콜로지에 대해 식약처는 2017년 가이드라인을 통해 비의료기기로 해석한 것을 들 수 있다. 식약처의 「빅데이터 및 인공지능 기술이 적용된 의료기기의 허가심사 가이드라인」에서는 사용목적 외에도 '소프트웨어가 의도한 대로 작동하지 않아 환자에게 위해를 끼칠 가능성, 소프트웨어가 의료인의 임상적 판단을 보장하는지 여부' 등 위해도 판단요소를 고려하여 의료기기 해당 여부를 결정하도록 하고 있다.

비의료기기 예시로 '환자의 건강상태나 치료와 관련한 의학정보에 쉽게 접근하도록 도와주는 소프트웨어'를 들고 '표준치료법, 임상문헌 등을 검색하고 그 내용을 요약하여 제시하는 소프트웨어, 약물 부작용 예방을 위한 약물 간 상호작용 및 알레르기 반응을 검색하는 소프트웨어'라고 정의되어 있다.

물론 '학습 데이터를 검색하는 것을 넘어 다양한 학습데이터를 재해석하여 특정 적합한 새로운 진단 또는 치료방법을 제시'한다면 '의료기기'로 분류할 수 있다는 단서를 제시했지만 왓슨은 데이터 검색 이상으로 데이터를 재해석하거나 새로운 진단 또는 치료방법을 제시하지는 않기 때문에 비의료기기라는 것이다.

인공지능 기반 제품은 의료기기 해당성 판단기준이 가이드라인을 통해 구체화되고 있고, 기존에 없던 새로운 제품이라는 점에서 등급 및 품목분류의 기준이 역시 명확히 정립되어 있지 않아 신속한 인허가에 어려움을 겪었다.

다행히 2020년 8월 「의료기기 품목 및 품목별 등급에 관한 규정」 고시 개정을 통해 인공지능, 가상·증강현실 기술 등을 적용한 의료기기 소프트웨어에 대하여 별도의 품목 분류체계를 마련하여 법적 기준이 보다 분명해진 것은 사실이다.

또한 AI 소프트웨어가 장착된 기기도 하나의 의료기기로 인정하여 단 한 번만 인허가 절차를 진행하도록 하는 등 최근 인공지능 의료기기에 대한 인허가 절차가 간소화되었다. 그러나 근본적으로 종래 의료기기 분류체계 및 규제체계가 하드웨어 기반 의료기기를 전제로 마련된 것이라는 점, 인공지능은 업데이트를 기본으로 하는 소프트웨어에 해당한다는 점에서 이러한 소프트웨어 기반 제품의 규제체계에 대한 새로운 접근법에 대해 앞으로 많은 고민이 필요하다.

또한 안전관리를 위한 규제방식에 대해서도 근본적인 고민이 요구된다. 의료기기는 인체에 대한 침습성을 전제하는 경우가 많으며, 과학기술 발전에 따라 새로운 의료기기가 등장하고 희귀난치성 질환 등 치료를 위한 의료기기가 신속히 현장에 도입되고 있다. 따라서 이러한 의료기기 사용에 따른 위험을 관리하고 현 단계에서는 인식하기 어려운 잠재적 위험성에 대한 대응방향에 대해서도 논의할 필요가 있다. 이러한 측면에서 사전규제만이 아니라 인허가 후 지속적인 안전관리와 안전성·유효성에 대한 증거 창출이 가능하도록 규제 접근 자체를 달리해야 한다.

둘째, 사용에 따른 법적 책임의 문제이다.

인공지능 기반 의료제품들이 의료현장에서 사용되어 의료사고가 발생한 경우 그에 따른 책임 소재가 문제될 수 있다.

예를 들어 왓슨 포 온콜로지를 이용한 진료의 경우에 의사는 왓슨을 참고만 하여 본인이 최종 결정을 내렸기 때문에 의사에게 책임을 물어야 할 것이다. 또한 왓슨의 경우 법인격이 없어 현행법상 의료행위의 주체가 될 수 없다. 법원은 과실유무를 판단하기 위한 요소로 의료윤리와 경험을 드는데 왓슨에게는 이러한 요소를 판단할 수 없기 때문에 의사를 기준으로 할 수밖에 없다.

하지만 실제 사례에서 의사가 최종 결정을 내리지 않고 인공지능 알고리즘을 의해 결정을 내릴 경우까지 의사에게 의료사고에 따른 책임을 물을 수 있을 것인가에 대한 문제도 있다.

이는 궁극적으로 인공지능의 민형사 책임의 주체성 여부와 함께 인공지능에 대한 본질론에서부터 논의가 되어야 하는 부분이고, AI 알고리즘의 신뢰성과 투명성이 함께 고려되어야 한다는 점에서 그 논란은 현재진행형 상태이다.

셋째, 인공지능 의료제품 자체의 결함에 대한 제조물책임을 인정할 것인지가 문제이다.

현행 제조물책임법상 제조물의 범위에 소프트웨어까지 포함시킬 것인가도 입법적으로 논의가 지속되어 왔으며, 최근에는 자율주행자동차의 제조물책임과 관련하여 논의가 많이 이루어졌다. 또한 제조물책임법 적용 여부에 따라 소프트웨어 제작회사 및 개발자 등의 책임 소재가 문제되는바, 이를 둘러싼 이해관계로 인해 논의 과정에서도 의견이 분분하였던 것으로 기억한다.

2017년 9월 '소프트웨어'를 제조물에 포함시키는 내용으로 정의규정을 개정하는 제조물책임법 일부개정법률안이 발의되었으나 결국 이번 국회임기만료로 폐기되었다.

앞으로 어떤 방식으로건 또다시 법안이 발의되고 다소 소모적인 논쟁이 반복될 수 있지만, 국민의 건강과 생명을 다루는 보건의료제품 분야에서의 피해구제는 별도의 제도화가 필요하다고 본다.

2. 융복합 혁신 의료제품

융복합 의료제품이란 의약품 및 의약외품과 의료기기가 물리적, 화학적 또는 그 밖의 방법에 의해 서로 복합적으로 결합된 제품을 의미한다.

이러한 융복합 의료제품에 정보통신, 생명공학, 데이터 기술, 인공지능 등 신기술이 집약된 것으로서 기술혁신의 정도가 뛰어나거나 사용목적 등이 유사한 기준 제품보다 안전성 · 유효성을 현저히 개선하였거나 개선할 것으로 예상되어 허가 · 심사에 고도의 전문성이 요구되는 제품을 융복합 혁신 의료제품이라 한다.

이들에 대해서는 주작용에 따라 의료기기법상 인허가를 받아야할지 아니면 약사법상 의약품으로 취급하여 약사법에 따른 인허가를 받아야 할지가 정해진다.

융복합 혁신의료제품은 크게 세가지 측면에서 문제의식을 제기할 수 있겠다.

첫째, 어느 것으로 분류되는지에 따라서 준수해야 하는 절차가 달라지므로 융복합 의료제품 또는 혁신 의료제품에 대한 정의와 판단기준이 입법을 통해 정립되어야 함에도 여전히 현행법제에서는 그 주작용이란 기준이 불명확하고 불분명하다.

둘째, 절차 지연이 초래되는 경우가 발생하고 있다. 예컨대 융복합 의료기기는 인허가 절차는 간소화되고 있지만, 내용적 심사에서는 의료기기 및 의약품으로서의 개별 안전성 유효성 입증에 요구되는 자료들은 여전하고 자칫 자료제출의 시기 등 문제에 있어서 절차 지연이 발생할 수 있다는 것이다.

셋째, 전문인력이 부족하다. 판단주체와 관련하여 보다 주작용에 대한 정밀한 기준이 없다 보니 규제담당자들의 전문성에 의존해서 결정되게 되는데, 새로운 기술이 접목된 융복합 의료제품들을 대상으로 하는 임상시험을 관리할 전문인력이 부족하다. 이와 관련해 미국의 발빠른 움직임을 참고할 필요가 있다.

FDA는 2002년 융복합 제품 신청자와 소통하고 융복합 제품 규제절차를 수립하는 기구로서 '융복합제품부서(Office of Combination Product, OCP)'를 설치했으며, 2019년 5월 FDA의 의료기기 · 방사선보건센터(CDRH)는 융복합 제품의 전문분야별로 각종 질병과 연관된 분과들과 체외진단, 방사선보호효과, 임상근거 및 분석과, 규제프로그램 운영과가 한 팀을 이루는 'Super Office'를 신설하여 융복합 제품에 임상시험에 대한 사전 · 사후 관리를 전반적으로 담당하도록 하고 있다.

우리 식약처도 지난해 융복합 혁신 의료제품의 개발지원과 신속허가를 위해 출범시킨 '융복합혁신제품지원단'을 지난 2020년 7월 정규직제로 승격하였다. 단순히 신속허가를 지원하기 위한 조직화의 의미를 넘어, 앞으로 첨단의료기기 분야에서 행정조직 및 인력의 전문성과 규제 적합성을 향상시키는 계기가 되었으면 한다.

3. 디지털 치료제

소프트웨어나 디지털 기기를 활용해 질환을 관리하고 치료할 수 있다는 기대가 커지면서 디지털 치료제가 또 하나의 치료 옵션으로 떠오르고 있다. 디지털 치료제는 '전통적인 치료제를 보완하거나 대체하는 질병 예방, 관리 및 치료 목적의 디지털 기기'라고 정의된다. 디지털 치료제 시장은 아직 초기 단계이지만 세계 각국에서 디지털 헬스케어 관련 규제를 개선하면서 디지털 치료제 시장은 급성장할 것으로 예상된다.

실제로 다국적 제약사를 중심으로 이러한 디지털 치료제에 대한 관심은 지대하다고 한다. 최근 미국에서는 디지털 치료제의 개념 정립은 물론 관련 유망 신산업의 범주나 디지털 치료제의 유형 등에 관한 논의가 진행되고 있다. 디지털 치료제는 근거 기반 치료적 개입(Outcome-based Therapeutical Intervention)을 위해 임상시험을 시행하고 치료효과 검증, FDA 허가, 의사 처방, 보험 적용 등의 과정을 거친다. 지난 2017년 FDA는 약물중독 치료 애플리케이션인 '리셋(Reset)'을 디지털 치료제로 허가한 바 있으며, 이후 현재까지 마약사용 장애 관리, 조현병 치료, 암 치료, 우울증 관리 등 다양한 목적의 디지털 치료제가 등장하고 있다.

국내에서는 아직 식약처가 디지털 치료제를 허가하거나 심사중인 사례는 없는 것으로 보인다. 하지만 가상현실 기반의 뇌 손상 시야 장애 치료 프로그램 '뉴냅스(Nunaps)'가 식약처로부터 확증 임상시험 계획을 승인 받았으며, 국내 스타트업인 웰트는 근감소증 치료제 개발에 착수해 주목받은 바 있다. 또한 지난 2019년 11월 개최된 '가상현실 플래그십 프로젝트 성과발표 심포지엄'에서는 집에서도 체험 가능한 가상현실 기반의 주의력 장애 치료 콘텐츠가 공개되기도 했다.

그러나 정작 이러한 디지털 치료제가 과연 어떤 기준에 따라 의약품이나 의료기기로 취급되는지, 의료기기로서의 소프트웨어(Software as a Medical Device, SaMD)와의 관계는 어떠한지 정립된 바 없다.

이에 따라 관련 규범적 틀 역시 마련되지 않은 것으로 보인다. 규제기관의 국제협력조직인 IMDRF에서는 2017년 SaMD의 개념을 정립하였으나, 환자를 '치료'한다는 개념의 디지털 치료제와의 관계를 어떻게 정립할지, 어떻게 허가할지에 대해 대부분의 국가에서는 아직 명확하지 않은 것으로 보인다.

다만 디지털 치료제는 실제로 SaMD에 해당하는 경우가 많으며, 이에 지난 2020년 8월 식약처는 「디지털치료기기 허가 · 심사 가이드라인」을 발표한 바 있다. 이 가이드라인에서는 디지털 치료제(치료기기)의 의료기기 해당성 판단을 위한 기준과 함께 예시하고 있으며, 해당 예시에 해당되는 제품이더라도 치료 작용기전의 과학적(임상적)근거에 해당하는 자료가 있어야 디지털 치료기기에 해당함을 밝히고 있다.

한편 국민건강보험제도 하에서 디지털 치료제를 건강보험의 수가에 반영할 것인지, 그렇다면 급여 결정을 위한 효용성을 어떻게 평가할 것인지, 혹시 전혀 기존의 의약품이나 의료기기 등과는 다른 체계로 그 비용을 보전해 줄 것인지는 앞으로 논의되어야 할 부분이다.

03 AHWP(Asia Harmonization Working Party, 아시아 의료기기 규제조화 회의)에 대하여 분석하라.

AHWP는 1996년 발족한 아시아를 비롯 전세계 31개 회원국이 참여하는 의료기기 규제조화를 위한 국가 간 협력기구이다. 산하에 기술위원회(Technical Committee)와 10개의 실무그룹(Working Group)으로 구성되어 있다.

한국은 '15년부터 3년간 AHWP 의장국을 수임하였으며, 이후에도 의장단 임원* ('18~'21)으로 선출되어 국제적 리더십 발휘하고 있다.

1. 회원국(31개국)

한국, 중국, 대만, 인도, 싱가포르, 베트남, 인도네시아, 말레이시아, 태국, 필리핀, 홍콩, 파키스탄, 캄보디아, 미얀마, 라오스, 칠레, 사우디아라비아, 요르단, 쿠웨이트, 예멘, 부루나이, 남아프리카, 탄자니아, 몽골, 카자흐스탄, 아랍에미레이트연합, 짐바브웨, 오만, 바레인, 케냐, 키르키스스탄

* 기술위원회 부의장 : 의료기기심사부장(이정림), 실무그룹1 사전허가 의장 : 심혈영상기기과주무관(박세일)

2. 조직도

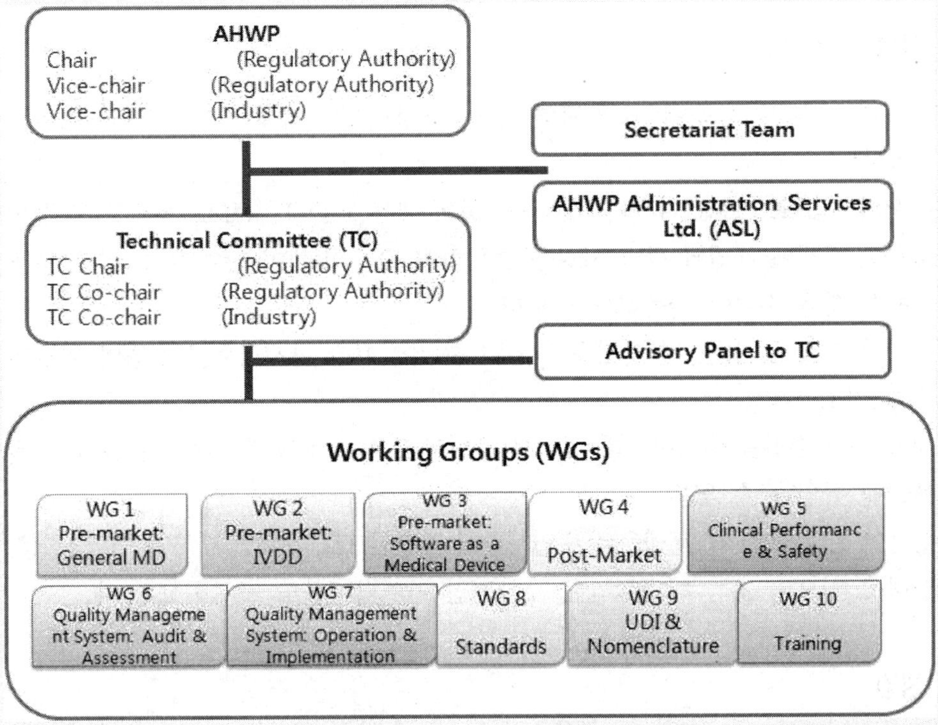

[그림 2-5] 아시아 의료기기 규제조화 회의 조직도

3. AHWP 실무그룹

국제공통 가이드라인 제·개정, 회원국 정부 및 산업계 대상 교육 프로그램 마련 등 실무그룹별 온·오프라인 활동을 하고 있다.

연번	실무그룹명	주요활동
1	사전허가 - 일반의료기기	의료기기 허가 및 심사 가이드라인 마련
2	사전허가 - 체외진단기기	회원국 간 체외진단 의료기기 관리 규정 비교·분석
3	사전허가 - 의료용 SW	회원국 간 의료용 소프트웨어 관리 규정 비교·분석
4	사후관리	시판 후 의료기기 안전성 관련 정보수집 및 제공
5	임상적 성능 및 안전성	회원국 간 임상시험 관련 규정 비교·분석
6	품질관리시스템 - 감시/평가	의료기기 제조·수입업자를 위한 품질관리 시스템 심사체계에 따른 교육지원
7	품질관리시스템 - 운영/적용	회원국 간 품질관리시스템 비교·분석 및 국제조화
8	의료기기 기준	최신 기준규격 조사 및 국제조화
9	UDI와 용어정의	Unique Device Identifiers와 의료기기 용어 정의
10	교육(Training)	발간된 국제공통가이드라인 교육관련 업무

학습활동.2 교수 · 학습 방법

교수 방법

- 의료기기 기술 및 응용에 대한 관련 용어, 구성, 방식 이해 정도를 파악한 후 수업을 진행한다.
- 교수자의 주도로 의료기기 기술 및 응용 등의 내용을 PPT 자료로 제시한 후 설명한다.
- 가능하면 사전에 개인별 학습 자료를 준비하여 모든 학생이 참여할 수 있는 문제 해결식 수업, 협력 수업이 가능하도록 한다.
- 의료기기 기술 및 응용 전 과정을 작업의 순서에 따라 단계적으로 실습이 이루어질 수 있도록 지도한다.
- 교재를 통해 수업을 준비하는데 있어서 필요한 모든 정보나 팁, 힌트 등 도움이 될 만한 내용들을 확인할 수 있다.
- 학생들이 만들게 될 각 모델들은 수업시간에 중점적으로 다뤄질 부분과 어휘, 질문, 답을 포함하고 있으며 또한 탐구할만한 추가적인 아이디어들도 포함하고 있다.

학습 방법

- 의료기기 기술 및 응용에 대한 관련 용어를 숙지하고, 의료기기 기술 및 응용에 대해 이해한다.
- 의료기기 기술 및 응용의 각 단계별 중점 사항을 체계적으로 학습한다.
- 의료기기 기술 및 응용의 수행순서의 전 과정을 실습한다.
- 의료기기 기술 및 응용의 내용을 이해한다.
- 의료기기 기술 및 응용을 이해하고 숙달이 될 때까지 학습한다.

학습활동.2 평가 및 피드백

평가 준거

- 평가자는 피평가자가 수행 준거 및 평가 내용에 제시되어 있는 내용을 성공적으로 수행할 수 있는 지를 평가해야 한다.

학습내용	평가항목	성취수준		
		상	중	하
의료기기 기술 및 응용	의료기기 기술 및 응용을 이해할 수 있다.			

평가 방법

• 작업 포트폴리오

학습내용	평가항목	성취수준		
		상	중	하
의료기기 기술 및 응용	의료기기 기술 및 응용을 이해할 수 있다.			

• 필기시험

학습내용	평가항목	성취수준		
		상	중	하
의료기기 기술 및 응용	의료기기 기술 및 응용을 이해할 수 있다.			

• 체크리스트를 통한 관찰

학습내용	평가항목	성취수준		
		상	중	하
의료기기 기술 및 응용	의료기기 기술 및 응용을 이해할 수 있다.			

• 피드백

1. 작업 포트폴리오
   - 제출한 보고서를 평가한 후 주요 사항에 대하여 표시하여 돌려준다.
2. 필기시험
   - 평가 결과 성적이 저조한 학생은 보고서 제출 기회를 부여한다.
3. 체크리스트를 통한 관찰
   - 실습 과정에서 평가한 후 개선해야 할 사항 등을 정리하여 돌려둔다.

참 | 고 | 문 | 헌

- 김민식 · 이가희, 디지털 플랫폼과 인공지능(AI)의 이해, 정보통신방송정책 제29권 18호, 2017.
- 김윤영 외, SW제조물책임 관련 법제 현황 조사연구, 소프트웨어정책연구소, 2017.
- 박정연, 의료기기 진입규제의 변화 : 공법적 정당화 논거와 규제 방향성, 법학논총 제46집, 2020.
- 박정연, 포스트코로나 시대 의료기기 산업변화와 규제이슈, BioINregulation, 2021.04.08.
- 보건복지부, 비의료 건강관리서비스 가이드라인 및 사례집, 2019.
- 정원준, 국내 인공지능 의료기기 현황 및 규제 이슈, 주간동향 제1831호, 정보통신기술진흥센터, 2018.
- 최윤섭, 디지털 헬스케어 : 의료의 미래, 클라우드나인, 2019.
- 식약처 안전평가원, 2020년 신개발 의료기기 전만분석 보고서, 식품의약품안전평가원, 2020.3.
- 식약처 안전평가원, 디지털치료기기 허가 · 심사 가이드라인, 2020.
- 식약처 안전평가원, 빅데이터 및 인공지능(AI) 기술이 적용된 의료기기의 허가 · 심사 가이드라인, 2019.
- 식약처, 글로벌 의료기기 규제과학 선도, 2021.11.29.
- 식약처, 융복한 의료제품 개발을 위한 자료집, 2019.
- 2015 국내외 의료기기 산업동향, 생명공학정책연구원, 2016.9.27.

학습 1	4차산업 기술 및 응용
학습 2	의료기기 기술 및 응용
학습 3	**의료용 로봇 기술 및 응용**
학습 4	스마트 헬스케어 기술 및 응용
학습 5	디지털 치료제 기술 및 응용
학습 6	인공지능 기술 및 응용
학습 7	빅데이터 기술 및 응용
학습 8	사물인터넷 기술 및 응용
학습 9	5G 네트워크 기술 및 응용
학습 10	디지털 콘텐츠 기술 및 응용
학습 11	디지털 트윈 기술 및 응용
학습 12	블록체인 기술 및 응용
학습 13	메타버스 기술 및 응용

학습 목표

1. 의료용 로봇 기술 및 응용을 이해할 수 있다.

3-1 의료용 로봇 기술의 개요

의료 · 재활 · 돌봄 등 의료서비스 분야는 IT와 의료기술이 세계 정상급인 우리나라가 선점할 수 있는 몇 안 되는 분야로 저출산 · 고령화 대응을 위한 필수분야이다.

4차산업혁명 시대 통신, 의료기기 등 관련 산업의 시너지 및 일자리 창출 효과와 장애인, 노인 거동 보조, 재활운동 보조 등에 로봇공학 기술을 적용하여 고령화 사회 서비스 혁신, 새로운 비즈니스 모델을 창출하는 니즈에도 부합되는 분야이다.

의료서비스 로봇의 범위는 해외의 경우 시장의 크기, 수요를 고려하여 수술 · 재활 · 간호 · 안내 · 물류 등 핵심기술 중심의 분류 체계를 적용하고 있으며, 국내의 경우 정확한 정의는 없으나 돌봄 · 간호 등의 서비스행위 중심의 포괄적 범위로 접근한다.

1. 지능형 로봇의 개요

1) 지능형 로봇의 개념

지능형 로봇(Intelligent Robots)은 외부환경을 인식(Perception)하고 스스로 상황을 판단(Cognition)하여 자율적으로 동작(Manipulation)하는 로봇이다. 산업사회에서 정보화사회를 거쳐 지능기반사회로의 발전에 따라 로봇의 패러다임은 노동대체 수단으로서의 '전통적 로봇'에서 인간 친화적인 'IT 기반 지능형 서비스 로봇'으로 변화하였다. 사람의 명령에 의해 피동적, 반복적 작업을 수행하던 과거의 전통적 로봇과는 달리 IT 기술 및 네트워크와의 융합을 통해 지능적이고 능동적인 서비스를 제공하는 'IT 기반 지능형 서비스 로봇'의 새로운 개념이다.

지능형 로봇은 최근 IT 기술의 융 · 복합화, 지능화 추세에 따라 네트워크를 통한 로봇의 기능분산, 가상공간 내에서의 동작 등 IT와 융합한 'IT 기반 지능형 서비스 로봇'의 개념을 포함한다. 향후 BT, NT 등 첨단기술의 진전에 따라 또 다른 개념의 새로운 로봇이 출현할 것이다.

2) 지능형 로봇의 핵심기술

지능형 로봇은 유비쿼터스 네트워크 기술을 바탕으로 언제 어디서나 인간에게 다양한 서비스를 제공하는 로봇으로 정의한다. 복합적인 하드웨어 기술로 구성된

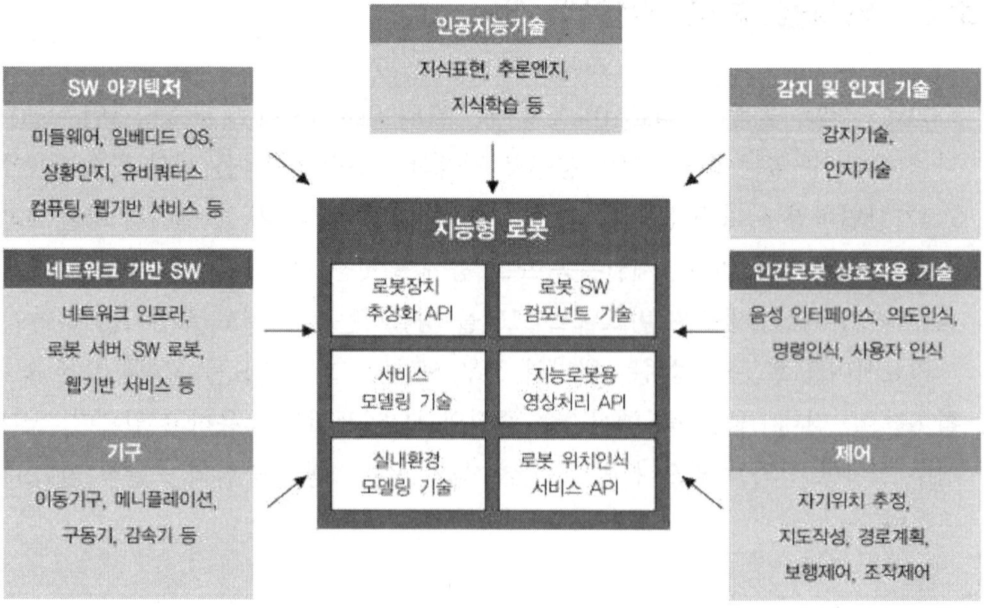

[그림 3-1] 지능형 로봇의 기술

로봇요소에 소프트웨어인 지능을 부여하여 서비스를 제공하는 기계, 전자, 정보, 생체공학의 복합체로 정의한다. 따라서 지능형 로봇 자체구현에 필요한 표준(로봇 내부의 표준)으로서 지능형 로봇시스템 기술을 표준화 대상 항목으로 선정한다.

지능형 로봇이 서비스를 제공하기 위해서는 로봇 사이의 또는 로봇과 인간, 네트워크를 포함한 환경 간의 다양한 인터렉션이 요구된다. 이처럼 기능 및 서비스를 제공하기 위한 대상 또는 환경에 관련된 표준(로봇 외부의 표준)으로서 로봇-인간-환경상호 작용기술에 대한 표준이 필요하다.

지능형 로봇의 기능 및 사용과 관련하여 로봇에 의해 주어지는 부가적인 서비스 또는 파생되는 제반사항에 대한 표준(기반적 측면의 표준)으로서 서비스 및 활용기술의 표준이 포함한다.

학습 3

〈표 3-1〉 지능형 로봇의 분류

기술 대분류	중분류	내 용
감지 및 인지기술	감지 기술	감지 기술, 시각센서 제작 기술, 청각센서 제작 기술, 거리(적외선, 초음파 레이저) 센서 제작 기술, 기타 센서(후각, 미각 등) 제작 기술
	인지 기술	시각 인식 기술, 청각 인식 기술, 촉각 인식 기술, 후각 인식 기술
인간로봇 상호작용	사용자 인식	얼굴 검출 및 인식 기술, 화자 인식 기술, 신체 특징 인식 기술, 사용자 추적 및 관리 기술
	명령 인식	주의집중 기술, 음원추적 기술, 제스처 인식 기술, 목표물 추적 및 추종 기술
	의도 인식	표정인식 기술, 학습-추론 기반 상호작용 기술
	음성 인터페이스	음성인식 기술, 음향인식 기술, 음성합성 기술
제 어	자기위치 추정	Dead Reckoning 기술, 인공 표식 인식 기술, 자연 표식 인식 기술, 위치 정보 융합 기술
	지도 작성	환경 정보 등록 기술, 지도 관리 및 수정 기술
	경로 계획	전역 경로 계획 기술, 지역 경로 계획 기술, 장애물 회피 기술
	보행 제어	이족/사족/육족 보행 기술
	Manipulator 제어	Soft Manipulation 기술, 여유 자유도 제어 기술, 파지 제어 기술
로봇 지능	지식 표현	논리 기반 지식 표현 기술, 인지 기반 지식 표현 기술, 의도 파악 기술
	추론 엔진	추론 엔진 기술, 내장형 추론 엔진 기술, 시공간지식 추론 기술, 로봇 행위 제어 기술

기술 대분류	중분류	내 용
	지식 학습	기호기반 학습 기술, 부기호기반 학습 기술, 개성 표출 기술, 대화기반 학습 기술
로봇 소프트웨어 아키텍처	자율 행위선택 메커니즘	가변우선순위 결정 기술, 행위선택 학습 기술
	미들웨어	로봇응용 배포 기술, 실시간 분산제어 미들웨어 기술
	임베디드 운영체제	커널 경량화 기술, 실시간 스케줄링 기술
	로봇 통신망	실시간 제어통신 프로토콜 기술, 네트워크 디바이스 드라이버 기술, 네트워크 프로토콜 스택 기술
	로봇 개발 환경	개발 방법론 제작 기술, 개발 도구 제작 기술
로봇 소프트웨어 기술	네트워크 인프라 기술	유무선 실시간 네트워크 기술, 로봇 통신 프로토콜 기술, 원격 로봇 보안 프로토콜 기술, 센서 네트워크 활용 기술, 유비쿼터스 컴퓨팅 기술, 실시간 로봇 원격제어 및 고장진단 기술
	로봇 서버 기술	고가용성 서버 기술, 분산 처리 미들웨어 기술, 로봇 서비스 운용 기술, 로봇 분산통신 미들웨어 기술
	소프트웨어 로봇 기술	상황인지 기술, 동적 적응 기술, 이동 에이전트 기술, 소프트웨어 인터페이스 기술
	웹기반 로봇 서비스 기술	시멘틱 서비스 탐색 기술, 로봇 서비스 프로세스 제어 기술
기 구	이동기구	limbed vehicle 제작 기술, wheeled mobile robot 제작 기술
	manipulator	팔 및 링크 제작 기술, 손목 제작 기술, 손 제작 기술, 눈·목 기구 제작 기술
	구동기	스마트 액츄에이터 제작 기술, 서보 모터 제작 기술, 신개념 구동기 제작 기술
	감속기	harmonic drive, rv 감속기, planetary gear 제작 기술

2. 의료서비스 로봇의 개발

1) 의료서비스 로봇의 정의 및 분류

의료용 로봇은 의료현장의 다양한 분야에 로봇기술을 융합하여 보다 안전하고 편리한 의료서비스를 제공하는 시스템으로 정의된다. 기술분야는 수술로봇, 네비게이션, 수술 시뮬레이터, 재활로봇 등으로 분류된다.

〈표 3-2〉 의료서비스 로봇 기술의 범위

행위목적	수혜자	운영자	장 소	범 위	정 의
수술	환자	의사	의료시설	수술/수술보조 로봇	침습/비침습 수술의 전 과정 또는 일부를 의사 대신 또는 함께 작업(영상가이드, 정밀 시술 등)
				신체삽입형 로봇	혈관, 경구 등을 통해 병소에 직접 다가가는 미소 크기의 로봇
재활	노약자 장애인	간호/간병인 환자	복지시설 가정	재활치료 로봇	상/하지 재활치료(웨어러블 기기)
				재활보조 로봇	이동, 파지 등 일상 생활보조용 휠체어 로봇, 웨어러블 보행기 등
				간병 로봇	간호/간병/돌봄, 의료 목적의 정서적/사회적 기능 및 다양한 피드백 행위를 제공
보조 서비스	사물 환자 의사 약사	의사 약사 간호/간병인	의료/복지/연구시설	물류 로봇	지능형 배송 및 운반
				약재처리	클린 멸균, 항암약조제 등
				원격진료	원격으로 의사의 진료/상담 및 처방 등 행위를 대신 수행하는 로봇
				연습/평가	가상 그래픽, 햅틱장치 등을 활용한 훈련 또는 안전/호환성/성능/표준화 평가

2) 의료용 로봇의 필요성

최근 첨단의료기술의 발전으로 고령화 사회로 접어들고 있으며, 건강에 대한 관심 증가로 웰빙에 대한 관심이 증가함에 따라 의료서비스의 수요가 증가될 것으로 전망되고 있다.

고품질 의료서비스에 대한 수요는 선진국뿐만 아니라 G20 신흥시장 중산층에서도 유효할 것으로 기대하고 있다. 따라서 국내뿐 아니라 전세계적인 경쟁 구도가 형성될 것으로 예측되므로 IT 융합형 의료 영상장비, 의료로봇 등의 분야에 대한 기술개발 및 원천기술 확보가 시급하다.

의료로봇은 최대시장인 미국을 중심으로 연평균 20% 수준의 높은 성장세를 보이고 있을 전망이다.

3) 의료용 로봇의 핵심기술

수술로봇 기술은 [그림 3-2]에서와 같이 Advanced Eye와 Advanced Hand 두 가지로 구분할 수 있다.

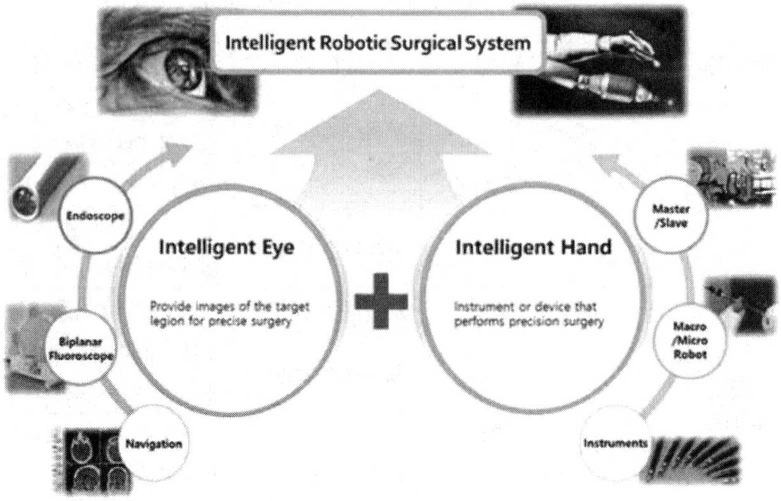

[그림 3-2] 의료로봇의 핵심기술

Advanced Eye는 전혀 보이지 않는 부위의 영상을 MRI 또는 CT를 활용하여 제공하거나 또는 잘 안 보이는 부위를 잘 보이도록 내시경을 통한 영상을 제공하는 기술이다. 특별히 내시경의 발전은 많은 수술과정에 획기적인 변혁을 일으킨 것으로 인식되고 있다. Advanced Hand는 직접 수술을 담당하는 수술로봇을 의미한다. 의사가 담당할 수 없는 미세한 작업, 의사의 손이 다룰 수 없는 부위 등의 수술에 유용하게 쓰일 수 있다.

대부분의 수술로봇은 Advanced Eye와 Advanced Hand를 동시에 활용하는 복합적 기술로써 수술 목적에 따라서 다양한 형태의 개발이 이루어질 수 있다.

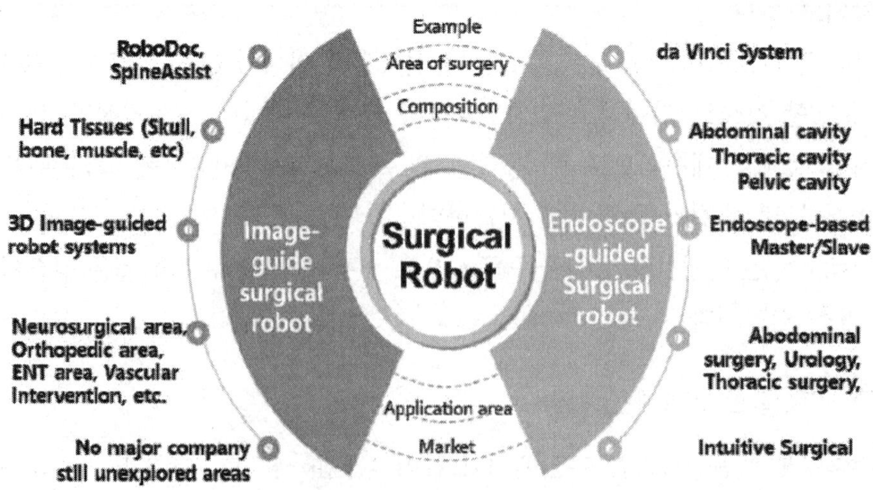

[그림 3-3] 의료로봇의 분류

수술로봇의 종류를 크게 분류하면 [그림 3-3]에서와 같이 두 가지로 구분할 수 있다.

내시경 정보를 활용한 유도수술 로봇은 내시경의 영상정보를 활용하여 수술로봇을 마스터 로봇으로 제어하는 방식으로 다빈치(da Vinci)가 그 대표적인 사업화 성공사례이다. 응용범위는 복강, 흉곽 등 공간에 존재하는 부위에 해당된다.

영상 유도 수술로봇은 수술 전에 MRI 또는 CT에서 얻어진 3D 영상을 기반으로 수술계획을 세우고, 이러한 영상정보를 수술시 영상좌표계와 로봇좌표계 그리고 환부좌표계의 정합을 통하여 수술을 수행하는 방식이다. 이 분야는 아직까지 대표적인 사업화 성공사례가 발표되고 있지 않는 실정이다.

학습 3

3. 인간의 삶과 질 향상 의료용 로봇

사람과 협동하는 의료용 로봇은 인간의 건강 개선 및 삶의 질 향상이 목적으로 보행이 불편한 노인과 시각장애인 그리고 미취학 아동의 학습과 놀이를 돕는 로봇을 말한다.

1) 노인을 위한 스마트 워커(Smart-walker)

4개의 다리가 장착된 로봇을 개발하여 보행이 불편한 노인들이 보호자에 의존하지 않고 생활할 수 있게 하는 로봇이다. 사용자의 움직임과 환경을 감지하는 센서가 탑재된 스마트 워커를 통해 휠체어와 달리 장애물을 쉽게 극복할 것이다.

로봇에는 'Smart power-assist Walker(스마트 근력보조보행기)'와 'Smart Mule(스마트 노새)'라는 두 가지 모드가 있어 보행에 도움을 줄 뿐만 아니라 이동시에 짐을 들어주기도 한다

2) 시각 장애인용 보조기(Hand-worn Device)

손에 착용하는 보조기구로 사용자가 움직이는 장애물을 인식하여 스스로 피하거나 물체를 확인하여 정확하게 조작하는 것을 지원하는 로봇이다.

독립적으로 움직이는 능력을 향상시키고 문손잡이와 같은 물체를 잡는 것을 보조하는 등 시각 장애인의 삶의 질 향상에 기여한다.

3) 아동용 사회 로봇(A Social-robot Companion for Kids)

어린이에게 다양한 상호작용을 제공하는 사회적 로봇친구이다. 아동의 정신건강, 학업성취 등에 긍정적인 사고방식을 갖도록 돕는 로봇이다. 어린이들은 6개월에 걸

쳐 로봇친구와 상호작용하면서 배우고 노는 것에 대한 장기 연구를 수행하여 로봇친구의 영향을 평가하기도 한다.

아동용 사회 로봇을 개발 중인 MIT 미디어융합기술연구소(Cynthia Breazeal, Ph.D.)는 가정용 로봇 Jibo를 개발하고 제품을 출시하였다.

3-2 의료용 로봇 기술의 응용

로봇 기술의 발달은 동작이 정교할 뿐만 아니라 지능의 발달도 겸해져서 상호작용할 정도로 빠르게 진화하고 있다. 로봇의 기술을 단순 의료기기보다는 현재 '소셜 로봇'이라는 관점에서 헬스케어 쪽으로 많은 진전이 되고 있다. 소셜 로봇은 표정, 말투로 상대방의 감정을 파악하는 인공지능과 인간과 정서적인 교감이 가능하도록 만들어진 로봇이다.

예를 들면 소프트뱅크의 '페퍼(Pepper)'는 일본에서 24시간 고객대응이 필요한 매장의 로봇 점원이나 가정 내 어린이와 노인들을 돌보는 홈케어 로봇으로 폭넓게 활용되고 있다.

로봇 의료기기 분야는 미래 먹거리 산업으로 부상하고 있다. 국제로봇연맹에 따르면 2014년 세계로봇시장은 167억달러 규모로 2013년 149억 달러에 비해 12.3% 성장했으며, 최근 5년간 연평균 20%의 성장세를 보이고 있다.

국내 수술로봇의 경우에는 시장규모가 연평균 45.1%로 증가하고 있으며 무인화 수술로봇, 마이크로 로봇, 원격의료 활용 로봇 등이 연구개발중이다.

1. 수술로봇의 동향

수술용 로봇은 인간의 한계를 넘어서는 고정밀도 · 고난이도의 기술이 요구되어 자동화, 스마트화, 최소침습 관련 기술이 개발되고 있다.

1) 미 국

다빈치(da Vinci) 수술로봇을 선두로 수술상처가 여러 곳인 멀티포트(Multi Port)방식에서 하나인 단일포트(Single Port)위주의 기술이 개발되고 있고, 최소침습 및 마이크로 수술을 위한 초소형 신체삽입형 로봇연구도 수행한다.

최소침습은 개복과 같은 큰 절개 없이 주사바늘 정도의 최소 절개만으로 시술통

로를 확보한 뒤 영상을 보면서 미세한 수술도구를 이용해 치료하는 시술이다.

2) 독 일

수술로봇이 투입되어야 하는 목표점에 신속 · 정확하게 도달가능하게 하면서 주요 경로 주변에 위치한 위험조직과 최소 충돌하는 최적경로를 연구 · 수행한다.

3) 일 본

동경대 로봇연구그룹은 수술용 로봇의 범용화를 목적으로 조작성능 향상과 의사의 손기술로는 수술이 매우 어려운 초미세 수술기술 개발을 수행하고 연조직 대응, 경조직 대응 및 혈관내부 치료용 마이크로로로봇 등 3개의 플랫폼을 제안한 바 있다.

4) 중 국

암 수술이나 안과 질환 등에 군집 나노로봇을 보내 약을 전달하거나 종양을 제거하는 목적으로 인공 마이크로 군집로봇을 제어하는 기술개발을 수행한다.

5) 한 국

수술로봇은 미세부위 수술이 가능한 원격 카테터(Catheter)기술이 최근 개발되었으며, 신체 삽입이 가능한 의료용 마이크로로로봇도 활발히 연구하고 있다. 카테터는 신체 삽입 후 내용액의 배출 측정이 가능한 고무 또는 금속제의 가는 관이다.

① 한국과학기술연구원(KIST)은 미세수술 로봇 '닥터 허준(Dr. Hujoon)'을 개발하여 수차례 전임상 동물실험을 성공시켰으며, 고도화 및 안정화시킨 로봇 시스템으로 사체(카데바)를 이용한 전임상 시험에 성공하였다.
   닥터 허준은 로봇 팔에 장착된 직경 3mm 카테터를 6 자유도(DOF : Degree of Freedom) 햅틱 마스터 장치를 사용한 원격구동으로 경막외 공간 내에 삽입 및 조향하는 로봇 시스템을 개발하였다. 시술 중 2차원 영상을 카테터의 3차원 위치로 계산해 집도의에게 제공하는 가상현실(VR) 내비게이션 시스템도 구현되어 있다. 경막은 뇌와 척수를 둘러싸고 있는 3겹의 뇌막 중 가장 바깥에서 둘러싸는 막이다.

② 신체삽입이 가능한 마이크로의료로봇 분야는 한국이 가장 활발히 연구하고 있다. 미국 FDA인증을 받은 캡슐내시경, 세계최초로 개발된 혈관치료 마이크로로로봇, 암 치료용 박테리아 로봇, 이탈리아에 기술 이전된 대장내시경로봇, 최근 미국 스타트업에 기술 이전된 줄기세포 마이크로로로봇 등이 있다.

③ 대구경북과학기술원(DGIST)은 다양한 체내외 환경에서 줄기세포를 정밀하게 전달하고 이식할 수 있는 미세전자기계시스템(MEMS : Micro Electro Mechanical Systems) 기술을 이용한 마이크로로봇을 개발하였다.
3차원 레이저 리소그라피 공정을 통해 마이크로(1μm=10^{-6}m) 사이즈의 초미세 3D 구조물을 구현하고, 외부 무선 자기장을 이용하여 체내에서 구동이 가능하다. 정확한 양의 줄기세포 기반 치료세포를 신체조직 및 장기에 정밀하게 이식할 수 있어 퇴행성 신경계질환 치료의 효율과 안전성을 높일 것으로 기대된다.

2. 재활로봇의 동향

재활로봇은 건강관리에 로봇제어 기술이 접목된 생활보조 로봇보다 환자 및 고령자의 치료재활분야 위주의 다양한 기술이 개발되고 있다.

1) 미 국

미국국립보건원(NIH)을 중심으로 이동 및 생활지원, 신체기능 대체, 재활훈련 등 전 분야에 걸쳐 연구개발 및 다수의 제품의 상용화 연구개발을 수행한다.

2) 독 일

미리 정해진 궤적을 따라 움직이는 트레드밀 형태의 말단 장치 보행재활로봇, 착용형 외골격(Exoskeleton) 보행재활로봇, 손 · 팔 재활용 상지(어깨와 손목 사이 신체부위) 훈련로봇, 균형재활장치 등 치료영역에 집중하여 단순화 · 저렴화 제품을 위한 기술을 지속적으로 개발하고 있다.
말단장치(End-effector)는 로봇이 작업을 할 수 있도록 기계접속이 가능한 로봇의 끝부분이다.

3) 일 본

동경대에서는 수동 휠체어에 낮은 높이의 장애물을 자동으로 넘는 보조시스템 등 ICT · 로봇 기술 등을 융합시켜 안정성 · 신뢰성을 향상시키는 기술을 발표하였다.

4) 중 국

외골격 로봇의 단순동작 반복시 실시간 제어 기술, 3D 프린팅 기술을 이용한 환자 맞춤형 웨어러블기기 제작 등의 연구를 수행한다.

5) 한 국

한국의 재활로봇은 일상생활 간병/돌봄분야(이승, 식사, 배설, 욕창예방 등) 로봇과 재활치료/보조용 외골격 로봇연구가 활발하다.

① 산업부 '돌봄로봇공통제품기술개발' 사업에서 일상생활 간병로봇의 상용화 제품 개발연구를 수행하며, 다양한 현장실증 및 안전성 검증 등을 위해 복지부의 '돌봄로봇 중개연구 및 서비스 모델' 사업과 협업하여 추진하고 있다.

② 국립재활원은 재활로봇 연구용 테스트베드 · 인프라인 '로봇짐(Robot Gym)'을 운영하며 '19년부터 다기관 임상연구, 근력강화 운동로봇, 가정용 · 보급형 재활로봇, 인허가 안전성 시험검사 지원 및 임상기능측정평가 연구를 추진하고 있다.

③ 재활로봇은 외골격 로봇 및 하지보행 보조 로봇 위주로 연구되고 있으며, 재활 및 보행보조 연구는 주로 임상에서 치료사에 의하여 행해지고 있는 치료를 로봇으로 단순 모사하는 것으로, 난이도가 낮은 단계 연구가 활발한 상태이다.

3. 보조서비스 로봇의 동향

보조서비스 로봇은 반복적 · 노동집약적 업무를 위한 물류/약재처리 로봇, 가상현실기술 활용 훈련/평가 및 원격진료 · 진단 기술 등이 개발되었다.

1) 미 국

오쏘 VR(Osso VR)의 VR 수술 훈련 플랫폼에는 공인된 외과수술 훈련을 위해 4K 해상도/360도 몰입식 가상현실 기술이 활용되었다.

2) 일 본

파나소닉 자율운반 로봇 HOSPI-R은 병원 내 물류운반에 이미 적용중이며 자동문 및 엘리베이터 연동 자율주행, 물품인식, 인간협업 기술의 융합이 추세이다.

3) 중 국

의약 조제시간 단축을 위한 의약 클라우드 시스템 및 의약조제 로봇, 환자 상태 실시간 관리를 위한 원격진료 리빈(Lepion) 로봇 개발 및 병원과 협업연구를 진행하고 있다.

4) 한 국

한국의 보조서비스 로봇은 물류로봇의 기능개선과 영상진단보조 AI 및 의료용 로봇의 식품의약품안전처 의료기기 임상시험 승인 등 연구의 다변화를 추진하고 있다.

① 기사용 중인 병원물류용 자율운반 로봇에 약재처리 및 원격진료기능과 무선주파수를 활용한 환자 체온측정 기능 등 로봇의 ICT 기술융합이 추세이다.

② 인공지능(AI)이 적용된 진단보조 소프트웨어(의료영상 검출 보조 소프트웨어, 의료 영상진단 보조 소프트웨어 등) 및 재활용 로봇(로봇보조 정형용 운동장치) 임상시험의 경우 최근 대비 각각 2배 이상 증가하고 있다.

3-3 의료용 로봇 기술의 미래

사회 고령화에 따른 뇌병변, 척수 손상, 파킨슨, 루게릭병 등의 뇌신경질환의 유병률 증가로 재활환자 증가와 정보통신기술(ICT), 로봇기술(RT) 등 첨단기술 발전으로 환자 맞춤형 재활 의료로봇과 신경조절 자극장치 기술이 발전하고 있다.

최근 재활의료로봇 또는 재활장치와 신경조절 자극장치가 융복합되어 단일 또는 복합형태로 재활치료시 뇌가소성 증가를 나타낸다는 임상 연구결과가 다수 나타나고 있다.

최근 재활의료분야에서 높은 성장성을 나타내고 있는 재활의료로봇 및 신경조절 자극장치의 관련 시장, 기술, 허가 및 가이드 라인, 특허, 임상 및 논문현황 분석을 통해 가까운 시일 내 임상, 허가 등 실용화 단계까지 예상되는 환자 맞춤형 재활의료기기 관련 안전기술을 전망하고자 하였다.

전세계적으로 재활로봇시장은 치료용 재활의료로봇이 전체 재활로봇시장의 50% 이상을 점유하고 있으며, 관련 해외기업들은 기존의 외골격(Exoskeleton) 및 말단장치 형태(End-effector Type)의 상 · 하지 재활로봇의 한계점을 극복하고자 다양한 연구를 수행하고 있다.

구체적으로 기술, 논문 및 특허 현황을 분석한 결과는 하지 재활로봇의 경우 환자의 낙상 및 운동중 부상 등의 안전과 관련된 문제점을 해결하고자 소재의 경량화 및 소프트 로보틱스(Soft Robotics) 기술들이 개발되는 추세이며 보행 패턴 분석, 환자 맞춤형 체중지지 및 최소 운동 부하 제어시스템이 개발되고 있다.

상지 재활로봇의 경우 자유도가 증가한 형태의 착용형 로봇(Werable Robot 또는 Suit Robot)에 대한 기술이 주를 이루었다.

재활로봇은 향후에는 환자의 강직 등에 따른 토크, 속도, 회전 구간을 정확하게 제어할 수 있는 키네마틱 기반 시스템 및 환자의도 감지기술, 뇌 - 기계 인터페이스 등을 이용한 환자 맞춤형 재활로봇들이 지속적으로 연구개발 될 것으로 예상된다. 이와 더불어 인공지능(AI) 기반 운동기능평가 정량화 및 바이오 피드백이 가능한 환자 - 치료사 - 로봇의 인터페이스와 관련된 제품들이 개발될 것으로 기대된다.

현재 미국 FDA 허가 승인을 완료한 제품들은 외골격 형태의 재활로봇이 다수를 차지하고 있으며, 말단장치 형태(End-effector Type)를 포함한 재활로봇들은 보행훈련 및 운동기능 회복을 위해 생체신호 또는 움직임을 센싱하여 구동제어 및 소프트 로보틱스(Soft Robotics) 형태의 안전성을 증가시킨 제품들이 개발되고 있는 것으로 확인되었다.

또한 국외 임상현황 측면에서는 재활 의료로봇과 전통적인 재활치료 사이의 치료효과를 장 · 단기 기간 동안 비교 연구하거나 기능적 전기 자극장치(FES), 경두개 직류전기 자극장치(tDCS), 경두개 자기 자극장치(TMS)와 같은 신경조절 관련 자극장치들과 함께 활용될 경우의 재활효과에 대한 임상연구들이 수행되는 점을 고려하면 향후 재활로봇은 1년 이내의 단기 재활뿐 아니라 장기적인 재활이 필요한 환자들의 가정에서도 활용 가능할 것으로 기대된다. 따라서 환자 맞춤형 재활의료로봇에 대한 연구가 앞으로도 활발히 진행될 것으로 예상된다.

더불어 재활의료로봇 관련 가장 대표적인 국제 규격 및 국외 가이드라인은 2019년 7월에 발표한 IEC 80601-2-78:2019으로 재활로봇에 대한 정의, 분류 및 기본 안전 및 필수성능에 대한 요구사항에 대한 내용을 발표하였다. 또한 재활로봇의 안전, 보안 및 개인정보보호에 대한 안전관리에 대한 수요는 점차 증가할 것으로 예상된다.

국내에서도 재활의료로봇에 대한 연구개발이 이루어지고 있으며, 아직 국내 재활로봇 시장규모는 초기 단계로 안정적인 시장을 형성하기까지는 시간이 더 필요할 것으로 판단되지만, 일부 제조업체는 해외 진출도 진행 중이다. 또한 국내 주요 업체들의 산업체 주도 임상연구가 국내 · 외에서 다수 진행되고 있음을 확인하였다.

이와 관련하여 식품의약품안전처에서는 최근 첨단재활 로봇 의료기기 안전관리 방안 연구 수행 및 재활로봇 관련 허가 · 심사 가이드라인 마련 등을 통해 국내 제조업체들의 재활로봇 제품화를 선제적으로 지원하고 있으며, 국제 표준화에도 참여하여 활동하고 있다.

향후 환자 맞춤형 재활로봇 개발에 따른 사용자 적합성과 상황인지, 인간-로봇 인터페이스 기술에 기반을 둔 위해 저감을 위한 안전, 위험관리 측면에서 고려되어야 할 성능평가 방법 및 데이터 보안, 개인정보 보호, 임상연구 등이 국내 · 외에서 추가적으로 논의될 필요가 있을 것으로 전망된다.

신경조절 자극장치의 경우 관련 세계시장규모는 2014년 기준 주요 다국적 기업들 주도의 침습적 뇌 자극장치 관련 시장이 비침습적 신경조절장치 시장과 비교하여 약 5배 정도 높은 규모를 나타냄을 확인하였다. 장치별 기술, 특허, 논문 현황을 분석한 결과 기능식 전기 자극장치(FES)는 근육의 기능적 움직임을 유도하기 위해 전기자극을 유발하는 장치로 최근 재활로봇 또는 재활장치와 융합된 형태의 제품들이 개발되고 있으며, 보행훈련 및 상지 움직임 훈련시 환자 움직임에 따른 근전도 신호나 힘 센서를 통해 기능적 움직임을 유도할 수 있도록 피드백 기반 기능식전기자극기 형태로 개발되고 있다.

경두개 전기 자극장치(tDCS) 및 경두개 자기 자극장치(TMS)는 뇌파(EEG), 기능적 근적외선분광법 (fNIRS)와 같은 뇌기능영상 기반 시뮬레이션 및 전류공급과 관련된 펄스 발생기, 코일의 배치 또는 위치에 따른 뇌자극 최적화 기법에 대한 개발이 주를 이루었다. 뇌심부전기자극장치(DBS)와 같은 이식형 뇌자극 장치들은 펄스 발생기의 소형화, 뇌의 타겟 영역에 정밀한 전류자극을 위한 제어기술, 리드 전극 등에 대한 요소기술의 개발이 두드러졌다. 허가 및 임상현황에 따르면 뇌자극장치들의 뇌졸중 뿐 아니라 다양한 적응증에 대한 재활치료 효과에 대해 연구가 수행되고 있었으며, 최근 급성 및 만성 뇌졸중 환자들에 대한 뇌가소성 치료 효과에 대한 임상연구들이 진행되고 있었다.

경두개전기자극장치의 경우 현재 미국에서는 치료법으로 적용되지는 않은 것으로 확인되며, 편두통 및 우울증 치료에 대한 장치로 허가현황이 주를 이루었다.

FDA에서는 다양한 비침습적 전기자극장치에 대한 관련된 규제(Regulation)를 지속적으로 개발해 왔다. 이러한 규격 및 가이던스들을 통해 제한된 출력의 경두개 전기자극장치(tDCS)를 고려할 수 있으며, 경두개자기자극장치(TMS)와 관련된 가이던스도 발표했다.

신경조절 자극장치 관련 국내 · 외 규격은 근육 및 신경 전기자극기 관련 국제 기준규격으로 (IEC 60601-2-40) 및 (IEC 60601-2-10)이 있으며, 해당 규격들은 모두 근육 또는 신경용 전기자극에 대한 범위에 대해서 다루고 있다.

국내의 신경조절 자극장치별 시장규모는 아직 소수업체 위주로 형성되어 있으며,

뇌심부전기자극장치(DBS)의 경우 모두 수입에 의존하고 있음을 확인하였다. 국내에서는 아직 연구개발 단계에서 신경조절 자극장치 관련 요소 기술개발 및 검증에 대한 실험이 진행되고 있는 것으로 확인되며, 최근 경두개전기자극장치(tDCS) 관련 식품의약품안전처의 임상승인 현황 건수가 증가하는 추세이다. 현재 뇌자극장치들은 우울증 및 인지기능에 대한 치료효과뿐만 아니라 뇌졸중에 대한 치료효과에 대한 국내 임상연구가 활발히 진행되는 것으로 확인된다.

앞으로 추가적인 임상연구들이 수행됨에 따라 재활로봇과 더불어 뇌졸중, 파킨슨, 마비 환자 등에 재활치료시 뇌가소성 증대를 위한 목적으로 발전할 것으로 기대되며, 이와 함께 관련 장치들에 대한 규격, 안전성 및 성능평가 가이드라인 등의 개발이 필요할 것으로 전망된다.

수행 내용

재료 · 자료

- IT 분석 및 응용 관련 자료

기기(장비 · 공구)

- 컴퓨터, 문서작성 프로그램, 프린터, 주변기기

안전 · 유의사항

- IT 분석 및 응용 관련 장비의 안전 및 유의사항을 숙지한다.

수행 순서

01 외국의 지능형 로봇산업의 동향에 대하여 분석하라.

미국, 일본, EU와 같은 선진국은 미래의 잠재적인 로봇시장의 주도권을 확보하기 위해서 적극적인 투자와 지원을 확대하고 있는 중이다.

1. 미국의 동향

미국은 국가 경쟁력의 원동력으로 인식하고 로봇산업을 육성하고 있으며, 2011년 '첨단 제조 파트너 쉽'(AMP : Advanced Manufacturing Partnership)을 발표하고, 이 일환으로 '국가 로봇 계획(National Robotics Initative)'을 추진하고 있다.

미국 정부에서는 지능형 로봇 기술을 6대 첨단기술의 하나로 분류하여 미국 안보에 중대한 영향을 미칠 수 있는 중요 기술로 지정하였다. 먼저 청소로봇을 일반에 판매하여 큰 성공을 거둔 IROBOT의 '룸바'와 엔터테인먼트 로봇인 타이거 일렉트로닉의 'I-CYBIE' 등의 개인서비스용 로봇제품과 미국이 중점적으로 투자하고 있는 전문서비스용 로봇분야인 '팩봇'과 베어들 군사용 로봇인 다빈치 등이 있다.

미국의 주요 지능로봇 관련업체는 군사용, 의료용 로봇과 같은 전문서비스용 로봇에 막대한 투자 및 기술개발을 하고 있다. 예를 들면 휴머노이드 로봇, 3인조밴드 로봇, 오락용 로봇, 무선 제어 로봇, 청소용 로봇, 간호보조 로봇 등이 있다.

미국은 산업용 로봇의 창시국으로 시장규모 면에서 세계 2위, 인공지능 등 원천기술 분야에서 세계 1위의 로봇 선도국이다. 우주, 국방, 의료분야에서 로봇 기술의 활용이 돋보이며 대표적인 기업으로는 세계 최초의 청소로봇 룸바를 생산하는 아이로봇, 최근 빅독으로 유명세를 탄 보스톤 다이내믹스사, 수술로봇의 세계 1위 기업 다빈치시스템의 인튜이티브 서지컬 등이 있다. 미국은 이미 알파벳(구글)의 자회사이던 보스턴 다이나믹스가 사람처럼 이족 보행을 하며 자유자재로 뛰거나 움직이는 로봇 아틀라스로 기술력을 과시한 바 있다. 사무실 같은 사무공간이나 공장 등 활용 가능성이 무궁무진하다. 내년에는 건설현장 투입을 목표로 4족 보행 로봇 '스팟 미니'를 본격 판매할 계획이다.

미국의 대형 유통업체인 크로거는 올 연말을 목표로 실리콘밸리의 로봇기업 뉴로를 통해 자율주행 로봇을 이용한 무인 배달서비스를 준비하고 있다. 소비자가 온라인이나 매장을 방문해 필요한 물품을 선택하면 자율주행 로봇이 물품을 싣고 집 앞까지 가져다주게 된다.

2. 일본의 동향

일본은 아베노믹스 성장전략의 핵심정책으로 범정부차원의 '로봇 新전략'을 발표('15년 1월 총리실 산하 '로봇혁명 실현회의')하고 로봇정책실을 설치하였고, 큰 폭의 예산 증액('15년 160억엔 → '16년 294억엔)은 물론 R&D 중심의 지원을 벗어나 시장화를 지원하는 '로봇도입 실증사업'을 적극 추진하고 있다. 일본은 미국에서 발명된 산업용 로봇(Unimation사의 PUMA)을 본격 산업화한 시장 규모면에서 세계 1위의 로봇강국이다. 미쓰비시 중공업, 히다찌, 야스카와, 나가사끼 중공업 등 세계 굴지의 산업용 로봇 제조회사들이 로봇산업을 형성하고 있다.

일본은 정통적인 로봇 강국으로 자율주행 기술개발과 함께 현장 투입 테스트에 공을 들이고 있다. 소프트뱅크의 로봇 페퍼는 일본 소프트뱅크 매장 140여 곳에서 접객 업무를 진행중이다. 간사이 국제공항은 올해 초 셀프체크인 로봇과 청소로봇의 실증 테스트를 마쳤다. 일본 치바 공대는 지난 7월 지능형 로봇에서 탑승형 로봇으로 변신할 수 있는 칸구로를 개발하고, 일본 도요하시 공대도 꽃재배용 자율주행 로봇을 개발중이다.

업계 관계자는 "자율주행 로봇의 발전은 저출산과 인구 고령화로 인한 노동 인구 감소를 해결할 수 있는 대안이 될 수 있을 것"이라고 말했다. 이처럼 지능형 로봇의 실행화가 시작되고 있다. 지능형 로봇은 인구문제로 인한(고령화 저출산) 상황을 어느 정도 대체하여 인구문제 해결에 있어 중요한 문제해결을 할 수 있다. 일본은 대기업 주도로 개인용 서비스로봇 중심의 연구개발이 활발하며, 제조업용 로봇에 이어 서비스 로봇에서도 전 세계 지능형 로봇시장을 주도하고 있다.

산업체에서는 제조용 로봇을 통해 확보한 주요기술을 지능형 로봇의 제어에 응용하고, 학연을 중심으로 지능을 위해 필요한 애플리케이션을 개발하고 있다.

일본의 차세대 로봇 기술에 대한 연구개발 방향은 사회적인 인구구성의 변화와도 큰 관계가 있다. 고령화 사회인 일본에서는 국가적인 차원에서 노인과 어린이, 가사노동을 대상으로 하는 로봇이 깊게 연구되고 있고, 실제 상용화된 제품이 출시되고 있다. 예를 들어 '이프봇(IFBOT)'은 독거 노인들의 말상대를 해줄 수 있는 노인과의 대화만을 위해 고안된 로봇이다. 또 가정에 애완견이나 아이가 혼자 있는 경우가 많아 집 밖에서도 언제든 핸드폰을 통해 이들을 보살필 수 있도록 하는 영상 모니터링 전문 로봇 '로보리아'를 상용화 하였다.

3. 유럽의 동향

유럽에서는 주로 독일을 중심으로 청소, 구조 · 국방 · 보안, 건설 · 파괴, 낙농, 의료, 에듀테인먼트 등의 분야에서 활용되는 서비스 로봇을 제작 판매하고 있다. 진공청소 로봇분야는 스웨덴에서 세계최초로 청소로봇 TRILOBITE를 개발하여 현재의 청소로봇 시장의 산파 역할을 담당하였다.

청소로봇은 영국의 다이슨, 독일의 KARCHER 등이 생산하고 있다. 독일 'SIEMENS'의 'SINAS'는 로봇의 자율 이동기능을 이용해 대형 마트 등에서 청소와 짐 운반 등의 서비스를 제공하고 있다.

프랑스의 MECCANO의 SPYKEE의 경우 와이파이, 블루투스, 적외선과 음성인식 기술이 적용된 조립로봇으로 로봇의 모바일 CCTV를 통해 집 상태를 살펴볼 수 있고, 와이파이를 이용해 전세계 어디에 있든지 조정이 가능한 스파이 로봇이다.

유럽은 전통적으로 낙농산업과 복지산업이 발달한 지역으로, 로봇도 농업용 로봇과 실버복지 로봇에 대한 연구가 한창이다. EU는 로봇분야 실행을 위해 연구와 혁신을 추진하는 SPARC프로그램을 개시하였다.

독일은 스마트 공장 시스템에 중점을 두어 하이테크 전략(Industry 4.0)을 추진하고 있고, 프랑스는 중소기업의 로봇 설비투자에 10%까지 자금지원을 하고 더불어 세계 5대 서비스 로봇 국가진입을 목표로 적극적인 육성정책을 추진하고 있다. 영국은 '국가 로봇 전략'을 수립하고 '25년까지 세계 로봇시장의 10%점유를 목표로 하고 있다.

학습 3

4. 중국의 동향

중국은 중국 10대 산업 육성계획의 핵심 산업분야로 로봇을 선정하고 Smart Manufacturing 프로젝트('15년 3월)를 추진하고 있다. 또한 '로봇 산업 발전계획('16~'20년, 5개년 계획)'을 발표하고('16년 3월) 국제 수준의 제품 성능 및 품질 확보, 핵심부품 기술력 향상, 시장 수요를 만족시키는 로봇산업 시스템 구축계획을 제시하였으며, 교육용 로봇 등에 관심을 보이고 있다.

02 포스트 코로나 시대와 차세대 로봇에 대하여 분석하라.

미래에는 로봇이 경제 주요 구성원이 될 것이라는 내용의 책을 쓴 미래학자 마틴 포드는 "코로나19가 소비자의 패턴을 바꾸면서 '자동화'라는 새로운 기회의 문이 활짝 열렸다"고 설명한다.

이와 같이 각계 전문가들은 코로나19의 확산으로 인한 주요 변화로 산업영역의 자동화를 논하고 있다. 산업영역의 자동화는 로봇 기술과 밀접한 관련이 있고 최근에는 인공지능, 사물인터넷, 빅데이터, 클라우드 컴퓨팅 등 4차산업혁명의 주요 기술들이 로봇 기술과 융합하면서 로봇 기술은 더욱 빠른 성장세를 보이고 있다.

로봇은 외부환경을 인식하고 스스로 상황을 판단해 자율적으로 동작하는 기계이다. 보편적으로 로봇은 산업용 로봇과 서비스 로봇으로 구분지을 수 있다.

산업용 로봇은 산업 현장에서 사용되는 자동화 로봇, 인간과 협력하는 코봇(Co-Bot), 인간의 안전과 작업 능력을 향상시켜 주는 웨어러블 로봇 등으로 진화하면서 적용분야가 확대되고 있다.

서비스 로봇은 물류, 배송, 전문서비스 로봇으로 구분되며 전문서비스 로봇은 의료, 서빙, 요리 등 다양한 인간의 활동영역에서 활용된다.

코로나19로 언택트 기술의 관심도와 중요도가 커지면서 이들 로봇 기술 중에서도 기존의 로봇과 차별화되는 상황판단기능과 자율 동작기능이 추가돼 사람과 협력하는 차세대 로봇의 역할이 그 어느 때보다 주목받고 있다.

기존의 로봇과 차별화되는 상황판단기능과 자율동작기능이 추가돼 사람과 협력하는 차세대 로봇인 코봇, 물류 로봇, 서비스 로봇은 코로나19로 인해 발생되는 다양한 문제를 해결하고 각 산업현장 내지 민간부분에서 새롭게 발굴되는 수요를 충족시킬 수 있는 바

전문가들은 향후 더욱 많은 기업이나 조직들이 차세대 로봇 기술을 채택할 것이라고 보고 있다. 코로나19 이후 급속도로 진행되고 있는 사회 · 경제의 디지털화와 맞물려 차세대 로봇 기술 및 해당 시장 역시 코로나19가 성장 견인차의 역할을 하는 것이다.

미래 산업기술 경쟁력을 갖추기 위해서 차세대 로봇 기술은 매우 중요한 역할을 할 것으로 보이는 바, 이와 관련된 우리 기업들은 핵심부품 및 소재기술을 확보하고 표준 및 인증을 지원하는 민관 협력체계를 구성하는 등 건강한 산업 생태계를 구축하려는 노력이 필요하다. 또한 물류, 서비스 분야에 해당되는 기업의 경우 필요한 로봇을 적재적소에 적극적으로 도입하거나 현장에서 획득한 노하우를 가지고 기술개발 및 사업화를 추진해 차세대 로봇산업의 성장을 돕고 경쟁력을 확보할 수도 있겠다.

03 인간과 협업하는 로봇에 대하여 분석하라.

먼저 물리적으로 공유되는 작업공간에서 인간과 상호작용하는 코봇(Co-Bot)은 산업현장에서 포장 · 기계 사용을 위한 구성요소 로드와 언로드, 조립 등에 이용된다. 시장조사기관인 Grand View Research에 의하면 글로벌 코봇시장 규모는 2018년 6억6100만 달러로 2019년에서 2025년까지 44.5%의 연평균성장률(CAGR)을 보일 것으로 조사됐으며, 해당 보고서에서 주목하는 코봇시장 성장요인과 미국 코봇시장 전망은 다음과 같다.

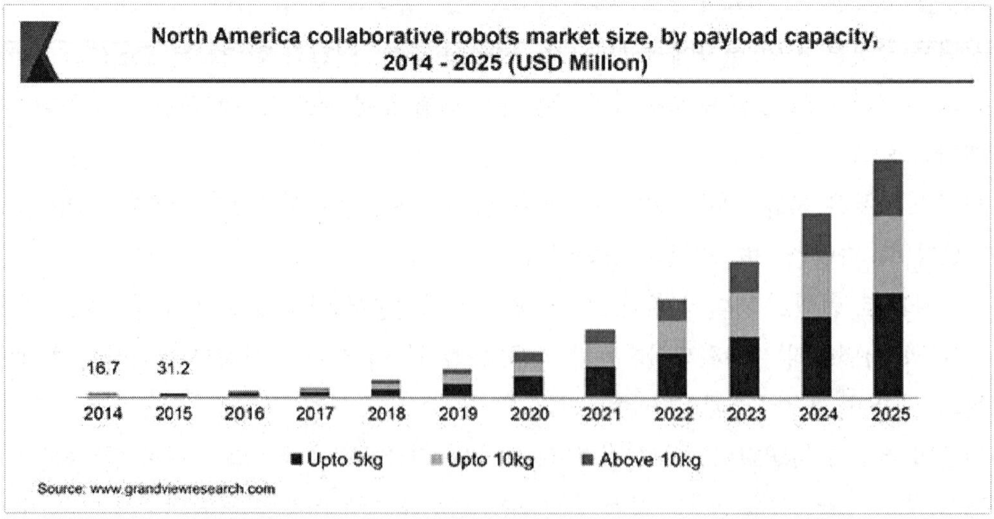

[그림 3-4] 미국 코봇시장 전망

〈표 3-3〉 글로벌 코봇시장 성장요인

연 번	성장요인
1	중소기업 채택 증가
2	제조 프로세스 자동화의 가속화 및 이에 대한 투자 증가
3	스마트 부품 조립 및 전자제품 조립분야의 이용 증가
4	높은 페이로드(Payload) 용량을 요구하는 작업에 대한 수요 증가
5	센서, 소프트웨어 및 EOAT(End of Arm Tooling)과 같은 관련 기술의 발전

상기와 같이 페이로드 용량을 기준으로 코봇시장 전망을 구분해 볼 수 있는 바, 특히 10kg 페이로드 용량을 초과하는 코봇은 정밀성과 신뢰성이 높기 때문에 시장전망이 밝으며, 예측 기간 동안 46.2%의 연평균성장률을 보일 것으로 예측됐다.

미국의 주요 코봇 생산업체는 Rethink Robotics, Precise Automation, Aubo 등이 있으며 해당 업체들이 개발해 출시한 코봇은 미국 내 제조업 활성화에 적극적으로 기여하고 있는 것으로 평가되고 있다.

〈표 3-4〉 미국의 주요 코봇 생산업체와 업체별 기술개발현황

업체명	현 황
Rethink Robotics	• 미국에서 코봇 최초 개발 • Sawyer, Baxter 등 출시 • 사람이 자유롭게 로봇 관절을 조작해 원하는 자세로 쉽게 프로그래밍
Precise Optmation	• 간단한 구조의 코봇 제작 • 작업자의 안전 확보하기 위한 충돌센서, 직접 교시기능 보유 • 생명공학연구를 지원하도록 설계된 Sample Handler 등 출시
Aubo Robotics	• 6축, 3, 5, 7, 10kg의 페이로드를 갖춘 경량 산업용 로봇 • 프로그래밍 기술 없이 데모로 로봇을 빠르고 쉽게 프로그래밍 가능 • 안전펜스, 레이저 또는 센서없이 작업자와 나란히 작동

최근에는 코로나19로 인해 제조산업 영역에서 기존의 생산기지의 글로벌화가 크게 타격을 입으면서 기업이 위치한 지역 내지 자국 중심으로 밸류체인(Value Chain)이 강화되는 추세이다. 이렇게 되면 제조 비용이 지속적으로 증가하게 되고 생산인력은 감소하므로 기업들은 생산성을 제고하기 위하여 로봇 도입을 고려하게 된다. 코로나19가 로봇 수요의 증가와 도입을 촉진하는 역할을 하는 것이다. 이러한 상황에서 제조 현장의 인력 투입을 줄이고 전염 위험도를 낮출 수 있는 코봇은 포스트 코로나 시대에 시사하는 바가 크다고 볼 것이다.

04 물류 로봇에 대하여 분석하라.

물류 로봇은 서비스 로봇 중 하나로 사물인터넷 기술, 자율주행 기술, 인공지능 기술의 융합을 통해 물류 효율 향상을 목적으로 물류센터, 공장 등에서 사용되는 로봇시스템으로 물품의 포장 · 분류 · 적재 및 이송과정에 주로 활용되는 로봇을 의미한다. 미국에서는 구글, 아마존, DHL 등 글로벌 기업들이 물류 혁신을 위한 로봇 기술을 도입하고 있으며, 물류 효율이 각국의 산업 경쟁력을 좌우하는 등 물류 산업이 미래 핵심산업으로 등장하고 있어 서비스 로봇분야 중에서도 가장 유망하고 성장잠재력이 높은 분야이다.

시장조사기관인 Research and Market에 의하면 글로벌 물류 로봇시장은 2018년에 4조3562억 달러를 기록했으며, 2019~2027년에 19.1%의 CAGR로 성장해 2027년에 20조2293억 달러 규모에 이를 것으로 예상된다. 북미 시장은 2018년 글로벌 물류 로봇 시장에서 아시아 - 태평양 시장에 이어 2위를 차지했으나 2019~2027의 예측 기간 동안 가장 높은 시장 성장률을 보일 것으로 관측됐다.

물류 로봇은 ① 물류센터 · 공장에서 사용되는 물류 로봇, ② 병원 · 요양원 · 호텔 등 대형건물에서 사용되는 물류 로봇, ③ 최종 소비자에게 상품을 전달하는 라스트 마일 배송 로봇으로 세분화할 수 있으며, 각 세분화된 카테고리별 미국의 주요 물류 로봇 생산업체는 다음과 같다.

〈표 3-5〉 미국의 주요 물류 로봇 생산업체와 업체별 기술개발현황

카테고리	업체명	현 황
물류센터 및 공장에서 사용되는 물류 로봇	Amazon Robotics	• 물류센터에서 주로 운영 중이며, 물류 비용의 80% 절감 • 물건 처리 시간이 90분에서 15분으로 단축 • 인간-로봇 협업 및 다중로봇 최적 스케줄링 • 로봇시스템을 단순화하고 로봇의 도입과 유지비용을 낮춰 수만 대의 로봇 운용 가능 • Prime Air(드론배송) 등의 다양한 형태의 배송로봇 개발중
	6RS (6 River Systems)	• 물류 창고 로봇 Chuck 개발, 높이 조정 가능 • 터치 스크린 탑재해 적재할 물품 이미지, 개수, 작업자 이동 방향 등을 표시 가능
	Seegrid	• 2D vision 기술을 바탕으로 창고 내 무인자율주행 지게차 Tow 개발한 스타트업 • 레이저, 와이어 가이드, 자기테이프 없이 비전가이드 센서가 장착

<table>
<tr><th>카테고리</th><th>업체명</th><th>현 황</th></tr>
<tr><td rowspan="3"></td><td></td><td>된 AGV가 스스로 주위환경을 파악하고 가상격자를 매핑함으로써 자율주행</td></tr>
<tr><td>Fetch Robotics</td><td>• 피킹로봇 Fetch, 이송로봇 Freight, 로봇 관리용 소프트웨어 Fetchcore 개발
• 주문 접수 시 Fetch와 Freight가 창고에서 해당 물건을 바구니에 넣어 포장대까지 운반</td></tr>
<tr><td>Right Hand Robotics</td><td>• 하버드, 예일, MIT 연구자들이 공동 개발
• 사람과 비슷한 수준의 시간당 500~600개의 아이템을 잡을 수 있는 Right Pick 기술 개발
• 플라스틱으로 포장된 물건, 부분적으로 다른 물건에 가려진 물건을 인식하는 기술 개발</td></tr>
<tr><td rowspan="2">대형 건물에서 사용되는 물류 로봇</td><td>AETHON</td><td>• 병원에서 의약품, 검체, 식사, 린넨(옷감) 등의 배송을 주목적으로 하는 로봇 TUG 개발
• 최대 450kg, 10시간 동작
• 자동문 연동, 엘리베이터를 이용한 층 간 이동 가능</td></tr>
<tr><td>Savioke</td><td>• 호텔 등에서 스낵, 타월 등 각종 서비스 용품을 배달하는 로봇 Relay 개발</td></tr>
<tr><td rowspan="3">최종 소비자에게 상품을 전달하는 라스트 마일 배송 로봇</td><td>Starship Technologies</td><td>• 보행로를 따라 이동하는 실외 배송 로봇
• LiDAR를 적용하지 않고 5대의 카메라, GPS, 관성센서, 인공 지능기술을 적용해 신호인지, 보행자 인지 등을 통해 자율주행</td></tr>
<tr><td>Marble Robotics</td><td>• 3차원 정밀지도와 3차원 LiDAR를 적용해 복잡한 도심 환경에 적용가능하고, 높은 안정성을 가진 배달로봇 개발</td></tr>
<tr><td>Agility Robotics</td><td>• 이족보행이 가능한 휴머노이드형 배달로봇 개발
• 계단을 오르내리거나 장애물이 있는 복잡한 지형을 배송물품을 들고 걸어다닐 수 있음</td></tr>
</table>

아마존과 같은 전자상거래 및 소매업체는 물류가 전체 공급망에서 중요한 역할을 하기 때문에 물류 로봇의 역할은 더욱 확대되고 중요해질 전망이다.

또한 병원에서는 코로나19 감염위험이 큰 검체 폐기물과 식사의 운반을 로봇이 대신할 경우 전염의 위험성을 크게 줄일 수 있으므로 수요가 증가할 것으로 예측되며, 최종 소비자에게 상품이 전달되는 단계 역시 비접촉식 배송에 대한 수요가 커지고 있는바 물류 로봇은 포스트 코로나 시대에서 핵심적인 역할을 할 것으로 기대된다.

05 서비스 로봇에 대하여 분석하라.

차세대 서비스 로봇은 외부 환경을 인식하고 스스로 상황을 판단해 자율적으로 동작하고 반응해 의료, 실버, 헬스케어, 재난, 농업, 교육 등 다양한 분야에서 사용될 수 있다. 특히 개인 맞춤형 서비스에 대한 욕구가 커지고 노령인구 증가에 따른 각종 사회문제가 대두되는 현대인의 일상 속에서도 별로 주목받지 못하던 서비스 로봇이 코로나19의 확산이 불러온 공공보건 위기 속에서 사람들의 건강과 안전을 보장하는 솔루션으로 급부상하고 있다.

글로벌 시장조사 기업인 Market and Market이 2019년에 발표한 서비스 로봇의 세계 시장전망 보고서에 따르면 글로벌 서비스 로봇시장은 2018년에 114억8000만 달러(약 13조6400억 원)에 달하며 예측 기간인 2019년부터 2024년까지 약 25.34%의 연평균성장률로 2024년에는 시장규모가 509억달러에 이를 것으로 전망하고 있다.

미국에서는 수술 로봇, 화상 진료 로봇, 항공 기내 청소 로봇, 간병 로봇, 서빙 로봇 등의 서비스 로봇의 개발이 활발하게 이뤄지고 있으며, 주요 서비스 로봇 생산업체는 다음과 같다.

〈표 3-6〉 미국의 서비스 로봇 생산업체 및 기술개발현황

업체명	현 황
Boston Dynamics	• 4족 보행로봇 SPOT 출시 • 공사장 업무용으로 활용되는 SPOT에 대형 태블릿을 장착해 원격의료 플랫폼으로 활용 • 메사추세츠 브리검여성병원에 시범적으로 투입돼 화상문진 수행 • 향후 원격진단검사, 소독 등 서비스 영역 확대할 예정
Dimer UVC Innovations	• 항공기 소독 로봇 GermFalcon 개발 • LA, SF, 뉴욕 국제공항에 소독 로봇 무상 제공 • 자외선(UVC) 이용해 기내 객실, 조리실, 승무원 탑승 공간 소독
INF Robotics	• 간병용 로봇 Rudy 개발
CAPSA Healthcare	• 약 조제용 로봇 Kirby lester robot 개발
Luvozo	• 요양시설이나 노인복지시설에서 사용되는 서비스 로봇 Sam 개발 • 자율주행기능, 텔레프레전스 기능 갖추어 노인들을 대상으로 건강이상유무 확인 및 일상 생활에 대한 상담 가능

전문가들은 의료 서비스 로봇의 경우 우리나라의 세계적인 임상능력을 활용한다면 유망 품목으로 성장할 가능성이 높고, 간병 로봇과 같은 소셜 로봇의 경우도 우리나라가 확보하고 있는 IT 핵심역량을 잘 활용한다면 글로벌 경쟁력 확보도 가능할 것으로 보고 있다.

코로나19로 대두되고 있는 각종 사회문제를 서비스 로봇이 해결하면서 서비스 로봇에 대한 긍정적인 인식이 증가하고 서비스 로봇을 통해 기업 입장에서는 생산성 향상을, 개인은 삶의 질 향상을 도모할 수 있을 것으로 기대된다.

학습활동.3 교수 · 학습 방법

교수 방법

- 의료용 로봇 기술 및 응용에 대한 관련 용어, 구성, 방식 이해 정도를 파악한 후 수업을 진행한다.
- 교수자의 주도로 의료용 로봇 기술 및 응용 등의 내용을 PPT 자료로 제시한 후 설명한다.
- 가능하면 사전에 개인별 학습 자료를 준비하여 모든 학생이 참여할 수 있는 문제 해결식 수업, 협력 수업이 가능하도록 한다.
- 의료용 로봇 기술 및 응용 전 과정을 작업의 순서에 따라 단계적으로 실습이 이루어질 수 있도록 지도한다.
- 교재를 통해 수업을 준비하는데 있어서 필요한 모든 정보나 팁, 힌트 등 도움이 될 만한 내용들을 확인할 수 있다.
- 학생들이 만들게 될 각 모델들은 수업시간에 중점적으로 다뤄질 부분과 어휘, 질문, 답을 포함하고 있으며 또한 탐구할만한 추가적인 아이디어들도 포함하고 있다.

학습 방법

- 의료용 로봇 기술 및 응용에 대한 관련 용어를 숙지하고, 의료용 로봇 기술 및 응용에 대해 이해한다.
- 의료용 로봇 기술 및 응용의 각 단계별 중점 사항을 체계적으로 학습한다.
- 의료용 로봇 기술 및 응용의 수행순서의 전 과정을 실습한다.
- 의료용 로봇 기술 및 응용의 내용을 이해한다.
- 의료용 로봇 기술 및 응용을 이해하고 숙달이 될 때까지 학습한다.

학습활동.3 평가 및 피드백

평가 준거

- 평가자는 피평가자가 수행 준거 및 평가 내용에 제시되어 있는 내용을 성공적으로 수행할 수 있는 지를 평가해야 한다.

학습내용	평가항목	성취수준		
		상	중	하
의료용 로봇 기술 및 응용	의료용 로봇 기술 및 응용을 이해할 수 있다.			

평가 방법

• 작업 포트폴리오

학습내용	평가항목	성취수준		
		상	중	하
의료용 로봇 기술 및 응용	의료용 로봇 기술 및 응용을 이해할 수 있다.			

• 필기시험

학습내용	평가항목	성취수준		
		상	중	하
의료용 로봇 기술 및 응용	의료용 로봇 기술 및 응용을 이해할 수 있다.			

• 체크리스트를 통한 관찰

학습내용	평가항목	성취수준		
		상	중	하
의료용 로봇 기술 및 응용	의료용 로봇 기술 및 응용을 이해할 수 있다.			

• 피드백

1. 작업 포트폴리오
   - 제출한 보고서를 평가한 후 주요 사항에 대하여 표시하여 돌려준다.
2. 필기시험
   - 평가 결과 성적이 저조한 학생은 보고서 제출 기회를 부여한다.
3. 체크리스트를 통한 관찰
   - 실습 과정에서 평가한 후 개선해야 할 사항 등을 정리하여 돌려둔다.

참 | 고 | 문 | 헌

- 김도진, 의료기기 관련 주요 디지털 기술 트랜드 소개, 의룍기 시장 기술정보지, 2018.2.
- 유형정 · 도지훈, 의료서비스 로봇, KISTEP 기술동향브리프, 2019.
- 이병주, 의료용 로봇기술 개발 현황 및 전망, 생명공학정책연구센터, 2015.
- KEIT, 물류 로봇 기술동향 및 향후 전망, 한국산업기술평가관리원 "미국, 차세대 로봇 기술 개발 동향"
- 식약처 안전평가원, 2020년 신개발 의료기기 전만분석 보고서, 식품의약품안전평기원, 2020.3.
- 위키백과사전, 지능형로봇
- 한국 산업기술평가관리원, KEIT, KOTRA 실리콘밸리 무역관 자료 종합
- 한국산업기술평가관리원, 미국, 차세대 로봇 기술 개발 동향
- https://www.itfind.or.kr/지능형로봇

학습 1	4차산업 기술 및 응용
학습 2	의료기기 기술 및 응용
학습 3	의료용 로봇 기술 및 응용
학습 4	**스마트 헬스케어 기술 및 응용**
학습 5	디지털 치료제 기술 및 응용
학습 6	인공지능 기술 및 응용
학습 7	빅데이터 기술 및 응용
학습 8	사물인터넷 기술 및 응용
학습 9	5G 네트워크 기술 및 응용
학습 10	디지털 콘텐츠 기술 및 응용
학습 11	디지털 트윈 기술 및 응용
학습 12	블록체인 기술 및 응용
학습 13	메타버스 기술 및 응용

학습 목표

1. 스마트 헬스케어 기술 및 응용을 이해할 수 있다.

4-1 스마트 헬스케어 기술의 개요

1. 스마트 헬스케어의 개요

스마트 헬스케어란 헬스케어와 인공지능(AI), 빅데이터, 사물인터넷, 클라우드, 나노 등의 기술들이 융합된 새로운 개념으로 기존의 헬스케어 영역에서 더 나아가 언제 어디서나 개인이 손쉽게 건강관리를 받을 수 있어 최근 각광받는 분야이다. 스마트 헬스케어를 의료와 기술이 융합된 형태로 의료데이터 기반 지능화된 서비스를 환자인 사용자의 개인별 건강상태를 시간과 장소의 제약없이 실시간으로 모니터링 및 관리하고 건강정보 및 질병상태 등을 분석하여 최적화된 맞춤형 진료를 제공하는 서비스 또는 시스템으로 정의한다.

개인의 건강과 의료에 관한 정보기기 시스템 플랫폼을 다루는 산업분야 건강관련 서비스와 의료가 융합되어 개인맞춤형 건강관리서비스를 제공하는 것이다.

개인이 소유한 스마트 기기나 병원정보시스템 등에서 확보된 생활습관, 신체검진, 의료이용 정보, 유전체 정보 등의 의료데이터 분석을 기반으로 제공되는 개인중심의 건강관리생태계이다.

전세계적으로 심각한 코로나19의 대응, 고령화 추세와 급증하는 의료비 부담에 대한 국가적 대응이 시급한 상황이다 이로 인해 스마트 헬스케어가 새로운 부가가치로 부상중이다.

의료와 기술이 융합된 기술을 통하여 스마트 헬스케어는 의료데이터를 기반으로 지능화된 서비스를 제공한다. 이는 사용자의 개인별 건강상태를 시간과 장소의 제약없이 실시간으로 모니터링 및 관리하고 건강정보 및 질병상태 등을 분석하여 최적화된 맞춤형 진료를 제공하는 서비스 또는 시스템으로 탄생하게 되었다.

스마트 헬스케어 산업은 고령화, 의료비 지출 증가와 같은 사회적 요인과 인공지능, 빅데이터, 사물인터넷, 블록체인, 디지털 트윈, AR/VR, 5G 등 4차산업혁명 연관기술의 발전에 힘입어 급성장하고 있다.

스마트 헬스케어 관련 제품과 서비스의 확대로 기존의 의료는 환자에 대한 치료중심에서 일반인의 예방진단 분야로 확대되고 있다. 우리 주변에서도 스마트 워치, 인공지능을 활용한 진단서비스 등 이와 관련한 사례를 쉽게 찾아볼 수 있게 되었다.

즉 스마트 헬스케어는 전통적인 병원중심의 의료산업영역에 정보통신 기술(ICT)을 의료분야에 결합하여 개인의 건강을 위하여 보다 편리하고 다양한 형태의 건강서비스 및 치료를 제공하는 의료시스템 플랫폼이다. 이는 유·무선 통신망(5G)의 정보기기를 이용하여 언제, 어디서나 환자(개인)의 상태를 지능적으로 모니터링하면서 환자(개인)정보와 질병정보 등을 분석하여 질병의 예방, 상태파악, 진단, 치료, 예후 등을 관리하여 실시간으로 최적화된 맞춤형 보건의료서비스 제공하는 것을 의미한다.

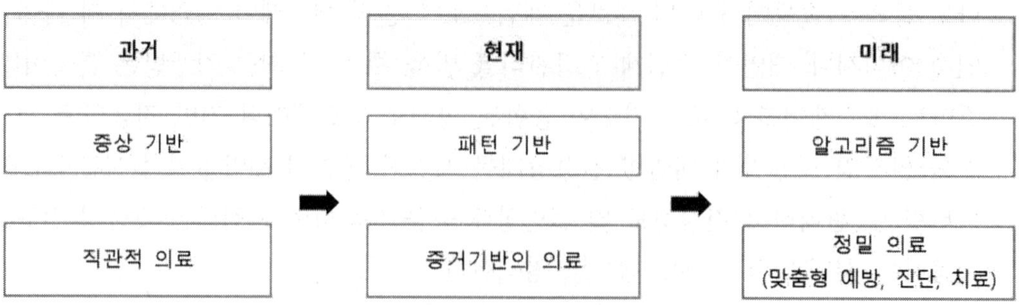

[그림 4-1] 의료방식의 변화

[그림 4-1]처럼 의료방식의 변화 원인은 4차산업혁명의 핵심기술인 ICT 기술과 의료의 융합으로 의료산업 생태계를 변화시켜, 현시대의 삶의 정의와 접근 방식을 새롭게 제시함에 따라 건강에 대한 접근 방식이 변화되었다.

2. 헬스케어 서비스 동향

헬스케어 분야는 전통적인 병원중심의 의료산업 영역에서 정보통신기술(ICT)을 의료분야에 결합하여 다양한 수요자들에게 보다 편리하고 다양한 형태의 건강 관련 서비스를 제공하기 위한 여러 가지 시도들로 발전되어 왔다(표 4-1).

학습 4

〈표 4-1〉 헬스케어와 ICT 기술 결합을 통한 진화

구 분	Tele-헬스	e-헬스	u-헬스	smart-헬스
시기	1990년 중반	2000년	2006년	2010년 이후
서비스 내용	원내 치료	치료 및 정보 제공	치료/예방 관리	치료/예방/복지/안전
주 Player	병원	병원	병원, ICT 기업	병원, ICT기업, 보험사 서비스기업 등
주 이용자	의료인	의료인, 환자	의료인, 환자, 일반인	의료인, 환자, 일반인
주요 시스템	병원운영 (HIS, PACS)	의무기록(EMR) 웹사이트	건강기록(EHR) 모니터링	개인건강기록 기반 맞춤형 서비스

자료 : '스마트 헬스케어산업 활성화 방안' - 산업통상자원부, 2015.01.30

특히 최근에 4차산업혁명의 핵심기술인 인공지능, 사물인터넷, 웨어러블 디바이스 등 의료분야 밖에서 빠르게 발전하고 있는 디지털 기술을 의료분야에 접목하면서 더욱 광범위한 변화가 일어나고 있어 이에 대한 정책적 · 기술적 · 사회적 대응 전략이 필요한 시점이다

헬스케어 분야는 과거 치료 · 병원 중심에서 다양한 ICT 융합기술 및 바이오분야의 기술혁신으로 개인 스스로 일상에서 관리하는 예방 · 소비자 중심으로 의료패러다임이 크게 변화되면서 고령화, 만성질환자 증가에 따른 의료비 급증을 해결하기 위한 시장의 요구가 반영되어 발전되어가고 있다.

헬스케어 서비스의 발전 동향은 다음 3단계로 구분한다.

1) 헬스케어 1.0

헬스케어 1.0은 18~21세기 초에 해당되는 서비스로써 공중보건 및 질병치료를 목적으로 Tele-헬스케어 및 e-헬스케어 기반으로 병원 내 치료서비스를 목적으로 수행되었다.

2) 헬스케어 2.0

헬스케어 2.0은 21세기 후반 이후 인간의 기대수명 증가와 웰빙, 웰니스 등의 중요성이 부각되면서 치료 및 예방서비스 등의 u-헬스케어 기반으로 새로운 생태계가 탄생하게 되었다.

3) 헬스케어 3.0

헬스케어 3.0은 스마트 헬스케어를 기반으로 치료중심에서 사전진단 및 예방, 일상생활에서의 건강관리로 무게중심이 이동하고 건강관리 및 예방으로 패러다임이 변화되었다.

헬스케어 3.0 시대에는 의료와 ICT 융합으로 의료의 BIG 데이터 접근 및 확보방식이 변화되고 있다. 스마트 헬스케어는 융합된 기술의 의료 IT기기 서비스 App을 사용하는 환자(일반인) 개개인의 질환관리, 건강관리, 식습관관리 등의 다양한 형태의 서비스로 발전중이다. 이를 기반으로 정밀의료, 원격의료, 모니터링 서비스 등 개인별 맞춤형 치료서비스와 스마트 헬스케어 서비스가 종합적으로 생애주기 전반을 관리해주는 범위로 확대될 것으로 예상된다.

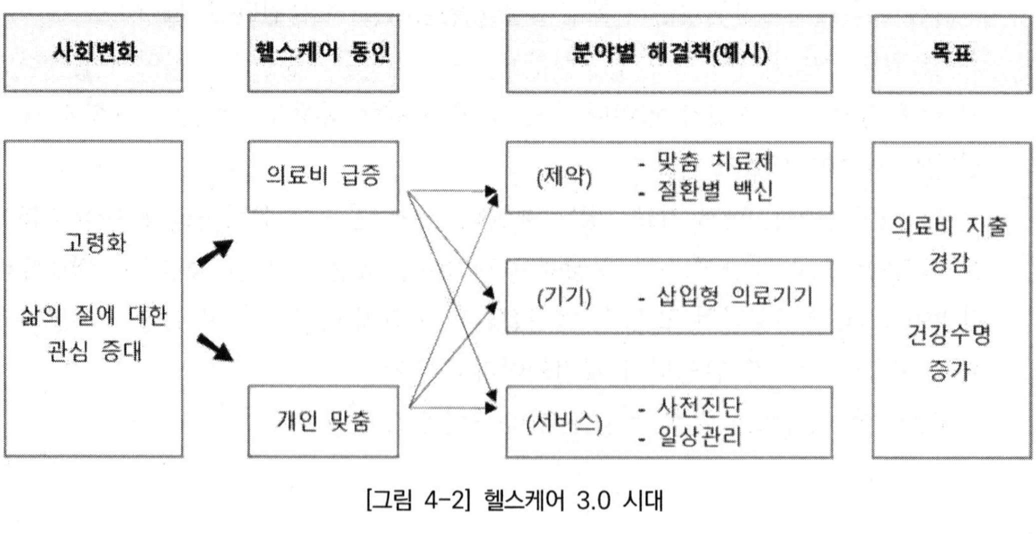

[그림 4-2] 헬스케어 3.0 시대

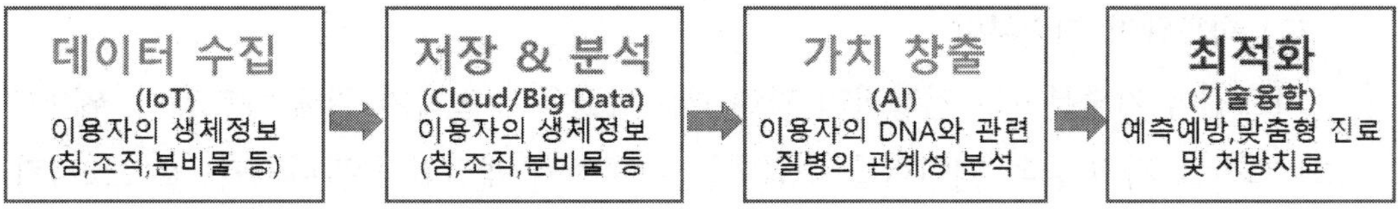

[그림 4-3] 지능형 스마트 의료체계

헬스 3.0시대에서 의료분야는 과거의 치료중심에서 예방중심으로 확장하고 있다. 예방을 위해 정밀하게 검진한 개인 데이터가 필요하고, 이러한 데이터 리소스의 축적으로 맞춤형 진료를 수행한다.

[그림 4-3]처럼 스마트 의료체계는 4P[Predictive(예방), Personalize(개인화), Precision(정밀화), Participation(참여화)]경향으로 발전 · 성장하고 있다.

최근 질병군은 암, 치매, 사회적 감염(㉠ 사스, 메르스, 신종 코로나 바이러스 등)으로 크게 구분된다. 이러한 질병들의 IoT센서 기술을 통하여 건강이나 상황의 인지 데이터를 모으고 마이닝하여 예방체계를 구축하고, 클라우드에 저장 · 분석 · 연구하여 바이오메디컬 인포매틱스 플랫폼(Biomedical Informatics Platform)을 구축한다. 또한 빅데이터 관리, 인공지능을 통한 질병 관계성 분석 등을 통하여 더욱 정밀한 진단과 진료의 가치창출을 추진하는 임상지원시스템(CDSS : Critical Decision Support System)을 도구로 활용하고 최적화되고 있다.

3. 스마트 헬스사업의 구성

스마트 헬스케어 산업에 대해 예방 개인맞춤 관리 중심의 의료서비스 형태로서 의료기술과 ICT 기술이 융합된 기술을 활용시간과 장소가 갖는 한계를 극복하고, 언제 어디서나 개개인 건강상태를 실시간 측정하여 환자(사용자)에게 최적화된 맞춤형 의료서비스를 제공할 수 있도록 연결고리 역할을 하는 산업으로 정의한다.

1) 스마트 헬스산업의 분류

의료와 IT 융합기술은 일반적으로 하드웨어, 소프트웨어, 서비스 분야로 분류된다. 하드웨어 기술분야는 제품서비스 일체형(단품 형태 제품) 부품 등이 있다.

소프트웨어 기술분야는 의료 건강관리 콘텐츠, 미들웨어, 플랫폼 통신 네트워크 등이 있다.

서비스 기술분야는 진단서비스, 건강관리서비스 등으로 구분한다.

(1) 하드웨어 기술분야

하드웨어 기술분야는 건강관리 관련 데이터들을 수집하기 위해 하드웨어, 웨어러블, 스마트 기기 등의 데이터를 수집하는 기술로써 개인건강 관리기기, 웰니스기기, 통신기기, 부품 센서 등으로 구분한다.

〈표 4-2〉 스마트 헬스케어의 하드웨어 분야

상세분류	설 명	관련 제품 및 용도
제품 서비스 일체형 단품형태 제품	(개인건강 관리기기) 건강관리를 위해 건강 생체신호를 측정하는 (의료)기기, 식약처 승인이 필요한 기기 (웨어러블 기기) 건강증진개선을 위해 신체에 착용되어 생체신호 측정과 모니터링을 하는 기기	게이트웨이
		혈당, 혈압, 심전도, 활동량 측정
		요화학 소변 분석
		헤모글로빈 측정
		체성분, 체지방 측정
		의료용 센서 삽입 스마트기기
		현장검사 기기(POCT)
		밴드 목걸이형, 부착 패치형, 인체 삽입형
부 품	부품장치 시약	시약 바이오센서
		저장 및 디스플레이 장치
		통신장치

(2) 소프트웨어 기술분야

소프트웨어 기술분야는 건강관리에 관련된 애플리케이션 플랫폼 시스템 등에서 수집된 데이터들을 분석하는 기술로써 의료·건강정보 솔루션, 개인건강기록 솔루션, 인공지능(AI) 및 빅데이터 기반 분석툴, 플랫폼 등으로 구분한다.

〈표 4-3〉 스마트 헬스케어의 소프트웨어 분야

상세분류	설 명	관련 제품 및 용도
의료건강 · 관리 콘텐츠	(건강정보 제공 App) 일반적 의학정보, 운동정보, 영양정보 등 건강정보 제공 (맞춤형 건강관리 App) 개인 건강정보를 수집하여 맞춤형 건강관리 제공	웰니스 (휴식방법 요가 뷰티팁 등) App
		영양관리 및 정보 제공 App
		의학적 정보 제공(약품, 질병, 복약 등) App
		개인 건강기록(PHR) App
		병원기록 관리 App
		피트니스 또는 운동 관리 App
미들웨어, 플랫폼 통신네트워크	(의료정보관리 플랫폼/DB) 의료기관 의료정보 통합저장/관리시스템 (개인건강정보관리 플랫폼/DB) 건강의료정보 통합저장 관리	의료정보관리 플랫폼(EMR, EHR)
		개인건강정보관리 플랫폼
		기 타

(3) 서비스 기술분야

서비스 기술분야는 환자(사용자)별 개인맞춤형 건강관리 및 의료서비스를 제공하며 병원, 보건소 등을 중심으로 서비스를 운영하는 기술로써 건강정보·분석 서비스, 개인 맞춤형 건강관리 서비스, 원격의료 서비스 등으로 구분한다.

〈표 4-4〉 스마트 헬스케어의 서비스 분야

상세분류	설 명	관련 제품 및 용도
진단 서비스	**(진단 서비스)** 유전자 의료진단 서비스	체외진단 서비스
		유전자/유전체 분석 서비스
건강관리 서비스	**(건강관리 서비스)** 하드웨어 기기의 건강정보 및 의료정보 분석 건강관리 서비스	개인건강검진 관리 서비스
		개인건강기록(PHR)관리 및 맞춤형 서비스
		노인건강관리 서비스
	(원격의료 서비스) 원격으로 행해지는 의료서비스 및 진단	건강관리 포털 서비스
		원격상담 원격모니터링 서비스

수년간 환자 케어, 건강 진단 등 의료기술에서 지속적 개선으로 치료는 급격히 개선됐다. 새로운 혁신이 전세계에서 약물과 의료케어 개선을 위한 혈액이다.

최근 인공지능(AI), 사물인터넷(IoT), 텔레헬스, 정밀의학, 클라우드 서비스 등이 최신 톱 헬스케어 추세에서 주목을 받고 있다. 헬스케어에서 AI는 의료 상황의 정확한 진단, 환자 도움을 위한 최적 접근의 결정이다.

4. 스마트 헬스케어의 핵심기술

스마트 헬스케어의 주요 핵심기술은 비침습·무구속·무자작 건강정보 측정기술, 맞춤형 진단 및 현장진단 기술, 개방형 건강관리 플랫폼 기술, 맞춤형 건강관리 서비스 기술로 구분이 가능하다.

디지털 헬스케어 국내 기술 수준은 세계 최고기술 보유국인 미국 대비 약 80.9%로 기술 격차는 약 1년이다. 세부 기술별로 국내 기술수준을 보면 비침습·무구속·무자각 건강정보 측정 기술분야는 미국 대비 약 75%로 기술격차는 약 1.5년이며, 맞춤형 진단 및 현장진단 기술분야는 미국 대비 약 75%로 기술격차는 약 1.5년이다. 개방형 건강관리 플랫폼 기술분야는 미국 대비 약 85%, 맞춤형 원격 건강관리 서비스 기술분야는 미국 대비 약 88.6%로 기술격차는 약 1년이다.

〈표 4-5〉 스마트 헬스케어의 핵심기술

핵심기술명	과제명	요소기술의 세부내용
비침습·무무속·무자각 건강정보 측정 기술	비침습 자가 건강진단 기술	비침습성 추출 생체시료(뇨, 머리카락, 타액, 눈물 등) 측정/분석 기술 간소화 약침습성 생체치료(혈액, 뇌척수핵) 추출 기술
	무구속 생체신호 측정 기술	전기적 비접속 생체 신호 측정 기술 신체 접촉용 임피던스 센서 활동 모니터링 및 일상성 추출기술
	무자각 생활정보 패턴 측정기술	웨어러블 디바이스(Wearable Device, 옷, 시계, 안경 등) u-Health 기능성 생활용품(가전제품, 가구, 주택, 자동차 탑재 센서)
	인체 이식형 생체신호 측정 기술	생체적합 바이오칩/센서 무선 인체 삽입 센서 원격 신호 전달 장치 무전원 센서
맞춤형 진단 및 현장 진단 기술	유전정보 기반 맞춤형 진단 기술	맞춤형 질병진단이 가능한 DNA 유전정보 기반 질병 진단침·센서 기술
	현장 진단 바이오칩/센서 기술	혈액·소변·타액 등의 질병 바이오 마커 농도를 현장에서 바로 측정할 수 있는 바이오칩/센서 기술
개방형 건강관리 플랫폼 기술	개인 건강 레코드 구축/공유/활용 기술	개인 건강정보를 레코드로 구축하고 공유하며 활용하기 위한 기술로 개인 건강 레코드의 표준화, 개인건강 레코드의 교류 등의 기술을 포함
	건강 빅데이터 분석 기술	건강관련 코호트 빅데이터 분석 기술 축적된 개인 건강정보의 빅데이터 분석을 통한 개인 건강 추이 예측 기술
	모바일 건강관리 서비스 플랫폼 기술	표준 기반 건강정보의 빅데이터 분석을 통한 개인 건강 추이 예측 기술 서비스를 위한 개방형 API 기술
맞춤형 원격건강관리 서비스 기술	원격 건강 모니터링 기술	원격시스템에 의한 환자의 실시간 모니터링 실시간 모니터링에 의한 실시간 진단
	맞춤형 원격진료 기술	생명-의료 빅데이터 기반 환자의 맞춤형 진단 원격의료시스템에 의한 환자의 원격진단-원격상담, 원격병리 진단, 원격방사선진단 등(특히 독일은 원격의료 및 모바일에 의한 연계기반의 헬스케어 디지털 진료체계 시스템 구축 및 활용기술 분야 진출이 활발하여 디지털 헬스케어 진료기술이 활성화)
	맞춤형 원격치료 기술	원격시스템에 의한 환자의 실시간 관리-원격간호, 원격처방, 원격재활 등 원격 의료시스템에 의한 맞춤형 원격 치료-원격 심장치료, 원격 정신치료, 원격방사선치료, 원격 피부치료, 원격치과질환 치료, 원격수술 등

출처 : 2017 MEDICA CONNECTED HEALTHCARE FORUM, 2017.11.13./KIST, 15대 국가 융합기술 수준조사, 2014.

5. 헬스케어 디지털 트랜스포메이션

디지털 헬스케어 산업의 확산과 더불어 디지털 환경 하에서 디지털 트랜스포메이션(Digital Transformation)은 의료서비스와 데이터의 지속적인 성장 발전과 확장을 가능하게 해주며, 환자로 하여금 새로운 수준의 정보 접근을 가능하게 해 준다. 환자로 하여금 웨어러블 웰니스 앱과 스마트폰을 진단도구로 활용하게 해 준다.

2015년 글로벌 헬스케어 시장에서는 대형화를 통해 규모의 경제를 달성하고 다양한 서비스를 제공하기 위해 전략적 인수합병이 다수 발생하였다. 이와 함께 새로운 비즈니스 모델을 도입하기 위해 독립적 의료진 집단을 영입하는 경우도 다수 목격되었으며, 이러한 신규 영입 혹은 입수합병 후에는 통합 기술 플랫폼을 구축하는 경향이 글로벌 헬스케어 시장에서 존재하였다.

2015년에는 글로벌 헬스케어 사업간 인수합병이 급격히 증가하였는데, 미국에서는 유나이티드헬스그룹(United Health Group : UHC)의 카타마란(Catamaran Corp)사 인수(거래규모 132억 달러)와 CVS 헬스(CVS Health Corp)사의 옴미케어(Omnicare Inc)사 인수 126억 달러) 등이 대표적인 사례이다.

디지털 헬스케어에 의한 병원과 환자와의 연결성 제고로 효율적인 병원경영과 규모의 경제 실현이 가능하게 된다.

〈표 4-6〉 디지털 헬스케어 관계 당사자별 혜택

분 야	환 자	제공자	비용 지불자
EMR(Electronic Medical Records)	읽고 이해가 용이	저장 및 활용 용이, 효율성과 생산성 증가	–
EHR(Electronic Health Recode)	향상된 진단과 치료	조정과 정보 의사결정	신속한 결제 시스템
PHR(Personal Health Records)	개인 웰니스와 관리	정보의 지속성	헬스케어 연계 및 문제예방
Remote Diagnostics	중복 검사 감소	접근성 용이	저비용
Telecare	전문가 진료 접근성 증가	생산성 증가 및 헬스케어 자원 부담 감소	저비용
m-Health Applications	더 많은 진료 및 시간 절약	선제적이고 맞춤형 진료 가능	–
Big Data/Analytics	정확한 진료, 향상된 진료	진단향상 및 치료 정확도 증가	저비용

출처 : CISCO, "The Digitation of the Healthcare Industry: Using Technology to Transform Care.", 2017. pp.6-7.

학습 4

헬스케어 수요는 특히 중국, 인도, 인도네시아, 말레이시아 등 아시아의 신흥국을 중심으로 한 인구 증가 및 고령층의 증가로 지속적인 성장세가 전망된다. 이들 국가들은 디지털 헬스케어 인프라가 아직 미비하지만, 경재성장과 더불어 디지털 헬스케어에 대한 수요 증가와 이에 따른 관련 산업의 급속한 성장이 전망된다. 디지털 헬스케어 주요 수혜분야는 EMR, EHR, PHR, 원격진단, 원격의료, 모바일 헬스응용 분야 등으로 정보의 지속성과 접근성, 예방 및 맞춤형 진료를 가능하게 해준다.

4-2 스마트 헬스케어 기술의 응용

1. 스마트 헬스케어와 의료기술 융합

스마트 헬스기술은 IT와 의료기술의 융합응용으로 [그림 4-4]처럼 의료기기, 의료서비스, 병원정보화, 의료정보 등의 고부가가치 산업을 창출할 것이다.

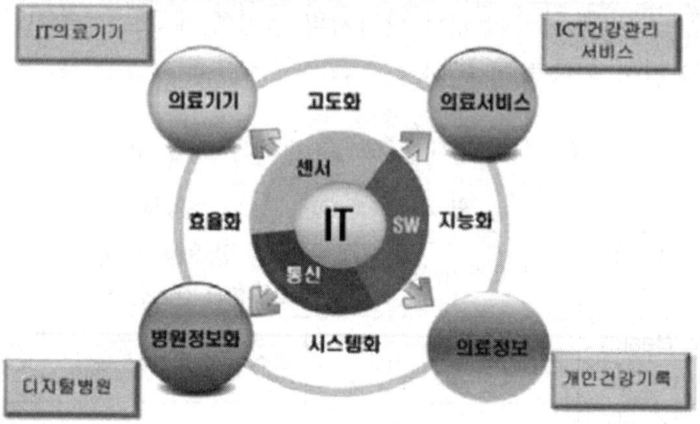

[그림 4-4] 의료와 IT의 융합 응용

의료 IT 융합응용은 의료분야에 IT를 융합하여 새로운 가치를 만들어 내는 것으로 시간과 공간에 구애받지 않고 언제 어디서나 건강을 관리하고 증진시킨다. 또한 질병을 예방하고 관리하는 ICT 건강관리서비스, 병원 내 장비를 디지털화하고 이를 하나의 통합된 프로그램으로 제어, 네트워크화하여 진료 효율을 높인다.

또한 최상의 의료서비스를 제공하는 디지털 병원, IT 기술을 의료기기에 접목하여 효율을 높이고 새로운 형태의 진단 및 치료를 가능하게 하는 IT 의료기기, 대규모로 축적되는 의료정보의 효율적 활용을 추구하는 의료정보의 활용 등 혁신적인 기술들이 나타나고 있다.

이러한 의료와 IT 융합기술의 응용 유형은 〈표 4-7〉처럼 분류한다.

〈표 4-7〉 의료와 IT 융합 응용기술 유형

대분류	중분류	세분류	활동영역
진 단	바이오 인포매틱스	• 바이오 데이터 처리 기술 • 바이오 데이터 마이닝 기술 • 바이오 데이터 통합관리 기술 • 바이오 인포매틱스 응용서비스	지원기술 건강 및 의료 의학 영역
	바이오 전자소자	• 바이오 정보처리소자 기술 • 바이오 정보단말 기술	
커뮤니케이션	생체정보 인터페이스	• 뇌-컴퓨터 인터페이스 • 감성 인터페이스 • 생체신호 인터페이스	교육 서비스, 보안, 로봇 등 다양한 활용 분야
	바이오 컴퓨터	• 연산용 바이오 컴퓨터 • 분석용 바이오 컴퓨터	

1) 바이오 인포매틱스

바이오 인포매틱스 기술은 바이오에 의해 생성된 다양한 생명현상의 정보를 통계적, 전산적인 방법을 이용하여 저장·분석·활용하는 기술로 신약개발, 질병 진단 및 치료, 농산물 품종개량 등 유전자 정보를 고부가가치 산업에 활용하기 위하여 바이오 전반에 관한 데이터를 다루는 종합적인 분야이다.

2) 바이오 전자소자

바이오 전자소자는 생체물질과 마이크로 소자를 합하여 새로운 개념의 소자를 만드는 기술이다. 이는 바이오 센서 등 생체물질과 IT 공학을 융합한 분야, 나노 바이오 소자 및 나노 소재를 이용한 질병 진단 및 치료기기(랩온어 칩 등), 바이오 MEMS(미세기전 집적시스템) 등이 이 분야에 포함된다. 바이오 소자는 바이오 정보처리 소자와 바이오 정보단말의 2개 기술을 포괄한다.

3) 생체정보 인터페이스

뇌파, 안전도, 근전도, 심전도, 맥파, 호흡신호, 혈압, 체온, 엑스선 영상, 초음파 영상 등 각종 형태의 생체정보의 처리, 분석, 인식을 통하여 새로운 IT서비스를 가능하게 하는 인터페이스이다.

학습 4

4) 바이오 컴퓨터

바이오 컴퓨터는 DNA를 비롯한 생체정보 소재를 이용하여 연산모델 기술개발 등을 통한 정보처리, 정보저장, 분자진단 및 치료 등에 응용 가능한 기술이다.

마이크로 바이오칩(BioMEMS/LOS) 기술은 초소형, 고감도의 휴대형 진단기를 구현하는 기술로서 실질적으로 스마트 헬스케어 서비스의 보편화에 절대적으로 필요한 기술이다.

바이오 멤스(BioMEMS) 기술은 소형화된 기판 위에 미세구조의 회로, 센서, 매개체(Actuator)를 집적화시킨 기술이다.

2. 디지털 헬스 융합기술 특징 및 활용

향후 더욱 주목할 만한 의료와 IT 융합기반의 디지털 헬스 관련 기술로는 안면인식기술, 블록체인, 클라우드, 자연어 처리 및 대화형 가상 도우미, 인공지능, 5G 무선 네트워크 등으로 전망한다. 이 기술들은 신약 연구부터 진단, 병원 보안, 질병 관리 등 다양한 분야에서 활용이 가능하다.

〈표 4-8〉 디지털 헬스 관련 융합기술 특징 및 응용

기술명	특 징	디지털 헬스에서의 응용
 안면인식 기술	• 캡처된 디지털 이미지를 데이터베이스에 저장된 정보와 비교하는 생체인식 및 인증의 일종 • 접근 제어/보안, 은행/결제, 인터넷/전자상거래, 법 집행 및 유권자 검증에 일반적으로 사용 • 보안, 개인정보 및 윤리적 고려사항이 채택을 제한할 수 있으며, 시스템이 환자를 인식하지 못한다는 이유로 환자가 의료서비스를 거부당할 수 있다는 우려 존재	• 병원 보안 • 의료, 지급인 및 제약 정보시스템에 대한 보안 로그인 • 특정 의료조건 또는 의약품 관련 문제 진단 • 새로운 AI 시스템 • 상호운용성 및 가상 보건시스템 확장에 따른 환자검증 • 기분 또는 감정 상태의 평가 또는 감정분석 • 데이터분석
 블록체인	• 분권/분산형 원장으로 거래기록을 제공하면서도 모든 당사자의 신분을 보호, 레코드는 한번 기록되면 수정 불가 • 가상 화폐거래를 보호하기 위한 수단으로 활용되는 블록체인은 높은 확실성이 요구되는 모든 환경에서도 활용 가능 • 블록체인은 복잡한 기술로 얼마나 안전한 기술인지 명확하지 않은 것이 단점	• 처방 검증 • 지불 거래 : 특히 여러 지급인, 보험회사 또는 제공자가 관련된 거래 • 개인 건강정보 보안

기술명	특 징	디지털 헬스에서의 응용
 클라우드	• 빅데이터 분석이 보건 IT에 보편화됨에 따라 사내 컴퓨팅 및 보관시설을 유지하는 비용이 부담으로 작용 • 클라우드 서비스는 유연하게 확장되어 고정 비용 인프라를 가변 비용 서비스 솔루션으로 전환하는 동시에 최첨단 컴퓨팅 및 스토리지 집약적인 애플리케이션을 지원하는 방법을 제공 • 클라우드 서비스는 고속 네트워크를 통해 제공되기 때문에 대역폭은 일부 의료기관에서 문제가 될 수 있으며, 데이터 이동시 보안문제가 단점	• 전자건강기록(EHR), 청구서, 환자상태 기록데이터 등의 상태 IT 애플리케이션 호스팅(사업자가 주로 개인 홈페이지의 서버 기능을 대행하는 것) • 새로운 빅데이터, 예측분석 및 AI 애플리케이션 • 주요 상태 IT 애플리케이션을 위한 장애방지 및 재해복구 기능
 자연어 처리 및 대화형 가상 도우미	• 대량의 비정형 데이터에서 암묵적 의미를 이해하기 위해 AI를 문자와 구어의 해석에 적용하며 다양한 방법으로 작업 흐름을 개선 • 소비자는 24시간 일반 의료정보나 개인 건강 데이터에 접근하기 위해 또는 신뢰할 수 있는 출처의 질문에 대한 답을 찾기 위해 제공자, 지불자 또는 공인된 전문가 소스가 제공하는 보조자에게 문의	• 의료기록에서 의미 찾기 • 지급요청 및 보험금 청구 처리 • EHR 시스템에서 사용자가 직접 이용하는 (Front-end) 인터페이스로 전환 • 중요한 문서상 이슈를 의료진에게 전달
 인공지능	• AI 기술은 약물발견과 연구, 임상 의사 결정 지원, 의료 영상 및 진단에 가장 유용한 것으로 입증 • 불필요한 절차와 비용의 제거, 입원치료와 병원관리, 환자데이터 및 위험분석, 청구처리, 약물발견의 최적화	• 예측 통찰력 및 위험분석 • 임상 의사결정 지원시스템 • 의료영상 및 진단 • 신약개발 및 연구 • 만성 질병관리
 5G 무선 네트워크	• 현재 운영되는 네트워크보다 대기 시간이 짧고 훨씬 더 많은 수송을 지원 • 다중 연결과 다중 동시데이터 경로가 가능	• 웨어러블 기기 성장 • IoMT가 어디에 있든 대규모 RPM의 비전을 실현할 수 있는 네트워크

출처 : 프로스트앤설리번, Global Digital Health Outlook(2020), 2019.8

학습 4

4-3 스마트 헬스케어 기술의 미래

질병의 예후·예측에 있어서 대한 다양한 정보의 제공이 중요해지면서 차세대 융복합 체외진단시스템 관련 분야가 주목된다. 차세대 융복합 진단시스템에서는 환자 질병의 예후·예측을 위한 정보의 정확도 향상과 효율성 증대 및 다양화가 중요하며, 이를 위해 기존 체외진단기기와 유전공학기술, 정보통신공학기술의 융복합을 통한 다양한 체외진단 기술들이 발전하고 있다.

차세대 융복합 진단시스템은 기존의 체외진단기기에 유전공학 기술, 정보통신 기술(ICT)이 융합되어 성능(정확도, 정밀도 등)이 향상 된 것으로 진단장비, 검사시약, 진단소프트웨어 등으로 구성된다.

현재 연구개발 중인 차세대 융복합 진단시스템을 적용하면, 기존의 진단정보와 환자의 개인정보를 기반으로 환자 맞춤형 치료(Personalized Medicine)를 위한 진단이 가능하고, 질병에 대한 치료효과를 예측하여 정밀의료(Precision Medicine)가 실현될 것으로 기대된다.

차세대 융복합 체외진단시스템 분야 중에서 시장성과 개발 전망이 큰 세 가지 기술에는 동반진단기기(CDx, Companion Diagnostics), 체외진단다지표검사기기(IVD-MIA : In Vitro Diagnostic Multivariate Index Assay), 디지털 병리(Digital Pathology) 등이 있다.

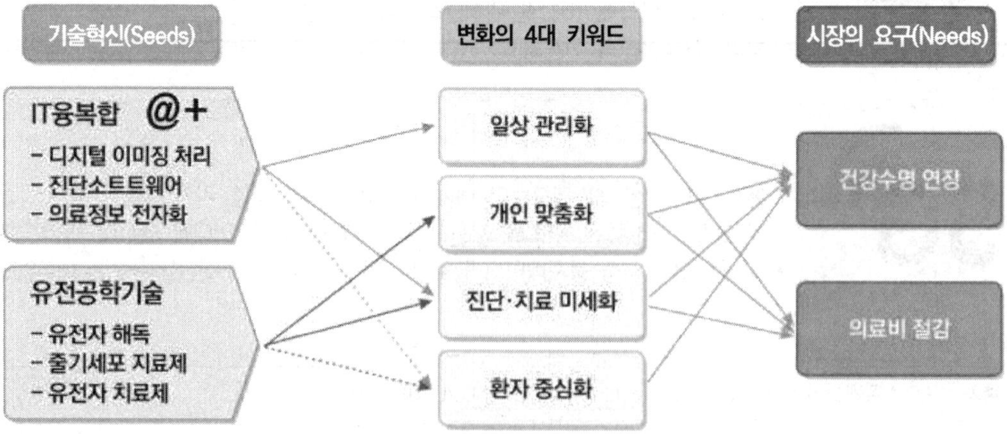

[그림 4-5] 차세대 융복합 진단시스템

출처 : 헬스케어 3.0 : '건강수명' 시대의 도래 삼성경제연구소, 2011.

동반진단(CDx)은 환자의 치료에 적절한 표적 의약품을 사용하기 위해 약물의 반응성 및 안전성을 미리 예측하는 검사를 말하며, 이러한 검사시스템을 체외동반진단기기(IVD-CDx : In vitro Companion Diagnostic Devices)라고 한다.

동반진단은 분자진단을 기반으로 하여 의약품의 효율적인 사용을 위해 적용되며 그에 따른 안전성에 대한 정보를 제공한다. 현재 표적의약품의 연구개발에 있어서 환자 선별을 위하여 체외동반진단기기와 시약들이 개발되고 있으며, 이와 함께 표적 의약품(Drug Targets)이 동시에 개발되고 있다.

암 치료에 있어서 기존에는 정확한 진단을 위한 의학적 증거를 수집하는 것이 중요했지만, 향후에는 환자맞춤형(Personalized) 정밀의학(Precision Medicine) 구현을 위해서 약물과 동반진단(CDx)의 통합개발에 집중하는 것이 중요하다.

현재 동반진단(CDx)은 암 치료에 대한 현재의 접근방식에 지대한 영향을 주고 있다. 환자 개개인의 암의 기전과 증상이 각기 다르다는 사실에 기반을 두어, 바이오마커 기반의 진단을 통해 맞춤형 치료가 가능하게 되었다. 그 결과 항암제 지형이 급속도로 다양화되고, 암 유형에 따라서 분자진단 제품의 분화가 이루어졌다.

또한 표적 치료를 위한 표피생장인자수용체(EGFR)의 돌연변이 검출과 특성에 대한 분류가 다양해졌다. 표피생장인자수용체(Epidermal Growth Fator Receptor, EGFR)는 상피세포에 성장과 분화에 관여하는 신호와 결합하여 세포 안쪽으로 신호를 전달하는 단백질 EGFR은 ErbB1(HER1)으로도 불리며 ErbB2(HER2), ErbB3(HER3), ErbB4(HER4)와 함께 ErbB Family를 구성한다. 많은 암에서 종양 조직 내에 수용체(Receptor)의 증폭과 과발현으로 EGFR의 발현이 증가된다.

종양학자들에게 임상 의사결정 과정은 상당히 복잡해지고 있으며, 환자 맞춤형 정밀의학 시대에는 치료 결정 과정이 바이오마커를 통해 더욱 세분화되고 있다.

지금까지 정밀의학 접근법은 종양학 분야에서 주로 구현되어왔다. 소수의 정밀약물과 그에 상응하는 암 진단으로 시작하여, 그 분야는 여러 치료영역으로 넓어지고 있다. 분자진단의 발전은 대사 장애(예 당뇨병), 신경 질환(예 알츠하이머병), 심혈관 질환 등과 같은 다른 질환의 분자 수준의 기전을 더 잘 이해할 수 있도록 한다.

암 이외의 질병에 대한 바이오마커 또한 활발한 연구개발이 기대되며, 암 이외의 질병분야에서 정밀의학의 적용을 확대하기 위해서 비종양학 지표의 동반진단 개발이 요구된다. 따라서 규제 기관, 피보험자, 진단 및 제약 회사를 포함한 모든 공공 및 민간 이해관계자들은 비종양학 질병분야에서 약물과 동반 진단의 공동 개발이 이루어지도록 전략적 관계를 구축할 필요가 있다.

체외진단다지표검사(IVD-MIA)는 다양한 분석 물질(단백질, 생체분자, 성장인자, 등)을 동시에 검출해 정량화 및 분석하는 검사이다. 체외진단다지표검사(IVD-MIA)는 중합효소연쇄반응(PCR : Polymerase Chain Reaction)을 통해 분석 대상의 양을 증폭시킨 후에 이루어지며, 효소면역분석법(ELISA : Enzyme Immunoassay)과 같은 기존 방법에 비해서 짧은 시간에 미세한 양의 단백질에 대한 정량분석 및 다중의 분석 물질에 대하여 더 많은 정보를 수집하는 데 사용된다.

일반적인 멀티플렉스 분석(Multiplex Assay)이 다수의 바이오마커에 대한 측정값을 단순히 양성과 음성으로 구분할 수 있는 컷오프(Cut-off) 수치를 이용하여 검사결과를 도출하지만, 체외다지표진단검사(IVD-MIA)는 다수의 바이오마커에 대한 측정값을 입력값으로 하여 특정 알고리즘의 수식을 계산함으로써 질병의 위험도나 환자의 상태와 예후를 예측한다.

체외진단다지표검사(IVD-MIA)는 검사대상의 유형에 따라서는 유전체 기반의 다중진단 검사방법과 단백질 기반의 다중진단 검사방법 또는 세포를 대상으로 한 검사방법으로 분류할 수 있다. 또한 적용되는 기술에 따라 분류하면, 마이크로어레이(Microarray) 기법과 비드 기반의 분석기법으로 세분화 할 수 있다. 제품별로는 다중진단 시약과 소모품, 장비와 액세서리 그리고 소프트웨어와 서비스 등으로 분류할 수 있다.

체외진단다지표검사(IVD-MIA)는 암, 알츠하이머 등에 대한 질환 치료제 연구개발과 함께 그 수요도 지속적으로 증가할 것으로 전망된다. 동반진단(CDx)과 마찬가지로, 종양학 분야 위주의 바이오마커 및 질환 기전 연구 중심에서 비종양학 분야로의 확대 발전이 기대되며, 이에 따라 비종양학 분야에 대한 약물 개발과 진단에 필요한 바이오마커 개발은 증가할 것으로 전망된다.

질병의 예후에 대하여 적은 표본의 학습데이터로부터 예측의 정확도를 높이기 위한 인공지능(AI) 알고리즘의 개발, 검사 기술에 있어서는 나노기술이 적용되어 소량의 표본으로도 정확한 검사가 가능한 다중 분석기술에 대하여 연구개발이 진행될 것으로 전망된다.

디지털병리란 전통적인 병리에서의 유리 슬라이드를 바이너리 파일로 디지털화(Digitalization)하고 이를 모니터를 통하여 관찰하며 해석, 분석한 후 보관, 관리하는 체계(시스템) 또는 환경으로 정의할 수 있다.

기존의 병리학은 세포, 조직, 장기의 표본을 육안 또는 현미경 등을 통해 질병의 원인을 규명하는 기초의학으로 최근에는 광학기술 및 정보통신기술(ICT)과의 융합

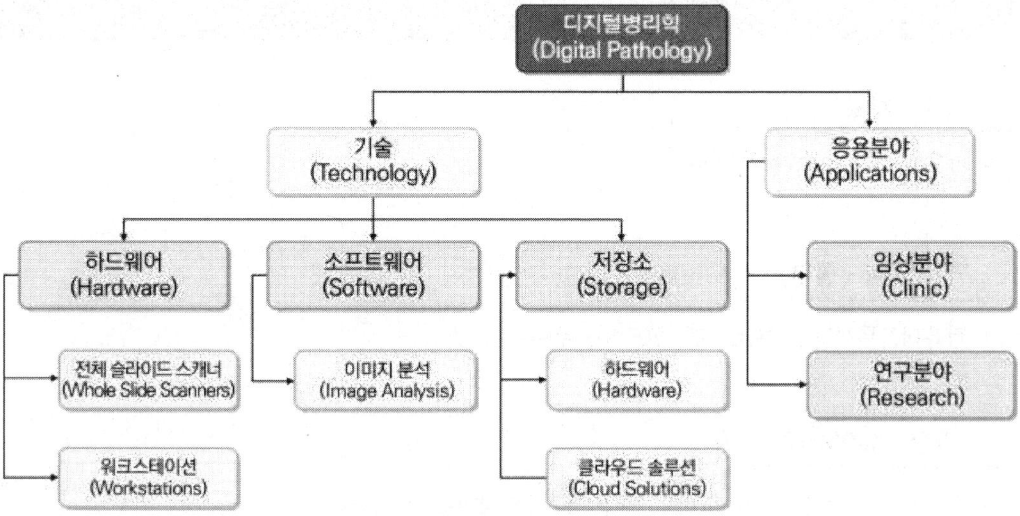

[그림 4-6] 디지털 병리의 분류

출처 : 글로벌 디지털 병리기술 시장 현황 및 전망, BioINdustry, 2018, 재가공

을 통해 다양한 연구개발이 이루어지고 있다. 디지털병리기술을 통해 데이터베이스 구축과 알고리즘을 통한 이미지 분석 및 다양한 전문가 집단 간의 정보공유를 통하여 전통적인 병리학 진단의 한계를 극복하기 위한 다양한 노력이 이루어지고 있다.

디지털병리는 전임상 및 임상시험에서 의약품 개발 프로세스를 효율화하기 위해 대규모 바이오 제약 회사와 최고 임상연구기관(CRO)에 의해 그 수요가 증가하고 있다.

종양학 및 비종양학 분야에서의 새로운 바이오마커의 개발은 정밀의학(Precision Medicine)의 구현을 위한 디지털 병리의 잠재적인 기회로 작용할 것이다. 진단에 대한 복잡성이 증가함에 따라 형태학적으로 관련 조직유형과 개별 세포구획을 식별하기 위한 이미지 프로세싱 기법의 연구개발과 더불어 고기능·다중 이미지 처리 기능(밝은 필드, 형광 또는 다중 스펙트럼)을 갖춘 디지털병리 솔루션의 개발이 추진되고 있다. 이를 통해 조직 분석결과를 임상 데이터에서 도출된 표준 곡선과 비교하여 진단에 적용하거나 발병 위험도를 미리 제공할 수 있는 디지털병리 시스템의 등장으로 이어질 수 있다. 실제로 디지털병리가 가지는 발전 가능성은 임상적으로 관련 있는 그룹으로 더 이상적인 환자 계층화를 달성하기 위해 FACS10) 또는 MALDI-IMS11)와 같은 다른 방식의 면역조직화학(IHC) 정보와 영상을 결합하여 진단 또는 발병의 위험도를 예측할 수 있는 방향에 있다.

디지털병리가 면역조직화학(IHC)을 대체하기보다는 새로운 분자진단과 디지털 병리 기술의 융복합을 통해 기존 기술의 보완적인 새로운 진단기술 개발이 전망된다.

수행 내용

재료 · 자료

- IT 분석 및 응용 관련 자료

기기(장비 · 공구)

- 컴퓨터, 문서작성 프로그램, 프린터, 주변기기

안전 · 유의사항

- IT 분석 및 응용 관련 장비의 안전 및 유의사항을 숙지한다.

수행 순서

01 글로벌 기업의 스마트 헬스케어 사례에 대하여 분석하라.

1. IBM

IBM은 스마트 헬스케어의 최전선에 있다. 빅 블루의 왓슨 기술은 유전자 검사 결과 해석, 약물 발견에서 연구자 지원, 암 환자를 위한 증거 기반 치료 옵션을 임상의에게 제공 등에 이미 사용되고 있다.

2. 퀄컴

IoT는 인터넷과 어떤 기기를 연결해 사용하는 단계이다. 이런 인식은 비용 감소, 케어 개선, 생명구조 가능성으로 헬스케어에 대변혁을 가져올 잠재력이 있다.

주요 업체는 퀄컴(Qualcomm)이다. 회사의 2net 플랫폼은 인터넷 상에서 보안 백-엔드(Back-End) 시스템에 의료기기들의 광범위하게 거의 실시간으로 통합할 수 있다. 퀄컴은 병원에 의료기기 통합을 제공한 캡슐(Capsule) 플랫폼도 마케팅하고 있다. 회사는 전체 IoT 시장에서 입지를 강화하기 위해 NXP Semiconductors의 인수를 진행하고 있다.

3. 텔라독

텔레메디신(Telemedicine)으로도 불리는 텔레헬스(Telehealth)는 텔레커뮤니케이션 기술을 원격으로 이용해 헬스케어를 제공하고 있다.

여론 조사에서 미국인의 78%가 텔레헬스 사용의 발상을 환영하지만 실제로는 21%만 그렇게 하고 있다. 이는 관련 업체들에게 큰 기회가 되고 있다.

이 시장의 리더인 텔라독(Teladoc)은 환자에게 원격 주문(On-Demand) 헬스케어 서비스를 제공하고 있다. 회사는 가장 근접한 경쟁자보다 3배 이상을 75% 시장을 점유하고 있다. 텔라독은 아직 수익이 없지만 월사의 애널리스트들은 향후 5년간 연간 20% 성장을 예상했다.

4. 일루미나

정밀의료(Precision Medicine)로 알려진 개인맞춤 의료(Personalized Medicine)는 질병 예방, 진단, 치료를 위해 개인의 유전적 프로필과 환경에 대한 정보를 사용한다. 접근은 이미 일부 중요 약물의 개발을 유도했다.

이 분야는 일루미나(Illumina)가 가장 선두에 있다. 회사는 제노믹 시퀀싱(Genomic Sequencing)에 선구자이다. 일루미나의 기술은 1만 이상의 요소로 시퀀싱 비용을 줄이는데 도움이 됐다.

회사는 과거보다 더 입수 가능한 제노믹 시퀀싱을 만드는 NovaSeq 시스템을 출시했다.

5. 아테나헬스

클라우드(Cloud) 서비스는 인터넷을 통해 사용자 주문으로 이용할 수 있는 애플리케이션이다. 최근 수년간 헬스케어에 클라우드 서비스의 사용을 의미있게 성장했다. 아테나헬스(Athenahealth)는 클라우드 기반 헬스케어 애플리케이션의 선도 제공자 중 하나이다. 회사의 제품은 임상 관리, 세금 징수, 환자 예약, 주민 건강관리 솔루션 등이다.

6. J&J, 애보트, 메드트로닉, 보스턴 사이언티픽

미국은 글로벌 헬스케어 산업에서 가장 선진화된 기술 혁신의 주요 기여자이다. 헬스케어 분야에서 기술 발전은 인간 기대 수명을 높이고 있다.

지속적 혁신을 하는 미국 기업은 J&J, 애보트, 메드트로닉, 보스턴 사이언티픽 등이다. 미국 의료기기 업체들은 전세계에서 혁신과 높은 기술 제품으로 주목을 받고 있다. 미국

의료기기 산업은 글로벌 리더이다.

02 스마트 헬스케어의 홈케어 서비스에 대하여 분석하라.

1. 텔레케어 서비스의 개요

텔레케어(Tele-Care) 또는 텔레헬스(TeleHealth)는 정보통신(IT)기술을 활용하여 응급호출기, 동작 및 환경 감지센서 등을 활용한 모니터링을 통해 고령자가 일상생활을 잘하고 있는지 확인하고 응급상황 발생시 보호자와 병원, 구급업체로 연락해 후속 조치를 제공하는 서비스다.

인터넷이나 TV, 스마트폰 등을 이용해 원거리에 있는 노약자의 신체 징후나 일상을 모니터링하며 문제를 예방하는 사회복지 시스템으로 온라인 기반으로 사용자 맞춤형 성격이 강해 개인 응급 응답 시스템(PERS : Personal Emergency Response System)라고도 한다.

이미 영국을 중심으로 유럽 대부분의 국가에서는 이를 하나의 산업으로 여기고 있으며 많은 글로벌 기업들 역시 본격적으로 시장에 진출해 다양한 디바이스들을 출시한 상황이다.

텔레케어는 대면서비스에 비해 저렴한 비용으로 24시간 보호해 정서적 안정감을 제공하고 위급상황 시 빠른 대처를 통해 사망 또는 질병 악화를 예방함으로써 장기적으로 의료비용을 줄이고 삶의 질을 높여준다는 장점이 있다.

국내서는 정부가 주도하는 'U-헬스케어'가 대표적인 텔레케어 서비스로 꼽히지만 이마저도 걸음마 수준이고, 민간부문에서는 전무한 실정이다.

2. 텔레케어 기술의 변천과정

텔레케어 기술은 1세대를 거쳐 3세대까지 진화했다.

1) 1세대 기술

1세대는 통신기술 기반 고령자의 안부를 물어주는 서비스로 스마트 밴드나 스마트 목걸이 형태의 IT 기기를 활용한 가정용 수동알람 형태였다.

2) 2세대 기술

2세대는 고령자들이 몸에 착용했던 기기를 동작감지 센서가 대체하였다.

집안 곳곳에 설치된 센서는 사람의 움직임 또는 가스 화재 감지와 전기, 수돗물 사용량까지 감지해서 이상 징후를 알아낸다. 이는 사물인터넷(IoT : Internet of Things) 기술을 활용한 서비스로써 기대를 모았으나 외출시에는 활용의 한계로 인하여 사후 대응방식으로 대응에 한계점이 있다.

3) 3세대 기술

2세대 기술을 보완하여 사전 예방서비스, 관리 중심 체계로 개선된 기술이 3세대 텔레케어 기술이다. 3세대 기술은 대상자의 평상시 생활정보를 빅데이터와 인공지능(AI)의 융복합 기술로 수집해 패턴화 함으로써 응급상황을 미리 감지할 수 있도록 설계되었다.

최근의 게이트웨이 장비는 WCDMA망/LTE망을 이용하던 기존 장비와 달리 5G망을 사용하는 것은 물론 와이파이(WiFi), 지그비(Zigbee), 블루투스(Bluetooth) 네트워크 기술까지 모두 적용된다.

3. 텔레커어 서비스의 구분

텔레커어 서비스는 가정용 알람과 휴대용 모바일로 나뉘어 사용 장소에 따라 가정용과 모바일로 나눌 수 있고, 응급 호출이 이뤄지는 방식에 따라 수동알람과 자동알람으로 나눌 수 있다.

1) 가정용 수동알람

가정용 수동알람은 1970년대 미국과 유럽에서 시작된 가장 오래된 텔레케어 서비스로 1세대 텔레케어로 불리기도 한다. 가정용 수동알람은 2가지의 기기를 기본적으로 사용한다. 그 중 하나는 응급호출기기로 손목시계나 펜던트(목걸이) 형태로 이뤄져 사용자가 쉽게 휴대할 수 있다. 다른 하나는 단말기(Base Station)로 전화와 연결된 스피커폰 형태다.

사용자가 집 안에서 갑자기 넘어지거나 몸이 안 좋을 경우 응급호출기기에 달린 버튼을 눌러 응급구조기관 또는 텔레케어 모니터링 센터에 상황을 알릴 수 있다. 또 보호자나 이웃 주민, 주치의에게 연락이 되도록 지정할 수도 있다.

연락을 받은 모니터링 센터 직원이나 보호자는 단말기의 스피커폰을 통해 사용자에게 말을 걸고, 통화 결과에 따라 구급차를 보내거나 직접 방문하는 등 필요한 조치를 취할 수 있다.

대부분의 호출기기는 방수기능을 갖춰 목욕 중에도 몸에 지닐 수 있고, 단순히 버튼만 누르면 되기 때문에 휴대전화 등 다른 통신수단에 비해 응급시 사용 편의성이 높다.

가정용 수동알람의 장점으로는 단순한 사용성과 적정한 가격을 들 수 있다. 특히 응급상황에서 사용하는 호출기기 및 단말기는 고령자가 사용하기에 편리하고 단순하다. 또한 월 25~40달러(한화 2만7000~4만4000원)의 저렴한 비용(미국 기준)으로 장기적으로 사용하기에도 부담이 적다.

가정용 수동알람을 제공하는 기업은 '필립스(Philips)'를 들 수 있다. 필립스는 2005년과 2006년 잇달아 텔레케어의 선두기업인 '라이프라인(Lifeline)'과 '헬스와치(Health Watch)'를 인수하며 단숨에 이 분야의 선두주자가 됐다. 필립스 이외에도 '리스판스링크(ResponseLINK)', 'AMAC(American Medical Alert Corporation)' 등의 회사가 가정용 수동알람 서비스를 제공하고 있다.

2) 가정용 자동알람

가정용 수동알람은 사용이 편리하지만 사용자 스스로 응급호출기기의 버튼을 누르지 않으면 작동이 되지 않는다. 따라서 몸에 휴대하지 않으면 소용이 없고, 휴대하더라도 응급버튼을 누르지 못한 채 쓰러질 수도 있다.

고령자의 경우 인지기능 장애가 시작되면 가스레인지를 끄지 않을 수도 있고, 수도꼭지 잠그는 것을 잊어버릴 수도 있어 수동알람이 큰 도움이 되지 않는다. 이러한 한계점을 극복하기 위해 센서 기술을 활용한 가정용 자동 알람 서비스가 나왔다.

가정용 자동알람은 2세대 텔레케어 서비스로도 불리는데, 동작 감지센서 및 화재 · 가스 누출 · 물넘침 감지센서 등의 환경 감지센서를 이용해 응급상황을 감지한다.

가정용 자동알람 서비스를 제공하는 예로는 '제네럴 일렉트릭(GE)'의 '콰이어트케어(Quietcare)'가 대표적이다. 이 서비스는 '리빙 인디펜던틀리(Living Independently)'라는 고령자 케어 전문회사에 의해 2003년 출시됐으나, 2009년 GE 헬스케어에 인수됐다. 콰이어트케어는 동작감지센서를 사용, 사용자의 일상생활 패턴을 분석한다는 점을 특장점으로 내세운다. 침실 · 욕실 · 부엌 등에 설치된 동작 감지센서를 통해 사용자가 아침에 침실에서 나왔는지, 식사를 하러 부엌에 갔는지, 화장실에는 얼마나 자주 갔는지 등의 정보를 수집해 평상시의 패턴과 다른 행동을 보이면 이를 감지해 사용자 본인이나 가족에게 연락한다. 수집된 정보는 웹페이지를 통해 사용자의 보호자들도 확인할 수 있기 때문에 자녀 등 보호자는 걱정을 덜고 생업에 종사할 수 있다.

일본의 '세콤'도 유사한 서비스를 제공하고 있다. 세콤의 방범 · 방재 서비스 중 하나인 '세콤 홈 시큐리티 서비스'는 보안 업체가 제공하는 방범, 화재감시서비스 등에 더해 '긴급통보' 및 '라이프감시'라는 텔레케어 서비스를 부가적으로 제공한다. 긴급통보는 라이프라인과 같은 가정용 수동알람 형태이지만 실내 사람의 움직임을 센서로 확인해 일정 시간 동안 움직임이 감지되지 않으면 세콤에 연락을 취하는 자동 알람서비스다.

3) 모바일 알람

가정용 알람서비스는 집 안에서만 사용 가능해 외출 시 사용할 수 없고, 집 안에서도 단말기와 거리가 먼 방이나 마당에서는 작동이 잘 되지 않을 수 있다. 모바일 알람은 응급호출기기가 실외에서도 작동하도록 고안한 기기다. 사용자가 모바일 응급호출기기의 버튼을 누르면 무선통신을 통해 모니터링센터로 전달되고, 모니터링센터는 GPS를 이용해 사용자의 위치를 추적, 적절한 조치를 취하게 된다.

모바일 알람의 대표적인 예로는 세콤의 '코코세콤'이 있다. 이 서비스는 GPS 위성과 휴대전화 기지국을 이용한 위치검색 시스템을 활용해 코코세콤 소지자의 위치를 파악한다. 파악된 위치정보는 웹페이지 또는 휴대전화를 통해 보호자가 실시간으로 확인할 수 있다.

예를 들어 치매 증세가 있는 부모나 혼자 등·하교하는 어린이가 지금 어디에 있는지를 원할 때마다 확인할 수 있다. 이를 통해 코코세콤 소지자가 일상 경로에서 벗어나면 보호자가 소지자에게 직접 연락하거나 세콤의 긴급출동 서비스를 신청할 수 있다. 위험에 처했을 때 코코세콤 소지자 스스로 버튼을 눌러 세콤에 도움을 요청할 수도 있어 고령자뿐만 아니라 어린이, 여성의 호신용으로도 사용된다.

가장 진보된 형태는 모바일 응급호출기기에 낙상 감지센서가 더해진 것으로, 외출중에 쓰러질 경우 이를 자동으로 감지해 모니터링 센터로 연락이 취해지는 형태다. 이 서비스는 최근 미국 '웰코어(Wellcore)' 등에 의해 상용화되기 시작했다.

4. 시장 현황

텔레케어의 영향력이 커지면서 유럽에서는 시장규모가 매년 성장세를 달리고 있다. 전문가들은 2019년까지 1,900만 세트 이상의 텔레케어 장비가 팔릴 것으로 전망하고 있다.

1) 국외 현황

영국에서만 170만 명의 독거노인이 텔레케어 장비를 사용하고 있는 것으로 알려졌으며, 노령층 인구가 많은 일본 역시도 2013년 아베 신조 총리가 직접 고독사 문제를 IT로 풀겠다는 취지이 발언을 통해 텔레케어 도입에 대한 견해를 밝힌 적도 있다.

덴마크의 청각전문그룹인 오티콘(Oticon)사는 오티콘 원격케어(Oticon RemoteCare)를 출시하였으며, 이는 청각 전문가들이 비대면으로 난청환자를 지원할 수 있는 원격지원 솔루션이다. 이 솔루션은 진료전문가들이 환자를 온라인으로 추적하여 가상진료 예약시 보청기를 원격으로 조정하고 미세조정할 수 있다.

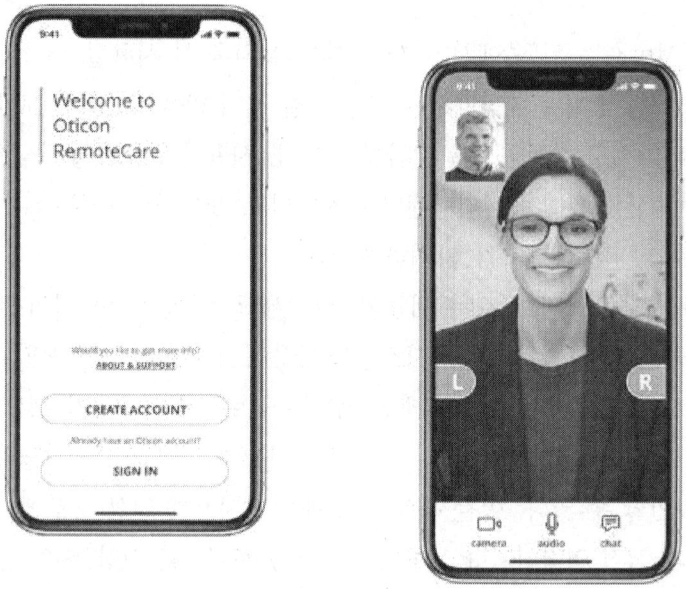

[그림 4-7] 오티콘 원격케어 솔루션

2) 국내 현황

국내 역시 국가연구과제를 비롯해 통신기술을 바탕으로 다양한 제품이나 서비스 기반이 조성되고 있는 상황이다. 최근 자녀에게 의지하지 않는 독립적인 삶을 선호하는 고령층이 늘어나고 있지만 현실은 녹록치 않다면서 이때 텔레케어 서비스가 새로운 해법이 될 수 있다. 궁극적으로 노인 자살이나 고독사 문제와 같은 사회적 문제 해결에도 도움이 될 것이라 본다고 피력했다. 이와 같이 다양한 산업과의 융합으로 발전하고 있는 텔레케어 서비스는 단순히 고령자뿐만 아니라 중증 장애인을 대상으로도 확대될 여지가 있으며, 이를 통해 의료서비스의 질을 높임과 동시에 그 가족들의 삶의 질 향상에도 도움이 될 수 있다. IT를 통해 종합적인 노인 보건복지가 완성되며 사회 안전망 구축의 기반으로 도약하기를 기대해 본다.

5. 응용 현황

1) 지멘스 시그니아의 보청기

시그니아(Signia)의 텔레케어 서비스는 시그니아 앱을 통해 담당 청각 전문가가 보청기 착용자의 사용 상황을 모니터링하고 보청기 사용 전반을 관리할 수 있는 청각관리 솔루션이다. 착용자는 문자 메시지, 음성 및 화상 통화를 통해 굳이 센터에 방문하지 않아도 실시간으로 전문가 상담을 받을 수 있다.

또한 보청기는 착용자의 청력 상태에 맞춰 음질을 최적화하기 위해 여러 번의 피팅 과정이 필요할 수 있는데, 텔레케어 서비스를 활용하면 원격으로 보청기 피팅이 가능해 센터 방문을 대체할 수 있다. 담당 청각 전문가의 원격 세부 조절을 통해 초기 적응기간 중 불편함을 최소화할 수 있고 이후에도 발생할 수 있는 문제를 보다 신속하고 효율적으로 해결 가능하다.

착용자들은 서비스 만족도 평가를 통해 청취 상황 및 전반적인 부분에 대한 구조화된 피드백을 청각 전문가에게 전달할 수 있다. 전문가들은 이를 통해 착용자의 적응 상태를 실시간으로 파악하고 데이터를 바탕으로 한 맞춤화된 고객응대가 가능하다.

실제로 시그니아가 텔레케어 서비스와 보청기 적응력에 대한 상관관계를 조사한 연구결과에 따르면 텔레케어를 사용한 착용자들이 그렇지 않은 사람들보다 쉽게 적응하는 것으로 나타났다. 또한 청각 전문가 70% 이상이 텔레케어 서비스를 통해 고객과 더욱 긴밀하게 소통할 수 있으며, 고객 만족도를 높이는 데 도움이 된다고 응답했다.

시그니아 텔레케어 서비스는 시그니아 앱을 통해 사용할 수 있으며 모든 시그니아 보청기와 호환 가능하다. 시그니아 앱은 애플 앱스토어나 구글 플레이스토어에서 영문으로 시그니아를 검색해 다운로드 가능하며, 텔레케어 서비스는 시그니아 센터에 방문하여 등록 후 사용할 수 있다.

시그니아를 핵심 브랜드로 보유한 글로벌 청각전문그룹 지반토스의 한국, 일본 총괄 신동일 대표는 "코로나 여파로 특히 보청기 주 사용층인 고령층은 외출을 자제하는 것이 중요하나 전문가의 도움이 필요한 순간이 있을 것"이라며 "그럴 때 텔레케어 서비스를 사용하면 언제 어디서든 전문가의 세심한 관리를 즉각적으로 받을 수 있다"고 전했다.

[그림 4-8] 시그니아 앱 다운로드

2) 텔레호스피스

'텔레호스피스(Telehospice)' 시스템도 등장해 집에서 환자들을 돌보는 가족과 간병인이 환자의 통증 지표를 입력하고 전담 간호사가 이를 보고 원격 돌봄 서비스를 제공하는 경우도 있다. 이를 통해 인력관리나 병상 부족 문제도 함께 해결할 수 있는 선순환 구축이 가능하다.

만성질환을 앓아 여러 종류의 약을 투약해야 하는 고령자의 경우 복용시간이나 방법을 정확히 지킨 투약이 어려운 경우가 많다. 이때 텔레케어 서비스로 도움을 받으면 복용하는 약마다 알림 메시지 등을 받고, 투약기를 통해 정량의 약을 복용할 수 있다. 만일 이것이 지켜지지 않으면 모니터링을 통해 사용자나 보호자에게 연락을 취하는 조치가 가능하다.

03 전통적인 의료기기와 스마트 헬스기기의 특징을 비교·분석하라.

최근 의료기기 시장은 전통적인 제조업체 또는 의료정보시스템이 지배해왔던 환경에서 스마트 헬스케어라는 새로운 시장을 통해 변혁의 시기를 맞고 있다. 기존의 전통적인 의료기기와 스마트 헬스케어 제품의 특징적 차이를 〈표 4-9〉와 같이 이해할 수 있다.

〈표 4-9〉 기존 의료기기와 스마트 헬스케어 기기의 특징 비교

	전통적인 의료기기	스마트 헬스케어 기기
물리적 기반	Hardware 기반	SaMD(Software as a Medical Device)와 같이 소프트웨어 포함
주요 기술	전자기적 제어 및 측정기술	정보통신 신기술(클라우드, 빅데이터, 인공지능, 딥러닝, 사물인터넷, 무선네트워크, 3D 프린팅 등)
연결성	독립적인 기기로서 동작하고 데이터의 흐름 은 일반적으로 단방향	다양한 형태의 네트워크에 연결되어 상호운영성을 가지고 외부 기기 또는 소프트웨어(앱) 등과 밀접하게 결합되어 양방향으로 데이터 통신
보안성	물리적 보안에 집중	커넥티드 디바이스가 가지는 다양한 위협요소들을 내포하고 있음
제품 출시 사이클	개발에서 출시까지 장기간의 시간이 소요되고, 출시된 제품은 10년 이상 시장에서 이용 (디자인 기능 변경이 하드웨어 제약 때문에 빠르게 변하지 못함)	소프트웨어 기반의 기기와 작은 기능들과 소프트웨어가 융합되어 돌아가는 기기의 경우, 기획에서 개발까지 1년이 걸리지 않는 경우도 많고 상대적으로 라이프 사이클도 짧음

	전통적인 의료기기	스마트 헬스케어 기기
마켓 접근성	기존 의료기기는 오프라인 시장이 기반이었고, 접근대상은 의사나 환자 등 실환자들에게 제약	온라인 마켓(앱스토어 포함) 등 다양한 경로로 다양한 유저들이 접근 가능
위험도	전통적 의료기기는 고위험(High risk) 기기들로 이로 인한 규제의 강화가 필수요인	스마트헬스케어 기기의 경우, 고위험(High Risk) 기기도 있지만 상대적으로 위험도가 거의 없는 기기들이 많음 (활동량계 등)
지 능		스마트 헬스케어 기기는 인공지능 기술과 결합하여 축척된 지식을 처리/분석하여 새로운 지식을 생산 사용자에게 보다 나은 정보 및 서비스를 제공
복잡도	복잡도가 낮고, 하나의 기기가 하나의 역할을 수행	여러 기능들이 융합되어 복잡도가 높고, 하나의 기기로 다양한 역할을 수행하는 기기의 등장
예시사진		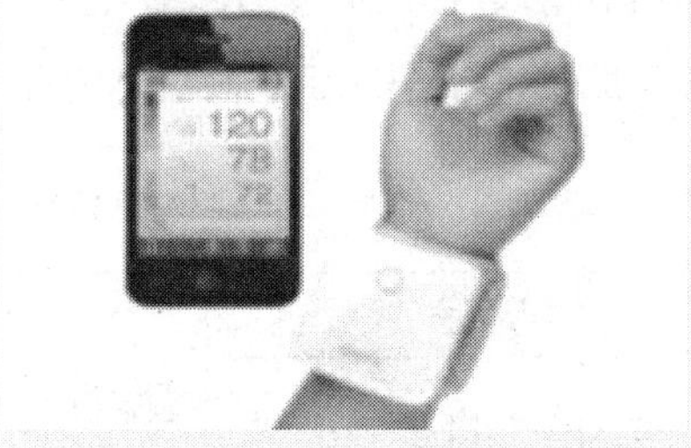

스마트 헬스케어 기기 분야는 정보통신 및 기타 최첨단 과학기술을 빠르게 융합시키는 특징을 갖고 있으며, 기존 의료기기와 달리 네트워크를 이용하여 다른 기기 또는 앱 등과 밀접하게 연결된다. 또한 제품 출시 사이클도 기존 의료기기와 비교해 1/10 정도로 짧아지는 특징을 갖고 있고, 복잡도의 측면에서도 여러 기능이 융복합되는 특징을 나타내고 있다. 그러므로 이러한 스마트 헬스케어 기기와 관련 산업 육성을 위해서는 기존 의료기기 방식과는 다른 규제 및 관리방안에 대한 고민이 필요하다.

04 4차산업혁명과 디지털 헬스케어 분야 발전에 대하여 분석하라.

1. 4차산업혁명과 디지털 헬스케어 분야로 발전

4차산업혁명의 핵심기술로 인하여 의료보건 산업분야에 지속적인 변화를 보이고 있다. 의약품, 의료기기가 IT와 융합됨으로써 신개념 의료기기가 등장하는 등 의료기기 산업에 나타나고 있는 다양한 기술의 융복합으로 의료보건 산업의 영역을 규정하는 경계는 허물어 질 것이며, 전통적인 의료산업의 영역으로 확대될 것이다. 그동안 의료영역(진단 및 치료)에 머물던 의료산업이 안티에이징(Antiaging)산업, 웰리스(Wellless)산업, 건강관리 등과 같은 건강관리 영역(예방과 관리)으로 확대되고 있다.

4차산업 핵심기술 발전으로 인하여 인공지능, 빅데이터, 로봇기술, 생명과학 등과 더불어 정보통신 융합으로 새로운 의료 융합시대의 혁신적인 변화가 예고되고 있다.

〈표 4-10〉 디지털 헬스케어 주요 분야

부 문	내 용
디지털 메디컬 기기	질병진단 혹은 치료, 예방을 위한 제품 디지털 진단을 포함하는 개념
디지털 치료제(테라피)	치료분야에서 특정한 임상적 결과를 달성하기 위한 제품 (예 당료, 천식관리를 위한 소프트웨어)
웨어러블(Wearables)	소비자용을 개발된 생체신호 측정장비
원격의료(Telehealthcare)	원거리에서 제공되는 헬스케어 서비스 원격 환자 모니터링을 포함하는 개념
분석 & 빅데이터	다양한 종류의 데이터를 결합 및 분석
기 타	헬스케어 소비자 계약 등

출처 : 이승관 글로벌 디지털 헬스케어 기술동향과 과제

사전 예방 서비스, 관리 중심 체계로 개선된 기술이 텔레케어(Telehealthcare)기술이다. 대상자의 평상시 생활정보를 빅데이터와 인공지능(AI)의 융복합 기술로 수집해 패턴화함으로써 응급상황을 미리 감지할 수 있다.

최근의 게이트웨이 장비는 WCDMA망/LTE망을 이용하던 기존 장비와 달리 5G망을 사용하는 것은 물론 와이파이(WiFi), 지그비(Zigbee), 블루투스(Bluetooth) 네트워크 기

술까지 모두 적용된다. 텔레케어 서비스는 가정용 알람과 휴대용 모바일로 나뉘어 사용 장소에 따라 가정용과 모바일로 나눌 수 있고, 응급 호출이 이뤄지는 방식에 따라 수동 알람과 자동 알람으로 나눌 수 있다.

디지털 헬스케어 주요 수혜분야는 EMR, EHR, PHR, 원격진단, 원격의료, 모바일헬스 응용 분야 등으로 정보의 지속성과 접근성, 예방 및 맞춤형 진료를 가능하게 해준다.

〈표 4-11〉 디지털 헬스케어 관계 당사자별 혜택

분 야	환 자	제공자	비용 지불자
EMR(Electronic Medical Records)	읽고 이해가 용이	저장 및 활용 용이, 효율성과 생산성 증가	-
EHR(Electronic Health Recode)	향상된 진단과 치료	조정과 정보 의사결정	신속한 결제 시스템
PHR(Personal Health Records)	개인 웰니스와 관리	정보의 지속성	헬스케어 연계 및 문제예방
Remote Diagnostics	중복검사 감소	접근성 용이	저비용
Telecare	전문가 진료 접근성 증가	생산성 증가 및 헬스케어 자원 부담 감소	저비용
m-Health applications	더 많은 진료 및 시간 절약	선제적이고 맞춤형 진료 가능	-
Big Data/Analytics	정확한 진료 향상된 진료	진단향상 및 치료 정확도 증가	저비용

참고 : CISCO, “The Digitation of the Healthcare Industry: Using Technology to Transform Care”, 2017. pp.6-7

2. 디지털 헬스케어의 핵심기술

디지털 헬스케어의 주요 핵심기술은 비침습 · 무구속 · 무자각 건강정보 측정기술, 맞춤형 진단 및 현장진단 기술, 개방형 건강관리 플랫폼 기술, 맞춤형 건강관리 서비스 기술로 구분이 가능하다.

디지털 헬스케어 국내 기술 수준은 세계 최고 기술 보유국인 미국 대비 약 80.9%로 기술 격차는 약 1년이다. 측정 기술분야는 미국 대비 약 75%로 기술격차는 약 1.5년이며, 맞춤형 진단 및 현장진단 기술분야는 미국 대비 약 75%로 기술격차는 약 1.5년이다. 개방형 건강관리 플랫폼 기술 분야는 미국 대비 약 85%, 맞춤형 원격 건강관리 서비스 기술분야는 미국 대비 약 88.6%로 기술격차는 약 1년이다.

〈표 4-12〉 디지털 헬스케어 핵심기술

핵심기술명	과제명	요소기술의 세부내용
비침습 무구속 무자각 건강정보 측정기술	비침습 자가건강진단 기술	• 비침습성 추출 생체시료(뇨, 머리카락, 타액, 눈물 등) 측정·분석기술 • 간소화 악침습성 생체치료(혈액, 뇌척수핵) 추출기술
	무구속 생체신호 측정기술	• 전기적 비접속 생체신호 측정기술 • 신체 접촉용 임피던스 센서 • 활동 모니터링 및 일상성 추출기술
	무자각 생활정보 패턴 측정기술	• 웨어러블 디바이스(Wearable Device, 옷, 시계, 안경 등) • u-Health 기능성 생활용품(가전제품, 가구, 주택, 자동차 탑재 센서)
	인체 이식형 생체신호 측정기술	• 생체적합 바이오칩/센서 • 무선 인체 삽입 센서 • 원격신호 전달 장치 • 무전원 센서
맞춤형 진단 및 현장 진단기술	유전정보 기반 맞춤형 진단기술	• 맞춤형 질병진단이 가능한 DNA 유전정보 기반 질병 진단침/센서기술
	현장 진단 바이오칩/센서기술	• 혈액·소변·타액 등의 질병 바이오 마커 농도를 현장에서 바로 측정할 수 있는 바이오칩/센서기술
개방형 건강관리 플랫폼 기술	개인 건강 레코드 구축·공유·활용 기술	• 개인 건강정보를 레코드로 구축하고 공유하며 활용하기 위한 기술로 개인 건강 레코드의 표준화, 개인건강 레코드의 교류 등의 기술을 포함
	건강 빅데이터 분석기술	• 건강관련 코호트 빅데이터 분석기술 • 축적된 개인 건강정보의 빅데이터 분석을 통한 개인 건강 추이 예측 기술
	모바일 건강관리 서비스 플랫폼 기술	• 표준 기반 건강정보의 빅데이터 분석을 통한 개인 건강 추이 예측 기술 • 서비스를 위한 개방형 API 기술
맞춤형 원격 건강관리 서비스 기술	원격 건강 모니터링 기술	• 원격시스템에 의한 환자의 실시간 모니터링 • 실시간 모니터링에 의한 실시간 진단
	맞춤형 원격진료 기술	• 생명-의료 빅데이터 기반 환자의 맞춤형 진단 • 원격의료시스템에 의한 환자의 원격진단-원격상담, 원격병리진단, 원격방사선진단 등 • 특히, 독일은 원격의료 및 모바일에 의한 연계기반의 헬스케어 디지털 진료체계 시스템 구축 및 활용기술 분야 진출이 활발하여 디지털 헬스케어 진료기술이 활성화
	맞춤형 원격치료 기술	• 원격시스템에 의한 환자의 실시간 관리-원격간호, 원격처방, 원격재활 등 • 원격 의료시스템에 의한 맞춤형 원격 치료-원격 심장치료, 원격 정신치료, 원격 방사선치료, 원격 피부치료, 원격 치과질환 치료, 원격수술 등

출처 : 2017 MEDICA CONNECTED HEALTHCARE FORUM, 2017.11.13./KIST, 15대 국가 융합기술 수준조사, 2014.

학습활동.4 교수 · 학습 방법

교수 방법

- 스마트 헬스케어 기술 및 응용에 대한 관련 용어, 구성, 방식 이해 정도를 파악한 후 수업을 진행한다.
- 교수자의 주도로 스마트 헬스케어 기술 및 응용 등의 내용을 PPT 자료로 제시한 후 설명한다.
- 가능하면 사전에 개인별 학습 자료를 준비하여 모든 학생이 참여할 수 있는 문제 해결식 수업, 협력 수업이 가능하도록 한다.
- 스마트 헬스케어 기술 및 응용 전 과정을 작업의 순서에 따라 단계적으로 실습이 이루어질 수 있도록 지도한다.
- 교재를 통해 수업을 준비하는데 있어서 필요한 모든 정보나 팁, 힌트 등 도움이 될 만한 내용들을 확인할 수 있다.
- 학생들이 만들게 될 각 모델들은 수업시간에 중점적으로 다뤄질 부분과 어휘, 질문, 답을 포함하고 있으며 또한 탐구할만한 추가적인 아이디어들도 포함하고 있다.

학습 방법

- 스마트 헬스케어 기술 및 응용에 대한 관련 용어를 숙지하고, 스마트 헬스케어 기술 및 응용에 대해 이해한다.
- 스마트 헬스케어 기술 및 응용의 각 단계별 중점 사항을 체계적으로 학습한다.
- 스마트 헬스케어 기술 및 응용의 수행순서의 전 과정을 실습한다.
- 스마트 헬스케어 기술 및 응용의 내용을 이해한다.
- 스마트 헬스케어 기술 및 응용을 이해하고 숙달이 될 때까지 학습한다.

학습활동.4 평가 및 피드백

평가 준거

- 평가자는 피평가자가 수행 준거 및 평가 내용에 제시되어 있는 내용을 성공적으로 수행할 수 있는 지를 평가해야 한다.

학습내용	평가항목	성취수준		
		상	중	하
스마트 헬스케어 기술 및 응용	스마트 헬스케어 기술 및 응용을 이해할 수 있다.			

평가 방법

• 작업 포트폴리오

학습내용	평가항목	성취수준		
		상	중	하
스마트 헬스케어 기술 및 응용	스마트 헬스케어 기술 및 응용을 이해할 수 있다.			

• 필기시험

학습내용	평가항목	성취수준		
		상	중	하
스마트 헬스케어 기술 및 응용	스마트 헬스케어 기술 및 응용을 이해할 수 있다.			

• 체크리스트를 통한 관찰

학습내용	평가항목	성취수준		
		상	중	하
스마트 헬스케어 기술 및 응용	스마트 헬스케어 기술 및 응용을 이해할 수 있다.			

• 피드백

1. 작업 포트폴리오
   - 제출한 보고서를 평가한 후 주요 사항에 대하여 표시하여 돌려준다.
2. 필기시험
   – 평가 결과 성적이 저조한 학생은 보고서 제출 기회를 부여한다.
3. 체크리스트를 통한 관찰
   – 실습 과정에서 평가한 후 개선해야 할 사항 등을 정리하여 돌려둔다.

참 | 고 | 문 | 헌

- 백세시대(http://www.100ssd.co.kr)
- 식약처 안전평가원, 2020년 신개발 의료기기 전만분석 보고서, 식품의약품안전평가원, 2020.3.
- 이슈메이커(http://www.issuemaker.kr)
- 질량분석기를 이용한 질병진단 응용 동향, BRICView 동향리포트, 2018; Study on the Fourth Industrial Revolution and Clinical Laboratory Science Techniques, KJCLS, 2019.
- 질병진단 인공지능 개발 동향, BRICView 동향리포트, 2020, 디지털 진단 기술 및 동향 분석, KEIT PD Issue Report, 2018.
- 4차산업혁명 시대의 신성장동력 스마트 헬스케어 산업 산업연구원
- http://blog.naver.com/ 글로벌 서비스 전략

학습 4

학습 1	4차산업 기술 및 응용
학습 2	의료기기 기술 및 응용
학습 3	의료용 로봇 기술 및 응용
학습 4	스마트 헬스케어 기술 및 응용
학습 5	**디지털 치료제 기술 및 응용**
학습 6	인공지능 기술 및 응용
학습 7	빅데이터 기술 및 응용
학습 8	사물인터넷 기술 및 응용
학습 9	5G 네트워크 기술 및 응용
학습 10	디지털 콘텐츠 기술 및 응용
학습 11	디지털 트윈 기술 및 응용
학습 12	블록체인 기술 및 응용
학습 13	메타버스 기술 및 응용

학습 목표

1. 디지털 치료제 기술 및 응용을 이해할 수 있다.

5-1 디지털 치료제 기술의 개요

1. 디지털 치료제의 탄생

디지털 치료제(DTx : Digital Therapeutics)는 개인의 유전정보, 임상정보, 생활습관 정보 등을 분석하여 질병의 진단, 치료, 예측, 예방 및 관리를 위해 환자에게 근거를 기반한 치료적 개입(Evidence-based Therapeutic Interventions)을 제공하는 소프트웨어 의료기기이고 SaMD(Software as a Medical Device)의 한 종류이다.

[그림 5-1]처럼 보통 1세대 신약(1900년대)은 합성신약으로 알약이나 캡슐의 형태로 제공되는 저분자 화합물(Small Molecule)이다.

2세대(1990~2000년) 신약은 바이오 의약품(Biologics)으로 주사제로 맞는 단백질 혹은 항체라고 할 수 있다.

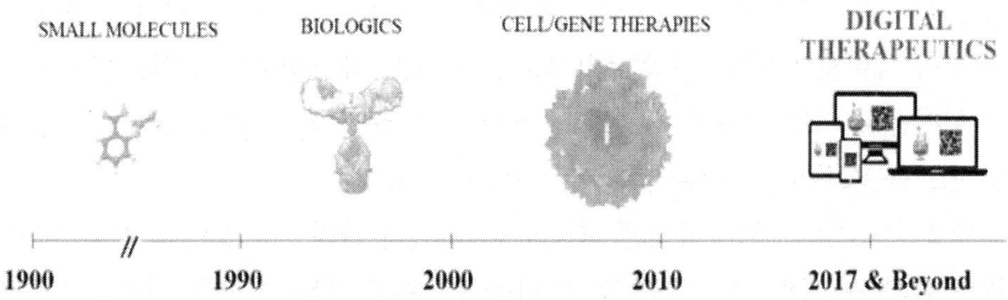

[그림 5-1] 디지털 치료제의 탄생

3세대(2000~2010년) 신약으로 세포치료제(Cell/Gene Therapies)를 들기도 한다. 이런 정도가 현재 의료계에서 널리 받아들여지고 있는 약의 범주라고 할 수 있다.

4세대(2017년 이후) 신약으로 디지털 치료제(DTx : Digital Therapeutics)로써 디지털 헬스케어의 데이터를 중심으로 측정, 통합, 분석을 거치면서 디지털 헬스케어가 구현된다.

2. 디지털 치료제의 정의

디지털 치료제(PDT : Prescription Digital Therapeutics)는 디지털 기술과 의료가 접목된 새로운 형태로 개발에 걸리는 시간과 비용이 전통적인 치료제(의약품)에 비해 크게 절감되는 장점을 이용하여 환자를 치료하는 약으로 사용하겠다는 분야이다. 특히 스마트폰 애플리케이션, 게임, VR, 챗봇, 인공지능 등의 '소프트웨어'를 기반으로 하여 환자를 치료하는 것을 디지털 치료제로 정의하고 있다.

미국을 중심으로 9개국에서 디지털 치료제를 개발하는 수십 개 회사의 연합체인 '디지털 테라퓨틱스 얼라이언스(DTA : Digital Therapeutics Alliance)'의 디지털 치료제 정의와 특성은 다음과 같다.

Tip 디지털 치료제의 정의와 특성

- 질병을 예방, 관리, 혹은 치료하는 고도의 소프트웨어 프로그램
- 독립적으로 사용될 수도 있고, 치료효과를 높이기 위해 다른 약이나 기기와 함께 사용될 수 있음
- 효능, 사용 목적, 위험도 등의 주장과 관련해서는 규제기관의 인·허가를 거침

이미 디지털 치료제는 질병 예방·관리를 넘어 적응증에 대한 임상적 유효성에 근거한 치료효과를 입증해 의사처방을 통해 환자에게 사용되고 있다.

현재까지 총 3건의 처방 디지털 치료제가 치료목적으로 FDA 허가를 받았다. 특히 디지털 치료제는 의약품·의료기기를 보완 또는 대체함으로써 치료제 개발이 어렵거나 미충족 의료 수요를 해결하고, 데이터 기반의 환자 맞춤 의료를 제공해 디지털 헬스를 실현하는 세부영역으로 주목받고 있다.

디지털 치료제의 주요 목적은 용도별로 ① 건강관리, ② 질병의 관리/예방, ③ 다른 약물과 최적화, ④ 질병치료로 나뉜다. 특히 모두 근거를 기반한 치료효과(RWE : Real World Evidence)를 입증해야 한다. 치료제 개발이 어려운 중추신경계(CNS : Central Nervous System) 질환과 만성질환, 인지행동치료(CBT)를 행동변화에 쓰인다.

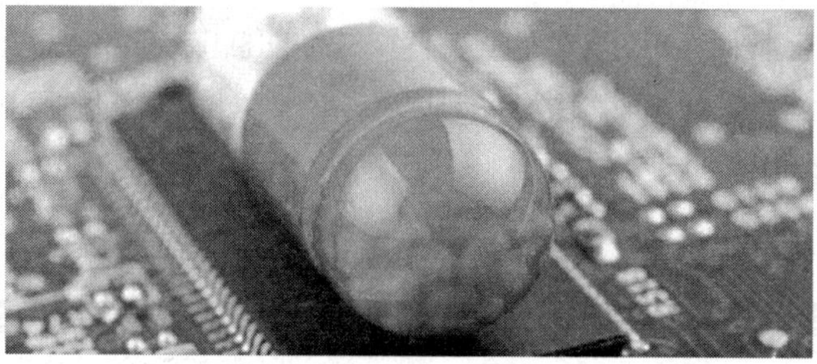

[그림 5-2] 디지털 기술을 이용한 디지털 치료제

3. 디지털 치료제와 전통적 치료제의 비교

〈표 5-1〉처럼 디지털 치료제와 전통적인 치료제 비교하였다. 치료효과와 의사처방 부분에서 공통적으로 임상시험, 결과, 논문 등의 근거 문헌, FDA 허가 등을 거쳐 특정 질병에 대한 근거 기반의 치료효과를 입증해야 한다. 또한 의사가 개별환자에게 직접 처방하여 환자가 시용해야 하는 점이 공통점이다.

디지털 치료제와 전통적 치료제의 차이점 측면에서는 형태, 전달방식, 개발시간, 비용, 독성부작용, 생산비용, 시스템 유지비용, RWE 수집분석, 환자참여 등에서 많은 차이점이 있다. 특히 RWE(Real World Evidence) 수집분석 측면에서는 전통적 치료제(의약품)는 연속적 RWE 수집이 불가능, 즉 복약관리 불가능(평균 50% 이하), 의사는 진료시점을 기준으로 최적화된 치료법 제시, RWE 수집, 관리와 저장이 어려움(투자비용이 큼), RWE 수집·분석·활용이 불가능하다. 그리고 디지털 치료제의 RWE 수집·분석은 연속적 RWE 수집 및 모니터링 가능하다. 즉 실시간 연속 복약관리 가능, 의사는 모니터링 데이터 기반하여 최적의 치료법 제시, RWE를 수집하여 개인 맞춤 치료에 활용, RWE 수집·분석·활용이 가능하다.

환자참여 측면에서도 전통적 치료제는 환자 스스로 개인 데이터 수집 · 관리 불가능하며 치료에서 환자는 수동적 대상이고, 디지털 치료제는 환자 스스로 개인 데이터를 수집 · 관리하고 치료과정에 환자가 적극적으로 참여할 수 있다.

〈표 5-1〉 디지털 치료제와 전통적인 치료제 비교

구 분		전통적 치료제(의약품)	디지털 치료제
공통점	치료효과	임상시험, 결과, 논문 등 근거문헌, FDA 허가 등을 거쳐 특정 질병에 대한 근거 기반 치료효과 입증	
	의사처방	의사가 개별환자에게 직접 처방하고 환자가 시용	
차이점	형 태	생화학 제제, 백신 등 다양한 형태 약제	모바일앱, 게임, VR, AI 등 소프트웨어 프로그램
	전달방식	경구투여, 피부흡수, 정맥주사 등 다양	단독 또는 디지털 기기에 탑재된 소프트웨어
	개발시간/비용	신약개발 경우 매우 높음 (평균 5~10억, 16억 달러)	개발시간과 비용이 크게 단축, 절감
	독성/부작용	있음	거의 없음
	생산비용	다양함	상대적으로 매우 적음 (코딩 개발 비용 등)
	시스템 유지비용	전반적인 시스템 비용 측정 어려움	시스템 비용 측정 및 절감 가능
	RWE 수집분석	연속적 RWE 수집 불가 • 복약관리 불가(평균 50% 이하) • 의사는 진료시점을 기준으로 최적화된 치료법 제시 • RWE 수집, 관리와 저장이 어려움(투자비용이 큼) • RWE 수집, 분석, 활용이 불가능	연속적 RWE 수집 및 모니터링 가능 • 실시간 연속 복약관리 가능 • 의사는 모니터링 데이터 기반하여 최적의 치료법 제시 • RWE를 수집하여 개인 맞춤 치료에 활용 • RWE 수집, 분석, 활용이 가능
	환자참여	환자 스스로 개인 데이터 수집, 관리 불가 치료에서 환자는 수동적 대상	환자 스스로 개인 데이터를 수집, 관리 치료과정에 환자가 적극 참여

* RWE(Real World Evidence : 데이터 수집의 실제 세계 증거)

출처 : 이승민, '디지털 치료제 현황 및 국내 도입을 위한 접근 방안,' 한국 KFDC법제학회.

4. 디지털 치료제의 유형

디지털 치료제는 〈표 5-2〉처럼 질병치료에 직 · 간접적 영향을 줄 수 있으며, 그 유형에 따라 3기지 유형으로 구분한다. 독립형은 다른 약물의 개입이 없어도 독립적으로 질병을 치료하도록 설계된 것이고, 증강형은 기존 약리학적 치료요법과 병용하여 치료효과를 강화하기 위하여 만든 치료제이고, 보완형은 기존 치료법을 보완하도록 설계된 방식이다.

〈표 5-2〉 디지털 치료제의 유형

구 분	내 용
Standalone (독립형)	Standalone DTx는 다른 약물의 개입 없이도 독립적으로 질병을 치료하도록 설계된 것이다. 기존 치료제를 대체하여 단독으로 사용할 수 있고, 다른 치료와 병행하여 사용될 수 있다. 주로 인지행동치료(CBT)에 사용되는 모바일 앱이 대표적이다.
Augment (증강형)	Augment DTx는 기존 약리학적 치료요법과 병용하여 치료효과를 강화하기 위해 만들어진 치료제로, 일반적으로 당뇨병과 같은 만성질환 치료효과 향상을 지원한다.
Complementary (보완형)	Complement DTx는 기존 치료법을 보완하도록 설계된 디지털 방식으로, 치료 약물과 함께 자가건강상태 관리를 개선시키며 질병의 중요요인인 비만, 고혈압 등과 관련된 행동패턴 및 생활습관을 관리한다.

출처 : GlobalData, Digital Therapeutics(DTx) and their Impact on Healthcare(2019)

디지털 치료제는 〈표 5-3〉처럼 의약품 · 의료기기와 병용하거나 독립적으로 사용하는 모바일 앱 · VR · 챗봇 · 인공지능(AI) 등 단독 소프트웨어(Software As a Medical Device, SaMD 미국인은 쌈디로 발음) 또는 하드웨어에 내장된 소프트웨어(SiMD : Software in a Medical Device)로 임상 근거를 기반으로 질병을 예방 · 관리 · 치료하는 '소프트웨어 의료기기(SaMD : Software as a Medical Device)'로 분류된다.

〈표 5-3〉 SaMD와 SiMD의 구분

SaMD(Software as a Medical Device)	SiMD(Software in a Medical Device)
의료기기로서의 단독 소프트웨어	하드웨어 의료기기에 내장된 소프트웨어
• 소프트웨어 의료기기	• 의료기기 소프트웨어 • MRI 기기에 내장된 SW 형식

국제의료기기규제당국자포럼(IMDRF : International Medical Device Regulators Forum)은 2013년부터 SaMD(Software as a Medical Device) 규제체계를 만들었다.

SaMD와 비슷하지만 다른 개념으로 SiMD(Software in a Medical Device)도 있다. 이는 영어 뜻 그대로 하드웨어 의료기기에 내장된 소프트웨어가 의료기기가 되는 경우이다. 만약에 MRI 사진을 판독하는 인공지능이 독립된 소프트웨어로서 출시된다면 SaMD의 범주에 들어가겠지만, MRI 기기에 아예 내장된 형식이라면 이는 SiMD로 분류할 수 있을 것이다. 사실 이 때문에 SaMD와 SiMD를 한국어로 번역하기가 쉽지 않다. '소프트웨어 의료기기', 혹은 '의료기기 소프트웨어' 정도로 번역하면 SaMD와 SiMD를 구분하기가 어렵기 때문이다.

맥킨지(McKinsey)는 〈표 5-4〉처럼 디지털 치료제를 '대체 디지털 치료제'와 '보완 디지털 치료제' 두 가지 유형으로 구분했다.

〈표 5-4〉 대체 디지털 치료제와 보완 디지털 치료제의 구분

유 형	대체 디지털 치료제	보완 디지털 치료제
내 용	질병에 대한 단독 사용으로 독립적인 치료효과를 가지거나 기존 치료제와 병용해 직접적으로 보완하는 효과가 있다.	질병에 대한 독립적인 치료효과가 없어 단독 사용이 불가능하고, 기존 치료제와 병용만 가능해 대체로 만성질환자 복약 순응도 개선을 위한 온라인 복약관리 플랫폼으로 활용된다.

대체 디지털 치료제는 질병에 대한 단독 사용으로 독립적인 치료효과를 가지거나 기존 치료제와 병용해 직접적으로 보완하는 효과가 있다.

반면 보완 디지털 치료제는 질병에 대한 독립적인 치료효과가 없어 단독 사용이 불가능하고, 기존 치료제와 병용만 가능해 대체로 만성질환자 복약 순응도 개선을 위한 온라인 복약관리 플랫폼으로 활용된다.

이러한 디지털 치료제는 알츠하이머, 파킨슨, 다발성 경화증, ADHD(주의력결핍 및 과잉행동장애), 자폐증, PTSD(외상 후 스트레스 장애)와 같은 중추신경계(Central Nervous System) 등 치료제 개발이 어려운 미충족 의료 수요를 개선하는데 도움이 될 것으로 기대된다.

또한 식습관 · 운동 · 수면 등 생활습관과 행동변화를 이끌어 당뇨 · 고혈압 · 호흡기질환 등 만성질환과 함께 인지행동치료(CBT : Cognitive Behavioral Therapy)를 통한 약물중독 · 우울증 · 수면장애 등 신경정신과질환 상담 치료효과를 높이는 활용방안으로 평가받는다.

뿐만 아니라 모바일 기반 디지털 치료제를 통한 온라인 상담서비스는 시공간의 제약 없이 실시간 데이터 기반 맞춤치료를 제공해 환자 편의성은 물론 의료서비스 확대와 치료비용 절감에도 효과적이다. 특히 디지털 헬스와 헬스케어 접목이 활발해지고 디지털 치료제가 본격 등장하면서 국제의료기기규제당국자포럼(IMDRF)과 FDA는 새로운 규제 가이드 라인과 인허가 체계를 신설하는 등 선제적 대응에 나섰다.

5. 디지털 치료제의 범위

현재 디지털 치료는 특정 질환 및 희귀질환에 제한되는 경향이 있으나 추후 디지털 헬스케어 분야, 즉 웰니스 관련 개인 유전정보분석까지 성장할 것으로 예상된다.

또한 예측, 예방, 진단, 치료, 관리 등까지 모두 포함한다. 예측은 질병에 걸릴 확률뿐만 아니라 약물반응성 및 내성 예측까지 포함한다. 특히 개인 맞춤형인 인공지능을 이용한 콘텐츠를 활용하는 음악, 영상 데이터를 이용한 적응과 해석 등에 응용될 것으로 예상된다.

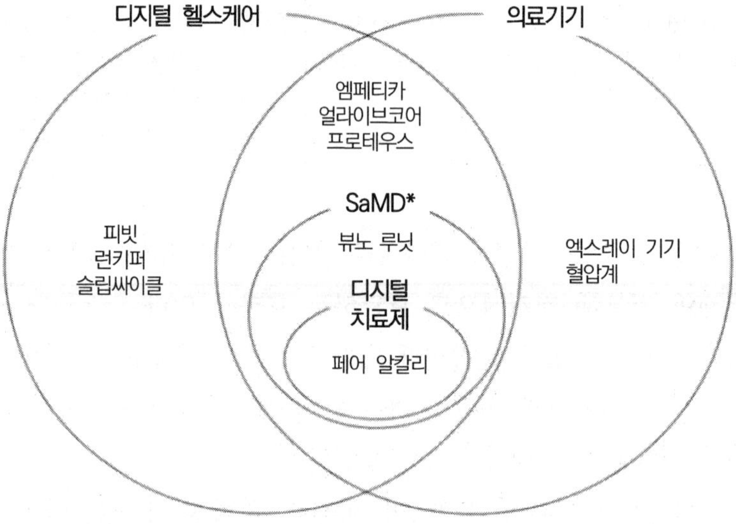

* SaMD : Software as a Medical Device

[그림 5-3] 디지털 치료제의 범위

[그림 5-3]처럼 SaMD는 디지털 헬스케어에도 속하고, 의료기기에도 속한다. 즉 디지털 헬스케어와 의료기기의 교집합에 속하는 것이 SaMD라고 할 수 있다.

더 나아가 이 SaMD에도 세부적으로는 다양한 종류의 개념이 포함되지만, 그 중에서 특히 환자의 질병 치료, 관리, 예방에 직접적으로 활용하고자 하는 것이 디지털 치료제라고 할 수 있다.

SaMD 중에서도 환자의 치료가 아니라 영상 의료 데이터를 판독하거나, IBM 왓슨 포 온콜로지와 같이 의사의 진료를 보조하는 CDSS(Clinical Decision Support System) 등은 인공지능은 디지털 치료제에 속하지 않는다.

6. 디지털 치료제의 종류

DTx Alliance에서는 디지털 치료제(DTx) 종류에 대하여 기능, 목적에 따라 〈표 5-5〉와 같이 분류하고 있다.

〈표 5-5〉의 4가지 분류 가운데 오른쪽 3가지는 이해가 쉬운데 제일 왼쪽의 건강상태 취급(Address a Medical Condition)은 애매해 보인다. 내용으로만 보았을 때는 의학적 장애나 질병관리 및 예방(Manage or Prevent a Medical Disorder or Disease)와 큰 차이가 없어 보인다.

예를 들어 효능 주장(Product Claims) 관련해서 건강상태 취급(Address~)은 의료적인 효능 주장 없음(No Efficacy Claims)이라고 되어 있는데, 의료적인 효능 주장(Efficacy Claim)이 없다면 애당초 DTx에서 빼는 게 맞을 것 같다.

〈표 5-5〉 디지털 치료제(DTx) 종류

구분	건강상태 취급	의학적 장애나 질병관리 및 예방	복약 최적화	의학적 질병 및 장애 치료
규제기관 검증	규제기관 재량	안전성, 유효성 검증 필요	안전성, 유효성 검증 필요	안전성, 유효성 검증 필요
효능 주장	의료적 효능 주장 없음	중저 위험 질병 진행속도 관리 등	중고 위험 기존 치료제 보완·효능 개선	중고 위험 직접적인 질병 치료효과
환자접근	소비자가 직접(DTC : Direct to Consumer)	의사처방 or OTC (Over the Counter)	의사처방 or OTC (Over the Counter)	의사처방
기존 치료제와 관계	독립사용 or 병용 (기존치료 간접적 보완)	독립사용 or 병용 (기존치료 직접적 보완)	독립사용 안되고 반드시 병용 (기존치료 직접적 보완)	독립사용 or 병용 (직접치료 기존치료 직접적 보완)
임상 근거	임상시험 실시, 치료효과 검증을 위한 근거 생산			
질병분야	만성질환			중추신경질환 (신경질환 포함)
제품 예시	〈만성질환 관리 플랫폼〉		〈복약관리 지원 플랫폼〉	〈질병치료 어플리케이션〉

그리고 환자접근(Patient Access) 항목에서 건강상태 취급(Address~)은 DTC(Direct to Consumer), 의학적 장애나 질병관리 및 예방(Manage or Prevent)은 OTC(Over-the Counter) 또는 의사처방(Prescription)으로 되어 있는데 DTC나 OTC 간에

의미있는 차이는 없어 보인다.

이런 관점에서 건강상태 취급(Address~)은 없애거나 의학적 장애나 질병관리 및 예방(Manage or Prevent~)에 같은 분류로 넣어도 충분할 것 같다. 이렇게 되면 DTx는 3가지로 분류할 수 있는 셈이다.

5-2 디지털 치료제 기술의 응용

1. 디지털 치료제 유형별 제품

디지털 치료제 제품동향은 〈표 5-6〉, 〈표 5-7〉, 〈표 5-8〉처럼 세계적으로 시판 중인 유형별 디지털 치료제 제품군으로써 당뇨병 · 천식 등 만성질환, 신경질환 분야의 치료 제품으로 비중이 크다.

〈표 5-6〉 독립형(Standalone) 디지털 치료제 제품군

제 품	회 사	장치타입	적응증	특 징	현 황	파트너
Sleepio	Big Health	모바일 앱	불면증	불면증 치료	NICE 인증	Castlight Health
reSET	Pear Therapeutics	모바일 앱	약물중독 (SUD)	약물중독 온라인 상담	FDA-de novo	Novartis' Sandoz
reSET-O	Pear Therapeutics	모바일 앱	오이포이드 중독	약물중독 온라인 상담	FDA-510(k)	Novartis' Sandoz
Kaia COPD Therapy App	Kaia	모바일 앱	만성폐쇄성 폐질환 COPD	COPD 질환 통증 감소	FDA-510(k) EU-CE Mark	-
Kaia Back Pain Relief	Kaia	모바일 앱	신경 통증	요통감소	FDA-510(k) EU-CE Mark	Min Doktor
MyCOPD	My mhealth	모바일 앱	COPD	COPD 악화 감소 및 천식증상 개선	NHS 인증	-
Happify health	Happify health	모바일 앱	스트레스 근심, 우울증	우울증상 치료	규제승인전단계	-
ATENTIV mynd	ATENTIV	모바일 앱	주의력결핍장애 (ADHD)	주의력 개선	규제승인전단계	-
2Morrow	2Morrow	모바일 앱	흡연, 비만, 스트레스, 만성통증	임상시험 효과입증	규제승인전단계	CoreHealth Technologies

제 품	회 사	장치타입	적응증	특 징	현 황	파트너
Natural Cycles	NaturalCycles	모바일 앱	피임	임신예방 효과 입증	FDA -510(k) EU -CE Mark	-
efil careM	LifeSemantics	모바일 앱 웹 앱	암, 뇌졸중	암, 뇌졸중 예후관리	KFDA 유헬스케어 의료기기(3등급 및 2등급)	-
숨튼	LifeSemantics	모바일 앱 웹 앱	폐암, COPD	운동능력, 호흡곤란, CAT 등 개선 입증	규제승인전단계	-

〈표 5-7〉 증강형(Augment) 디지털 치료제 제품군

제 품	회 사	장치 타입	적응증	특 징	현 황	파트너
Propeller health	Reciprocal Labs Corp	천식관리를 위한 모바일 앱 · 센서	천식	천식증상 감소	FDA-510(k)	Novartis, Boehringer Ingelheim, GSK
Propeller health	Reciprocal Labs Corp	COPD 관리를 위한 모바일 앱 · 센서	만성폐쇄성폐질환 COPD	COPD 질환 통증감소	FDA-510(k) EU- CE Mark	Novartis, Boehringer Ingelheim, GSK
ProAir Digihaler	Teva	천식, COPD 관리를 위한 모바일 앱 · 센서	천식, COPD	COPD 질환, 천식증상 감소	FDA-510(k)	-

〈표 5-8〉 보상형(Complementary) 디지털 치료제 제품군

제 품	회 사	장치 타입	적응증	특 징	현 황	파트너
Omada	Omada health	모바일 앱	당뇨병 전증, 2형당뇨병, 고혈압, 고콜레스테롤증	당뇨 예방 및 2형 당뇨병 자가관리, 체중감소	미국 질병 관리본부 (CDC)의 당뇨 예방 프로그램(DPP) 인증	-
BlueStar	WellDoc	혈당측정기에 연결된 모바일 앱 · 웹 포털	2형당뇨병	당뇨자가관리 개선	FDA -510(k)	Samsung Digital Health : Voluntis
Insulia	Voluntis	모발일 앱 · 웹 포털	2형당뇨병	당뇨자가관리 개선	FDA-510(k) EU-CE Mark	WellDoc

* FDA -510(k) : 시판전신고(Premarket Notification)를 뜻하며 1 · 2등급 의료기기가 해당
* FDA-de novo: Evaluation of Automatic Class III Designation)로, 제품분류 품목조차 마련되지 않은 신개념 디지털 헬스케어 기술이 일정 수준 이상의 안전성을 증명하면 특별히 주어지는 신속허가제도
* EU -CE Mark : 제품이 안전, 건강, 환경 및 소비자 보호와 관련된 유럽 규격의 요구사항을 모두 만족한다는 의미

출처 : GlobalData, Digital Therapeutics (DTx) and their Impact on Healthcare(2019)

① 중독치료 목적의 어플리케이션 리셋(reSET)이 2017년 9월 최초로 미국 FDA의 허가를 받아 디지털 치료제에 대한 산업계의 관심 고조되고 있다.

② 제약기업 및 ICT 기업 등은 초기단계에 디지털 치료제 시장 진출을 위하여 파트너십 투자, 회사 인수를 통해 시장을 공략중이다.

③ Roche는 2017년 디지털 치료 앱 개발업체 mySugr를 인수해 환자 중심의 디지털 당뇨 관리를 위한 개방형 플랫폼 구축, Otsuka는 Click Therapeutics에 파트너십 투자하고 있다.

④ Amazon, Microsoft, Google 및 Verizon과 같은 주요 ICT 기업들, Facebook을 포함한 소셜 네트워킹 대기업들과 애플과 삼성은 유망 기업에 투자하거나 인수하기 위해 노력중이다.

⑤ 그 외 주목할 만한 디지털 치료제 개발 회사는 Voluntis, Propeller Health, Proteus Digital Health, Click Therapeutics, Omada Health, Akili Interactive, WellDoc, Revon Systems, Healint 등이 있다.

2. 디지털 치료제의 신규 파이프 라인 제품

현재 디지털 치료제 시장에서 국외에서는 좀 더 다양한 질환을 중심으로 <표 5-9>처럼 새로운 파이프라인을 준비 중에 있다.

〈표 5-9〉 주요 신규 파이프라인 디지털 치료제 제품군

유 형	제 품	회 사	장치 타입	적응증	특 징	현 황	파트너
Standalone	reCALL	Pear Therapeutics	VR	외상후 스트레스 장애(PTSD) 및 관련 우울증	PTSD 치료	2021	-
	AKL-T01, AKL-T02, AKL-T03, AKL-T04	Akili	비디오게임	ADHD, 자폐증, 다발성경화증, 우울장애, 인지장애, 외상성뇌손상(TBI), 중환자실 섬망	COPD 질환 통증 감소	2020	Pfizer, Shionogi
	Cognoa Child Development	Cognoa	모바일 앱	발달장애, 자폐증, 언어장애, ADHD, 불안 및 수면장애	자폐증 환자 사회성 발달 개선	2020	SAP, Immuta
	Clickotine	Click Therapeutics	모바일 앱	금연, 급성관상동맥증후군(Clickheart), 만성통증(CT-130), 불면증(Clickadian), 우울장애(CT-152)	금연 보조 기구	2021	Magellan Health, Otsuka, Sanofi
	Ascure	CureApp	모바일 앱	금연, NASH, 정신질환	금연 보조 기구	2021	-
	Yawn	Susmed	모바일 앱	불면증	불면증 치료	2020	-

유 형	제 품	회 사	장치 타입	적응증	특 징	현 황	파트너
Augment	Breezhaler Inhaler	Reciprocal Labs Corp	COPD 관리를 위한 모바일 앱·센서	COPD	COPD 질환 통증 감소	2023	Novartis, Aptar
	Thrive	Pear Therapeutics	모바일 앱·웹 포털	일반 불안장애(GAD), 공황장애, 불면증(PEAR-003), 다발성경화증(PEAR-006), 정신분열증, 호흡기질환(PEAR010)	환자 임상 결과 개선	2021	Novartis
Complementary	Theraxium Oncology (TxO-VEGF, TxOCDK, TxO-BRAF/MEK, TxO-I/O, xO-Chemo, TxOEGFR)	Voluntis	모바일 앱·웹 포털	Cyclin-Dependent Kinase(CDK) inhibitors로 치료한 유방암 및 난소암, Vascular Endothelial Growth Factor(VEGF) inhibitors 치료된 암	삶의 질 향상, 치료 개선	2020	Roche, AstraZeneca

학습 5

3. 디지털 치료제의 회사별 제품분류

DTx의 3가지 분류 기준을 바탕으로 디지털 헬스케어 제품을 분류해보면 대략 다음과 같다.

〈표 5-10〉 디지털 치료제 종류별 관련 헬스케어 회사

회 사	제 품	적응증	종 류	현 황	파트너
welldoc	BlueStar	T2 DM	1, 2	시판(FDA)	삼성
Noom	Noom	전당뇨, 체중감량	1	시판(허가 X)	Novo Nordisk
Omada	Omada	전당뇨	1	시판(허가 X)	
Livongo		DM, 고혈압, 전당뇨, 체중감량	1, 2	시판(FDA?)	
Dario Health		DM	1, 2	시판(FDA, CE)	GEMCO Medical
Happify	Happify	우울증, 불안	1	시판(허가 X)	Sanofi(MS대상버전)
Big Health	Sleepio	수면	1	시판(허가 X)	NHS
Pear	reSET	약물 사용 장애	3	시판(FDA)	Sandoz
Pear	reSET-O	마약 사용 장애	3	시판(FDA)	Sandoz
Pear	Somryst	불면, 우울증	3	FDA filing	
Pear	Pear-004	조현병	3	Mid to late R&D	Novartis
Akili	ALK-T01	ADHD	3	FDA filing	Shinogi(일본,대만 내)
Akili	ALK-T02	자폐	3	FDA filing	Shinogi(일본,대만 내)

회 사	제 품	적응증	종 류	현 황	파트너
Click	Clickotine	금연	1	시판(허가 X)	Magellan Health (환자 관리 서비스)
Click	CT-152	우울증	3?	Mid to late R&D	Otsuka
Voluntis	insulia	T2 DM	2	시판(FDA, CE)	Sanofi
Voluntis	diabeo	T1, T2 DM	2	시판(FDA, CE)	Sanofi
Voluntis	Oleena	암	1	FDA 승인	
Voluntis	THX-Onco	암	?	Mid to late R&D	
Palo Alto Health Science	Freespira	공황장애	1	시판(FDA)	
Dthere	DTHR-ALZ	치매	3	Mid to late R&D	Unnamed
Cognoa	Autism therapeutic	자폐	3	Mid to late R&D	Eversana (제약업계 지원 회사)
Cognoa	Sleep theraprutic	수면	1	Mid to late R&D	Eversana (제약업계 지원 회사)

종류 : 1. 의학적 장애나 질병관리 및 예방(Manage or Prevent a Medical Disorder or Disease,) 2. 복약 최적화(Optimize Medication), 3. 의학적 질병 및 장애 치료(Treat a Medical Disease or Disorder)

① Proteus나 Propeller Health와 같이 하드웨어의 비중이 큰 것은 여기서 제외했다. 또 현황을 기준으로 임상시험 및 이후 단계에 있는 제품만 포함시켰다.

② 하드웨어 기반 회사임에도 굳이 포함시킨 회사가 있는데 Dario Health이다. 스마트폰에 손쉽게 끼워서 사용할 수 있는 혈당계 및 소모품을 만드는 것으로 시작했는데 작년 하반기부터 당뇨병 관리 프로그램을 제공하기 시작했다.

③ 이외에도 DarioEngage Platform이라는 이름으로 당뇨관리 공급자(예 Certified Diabetes Educators)들이 당뇨환자 관리에 사용할 수 있는 플랫폼 서비스를 제공한다고 하며 Dario Intelligence Platform이라는 이름으로 환자 데이터 비지니스를 할 예정이라고 한다. 당뇨병 관련 의료기기, 인슐린 회사들이 독자 앱을 만들면서도 당뇨병 관리 서비스와 관련해서는 외부 회사들과 협력을 하는 경우가 많은데 독자적으로 2가지를 모두 하려는 다소 예외적인 경우이다.

④ 참고로 Dario Health는 나스닥 상장사로 회사자료가 공개되어 있다.

5-3 디지털 치료제 기술의 미래

1. 디지털 치료제의 혁신 과제

디지털 치료법 또는 디지털 기술을 포함하는 치료 옵션은 기존 약물을 향상시키고 경우에 따라 대체 할 잠재력이 있다. 암 환자가 화학 요법을 받거나 당뇨병 환자가 처방된 치료를 준수하는 방식을 최적화하기 위한 디지털 기술이 그 예이다. 일반적으로 디지털 치료는 소프트웨어, 모바일 솔루션 또는 연결된 솔루션의 형태로 제공되며 연결된 의료기기, 질병 예방 앱 및 기기를 통한 원격 모니터링과 같은 범주에 속한다.

학습 5

대체로 디지털 치료의 혁신은 환자에게 희소식이 된다. 이는 제약회사에게도 희소식이다. 우리는 이미 오늘날 디지털 치료제(DTx)를 통해 글로벌 제약 시장 가치의 5%를 처리할 수 있다고 계산했다.

그러나 기업은 새롭게 떠오르는 디지털 건강 생태계의 틈새시장에 대한 소유권을 주장하기 위해 네 가지 주요 과제를 해결해야 한다. 우리는 성공한 제약회사가 기존 역량을 최대한 활용하고 필요한 새로운 기능에 선택적으로 접근할 수 있는 기업이 될 것이라고 믿는다.

일부 제약회사에는 완전히 새로운 영역인 DTx에 필요한 서로 다른 접근 방식을 지적하면서 네 가지 과제를 살펴보고자 한다. 과제는 핵심 기회를 식별하는 것이다. 고유한 가치 제안을 제시한다. 더 광범위한 환자 인구와 시장에 접근, 현재 운영 모델을 빠르게 변경하고 기능 격차를 메운다.

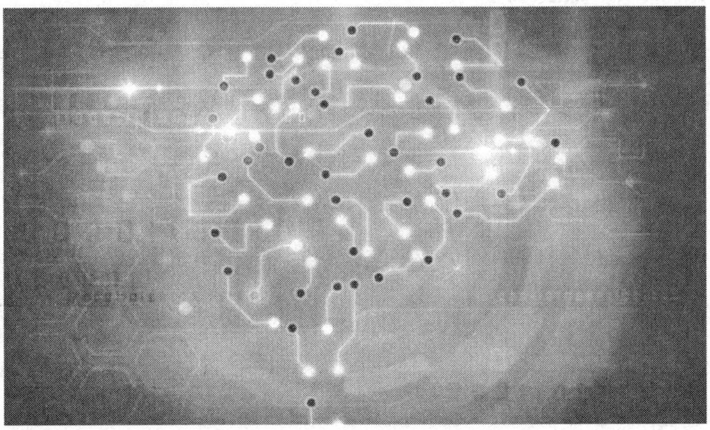

[그림 5-4] 디지털 치료제의 혁신

1) 올바른 기회 식별

회사는 가장 매력적인 치료영역과 디지털화 가능성에 대한 철저한 평가부터 시작하는 것이 좋다. 특히 기업은 다음을 살펴봄으로써 각 치료영역 내에서 DTx 잠재력을 고려해야 한다.

① 질병의 현재 고통
② DTx 시장 및 확장 가능성
③ 현재 비즈니스 및 필요한 투자로부터의 접근성

예를 들어 종양학에서 환자와 의사는 늦은 진단, 치료를 개인화할 수 있는 제한된 능력 및 화학 요법의 엄청난 부작용을 처리해야 한다.

더욱이 매우 강력한 화학 요법 약물을 경구로 복용하고 환자가 약물 투여를 담당하게 되면 의사의 지시를 따르는 것이 중요하다.

DTx는 미국에 기반을 둔 디지털 알약 개발자인 Proteus Digital Health가 보여준 것처럼 이러한 문제점을 해결할 수 있다. 새로운 종양학 제품은 환자가 웨어러블 몸통 패치를 통해 환자의 위장에서 데이터를 환자용 앱과 의료 제공자 포털에 제출하는 센서를 섭취할 때 작동한다. 이것은 DTx가 환자와 의사가 약물 및 치료요법을 보다 효과적으로 관리하도록 지원하여 환자 결과에 가치를 더할 수 있는 방법을 확인한 회사의 예이다.

막 시작하는 기업은 환자의 관점에서 특정 적응증을 분석해야 한다. 또한 모든 의학적으로 관련된 치료법이 수익성이 있는 것은 아니므로 가격 벤치마크와 DTx 솔루션 확장 가능성을 고려해야 한다.

2) 고유한 가치 제안 개발

DTx 시장은 점점 더 전통적인 제약회사가 디지털 플레이어와의 협력을 통해 진입함에 따라 경쟁이 치열해지고 있다. 치열한 경쟁으로 인해 처음부터 강력한 가치 제안을 얻는 것이 중요하며, 그 가치 제안은 환자와 의사 및 지불인과 같은 다른 그룹을 다루어야 한다.

제약회사는 솔루션을 마케팅할 새로운 방법을 준비해야 한다. 의약품을 마케팅할 때 회사는 의사와 환자에게 제품에 대해 알리는 데 중점을 둔다. 그러나 디지털 치료 분야에서는 고객 상호작용의 범위와 고객과의 접점 수가 증가하고 있기 때문에 브랜딩과 사용자 경험이 중요한 차별화 요소이다.

즉 디지털 솔루션이 충족되지 않은 의료 요구사항을 해결하는 데 국한되어서는 안된다. 또한 디지털 솔루션은 환자 여정에 관련된 모든 이해 관계자의 요구를 충족해야 한다.

3) 환자와 시장에 대한 폭넓은 접근확보

세 번째 과제는 더 많은 환자 집단과 시장에 접근할 수 있는 혁신적이면서도 실용적인 방법을 찾는 것이다. 여기서도 DTx의 땅은 전통적인 제약의 땅과 다르고, 다음과 같은 두 가지 전략이 있다.

① 환급을 통해 DTx 채택 증대
② 디지털 수익화 체계를 통해 DTx 채택 증대

임상 검증 및 규제 승인이 디지털 치료의 광범위한 채택에 핵심이 될 것으로 기대한다. 시장 승인은 검증된 건강 청구, 처방 및 궁극적으로 환급을 통해 시장에 진출하는 길을 열어준다. 이는 환자 채택을 유도하고 제약회사의 확장성을 확보한다. 기업이 지불인과 협상 할 때 시장 출시 시간이 단축되고 지속적으로 판매 후 버전 업데이트가 필요하므로 DTx를 통해 새로운 과제에 직면하고 새로운 기회를 찾을 수 있다.

새로운 유료 모델도 가능하다. 예를 들어 Virta Health 앱을 운영하는 회사는 다른 기능 중에서도 개인 데이터 분석을 기반으로 한 개별화된 코칭을 통해 환자에서 임상적으로 관련된 당뇨병 회복을 달성할 수 있는 능력을 기반으로 유료 모델에서 청구로 전환할 것이라고 발표했다. 성공은 HbA1c 수준과 같은 당뇨병 역전 지표로 측정된다.

환급되지 않는 제품의 경우 기업은 수익화를 위해 다른 산업의 옵션을 탐색할 수 있다. 두통 유발 인자에 대한 의료 문서를 제공하는 온라인 치료 보조인 M-Sense가 채택한 '프리미엄'모델이 그 예이다.

익명으로 집계된 환자 데이터를 아웃 라이센스 또는 판매하는 것도 옵션이 될 수 있다.

4) 성공적인 운영모델 설계

신규 진입자는 새로운 디지털 게임에서 승리하는 데 필요한 기능과 현재 운영모델에 필요한 변경사항을 식별해야 한다. 또한 새로운 시장에 맞게 기존의 많은 역량을 조정해야 한다.

변화는 전반적으로 올 것이다. R&D에서 기업은 디지털이 제품에서 환자 중심의 관점으로 초점을 이동한다는 사실을 이해해야 한다. 즉 환자의 피드백을 지속적으로 디지털 제품이나 치료법에 통합해야 한다는 의미이다. 다른 중요한 점은 환자와 의사에게 치료를 제공하기 위한 디지털 인프라의 필요성과 같은 기술 제공 및 배포에 대한 요구사항을 변경하는 것이다.

마지막으로 거버넌스 및 기업 구조는 치료분야에서 벗어나 디지털 치료에 더 적합한 모델로 이동해야 할 수 있다.

대체로 우리는 전통적인 제약회사가 DTx로 성공하는 데 필요한 모든 기능을 보유하는 것은 비현실적이라고 믿는다. 따라서 그들은 격차를 좁히기 위해 사내 역량 구축에서 M & A에 이르는 옵션을 신중하게 고려해야 한다.

2. 디지털 치료제의 융합을 통한 미래

디지털 치료제는 AI, 앱, 게임, XR(VR/AR/MR/HR), 챗봇 등의 형태를 가진 고도의 소프트웨어 프로그램에 기반하며 질병이나 장애를 치료, 예방 및 관리하는 제품으로 의약품과 마찬가지로 엄격한 치료효과 검증과 규제 기관의 인허가를 거친 후 출시한다.

보통 디지털 치료제는 과거의 치료제를 구분하여 분류하면 1세대 치료제인 합성화합물, 2세대 치료제인 생물제제(항체, 단백질, 세포)에 이은 제3세대 치료제로 디지털 치료제로 분류되기도 하며 인공지능의 발전 및 디지털 기기의 일상화와 맞물려 그 성장 가능성이 높을 것으로 주목받고 있다.

디지털 치료제의 형태 기술별 미래를 다음과 같다.

1) 빅데이터와 인공지능을 활용한 미래

한 여성은 직장에 출근하는 중 자신의 휴대폰으로 약국에 들러 혈액과 소변 검사를 하라는 알람을 받는다. 이 알람은 그녀의 건강관리 기록, 의료영상 이미지, 유전체 데이터, 혈액 기반의 전사체, 대사체 및 그녀의 심박수, 혈압, 근력, 및 기타 정신적 상태 데이터들을 프로파일링하는 인공지능 시스템을 통해 전달되었다. 이 권고안들은 엄청난 빅데이터를 트레이닝해서 나온 것이다. 즉 공개된 수백만 개의 바이오 빅데이터 셋뿐만 아니라 자신과 가까운 혈연관계의 친척, 비슷한 임상적 소견을 보이는 사람들과 수억 명에 해당하는 일반인들의 데이터를 비교 분석해 도출된 근거 기반의 권고안이라고 볼 수 있다.

이 여성은 약국에서 혈액검사에 기반한 전사체의 변화 및 소변검사를 통한 대사체의 변화를 통해 신경근 퇴행성 질환 가능성이 발생했음을 알게 되었다. 이러한 결과에도 이 여성은 그렇게 놀라지 않았다. 그 이유는 이 여성은 이미 오래전부터 데이터를 통해 이러한 일이 내년 언제쯤에는 일어나리라는 것을 예상하고 있었기 때문이다.

사실 자신의 어머니가 자신을 임신해 있을 때부터 신경근 퇴행성 질환 관련 병원성 유전 변이를 가지고 있다는 것을 알고 있었고, 그 변이에 대해 편집을 해서 복구할 수 있었지만 인공지능 시스템이 이 변이로 인해 자신의 딸이 살면서 그 질병이 발병할 가능성에 대해서 아주 낮게 평가함으로써 그녀의 어머니는 유전적 치료를 선택하지 않고 자신의 딸을 낳기로 결정했었다.

아무튼 현재 자신의 건강상태를 알게 된 이 여성은 자신의 유전체와 전사체를 포함한 그녀의 모든 데이터를 분석해 그녀에게 최적화된 개인 맞춤식 유전체 의학서비스(치료제)를 제공받게 되었다. 인공지능 시스템의 도움을 받아 설계된 치료제에 대해 걱정하는 사람들이 아직 많을 수는 있지만, 결론부터 말하자면 미래에는 시원한 바람이 부는 가을 저녁에 산책하는 것만큼 안전하다. 게다가 100번 적용하면 99번 정도가 높은 수준의 효능까지 보여주고 있다.

이 치료제의 인체 내 안전성을 예측하기 위해 인공지능 기술을 이용해 예측하게 되는데 영장류 또는 동물 전임상시험을 통해 예측하는 것보다도 인공지능시스템을 통해 안전성을 예측하는 것이 더 정확하다는 것도 증명되어 그 인공지능시스템은 이미 규제기관의 승인을 받은 상태이다.

다시 그 여성의 이야기를 마저 해보자면, 그 여성은 다음날 바로 약을 선택하고 또 근처 자신의 치료를 담당하는 카운슬러를 만나게 된다. 그리고 그 카운슬러와의 대화를 통해 치료법에 관해 이야기를 나눈다. 그리고는 1년 넘게 그녀 자신이 직접 약 처방 및 치료 결정에 관여하면서 그녀가 가지고 있는 스마트폰이나 웨어러블 장치 및 생체 정보를 측정할 수 있는 다양한 장치 등을 통해 걷는 속도나 팔을 흔드는 강도 등을 포함해 그녀가 하는 모든 신체활동 및 모든 신체지표를 계속해서 수집하고 기록하며, 그녀는 2주마다 한 번씩 약국을 들러 그녀의 전사체 및 대사체를 지속적으로 모니터링하게 되었다.

치료 후 1년 만에 그녀의 신경근 퇴화 증상이 완전히 멈추었다는 결론을 자신의 데이터를 통해 도출하게 되었으며 그녀 자신의 질병도 효율적으로 치료해냈을 뿐 아니라, 그녀의 모든 데이터는 본인 개인의 동의하에 비식별화 및 익명화를 거쳐 미래의 자신과 같이 고통 받을 사람들에게 더 나은 치료를 제공할 수 있게 되기 위해 인공지능 시스템에 입력되었다.

2) 스마트폰 앱에서 다양한 분야의 SW 형태로 진화

과거에는 미 FDA가 시판을 허가한 리셋처럼 알코올이나 마약 등에 의존하는 중독성을 치료하기 위해 개발된 스마트폰 앱과 같은 SW 형태의 의약품이 개발되었다면 미래에는 PC, 전용의료기 형태 등과 같이 하드웨어 관계없이 다양한 소프트웨어 형태로 다양하게 진화할 것이다.

중독 증상을 치료할 수 있는 정신의학적 치료방법인 '인지행동 치료(CBT : Cognitive Behavioral Therapy)'를 제공하는 애플리케이션이어서 스마트폰, 간단한 의료기기 등으로 사용할 수 있을 것이다.

가령 혈압 관련 먹는 신약이 고혈압 환자들의 혈압을 안정적으로 낮추는 효과를 통해 허가를 받은 것처럼, 새로운 소프트웨어를 통하여 혈압이 낮아지고 이것을 반복적으로 치료하는 형태이다. 즉 특정한 혈압을 낮춰주는 디지털 치료제를 선보이며 해당 시장의 선두주자로 떠오르고 있다.

3) 과다복용, 치매, 우울증 및 중독 등에서 해방

오피오이드(Opioid), 즉 아편의 주성분인 모르핀(Morphine) 중독을 치료해 주는 기능을 갖고 있다.

미국의 경우, 모르핀 중독은 주로 말기암 환자에게서 많이 발생하고 있다. 극한의 고통으로 고생하는 말기암 환자의 통증을 줄여주는 진통제로 많이 사용되다 보니, 사용 빈도수가 늘수록 약물에 대한 중독성이 강해지기 때문이다. 특히 오피오이드의 과다복용으로 사망자가 생겨나자, 부작용이 없으면서도 기존의 치료제를 대체할 수 있는 제품이 탄생할 것이다.

4) XR 게임을 통해 다양한 효과

디지털 XR 기술은 통증치료, 환각치료, 음주, 흡연 등 요구에 대한 치료 등에 다양한 효과가 있는 컴퓨터 XR게임을 통해 극심한 통증 등을 가상현실 기술이 환자의 주의를 다른 곳으로 돌리도록 만들어 통증을 잠시 잊도록 하는데 효과적이다.

대부분의 사람은 신체의 어느 부위에 통증이 발생하면 거기에 신경을 쓰느라 아무것도 할 수 없는 존재가 된다. 따라서 모든 것을 잊어버릴 정도의 관심사가 생기게 되면 물리적 통증의 정도를 상당 부분 줄일 수 있다.

3. 디지털 치료제의 진화

1) 소프트웨어 의약품으로 진화

디지털 기술의 고도화에 따른 디지털 치료제의 등장과 서비타이제이션 테크의 트렌드화로 헬스케어 시장에서 의약품(Drug), 의료기기(Device), 헬스케어 앱(Application) 간 경계는 허물어지고, 소프트웨어 의료기기(Software as a Medical Device)는 소프트웨어 의약품(Software as a Medical Drug)으로 진화한다.

2) 중증질환에서 기술적 진전

현대사회에서 급증하는 만성질환과 신경정신과 질환 등 그동안 불충분했던 치료 영역에 대한 의료수요를 디지털 치료제가 충족시켜줄 수 있을 것으로 기대된다. 특히 국내 의료수요와 중증질환자의 의료접근성이 떨어지는 의료문화를 고려했을 때 자가 점검을 통한 예후관리가 절실한 암, 뇌졸중 등 중증질환에서 디지털 치료제의 기술적 진전이 예상된다.

3) 사회경제적 가치창출 필요

데이터와 인공지능, 플랫폼을 활용한 디지털 치료제 관련 정부과제를 지속적으로 발굴해 다양한 제품개발은 물론, 임상적 성능 및 유효성 확보가 요구된다. 또한 디지털 치료제의 사업화를 적극적으로 지원해 민관협력을 통한 한정된 의료자원의 효율적 통제와 신성장 동력 확보 등 사회경제적 가치창출이 필요하다.

4) 규제에 대한 단계별 그레이존 해소

디지털 치료제 시장은 고도의 규제과학과 적극 행정이 맞물려야 하는 규제산업 분야로, 국내 도입을 위해서는 다음과 같은 단계별 그레이존 해소가 급선무이다.

① 명확한 개념 정립
② 임상적 유효성 검증
③ 기술적 특성에 맞는 규제체계 정립
④ 수가체계 확립 등

5) 디지털 치료제 시장의 급성장

세계 각국의 디지털 헬스 관련 규제개선과 정책지원을 통해 세계적으로 디지털 치료제 시장의 지속가능한 성장이 예고돼 있으며, 국내의 경우 최근에 의료기기산업법 시행을 위해 디지털 치료제 관련 맞춤 규제체계를 마련해 고시하고 디지털 치료제 시장은 본격 형성돼 수가화를 기점으로 급성장할 전망이다.

6) 미래를 위한 합리적이고 다각적인 준비

디지털 치료제 급성장에 대비해 다음과 같은 주제를 준비할 필요가 있다.

① 디지털 헬스 표준산업분류

② 사업모델 다변화

③ 건강보험 제도권 진입

④ 의료계 표준치료 적용

⑤ 가치기반 지불체계 개선 등

또한 산·관·학·연·병의 합리적이고 다각적인 사전준비가 요망된다.

수행 내용

재료 · 자료

• IT 분석 및 응용 관련 자료

기기(장비 · 공구)

• 컴퓨터, 문서작성 프로그램, 프린터, 주변기기

안전 · 유의사항

• IT 분석 및 응용 관련 장비의 안전 및 유의사항을 숙지한다.

학습 5

수행 순서

01 디지털 치료제의 장단점에 대하여 분석하라.

질병을 치료하는데 디지털 기기 또는 소프트웨어를 사용하는 '디지털 치료제'가 미래의 의료 패러다임을 바꿀 것으로 예상된다. 디지털 치료제가 의료분야에서 중요한 역할을 할 것이라는 데 의심의 여지가 없지만, 의료분야에 디지털 치료제를 적절하게 시행하기 전에 해결해야 하는 문제가 많아 의료인은 보수적으로 접근할 것으로 본다. 기존 약물요법보다 장 · 단점이 있지만 최근 몇 년간 강점만 강조됐다. 환자에게 새롭고 익숙하지 않은 디지털 치료제를 적절하게 사용하려면 의사는 먼저 그 단점을 이해해야 한다.

디지털 치료제는 질병을 치료하기 위해 사용되는 모바일 애플리케이션, 인터넷, 게임, 가상현실 등을 포함한다. 디지털 치료제도 약물 · 의료기기와 같이 임상시험을 통해 효능과 안전성을 입증하고 의료진으로부터 처방돼야 사용할 수 있다. 한 가지의 차이점은 모든 디지털 치료제가 보건당국으로부터 허가를 받을 필요가 없다는 점이다.

세계 최초 디지털 치료제는 미국 페어 테라퓨틱스(Pear Therapeutics)사의 중독치료용 앱 'Reset'이다. 중독치료를 위해 18세 이상 성인에게 인지행동요법을 제공하는 Reset은 2017년 미국 식품의약국(FDA)로부터 소프트웨어 치료제로 허가받았다.

국내에서는 뇌 질환 디지털 치료제를 스타트업 뉴냅스가 가상현실을 이용해 뇌 손상으로 인한 시야장애를 치료하는 '뉴냅 비전(Nunap Vision)'을 개발해 2019년 7월 식품의약품안전처로부터 승인을 받았다.

디지털 치료제는 현재 당뇨병, 비만, 간질, 파킨슨병 등 다양한 만성질환을 치료하는 데 사용되고 있는 만큼 전통적인 디지털 헬스케어를 전환할 가능성이 있다. 특히 효능과 안전성을 입증하기 위해 몇 년간 임상시험을 걸치는 일반 의약품과 달리 디지털 치료제 개발 기간은 짧고 저렴하다.

반면 디지털 치료제는 일반 의약품과 달리 적절한 용량 요법이 임상시험에서 확인하기 힘들어 보다 의료진의 적극적인 참여와 모니터링이 필요하다. 실시간으로 환자의 의료 데이터를 수집하고 관리하는 것이 디지털 치료제의 강점이지만 질 높은 실사용증거(RWD)를 수집하고 분석하기 위해 새롭고 차별된 노력이 필요하다.

02 보완 디지털 치료제와 대체 디지털 치료제에 대하여 분석하라.

디지털 치료제에는 보완 디지털 치료제(Medication Complement)와 대체 디지털 치료제(Medication Replacement)가 존재한다.

1. 보완 디지털 치료제

보안 디지털 치료제는 간접적인 치료효과를 가지며 복약관리 등으로 기존 의약품의 치료효과를 제고하고 기존 치료제와 함께 사용한다.

대표적인 예는 Propeller사와 Adherium사의 COPD흡입 약제 조절용 스마트 흡입기, Proteus사의 위에서 녹는 먹는 스마트 알약 등이다.

2. 대체 디지털 치료제

대체 디지털 치료제는 디지털 기술 자체만으로 직접적이고 독립적인 치료효과를 내는 제품군이다. 기존 치료제 대신 단독으로 사용해도 치료효과가 있을 뿐만 아니라, 기존치료와 병행해서 사용하는 경우에는 치료효과가 더 높아진다.

독립적인 치료효과를 가진 제품군이므로 임상시험과 논문, 허가기관의 검토와 승인 등

엄격한 검증절차를 반드시 거쳐야 한다. 허가를 거쳐 출시되면 디지털 치료제 또한 기존의 의약품과 동일한 경로로 의료시스템에 통합된다.

대표적인 예로써 Pear사의 약물중독(SUB)치료앱 reSET, Akili사의 소아 ADHD치료용 비디오 게임 AKL-T01이다.

03 SaMD의 분류 및 특징에 대하여 분석하라.

학습 5

1. SaMD의 분류

국제 의료기기 규제기관 포럼(IMDRF : International Medical Device Regulators Forum)에서는 SaMD를 환자 혹은 잠재적 위험도에 따라 4가지 카테고리(Category I, II, III, IV)로 분류하고, 다음 요소에 기반하여 측정 및 분류한다.

의료상황 혹은 조건의 상태에 따라 ① 심각하지 않은 : Non-serious → ② 심각한 : Serious → ③ 위중한 : Critical로 구분한다.

SaMD가 제공하는 정보가 의학적 의사결정(건강관리 방법)에 미치는 영향이 커질수록 다음과 같은 순서로 영향을 끼친다. 치료 및 진단 옵션 안내는 ① 치료 및 진단 혹은 질병의 위험 예상 지원 → ② 치료 및 진단 → ③ 즉각적인 액션으로 이어지도록 한다.

〈표 5-11〉 SaMD 분류

건강상태의 상황 혹은 조건	Significance of Information Provided by SaMD to Healthcare Decision		
	치료 및 진단	위중한 관리 행동	심각한 관리 정보
위중한	Ⅳ	Ⅲ	Ⅱ
심각한	Ⅲ	Ⅱ	Ⅰ
심각하지 않은	Ⅱ	Ⅰ	Ⅰ

출처 : IMDRF, Software as a Medical Device (SaMD) : Clinical Evaluation, 2019.9.21.

1) 카테고리 Ⅰ

① 심각하지 않은(Non-serious) 상황이나 질병 상태의 임상관리를 유도하는 정보제공으로 영향이 적은 것(Low Impact)으로 간주

② 심각한(Serious) 상태의 질병에 대한 임상관리를 위한 안내 정보 제공

③ 심각하지 않은(Non-serious) 컨디션/상태의 질병에 대한 임상관리를 위한 안내 정보 제공

㉠ 운동기반 심장재활 모니터링을 위한 심전도, 속도, 보행 속도, 심박수, 경과 거리 등의 정보를 의료진에게 전송하는 소프트웨어

㉡ 천식 발생 예측을 위한 증상 기록 및 피크 유량계 등 환자의 정보를 수집하는 소프트웨어

㉢ 난시의 진단을 위한 눈의 움직임 등의 정보를 분석하는 소프트웨어

㉣ 웨어러블 센서를 통해 여러 만성질환이 있는 노인 환자의 건강데이터를 모니터링 서버로 전송하여 환자의 빈맥, 호흡기 감염 증상 등 의료정보를 간병인에 전달하는 소프트웨어

2) 카테고리 II

① 심각하지 않은 상황(Non-serious)이나 상태의 질병이나 상태를 치료 · 진단하기 위한 정보를 제공하며 중간 정도의 영향(Medium Impact)을 미치는 것으로 간주

② 심각한(Serious) 컨디션/상황의 질병에 대한 임상관리를 유도하는 정보 제공

③ 위중한(Critical) 컨디션/상황의 질병에 대한 임상관리를 위한 안내 정보 제공

㉠ 의료진의 부정맥 진단 지원을 위한 심박수 분석 소프트웨어

㉡ 개인의 건강 데이터를 기반으로 질병의 예방 및 치료계획 수립을 위한 뇌졸중 또는 심장 질환 발병 위험 점수 예측 소프트웨어

㉢ 당뇨환자의 식사 전 혈당 및 탄수화물 섭취량에 따라 인슐린 용량 계산 및 조정을 지원하는 소프트웨어

3) 카테고리 III

① 심각한 상황(Serious)이나 상태에서 질병을 치료 · 진단하기 위한 정보를 제공하며 영향이 큰 것(High Impact)으로 간주

② 위중한(Critical) 컨디션/상황의 질병에 대한 임상관리를 유도하는 정보 제공

㉠ 스마트 장치의 마이크를 사용하여 수면 중에 호흡이 중단된 것을 감지하여 위험 신호를 제공하는 소프트웨어

㉡ 환자정보를 바탕으로 특정 종양과 환자에 맞는 특정 매개 변수를 제공하여 방사선 치료 보조 또는 치료계획 수립 지원

4) 카테고리 Ⅳ

① 중요한 상황(Critical)이나 상태에서 질병을 치료 또는 진단하기 위한 정보를 제공하며 매우 큰 영향(Very High Impact)을 미치는 것으로 간주

㉠ 급성 뇌졸중 환자의 치료 결정을 위한 진단 분석

㉡ 피부 병변과 주변 피부의 프랙탈 치수를 계산하여 진단을 제공하거나 병변의 악성/양성 식별

5) 카테고리 분류

SaMD가 여러 개의 헬스케어 상황이나 컨디션에 사용된다면, 자동으로 가장 높은 카테고리로 분류된다.

2. SaMD의 특징

소프트웨어 의료기기인 SaMD 자체가 의사를 대체할 수 없지만, SaMD는 최신 기술을 기반으로 질병의 진단, 치료, 관리 등 환자를 더 잘 치료할 수 있도록 지원하며 다음과 같은 특징을 가진다.

① SaMD는 여러 종류의 가치있는 데이터를 쉽고 빠르게, 지속적으로 수집할 수 있으며, 이를 통해 사용자를 위한 의학적인 치료 및 지원에 꼭 필요하거나 의미있는 정보제공이 가능하다.

② SaMD는 하드웨어보다 빠르고 업데이트가 쉬운 소프트웨어 솔루션을 통해 기존 의료기기의 기능을 높일 수 있으며, SaMD를 사용하거나 개발하는 회사의 경우 사용자의 빠른 피드백을 통해 제품기능을 높이고 시장 출시 기간을 단축할 수 있다.

04 디지털 치료제 채택의 2가지 장애물에 대한 이해를 통하여 극복방법에 대하여 분석하라.

디지털 치료제는 지난 10년 동안 기술을 활용하여 전통적인 임상치료를 보완하거나 잠재적으로 대체함으로써 많은 진전을 이루었다. 일부 장치는 약물 복용시기와 양을 알려주는 등 환자가 자신의 상태를 관리하도록 도와줌으로써 전통적인 치료를 보완하였다. 일부는 불면증이나 우울증을 관리하기 위해 태블릿 컴퓨터를 통해 전달되는 감각 자극과 같은 약물에 대한 대체 치료법을 제공하였다.

중요한 것은 디지털 치료법이 만성질환이나 신경 장애와 같이 오늘날 의료시스템에서 제대로 다루지 못하는 상태를 표적으로 삼는 경향이 있다는 것이다. 또한 임상의 시간을 줄여 기존 요법보다 더 저렴하게 치료를 제공할 수 있다. 그리고 그동안 임상적으로 그 가치를 입증하기 위해 더 많은 증거가 등장하고 있다.

예를 들어 미국 식품의약청(FDA)은 최근 알코올, 마리화나 및 코카인 중독 치료에 도움이 되는 모바일 애플리케이션을 승인했다. 이는 환자의 40%가 앱을 3개월 동안 사용한 것으로 나타났다. 이는 표준 요법만을 사용한 사람의 17.6%이다

① 디지털 치료의 가치는 무엇일까?

② 그렇다면 왜 디지털 치료법이 아직 의료분야의 주류에 합류하지 않았을까?

③ 왜 더 많은 의사가 디지털 요법을 처방하지 않고 더 많은 환자가 이를 사용하지 않는가?

④ 제약회사는 왜 디지털 치료를 위한 R & D에 더 많은 투자를 하지 않고 파트너십과 인수에 상대적으로 적은 투자로 물을 테스트하는 것을 선호하나?

우리는 이러한 새로운 치료법의 잠재력이 두 가지 장애물에 의해 제한되고 있다고 믿는다.

① 디지털 치료는 수면 추적기에서 피트니스 앱에 이르기까지 모든 것을 포함하는 디지털 건강 및 웰빙시장과 구분되지 않는 경우가 많다.

② 공급자, 지불자 및 제약회사가 디지털 치료를 채택하도록 유도하는 인센티브가 제대로 조정되지 않았다.

이러한 장애물을 이해하는 것은 이를 극복하고 디지털 치료가 현대의학의 필수적인 부분으로 자리를 잡을 시기를 측정하는 데 중요하다.

1. 장애물 1 : 건강 및 웰빙시장에서 디지털 치료제 구별

수억 달러가 디지털 웰빙 기술에 투자되었으며 현재까지 318,000개 이상의 건강 관련 앱을 사용할 수 있다. 그러나 앱 스토어에서 다운로드할 수 있는 최소한의 기술 요구사항을 통과하는 것과 안전할 뿐만 아니라 치료적 가치가 입증된 제품을 구분하기는 어렵다.

실제로 일부 앱은 임상적 이점에 대한 입증되지 않은 주장으로 인해 규제기관에 속지 않았으며, 소비자와 의료전문가 모두에게 디지털 치료법에 대한 의구심을 심어준다.

디지털 의학 회사인 Big Health의 CEO인 Peter Hames는 이렇게 말한다. “아직 정해진 기준이 없다.” 따라서 임상 증거에 근거하고 규제 기관의 표준을 충족하기에 충분한 디지털 치료제의 정의는 의약품이 보충제와 분리되는 것과 같은 방식으로 일반 디지털

웰니스와 분리되어 기술에 대한 신뢰를 구축하는 데 도움이 될 것이다.

디지털 치료제로서의 정의에는 다음 요구사항이 포함될 수 있다.

① 독립적인 주요 연구자가 수행하고 여러 사이트에서 또는 다른 연구자들과 복제하여 대상 집단 사이에서 여러 연구를 완료하고 임상적으로 의미있는 결과를 포함한 임상 시험 결과를 동료 심사 저널에 발표

② 하나 이상의 다기관, 무작위, 대조 시험

③ 안전과 효과를 평가하기 위해 실제 증거의 수집 및 분석을 포함하는 대상 집단에 대한 지속적인 임상연구

이러한 디지털 치료제의 정의는 앱 판매뿐만 아니라 의료발전을 지원하고자 하는 옹호 그룹, 환자, 실무자 및 투자자를 포함한 모든 이해 관계자가 디지털 치료라고 하는 장치가 높은 수준의 안전, 효과 및 가치를 충족하도록 보장해야 한다.

또한 규제기관이 중요한 역할을 할 것이다. 제품에 대한 평가는 소비자와 업계에 안전하고 효과적인 것과 그렇지 않은 것을 알려야 한다.

FDA의 기기 및 방사선 건강센터는 혁신을 장려하고 소비자에게 정보를 제공하기 위해 신중하게 조치를 취하고 있다. Digital Health Unit의 창설은 중요한 단계였다. 부서의 리더십 아래 FDA는 디지털 건강기술의 고유한 특성과 상업 혁신의 압축된 주기를 수용하기 위해 기존 의약품 및 의료기기의 품질을 판단하는 방식과 다르게 소프트웨어의 품질을 판단해야 하는 방식을 생각하기 시작했다. 이후 소프트웨어 파일럿 프로그램에 대한 사전 인증이 발표되었다.

이 프로그램은 FDA가 완제품이 나타날 때까지 기다릴 필요없이 기술 개발자를 검토할 수 있는 프레임 워크를 만드는 데 도움이 될 것이며 이는 설계, 개발, 검증 및 유지 관리에서 특정 기준을 충족하는 회사를 인증하는 것을 목표로 한다.

파일럿의 성공은 FDA가 규제하는 소프트웨어 개발자에 대한 추가 지침으로 이어질 것이며, 그렇게 함으로써 디지털 건강의 '나도' 소음과 차별화 할 수 있는 제품에 대한 더 빠른 혁신 속도를 가능하게 할 것이다.

2. 장애물 2 : 의료 생태계의 잘못 정렬된 인센티브

디지털 치료제 회사는 현재 인센티브가 잘못 정렬되어 있기 때문에 의료서비스 제공자, 지불인 및 제약회사의 전통적인 가치 사슬에서 작업하는 데 어려움을 겪고 있다.

1) 제공자

디지털 치료제의 힘을 믿는 사람들은 언젠가는 앱 처방이 약만큼 널리 퍼질 것으로 생각한다. 그러나 앱이 널리 채택되려면 환자만큼이나 공급자를 지향해야 한다. 또한 많은 디지털 치료제는 현재 제공자 프로세스를 변경해야 한다.

예를 들어 앱이 복용량과 환자가 보고한 증상을 추적하는 경우 공급자는 일반적으로 생성된 데이터로 작업을 수행해야 한다. 데이터에는 분석이 필요하고 분석에는 시간이 필요하다. 용량이 제한되어있는 경우 의사는 추가 데이터를 보조자료가 아닌 성가신 것으로 간주할 수 있다.

환자와 15분밖에 없는 일반의는 어떻게 일일 기록을 살펴볼 수 있을까?

United Healthcare의 Excellence 혁신 센터 전 책임자인 Vidya Raman-Tangella가 최근 경고했듯이 "[임상의]에게 적절한 목적에 맞는 적절한 정보를 적시에 제공해야 한다. 정보로 넘치게 하지 마라." 4,500명의 환자가 있는 일반적인 일반의는 다양한 상태와 환자에 대해 수십 개의 동등한 데이터 스트림을 가질 수 있다. 많은 양의 데이터를 처리하고 실행 가능하게 하려면 분석적 토대가 있어야 한다.

WellDoc의 당뇨병 관리시스템인 BlueStar와 같은 일부 앱은 이미 서비스 제공자의 삶을 편하게 만들기 위해 발전했다. 기술이 의사가 데이터 수집에 소요되는 시간을 줄이고 환자와 솔루션을 논의하는 데 더 많은 시간을 할애하는 데 도움이 된다면 채택을 유도할 가능성이 높다.

예를 들어 영국에서는 서비스에 대한 과도한 수요로 인해 일반 진료의에 대한 제약으로 임상 커미셔닝 그룹이 의사의 시간을 절약하거나 수요를 다른 의료전문가로 전환하는 디지털 치료의 우선순위를 정하고 있다.

그러나 시장 진입 모델은 의료시스템 내에서 인센티브 구조가 다르다는 사실로 인해 복잡하다. 일반적인 관행이 개인이거나 개인 공급자와 계약하는 공공 지불시스템에서 의사는 수요를 다른 곳으로 이동하거나 인지 행동 치료를 사용하여 불면증을 대상으로 하는 Big Health 앱인 Sleepio와 같은 디지털 도구를 추천하는 데 관심이 적을 수 있다.

중개하지 말라고 Hames가 말했듯이 "행동 중재는 임상위험이 매우 낮을 수 있으며 의사나 의료전문가가 반드시 필요하지 않고 대신자가 의뢰에 의존할 수 있는 전달 메커니즘의 새로운 치료경로를 의도적으로 열 수 있다."

2) 지급인

모든 현대 치료법과 마찬가지로 디지털 치료제가 주류가 되려면 환급이 중요하다. 즉 디지털 치료제의 채택을 향한 진전은 지불인의 인센티브와 우선순위에 따라 달라진다.

예를 들어 민간 건강보험사는 새로운 치료법을 적용하면 품질 결과가 분명하게 개선된다는 사실을 알고 싶어 할 것이다. 더 나은 상태관리로 이어지고, 관리되지 않는 만성 상태의 부작용을 제어하고, 간병의 격차를 줄이는 등의 도움을 줄 수 있다면 비용 지불을 고려할 것이다.

문제는 새로운 접근 방식과 명확하게 연결되어 있고 적절한 기간 내에 보험사가 포착할 수 있는 측정 가능하고 중요한 결과를 입증하는 것이다.

디지털 치료회사가 목표로 하는 일부 만성질환은 비용이 많이 드는 치료를 요구하기 전에 수년 동안 훼손된다. 제2형 당뇨병의 경우 뇌졸중, 절단 및 투석 필요성과 같은 비용의 실제 동인은 질병 발병 후 20년 후에 발생할 수 있는 장기적인 결과이다.

그러나 미국의 개인은 일반적으로 5년에서 10년 동안 개인 건강보험사에 남아 있다. 수익이 다른 조직에 의해 포착될 가능성이 있는 비교적 새로운 디지털 치료법은 말할 것도 없고 당뇨병을 예방하기 위한 치료법에 지불자가 투자할 인센티브는 낮을 수 있다.

디지털 치료를 제공하는 회사의 경우 고용주 건강보험 또는 단일 지불시스템이 더 나은 목표가 될 수 있다. 고용주의 인센티브에는 결근과 직원 사기의 영향을 받는 생산성 손실로부터 보호하는 것이 포함되므로 고용주는 저축을 확보할 수 있는 더 큰 그물을 가지고 있다.

한편 생명보험을 제공하는 정부제도와 같은 단일 지불시스템은 환자의 장기적인 위험을 흡수하고 이를 완화 할 수 있는 치료비용을 지불할 인센티브를 가지고 있다. 하지만 대체 결제방법을 실험한 결과 약간의 성공이 있었다.

Omada Health는 결과 기반 지불 모델을 사용하는 만성질환을 예방하기 위해 온라인 코칭 프로그램을 제공한다. 그러나 일반적으로 불면증과 같은 상태를 표적으로 하는 치료법(영향이 비교적 즉각적이고 비용을 수면제와 같은 대체 치료법과 직접 비교할 수 있음)은 환급을 받기가 더 쉬운 경로를 가지고 있다.

보험 수리적 청구를 뒷받침할 실제 증거가 거의 없는 치료법은 그 가치를 입증하는 데 시간과 상당한 투자가 필요하다. 만성질환의 경우 필요한 종단 연구를 완료하는 데 수십 년이 걸릴 수 있다

3) 전통적인 제약회사

제약회사가 투자를 늦추는 한 가지 이유는 R&D 접근 방식의 차이 때문이다. 평균적으로 의약품이 발견에서 시장으로 향하는 여정을 완료하는 데는 최소 10년이 걸리며, 이 과정을 통해 제품을 보호하는 데 드는 평균 비용은 26억 달러이다.

디지털 솔루션 혁신가는 더 빠르게 움직인다. 이들의 장치는 사용자 중심의 반복적인

설계 프로세스와 결합된 최신 기술을 필요로 한다. 즉 R&D 팀은 끊임없이 진화하는 사용자 선호도에 대한 새로운 피드백을 환영하고 통합하는 민첩한 접근 방식을 채택해야 한다. 이러한 방식으로 R&D에 접근하는 것은 많은 제약회사가 디지털 치료를 제공하기 위해 경쟁하기 위해 구축해야 하는 기술이다.

또 다른 단점은 제약 모델 자체이다. 대부분 국가에서 특허는 의약품 제조업체에 제네릭 경쟁으로부터 20년 이상의 보호를 제공한다.

레귤레이터는 장치에 대해 동일한 보호를 제공하지 않는다. 경쟁업체는 사용하는 기술을 점진적으로 변경하여 디자인 특허 침해를 방지하고 시장에 빠르게 진입할 수 있다. 이러한 요소에 제조 및 유통의 엄청난 차이를 더하면 디지털 치료제 생산은 의약품 생산과 매우 다르게 보이기 시작한다.

그럼에도 불구하고 디지털 치료법은 제약회사가 제품을 개발하거나 마케팅하는 방식을 변화시켜 엄청난 기회를 제공할 수 있다. 환자결과와 경제적 가치를 뒷받침하는 실제 증거를 수집하는 것은 제품에 대한 시장 접근을 원하는 사람들에게는 오랫동안 도전이었다. 그러나 디지털 치료법은 의약품이 어떻게 소비되는지에 대한 통찰력과 그 영향에 대한 실시간 데이터를 제공한다.

동반 센서는 제약회사에 환자가 R & D에 영향을 미칠 수 있는 약에 반응하는 방식을 알려주거나 상대적으로 낮은 등급의 치료가 효과가 없는 경우를 표시하여 의사와 지불인에게 더 강력한 치료가 필요함을 증명할 수 있다.

많은 제약회사에서 이러한 사용 사례가 곧 나타나고 있다고 보고 있다. 이러한 이유로 대부분은 아니지만 많은 진정한 디지털 치료회사가 해당 부문에서 적어도 한 명의 투자자 또는 파트너를 유치했다.

예를 들어 Roche는 최근 당뇨병 치료를 위해 mySugr을 구입했다. 장기적으로 더 많은 제약회사가 자체 디지털 치료라인을 보유할 수 있다. 그러나 단기적으로는 파트너십이 가장 발전하는 방법이 될 수 있다. 특히 데이터와 환자 참여를 사용하여 이러한 치료법의 효과에 대한 통찰력을 제공함으로써 확장 치료법의 역할을 하는 디지털 장치의 경우 더욱 그렇다.

디지털 치료회사인 Propeller Health와 제휴하여 천식 및 만성 폐쇄성 폐 질환 치료를 위한 '스마트' 흡입기를 제조한 Glaxo Smith Kline은 디지털 치료법이 중요한 건강 상태를 해결할 기회는 분명하지만, 디지털 치료법을 널리 채택하는 길은 어렵고 업계의 많은 사람이 기대했던 것보다 길어질 것이다.

그러나 주요 과제에 대한 해결책은 정의된 안전 및 효능 표준에 대한 필요성에 대한 이해가 증가함에 따라 발전하기 시작했다. 디지털 혁신가 및 지불인, 공급자 및 제약회사

간의 협력과 보다 신속한 규제 승인을 통해 잠재적으로 강력한 현대 의학의 새로운 동인이 드러날 수 있다.

05 디지털 치료제의 5~10년 동안 변화에 대하여 분석하라.

향후 5~10년 동안 디지털 치료제는 다양한 예상 및 예상치 못한 방식으로 의학을 변화시킬 것이다.

학습 5

1. 기술 통합

디지털 치료제의 이식형 장치, 웨어러블 장치 및 소프트웨어의 잠재적 조합을 포함하여 오늘날 존재하지도 않는 기술을 통해 디지털 치료가 우리를 얼마나 기쁘게 하고 놀라게 할 것인가 생각해 보자.

2. 치료보다는 예방

모든 고객의 건강관리는 예방치료에 초점을 맞추기 위해 기어를 바꿀 것이다. 예를 들어 우리는 여러분들이 부족할 때 이미 음식을 주문할 수 있는 오늘날의 스마트 냉장고의 진화를 상상할 수 있다.

기술이 앞으로 나아갈 수 있도록 가속화한다. 디지털 치료제(DTx)는 사람들의 생활 전반, 다양한 제품에 걸쳐서 이를 수행하여 모든 사람을 위한 보다 포괄적인 예방치료를 제공할 것이다.

3. 부작용이 적은 치료

현재 임상의는 종종 환자를 위한 1차치료로 약물을 사용하지만 모든 약물에는 고유한 부작용이 있고, 실행 가능한 대안이 없으므로 이러한 부작용을 용인한다. 디지털 치료제(DTx)의 임상의가 먼저 약물(바이오 제약)을 시험하는 대신 디지털 치료제를 시험할 수 있는 새로운 채널을 열어 이 패러다임을 바꿀 것이다. 따라서 그 결과 전통적인 약물로 인한 부작용이 없는 환자를 위한 효과적인 1차치료가 가능하다.

4. 인지 및 정신건강에 대한 강조

Headspace와 같은 OTC 제품과 함께 Constant Therapy와 같은 디지털 치료제(DTx) 개입의 엄청난 성공은 의료 커뮤니티에서 인지 및 정신건강에 대한 관심이 증가하고 있음을 나타낸다. 이러한 새로운 추세와 '현명한 보험사 및 지불인이 이미 이것을 알고', 어떻게 '우리의 건강을 위해 배당금을 지불'할 것이라고 믿고 있는지를 설명했다.

학습활동.5 교수 · 학습 방법

교수 방법

- 디지털 치료제 기술 및 응용에 대한 관련 용어, 구성, 방식 이해 정도를 파악한 후 수업을 진행한다.
- 교수자의 주도로 디지털 치료제 기술 및 응용 등의 내용을 PPT 자료로 제시한 후 설명한다.
- 가능하면 사전에 개인별 학습 자료를 준비하여 모든 학생이 참여할 수 있는 문제 해결식 수업, 협력 수업이 가능하도록 한다.
- 디지털 치료제 기술 및 응용 전 과정을 작업의 순서에 따라 단계적으로 실습이 이루어질 수 있도록 지도한다.
- 교재를 통해 수업을 준비하는데 있어서 필요한 모든 정보나 팁, 힌트 등 도움이 될 만한 내용들을 확인할 수 있다.
- 학생들이 만들게 될 각 모델들은 수업시간에 중점적으로 다뤄질 부분과 어휘, 질문, 답을 포함하고 있으며 또한 탐구할만한 추가적인 아이디어들도 포함하고 있다.

학습 5

학습 방법

- 디지털 치료제 기술 및 응용에 대한 관련 용어를 숙지하고, 디지털 치료제 기술 및 응용에 대해 이해한다.
- 디지털 치료제 기술 및 응용의 각 단계별 중점 사항을 체계적으로 학습한다.
- 디지털 치료제 기술 및 응용의 수행순서의 전 과정을 실습한다.
- 디지털 치료제 기술 및 응용의 내용을 이해한다.
- 디지털 치료제 기술 및 응용을 이해하고 숙달이 될 때까지 학습한다.

학습활동.5 평가 및 피드백

평가 준거

- 평가자는 피평가자가 수행 준거 및 평가 내용에 제시되어 있는 내용을 성공적으로 수행할 수 있는 지를 평가해야 한다.

학습내용	평가항목	성취수준		
		상	중	하
디지털 치료제 기술 및 응용	디지털 치료제 기술 및 응용을 이해할 수 있다.			

평가 방법

- 작업 포트폴리오

학습내용	평가항목	성취수준		
		상	중	하
디지털 치료제 기술 및 응용	디지털 치료제 기술 및 응용을 이해할 수 있다.			

- 필기시험

학습내용	평가항목	성취수준		
		상	중	하
디지털 치료제 기술 및 응용	디지털 치료제 기술 및 응용을 이해할 수 있다.			

- 체크리스트를 통한 관찰

학습내용	평가항목	성취수준		
		상	중	하
디지털 치료제 기술 및 응용	디지털 치료제 기술 및 응용을 이해할 수 있다.			

- 피드백

1. 작업 포트폴리오
   - 제출한 보고서를 평가한 후 주요 사항에 대하여 표시하여 돌려준다.
2. 필기시험
   - 평가 결과 성적이 저조한 학생은 보고서 제출 기회를 부여한다.
3. 체크리스트를 통한 관찰
   - 실습 과정에서 평가한 후 개선해야 할 사항 등을 정리하여 돌려둔다.

참 | 고 | 문 | 헌

- 김경민, EU GDPR 발효 이후 미국 IT 기업들의 대응은, KOTRA 미국 실리콘밸리무역관, KOTRA 해외시장뉴스, 2018.6.5.
- 김승환, 의료IT융합기술 연구동향, 전자공학회지, 2016.12.
- 김용 기자, 중증질환자 퇴원 후 관리 '사각' 사라질까, 코메디닷컴, 2017.3.2.
- 김주한, 빅데이터 기반의 개인 맞춤의료 서비스, BioINpro 13호, 2015.
- 김치원, 디지털 헬스케어 현황과 발전 방안, 2019.12.12.
- 김홍진, 히트뉴스, http://www.hitnews.co.kr, 2021.1.11.
- 류원옥 · 한인탁, IT와 의료기술 융합 전망, 정보통신연구진흥원, 2008.7.16.
- 박지훈 · 송승재 · 배민철, 디지털 치료제 기술동향과 산업전망, 한국산업기술평가관리원, 2020.3.
- 박찬호 · 이장우, 인공지능 헬스케어 산업의 실용화 동향, 정보통신기획평가원, 2020.6.17.
- 서민지, 암, 만성질환 치료 효과 높이려면? '디지털 치료제' 메디게이트뉴스, https://m.medigatenews.com/news/3579397866, 2020.4.2.
- 손정만 외, "05 의료기기 소프트웨어 설계제작", 의료기기연구개발 NCS 학습모듈(www.ncs.go.kr)
- 송승재, 스마트 의료기기의 진화 : 디지털 치료를 중심으로, 한국디지털 헬스산업협회 회장, 한국산업기술평가관리원 산업기술 경제동향, 2019.8.
- 신현묵, 디지털 헬스, 의료IT환경의 융합, brunch.co.kr, 2016.4.17.
- 안세희, 디지털 치료제 동향, 한국바이오협회, 2020.5.
- 양희영, 디지털 헬스의료기기(SaMD) 규제기준 정립 및 진료행위 코드 마련, KHIDI, Brief, 2019.12.31.
- 이광의, 미래경제뉴스(http://www.mirae.news), 2020.2.
- 이승관, 글로벌 디지털 헬스케어 기술동향과 과제, IITA, 2017,12.13.
- 이승민, '디지털 치료제 현황 및 국내도입을 위한 접근 방안', 한국 KFDC법제학회 한국보건산업진흥원 미래산업기획단, 2020.11.15.
- 이승민, 디지털과 의료의 만남 : 디지털 치료제, 한국보건산업진흥원 연구원, 2019.1.
- 이현경, 디지털 테라퓨틱스 시대의 도래, KOTRA 미국 워싱톤무역관, KOTRA 해외시장뉴스, 2019.2.12.
- 최윤섭, 디지털 치료제가 온다, http://www.yoonsupchoi.com/2019/04/09/digital-therapeutics-1, 디지털 헬스케어 연구소
- 편웅범, 디지털 헬스의 주도적 지위에 관한 예측 : 산업동향과 제도적 지원의 관점에서, 2019.11.6.
- 프로스트 앤 설리번, Global Digital Health Outlook(2020), 2019.8.
- 기술 변화에 따른 의약품의 미래 전망과 중장기 보건정책 및 거버넌스 연구, 한국보건사회연구원 연구보고서, 2019.
- 디지털 치료제 개발 동향, 생명공학정책연구센터, BioNwatch, 2019.10.29.
- 디지털 헬스케어 의료기기 허가심사 방안, 식품의약품안전처 연구관, 2019.11.15.
- 미국 FDA, 디지털 헬스케어 관련 혁신계획 발표, 생명공학정책연구센터, BioNwatch, 2017.8.10.
- 바이오타임즈(http://www.biotimes.co.kr)
- 스마트 헬스케어 유망시장 동향 및 진출전략, KOTRA, 2019.10.
- 스마트 헬스케어 의료기기 기술, 표준 전략 보고서, 식품의약품안전평가원, 2018.8.
- 애틀러스리뷰(http://www.atlasreview.co.kr)
- Digital Therapeutics Market By Application, by End Use, And Segment Forecasts, 2018-2025, Grand View Research, 2017.7.

- Digital Therapeutics Market by Application, Product Type, and Sales Channel : Global Opportunity Analysis and Industry Forecast, 2019-2026, Allied Market Research, 2020.1.
- GlobalData, Digital Therapeutics(DTx) and their Impact on Healthcare, 2019.
- marketsandmarkets, Digital Therapeutic(DTx) Market by Application, Sales Channel-Global forecasts to 2025.

학습 목표

1. 인공지능 기술 및 응용을 이해할 수 있다.

6-1 인공지능 기술의 개요

1. 인공지능의 정의

인공지능(人工知能, AI : Artificial Intelligence)이란 인간처럼 학습하고 생각할 수 있는 컴퓨터 시스템이다.

인공지능은 사전적 의미로 '기계로부터 만들어지는 지능'으로 '컴퓨터 공학에서 이상적인 지능을 갖춘 존재, 혹은 시스템에 의해 만들어진 지능'을 의미한다. 즉 인공지능은 컴퓨터 기술을 이용하여 특별한 업무수행에 인간의 학습능력, 추론능력, 지각능력, 자연어의 이해능력, 인간을 대체, 인지능력의 제고, 자연스러운 인간의 의사소통 통합, 복잡한 콘텐츠의 이해, 결론을 도출하는 과정 등 모든 지능적인 행동들을 모방함으로써 문제를 해결할 수 있는 기술이다. 인공지능은 4차산업혁명의 핵심기술이다.

인공지능이라는 용어는 [그림 6-1]처럼 1956년 디지털 역사에 지대한 공헌을 한 사람들이 참여한 미국의 다트머스 회의(Dartmouth Conference)에서 처음 언급되었다. 이 회의에서 인공지능이라는 분야를 확립하였다. 이 회의를 개최한 존 매카시(John McCarthy) 교수는 인공지능을 인간의 지능으로 할 수 있는 학습, 사고, 행동, 자기계발 등을 컴퓨터가 할 수 있도록 연구하는 것이라고 정의했다.

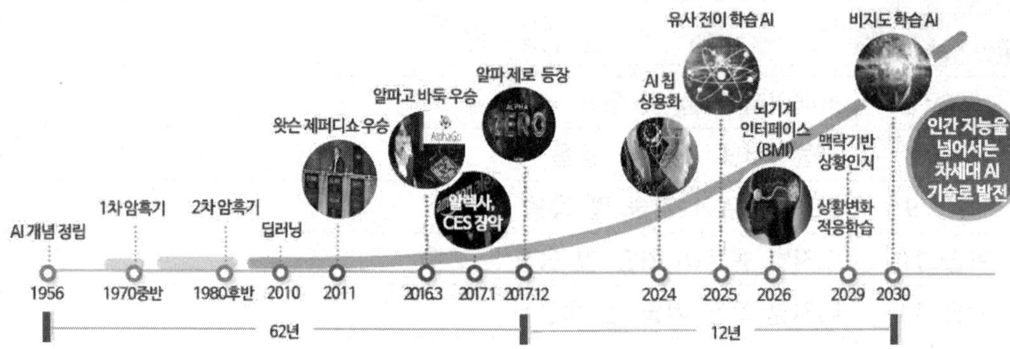

[그림 6-1] 인공지능 발전 전망

캐나다 토론토 대학교의 제프리 힌튼(Geoffrey Hinton) 교수 연구팀이 딥러닝(Deep Learning) 기술을 활용해 인간의 뇌를 닮은 심층신경망을 안정적으로 훈련하는데 성공했다. 딥러닝은 원래는 사물이나 데이터를 분류하는데 사용하는 기술이었다.

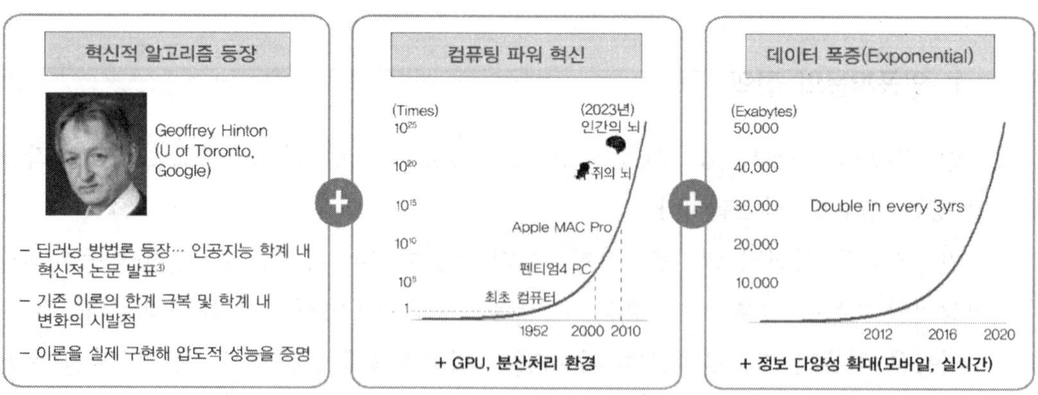

[그림 6-2] 인공지능 발전의 핵심 요소

딥러닝 방식이 인공지능 연구의 다양한 분야에 적용되면서, 인공지능이 4차산업혁명의 핵심기술로 발전할 핵심요소는 [그림 6-2]처럼 혁신적인 알고리즘 등장, 컴퓨터 파워 향상, 데이터의 폭등 등으로 발전할 가능성이 보이며 인공지능 연구 전성시대가 다시 시작되었다.

인공지능 관련 기술분야는 〈표 6-1〉처럼 광범위하고 다양하다. 이중 패턴인식, 자연어처리, 머신러닝 등 데이터 분석 및 처리를 위한 핵심기반 기술들도 여러 종류의 기술이 있다.

〈표 6-1〉 인공지능 관련 기술분야

관련 기술분야	주요내용
패턴인식 (Pattern Recognition)	기계에 의하여 도형, 문자, 음성 등을 식별시키는 것
자연어 처리(Natural Language Processing)	인간이 보통 쓰는 언어를 컴퓨터에 인식시켜 처리하는 일로 정보검색, 질의응답, 시스템 자동번역, 통역 등이 포함
자동제어 (Automatic Control)	제어 대상에 미리 설정한 목표 값과 검출된 피드백신호를 비교하여 그 오차를 자동적으로 조정하는 제어
로봇틱스(Robotics) /인지 로봇공학	로봇에 관한 과학이자 기술학으로 로봇의 설계 · 제조 · 응용분야를 다루고, 인지 로봇공학은 제한된 계산차원을 사용해 복잡한 환경의 복잡한 목표를 달성하도록 하는 인식능력을 로봇에게 부여하는 기술
컴퓨터 비젼 (Computer Vision)	컴퓨터 비전은 로봇의 눈을 만드는 연구분야로 컴퓨터가 실세계 정보를 취득하는 모든 과정을 다룸
양자컴퓨터 (Quantum Computer)	양자역학의 원리에 따라 작동되는 미래형 첨단 컴퓨터 양자역학의 특징을 살려 병렬처리가 가능해지면 기존의 방식으로 해결할 수 없었던 다양한 문제의 해결가능
자동추론 (Automated Reasoning)	계산기 과학의 한 분야로 추론의 다양한 측면을 이해함으로써 컴퓨터에 의한 완전한 자동추론을 가능하게 하는 소프트웨어 개발을 목표로 하고, 인공지능 연구의 일부로 이론 계산기 과학 및 철학과도 깊은 관계가 있음
사이버네틱스 (Cybermetics)	생물 및 기계를 포함하는 계(系)에서 제어와 통신 문제를 종합적으로 연구하는 학문
데이터마이닝 (Data Mining)	많은 데이터 가운데 숨겨져 있는 유용한 상관관계를 발견하여 미래에 실행 가능한 정보를 추출해 내고 의사결정에 이용하는 과정
지능엔진 (Intelligent Agent)	인공지능적 기능을 가진 소프트웨어 엔진, 사용자를 보조하고 반복된 컴퓨터 관련 업무를 인간을 대신하여 실시하는 엔진
시멘틱 웹 (Sematic Web)	컴퓨터가 정보자원의 뜻을 이해하고 논리적 추론까지 할 수 있는 차세대 지능형 웹
텍스트 마이닝 (Text Mining)	비정형 텍스트 데이터에서 새롭고 유용한 정보를 찾아내는 과정 또는 기술
상황인식 컴퓨팅 (Context Aware Computing)	가상공간에서 현실의 상황을 정보화하고 이를 활용하여 사용자 중심의 지능화된 서비스를 제공하는 기술

학습 6

2. 인공지능의 종류

인공지능(AI : Artificial Intelligence)과 머신러닝(Machine Learning), 딥러닝(Deep Learing)은 모두 밀접한 관련이 있으며, 이를 도식화 하면 아래와 같다.

머신러닝은 인공지능의 부분 집합이다. [그림 6-3]처럼 '인공지능 〉 기계학습 〉 신경망 〉 딥러닝'이라고 할 수 있다.

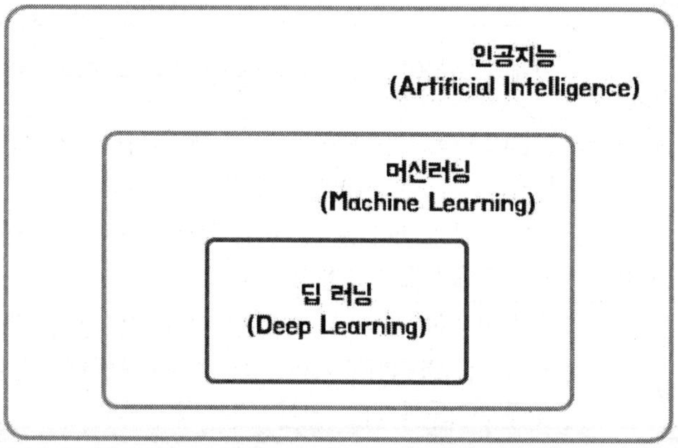

[그림 6-3] 인공지능, 머신러닝, 딥러닝의 관계도

인공지능이 나머지 두 개념을 아우르는 가장 큰 개념이며, 딥러닝이 그에 속하는 가장 작은 개념이다.

1) 인공지능

인공지능이란 기계 혹은 시스템에 의해 만들어진 지능을 의미한다. 세계적인 관심을 받은 알파고부터 사진을 보고 사물을 판단하는 소프트웨어, 영화 AI에 나오는 로봇까지 모두 인공지능의 종류들이다. '인공지능'이라는 용어 그대로 인간이 지닌 지적 능력을 인공적으로 구현한 것들 모두 인공지능에 포함된다.

2) 머신러닝

우리말로 '기계학습'인 머신러닝(Machine Learning)은 인공지능의 하위분야이다. 이는 기계가 직접 데이터를 학습(러닝)함으로써 그 속에 숨겨진 일련의 규칙성을 찾는다. 즉 우리가 가지고 있는 사례 형식의 데이터를 컴퓨터가 학습해 그를 기반으로 새 데이터를 평가, 예상하고 이를 우리가 활용할 수 있게 한다. 감기에 걸린 환자들의 체온과 건강한 사람들의 체온 데이터를 컴퓨터에게 학습시킨 후 특정 체온을 제시했을 때 그 체온을 가진 사람이 감기에 걸렸는지의 여부를 판독하게 하는 것이 기계학습의 예시이다.

3) 딥러닝

딥러닝(Deep Learing : 심층학습)이란 기계학습의 일부로 기계학습과 대부분의 것들이 매우 비슷하지만, 일반적인 기계학습과 구별되는 두 가지 큰 특징은 다음과 같다.

(1) 데이터의 특징을 사람이 추출하지 않는다(데이터 전체를 학습시킨다)

'데이터의 특징을 사람이 추출하지 않는다.' 라는 것은 데이터에서 일부 특징들만 사람이 뽑아서 기계에게 전달해 학습시키는 것이 아니라, 데이터 자체를 컴퓨터에게 전달한다는 것이다.

예를 들면 컴퓨터에 개와 고양이 사진을 학습시켜 특정사진의 동물이 개인지 고양이인지 분류하도록 한다면, 일반적인 기계학습의 경우 개와 고양이의 구별되는 큰 특징들만 뽑아 컴퓨터에게 전달시키지만 딥러닝은 개, 고양이 사진 자체를 컴퓨터가 학습하도록 하는 것이다.

학습 6

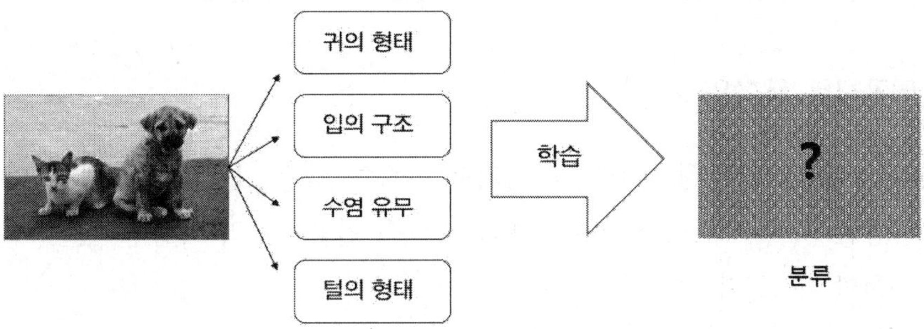

[그림 6-4] 머신러닝을 통한 개와 고양이 분류

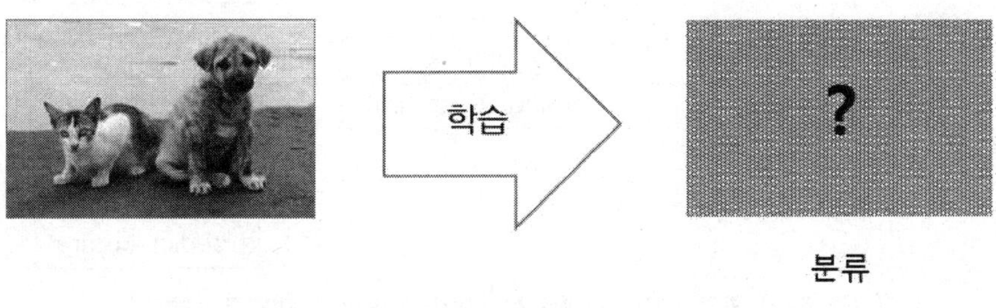

[그림 6-5] 딥러닝을 통한 개와 고양이 분류

(2) 주로 인공신경망 구조를 사용하여 학습한다

주로 인공신경망 구조를 통해 학습한다는 것은 딥러닝이 데이터를 학습할 때 인간의 뇌에서 일어나는 의사결정 과정을 모방한 인공신경망(Artificial Neural Network) 구조를 통해서 학습한다는 것이다.

인공신경망이란 간략히 말해 뇌에서 수많은 뉴런들이 모여 신호를 전달하는 과정을 모델링하여 만든 것이다.

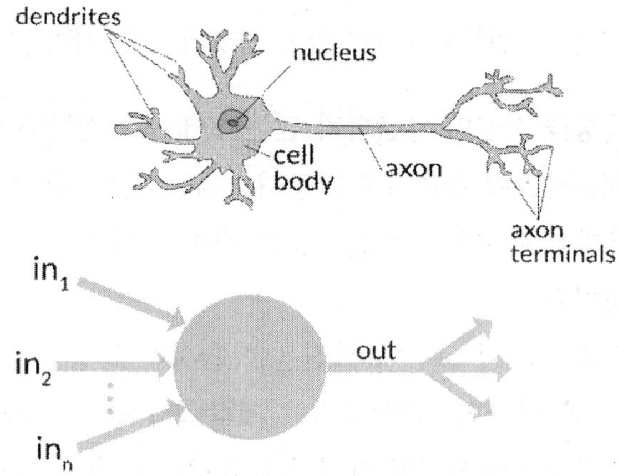

[그림 6-6] 인공신경망

출처 : https://appliedgo.net/media/perceptron/neuron.png)

3. 인공지능 동작원리

인공지능은 잘 정돈된 대량의 데이터를 학습해 가장 그럴듯한 미래를 예측한다. 엄청 거창한 것이 아니라 의외로 간단하다. 즉 인공지능의 작동원리는 [그림 6-7]처럼 표현할 수 있다.

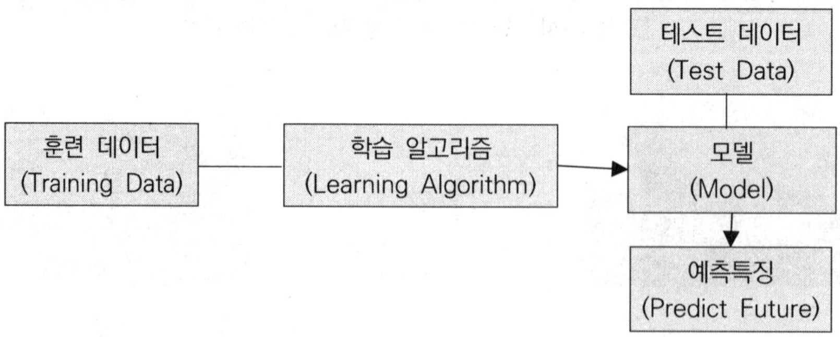

[그림 6-7] 좋은 데이터를 학습한 모델은 그럴듯한 미래를 예측가능

[그림 6-7]의 모델은 잘 정돈된 데이터를 학습한 결과물이다. 테스트 데이터(Test Data)를 모델(Model)에 입력하면 가장 그럴듯한 결과를 예측(Predict Future)한다.

즉 인공지능(머신러닝)의 성능은 얼마나 예측(Predict Future)을 잘하는 모델을 잘 만드느냐에 달려 있다. 그리고 모델은 얼마나 풍부한 데이터를 갖고 있는지 얼마나 우수한 학습 알고리즘을 사용하고 있는지로 결정된다.

많은 인공지능 관련 연구자들은 축적된 데이터를 이용해 좋은 학습 알고리즘을 만드는데 시간을 많이 투자했고 가장 간단한 선형회귀(Liner Regression)부터 인간의 뇌의 뉴런 구조를 모방한 뉴럴 네트워크(Neural Network)까지 만들어둔 상태이다.

그러나 [그림 6-7]과 같은 방식으로 반드시 작동되는 것은 아니다. 어떤 인공지능은 데이터 없이 스스로 학습을 하기도 한다. 최근에 커제와 붙은 알파고는 다른 기보 학습없이 자기와 동일한 컴퓨터와 복제해 이것과 수많은 대국을 대결하면서 실력을 쌓았다. 전원이 공급될 때까지 자신과 맞붙으면서 더 훌륭한 기보를 학습해 가는 것이다. 이것이 자신의 한계를 실제로 극복한 사례가 아닐까 한다.

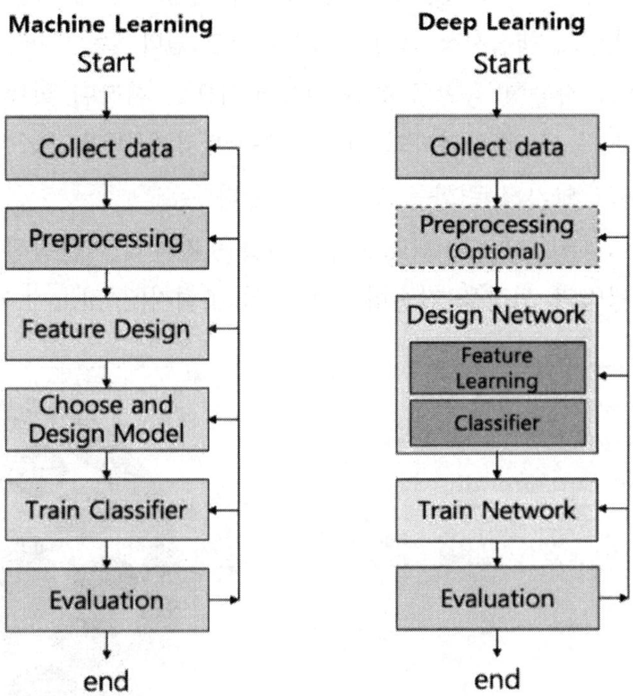

(a) 머신러닝 동작과정 (b) 딥러닝 동작과정

[그림 6-8] 머신러닝과 딥러닝 동작과정 비교

결국 [그림 6-8]처럼 인공지능 동작과정은 공통적으로 데이터 수집(Collect Data) 및 전처리 과정(Preprocessing)을 거친 후에 특징 선택 및 추출(Feature Design)을 하고, 알고리즘 선택(Choose and Design Model)을 한다. 그리고 학습(Train Classifier)과정을 통하여 최종 평가(Evaluation)하는 과정으로 동작한다.

6-2 인공지능 기술의 응용

1. 인공지능의 산업체 활용

인공지능(AI : Artificial Intelligence)은 다양한 분야에 적용되어 문제해결에 기여하고 있다. 인공지능은 여러 요소 중 문제해결에 필요한 기술을 분야에 맞게 활용할 수 있는 도구로 활용된다. 도입단계의 AI 기술의 실험실 연구수준을 넘어 상용화 단계로 발전하면서, 폭발적 시장성장과 타(他)산업의 지능형 융합을 견인하고 있다.

[그림 6-9]처럼 인공지능의 활용은 언어, 시각, 청각 등 인지해석 및 상황이해 등 추론이 가능한 인공지능은 타 분야와 융합하여 새로운 부가가치를 창출하고 있다.

글로벌 ICT기업은 AI 플랫폼을 기반으로 타 산업과의 협력을 통해 개방형 생태계 구축에 주력하고, 핵심시장 선점을 가속화하고 있다. 즉 아마존 알렉사는 가전제품, 자동차 등의 지능형 융합을 통해 전방위적으로 시장이 확대되고 있다.

제조, 자동차 등 타(他)산업과의 지능형 융합으로 차별적 부가가치 창출은 물론, 기존 산업분야의 획기적 변화를 촉발하고 있다.

인공지능(AI : Artificial Intelligence) 기술은 자체의 기술혁신을 넘어 과학기술과 산업기술 영역의 성장을 가속하는 혁신의 조력자(Enabler) 역할을 수행한다.

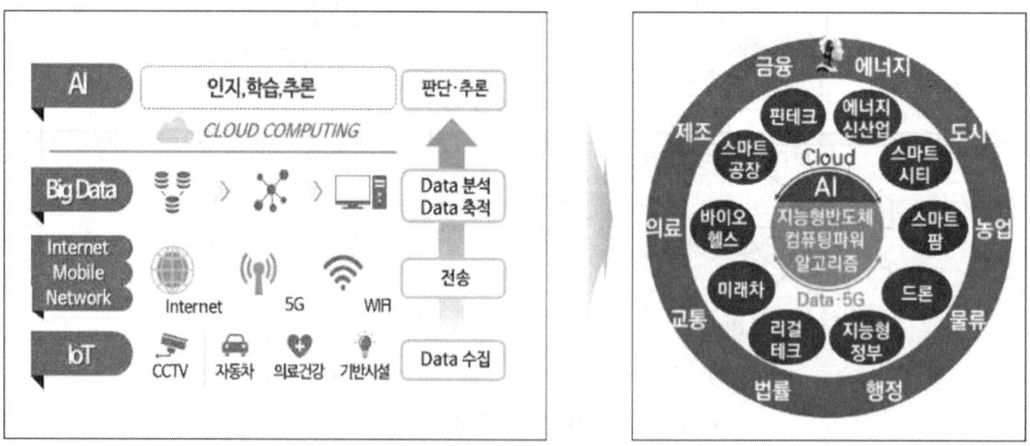

[그림 6-9] 인공지능의 활용

〈표 6-2〉 AI의 산업별 활용 분야

산업분야	발전 전망	적용 사례	
자동차 	부분 자율주행 → 완전 자율주행	(테슬라) 오토파일럿 (자율주행 3단계) 구현('16)	(벤츠) 자율주행 5단계 AV 상용화('21)
제조 	공장 내 자동화 → 공장간 연계 자동화	(아디다스) 신발 주문-제작까지 1일 소요('16)	(보쉬) 전세계 250개 공장 연결('20)
에너지 	건물 에너지 효율화 → 국가 전력망 효율화	(딥마인드) 구글 데이터 센터 냉각효율 40% 개선('16)	(GE) 전력망의 전력배분 효율성 제고('17~)

〈표 6-3〉 인공지능 중 장기간 연구가 필요한 분야 활용

(물리) 美 페르미연구소	(천문학) NASA-구글	(신소재) 도요타	(신약) 아톰와이즈
중성자 물리연구 분석('15) (분석시간 : 수개월→하루) 	외계행성 탐색 적용('17) (제2의 태양계 발견) 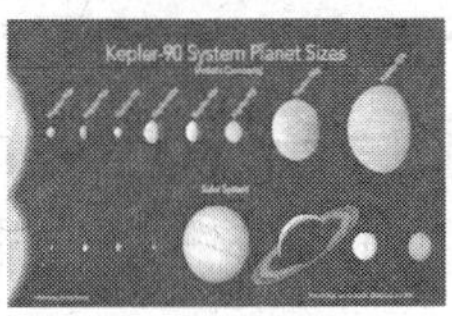	연료전지 촉매제 개발('17~) (신형차 CO_2배출량 감축) 	에볼라 치료약 후보 발굴('17) (소요기간 : 수년→하루) 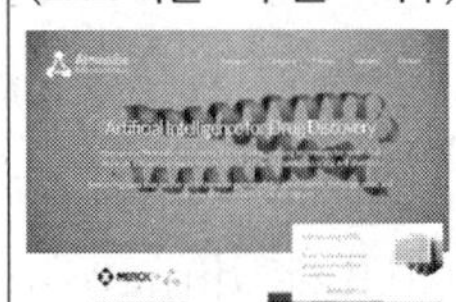

장기간 연구가 필요한 분야(물리실험, 신약개발 등)에 AI를 활용하여 시간비용을 획기적으로 단축, 신제품 서비스의 연구개발 촉매제 역할을 수행하고 있다.

2. 의료분야의 인공지능 응용

1) 의료 인공지능의 기술적 이해

인공지능(AI) 기술은 최근 기계학습(Machine Learning)과 딥러닝(Deep Learning) 방법론의 고도화에 힘입어 컴퓨터 비전 등의 과제에서 급격한 발전을 이루어왔으며,

학습 6

의료분야에서도 지난 수년간 흉부 및 유방 X-선 영상에서의 병변 자동판독 및 ECG 분석을 통한 심방세동 예측 등 다양한 의료데이터 분석 문제에서 괄목할만한 성과를 보이며 주목을 받아왔다.

현재의 인공지능 기술은 세간의 오해와 달리 인간 수준의 범용적 사고기능의 구현을 추구하는 범용 인공지능(AGI : Artificial General Intelligence)보다는, 제한적인 조건의 과제에서 인간 수준(혹은 이를 뛰어넘는)의 업무처리 능력을 확보하고자 하는 약인공지능(Weak AI) 관점에서 더욱 활발히 기술개발이 이루어져 왔다.

최근에는 문자인식(OCR : Opt ical Character Recognition) 및 안면인식(Face Recognition) 등의 과제에서 그 가능성을 입증하고 있다.

이러한 관점에서 인공지능 기술은 인력에 대한 완전한 대체를 목적으로 한다기보다는 인력의 업무효율을 극대화하는 증강지능(Augmented Intelligence)의 실현이 현실적 목표라고 할 수 있다.

대표적인 의료영상 의료인공지능 스타트업인 '뷰노'는 판독이 주업무인 영상의학 의사에게도 의료인공지능 기술은 골연령 판독과 같이 번거로운 작업의 효율을 높이면서도 (판독 시간 18~40% 감소) 판독 정확도를 향상(전문의의 경우 63% → 73%로 상승)시키는 데 도움을 주는 것으로 발표했다.

인공지능 기술의 대표적인 방법론인 기계학습/딥러닝의 기술적 목표는 현재 보유한 데이터에 대한 완전한 통계적 분석이 아니라, 미래에 확보하게 될 새로운 데이터에 대한 예측(Prediction) 능력을 극대화하는 데에 있다.

특히 딥러닝 기술은 수십만~수백만 개의 파라미터(Parameter)를 보유한 대단위의 모델링을 통해 고전적인 기계학습 기술로 구현하지 못했던 매우 고차원(High-dimensional)의 비선형적(Non-linear)인 패턴인식(Pattern Recognition)을 가능하게 한다. 단, 그 수많은 파라미터를 보유한 모델을 학습시키고 최적화(Optimization)하기 위해서는 많은 수의 빅데이터를 학습 및 검증용 데이터로 활용할 수 있어야 한다. 학습 모델이 좋은 예측력 확보를 위해서는 모델의 강인성(Robustness) 확보가 관건이며 이를 위한 최고의 방법은 양질의 빅데이터를 활용하는 것이지만, 오히려 이 점이 의료 인공지능개발의 병목지점(Bottleneck)이 되기도 한다. 왜냐하면 의료데이터는 데이터의 질적 · 형식 표준화, 개인 민감정보 보안, 제한된 수의 환자군 등의 문제로 대단위의 빅데이터를 확보하기 쉽지 않기 때문이다.

의료인공지능 기술의 이해에 있어 가장 유의해야 하는 바는 본 기술의 목표가 세련되고 신선한 인공지능 기술 개발에 있지 않고, '의료' 그 자체에 방점이 찍혀야 한다는 점이다.

통상적으로 알려지고 있는 인공지능 기술의 발전과 의료데이터를 활용한 수 많은 연구들을 통해, 인공지능 기술이 의료분야에도 적용 가능하다는 점은 충분히 증명해왔지만, 실제로 의료인공지능 기술이 임상에 활용되고 환자들에 대한 진단 및 치료에 의미 있는 개선을 가져온 예시는 여전히 찾아보기 어렵다.

의료인공지능 기술의 최종 목적이 환자가 진단을 잘 받도록 하고, 나아가 치료를 잘 받을 수 있도록 의료진을 돕는 것이라는 점을 잊지 말아야 할 것이다. 이와 동시에 의료인공지능 모델이 강인한 예측력을 확보했는지, 그 임상적 유효성은 어떠한지 엄밀하게 검증하는 노력이 필요하다.

2) 의료인공지능 융합기술의 사례

의료인공지능 융합기술은 매우 오래된 역사와 다양한 기술 방법론에 기반하고 있다. 추론(Inferencing)에 바탕을 둔 심볼릭 러닝(Symbolic Learning), 다양한 기계학습 중에 생물학적 신경망을 모델링 한 인공신경망(Artificial Neural Net)과 딥러닝, 통계학적 원리에 기반한 베이시안 모델(Bayesian Model) 등으로 구분된다.

학습 6

〈표 6-4〉 의료인공지능 기술 방법론

의료인공지능 기술 방법론	적 용
심볼릭 러닝(Symbolic Learning)과 기계학습 (Machine Learning)	• 최근 상용화 등으로 주목을 받는 인공지능 기술이다. • 심볼릭 러닝은 데이터를 규칙 기반으로 분석해 의미 있는 정보를 찾아내는 알고리즘을 의미한다. • 기계학습은 데이터를 통한 학습 및 분류하는 알고리즘을 의미한다. 예를 들면 뷰노의 뷰노메드 본 에이지(의료영상 분석장치 소프트웨어, 2등급)는 사람이 더 나은 결정을 내리도록 기계학습 중 인공신경망에 기반한 컨볼루션 신경망을 이용하여 '의사결정을 지원'하는 기술이다.
딥러닝 (Deep Learning)	• 심층신경망(DNN : Deep Neural Network)을 의미하는 딥러닝은 AI라는 범주 안에 속한 세부 기술이다. • 딥러닝 방법 중 특히 인간의 시각중추를 모델링 한 컨볼루션 신경망(CNN : Convolutional Neural Network)이 유행이다. - CNN은 원하는 특징을 얻어내기 위하여 컨볼루션(Convolution)과 폴링(Pooling)을 여러 번 반복하여 하나의 영상으로부터 그 영상의 개별 특징들을 각각 보여주는 매우 많은 수의 작은 영상들을 만들어 내게 된다. - 컨볼루션은 원래의 영상에 무수히 많은 영상 필터(㊒ 대조도를 강조하는 필터, 사물의 가장자리를 강조하는 필터 등)들을 씌워 변형된 새로운 영상들을 만들어 내는 것이다. - 폴링은 컨볼루션 과정을 통해 만들어진 영상들의 크기를 줄이는(㊒ 1000×1000 화소를 100×100 화소로 줄임)것이다.

인공지능을 활용한 사례기술은 보건·의료의 다양한 분야에 적용되고 있고, 환자 맞춤형으로 진화하고 있다.

〈표 6-5〉 의료인공지능 기술의 적용사례

사례기술	적용형태	적용사례부문
로보틱스	수술 과정의 정밀함과 정확도를 높여 질 높은 치료를 제공	의료기기, 헬스케어 IT
디지털 개인 비서	환자의 상태를 알 수 있는 지표들을 지속적으로 모니터링하고, 필요 상황에 간호사에게 알림을 줌으로서 골든타임을 찾을 수 있음	
기계학습	치료결과에 영향을 미치는 데이터를 기반으로 패턴을 예측하고 분석함	헬스케어 IT
딥러닝	스스로 학습하는 능력을 이용해 대량의 의료 영상기록을 처리함으로써 의료진의 치료 결정에서 불확실성을 줄여줌	진단영상, 헬스케어 IT
영상처리	대규모 의료영상을 빠르게 처리해 질환 형태, 음성·양성 판단 등에 적용	
자연언어처리	진료기록과 같은 긴 서술형 문자 묶음들을 해석할 수 있도록 변환해줌	의료기기, 헬스케어 IT
음성인식	환자의 음성과 언어를 포착해 중요한 정보를 전자기록함에 기록	
통계분석	대용량 환자 의료데이터를 빠르게 조사하고 분석하여 환자의 치료결과를 예측할 수 있음	의약품, 헬스케어 IT
빅데이터 분석	헬스케어 기관들이 보유한 방대한 환자 의료데이터를 처리하고, 환자와 치료 제공자들에게 맞춤형 권고를 제공	
예측모델링	위험질환 예측 등과 같은 진료 결과를 예측하는 데 수학 모델 적용	

출처 : Frost & Sullivan

의료영상을 이용한 빅데이터 및 AI 기술이 적용된 의료기기 사례뿐만 아니라, 생체신호 및 혈액이나 체액 등 인체에서 유래한 시료를 통한 검사결과를 분석하는 AI 기술이 적용된 의료기기 사례에 대한 품목이 정의되어 있다.

〈표 6-6〉 생체정보를 이용한 빅데이터 및 인공지능 기술 적용 의료기기 사례

품목명(등급)	정 의
생체신호검출보조 소프트웨어(2)	환자의 각종 생체정보(의료영상 제외)를 사용하여 정상과 다른 이상 신호를 검출한 후 알람을 제공하거나 색상 또는 지시선 등으로 표시하여 의료인의 진단 결정을 보조하는데 사용하는 소프트웨어
생체신호진단 소프트웨어(3)	환자의 각종 생체정보(의료영상 제외)를 사용하여 질병의 유무, 질병의 중증도 또는 질병의 상태 등을 진단 또는 예측하거나 가능성 정도를 자동으로 표시하여 의료인의 진단결정을 보조하는데 사용하는 소프트웨어

6-3 인공지능 기술의 미래

인공지능 기술은 알고리즘과 컴퓨팅, 데이터로 구분될 수 있으며 각각의 기술들은 기존의 한계점들을 극복하며 지속적으로 발전중이다. 알고리즘 분야에서는 규칙 기반 모델(Rule-based Model), SVM(Support Vector Machine), k-Means Clustering, HMM(Hidden Markov Model) 등 고전적인 알고리즘에 이어, 최근에는 딥러닝 기반의 CNN(Convolutional Neural Network), RNN(Recurrent Neural Network), 강화학습(Reinforcement Learning), 심층강화 학습(Deep Reinforcement Learning), GAN(Generative Adversarial Network) 등이 각광 받고 있다.

대표적으로 딥러닝 기반의 CNN은 데이터의 특징을 추출하여 특징들의 패턴을 파악하는 구조로서 사람의 시각 인지 과정을 모방한 심층 신경망으로 이미지 인식에 강점이 있다. RNN은 일반적인 인공 신경망과 달리 이전에 입력된 데이터와 현재 입력된 데이터를 동시에 고려해 출력 값을 결정하여 순서를 고려해야 하는 자연어 처리분야에 폭넓게 활용되고 있다. 심층강화 학습은 심층학습과 강화학습을 결합한 기술이며, 딥마인드(DeepMind Technologies)가 알파고(AlphaGo)에 적용한 알고리즘으로 유명해졌다. 심층 신경망의 장점인 '대량의 데이터를 활용해 기존 기법들에 비해 압도적인 성능으로 학습하는 능력'과 강화학습의 장점인 '에이전트와 환경 사이의 상호작용을 통해 최적 행동양식을 도출하는 능력'을 결합하여 기존에는 해결할 수 없었던 난제들을 성공적으로 다룰 수 있게 되었다.

컴퓨팅 분야를 대표하는 클라우드 컴퓨팅은 사용자가 네트워크(Network), 서버(Sever), 스토리지(Storage) 등 컴퓨팅 자원에 수요 대응(On-demand) 방식으로 편리하게 접근할 수 있도록 지원한다. 여러 대의 전산 자원을 한 대처럼 운영하는 가상화 기술, 대규모 분산처리, 서비스 수준관리(SLA) 등 다양한 기술 들을 접목해 왔고, 최근 자원배분의 효율성과 속도를 개선한 컨테이너(Container), 서버리스(Serverless) 기술이 각광받고 있다.

빅데이터를 효율적으로 처리하기 위한 분산처리 기술은 2000년대부터 자바(Java) 기반의 오픈소스 프레임워크인 하둡(Hadoop), 메모리 기반으로 빠른 데이터 처리가 가능한 스파크(Spark)가 상호 보완적인 관계로 발전했다. 실시간성이 요구되지 않는 대용량의 데이터 처리는 하둡이 더 유리하며, 스트리밍 데이터 및 기

학습 6

계학습 알고리즘과 같이 실시간으로 다양한 데이터를 처리해야 하는 경우에는 스파크가 유리한 것으로 보고 있다

1. 인공지능 기술의 분류

인공지능 기술의 분류체계는 지능형 에이전트가 환경과 상호작용하는 과정을 모사해, 외부 환경의 정보를 인식하는 단계와 이를 분석하는 단계로 구분하였으며, 각 대분류별 목적에 따라 각각 세 개의 분류기준을 구성하였다. 우선, 인식단계에서는 인식하고자 하는 데이터의 속성에 따라 이미지 · 영상, 신호, 텍스트 · 언어로 구분하였으며, 분석단계는 통상적 목적과 방식에 따라 분류(Classification), 군집화(Clustering), 생성 및 의사결정(Generation/Decision Making)으로 구분하였다.

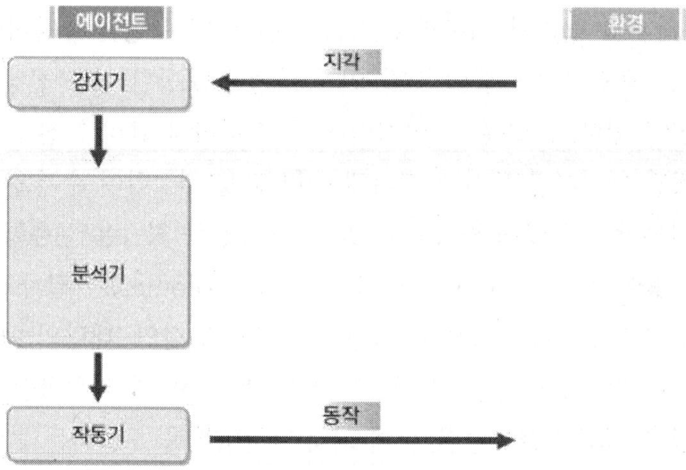

[그림 6-9] 지능형 에이전트 개념도

* 출처 : 스튜어드 러셀 · 피터 노빅(2016), 『인공지능1: 현대적 접근법』, p.45 그림 2-1
인공지능 기술 전망과 혁신정책 방향, 과학기술정책연구원, 2018

인공지능 기술의 구분은 〈표 6-7〉처럼 지식을 확보하는 알고리즘을 연구하는 학습지능, 시각, 청각, 언어 등 한 종류 입력을 가지고 지식을 확보하는 단일지능과 여러 형태의 입력을 통합하여 이해 판단하는 복합지능 기술로 구분한다.

〈표 6-7〉 인공지능 기술분류(Technology Tree)

중분류	소분류	세분류	요소기술
인공지능	학습지능	머신러닝	베이지안 학습, 인공신경망, 딥러닝, 강화학습, 앙상블 러닝, 판단근거 설명
		추론/지식표현	추론, 지식표현 및 온톨로지, 지식처리
	단일지능	언어지능	언어분석, 의미 이해, 대화 이해 및 생성, 자동 통역 · 번역, 질의응답(Q/A), 텍스트 요약 · 생성
		시각지능	영상 처리 및 패턴 인식, 객체 인식, 객체 탐지, 행동 이해, 장소/장면 이해, 비디오 분석 및 예측, 시공간 영상 이해, 비디오 요약
		청각지능	음성분석, 음성인식, 화자인식/적응, 음성합성, 오디오 색인 및 검색, 잡음처리 및 음원분리, 음향인식
	복합지능	행동/소셜지능	공간지능, 운동지능, 소셜지능, 협업지능
		상황/감정이해	감정 이해, 사용자 의도 이해, 뇌신호 인지, 센서 데이터 이해, 오감 인지, 다중 상황 판단
		지능형 에이전트	에이전트 플랫폼, 에이전트 기술, 게임 지능, 모방창작 지능
		범용 인공지능(AGI)	상식 학습, 범용 문제해결, 평생 학습, 도덕-윤리-법 지능

〈표 6-8〉은 인공지능 기술 분류체계 기준에 따른 활용분야이다.

〈표 6-8〉 인공지능 기술의 활용분야

기술 분류체계		활용분야	내 용
인 식	분 석		
이미지 · 영상	분 류	Image Object Detection	이미지 내 객체 인식
		Image Object Localization	이미지 내 객체 위치 파악
	군집화	Image Segmentation	이미지 분할
		Object Extraction	이미지에서 특정 영역 추출
	생성 및 의사결정	Image Generation	GAN 등을 통한 이미지 생성
		Image Suggestion	비슷한 이미지 추천
		Image/Video Captioning	이미지/비디오 설명
		Video Summary	비디오 요약
		Creating Movie	영화 제작
		Colorization	흑백 이미지의 채색 추천

기술 분류체계		활용분야	내 용
인 식	분 석		
신 호	분 류	Speech Detection	음성 인식(Speech to text)
		Emotional Classification	음성의 감정 분류
		Speech/Non-speech Classification	음성/비음성 분류
	군집화	Emotional Clustering	음성의 감정 군집
		Speech Separation	음성 분할
		Speaker Detection	화자 인식
	생성 및 의사결정	Generation of Speech	음성 생성
		Generate Sound	Silent Movie의 음성 생성
		Time-series Data Based Recommendation	금융, 전기, 생체신호(ECG), 전자상거래 등의 영역에서 발생하는 데이터를 처리해 미래를 예측하거나 추천하는 시스템
텍스트 · 언어	분 류	Text Classification	텍스트 분류(감정, 긍정 · 부정)
		Sentence Classification	문장 분류
		Document Classification	문서의 주제 분류
		Language Identification	언어 모델의 일부
	군집화	Language Clustering	언어 모델의 일부
	생성 및 의사결정	Machine Translation	기계 번역
		Language Modeling	언어 모델(예 뉴스 기사 생성)
		Document Summarization	문서 요약
		Language Processing	자연어 처리 기술
		Question & Answer	질문 응답 시스템

* 출처 : 인공지능 기술 전망과 혁신정책 방향, 과학기술정책연구원, 2018, 재구성

2. 인공지능 기술의 종류

인공지능은 인간이 가진 지각, 학습, 추론, 자연어 처리 등의 능력을 컴퓨터가 실행할 수 있도록 프로그램으로 구현하는 기술로 기계학습(머신러닝), 딥러닝, 자연어 처리, 음성인식, 시각인식 등 첨단기술을 개발하는 방향으로 발전되고 있다. 또한 안전, 의료, 국방, 금융, 복지 등 다양한 응용분야에 특화된 소프트웨어와 머신러닝, 클라우드, 고성능 컴퓨터 기술 등을 포함하고 있다.

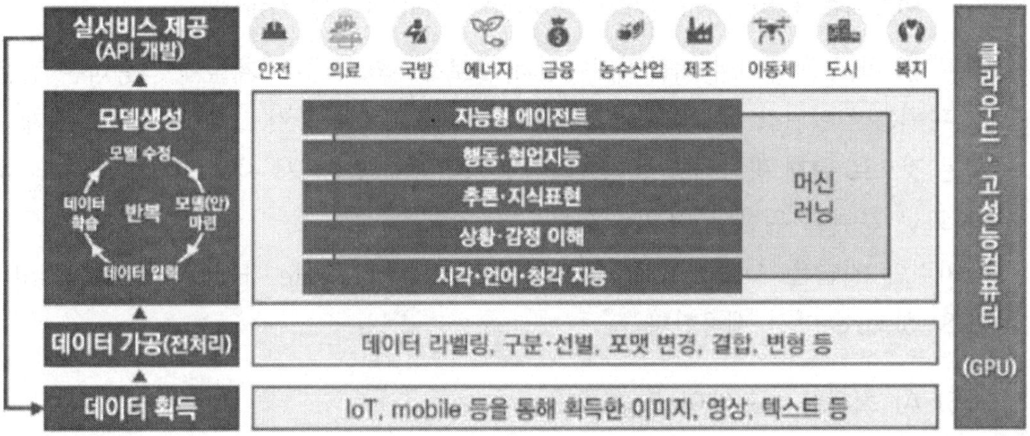

[그림 6-11] 인공지능 기술의 범위

출처 : 과학기술정보통신부, "I-Korea 4.0 실현을 위한 인공지능(AI) R&D 전략," 2018.5.

1) 자연언어 생성 기술

컴퓨터 데이터에서 텍스트를 생성한다. 현재 이 기술은 고객서비스, 보고서 발행과 비즈니스 인텔리전스 통찰력 요약에 사용된다.

이러한 기술을 제공하는 업체는 Attivio, Automated Insights, Cambridge Semantics, Digital Reasoning, Lucidworks, Narrative Science, SAS, Yseop이 있다.

2) 음성인식 기술

인간의 말을 받아서 컴퓨터 응용프로그램에 유용한 형식으로 변환한다. 현재 대화식 음성 응답시스템 및 모바일 응용프로그램에 사용된다.

이러한 기술을 제공하는 업체는 NICE, Nuance Communications, OpenText, Verint Systems가 있다.

3) 가상 에이전트 기술

단순한 대화방에서부터 인간과 네트워크를 형성할 수 있는 고급시스템에 이르기까지 다양하게 분포되어 있다. 현재 고객서비스 지원 및 스마트 홈 관리자로 사용된다.

이러한 기술을 제공하는 업체에는 Amazon, Apple, Artificial Solutions, Assist AI, Creative Virtual, Google, IBM, IPsoft, Microsoft, Satisfi이 있다.

4) 머신러닝 플랫폼(Machine Learning Platforms) 기술

디자인하고 교육해서 어플리케이션과 프로세스와 다른 기계들에 적용하는 컴퓨팅 파워뿐만 아니라 알고리즘과 API와 개발 및 교육용 툴킷 그리고 데이터를 제공하는 것으로 현재 광범위한 엔터프라이즈 응용프로그램에서 사용되며, 대부분은 예측 또는 분류를 위한 목적으로 활용된다.

이러한 기술은 Amazon, Fractal Analytics, Google, H2O.ai, Microsoft, SAS, Skytree에서 제공한다.

5) AI 최적화 하드웨어 기술

AI 지향 연산작업을 효율적으로 실행하기 위해 특별히 설계되고 설계된 그래픽처리장치(GPU) 및 어플라이언스을 말한다.

이러한 기술에서 딥 학습 응용프로그램간의 차이가 나타난다. 이러한 기술은 Alluviate, Cray, Google, IBM, Intel, Nvidia가 제공하고 있다.

6) 의사결정관리 기술

AI 시스템에 규칙과 논리를 적용해서 초기 세팅이나 교육 그리고 지속적인 유지관리 및 조정에 사용되는 엔진이다. 이는 성숙한 기술로서 다양한 기업용 응용프로그램에서 사용되며, 자동화 된 의사 결정을 지원하거나 수행한다.

이러한 기술은 Advanced Systems Concepts, Informatica, Maana, Pegasystems, UiPath에서 제공하고 있다.

7) 딥러닝 플랫폼(Deep Learning Platforms) 기술

다중 추상화 계층을 가진 인공신경망으로 구성된 특수학습 유형의 기계학습 기술로써 현재 매우 큰 데이터 세트가 지원하는 패턴인식 및 분류 응용프로그램에 주로 사용된다.

이러한 기술은 Deep Instinct, Ersatz Labs, Fluid AI, MathWorks, Peltarion, Saffron Technology, Sentient Technologies에서 제공하고 있다.

8) 생체 인식 기술

이미지와 터치 인식, 언어 및 신체 언어를 포함하되 이에 국한되지 않는 인간과 기계 간의 자연스러운 상호 작용을 가능하게 한다. 현재 주로 시장조사에 사용된다.

이러한 기술은 3VR, Affectiva, Agnitio, FaceFirst, Sensory, Synqera, Tahzoo에서 제공하고 있다.

9) 로봇 프로세스 자동화 기술

효율적인 비즈니스 프로세스를 지원하기 위해 스크립트 및 기타 방법을 사용하여 인간의 행동을 자동화한다. 인간이 작업이나 프로세스를 실행하기에는 너무 비싸거나 비효율적인 곳에서 현재 사용된다.

이러한 기술은 Advanced Systems Concepts, Automation Anywhere, Blue Prism, UiPath, WorkFusion에서 진행하고 있다.

10) 텍스트 분석 및 NLP 기술

자연 언어 처리(NLP)는 통계 및 기계 학습방법을 통해 문장구조 및 의미, 정서 및 의도에 대한 이해를 촉진함으로써 텍스트 분석을 사용 및 지원한다. 사기 탐지 및 보안, 광범위한 자동화 보조장치 및 구조화되지 않은 데이터 마이닝용 응용프로그램에 사용된다.

이러한 기술은 Basis Technology, Coveo, Expert System, Indico, Knime, Lexalytics, Linguamatics, Mindbreeze, Sinequa, Stratifyd, Synapsify에서 제공하고 있다.

3. 의료인공지능의 미래

의료인공지능(AI in Medicine 또는 작은 범주로 Medical AI)이란 기계학습 방식으로 의료용 데이터를 학습하고 특정 패턴을 인식하여 질병을 진단 · 예측하거나 환자에게 적합한 맞춤 치료방법을 제공할 수 있도록 개발된 기술을 의미한다. 인공지능 기술을 의료기기에 활용함으로써 기존 의료기기보다 성능 · 효율 및 질적 수준을 크게 향상시켜 판독의 정확성을 높이고, 질병 예측 및 예방 등 새로운 가치 창출을 할 수 있을 것으로 전망된다(한국보건산업진흥원, 인공지능(AI) 기반 의료기기 현황 및 이슈, 2018).

인공지능 기반 독립형 소프트웨어 의료기기는 정보통신 장비 또는 기존 의료기기에서 얻어진 의료데이터를 분석하여 의료기기의 역할을 수행하는 소프트웨어라고 할 수 있다.

[그림 6-12] 인공지능 기반 의료기기 기술개발의 장점

이는 인공지능 시스템의 진단 및 예측시간이 인간보다 더 짧기 때문에 인간보다 더 많은 데이터를 이용하여 진단·치료 및 예방 등의 판단이 가능하며, 의료진은 비정상군만 보고 진단할 수 있게 하여 의료 전체의 품질을 향상시킬 수 있다는 장점이 있다.

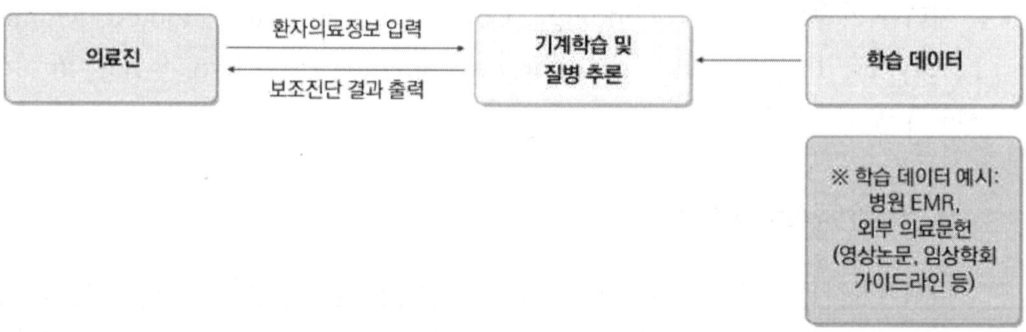

[그림 6-13] 인공기능 기반 의료기기 특성

출처 : 빅데이터 및 인공지능 기술이 적용된 의료기기 허가·심사 가이드라인, 식품의약품안전처, 2019 개정.

인공지능 기술이 적용된 의료기기는 의료용 빅데이터를 분석하여 질병을 진단·예측하는 독립형 소프트웨어 형태의 의료기기를 의미하며, 기계학습 방식을 이용하여 개발되고 있다. 기계학습 방식은 소프트웨어가 의료용 빅데이터를 학습하여 질병의 특징을 스스로 도출하는 방식으로 의료진이 인공지능 기술이 적용된 의료기기에 환자 의료정보를 입력하면 소프트웨어에 의해 도출된 질병의 특징을 이용하여 보조진단 결과를 출력할 수 있다.

수행 내용

재료 · 자료

- IT 분석 및 응용 관련 자료

기기(장비 · 공구)

- 컴퓨터, 문서작성 프로그램, 프린터, 주변기기

안전 · 유의사항

- IT 분석 및 응용 관련 장비의 안전 및 유의사항을 숙지한다.

수행 순서

학습 6

01 빅데이터 및 인공지능 기술이 적용된 허가와 심사 가이드라인에 대하여 분석하라.

1. 적용 범위

의료용 빅데이터를 분석하여 질병 진단 또는 예측하는 기계학습 기반의 인공지능 기술이 적용된 의료기기(소프트웨어)이다.

기계학습은 의료용 빅데이터로부터 특정 패턴이나 특성을 직접 학습하여 질병의 진단 또는 예측 알고리즘을 스스로 도출하고 업데이트하는 방식이다.

2. 구 성

빅데이터 및 인공지능 기술이 적용된 제품의 의료기기 구분기준 및 품목분류, 허가심사 방안을 제시한다.

3. 의료기기 해당여부

빅데이터 및 인공지능 기술이 적용된 제품은 사용목적, 위해도에 따라 의료기기 해당 여부를 판단한다.

비의료기기는 임상논문, 가이드라인, 의약품 정보, 처방 목록, 유사 증례 등 의학정보를 검색, 저장, 출력할 수 있거나 의학정보를 이용하여 의료인에게 가이드라인, 지침, 처방 등을 권고하는 소프트웨어이다.

4. 허가심사 방안

인공지능 제품은 빅데이터(기계학습)를 기반으로 제품 개발 속도가 빠르게 진행되고 다양한 적응증을 표방하는 제품으로 안전성 및 유효성을 확보하면서 신속히 시장진입을 할 수 있는 방안을 고려한다.

대규모 임상 및 신속한 임상 진행을 위해 임상적 유효성 확인은 후향적 임상연구에 적용 가능하도록 한다.

참고 : 식약처 국문 홈페이지(www.mfds.go.kr) 〉 법령/자료 〉 자료실 〉 매뉴얼/지침

02 인공지능 의료기기의 품목별 허가 · 인증 현황에 대하여 분석하라.

1. 인공지능 의료기기 품목별 허가 · 인증 현황

연 번	품목명(등급)	계	제 조	수 입	분 야
	계	53	51	2	-
1	의료영상분석장치 소프트웨어(2)	26	26	-	인공지능(AI) 기반
2	의료영상검출보조 소프트웨어(2)	12	12	-	
3	의료영상전송장치 소프트웨어(2)	3	3	-	
4	의료영상획득장치(2)	2	2		
5	치과용영상전송장치 소프트웨어(2)	2	2	-	
6	의료영상진단보조 소프트웨어(3)	5	4	1	
7	홀터심전계(2)	1	-	1	
8	지각 및 신체진단용 기구(2)	1	1	-	
9	체외진단용 소프트웨어(3)	1	1	-	

2. 인공지능 의료기기 허가 · 인증 제품 개요

연 번	업체명	품목명 (등급)	허가번호 (허가일자)	사용목적	제품외형
1	(주)뷰노	의료영상 분석장치 소프트웨어 (2)	제허 18-360호 ('18.5.16.)	골연령 분석 소프트웨어	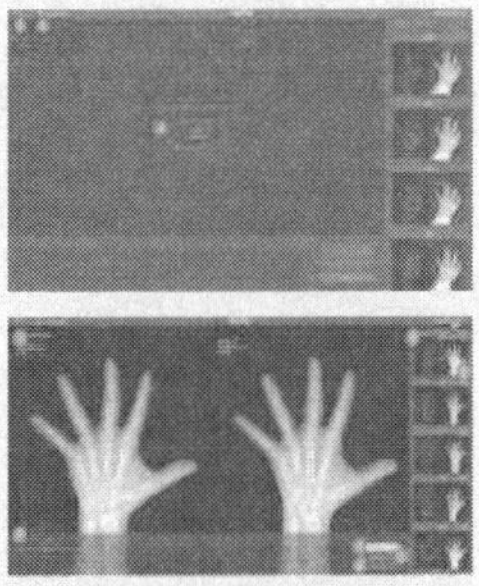
2	(주)제이 엘케이 인스펙션	의료영상 진단보조 소프트웨어 (3)	제허 18-573호 ('18.8.14.)	뇌경색(허혈성 뇌졸중) 유형을 분류하는 소프트웨어	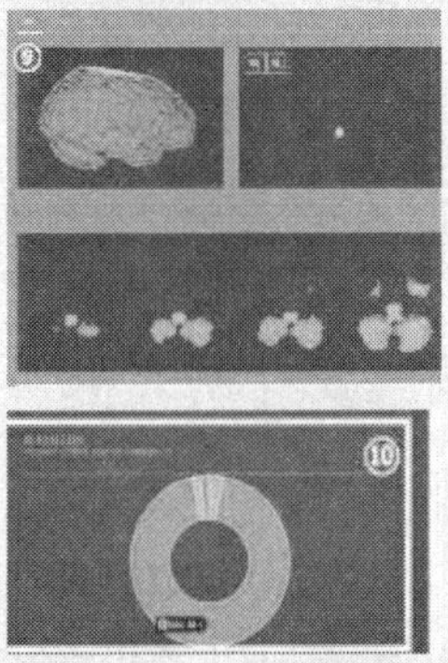
3	(주)루닛	의료영상 검출보조 소프트웨어 (2)	제허 18-574호 ('18.8.14.)	폐 결절 등 이상부위를 검출하는 소프트웨어	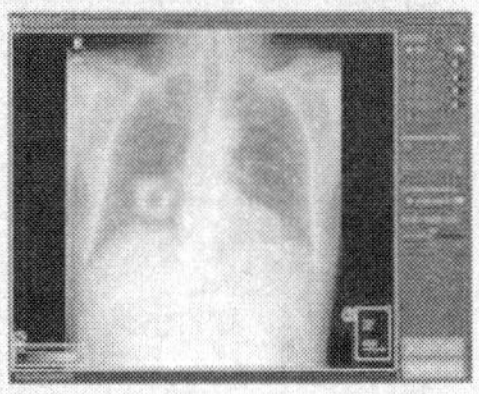
4	(주)클라리 파이	의료영상 전송장치 소프트웨어 (2)	제인 16-4704호 ('16.8.26)AI 기술 추가적용 ('18.7.17)	저선량(고잡음) CT영상을 전송받아 인공지능으로 잡음 성분을 선별, 제거하는 소프트웨어	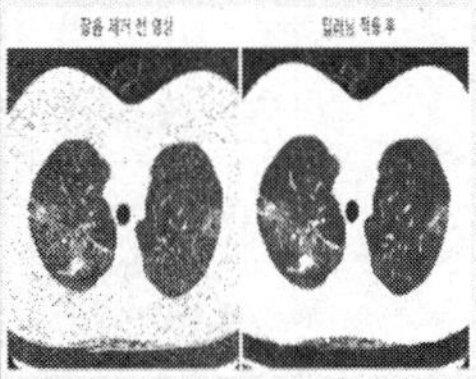
5	(주)이우 소프트	치과용영상 전송장치 소프트웨어 (2)	제인 13-751호 ('13.4.26.) AI기술 추가적용 ('19.2.26)	치과용 영상을 저장, 확대, 축소, 조회와 함께 분석, 전송 처리하는 장치 및 출력장치에 사용되는 소프트웨어(인공지능 기술로 치아, 골격 등 인체구조 등을 표시)	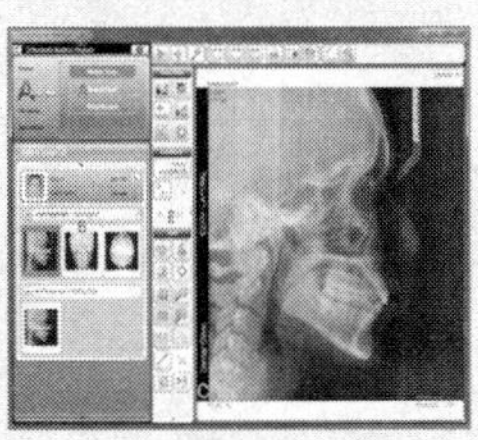

연 번	업체명	품목명 (등급)	허가번호 (허가일자)	사용목적	제품외형
6	삼성전자 (주)	의료영상 검출보조 소프트웨어 (2)	제허 19-357호 ('19.6.7)	폐 결절 등 이상부위를 검출하는 소프트웨어	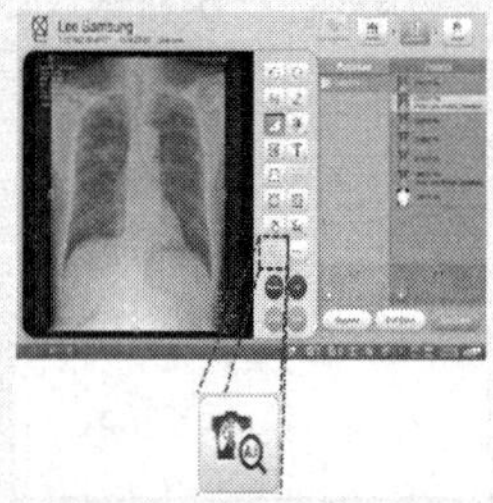
7	(주)루닛	의료영상 진단보조 소프트웨어 (3)	제허 19-493호 ('19.7.29)	유방촬영술 영상(Mammo-graphy)에서 유방암 의심 부위 및 악성 병변의 존재 가능성을 제시하는 소프트웨어	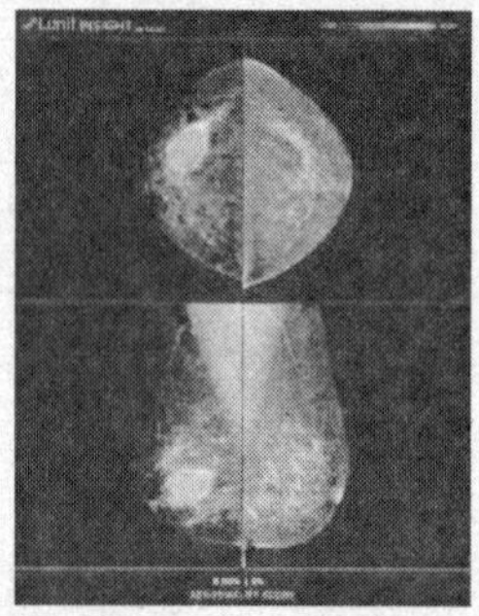
8	(주)제이엘 케이 인스펙션	의료영상 분석장치 소프트웨어 (2)	제인 19-4654호 ('19.8.5)	뇌 영상에서 대뇌 하위 구조의 부피 등을 분석하는 소프트웨어	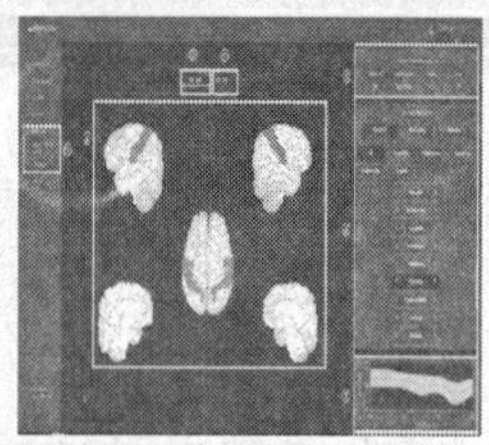
9	(주)뷰노	의료영상 검출보조 소프트웨어 (2)	제허 19-551호 ('19.8.20)	흉부 X-ray 영상에서 정상이 아닌 부위를 검출하는 소프트웨어	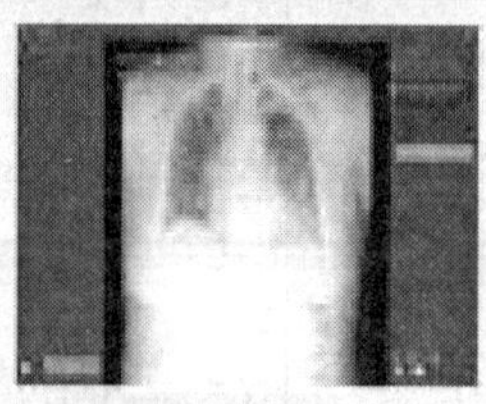
10	(주)딥노이 드	의료영상 검출보조 소프트웨어 (2)	제허 19-550호 ('19.8.20)	요추 단순 촬영(X-ray) 영상에서 이상 부위를 검출하는 소프트웨어	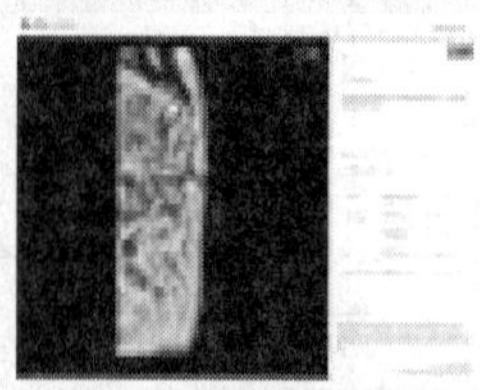
11	(주)제이엘 케이 인스펙션	의료영상 분석장치 소프트웨어 (2)	제인 19-4822호 ('19.10.2)	폐 면적, 부피 등을 분석하는 소프트웨어	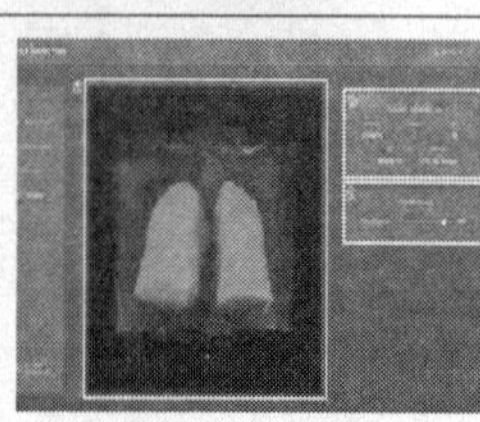

연 번	업체명	품목명 (등급)	허가번호 (허가일자)	사용목적	제품외형
12	(주)제이엘 케이 인스펙션	의료영상 분석장치 소프트웨어 (2)	제인 19-4828호 ('19.10.4)	의료영상을 획득하여 모의 치료, 모의 시술, 진단에 사용 가능하도록 분석하는 장치에 사용하는 소프트웨어(위 내시경 영상 분석)	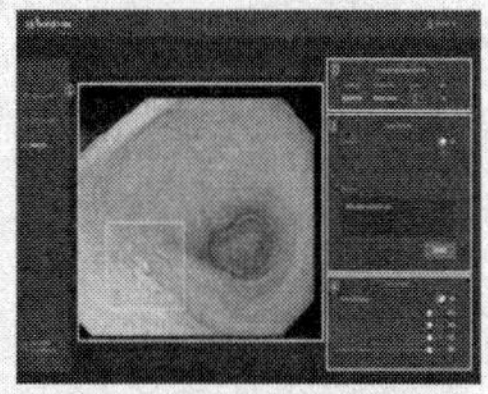
13	(주)제이엘 케이 인스펙션	의료영상 분석장치 소프트웨어 (2)	제인 19-4829호 ('19.10.4)	의료영상을 획득하여 모의 치료, 모의 시술, 진단에 사용 가능하도록 분석하는 장치에 사용하는 소프트웨어(대장 내시경 영상 분석)	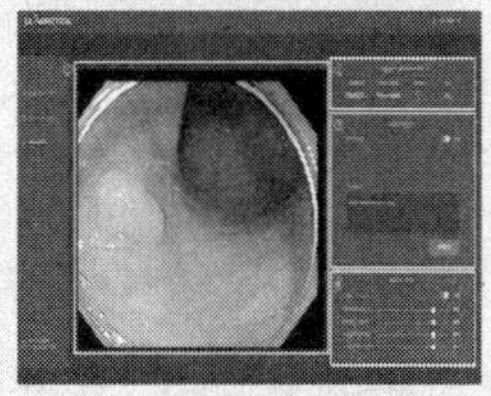
14	(주)루닛	의료영상 검출보조 소프트웨어 (2)	제허 19-660호 ('19.10.21)	흉부 단순 촬영(X-ray) 영상에서 이상 부위를 검출하는 소프트웨어	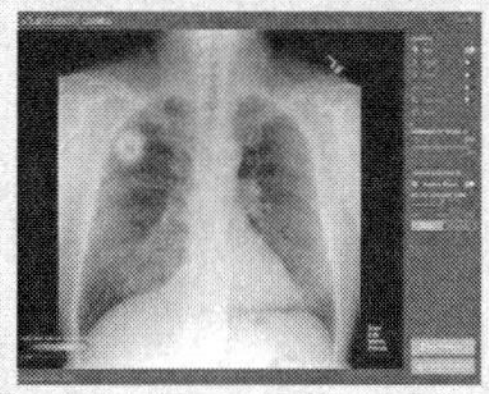
15	(주)이우 소프트	의료영상 분석장치 소프트웨어 (2)	제인 20-4020호 ('20.1.9.)	치과용 영상을 저장, 확대, 축소, 조회와 함께 분석, 전송 처리하는 장치 및 출력장치에 사용되는 소프트웨어(인공지능 기술로 치아, 골격 등 인체구조 등을 표시)	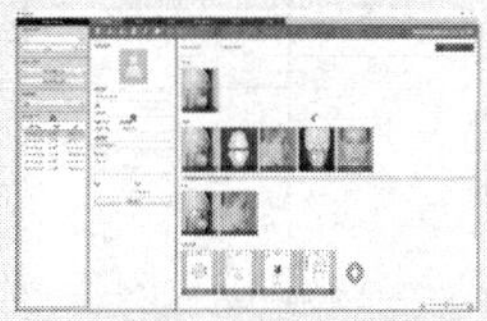 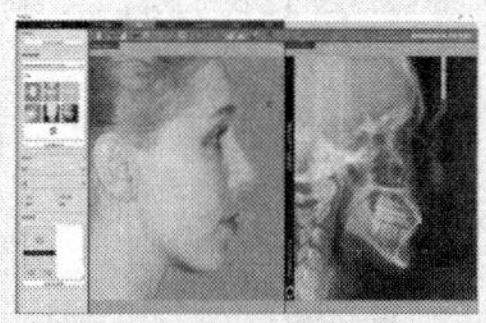
16	(주)제이엘 케이 인스펙션	의료영상 전송장치 소프트웨어 (2)	제인 20-4029호 ('20.1.13)	폐 면적, 부피 등을 분석하는 소프트웨어	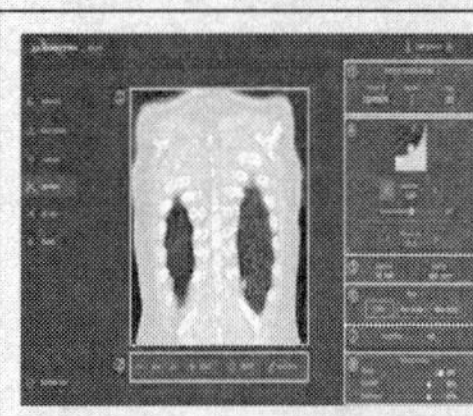
17	(주)제이엘 케이 인스펙션	의료영상 분석장치 소프트웨어 (2)	제인 20-4030호 ('20.1.13)	폐 면적, 부피 등을 분석하는 소프트웨어	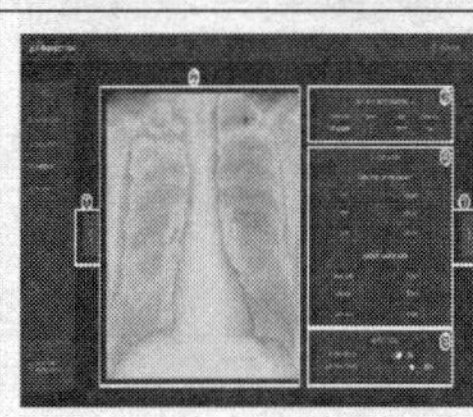

학습 6

연 번	업체명	품목명 (등급)	허가번호 (허가일자)	사용목적	제품외형
18	(주)코어라인소프트	의료영상 전송장치 소프트웨어 (2)	제인 16-4603호 ('16.7.21) AI기술 추가적용 ('20.2.17)	의료영상을 저장하고, 영상의 확대 · 축소 · 분할 · 정합 기능을 사용하여 영상을 조회, 분석하여 결과를 전송 및 출력하는 장치에 사용되는 소프트웨어(AI 기술적용 폐 영역 자동 분할)	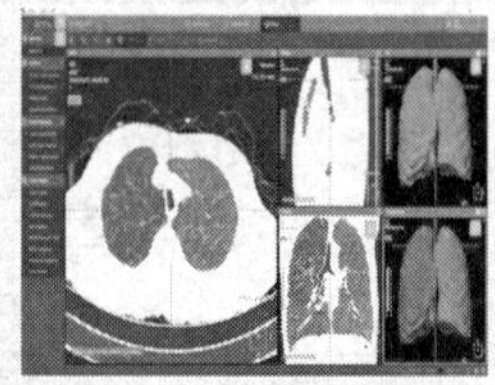
19	(주)인피니트 헬스케어	의료영상 검출보조 소프트웨어 (2)	제인 20-4154호 ('20.2.25)	대장 내시경 이미지에서 정상과 다른 이상 부위를 검출하는 소프트웨어	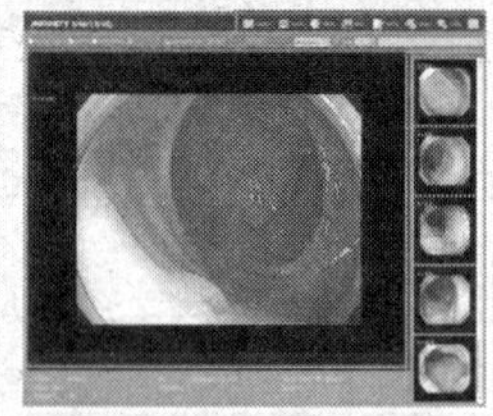
20	(주)크레스콤	의료영상 분석장치 소프트웨어 (2)	제허 20-153호 ('20.3.3)	골연령 분석 소프트웨어	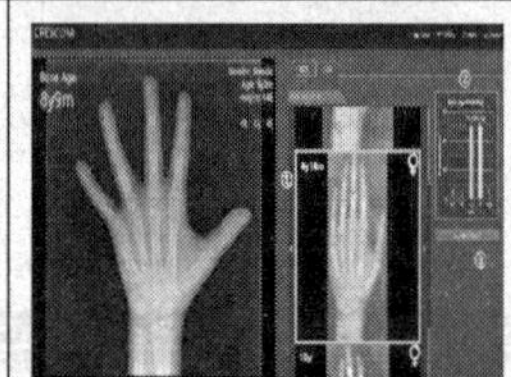
21	(주)헬스허브	의료영상 분석장치 소프트웨어 (2)	제허 20-166호 ('20.3.10)	골연령 분석 소프트웨어	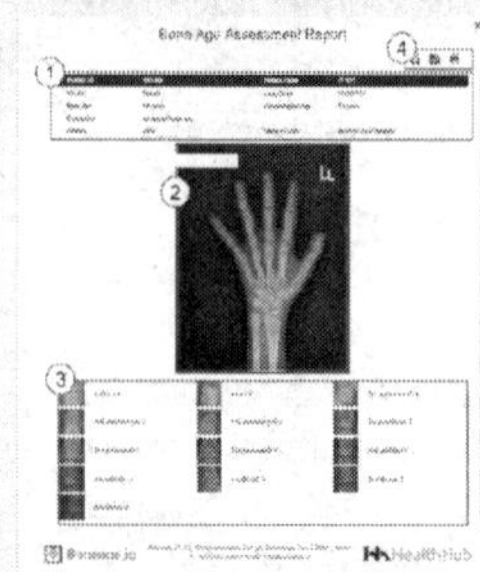
22	(주)뷰노	의료영상 진단보조 소프트웨어 (3)	제허 20-244호 ('20.4.1)	안저영상 이상 소견 및 검출위치를 표시하는 소프트웨어	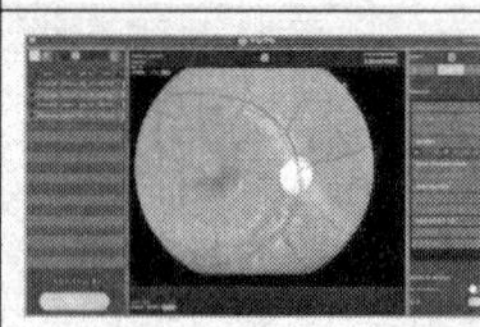
23	(주)딥바이오	체외진단용 소프트웨어 (3)	체외 제허 20-373호 ('20.05.19.)	헤마톡실린-에오신(H&E)의 염색된 전립선 조직을 이용하여 암 조직 유무를 분석하는 소프트웨어	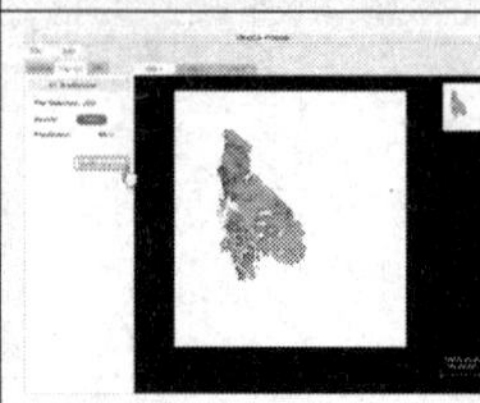

연 번	업체명	품목명 (등급)	허가번호 (허가일자)	사용목적	제품외형
24	(주)레이언스	의료영상 분석장치 소프트웨어 (2)	제인 20-4273호 ('20.04.10.)	골연령 분석 소프트웨어	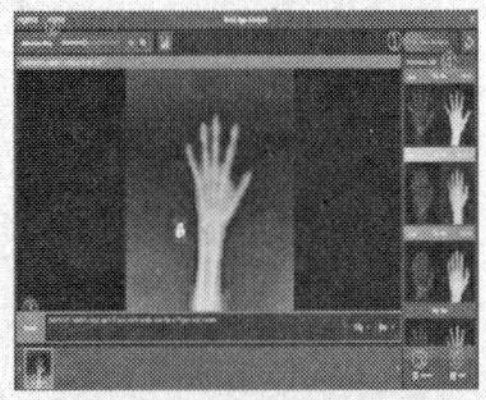
25	(주)레이언스	의료영상 검출보조 소프트웨어 (2)	제인 20-4274호 ('20.04.10.)	흉부 X-ray 영상에서 정상이 아닌 부위를 검출하고 골연령을 분석하는 소프트웨어	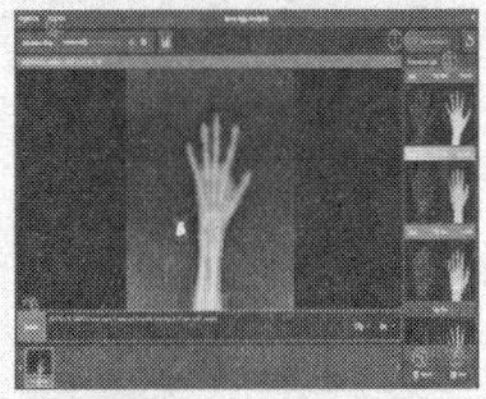 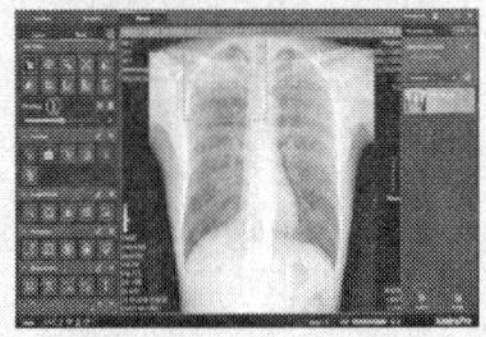
26	(주)뷰노	의료영상 검출보조 소프트웨어 (2)	제허 20-298호 ('20.4.21)	폐 CT 영상에서 폐결절을 검출하는 소프트웨어	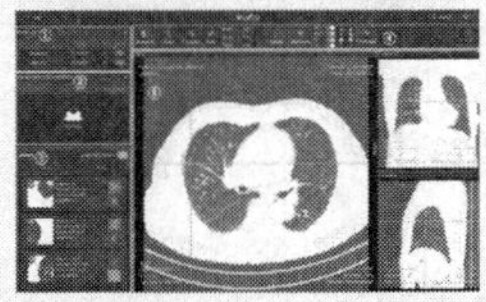
27	딥노이드	의료영상 분석장치 소프트웨어 (2)	제인 20-4378호 ('20.05.15.)	의료영상을 획득하여 모의 치료, 모의 시술, 진단에 사용가능 하도록 분석하는 장치에 사용하는 소프트웨어(X-ray 영상 밝은 영역의 모양과 크기, 위치 등 분석)	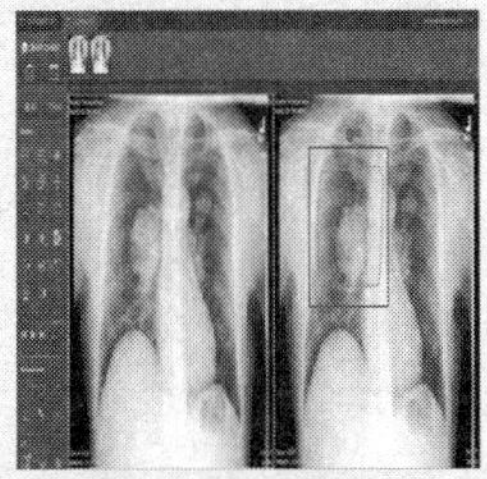
28	(주)제이엘케이인스펙션	의료영상 분석장치 소프트웨어 (2)	제인 20-4398호 ('20.05.20.)	의료영상을 획득하여 모의 치료, 모의 시술, 진단에 사용 가능하도록 분석하는 장치에 사용하는 소프트웨어(안저 영상의 배안, 시신경 유두 등 구조 분석)	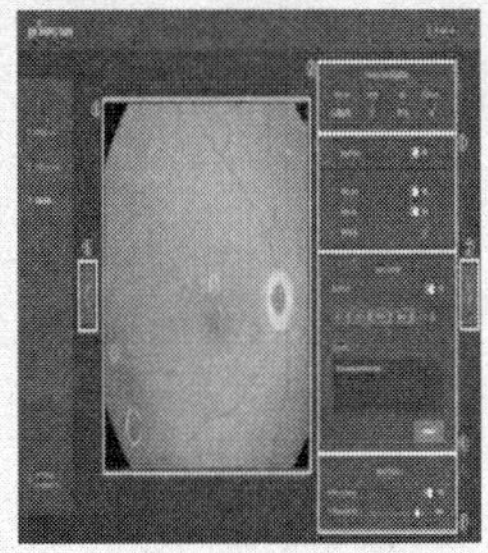

연 번	업체명	품목명 (등급)	허가번호 (허가일자)	사용목적	제품외형
29	(주)제이 엘케이 인스펙션	의료영상 분석장치 소프트웨어 (2)	제인 20-4399호 ('20.05.20.)	의료영상을 획득하여 모의 치료, 모의 시술, 진단에 사용 가능하도록 분석하는 장치에 사용하는 소프트웨어(복부 CT 영상의 지방 및 근육 영역 분석)	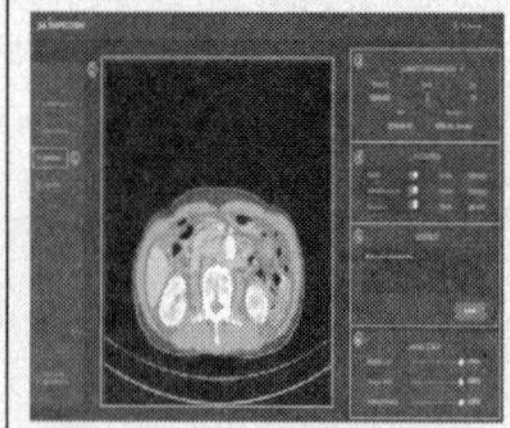
30	(주)제이 엘케이 인스펙션	의료영상 분석장치 소프트웨어 (2)	제인 20-4404호 ('20.05.21.)	의료영상을 획득하여 모의 치료, 모의 시술, 진단에 사용 가능하도록 분석하는 장치에 사용하는 소프트웨어(뇌 CT 영상의 밝은 영역 분석)	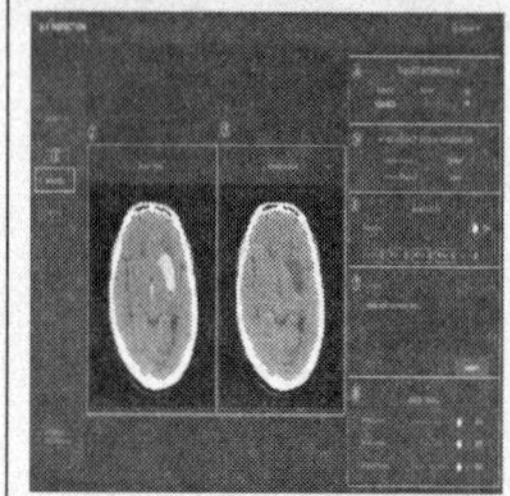
31	(주)제이 엘케이 인스펙션	의료영상 분석장치 소프트웨어 (2)	제인 20-4405호 ('20.05.21.)	의료영상을 획득하여 모의 치료, 모의 시술, 진단에 사용 가능하도록 분석하는 장치에 사용하는 소프트웨어(뇌 CT 영상의 어두운 영역 분석)	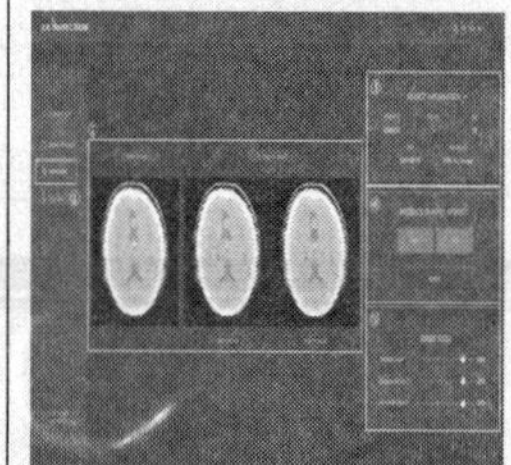
32	(주)제이 엘케이 인스펙션	의료영상 분석장치 소프트웨어 (2)	제인 20-4406호 ('20.05.21.)	의료영상을 획득하여 모의 치료, 모의 시술, 진단에 사용가능하도록 분석하는 장치에 사용하는 소프트웨어(유방영상의 밝은 영역 분석)	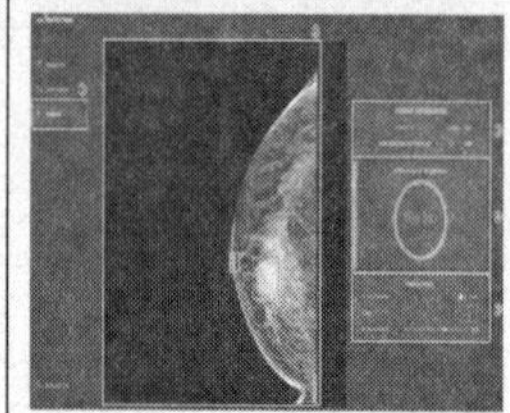
33	(주)사이 넥스	홀터심전계 (2)	수허 20-115호 ('20.05.28.)	단일 채널 심전도 신호를 기록, 저장 및 전송하는 제품으로 측정된 신호는 알고리즘을 통해 정상상태, 심방 세동, 서맥, 빈맥 등을 분석하여 의료인의 진단을 보조하는데 사용	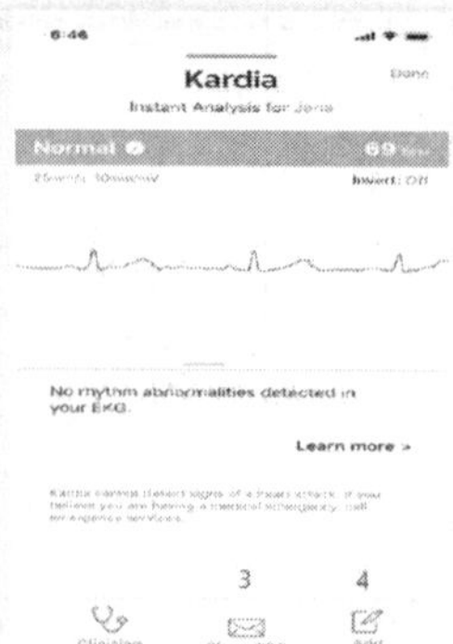

연 번	업체명	품목명 (등급)	허가번호 (허가일자)	사용목적	제품외형
34	(주)리스템	의료영상 획득장치 (2)	제인 08-226호 AI기술 추가적용 ('20.06.01.)	골연령 분석 소프트웨어 및 흉부 이상 부위 검출 소프트웨어	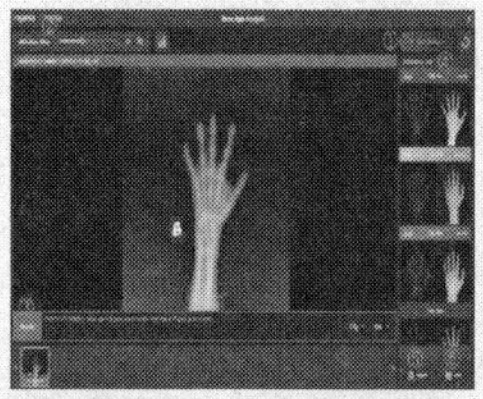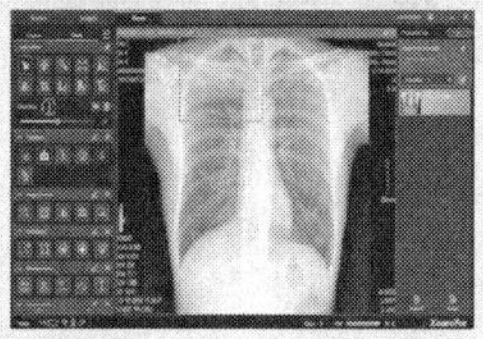
35	삼성 메디슨 (주)	의료영상 분석장치 소프트웨어 (2)	제인 20-4468호 ('20.06.02.)	의료영상을 획득하여 모의 치료, 모의 시술, 진단에 사용가능 하도록 분석하는 장치에 사용하는 소프트웨어(태아 표준 심장 초음파 영상 분류, 분할, 측정에 대한 정보 제공)	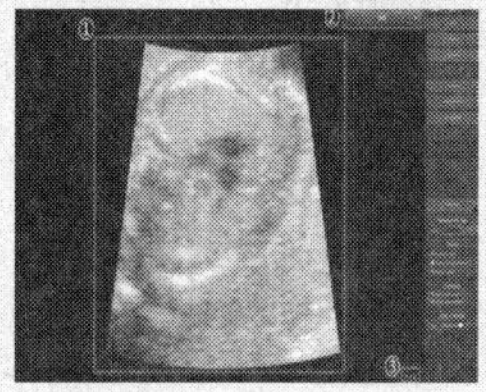
36	딥노이드	의료영상 검출보조 소프트웨어 (2)	제허 20-467호 ('20.06.10.)	뇌혈관 영상에서 뇌동맥류로 의심되는 이상 부위를 검출하는 소프트웨어	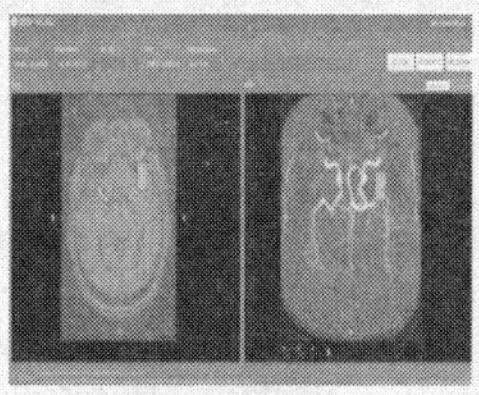
37	라온피플 (주)	치과용영상 전송장치 소프트웨어 (2)	제인 19-4368호 ('19.05.08.) AI기술 추가적용 ('20.06.11.)	치과용 영상을 저장, 확대, 축소, 조회와 함께 분석, 전송 처리하는 장치 및 출력장치에 사용되는 소프트웨어(인공지능 기술로 치아, 골격 등 인체구조 등을 표시)	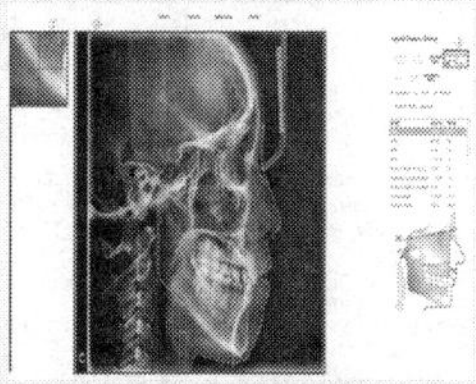
38	(주)코어 라인 소프트	의료영상 검출보조 소프트웨어 (2)	제허 20-484호 ('20.06.16.)	폐 결절 등 이상 부위를 검출하는 소프트웨어	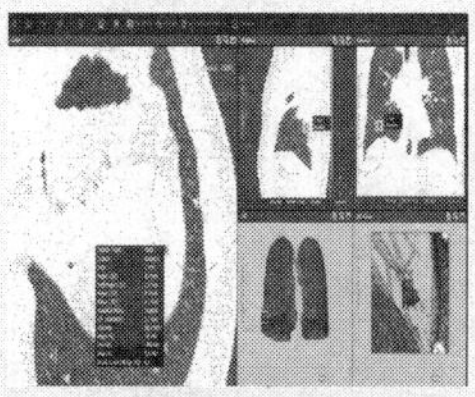
39	(주)코어 라인 소프트	의료영상 분석장치 소프트웨어 (2)	제인 20-4631호 ('20.07.16)	CT(흉부) 영상으로부터 인공지능으로 학습된 분할 모델을 기반으로 장기를 부위별로 자동 분할해 주는 소프트웨어	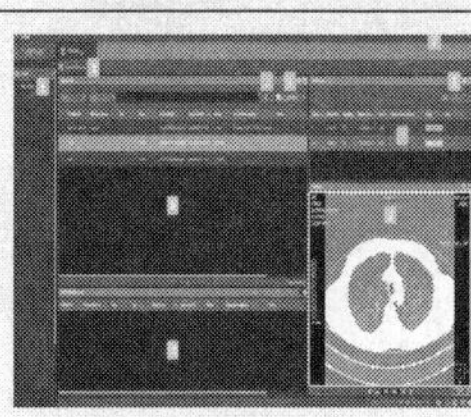

학습 6

연 번	업체명	품목명 (등급)	허가번호 (허가일자)	사용목적	제품외형
40	딥노이드	의료영상 검출보조 소프트웨어 (2)	제허 20-578호 ('20.07.16)	폐 결절 등 이상 부위를 검출하는 소프트웨어	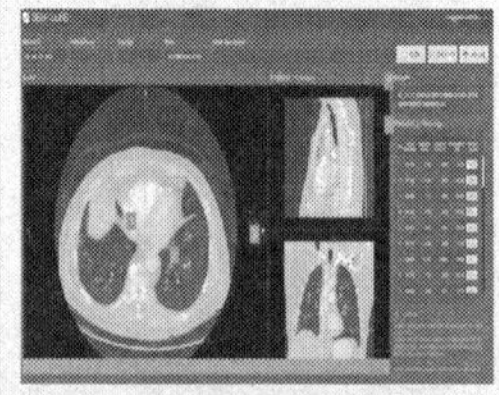
41	(주)레이언스	의료영상 획득장치(2)	제인 20-4639호 ('20.07.20.)	컴퓨터 방사선영상 장치(CR), 디지털 방사선 영상장치(DR) 등을 이용하여 의료영상을 디지털로 변환하여 영상을 저장 · 전송하는 장치로 소프트웨어를 포함하기도 한다(옵션 기능 : 골연령 분석 소프트웨어 및 흉부 이상부위 검출 소프트웨어).	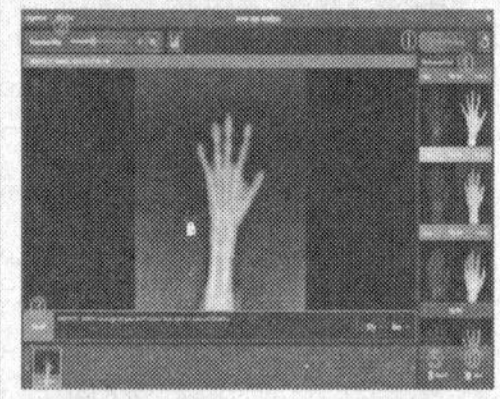 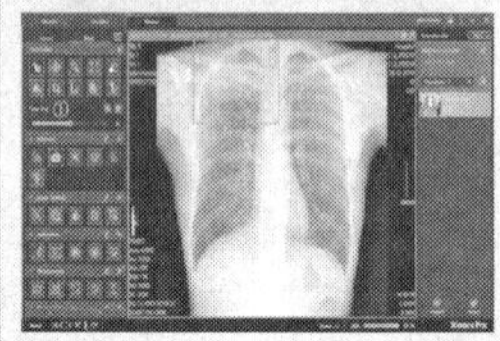
42	모니터 코퍼레이션 (주)	의료영상 진단보조 소프트웨어 (3)	제허 20-602호 ('20.07.27)	의료인(Interpreting Physician)이 흉부 CT 영상을 판독할 때 사용하는 소프트웨어로, 의료영상에서 추출한 정보를 바탕으로 폐결절 악성 가능성과 폐 결절의 위치 및 특성에 대한 정보를 제공하여 사용자의 최종 진단 및 환자관리의 결정을 보조하는 소프트웨어	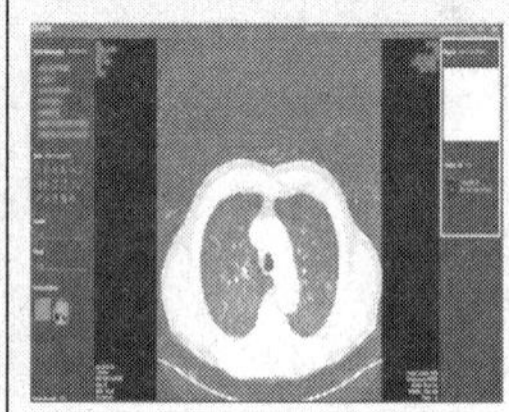
43	(주)메디웨일	의료영상 검출보조 소프트웨어 (2)	제허 20-618호 ('20.08.03)	안저 영상을 이용하여 안저 이상 및 질병(백내장, 녹내장, 망막질환)이 의심되는 부위를 검출, 표시하여 의료인의 진단 결정을 보조하는데 사용하는 소프트웨어	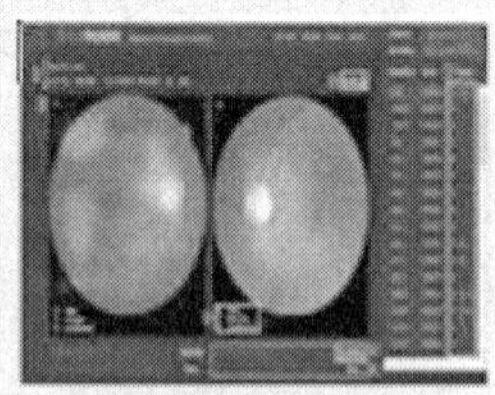
44	(주)딥노이드	의료영상 분석장치 소프트웨어 (2)	제인 20-4709호 ('20.08.06.)	의료영상을 획득하여 모의 치료, 모의 시술, 진단에 사용가능 하도록 분석하는 장치에 사용하는 소프트웨어(척추뼈 내의 주변보다 어두운 영역을 자동으로 검출)	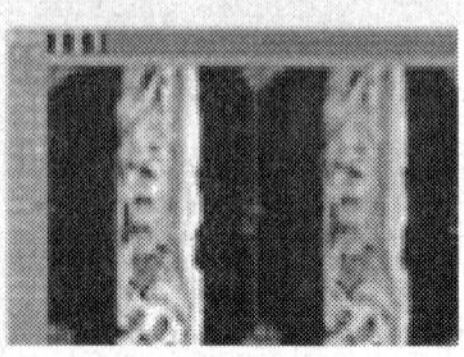

연 번	업체명	품목명 (등급)	허가번호 (허가일자)	사용목적	제품외형
45	(주)딥노이드	의료영상 분석장치 소프트웨어 (2)	제인 20-4742호 ('20.08.12.)	의료영상을 획득하여 모의 치료, 모의 시술, 진단에 사용가능 하도록 분석하는 장치에 사용하는 소프트웨어(유방촬영영상의 둥근 형태를 띄는 밝은 영역을 표시)	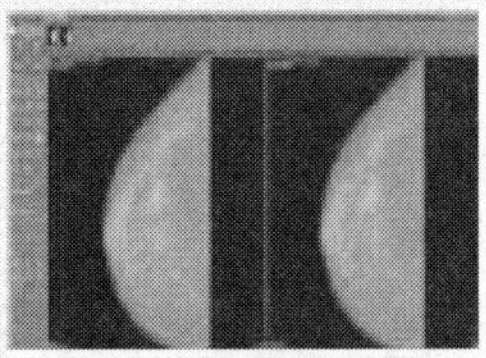
46	(주)딥노이드	의료영상 분석장치 소프트웨어 (2)	제인 20-4743호 ('20.08.12.)	의료영상을 획득하여 모의 치료, 모의 시술, 진단에 사용가능하도록 분석하는 장치에 사용하는 소프트웨어(만곡의 양 끝 척추뼈를 자동으로 검출)	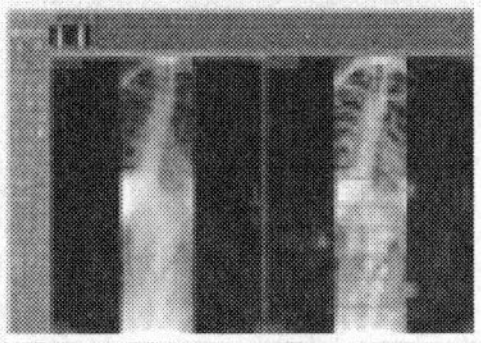
47	(주)딥노이드	의료영상 분석장치 소프트웨어 (2)	제인 20-4749호 ('20.08.13.)	의료영상을 획득하여 모의 치료, 모의 시술, 진단에 사용가능하도록 분석하는 장치에 사용하는 소프트웨어(뇌 영역에서의 밝은 영역을 자동으로 검출)	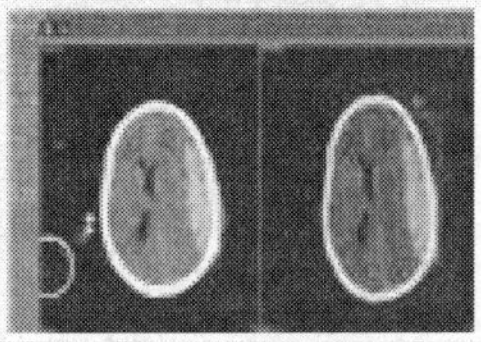
48	(주)딥노이드	의료영상 분석장치 소프트웨어 (2)	제인 20-4751호 ('20.08.13.)	의료영상을 획득하여 모의 치료, 모의 시술, 진단에 사용가능하도록 분석하는 장치에 사용하는 소프트웨어(치아 뿌리 근처의 어두운 영역을 자동으로 검출)	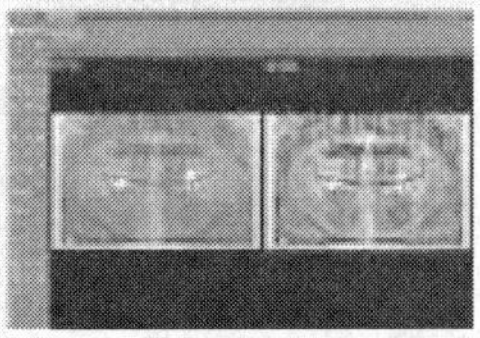
49	(주)딥노이드	의료영상 분석장치 소프트웨어 (2)	제인 20-4761호 ('20.08.18.)	의료영상을 획득하여 모의 치료, 모의 시술, 진단에 사용가능하도록 분석하는 장치에 사용하는 소프트웨어(위 내시경의 융기 영역을 표시)	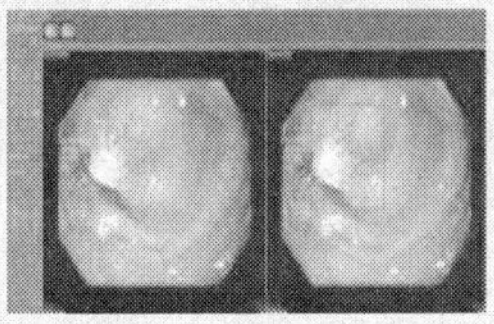
50	(주)딥노이드	의료영상 분석장치 소프트웨어 (2)	제인 20-4762호 ('20.08.18.)	의료영상을 획득하여 모의 치료, 모의 시술, 진단에 사용가능하도록 분석하는 장치에 사용하는 소프트웨어(대장 내시경의 융기 영역을 표시)	
51	(주)딥노이드	의료영상 분석장치 소프트웨어 (2)	제인 20-4764호 ('20.08.19.)	의료영상을 획득하여 모의 치료, 모의 시술, 진단에 사용 가능하도록 분석하는 장치에 사용하는 소프트웨어(흉부 X-ray 영상의 폐영역을 자동으로 검출)	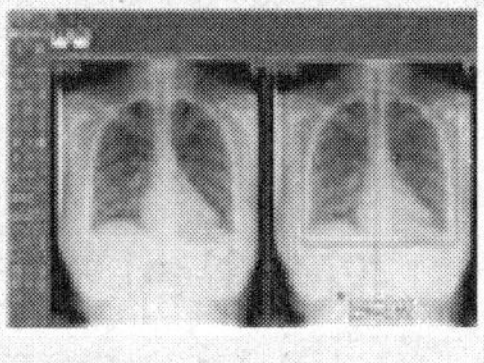

연 번	업체명	품목명 (등급)	허가번호 (허가일자)	사용목적	제품외형
52	(주)아이메디신	지각 및 신체 진단용 기구 (2)	제허 20-750호 ('20.08.26)	기억장애형 경도인지장애(aMCI)로 의심되는 환자를 대상으로 정량 뇌파 분석을 통해 알츠하이머병, 치매의 전 단계로 알려진 기억장애형 경도인지장애를 선별하는 온라인 뇌파분석기반의 경도인지장애 분류 소프트웨어로써 학습을 통한 경도인지장애 모델을 기반으로 기억장애형 경도인지장애의 가능성을 확률로 시각화하여 관련 뇌파 분석 결과를 제시해줌으로써 의료인의 진단을 보조하는데 사용	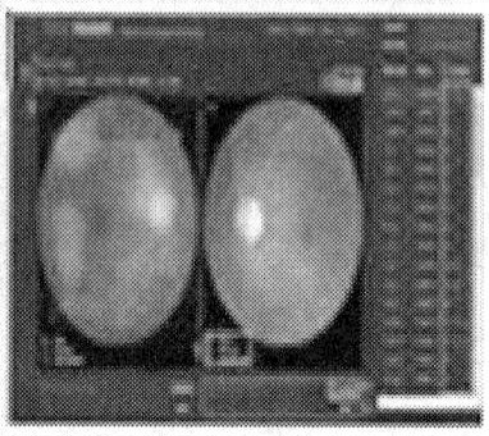
53	지멘스헬시니어스(주)	의료영상 진단보조 소프트웨어 (3)	수허 20-187호 ('20.08.21)	유방촬영술 영상(Mammography)에서 유방암 의심 부위 및 악성 병변의 존재 가능성을 제시하는 소프트웨어	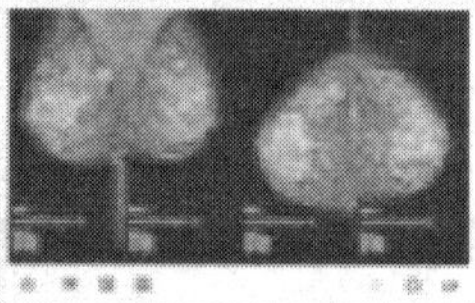

03 인공지능 신약개발 모델에 대하여 분석하라.

1. 인공지능 활용

신약개발을 위해 한 명의 연구자가 조사할 수 있는 자료는 한 해에 200~300여 건이나, 인공지능은 100만 건 이상의 논문을 읽을 수 있는 동시에 400만 명 이상의 임상데이터 분석이 가능하다.

2. 인공지능 신약개발 모델

인공지능이 적합한 데이터를 탐색하고 새로운 연구가설을 수립할 수 있도록 근거를 제시하며, 분석결과를 조직화하고 연구팀에 공유하여 협업 능률을 높일 수 있도록 지원하다.

3. 미래 전망

소수의 연구원만으로 비용과 기간을 대폭 줄여 블록버스터 약물개발이 가능하며, 제약사가 약물을 개발하지 않고 라이센스 구매 및 판매에만 주력하는 등의 새로운 형태의 비즈니스가 등장한다.

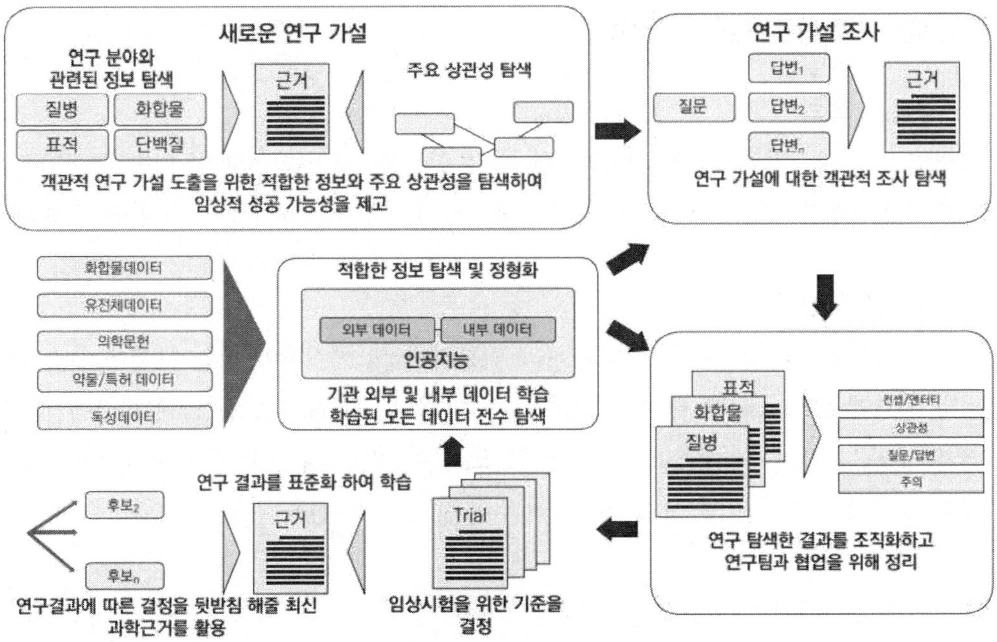

[그림 6-14] 인공지능 신약의 모델분석

출처 : 생명공학정책센터(2017)

04 의료와 인공지능 기술융합의 제약, 한계점, 협력체계 등에 대하여 분석하라.

1. 제약과 한계를 고려한 접근이 반드시 필요

1) 제약과 한계

많은 가능성이 있지만 데이터 활용상의 제약을 비롯해 AI 예측결과를 아직 완벽하게 신뢰할 수 없거나, 의료현장에서 안심하고 사용할 수 없다는 한계점이 있다.

실제 완성도를 달성한 사례도 소수이고, 객관적인 검증 결과들이 발표되지는 않았다. 그러므로 반드시 이런 제약과 한계를 인식하고 접근하는 것이 필요하다.

2) 프라이버시와 윤리

AI 데이터를 활용하여 원하는 성과를 달성하기 위해서는 무엇보다도 고품질의 데이터 확보가 중요하나, 이 과정에서 개인정보보호 및 윤리적 문제 등도 함께 고려되고 해결되어야 한다.

2. 개방형 다학제 협력이 동반

1) 다학제 협력

감염병 재난 대응을 위한 AI 기술분야는 의료 전문가, 감염병 전문가, 인공지능 전문가, 바이오 전문가들의 협업과 다학제 연구가 필수적이기에 이를 지원하는 노력이 필요하다.

2) 개방형 혁신

감염병 재난은 한 국가의 문제가 아니라 인류가 함께 해결해야 하는 문제이기에, 신종 감염병 위협에 빠르게 공동 대응하기 위해서는 개방과 공유에 기반한 국제 협력이 가능해야 한다. 오픈 데이터와 오픈 소스, 그리고 오픈 사이언스의 중요성이 부각되고 있으며 개방형 협력과 혁신 노력은 AI 기술 발전과 관련 산업 발전을 더욱 가속화시킬 것이다.

3. 국제표준 기반의 글로벌 협력체계 구축이 필요

1) 국가간 차이 극복

국경을 초월한 국제 협력을 위해서는 데이터 신뢰도, 표준, 호환성, 품질 및 해석 기준, 국가별 규제차이 등과 같은 많은 문제점의 해결이 함께 필요하다.

2) 신속대응 협력 체계

신속하게 양질의 데이터가 공개되고 활용될 수 있는 체계와 익명화된 임상 데이터를 공유할 수 있는 개방형 글로벌 저장소가 필요하며, 데이터를 안전하게 교환할 수 있는 표준화된 체계와 정보보호 체계가 만들어져야 한다.

3) 표준화 체계 구축

신종 감염병 대응을 위해 의료 AI 응용들이 유기적으로 연계되고 상호호환성을 가질 수 있도록 표준화 체계 구축이 시급하며, 국내 AI 기술과 IT를 기반으로 하는 국제표준화 활동을 적극적으로 지원하는 것이 필요하다.

학습활동.6 교수 · 학습 방법

교수 방법

- 인공지능 기술 및 응용에 대한 관련 용어, 구성, 방식 이해 정도를 파악한 후 수업을 진행한다.
- 교수자의 주도로 인공지능 기술 및 응용 등의 내용을 PPT 자료로 제시한 후 설명한다.
- 가능하면 사전에 개인별 학습 자료를 준비하여 모든 학생이 참여할 수 있는 문제 해결식 수업, 협력 수업이 가능하도록 한다.
- 인공지능 기술 및 응용 전 과정을 작업의 순서에 따라 단계적으로 실습이 이루어질 수 있도록 지도한다.
- 교재를 통해 수업을 준비하는데 있어서 필요한 모든 정보나 팁, 힌트 등 도움이 될 만한 내용들을 확인할 수 있다.
- 학생들이 만들게 될 각 모델들은 수업시간에 중점적으로 다뤄질 부분과 어휘, 질문, 답을 포함하고 있으며 또한 탐구할만한 추가적인 아이디어들도 포함하고 있다.

학습 6

학습 방법

- 인공지능 기술 및 응용에 대한 관련 용어를 숙지하고, 인공지능 기술 및 응용에 대해 이해한다.
- 인공지능 기술 및 응용의 각 단계별 중점 사항을 체계적으로 학습한다.
- 인공지능 기술 및 응용의 수행순서의 전 과정을 실습한다.
- 인공지능 기술 및 응용의 내용을 이해한다.
- 인공지능 기술 및 응용을 이해하고 숙달이 될 때까지 학습한다.

학습활동.6 평가 및 피드백

평가 준거

- 평가자는 피평가자가 수행 준거 및 평가 내용에 제시되어 있는 내용을 성공적으로 수행할 수 있는 지를 평가해야 한다.

학습내용	평가항목	성취수준		
		상	중	하
인공지능 기술 및 응용	인공지능 기술 및 응용을 이해할 수 있다.			

평가 방법

• 작업 포트폴리오

학습내용	평가항목	성취수준		
		상	중	하
인공지능 기술 및 응용	인공지능 기술 및 응용을 이해할 수 있다.			

• 필기시험

학습내용	평가항목	성취수준		
		상	중	하
인공지능 기술 및 응용	인공지능 기술 및 응용을 이해할 수 있다.			

• 체크리스트를 통한 관찰

학습내용	평가항목	성취수준		
		상	중	하
인공지능 기술 및 응용	인공지능 기술 및 응용을 이해할 수 있다.			

• 피드백

1. 작업 포트폴리오
   - 제출한 보고서를 평가한 후 주요 사항에 대하여 표시하여 돌려준다.
2. 필기시험
   - 평가 결과 성적이 저조한 학생은 보고서 제출 기회를 부여한다.
3. 체크리스트를 통한 관찰
   - 실습 과정에서 평가한 후 개선해야 할 사항 등을 정리하여 돌려둔다.

참 | 고 | 문 | 헌

- 김주한, 빅데이터 기반의 개인 맞춤의료 서비스, BioINpro 13호, 2015.
- 김진한, 신약개발 프로세스 혁신을 위한 AI 활용, 한국제약바이오협회정책보고서, 2017.
- 김태형, 데이터가 생명을 살린다, 바이오협회, 2020.6.
- 문유정 · 강지민, 데이터 3법개정과 의료빅데이터 활용방안, 경기도경제과학진흥원, 2002.3.16.
- 박세환, 보건의료 빅데이터 활용 의료산업 동향, HIRA 빅데이터 브리프
- 박소영, 중국의 빅데이터 시장 트랜드와 시사점, 국제무역통산연구원, 2020.11.
- 박순영, 인공지능을 활용한 신약개발 연구동향, 융합연구정책선터, 2018.1.
- 박재은, 헬스케어 분야에서의 빅데이터 활용 동향, KDB산업은행, 2019.10.28.
- 박찬호 · 이장우, 인공지능 헬스케어 산업의 실용화 동향, 정보통신기획평가원, 2020.6.17.
- 배수인, 4차 산업혁명 시대, 제약산업에서의 빅데이터 활용, 한국제약바이오협회정책보고서, 2017.
- 배영우, 4차 산업혁명 시대, 인공지능을 활용한 신약개발, 한국제약바이오협회정책보고서, 2017.
- 배영우, 인공지능을 이용한 신약개발 동향 및 활용사례, 생명공학정책연구센터, BioINpro, 2017.
- 이관용 외, 의료 인공지능 현황 및 과제, 한국보건산업진흥원, 보건산업브리프, 2016.
- 이승관, 글로벌 디지털 헬스케어 기술동향과 과제, IITA, 2017.12.13.
- 이영찬, 인공지능기반 의료기기 현황 및 이슈, 한국보건산업진흥원, 2018.12.31.
- 전종홍 외 7, 감염병 재난에 대응하기 위한 의료인공지능의 기술 표준동향, ETRI Insight, 2020.01.
- 빅데이터 및 인공지능(AI) 기술이 적용된 의료기기의 허가 · 심사 가이드라인(민원인 안내서), 식품의약품안전처, 2017.
- 스마트 헬스케어 유망시장 동향 및 진출전략, KOTRA, 2019.10.
- 스마트 헬스케어 의료기기 기술, 표준 전략 보고서, 식품의약품안전평가원, 2018.8.
- 식약처 안전평가원, 2020년 신개발 의료기기 전만분석 보고서, 식품의약품안전평기원, 2020.3.
- 유헬스케어 진단지원시스템 임상시험계획서 작성 가이드라인(민원인 안내서), 식품의약품안전처, 2015.
- 의약품 임상시험 통계 가이드라인(민원인 안내서), 식품의약품안전처, 2016.
- 인공지능 기술 전망과 혁신정책 방향, 과학기술정책연구원, 2018.
- 체외진단용 의료기기의 임상적 성능 허가심사 가이드라인(민원인 안내서), 식품의약품안전처, 2015.
- 프로스트 앤 설리번, Global Digital Health Outlook(2020), 2019.8.
- 한 손에 잡히는 임상연구 : 설계와 실행의 모든 것, 임상시험리뷰 연구회 옮김, 2015.
- Combining genomics and epidemiology to track mumps virus transmission in the United States, PLOS Biology, 2020, https://doi.org/10.1371/journal.pbio.3000611
- Data-sharing brings hope to rare disease patients around the globe, https://www.ga4gh.org/news/data-sharing-brings-hope-to-rare-disease-patients-around-the-globe/
- Evaluate, World Preview 2016, Outlook to 2022, 2016.
- Mayo Clinic to sequence 100K participants to build genomic database for improved care and research in collaboration with Helix, https://newsnetwork.mayoclinic.org/discussion/mayo-clinicto-sequence-100k-participants-to-build-genomic-database-for-improved-care-and-research-incollaboration-with-helix/
- Public health surveillance and data collection: general principles and impact on hemophilia care, Hematology, 2012, https://doi.org/10.1179/102453312X13336169156537
- Statistical Guidance on Reporting Results from Studies Evaluating Diagnostic Tests, FDA,2007.
- Through partnership with Color, 10K NorthShore patients will get whole genome sequencing. https://medcitynews.com/2019/01/color-northshore/
- Use of Real-World Evidence to Support Regulatory Decision-Making for Medical Devices, FDA, 2017.

학습 1	4차산업 기술 및 응용
학습 2	의료기기 기술 및 응용
학습 3	의료용 로봇 기술 및 응용
학습 4	스마트 헬스케어 기술 및 응용
학습 5	디지털 치료제 기술 및 응용
학습 6	인공지능 기술 및 응용
학습 7	**빅데이터 기술 및 응용**
학습 8	사물인터넷 기술 및 응용
학습 9	5G 네트워크 기술 및 응용
학습 10	디지털 콘텐츠 기술 및 응용
학습 11	디지털 트윈 기술 및 응용
학습 12	블록체인 기술 및 응용
학습 13	메타버스 기술 및 응용

학습 목표

1. 빅데이터 기술 및 응용을 이해할 수 있다.

7-1 빅데이터 기술의 개요

1. 빅데이터의 정의

빅데이터(Big Data)는 종래의 사용되는 데이터 수집, 관리 및 처리 소프트웨어의 수용 한계를 넘어가는 방대한 크기의 데이터를 의미한다. 즉 기존 데이터베이스 관리도구의 능력을 넘어서는 대량(수십 Tera Byte)의 정형, 비정형의 데이터를 포함한 데이터로부터 가치를 추출하고 결과를 분석하는 기술이다.

21세기 원유로 주목받고 있는 빅데이터는 디지털 경제의 기반이며, 빅데이터에 대한 생산·수집·분석·활용 능력은 국가 미래 경쟁력의 중요한 요소이다.

의료와 빅데이터 융합분야는 생활습관 데이터, 임상정보, 건강보험정보, 약물반응성 데이터, 유전체 정보뿐만 아니라 데이터 마이닝 등 새로운 비즈니스 기회를 창출하고 있다.

인간 게놈은 30억 개의 염기쌍으로 구성된 약 2만 개의 유전자로 구성된 3기가바이트(3G Byte)의 데이터이다.

서열 이외에도 구조 · 기능 해석, 질병 상관관계, 인구집단 내 차이 등의 가치 있는 데이터들을 어떻게 마이닝을 하느냐에 따라서 엄청난 보석을 얻을 수가 있는 무궁무진한 데이터이다. 이 데이터를 기반으로 다양한 기업 및 연구소들은 암, 유전질환 및 만성질환 환자들을 진단하고 치료하기 위해 다양한 오믹스 빅데이터 및 인공지능 기술을 적용하고 있다. 이러한 가치 있는 바이오 빅데이터들을 활용하고 공유하기 위한 많은 시도도 함께 이뤄지고 있다.

〈표 7-1〉처럼 분야별 빅데이터 제품 및 서비스는 빅데이터 하드웨어, 기초 · 응용 소프트웨어, 응용서비스, 데이터 소스, 기초 인프라, 데이터 유통 등 분야를 중심으로 발전하고 있다.

〈표 7-1〉 분야별 빅데이터 제품 및 서비스

분 야	주요 제품 및 서비스
하드웨어	저장 설비, 서버, 스마트 단말, GPU, 센서 등
기초소프트웨어	빅데이터 플랫폼, 데이터 수집, 데이터 전처리, 정형 데이터, 비정형 데이터 등
응용소프트웨어	데이터 가시화, 사용자 프로파일링, 비즈니스 인텔리전스(BI), 로그 분석, 자연어 분석
기업응용	운영 개선, 리스크 관리, 기업관리, 제품개발, 안전관리 · 감독, 고객서비스, 마케팅
산업응용	IT 서비스, 행정, 금융, 도시관리, 교육, 교통 · 운수, 민생서비스, 건강 · 의료 등
데이터 소스	기업운영 생성 데이터, 정부 공개 데이터, 인터넷 데이터 수집, API
데이터 기초시설	데이터 센터, 민간 클라우드, 공공 클라우드, IDC임대 서비스 등
데이터 유통	데이터 표준화, 데이터 개방 공유 플랫폼, 데이터 거래소 등

〈표 7-2〉처럼 의료분야인 의료산업, 임상실험, 공공위생, 스마트 진료는 빅데이터의 주요 응용서비스이다.

〈표 7-2〉 의료분야 빅데이터의 주요 응용서비스

분 야	주요 응용서비스
의료산업	의료체계 혁신, 의료기관 평가 · 감독, 의료보험료 관리, 의료자원 배분, 의료비 통제 등
임상실험	임상 의사결정 지원, 의약품 개발, 의약품 부작용 예측, DNA 염기서열, 유전체 분석 등
공공위생	공공위생기관 감독 · 의사결정 관리, 중대 질병 예방 · 통제, 예비 경보 및 긴급 대응 등
스마트진료	진료 프로세스 개선, 온라인 건강 · 의료서비스 모델 구축, 전자 진료카드 이용서비스 등

학습 7

데이터 분석기술의 발전에 따라 헬스케어 분야에서도 빅데이터의 활용이 부각되는 가운데, 해외에서는 공공정책 및 민간분야 전반에서 관련 사업으로 대두되고 있다.

〈표 7-3〉처럼 국내에서는 공공영역을 중심으로 헬스케어 빅데이터 정책이 수립되고 있으며, 민간영역으로 확대되기 위해 제도적 개선을 통한 적극적인 참여 환경 조성이 필요하다.

〈표 7-3〉 국내 의료 융합분야의 빅데이터 종류

구 분	공공영역		민간영역	
	수집 주체	수집 데이터	수집 주체	수집 데이터
개인 유전정보	국립암센터 국립보건연구원	조직, 세포, 혈액 등 (DNA 추출)	병 원	자체 수집 데이터
개인 건강정보	보건소(건강관리 서비스 시범 사업)	운동량, 식이 습관, 수면 습관, 흡연, 음주 등	민간보험	규제 완화 예정 (금융위원회 가이드라인)
국민 건강정보	건강보험심사 평가원	건강검진 자료, 의료비 청구 내역, 약품 처방 내역	개 인	웨어러블 기기 등 모바일 장치 데이터

헬스케어 분야의 데이터가 폭발적으로 증가하고 있는 가운데, 치료는 물론 사전 예방분야에서의 빅데이터 분석 및 활용의 중요성이 부상하고 있다. 헬스케어 분야 데이터는 보건, 의료, 건강 관련 디지털 데이터의 양적 증가와 더불어 데이터의 생산·수집 채널도 다양화되고 있다.

헬스케어 산업의 트렌드도 질병치료 및 의료기관 중심에서 예방 및 소비자 중심으로 변화함에 따라 빅데이터 분석·활용의 중요성이 증대하고 있다.

2. 빅데이터의 특징

빅데이터의 특징은 데이터의 크기(Volume), 데이터의 형태의 다양성(Variety), 데이터의 생성 속도(Velocity)이지만 최근에는 데이터의 가치(Value)와 복장성(Complexity)이 추가되어 정확성(Veracity), 가변성(Variability), 시각화(Visualization) 등이 포함되는 경향이 있다.

크기(Volume)는 데이터의 물리적인 크기를 말하고, 다양성(Variety)은 데이터의 형태 유무와 연산가능 여부에 따라 나누어지는 데이터의 다양함을 말하고, 속도

(Velocity)는 많은 데이터를 빠르게 분석 · 처리하는 능력을 말한다.

데이터의 정확성(Veracity)은 빅데이터 시대에 방대한 데이터의 양을 분석하여 일정한 패턴을 추출하지만 정보의 양이 많아지는 만큼 데이터의 신뢰성이 떨어지기 쉽다. 따라서 빅데이터를 분석하는데 있어 기업이나 기관에 수집한 데이터가 정확한 것인지, 분석할 만한 가치가 있는지 등을 살펴야 하는 필요성이 대두되었고 이러한 측면에서 새로운 속성인 정확성(Veracity)이 제시되고 있다.

데이터의 가변성(Variability)은 최근 소셜미디어의 확산으로 자신의 의견을 웹사이트를 통해 자유롭게 게시하는 것이 쉬워졌지만 실제로 자신의 의도와는 달리 자신의 생각을 글로 표현하게 되면 맥락에 따라 자신의 의도가 다른 사람에게 오해를 불러일으킬 수 있다. 이처럼 데이터가 맥락에 따라 의미가 달라지는 가변성이 제시되고 있다.

데이터의 시각화(Visualization)는 빅데이터의 정형 및 비정형 데이터를 수집하여 복잡한 분석을 실행한 후 용도에 맞게 정보를 가공하는 과정으로써 정보 사용 대상자의 이해정도에 따라서 정보의 가공을 위해 소모된 시간적, 경제적 비용이 무용지물이 될 수 있기 때문에 시각화가 필요하다.

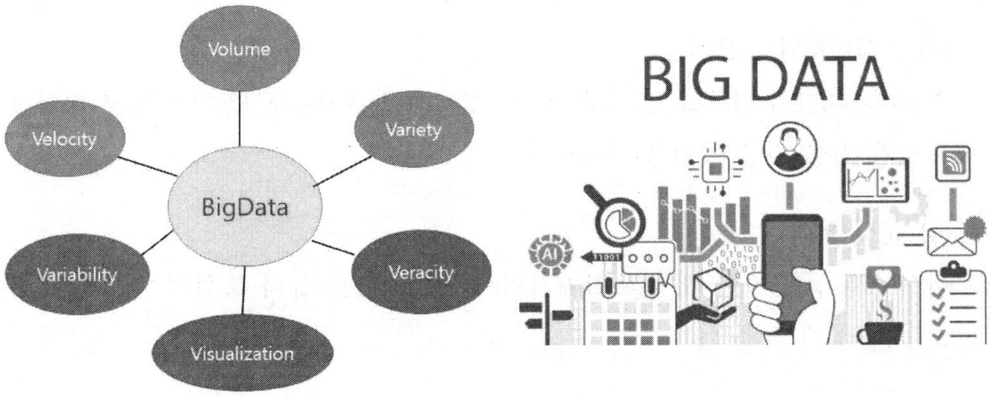

[그림 7-1] 빅데이터의 특징

3. 빅데이터의 분석 기법

빅데이터는 데이터의 유형이 정형데이터(고객데이터, 상품판매데이터 등)와 비정형데이터(SNS활동 기록, 영상정보, 위치정보 등)에 따라서 분석기술이 다르게 적용된다.

1) 데이터 처리기술

빅데이터의 데이터 처리과정은 여러 개의 데이터를 작은 연산으로 나누고 이를 취합하여 하나의 결과로 만드는 데이터의 병렬처리로써 데이터를 독립된 형태로 나누고, 이를 병렬적으로 처리하며 분할하고 점령(Divide and Conquer)하는 것이다. 빅데이터 분석기술과 방법들 중에 정형데이터의 분석은 데이터 마이닝, 휘귀분석으로써 기존 통계학과 전산학에서 사용되던 인공지능의 데이터 마이닝, 기계학습, 자연언어처리, 패턴인식 등이 해당한다.

비정형데이터의 분석은 텍스트 마이닝, 오피니언 마이닝, 소셜네트워크 분석, 군집분석 등이 있다.

(1) 텍스트 마이닝

비/반정형 텍스트 데이터에서 자연언어처리 기술에 기반을 두어 가치 있는 유용한 정보를 추출, 가공한다.

(2) 오피니언 마이닝

소셜미디어 블로그, 게시판 등의 정형/비정형 텍스트의 제품/서비스에 대한 긍정, 부정, 중립의 선호도를 판별, 추출한다.

(3) 소셜네트워크 분석

소셜네트워크의 영향력, 관심사, 성향, 행동패턴 연결구조 및 강도 등을 바탕으로 사용자의 명성 및 영향력을 측정한다.

(4) 군집 분석

비슷한 특성을 가진 개체를 합쳐가면서 최종적으로 유사 특성의 데이터 군집을 발굴, 추출한다.

2) 데이터 저장기술

빅데이터의 저장기술은 주로 대기업에서 사용하는 아파치 하둡과 저렴한 비용으로 운운 가능함으로써 중소기업에서 주로 사용하는 NoSQL(Not Only Structured Query Language)이다.

(1) 아파치 하둡(Apache Hadoop)

대량의 자료를 처리할 수 있는 큰 컴퓨터 클러스터에서 동작하는 분산 응용프로그램을 지원하는 프리웨어 자바 소프트웨어 프레임워크로 분산 파일 시스템인 HDFS에 데이터를 저장, 분산 처리 시스템인 MapReduce로 데이터를 처리한다.

(2) NoSQL

기존 관계형 데이터베이스 제품군인 RDBMS(Relational Database Management System, 종류는 MS-SQL, Oracle, Sybase, MySQL 등)가 아닌 SQL를 사용하지 않는 데이터베이스 시스템으로 비정형 데이터의 저장을 위해 유연한 데이터 모델을 지원하고 저렴한 비용으로 분산처리와 병렬처리가 가능하다.

3) 데이터 시각화 기술

빅데이터 분석기술을 통해 분석된 데이터의 의미와 가치를 시각적으로 쉽게 이해 가능한 형태로 표현하기 위한 기술로 대표적인 것으로는 R(프로그래밍 언어), 파워포인트(PowerPoint), 엑셀(Exel), 타블로(Tableau), 파이선(Python) 등이 있다.

7-2 빅데이터 기술의 응용

학습 7

1. 의료와 빅데이터 융합응용

1) 의료와 IT 융합기반 빅데이터 기술의 응용

의료와 IT 융합기반 빅데이터 기술은 디지털 경제 실현에 기초적이고 필수적인 미래 자원으로 간주되고 있다. 이는 중요한 기초 전략자원으로 노령화 등으로 의료비 지출 비중이 확대됨에 따라 공공위생, 임상 적용, 산업 발전 측면에서의 빅데이터 융합이 강조되고 있다.

미래의 생산력인 인공지능(AI), 사물인터넷(IoT) 블록체인(Block Chain), 엣지 컴퓨팅(Edge Computing), 인지 컴퓨팅(Cognitive Computing), 증강현실(AR), 상황인식(SA), 5G 등 다양한 4차산업 기술과의 융합발전이 가속화되고 있다.

빅데이터와 인공지능의 융합기술은 의약 발전, 만성질병 예방 및 관리, 의료서비스 개선과 더불어 '인터넷+의료건강' 또는 의료분야의 AI 분석과 머신러닝, 딥러닝을 통한 예측 모델 구축, 상품개발 및 마케팅 등을 중심으로 한 빅데이터 응용을 적극 확대하고 있다.

'빅데이터+AI' 융합 서비스기업은 의료기관에게 환자정보 관련 빅데이터를 제공하고, 의사의 진단 및 치료를 보조할 뿐만 아니라 의학 연구를 위한 데이터를 제공하여 디지털 서비스 융합 의료산업의 발전을 가속화하고 있다.

플랫폼 기업의 빅데이터 융합서비스도 점차 고도화되고 있으며 최근에는 정형, 비정형 빅데이터에 대한 분석을 토대로 CT영상을 판독하고 증상 분석을 통해 질병을 식별하는 서비스로 발전하고 있다.

2) 의료와 개인의 빅데이터 응용

의료분야 빅데이터의 활용은 흔히 병원정보시스템의 EMR자료나 건강보험 자료 등을 의료분야 빅데이터로 생각하는 경향이 있지만, 실제 의료분야에서 가장 기대되는 빅데이터는 한 개인에 관한 모든 데이터의 총합을 뜻하는 '개인 빅데이터(Personal Big Data)'이다. 개인 빅데이터는 크게 3가지로 개인 진료정보, 개인 라이프로그 및 개인 유전체 정보로 구성된다.

각각의 데이터의 성격이나 생산방식은 다를지라도 최종적으로는 한 개인의 건강 및 일상에 관한 모든 정보이므로 개인중심적이며 기존의 분석 방식이나 통계방법으로 해결할 수 없는 빅데이터라는 특성을 공유한다. 또한 IT 기술의 발달 없이는 생성될 수 없었던 데이터들로써 각각은 따로 태어났더라도 IT 기술 안에서 하나로 접목·융합되어 새로운 응용분야를 창조해나가고 있다.

(1) 개인 진료정보

전통적인 병의원 진료를 통해서 얻어지는 개인 진료정보이다. 과거 종이차트와 필름 형태로 생성되어 병의원별로 관리되던 진료기록은 빠른 의료정보화 단계를 거쳐 방대한 개인 빅데이터의 기반이 되었다. 이 전자건강기록(EHR : Electronic Health Record) 데이터는 임상진료뿐 아니라 지능형 의사결정 지원시스템을 가능케 하고 의료진사이, 의사-환자 사이의 정보교류 촉진으로 의료의 질과 효율을 향상시키고 의학 연구에도 크게 기여하고 있다.

〈표 7-4〉 의료정보 빅데이터 업체 현황

기업명	서비스명	사례 소개
레몬 헬스케어	M-Care	모바일 앱인 '엠케어'를 개발함, 진료 예약부터 처방전 전송 등의 과정을 여러 상이한 병원에서 단일 앱으로 해결
메디블록	패너시어	여러 기관에 흩어져 있는 의료정보 및 스마트폰을 포함한 여러 기기를 통해

기업명	서비스명	사례 소개
		생산되는 의료정보를 안전하게 통합하여 관리할 수 있게 하는 블록체인 기반의 의료정보 오픈 플랫폼으로, 암호화폐인 MED(Medi Token)을 발행하여 플랫폼 내 경제 생태계 구축, 연계된 기관에서 의료비, 약제비, 보험료 등을 지불하는 수단으로 사용 예정
비링크 헬스케어	아임닥터	개인의 동의하에 개인이 스마트폰을 통해 건강 설문지를 입력하고 건강검진 결과 기록지를 사진을 찍어 업로드하면 각 수치를 해석해 주고 맞춤형 건강관리 프로그램을 제공하기 위한 '아임닥터' 앱을 개발 중
애플	AC웰니스	여러 병원의 의료정보를 단일 앱에서 접근할 수 있도록 함, HL7 FHIR를 이용하여 병원 내 의료정보에 접근
MIT 미디어랩	메드랙	블록체인 원장을 통해 환자 약물치료에 대한 정보를 공유하는 탈중앙화 기록 관리시스템 MedRec 제안, MedRec은 이더리움(Ethereum) 블록체인 플랫폼을 기반으로 하며 권한을 가진 의료관계자와 환자만이 정보에 접근 가능

출처 : 한국보건산업진흥원, 「블록체인의 의료분야 활용 현황」, 2018 및 재구성.

(2) 개인 라이프로그

개인 빅데이터는 개인 라이프로그(LifeLog)로 한 개인의 일상생활 활동에 관한 모든 데이터를 말한다. 개인의 운동, 식이, 수면, 그리고 각종 생체계측 센서를 통해 다양한 개인 라이프로그가 스마트폰에 저장되고 있다.

이제 많은 사람들이 스마트폰을 통해 자신의 건강정보를 스스로 관리하기 시작했다. 예전에는 건강 관련 데이터는 거의 의료기관에서만 생성되고 관리되어 왔음을 생각하면 개개인이 자신에 대한 데이터를 스스로 생성·관리하기 시작한 것이다. 놀랍게도 역사상 최초로 라이프로그를 통해서 환자분들 스스로 자기 자신의 건강데이터를 생성하고 관리하는 시대가 열렸다. 개인 건강정보 운영의 이 새로운 패러다임을 의료계에서는 큰 관심으로 지켜봐야 한다.

(3) 유전체 정보

유전체 정보는 최신 DNA 분석기술로 가능해진 개인의 정보다.

DNA의 발견 이전에도 '부전자전, 자식이 부모를 닮는' '유전 현상'은 잘 알려져 있었다. 과학자들은 오랜 동안 이러한 유전현상을 매개하는 물리적 존재, 즉 유전물질의 존재를 확신했다. 개인유전체 시대의 개막은 DNA뿐 아니라 조직마다 발현이 다양한 RNA와 단백체 분석, DNA자체의 변성으로 인해 발생하는 질환인 암유전체 분석, 여러 감염질환을 일으키는 바이러스나 박테리아의 메타유전체 분석, 사람의 피부나 장에 기생하는 기생충과 박테리아의 유전체 분석 등 일명 다중오믹스 시대, 개인 빅데이터의 왕국이 도래한 것이다.

유전체 정보는 개개인의 상세한 생물학적, 유전적 정보를 분석한 자료에 기반하여 약물 반응과 질환 발생위험을 예측한다는 점에서 맞춤의학에서 핵심적인 역할을 한다.

〈표 7-5〉 유전체 빅데이터 업체정보 현황

기업명	서비스명	현 황
마크로젠	iD4U	국내 유전체 분석 1세대 기업으로 임상진단 및 유전체 분야에 대한 연구개발을 통해 염기서열 분석, 바이오칩 분석, 올리고 합성 등을 서비스
테라젠 이텍스	헬로진	유전체 빅데이터 기반으로 오믹스 데이터 분석을 통해 유전자 기반의 예측 및 진단, 예방, 신약개발, 제약, 의약품 유통 등 관련 산업 전반 서비스
메디젠 휴먼케어	M-CHECK	개인별 질병예측 유전체 연구 및 분석을 통해 조기예방 서비스 및 유전체 분석기반 개인별 맞춤 건강검진 서비스 진행
디엔에이링크	DNALink	맞춤의료 위한 각종 유전체 데이터 분석 및 연구를 실행하여 고품질의 유전체 데이터를 생성하고, 데이터의 분석 및 결과해석 지원
이원다이애그노믹스	gene2me	비침습적 산전 진찰기술로 유전 질병을 예측하고, 유전자 특징 분석기술을 구현하여 서비스하며, 유전체 기반 소프트웨어 개발 및 공급 지원
닥터노아 바이오텍	ARK	시스템 생물학 기법으로 약물을 재창출하고, 의약학 빅데이터 분석과 인공지능 기술을 바탕으로 신약연구 및 개발
신테카 바이오	tinygenes	빅데이터 및 인공지능 기반 알고리즘 개인 유전체맵 플랫폼 기술을 통해 신약개발 및 가상 임상시험 진행
천랩	Smilebiome	장내 미생물 유전체 정보를 해석하고, 미생물 연구를 통해 국내외 휴먼마이크 로바이오 및 감염성 질환에 대한 솔루션 제공

7-3 빅데이터 기술의 미래

1. 빅데이터 기술

빅데이터 기술은 대용량의 데이터를 다룰 때 여러 과정을 거치게 되는데 데이터 수집 및 데이터 전처리 · 저장 · 분석 · 활용(시각화)까지의 과정을 거치게 되며, 각 과정별로 핵심기술이 존재한다.

〈표 7-6〉 빅데이터 요소기술 분류

요소기술	설 명	헤딩기술
수 집	조직 내부와 외부의 분산된 여러 데이터 소스로부터 필요로 하는 데이터를 검색하여 수동 또는 자동으로 수집하는 과정과 관련된 기술로 단순 데이터 확보가 아닌 검색/수집/변환을 통해 정제된 데이터를 확보하는 기술	• ETL • 크롤링엔진 • 로그 수집기 • 센싱 • RSS 및 Open API
저 장	작은 데이터라도 모두 저장하여 실시간으로 저렴하게 데이터를 처리하고, 처리된 데이터를 더 빠르고 쉽게 분석하도록 하여 이를 비즈니스 의사결정에 바로 이용하는 기술	• 병렬 DBMS • 하둡(Haddop) • NoSQL
처 리	엄청난 양의 데이터의 저장/수집/관리/유통/분석을 처리하는 일련의 기술	• 실시간 처리 • 분산 병렬처리 • 인-메모리 • 인-데이터베이스 처리
분 석	데이터를 효율적으로 정확하게 분석하여 비즈니스 등의 영역에 적용하기 위한 기술로 이미 여러 영역에서 활용해온 분석 기술	• 통계분석 • 데이터 마이닝 • 텍스트 마이닝 • 예측 분석 • 최적화 • 평판분석 • 소셜 네트워크 분석
시각화	자료를 시각적으로 묘사하는 학문으로 빅데이터는 기존의 단순 선형적 구조의 방식으로 표현하기 힘들기 때문에 빅데이터 시각화 기술이 필수적임	• 편집기술 • 정보 시각화 기술 • 시각화 도구

출처 : 빅데이터 기술분류 및 현황, 한국정보화진흥원, 2013.

이러한 빅데이터 기술을 이용하여 헬스케어 업체들은 질환 예측, 환자 맞춤형 의료진 연계서비스, 데이터 가공 및 제공서비스를 구현하는 중이다.

2. 의료 빅데이터

인공지능 기술이 이용하는 데이터 중에 대표적인 것이 빅데이터이다. 빅데이터란 디지털 환경에서 생성되는 데이터로 그 규모가 방대하고, 생성 주기도 짧고, 형태도 수치 데이터뿐 아니라 문자와 영상 데이터를 포함하는 대규모 데이터를 말한다. 헬스케어 분야에서도 마찬가지로 데이터가 폭발적으로 증가하고 있으며 글로벌 스마트 헬스케어 시장도 계속해서 성장하고 있는 중이다. 또한 최근의 헬스케어 산업의 패러다임이 질병이 발생한 후에 치료를 받는 치료 · 병원 중심에서 스스로 건강을 관리하는 예방 · 소비자 중심으로 변화하면서 헬스케어 산업 내 빅데이터 분석이 중요해지고 있다.

헬스케어 데이터를 관리하는 주체에 따라 구분해보면 유전체 정보, 개인건강 정보, 전자의무기록, 국민건강정보로 크게 4가지로 나눌 수 있다.

〈표 7-7〉 헬스케어 빅데이터 종류 및 동향

구 분	관리자	설 명	동 향
개인유전정보	유전체 분석 서비스 업체	• 1인당 약 30억 개의 유전자 염기서열 정보 존재 • 개체 간 약 0.1%의 차이 존재	• 유전체 분석비용은 2000년대 초 9,000만 달러였으나, 2017년 100달러로 하락 • 2016년 기준 79,110건의 유전체 정보 분석 프로젝트 완료
개인건강정보	개 인	• 스마트폰 앱 또는 IoT (Internet of Things) 디바이스로 수집되는 Lifelog (개인의 일상생활 활동에 관한 모든 데이터) (㉥ 수면패턴)	• 다양한 디바이스와 서비스 증가
전자의무기록	의료기관	• 환자의 모든 진료정보를 전산화하여 입력, 저장, 관리하는 형태(㉥ 진단정보, 처방자료, 처방결과 등)	• 전세계적으로 디지털화 가속
국민건강정보	공공기관	• 자격 및 보험료, 진료내역, 건강검진 결과, 의료급여 등	• 한국의 경우 단일 건강보험체계를 갖고 있다는 특수성으로 인해 국민의 건강관련 빅데이터가 공공기관에 집중

출처 : 스마트 헬스케어의 시대, 데이터 전쟁을 대비하라, 삼정KPMG, 2018

3. 빅데이터의 미래 전망

세계 정보통신기술(ICT : Information and Communication Technology) 기반 의료기기 산업은 나날이 시장이 커지고 있으며 u-Health, 스마트 헬스, 보건의료 IT, 바이오 센싱 등 보건 및 의료분야의 IT 융합은 데이터의 급증과 데이터 활용범위 적용분야를 확대함으로써 보건의료 빅데이터 성장 동인으로 작용하고 있다.

원격의료, 모바일헬스, 전자건강기록(EHR : Electronic Health Records) · 전자의무기록(EMR : Electronic Medical Record), 무선의료 분야가 모두 성장할

것으로 예상되나, 그 중 특히 모바일헬스와 무선의료의 성장이 가장 두드러지게 확인된다.

ICT 기반 의료기기산업 생태계는 의료용 기기정보와 관련된 소프트웨어부터 건강에 관련된 맞춤형 건강관리서비스, 보험 등까지 확장 가능성이 풍부하며 병원 설립에 필요한 건설장비 IT에 ICT 기술을 도입함과 동시에 병원운용과 관련된 EHR/EMR 시스템, 원격의료, 모바일 헬스 등이 발전하여 의료서비스 영역이 확장될 전망이다.

ICT 기반 의료연구가 계속되기 위해서는 보건 및 의료데이터 공유 및 활용기반 구축과 빅데이터 R&D 및 성장동력 창출, 전문인력 양성 그리고 보건 및 의료 빅데이터의 법적, 제도적 기반을 다져야 한다. 이로 인해 미래에는 생체정보를 이용한 조기 질병 예측서비스와 유전체 데이터 기반 질병 진단 예측서비스, 빅데이터와 홀로그램 활용 수술 시뮬레이션 등과 같은 첨단기술의 발전으로 이어져 더 큰 시장 효과를 가져 올 것이다.

4차산업의 의학적 활용은 지금까지 축적된 데이터의 활용 및 의료비용 절감 측면에서 보건 및 의학분야에 새로운 패러다임을 제공할 수 있을 것이다.

미국에서는 국립보건원의 의약품 검색 서비스인 Pillbox와 IBM의 인공지능 컴퓨터 시스템 왓슨이 빅데이터 분석능력을 활용하여 약물정보제공, 정확한 진단과 치료효과 향상에 기여했으며, 국내 국민건강보험공단에서는 빅데이터를 활용한 데이터웨어하우스를 구축하여 본부와 지역본부에서 운영하고 있는 급여 관리시스템, 요양급여비 지급시스템, 건강검진시스템, 의료보호시스템, 자격, 보험료 급여 및 사후 시스템에서 생성되는 데이터를 저장 · 관리 및 보험료 시뮬레이션, 보험료 및 보험급여비 상승 추계 등의 정보를 제공하고 있다.

또한 바이오 분야에서 미국, 유럽, 일본 등 선진국들은 연구 성과물을 NCBI, EMBL, DDBJ 등 바이오 특화 데이터베이스에 체계적으로 저장하는 시스템이 구축되어 있다. 그 결과 많은 양의 빅데이터들이 축적되어 왔고, 후속 연구자들에게 연구기반을 제공하고 있으며, 정보통신 기술의 발달로 스마트 기기를 이용한 개인데이터를 기반으로 개인 맞춤형 서비스 제공이 가능해지고, 축적된 데이터에서 패턴을 분석하여 '정상'과 '비정상' 클래스를 구분할 수 있는 모델을 구축하여 위험 분자나 이상현상을 감지하는 데에 이용되고 있다.

이러한 빅데이터를 이용한 시스템은 나라를 과학기술 강대국으로 만드는 데에 큰 역할을 차지하고 있지만, 우리나라는 보건의료 및 바이오 연구의 결과 데이터에 대한 관리시스템이 아직 체계적으로 구축되지 않고 있다. 특히 보건의료 및 바이오 분야에서 축적된 빅데이터는 국가 과학기술의 경쟁력을 향상시킬 수 있기 때문에 보건의료 및 바이오 데이터가 효과적으로 활용될 수 있도록 체계적으로 수집 · 공유하는 작업이 반드시 필요하다.

보건복지 및 의료 빅데이터의 개인정보와 기밀정보에 대한 보안정책이 마련되어야 할 것이다. 보건복지 및 의료 빅데이터는 개인에 대한 거의 모든 정보가 저장되어 있지만 아직 법 제도는 미비한 상황이다. 빅데이터의 활용도 중요하지만 과다한 개인정보의 유출은 개인 프라이버시 침해 및 사이버 인권침해 같은 범죄에 악용될 수 있다. 따라서 빅데이터로부터 개인을 보호하기 위해 시행되어야 할 것은 특정 개인을 식별하지 못하도록 하는 익명화와 정보접근 및 처리에 대한 통제이다. 그러나 정보접근 및 처리에 대한 통제를 강하게 하면 정보활용이 활성화되지 않기 때문에 보건 복지 빅데이터 '활용과 보호의 균형'에 대한 효과적인 정책이 마련되어야 할 것이다.

수행 내용

재료 · 자료

- IT 분석 및 응용 관련 자료

기기(장비 · 공구)

- 컴퓨터, 문서작성 프로그램, 프린터, 주변기기

안전 · 유의사항

- IT 분석 및 응용 관련 장비의 안전 및 유의사항을 숙지한다.

수행 순서

학습 7

01 바이오 빅데이터 적용사례에 대하여 분석하라.

바이오 빅데이터들을 적용해 환자들을 위해 질병 진단 및 치료에 활용된 사례들이 있다.

1. 미국의 유행성 이하선염 사례

2016~2017년에 걸쳐 미국 보스턴 지역에서 유행성 이하선염(동의어 : 볼거리) 감염이 급증했다. 매사추세츠 주의 공중보건국과 지역 대학 보건서비스의 협력 아래 환자들의 유래 유전체 데이터를 사용해 해당 연구를 진행했다. 브로드 연구소 연구팀은 역학 데이터와 201명의 감염된 환자에게서 유행성 이하선염 전체 유전체 서열을 분석하였으며, 전 세계 연구자들에 의해 시퀀싱되고 공개된 유행성 이하선염 3,646개의 GISAID 데이터베이스 내 존재하는 게놈서열들을 사용했다. 이러한 자료 및 데이터 수집을 바탕으로 실행된 연구는 실시간으로 전염병의 확산을 이해하는 데 큰 도움이 되었으며, 연구자들은 발생원을 찾게 되어 전파되는 경로 및 패턴을 해결함으로써 질병의 심각도 및 백신과 진단에 영향을 줄 수 있는 유전체의 변화를 확인할 수 있었다. 적절한 데이터의 수집과 활용으로 큰 전염병의 유행을 확인할 수 있었으며, 백신개발 부분에 있어서도 크게 도움이 되었다.

2. 미국의 혈우병 환자 네트워크 사례

미국 6개 주의 NIH와 CDC(Centers for Disease Control and Prevention)는 혈우병 감시시스템을 후원하여 해당 주에 거주 중인 혈우병 환자를 모두 식별하고 의료 기록에서 인구통계 및 임상적인 특징에 대해 자세한 정보를 수집하였다. 해당 기록은 6년에 걸쳐 혈우병 환자 3,000명으로부터 발생률 및 치료와 합병증의 결과를 연구할 수 있는 데 도움이 되는 데이터를 사용하게 된다. 그 결과 1975년 미국 혈우병 환자에게 종합적인 치료를 제공할 수 있는 네트워크가 구축되었으며, 표준화된 데이터 수집양식을 사용하여 혈우병을 비롯하여 각종 다양한 혈액장애에 관련해서도 100여 개의 국가에서 데이터를 수집하고 있었다. 이러한 데이터를 바탕으로 가난해 최하위 의료서비스를 받을 수밖에 없는 나라에서도 혈우병 치료 및 생존율이 향상되었음이 증명되기도 하였다. 이렇듯 의료데이터 수집 및 활용은 공공의 이득을 추구하며 진행되는 경우도 많다. 또한 정부차원에서의 지원이 필수적이며 관련 회사들이 협력하여 데이터 수집뿐만 아니라 관련 신약개발까지 나아간다면 더욱 공공의 이득이 활성화될 것이다. 그리고 환자의 데이터 수집과 더불어 개인 정보보호와 보안은 헬스케어 분야에 있어서 시간이 갈수록 매우 중요해지고 있다.

3. 메이요 클리닉(Mayo Clinic) & 헤릭스(Helix) 사례

2020년 초 메이요 클리닉과 캘리포니아 기반의 유전체 회사인 헤릭스와의 파트너십이 시작되었다. 올 1월 9일 메이요 클리닉은 캘리포니아 기반의 유전체 분석회사인 헤릭스와 파트너십을 맺어 의사와 연구원이 건강 상태 모니터링을 목적으로 유전체 데이터 베이스 시스템을 개발하였다. 메이요 클리닉은 해당 파트너십을 맺고 10만 명의 동의된 환자를 모집하여 연구 데이터베이스를 개발하기 위해 유전자 검사를 실행한다. 연구에 활용될 환자 데이터는 10만 명의 환자 각각의 전체 유전체 엑솜(Exome) 맵핑을 통해 예방조치를 취할 수 있는 초기에 사용될 수 있다. 해당 연구는 유방암 및 난소암, 유전성 고 콜레스테롤 혈증 및 유전성 결장 직장암의 한 형태인 린치 증후군과 같은 유전성 질환에 대해 사용될 것이며, 이를 통해 정밀 의료 및 진단을 더욱 향상할 것을 명시했다.

4. 노스쇼어 대학 병원(NorthShore University Health System)

2020년 1월 13일 일리노이 주 기반의 노스쇼어 대학교는 임상 유전학 서비스를 1만 명의 환자에게 제공하기 위해 미국 유전체 분석회사인 Color와의 협력을 시작했다. 1만 명의 환자 테스트 결과에 대해 시퀀싱을 진행하였고, 이러한 검사는 환자의 유방, 결장 직장암 및 심장병 등 특정 질환 발생 여부를 확인하는 데 사용이 된다. 1년 여 간의 시범

프로그램 동안 검사가 무료로 진행되었지만, 그 이후로는 환자들은 175달러 정도를 지불할 예정이다. 노스쇼어에서 제공하는 테스트 결과는 환자치료를 위한 의사결정에 사용될 수 있으며, 환자의 치료에 직접 참여하여 질병예측 및 사전예방을 목표로 한다.

5. 저스틴 오디세이(Justin's Odyssey)

1997년 저스틴 배천 (Justin Vachon)은 희귀 신경장애를 갖고 태어났다. 그가 3살이 되던 해 저수초형성(Hypomyelination)인 펠리제우스-메르츠바하병(Pelizaeus-Merzbacher Disease)을 진단받았다. 그 후 그가 13살이 되었을 때 캐나다 이스턴 온타리오 아동병원(Children's Hospital of Eastern Ontario)의 신경학자들은 현재까지의 알려진 임상적인 질병과 저스틴의 증상이 맞지 않는다는 것을 알았다. 저스틴의 장애를 정확하게 확인하기 위해 전체 엑솜 시퀀싱(Whole Exome Sequencing)을 수행하였고, 2017년 저스틴의 신경장애와 반응하는 유전자인 USP 7(Ubiquitin-specific-processing Protease 7)를 확인할 수 있었다. 또한 해당 유전자를 매치메이커 익스체인지(Matchmaker Exchange)에 증상에 대한 세부 정보를 공유하여 연구자들이 관련된 다른 유전자에 대한 새로운 변화를 확인할 수 있게 되었다. 네덜란드에 거주하는 한 가족과 해당 유전자를 일치시킬 수 있었으며, 호주에서 유전자가 일치된 아이들과 저스틴이 동일한 정도의 증상을 가진 것을 확인한 후 그의 질병을 담당하는 2가지의 변종을 알아냈다. 매치메이커 익스체인지(Matchmaker Exchange)와 유전체 연구 연합조직인 GA4GH(Global Alliance for Genomics and Health)의 노력으로 인프라를 구축하여 희귀 질환 진단율을 높일 수 있었다.

02 데이터 3법 개정과 의료 빅데이터 활용방안에 대하여 분석하라.

1. 데이터 3법 개정 개요

데이터가 4차산업혁명 발전의 주요요소로 부각되고 있어 데이터 활용범위를 확대하기 위한 데이터 규제 완화 및 개인정보보호 규제의 체계를 정비해야 한다. 목적은 개인정보보호 소관부처를 개인정보보호위원회로 일원화하고 중복규제를 없애 개인과 기업이 정보를 활용할 수 있는 폭을 넓히기 위해 추진한다[경과는 국회본회의 통과(2020.1.9.), 개정안 공포(2.4), 시행(8.5)]. 내용은 추가 정보의 결합없이 개인을 식별할 수 없도록 처리된 기명정보 개념을 도입하였다.

2. 주요 개정 내용

〈표 7-8〉 주요개정 내용

개정 사항	세부 내용
개인정보 판단기준 명확화	• 익명정보는 개인정보보호법 적용하지 않음을 명확화
가명정보 개념 도입	• 가명정보로 통계작성, 과학적 연구 공익적 기록 보존 등을 위해 정보주체 동의없이 활용가능
데이터 전문기관을 통한 데이터 간 결합 근거 마련	• 가명정보의 결합은 데이터 전문기관을 통해 기업 또는 기관 간 데이터 결합 허용(전문기관, 정부에서 지정) • 데이터 전문기관은 결합된 데이터를 가명 익명정보 형태로 전달
개인정보 처리자의 책임 강화	• 기명정보 처리나 데이터 결합시 안전조치 의무 부과 및 특정 개인을 알아보는 행위금지
개인정보보호 관련 법률의 유사 중복 규정 정비 및 추진체계 효율화	• 행정안전부, 방송통신위원회와 금융위원회의 개인정보보호 기능을 개인정보 보호위원회로 일원화, 위원회가 컨트롤타워 기능 수행
본인신용정보관리업(Mydata) 도입	• 장보주체가 자기정보를 데이터 보유기관 또는 기업에서 직접 내려받거나, 타 기관 등으로 이동하여 해당정보를 활용하도록 지원하는 Mydata 산업 도입

3. 의료 빅데이터 적용효과

데이터 3법 개정으로 가명정보(비식별 데이터)를 활용하여 개인정보 이용 동의없이 적극적인 의료빅데이터 활용 가능성 확대되었다.

건강보험심사평가원, 질병관리본부, 국민건강보험공단 등 각 기관별로 분산되어 있는 빅데이터를 연계, 통합 후 비식별화하여 민간 연구자에게 제공가능하다.

국내 보건의료 빅데이터는 공공영역과 민간영역에서 각 기관별로 데이터 수집 및 관리하였다. 기간별 분산된 보건의료 데이터의 상호연계 통합 가능한 법, 제도적 기반 부족 등으로 빅데이터 활용이 제한적인 상황이다.

〈표 7-9〉 빅데이터 적용 효과

기 관	데이터	기 능	주요내용
건강보험 심사평가원	임상 의료	저장, 공유, 분석	보건의료 빅데이터 개방시스템을 통해 데이터 통합 및 가공 분석 후 공유
질병 관리본부	임상 의료	저장, 공유	한국인체자원은행 네트워크를 통해 의료자원 데이터 베이스 공유(국립중안인체자원은행, 17개 대학병원 인체자원단위은행 등)
국립보건 연구원	인체 자원	저장, 분석	국립중앙인체자원은행을 통해 건강보험자료 공유서비스를 통한 보건의료 정책 및 학술연구 지원
국민건강 보험공단	임상 의료	저장, 공유, 분석	질병예측정보, 건강보험통계 등 건강보험자료 공유서비스를 통한 보건의료 정책 및 학술연구 지원
대형 종합병원	임상 의료	저장, 공유, 분석	서울아산병원, 아주대병원, 서울성모병원, 가천길병원 등 대형 종합병원의 임상의료데이터 기관별 보유

향후 기관별로 구축된 의료 빅데이터 간 연계 통합으로 제품서비스 등에 의료 빅데이터 활용이 증대될 것으로 예상된다.

〈표 7-10〉 빅데이터 활용사례

분 야	의료 빅데이터 활용사례
개인 맞춤형 의료 · 관리	• 연령별, 지역별, 소득수준별 맞춤형 건강증진/검진서비스, 만성질환 맞춤형 관리 • 개인의 신체상태, 식습관, 생활패턴 등 의료데이터를 활용하여 질병예측 및 예방을 위한 건강관리 예 셀바스 AI(셉비체크업) • 유전정보 분석을 통한 미래발병 가능한 질병 예측 및 병원의료진 추천 • 사업장별(단체), 근로환경별(개인) 건강위해 요소 예측 및 조기경보
의료질과 안전향상	• 유전적 특성에 기반한 약물 효과성 분석, 예측기반 치료 최적화(맞춤약물)
임상 의사결정지원	• 질환별 새로운 학술정보와 치료법 등을 의료진에게 통합 제공 • 영상차료, 유전정보, 투약 및 수술기록 등 데이터를 종합적으로 분석하여 인공지능과 결합하여 임상의사결정지원 예 뷰노(본에이지), 루닛(Scope), IBM(왓슨)

기업, 의료기관 등이 보유한 임상데이터를 결합하여 기업, 연구자들에게 익명화, 표준화 등의 과정을 거쳐 개인 맞춤형 의료, 임상의사결정 지원 등 활용목적에 맞게 제공한다.

기 구축된 빅데이터 활용범위 확대를 통한 빅데이터 기반 제품 · 서비스의 질 개선 및 신규 비즈니스 모델을 발굴한다.

학습 7

4. 시사점

① 가명정보를 활용한 의료 빅데이터 정보공유 및 다양한 개인 맞춤 서비스가 활성화될 것으로 기대된다.

② 의료 빅데이터를 이용하여 연구개발이 가능해짐에 따라 신약개발, 유전체사업 등 관련 분야의 성장전망이 있다.

③ 개인 의료정보를 통한 빅데이터 통합분석으로 정밀의료서비스, 개인 건강관리 진단서비스 등 개인 맞춤 서비스 활성화가 될 전망이다.

④ 장기적으로 의료데이터 활용을 통한 다양한 의료서비스를 통해 경제적 비용이 감소될 것으로 전망한다.

⑤ 빅데이터에 기반한 질병관리, 임상지원, 보건복지 등 의료서비스 제공을 통한 진료업무 효율 증가와 환자가 부담하는 의료비의 절감효과가 발생할 것으로 예상된다.

⑥ 유전정보 등 민감정보에 관한 안전한 의료 빅데이터 활용방안을 모색한다.

⑦ 민감정보의 안전한 활용을 위한 가이드라인을 마련하고, 의료 빅데이터 활용의 윤리적 책임의식 강화 및 사회적 공감대 형성이 필요하다.

03 한국과 해외 주요국의 빅데이터 정책에 대하여 분석하라.

1. 한국의 빅데이터 정책

보건복지부 등 8개 부처는 연간 4조원 이상의 R&D 투자를 골자로 하는 '바이오 헬스 산업 혁신 전략'을 수립하였으며, 4차산업혁명위원회 내 헬스케어특별위원회 역시 헬스케어 빅데이터 활용방안을 마련하였다.

국내 헬스케어 산업의 육성과 글로벌 경쟁에 대응하기 위해서는 제도적 보완을 통해 민간부문의 적극적인 진출환경 조성이 필요하다.

국내 의료기관별 상이한 전자의무기록 체계로 헬스케어 데이터의 표준성이 결여되어 정보수집이 곤란하다. 병원이 데이터 표준화를 실시할 인센티브가 없고, 고객을 다른 병원에 빼앗길 우려가 있어 데이터 표준화를 기피하고 있다. 그러므로 헬스케어 데이터의 개인정보를 보호할 법률 입안이 필요하다. 개인정보 관련 현행 법제는 '건강정보'를 정의하지 못하여, 별도의 개인건강정보 보호에 관한 제도적 보완이 필요하다.

해외의 개인건강정보 보호 법제화 사례는 미국의 건강보험 정보의 이전 및 그 책임에 관한 법률, 일본의 차세대 의료기반법 등이다.

국가 차원의 다양한 의료 빅데이터의 체계적 수립 방안 마련 외에도 민간 영역에서 활용 가능한 데이터 표준화 및 교류방안이 절실한 실정이다.

〈표 7-11〉 정부의 헬스케어 빅데이터 관련 정책

구 분	주요 내용
바이오헬스 산업 혁신 전략 (보건복지부 외)	데이터 중심 병원을 통한 빅데이터 구축, 공공기관이 보유한 빅데이터 개방 · 활용 등
	빅데이터 표준화 병원선정 등
	빅데이터 표준화 및 분석결과 거래시스템 구축 등
헬스케어 빅데이터 생산 · 관리 시범체계 운영 프로젝트 (헬스케어특별위원회)	헬스케어 빅데이터 쇼케이스 사업 (건강 · 의료 · 유전체 데이터를 정부통합전산센터 내 보관하여 학계 · 연구계 · 의료계 · 산업계의 데이터 표준화 연구에 활용)
	표준화기술 개발 (유전체 저장기술, 유전체 압축 표준 등 마련)

자료 : 헬스케어특별위원회('18.12.10), 4차 산업혁명 기반 헬스케어 발전전략

학습 7

2. 주요 국가의 빅데이터 정책

해외 주요 국가의 경우 헬스케어 산업의 패러다임 변화에 대응하여 국가차원은 물론 민간차원에서도 관련 빅데이터 분석 · 활용에 박차를 가하고 있다.

1) 미국 공공영역

미국 공공영역에서 정부 주도의 공공캠페인을 전개하고 있다. 'All of US' 프로젝트를 통해 10년간 100만 명의 데이터를 기부 받아 유전자 정보, 생체 정보, 전자의무기록 수집하고 있다.

정보 주체 중심 데이터, 온라인을 통해 본인 관련 정보를 다운로드 받을 수 있도록 하는 캠페인인 마이데이터 캠페인을 의료분야에 적용하여 온라인을 통해 본인의 의료 및 건강 기록을 다운로드 받아 모바일 앱과 의료서비스에 연동하고자 신의 데이터를 연구 프로그램에 기부할 수 있도록 하는 국가 계획인 Blue Button사업을 실시하고 있다.

2) 미국 민간영역

미국 민간영역의 민간기업을 중심으로 데이터 수집 및 분석결과 활용하고 있다. 즉 민간

유전체 검사 기업(23andMe)은 개인의 DNA를 통해 질병 위험도, 혈통, 건강 수준, 유전병 유무 등을 제공하고 있다.

IBM은 의료인공지능 'IBM Watson'을 개발하여 Watson for Oncology(암 환자 진료), Watson for Genomics(유전체 분석), Watson for Clinical Trial Matching(임상시험 환자 매칭) 등의 인공지능 서비스를 병원에 제공하고 있다.

3) 영국 공공영역

영국 공공영역은 국가보건서비스(NHS) 주도의 국가 정책을 수립하고 있다. 즉 생체자원은행(Biobank)을 통해 대량의 생체자원을 수집 · 관리하고 '10만 게놈 프로젝트'를 통해 NHS 소속 13개 유전체의학센터에서 임상정보 수집 및 분석결과에 따른 조치를 하고 있다.

예를 들어 암 환자의 유전자 검사를 통해 발병 가능한 유전자 발견 및 유전자 변이와 희귀 질환 연관성을 입증한다.

4) 캐나다 민간영역

캐나다 민간영역에서 온타리오 병원은 미숙아 모니터링 시스템으로 미숙아의 질병 감염 예측하고 있다. 일 9,000만 건의 생리학 데이터를 수집하여 질병과의 상관성을 분석하고, 일반 병원보다 평균적으로 24시간 먼저 감염 사실을 진단하고 있다.

5) 중국 민간영역

중국 민간영역에서 모바일 의료 플랫폼 핑안하오이셩(平安好医生)은 인공지능 기반 한방치료 서비스를 제공한다. 방대한 중국 전통 의학 서적과 사례를 인공지능이 분석하고, 유명 중의학 연구기관과 연합하여 간편 문진시스템을 개발하였다.

〈표 7-12〉 각국의 헬스케어 빅데이터 관련 정책

구 분	주요 내용
미 국	'新미국혁신전략' 및 '정밀의료 이니셔티브'를 발표하며 헬스케어를 국가 우선 과제로 선정
영 국	생명과학에 관한 전략을 발표하고, 대규모 유전체 분석 프로젝트 추진
일 본	건강수명연장전략을 포함하는 '미래투자전략 2017'을 발표하고, '신산업구조비전' 보고서에서 건강 · 의료 · 간병 분야를 전략분야로 제시
중 국	차세대 성장 동력으로 바이오의약 및 고성능 의료기기를 선정하고, '정밀의료 발전계획'을 수립하여 유전체 분석 프로젝트 착수

자료 : 헬스케어특별위원회('18.12.10), 4차 산업혁명 기반 헬스케어 발전전략

학습활동.7 교수 · 학습 방법

교수 방법

- 빅데이터 기술 및 응용에 대한 관련 용어, 구성, 방식 이해 정도를 파악한 후 수업을 진행한다.
- 교수자의 주도로 빅데이터 기술 및 응용 등의 내용을 PPT 자료로 제시한 후 설명한다.
- 가능하면 사전에 개인별 학습 자료를 준비하여 모든 학생이 참여할 수 있는 문제 해결식 수업, 협력 수업이 가능하도록 한다.
- 빅데이터 기술 및 응용 전 과정을 작업의 순서에 따라 단계적으로 실습이 이루어질 수 있도록 지도한다.
- 교재를 통해 수업을 준비하는데 있어서 필요한 모든 정보나 팁, 힌트 등 도움이 될 만한 내용들을 확인할 수 있다.
- 학생들이 만들게 될 각 모델들은 수업시간에 중점적으로 다뤄질 부분과 어휘, 질문, 답을 포함하고 있으며 또한 탐구할만한 추가적인 아이디어들도 포함하고 있다.

학습 방법

- 빅데이터 기술 및 응용에 대한 관련 용어를 숙지하고, 빅데이터 기술 및 응용에 대해 이해한다.
- 빅데이터 기술 및 응용의 각 단계별 중점 사항을 체계적으로 학습한다.
- 빅데이터 기술 및 응용의 수행순서의 전 과정을 실습한다.
- 빅데이터 기술 및 응용의 내용을 이해한다.
- 빅데이터 기술 및 응용을 이해하고 숙달이 될 때까지 학습한다.

학습활동.7 평가 및 피드백

평가 준거

- 평가자는 피평가자가 수행 준거 및 평가 내용에 제시되어 있는 내용을 성공적으로 수행할 수 있는 지를 평가해야 한다.

학습내용	평가항목	성취수준		
		상	중	하
빅데이터 기술 및 응용	빅데이터 기술 및 응용을 이해할 수 있다.			

학습
7

평가 방법

- 작업 포트폴리오

학습내용	평가항목	성취수준		
		상	중	하
빅데이터 기술 및 응용	빅데이터 기술 및 응용을 이해할 수 있다.			

- 필기시험

학습내용	평가항목	성취수준		
		상	중	하
빅데이터 기술 및 응용	빅데이터 기술 및 응용을 이해할 수 있다.			

- 체크리스트를 통한 관찰

학습내용	평가항목	성취수준		
		상	중	하
빅데이터 기술 및 응용	빅데이터 기술 및 응용을 이해할 수 있다.			

- 피드백

1. 작업 포트폴리오
   - 제출한 보고서를 평가한 후 주요 사항에 대하여 표시하여 돌려준다.
2. 필기시험
   - 평가 결과 성적이 저조한 학생은 보고서 제출 기회를 부여한다.
3. 체크리스트를 통한 관찰
   - 실습 과정에서 평가한 후 개선해야 할 사항 등을 정리하여 돌려둔다.

참 | 고 | 문 | 헌

- 김주한, 빅데이터 기반의 개인 맞춤의료 서비스, BioINpro 13호, 2015.
- 김태형, 데이터가 생명을 살린다, 바이오협회, 2020.6.
- 문유정 · 강지민, 데이터 3법개정과 의료빅데이터 활용방안, 경기도경제과학진흥원, 2002.3.16.
- 민기영 · 김경민 외, 2019 데이터산업 백서, 한국데잍산업진흥원, 2019.9.30.
- 박세환, 보건의료 빅데이터 활용 의료산업 동향, HIRA 빅데이터 브리프
- 박소영, 중국의 빅데이터 시장 트랜드와 시사점, 국제무역통산연구원, 2020.11.
- 박재은, 헬스케어 분야에서의 빅데이터 활용 동향, KDB산업은행, 2019.10.28.
- 박찬호 · 이장우, 인공지능 헬스케어 산업의 실용화 동향, 정보통신기획평가원, 2020.6.17.
- 송윤섭 · 김영남, 4차산업혁명을 이끈 보건 의료 빅데이터의 활용과 전망, 한국멀티미디어화괴 제21권, 제4호, 2017.12.
- 스마트 헬스케어 유망시장 동향 및 진출전략, KOTRA, 2019,10.
- 스마트 헬스케어 의료기기 기술, 표준 전략 보고서, 식품의약품안전평가원, 2018.8.
- 이승관, 글로벌 디지털 헬스케어 기술동향과 과제, IITA, 2017.12.13.
- 프로스트 앤 설리번, Global Digital Health Outlook(2020), 2019.8.
- Combining genomics and epidemiology to track mumps virus transmission in the United States, PLOS Biology, 2020, https://doi.org/10.1371/journal.pbio.3000611
- Data-sharing brings hope to rare disease patients around the globe, https://www.ga4gh.org/news/data-sharing-brings-hope-to-rare-disease-patients-around-the-globe/
- Mayo Clinic to sequence 100K participants to build genomic database for improved care and research in collaboration with Helix, https://newsnetwork.mayoclinic.org/discussion/mayo-clinicto-sequence-100k-participants-to-build-genomic-database-for-improved-care-and-research-incollaboration-with-helix/
- Public health surveillance and data collection: general principles and impact on hemophilia care, Hematology, https://doi.org/10.1179/102453312X13336169156537, 2012.
- Through partnership with Color, 10K NorthShore patients will get whole genome sequencing. https://medcitynews.com/2019/01/color-northshore/

학습 1	4차산업 기술 및 응용
학습 2	의료기기 기술 및 응용
학습 3	의료용 로봇 기술 및 응용
학습 4	스마트 헬스케어 기술 및 응용
학습 5	디지털 치료제 기술 및 응용
학습 6	인공지능 기술 및 응용
학습 7	빅데이터 기술 및 응용
학습 8	**사물인터넷 기술 및 응용**
학습 9	5G 네트워크 기술 및 응용
학습 10	디지털 콘텐츠 기술 및 응용
학습 11	디지털 트윈 기술 및 응용
학습 12	블록체인 기술 및 응용
학습 13	메타버스 기술 및 응용

학습 목표

1. 지능형 사물인터넷 기술 및 응용을 이해할 수 있다.

8-1 사물인터넷 기술의 개요

1. 사물인터넷의 개념

사물인터넷(IoT : Internet of Things)은 사람, 사물, 공간, 데이터 등 모든 것이 인터넷으로 서로 연결되어 정보가 생성 · 수집 · 공유 · 활용되는 초연결 인터넷이다. 모바일 기반에서 IoT, 클라우드(Cloud), 빅데이터(Big Data)가 연계된 새로운 가치와 서비스를 창출한다.

사물인터넷(IoT : Internet of Things)은 이미 존재하거나 향후 등장할 상호 운용 가능한 정보통신 기술(센서 · 상황인지 기술, 통신 · 네트워크 기술, 칩 디바이스 기술, 경량 임베디드 네트워크 기술, 자율적 · 지능형 플랫폼 기술, 대량의 데이터를 처리하는 빅데이터 기술, 데이터 마이닝 기술, 사용자 중심의 응용서비스 기술, 웹서비스 기술, 보안 · 프라이버시 보호 기술 등)을 활용하여 다양한 실재(實在) 및 가상 사물 간의 상호 연결을 통해서 진보된 서비스를 제공할 수 있게 하는 글로벌 인프라 스트럭처이다.

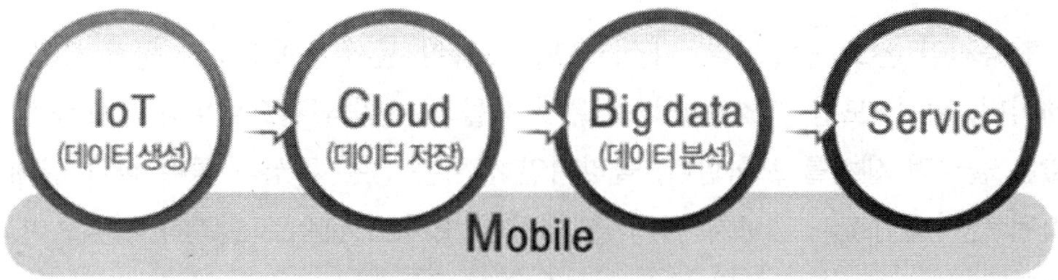

[그림 8-1] 사물인터넷의 서비스

2. 사물인터넷 구현 기술요소

사물인터넷을 구현하기 위한 기술요소는 스마트 디바이스, 진화된 네트워크, 클라우드 컴퓨팅, 빅데이터 분석이 필요하다.

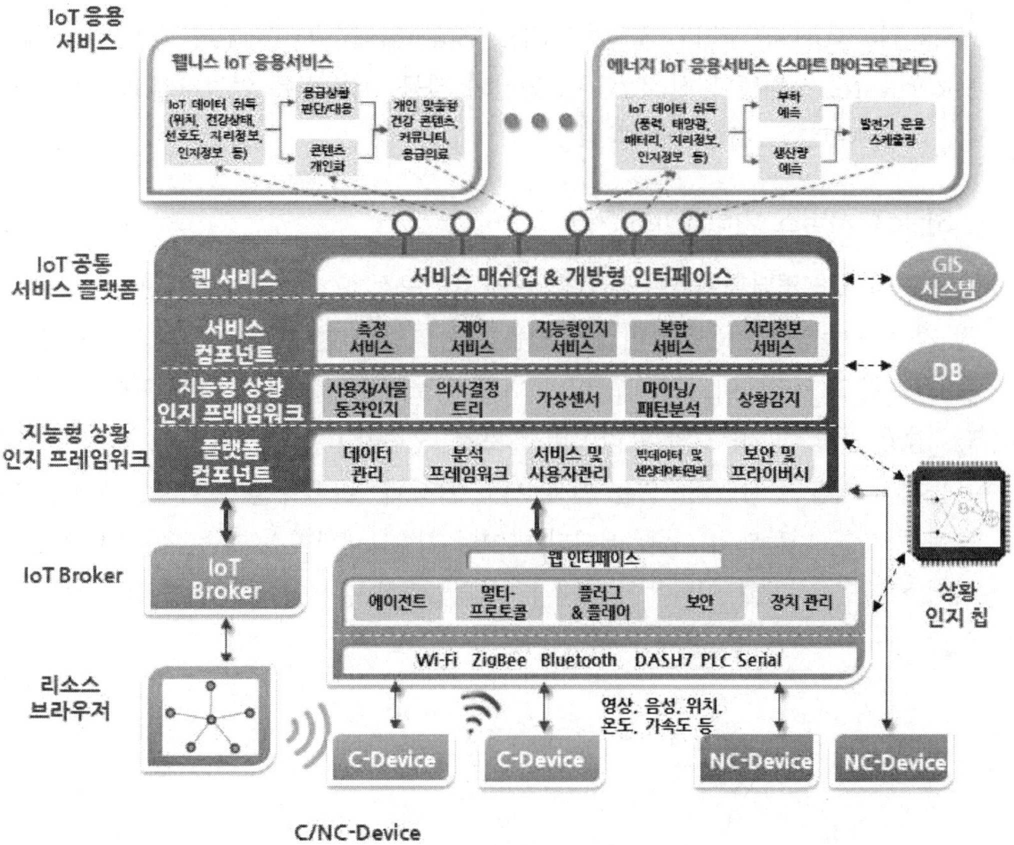

[그림 8-2] 지능형 사물인터넷 플랫폼

3. IoT의 주요 기술

1) 센싱 기술

전통적인 온도, 습도, 열, 가스, 조도, 초음파 센서 등에서부터 원격 감지, SAR, 레이더, 위치, 모션, 영상 센서 등 유형 사물과 주위 환경으로부터 정보를 얻을 수 있는 물리적 센서를 포함한다. 물리적인 센서는 응용 특성을 좋게 하기 위해 표준화된 인터페이스와 정보처리능력을 내장한 스마트 센서로 발전하고 있으며, 또한 이미 센싱한 데이터로부터 특정 정보를 추출하는 가상 센싱 기능도 포함되며 가상 센싱 기술은 실제 IoT 서비스 인터페이스에 구현한다. 기존의 독립적이고 개별적인 센서보다 한 차원 높은 다중(다분야) 센서기술을 사용하기 때문에 한층 더 지능적이고 고차원적인 정보를 추출할 수 있다.

2) 유무선 통신 및 네트워크 인프라 기술

IoT의 유무선 통신 및 네트워크 장치로는 기존의 WPAN(Wireless Personal Area Networks), WiFi, 3G/4G/LTE, Bluetooth, Ethernet, BcN, 위성통신, Microware, 시리얼 통신, PLC 등 인간과 사물, 서비스를 연결시킬 수 있는 모든 유·무선 네트워크를 의미한다.

3) IoT 서비스 인터페이스 기술

IoT 서비스 인터페이스는 IoT의 주요 3대 구성 요소(인간·사물·서비스)를 특정 기능을 수행하는 응용서비스와 연동하는 역할을 한다. IoT 서비스 인터페이스는 네트워크 인터페이스의 개념이 아니라 정보를 센싱, 가공/추출/처리, 저장, 판단, 상황 인식, 인지, 보안/프라이버시 보호, 인증/인가, 디스커버리, 객체 정형화, 온톨러지 기반의 시맨틱, 오픈 센서 API, 가상화, 위치확인, 프로세스 관리, 오픈 플랫폼 기술, 미들웨어 기술, 데이터 마이닝 기술, 웹서비스 기술, 소셜네트워크 등 서비스 제공을 위해 인터페이스(저장, 처리, 변환 등) 역할을 수행한다.

8-2 사물인터넷 기술의 응용

1. 의료용 사물인터넷 분야 응용

의료 사물인터넷(IoMT : Internet of Medical Things) 개념은 개인의 건강과 의료에 관한 정보, 기기, 시스템, 플랫폼을 다루는 분야로서 각종 의료 관련 사물에 센서와 통신기능을 내장하여 인터넷에 항상 연결된(Connected) 환경에서 개인맞춤형 건강관리 서비스 기술이다(여기에서 사물은 웨어러블 디바이스를 비롯한 가전제품, 모바일 장치 등 다양한 사물을 지칭한다). 의료기기 데이터 및 연결성을 지원하는 시스템 및 소프트웨어의 발전과 함께 연결된 의료기기 수가 증가하면서 IoMT가 탄생했다.

웨어러블 및 연결된 이식형 의료기기, 원격 건강 모니터링 기기를 통해 중요한 데이터를 환자의 집에서 병원이나 임상의에게 직접 전송할 수 있다. 또한 이러한 장치의 활용으로 상당한 비용 절감 및 운영 효율성을 위한 잠재적 문제를 감시하고 사전 예방적 처리도 가능하다.

보건의료 IoMT의 주요 목표는 항상 연결된(Connected) 환경에서 개인 맞춤형 건강관리 서비스를 제공하는 것이다. 개인이 소유한 모바일 및 웨어러블 기기나 클라우드 병원정보시스템 등에서 확보된 데이터를 기반으로 개인중심의 건강관리생태계를 구축한다. 개인의 생활습관, 신체검진, 의료이용정보, 질병 이력, 유전체정보 등 다양한 유형의 데이터를 포괄한다.

[그림 8-3] IoMT의 개념도

보건의료 IoT의 핵심은 환자의 증상 및 치료 관리 현황을 꾸준히 모니터링해 공백이 발생하지 않도록 하는 것이다. 환자 스스로가 본인의 의료상황을 관리하고 의료진이 더 쉽고 편리하게 환자의 치료 및 재활상황을 파악할 수 있는 기틀을 마련한다.

의료데이터를 통합 및 분석하는 수준을 넘어, 환자의 삶의 질을 높이고 환자중심의 의료가치를 실현하기 위한 수단으로 활용되는 추세이다.

IoMT 기기에는 연결된 통신기능을 처리할 수 있는 헬스케어 전용 웨어러블 외에도 스마트폰, 태블릿, 가전제품, 차량, 모터, 센서 등 다양한 장치들이 포함한다.

5G 기술의 발전에 따른 무선 네트워크 인프라의 향상으로 연결성이 강화되고 하드웨어 비용 하락에 따른 IoT 기능 의료기기의 채택이 증가하고 있다.

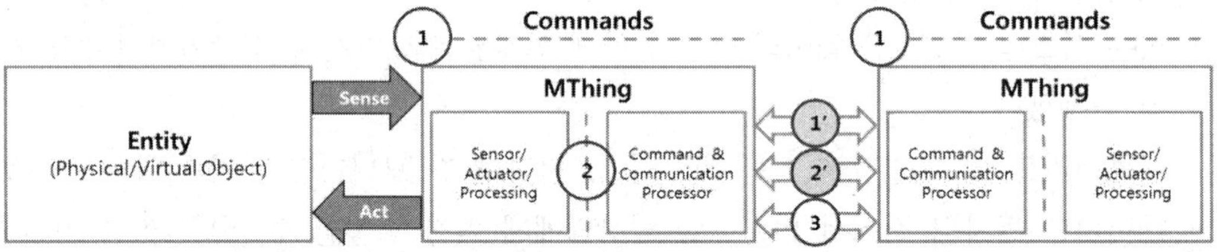

[그림 8-4] IoMT 인터페이스

〈표 8-1〉 IoMT 서비스의 활용 방안

서비스	현재 서비스의 문제점	해결방안 및 주요 내용
일반 건강 관리	• 지속적인 동기 부여 미미 • 측정된 운동량의 단순 수치화 및 단조로운 서비스(운동량/수면패턴)	• 확실한 보상 지급을 통한 지속적인 동기 부여 (포인트 지급/보험사와의 연계 등) • 단일 디바이스를 통한 건강정보 통합 센싱 및 개인 맞춤형 콘텐츠 제공
만성 질환 관리	• 고정된 기기를 통한 단발성 건강 수치 측정 • 체계적 데이터 관리 부재 • 질환자 개별에 대한 피드백 부재	• 웨어러블 디바이스를 이용한 상시 모니터링 • 개인 맞춤형 운동/식이/복약 정보 제공 • 체계적 목표 제공 및 달성도 확인
특수 직업군 건강 관리	• 직업에 따른 만성 질환 경험 • 단순 진료를 통한 건강관리 • 특화된 기술, 시스템의 부재	• 생체정보를 통한 체계적인 건강관리 • 직업 특화 콘텐츠/시스템 제공
청소년 비만 관리 및 체력 증진	• 기반시스템 부족에 따른 지속적인 관리가 어려움 • 개인 맞춤형 관리가 어려움	• 웨어러블 디바이스를 활용한 체계적인 서비스 제공 및 관리시스템 구축 • PAPS 데이터 활용으로 맞춤형 서비스제공
응급 상황 알림	• 응급상황 초기 대처가 어려움 • 평상시 체계적인 관리 부족 • 한정된 상황에 대한 알림 제공	• 119 연계를 통한 초기 대응 • 시공간을 초월한 통합 정보수집을 통한 안전관리 제공 • 보호자 긴급 알림서비스 제공
글로벌 협진	• 화상회의 중심 • 환자의 단발성 정보에만 의존	• 해외 거주 환자에 대한 상시 모니터링 가능 • 선진 의료기술 공유를 통한 의료효과 증대

최근에는 스마트홈 및 커넥티드 차량 등 IoT 애플리케이션에 대한 소비자 인지도 상승으로 인해 IoT의 한 분야인 IoMT에 대한 선호도가 증가하고 있다.

인구 고령화, 건강관리 비용 증가, 숙련된 의료인력 부족 등의 문제 해결을 위한 디지털 헬스케어 솔루션 보급 정책의 영향으로 IoMT 솔루션 배포 수요가 확대될 것으로 기대한다.

8-3 사물인터넷 기술의 미래

1. 헬스분야의 지능형 IoT 현황

AI가 없더라도 센서를 사용하여 환자의 혈압을 수집하고 기록할 수 있으며 체온 및 의료장비와 같은 정보를 HIS(Hospital Information System) 시스템으로 전송함으로써 비교적 간단하게 적용할 수 있다. 하지만 빅데이터, 딥러닝, 지능로봇 등 신기술의 도움으로 의료용 사물인터넷은 더 이상 단순한 데이터 수집과 전송에 그치지 않고 원격의료 및 병원의 지능화를 개선시키고 있다.

헬스케어 분야에서 AIoT를 적용한 AIoMT(Artificial Intelligence of Medical Things)를 통해서 의료관리의 자동화를 꾀하고 의료자원을 효과적으로 확장하며 원격지능형 치료, 지능형 진단 및 치료 등의 연구를 촉진할 수 있다.

원격지능형 치료는 환자는 바이탈 측정장치를 착용하여 혈압, 심박수, 체온, 맥박 등을 수집하고 이를 모바일 네트워크를 통해 실시간으로 IoT 플랫폼에 전송한다. 그런 다음 애플리케이션 서버는 데이터를 처리 및 분석하고 지표의 다양한 값 범위를 판단하여 설정값을 초과하면 시스템이 자동으로 의료진에게 문자메시지 알람을 보내게 된다. 이미 애플워치와 갤럭시워치로 심장마비로 인한 응급 상황을 대처한 사례들이 늘어나고 있다.

AIoMT는 기준값 초과에 대한 알람기능으로 끝나지 않고 전문 의학적 지식을 학습하여 의사의 사고 및 진단 추론 시뮬레이션을 통해 진단 및 치료를 수행할 수 있으며, 환자의 장기 건강 모니터링 데이터를 분석하여 환자에게 다른 잠재적 증상이 있는지 확인할 수 있게 된다.

환자는 집에 있는 컴퓨터로 원격치료 전문가와 상담하고, 환자의 일상생활의 라이프 로그(Life Log) 데이터를 수집하여 기계학습이 된 '전문가' 컴퓨터를 통해 전문적인 진단 및 치료 프로그램을 제공받을 수 있다.

이는 병원 검사로 감지가 불가능했던 생활속에서의 미세한 변화를 AIoMT를 통해 감지해냄으로써 병의 근원을 밝혀내는데 도움이 된다. 한편 코로나19 팬데믹 장기화로 육체적 · 정신적인 피로 누적이 증가하고 있고, 이로 인한 의료인의 이탈이 사회문제가 되는 현 상황에서 부족한 의료자원 문제를 해결하고 재택치료를 활성화함으로써 제한된 의료자원을 효과적으로 운용하는데 도움이 될 수 있다.

2. IoT의 미래

IoT 분야의 사업화를 위한 인공지능의 도입이 자연스러운 흐름으로 인식되면서 AIoT가 새로운 산업으로 주목받고 있다. 기존의 연결형 IoT에 기계학습 알고리즘 기반의 데이터 분석을 통해 비지니즈 프로세스의 최적화로 생산성 향상을 추구하고 있기 때문이다.

AIoT 기술에 클라우드 기술과 DX로의 비즈니스 트렌드가 반영되면서 물리적 공간과 가상공간의 연결로 디지털 트윈을 구현해내고 있으며, 모든 산업영역에서 그 활용성과 효율성이 검증되고 있다.

앞으로는 산업적으로 임베디드 AI 단말의 확대와 5G mMTC 기술의 상용화로 더 많은 IoT 단말이 5G 네트워크에 연결될 것이다. 또한 보안분야에서는 단말, 네트워크, 클라우드에 각각 AI 보안 알고리즘이 적용될 것이며 데이터 위변조 방지를 위한 블록체인 기술을 통해 보다 안전한 연결성을 보장받게 될 것이다. 자동 혹은 자율적 행위를 제공하는 로봇과 자율주행차 기술에 융합되어 제조, 물류, 유통, 헬스케어, 공공, 건설, 자동차 분야 등 다양한 산업에 AIoT가 기본적으로 적용되면 생산성 향상을 이룰 수 있을 것이다.

다른 한편으로는 인공지능 확대에 따른 노동시장의 축소와 소득 양극화 등 부정적 요인으로 인해 또 다른 사회적 변혁을 이 사회에 요구하게 될 것이고, 이러한 문제를 극복하는 시도로 메타버스와 같은 또 다른 가상의 세계관을 통한 새로운 경제가 출현하고 활성화되는 것을 경험하게 될 것이다.

3. AIoT 기술의 미래

일반적으로 IoT 기술의 범위는 디바이스, 플랫폼, 서비스, 네트워킹으로 구분할 수 있다.

AIoT는 IoT와 AI가 결합하여 지능화된 서비스를 자율적으로 제공하는 제반 인프라 및 융복합 기술로 발전할 것으로 예상된다.

현재 주요 기업과 미래학자들은 데이터의 효율적인 처리를 위해 클라우드에서 에지로 패러다임 변화를 강조하고 있다. 또한 인공지능 처리를 위한 CPU가 탑재한 지능형 MCU가 속속 개발되고 있어 향후 디바이스가 스스로 연결되어 스스로 인식·판단하고 행동하는 시대가 올 것으로 예견되고 있다.

IoT도 AI와 결합하여 과거의 연결형(Connectivity) IoT에서 지능형(Intelligence) IoT를 거쳐 자율형(Autonomy) IoT로 발전할 전망이다. 최근 IoT의 핵심 이슈는 자율형 IoT, 데이터/AI 커먼즈, 디지털 지능 트윈이다.

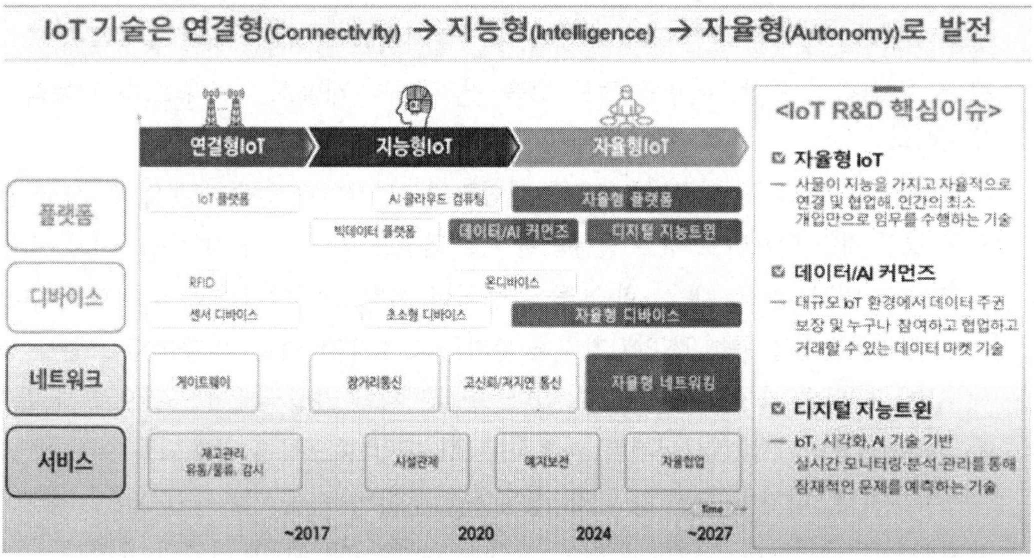

[그림 8-5] AIoT 기술발전 전망과 핵심이슈

출처 : IITP, 「ICT R&D 기술로드맵 2025」 온라인 공청회-사물인터넷 분야, 2020. 7. 27.

[그림 8-5]은 AIoT의 기술발전 전망과 핵심이슈를 나타낸다. 자율형 IoT는 사물이 지능을 가지고 자율적으로 연결 및 협업하여 인간의 최소 개입만으로 임무를 수행하는 기술이고, 데이터/AI 커먼즈는 대규모 IoT 환경에서 데이터 주권 보장 및 누구나 참여하고 협업하고 거래할 수 있는 데이터 마켓 기술이다. 마지막으로 디지털 지능 트윈은 IoT, 시각화, AI 기술 기반 실시간 모니터링·분석·관리를 통해 잠재적인 문제를 예측하는 기술이다.

기술과 서비스 측면에서 현재와 앞으로의 추진방향을 예상하면 기술은 자율형 IoT 기술로, 서비스는 사람의 개입이 최소화된 서비스로 발전할 것으로 예상된다.

국내에서는 미래 차세대 IoT 기술의 핵심 융합분야인 AI와 5G 관련 융합기술 개발을 통해 신기술 선점을 목표로 자율형 IoT 기술개발(AI)과 5G 기반 IoT 신규 기술개발(네트워크)을 추진하고 있다.

자율형 IoT 기술개발은 사물간 상호연결과 자율적 판단 및 제어를 할 수 있는 자율형 IoT로 진화 및 성장 기반을 마련하기 위한 것이다. 이는 가정, 농어촌, 건물 등에서 사물들이 상호연결을 하는 ICT 인프라 구축, 자율적으로 판단하고 제어하는 지능형 플랫폼으로 진화, 자율형 IoT 서비스 개발 및 발굴을 통한 자율형 IoT 시장 선도를 주 내용으로 한다.

5G 기반 IoT 신규 기술개발은 5G 기반 초저지연 · 고신뢰, 초고속 · 대용량 IoT 플랫폼 기술 확보 및 핵심기술 신규개발을 하기 위한 것으로, 5G-IoT 환경에서 고신뢰 · 저지연 처리를 위한 플랫폼 개발, 5G 초저지연 특성으로 IoT 플랫폼의 안전화 및 실시간성 보장, 대용량 정보 고속 처리 기술 개발로 IoT의 고속 지능화가 목표이다.

결국은 IoT는 최근 인공지능(AI)과 결합하며 그 가치가 상승하고 있다. 사물 간의 연결성 지원 인프라로 주로 활용되던 기존의 IoT 기술이 각 사물이 스스로 지능을 가지고 인지, 판단, 대응, 학습 등 지능화된 서비스로 발전하고 있기 때문이다.

AI가 의사결정을 통해 IoT에 가치를 추가하고, IoT가 연결 및 데이터 교환을 통해 AI에 또 다른 가치를 추가할 수 있다. 현실세계와 가상세계의 융합으로 대표되는 4차산업혁명에서 현실세계를 대표하는 AIoT의 중요성이 강조되는 이유이다.

스마트시티, 디지털 트윈 등 미래 성장동력 분야의 핵심 인프라인 AIoT 시장이 세계적으로 급격하게 성장하고 있는 현실을 감안할 때 AIoT 산업의 육성과 함께 관련 미래기술에 대한 투자가 필요하다. 또한 AIoT 관련 별도의 제정법을 만들어 산재되어 있는 지원 근거를 모으고, 정책적 지원을 유기적으로 연계하여 체계적이고 효율적인 산업진흥을 추진해야 할 필요가 있다.

수행 내용

재료 · 자료

- IT 분석 및 응용 관련 자료

기기(장비 · 공구)

- 컴퓨터, 문서작성 프로그램, 프린터, 주변기기

안전 · 유의사항

- IT 분석 및 응용 관련 장비의 안전 및 유의사항을 숙지한다.

수행 순서

01 착용 디바이스 요소기술에 대하여 분석하라.

학습 8

1. 액세서리형 웨어러블 디바이스

〈표 8-2〉 액세서리형 웨어러블 디바이스 관련 요소기술

항 목	분 류	요소기술
액세서리형 웨어러블 디바이스	실감 증강정보 표현이 가능한 스마트 안경	초소형/정밀 비전 센서기술, 박막형 See-through 디스플레이 기술, 시점 · 초점 기반 UI기술, 디바이스 협업 및 UI/UX 기술, 초소형/고용량 배터리 기술, 저전력 SoC 기술, 소셜 기반 디바이스 협업을 통한 집단지성 증강기술
	스마트 안경을 위한 박막형 See-through 디스플레이 기술	박막형 See-through 디스플레이 기술, 센서 일체형 디스플레이 기술
	작업환경 지원 스마트 헬멧/글러브기술 개발	스마트 헬멧기술, 스마트 글러브기술
	개인정보 기반 서비스 지원 스마트 워치	착용형 개인정보 인증기술, 손목시계형 단말 UI/UX기술, 초경량/초박형 Thin 웨어러블 단말기술, 초소형/고용량 배터리 기술, 저전력 SoC 기술

항 목	분 류	요소기술
	PAN 무선접속기술	HMD/AP 무선 전송기술, HDMI over Wi-Fi 기술
	형태 변형에 따라 기능이 변하는 착용형 단말기술	형태 변형 단말기술, 형태 변형인식 기술, 형태 변형기반 UI/UX 기술

출처 : 미래창조과학부 차세대 스마트 디바이스 코리아 2020

2. 신체 부착형 디바이스

〈표 8-3〉 신체 부착형 디바이스 관련 요소기술

항 목	분 류	요소기술
신체 부착형 디바이스	무구속 · 무자각 신체 부착형 웨어러블 플랫폼 기술	고분자 회로 Board 및 플랫폼 기술, 전자소자(MCU, 센서) 패키징 기술, 안테나 및 통신기술, 소재 및 탈부착 기술
	개인 의료 라이프로깅을 통한 건강상태 모니터링 디바이스	정보수집을 위한 부착형 단말기술, 웨어러블 모바일 사용자 인지 보조기술, 개인정보 보장을 위한 퍼스널 데이터 단말기술, 개인 의료 라이프로깅을 통한 건강 상태 모니터링 및 예측기술

출처 : 미래창조과학부 차세대 스마트 디바이스 코리아 2020

3. 스마트 의류

〈표 8-4〉 스마트 의류 관련 요소기술

항 목	분 류	요소기술
스마트 의류	직물형 시스템(SoT : System-On-Textile) 기반 스마트 의류	SoT 기술, 상황기반 색/무늬 변화기술, 모션인식 의류기술, 의류 디스플레이
	전투수행 능력 향상을 위한 웨어러블 군용 디바이스 기술	병사 생체신호 센싱기술, 몸 동작 센싱기술, 부상 부위 센싱기술, 스마트 입출력 지원 군복기술

출처 : 미래창조과학부 차세대 스마트 디바이스 코리아 2020

4. HMD

〈표 8-5〉 HMD 관련 요소기술

항 목	분 류	요소기술
HMD	PAN 무선 접속기술	HMD/AP 무선 전송기술, HDMI over Wi-Fi 기술
	실감형 UI/UX 기술	시선 추적 제스처 인식

출처 : 미래창조과학부 차세대 스마트 디바이스 코리아 2020

02 의료 및 바이오분야의 스마트 센서 동향에 대하여 분석하라.

바이오센서의 응용분야는 의료(임상진단), 제약, 환경, 식품, 군사, 연구, 농사, 축산품, 어업, 수산물 등으로 구분한다. 최근 수요가 가장 많은 분야는 의료부문이며, 바이오센서를 사용하게 되면 자유로운 이동과 즉각적인 감지가 가능하다.

① 의료분야 중에서도 환자 곁에서 질병의 정도를 신속하게 알려줄 수 있는 POC (Point-Of-Care)용 바이오센서가 가장 시장점유율이 높은 분야이다.

② 환경유해물질, 식중독균, 식품유해물질을 신속하게 현장에 측정하는 분야에서 수요가 증대될 것으로 예측된다.

③ 상기 다양한 응용성을 가진 바이오센서와 정보통신 기술이 결합된 u-헬스케어, USN(Ubiquitous Sensor Network) 등의 산업의 발전이 예상된다.

단백질 칩에 의한 진단시스템 개발에 관심이 매우 높아 다수의 연구기관에서 연구개발을 진행하고 있으나, 현재 진행되고 있는 연구는 대부분 형광물질을 이용하는 DNA 칩 시스템을 응용하여 면역칩(Immunochip)을 제작하는 단계에 머물러 있고, SPR 센서나 어레이 칩기술보다는 단백질 상호작용 분석에 연구가 집중되어 있다.

DNA 칩기술은 인간 유전체 사업단과 자생식물 사업단의 본격적 연구활동으로 보편화되어 전문적 벤처기업의 등장으로 단백질칩 기술개발은 활기차게 이루어지고 있으며 삼성종기원, LG화학, 서울대, KIST 등에서도 바이오칩 센서연구를 수행중에 있다.

또한 DNA칩, Bio-MEMS 기반 진단용 바이오칩 및 센서의 연구개발이 수행되고 있으며, 프로테오젠 등의 벤처기업에서는 단백질 칩용 표면화학용 linker 물질을 개발하여 시판하고 있다.

03 사물인터넷과 헬스케어 관련 제품에 대하여 분석하라.

1. IoT Performance(Co-existence) Program

1) 주요 기능

① 다양한 종류의 무선기술이 공존하는 환경에서 RF 스펙트럼의 할당의 제한으로 인한 무선 성능 충돌 영향을 평가 및 무선 충돌을 회피하고, 간섭영향에 대한 위험요소를 최소화 하는 능력의 평가 및 검증을 제공

② 무선 Co-existence

㉠ IoT 기술을 탑재한 의료기기에 대한 미국 FDA 환경규격 및 요구사항에 대한 능력 평가

㉡ 특정의 사용환경에서 잠정적으로 예상되는 전자기적 간섭 원인 분석

㉢ IoT 의료기기간의 인접, 동일 채널에서의 간섭 및 다른 주파수밴드를 사용하는 무선과의 간섭영향에 대한 위험분석

③ 무선신호 및 데이터의 보안

㉠ 의료데이터 또는 병원 네트워크에의 승인되지 않은 접근을 방지하고, 수신된 정보 및 데이터가 기기의 의도된 목적에 부합하는 것에 대한 보장

㉡ 무선 의료기기의 암호화 기술과 데이터 접속관리, 인증 프로세서에 대한 관리를 위한 위험분석 평가

2) 특징 및 장점

① Co-existence 시험

㉠ In-band(동일 채널 및 인접 채널), Out-band, 동일 환경에서 근접 전자계 환경이 간섭이 지속되는 상황에서의 Failure 모드, 임계 레벨(Threshold) 결정

㉡ 국제규격 IEEE/ANSI C63.27-2017에서 요구하는 규정에 따른 평가

㉢ FDA Recommendation Risk 평가를 통하여 FRA Premarket Submission 활용

② 무선신호 및 데이터의 보안

㉠ 무선 데이터 전송의 관리를 위한 소프트웨어 차단 및 비승인된 무선 접속에 대한 차단

㉡ 무선기기의 내장데이터의 비승인 접속을 차단(프로토콜 포함 암호화 및 승인 프로세서)

3) 서비스 구성도

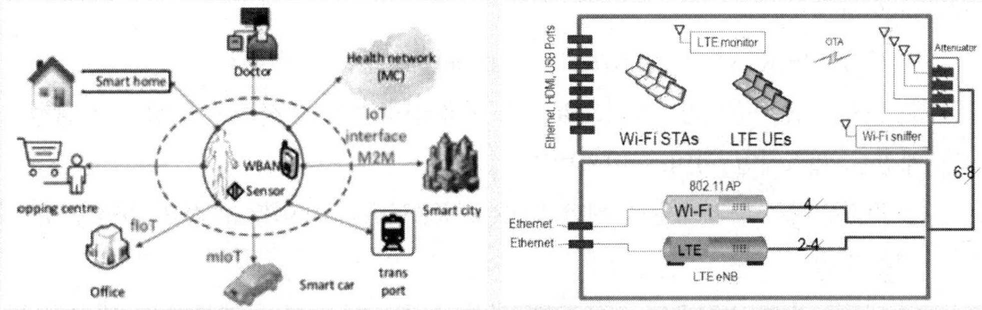

[그림 8-6] 서비스 구성도

4) 활용분야

① IoT 기술을 적용한 다양한 의료기기에 적용

㉠ 무선의료 원격서비스(Wireless Medical Telemetry Service, WMTS)

㉡ 의료기기 무선 통신서비스(Medical Device Radiocommunication Service)

㉢ 의료용 저전력 및 신체 내장 무선서비스 네트워크(Medical Micropower 및 Body Area Network)

2. 개방형 헬스케어 서비스플랫폼(Redwood Health Platform)

1) 주요 기능

① 개방형 PHR 서비스 제공

㉠ PHR기반 서비스 개발에 필요한 다양한 Open API와 다양한 헬스케어 기기와의 연동 지원

㉡ 서비스 개발에 필요한 개발가이드, 표준 SDK, 테스트 및 개발자 커뮤니티 포털 운영

② 자기주도형 PHR 데이터 수집 및 공유

㉠ 건강보험공단의 건강검진 및 의료기관의 PHR 데이터를 손쉽게 수집 · 저장할 수 있는 자기주도형 서비스 제공

㉡ 블록체인 기반의 개인주도형 PHR 데이터 수집과 데이터 거래 정보 공유

③ 의료빅데이터를 활용한 질병 예측

㉠ 개인맞춤형 서비스 제공을 위한 AI기반 질병 예측서비스 제공

㉡ AI기반 정밀의료 서비스에 필요한 Data Sandbox 기반의 데이터분석 및 시각화 도구 제공

2) 특징 및 장점

① 적용 표준

㉠ HL7 FHIR, HL7 CDA/CCR 헬스케어 표준규격 준수

㉡ PHR 표준 규격 및 가이드라인을 적용하여 서비스 시스템의 상호 호환성 제공

② 개방형 헬스케어 서비스 아키텍처

㉠ 건강관리서비스 개발을 위한 PHR 표준 SDK와 데이터 수집을 위한 PHR 수집 앱 제공

㉡ FHIR 표준 인터페이스를 통해 공통 API, PHR API, 예측 API 및 Mash-up API 제공

3) 서비스 구성도

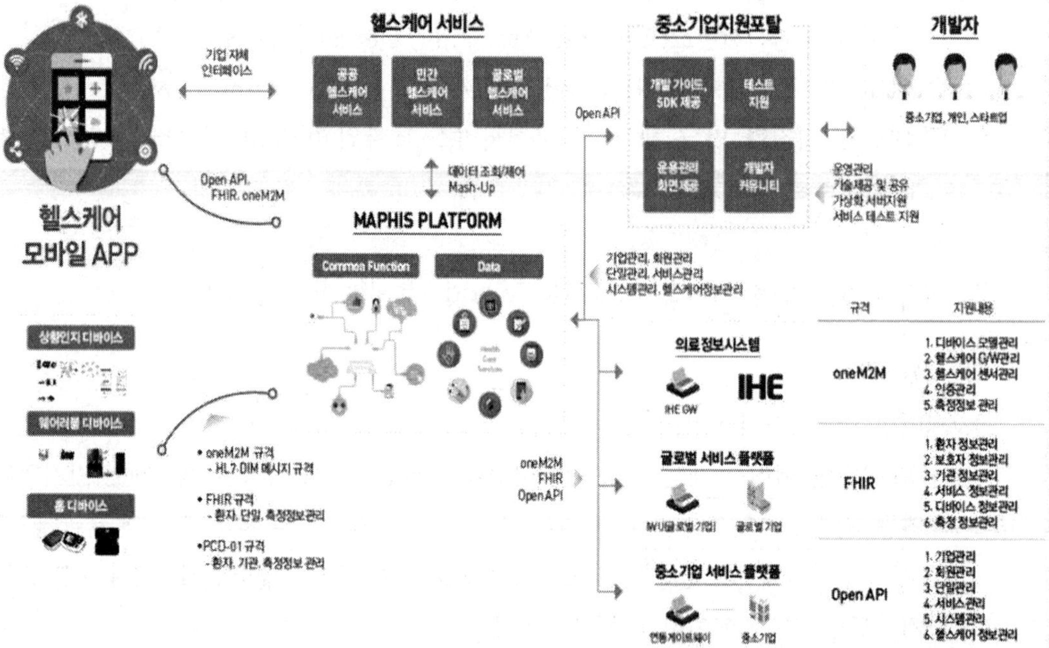

[그림 8-7] 개방형 헬스케어 서비스 플랫폼 구성도

출처 : http://bhcc.ttp.org/contents/04_equipment/sub02.html

3. 만성질환관리 KW플랫폼

1) 주요 기능

① 블록체인 건강정보 관리서비스

㉠ 온체인/오프체인 형태로 블록체인 시스템 구성을 통한 연결고리 기반 분산데이터

저장

㉡ DID방식(분산신원증명)의 사용자 인증을 통한 개인별 블록체인 식별 및 서비스 통합인증 처리

㉢ 트랜잭션 처리에 맞는 병행제어 및 회복작업시 모듈, 외부시스템으로의 메시징 처리

㉣ 사용자 권한에 따라 블록에 저장된, 온체인 및 오프체인 정보를 조회하는 기능

② AI 심뇌혈관 관리서비스

㉠ 수집정보의 구조화 및 분류, 분석을 위한 의료데이터 전처리(Raw Data Pre-processing)

㉡ 혈당 · 혈압 패턴(아침, 점심, 저녁 식전/식후 및 취침전) 상시 모니터링 및 예측관리

㉢ AI 분석결과(이미지작업, 텍스트작업, 음성작업, 동영상 작업) 조회 등 연동 API 제공

③ IoMT 건강정보 측정서비스

㉠ IoMT 장비를 활용한 혈압, 혈당, 체중 등 의료 · 건강정보 측정 및 공유 · 활용 관리시스템

㉡ 블루투스, WiFi, LTE 등을 통해 스마트폰 전용앱과 모바일기기 등 통신 및 자동 수집

㉢ 스마트폰 등 모바일기기(Divice) 장비상태 등을 모니터링, 설정 할 수 있는 관리자 기능

학습 8

2) 특징 및 장점

① 심뇌혈관 만성질환 관리

㉠ 혈당 · 혈압 모니터링 및 분석과 만성질환 예측과 위험징후 사전경고, AI 분석결과 제공

② 심뇌혈관 예방관리

㉠ 잠재적 위험군 분류, 운동량을 측정 · 분석하여 맞춤형 건강코칭(운동/식단 추천)

㉡ 수집된 라이프로그를 통한 건강/의료데이터 수집/생산 및 AI 건강분석

③ 성과관리

㉠ 지속적인 참여를 유도하고 주기적 성과목표 제시 및 달성여부 측정

㉡ 매일 걷기 등 운동량과 출석 미션으로 성과달성 시 정책 인센티브를 통한 보상체계

④ 모바일App 서비스 : 문진관리, 처방관리, 투약관리, 운동관리, 스트레스관리 등

3) 서비스 구성도

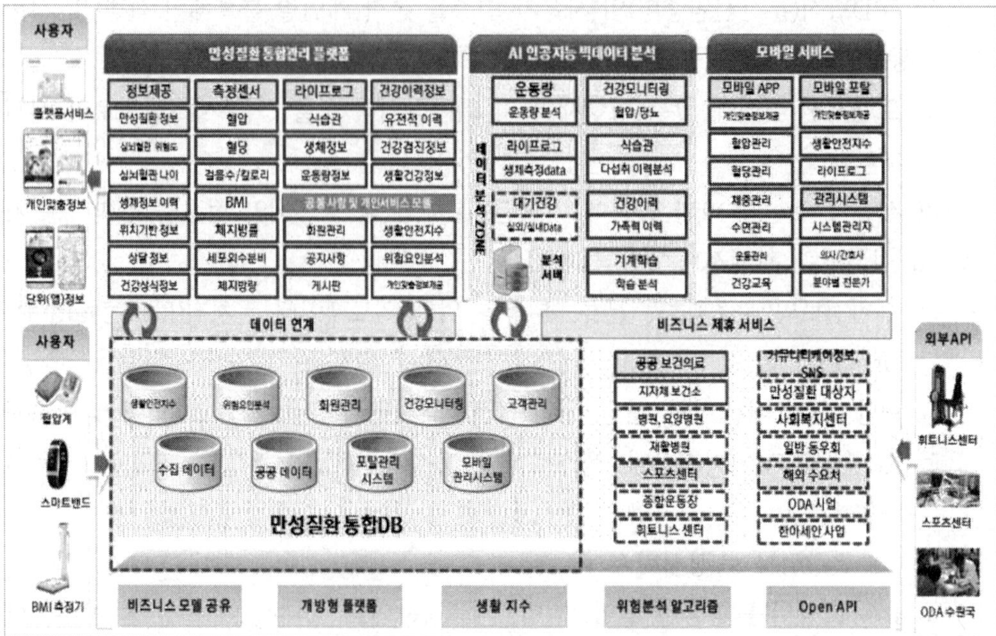

[그림 8-8] 만성질환관리 KW플랫폼 서비스 구성도

4) 활용분야

① 심뇌혈관 만성질환자, 비만, 흡연자, 도내 보건소, 병의원, 약국, 전국 지자체, 해외 수요처

② 개인별 건강관리, 환자별 맞춤형 건강관리

③ 본인의 혈당, 혈압, 라이프 로그 수집을 통한, 맞춤형 서비스

학습활동.8 교수 · 학습 방법

교수 방법

- 사물인터넷 기술 및 응용에 대한 관련 용어, 구성, 방식 이해 정도를 파악한 후 수업을 진행한다.
- 교수자의 주도로 사물인터넷 기술 및 응용 등의 내용을 PPT 자료로 제시한 후 설명한다.
- 가능하면 사전에 개인별 학습 자료를 준비하여 모든 학생이 참여할 수 있는 문제 해결식 수업, 협력 수업이 가능하도록 한다.
- 사물인터넷 기술 및 응용 전 과정을 작업의 순서에 따라 단계적으로 실습이 이루어질 수 있도록 지도한다.
- 교재를 통해 수업을 준비하는데 있어서 필요한 모든 정보나 팁, 힌트 등 도움이 될 만한 내용들을 확인할 수 있다.
- 학생들이 만들게 될 각 모델들은 수업시간에 중점적으로 다뤄질 부분과 어휘, 질문, 답을 포함하고 있으며 또한 탐구할만한 추가적인 아이디어들도 포함하고 있다.

학습 방법

- 사물인터넷 기술 및 응용에 대한 관련 용어를 숙지하고, 사물인터넷 기술 및 응용에 대해 이해한다.
- 사물인터넷 기술 및 응용의 각 단계별 중점 사항을 체계적으로 학습한다.
- 사물인터넷 기술 및 응용의 수행순서의 전 과정을 실습한다.
- 사물인터넷 기술 및 응용의 내용을 이해한다.
- 사물인터넷 기술 및 응용을 이해하고 숙달이 될 때까지 학습한다.

학습활동.8 평가 및 피드백

평가 준거

- 평가자는 피평가자가 수행 준거 및 평가 내용에 제시되어 있는 내용을 성공적으로 수행할 수 있는 지를 평가해야 한다.

학습내용	평가항목	성취수준		
		상	중	하
사물인터넷 기술 및 응용	사물인터넷 기술 및 응용을 이해할 수 있다.			

평가 방법

• 작업 포트폴리오

학습내용	평가항목	성취수준		
		상	중	하
사물인터넷 기술 및 응용	사물인터넷 기술 및 응용을 이해할 수 있다.			

• 필기시험

학습내용	평가항목	성취수준		
		상	중	하
사물인터넷 기술 및 응용	사물인터넷 기술 및 응용을 이해할 수 있다.			

• 체크리스트를 통한 관찰

학습내용	평가항목	성취수준		
		상	중	하
사물인터넷 기술 및 응용	사물인터넷 기술 및 응용을 이해할 수 있다.			

• 피드백

1. 작업 포트폴리오
   - 제출한 보고서를 평가한 후 주요 사항에 대하여 표시하여 돌려준다.
2. 필기시험
   - 평가 결과 성적이 저조한 학생은 보고서 제출 기회를 부여한다.
3. 체크리스트를 통한 관찰
   - 실습 과정에서 평가한 후 개선해야 할 사항 등을 정리하여 돌려둔다.

참 | 고 | 문 | 헌

- 구예진 · 김종진 · 정완영, "착용형 센서와 헬멧을 이용한 작업자의 작업환경 모니터링", 한국융합신호처리학회 논문지 제20권 제2호, pp.91-98, 2019.
- 김귀훈 외, "IoT와 AI를 위한 에지 컴퓨팅 표준화 및 기술 동향", 한국통신학회지(정보와 통신) 34(12), 2017.11.
- 김동욱, "5G 초연결 사회 구현을 위한 Massive IoT 서비스 전망", 정보통신산업진흥원 이슈리포트 2019-29호, 2019.9.26.
- 김상기 · 박종대, "5G를 위한 MEC 기술동향", ETRI, 전자통신동향분석, 제31권, 제1호, pp.25-35, 2016.
- 김학용, "Matter에 대한 모든 것!(매터표준)", 2021.8.4.
- 김학용, "지능형 사물인터넷 (AIoT) 개요", 2021.6.27.
- 김현지 · 서화정, "IoT 보안 위협에 대한 딥러닝 기반의 탐지 동향", 한국정보처리학회 : 학술대회논문집, pp.862-865. 2020.
- 김형겸 · 한석민 · 이수철 & 이준락, "딥러닝 기술을 활용한 멀웨어 분류를 위한 이미지화 기법", 인터넷정보학회논문지, Vol.19, No.5, pp.67-75, 2018.
- 박준희 외, "IoT기반 초연결 공간 분산지능 기술", ETRI, 전자통신동향분석 제33권 제1호, 2018.12.
- 박창욱 · 윤석현, "타워크레인에 대한 GPS적용 방안 연구", 한국건축시공학회, 학술 · 기술논문발표회 논문집, pp.165-170, 2008.
- 송종태 · 노성기 · 박혜숙 · 박종대 · 김상기, "세이프 네트워크 기술", ETRI, 전자통신동향분석, Vol.28, No.6, pp.28-36, 2013.
- 오광일 · 김성은 · 배영환 · 박경환 · 권영수, "인공지능 뉴로모픽 반도체 기술 동향", ETRI, 전자통신동향분석, Vol.35, No.3, pp.76-84, 2020.
- 이용주 · 문용혁 · 박준용 · 민옥기, "경량 딥러닝 기술 동향", ETRI, 전자통신동향분석, 제34권, 제2호, pp.40-50, 2019.
- 이용창 · 강준오 · 이진혁 · 한동엽. "스마트 인프라 BIM를 위한 드론측량 활용 · 확대 방안 연구", 대한공간정보학회 학술대회, pp.16-22, 2019.
- 이정아, "지능화 시대의 새로운 생산 3요소 : 데이터 · AI · 알고리즘", NIA, IT & Future Strategy 2016-제 4호, 2016.7.30.
- 이창구, 지능형 IoT 기술개발 동향, 주간기술동향, 2021.12.15
- 조영빈, "5G 서비스의 산업별 응용 동향", 대한전자공학회, 전자공학회지, Vol.47 No.04, pp.14-23, 2020.
- 조영빈, "위치확인, 보안통신 등 효율성 둘러싼 경쟁 치열", 테크 M, 2015.4.26.
- 조영빈, "유통물류용 스마트라벨 기술동향과 적용사례", 한국포장학회 세미나, 2015.4.22.
- 조영빈, 지능형 사물인터넷 산업동향, 주간기술동향, 2021.11.24.
- 황재웅 · 이정한 · 박혜민 · 서인환 · 배광민, "BIM 및 스마트 건설 기술의 현장 활용 사례 : 행복도시 금빛노을교", 대한토목학회 학술대회, pp.476-477, 2019.
- 넷매니아즈, "KT 토종 양자 암호 기술로 5G 데이터 전송 성공", 2020.5.11.
- 데일리메디, "의료진 피로 누적에 정신건강 황폐화 … '9월 총파업'", 2021.8.5.
- 디지털데일리, "KT '대한민국 MEC 연합체' 초대 의장사 선정", 2020.11.6.
- 머니투데이, "'멀쩡한데' 갤워치3 심전도 경고받은 남성, 병원갔다가 깜짝", 2020.1.3.
- 보건복지부, "제한적으로 시행 중인 재택치료 확대 방안 마련", 보도참고자료, 2021.10.8.
- 위키백과, 우리모두의 백과사전, AIoT, https://ko.wikipedia.org/wiki/AIoT
- 전자신문, "네트워크 가상화로 IT장비 통합 관리 · 운영 … KT '원박스' 출시", 2017.4.13.
- 정보통신기획평가원, ICT R&D 기술로드맵 2023, 통신전파분야, 2018.12.13.
- 정보통신기획평가원, ICT R&D 기술로드맵 2025, 통신전파분야, 2020.12.16.
- 정보통신신문, "AI 만난 '지능형 IoT', 빅데이터 수집 · 맞춤형 서비스 척척", 2021.9.21.

학습 8

- 정보통신신문, "버스 와이파이 4배 빨라진다…5G로 고도화", 2021.10.28.
- 티제이프렌드, "2020년 사물인터넷 기술동향 및 전망(5G Massive IoT 기술 중심)", 2020.3.22.
- 한국건설기술연구원, "건설 IoT 시장 및 기술동향, 건설기술동향", 2020.11.27.
- 한국경제TV, "KT 등 '5G MEC연합' 덩치 키운다…국제 기준 마련", 2021.4.7.
- 행정안전부, 정부사물인터넷 도입 가이드라인, 2019.7.
- Ai Y, Peng M, Zhang K, "Edge computing technologies for internet of things : a primer, Digital Communications and Networks," Vol.4, No.2, pp.77-86, 2018.
- B.-G. Chun et al., "CloneCloud : Elastic Execution between Mobile Device and Cloud," Proc. 6th Conf. Computer Systems, pp.301-314, 2011.
- EPCglobal, Pedigree Ratified Standard, 2007.
- G. Gaukler, etc., "Establishing dynamic expiration dates for perishables: an application of RFID and sensor technology," Int. Journal of Production Economics, Vol.193, pp.617-632, 2017.
- G. Rong, Y. Xu, X Tong, H. Fan, "An edge-cloud collaborative computing platform for building AIoT applications efficiently," Journal of Cloud Computing Vol.10, No.36, 2, July 2021.
- Gartner, "IoT Adoption Trends : Where Your Competitors Are Investing," 2020.
- GS1, GS1 Object Name Service(ons) Standard, 2013.
- Hasan Ali Khattak, Munam Ali Shah, Sangeen Khan, Ihsan Ali, Muhammad Imran, "Perception layer security in Internet of Things," Future Generation Com. Sys., Vol.100, pp.144-164, 2019.
- IITP, 「ICT R&D 기술로드맵 2025」 온라인 공청회 - 사물인터넷 분야, 2020.7.27.
- Internet of Things(IoT) History, Postscape, https://www.postscapes.com/iot-history/
- KISTEP, "향후 10년 미래변화를 이끌 혁신기술 동향 분석", KISTEP 정책 브리프 2021-11호, 2021.8.23.
- M. Satyanarayanan, "The Case for VM-Based Cloudlets in Mobile Computing," IEEE Pervasive Computing, Vol.8, No.4, pp.14-23, 2009.
- M. Weiser, "The Computer for the 21st Century," ACM SIGMOBILE Mobile Comput. Commun. Rev., Vol.3, No.3, pp.3-11, 1999.
- NVIDIA KOREA, "엣지 컴퓨팅이란?", 2021.1.26.
- Pallavi Sethi, Smruti R. Sarangi, "Internet of Things: Architectures, Protocols, and Applications," Journal of Electrical and Computer Engineering, Vol.2017, Article ID 9324035, pp.25, 2017.
- Partha P. Ray, et al., "Edge computing for internet of things: A survey, e-healthcare case study and future direction," Jour. of Net. and Computer Applications, Vol.140, pp.1-22, 2019.
- R.Y. Chen, "Autonomous tracing system for backward design in food supply chain," Food Control, Vol.51, pp.70-84, 2015.
- S. Chakrabarty, D. W. Engels, "Secure Smart Cities Framework Using IoT and AI," IEEE Global Conference on Artificial Intelligence and Internet of Things(GCAIoT), pp.1-6, 2020.
- ScienceOn, "IoT 혁신을 위한 엣지컴퓨팅 기술동향과 이슈", 2019.2.14.
- Sciencetimes, "사물지능 접목으로 진화하는 공공 서비스", 2021.2.22.
- Seraphin B. Calo, Maroun Touna, Dinesh C. Verma, Alan Cullen, "Edge computing architecture for applying AI to IoT," IEEE International Conference on Big Data, pp.3012-3016, 2017.
- Seraphin B. Calo, Maroun Touna, Dinesh C. Verma, Alan Cullen, "Edge computing architecture for applying AI to IoT," IEEE International Conference on Big Data, pp.3012-3016, 2017.
- TTA, IoT 표준화 요소기술, TTA, 2020.
- Tuya Smart and Gartner, "2021 Global AI+IoT Developers Ecosystem White Paper," 2021.
- ZDNet korea, "애플워치가 날 살렸습니다…5명의 감동 사연", 2020.4.28.
- 2020년 신개발 의료기기 전망 분석 보고서, 식품의약품안전평가원

학습 1	4차산업 기술 및 응용
학습 2	의료기기 기술 및 응용
학습 3	의료용 로봇 기술 및 응용
학습 4	스마트 헬스케어 기술 및 응용
학습 5	디지털 치료제 기술 및 응용
학습 6	인공지능 기술 및 응용
학습 7	빅데이터 기술 및 응용
학습 8	사물인터넷 기술 및 응용
학습 9	**5G 네트워크 기술 및 응용**
학습 10	디지털 콘텐츠 기술 및 응용
학습 11	디지털 트윈 기술 및 응용
학습 12	블록체인 기술 및 응용
학습 13	메타버스 기술 및 응용

학습 목표

1. 5G 네트워크 기술 및 응용을 이해할 수 있다.

9-1 5G 네트워크 기술의 개요

학습 9

1. 5G 이동통신의 개념

5세대 이동통신(5G : Fifth-Generation)은 2018년부터 채용되는 무선 네트워크 기술로 26, 28, 38, 60GHz 등에서 작동하는 밀리미터파 주파수를 이용하는 통신이다. 5G는 'IMT-2020'으로 기존 무선통신(4G) 대비 20배 빠른 초고속, 10배 짧은 저지연, 10배 많은 초연결 무선통신 기술이다.

1) 초고속 · 대용량

빠른 전송속도를 통해 초고화질의 4K/8K UHD 서비스 제공, 가상 · 증강현실 체험, 밀집지역 및 고속환경에서의 원활한 서비스를 제공한다(eMBB : enhanced Mobile BroadBand).

2) 초저지연

4G 대비 10배 감소된 지연단축 기술로 사용자 체감지연을 최소화하는 촉감 인터넷, 자율주행, 원격의료 서비스 등을 제공한다(URLLC : Ultra-reliable and Low Latency Communication).

3) 초연결

많은 수의 기기가 네트워크에 접속되어 스마트 시티, 스마트 팩토리 등 4차산업혁명을 위한 IoT 초연결 서비스를 제공한다(MMTC : Massive Machine Type Communications).

5G 네트워크에 대한 연결이 끊어지지 않도록 근거리로 셀을 구성한 소규모 네트워크를 구축 할 수 있다. 즉 셀 크기를 더 작게 만들기 위해, 셀은 약 25,000~30,000m의 거리에서 작은 규모로 구성한다. 이 지역에는 여러 개의 수많은 MIMO(Multiple Input and Multiple Output) 안테나가 있으며, 이것을 5G 고정 무선서비스(5G Fixed Wireless Service)라고도 부른다.

〈표 9-1〉 4G와 5G 요구사항 비교

항 목	5G	4G
최대 전송속도	20Gbps	1Gbps
사용자 체감 전송속도	100Mbps	10Mbps
주파수 효율성	×3	-
면적당 데이터 처리용량	10Mbps/m^2	0.1Mbps/m^2
지연시간	1ms	10ms
최대 기기 연결수	10^6/km^2	10^5/km^2
에너지 효율성	×100	-
이동성	500km/h	350km/h

2. 5G의 주파수 대역

5G 주파수 할당에서 할당대상 주파수는 3.5GHz 대역 280MHz 폭과 28GHz 대역 2,400MHz 폭으로 총 2,680MHz 폭이다. 3.5GHz 대역은 할당단위가 10MHz 폭으로 총 28개 블럭, 28GHz 대역은 할당단위가 100MHz 폭으로 총 24개 블럭이 할당된다. 3.5GHz 대역은 당초 300MHz 폭이 대상이었으나 간섭이 예

상되는 20MHz가 이번 할당에서 제외되어 280MHz 폭이 되었다.

① 3.5GHz 대역 : 3420MHz - 3700MHz(280MHz 폭) - 28개 블록(각 10MHz 폭)

② 28GHz 대역 : 26.5GHz - 28.9GHz(2,400MHz 폭) - 24개 블록(각 100MHz 폭)

〈표 9-2〉 5G 주파수 대역

Band	Bandwidth	총량 제한	최저경쟁가격	이용기간
3.5GHz	280MHz(28×10MHz)	100MHz	2조 6,544억 원	10년(2018.12.1.~2028.11.30)
28GHz	2,400MHz(24×100MHz)	1,000MHz	6,216억 원	5년(2018.12.1.~2023.11.30)

총량 제한 - 사업자 당 할당 가능한 5G 주파수 총량은 3.5GHz 대역의 경우 최대 100MHz 폭으로, 28GHz 대역의 경우 최대 1GHz 폭으로 제한된다.

5G는 많은 이들의 일상을 바꾸기 시작했다. 8K급 고화질 영상을 빠르게 내려받거나 스트리밍하는 것은 물론, 현란한 모바일 게임을 버벅거림 없이 즐기는 시대가 열렸기 때문에 5G는 계속 진화하고 있다.

1) 5G 첫 표준 '비단독모드(NSA)', 차세대 통신환경을 구축하다

5G 이동통신의 첫번째 표준, '비단독 모드(Non-Standalone, NSA)는 기존 4G LTE 인프라에 5G 무선 접속기술을 연계 구축하는 통신방식이다. 5G'는 통신기술의 혁신적인 변화를 알리는 시발점이었다. 사용자들은 해당 네트워크를 일상속에서 체험하며 5G의 미래를 엿볼 수 있었다.

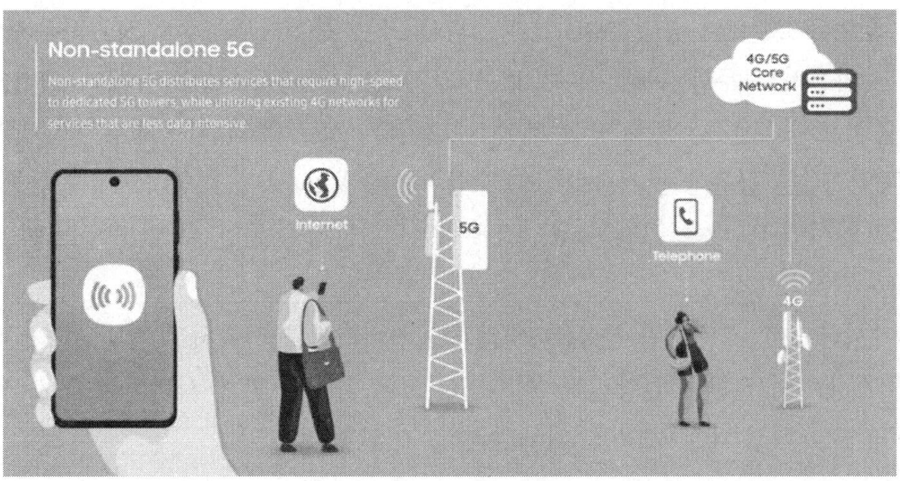

[그림 9-1] 비단독 모드

비단독 모드(NSA) 5G는 각기 다른 대역폭의 주파수 두 개를 유동적으로 사용해 영화나 TV 방송 같은 대용량 데이터를 4G LTE보다 빠르게 기기로 전송할 수 있다.

이처럼 초기 5G 확대에 주도적 역할을 한 비단독 모드(NSA) 5G는 6GHz 이하 주파수(sub-6GHz)와 초고주파(mmWave) 대역으로 나뉜다. 직진성이 강한 초고주파가 빠른 속도감을 구현한다면 회절성이 강한 6GHz 이하 주파수는 도달범위가 더 넓고, 건물 등 장애물을 관통할 수 있다는 장점이 있다. 이동통신사는 사용자에게 제공하는 서비스와 스펙트럼 사이의 균형을 맞추는 것이 관건이다.

6GHz 이하 주파수(Sub-6GHz)는 중간대역이라고 하며 6GHz의 주파수와 무선통신에 사용하는 저대역 주파수를 가리킨다.

비단독 모드(NSA) 5G는 트래픽이 몰리는 도심 혼잡 지역에는 초고주파를 활용한 5G망을 구축하고, 도로 · 교외 등 데이터 집약도가 낮은 지역에는 LTE망을 5G 구성요소로 활용하는 기술이다.

2) 데이터 소통 여는 '동적 스펙트럼 공유(DSS)', 5G 커버리지를 확대하다

동적 스펙트럼 공유(DSS : Dynamic Spectrum Sharing)는 4G LTE와 5G를 동일한 주파수 대역에서 사용할 수 있게 해주는 기술이다. 4G LTE와 5G 사용자 구성에 따라 스펙트럼을 빠르게 할당해 적절한 비율로 공유할 수 있다.

2G에서 3G, 다시 4G에 이르기까지 전통적인 네트워크가 최첨단으로 진화하는 동안 모바일 생태계에는 계속해서 많은 스펙트럼이 추가됐다. 통신사들은 이로 인해 한가지 문제에 봉착하게 된다. 기존 대역을 차세대 기술에 활용하려면, 충분히 많은 수의 사용자가 네트워크를 업그레이드할 때까지 기다려야만 했던 것이다. 예를 들어 40MHz의 중간 대역 스펙트럼을 쓰는 통신사의 경우, 5G 사용자와 4G LTE 사용자 모두를 위해 스펙트럼을 각각 20MHz씩 나눠 할당해야 했다.

동적 스펙트럼 공유는 이 문제를 해결한다. 서로 분리된 상태로 제공되는 4G LTE와 5G를 공유하는 기술로 스펙트럼 자산활용을 보다 효율적으로 만들어 준다. 이와 동시에 더 많은 고객이 4G LTE에서 5G[1]로 이동할 수 있도록 스펙트럼 분배를 최적화시킨다.

이처럼 동적 스펙트럼 공유(DSS)는 5G 커버리지를 신속하고 광범위하게 확대해 5G 시대로의 전환을 앞당긴다. 이후 5G 코어 출시와 함께 시너지를 내 진정한 의미의 '5G 혁신 네트워크'를 위한 기반을 마련한다.

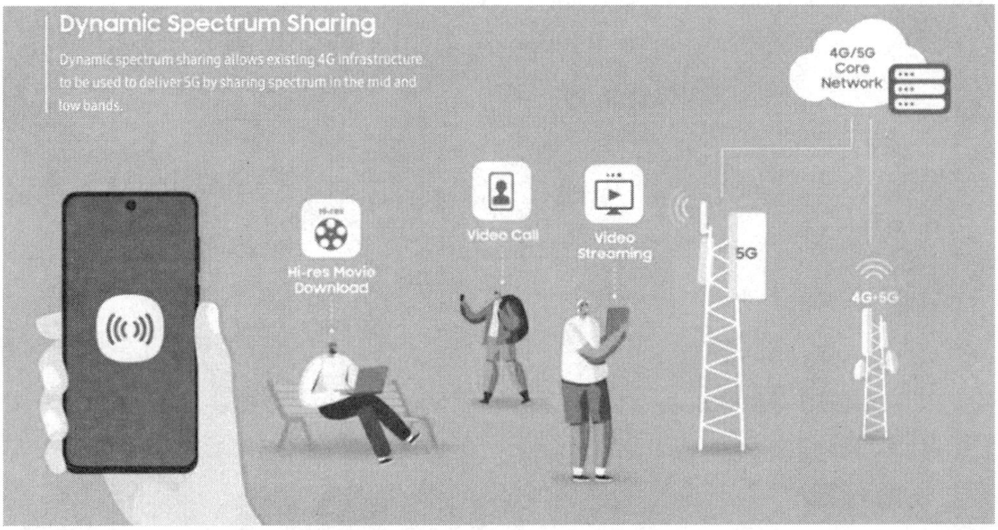

[그림 9-2] 동적 스펙트럼 공유(DSS)

동적 스펙트럼 공유(DSS)는 유연한 데이터 소통을 위해 중간대역은 중간대역끼리, 저역대는 저역대끼리 스펙트럼을 공유하는 기술이다. 이를 통해 기존 4G 인프라를 5G 신호전송에 활용할 수 있다.

3) 5G 품질 높이는 '단독모드(SA)', 진정한 초연결 시대를 열다

단독모드(SA : StandAlone)는 문자 그대로 4G LTE 시스템을 사용하지 않고 유·무선 구간 모두에서 5G 네트워크 '단독'으로 자체 클라우드 네이티브 네트워크 코어를 구축해 통신할 수 있는 방식의 기술이다. 5G 네트워크의 궁극적인 모델로 기대되는 만큼 초스피드를 뒷받침할 수 있는 새로운 시스템 구조(Architecture)가 필요하다.

먼저 단독모드(SA)는 기존 5G 통신망과는 별도의 코어(무선신호 집계 후 유선통신 구간) 네트워크를 갖춰야 한다. 또한 모바일 기기와 네트워크 간 통신을 이어주는 새로운 기술인 무선 5세대 '노드 B(Node B)'도 구축해야 한다.

이렇게 완성된 단독모드(SA) 5G의 새로운 시스템 구조는 4G LTE 네트워크보다 훨씬 더 효율적이다. 또한 초고주파(mmWave), 저·중 대역 주파수 모두를 활용할 수 있어 데이터 처리 성능을 네트워크의 극한까지 끌어 올린다. 이 기술을 활용하면 4K 라이브 방송, 자율주행 자동차 등과 같은 새로운 상품과 소비자 경험을 창조해 나갈 수 있다.

학습 9

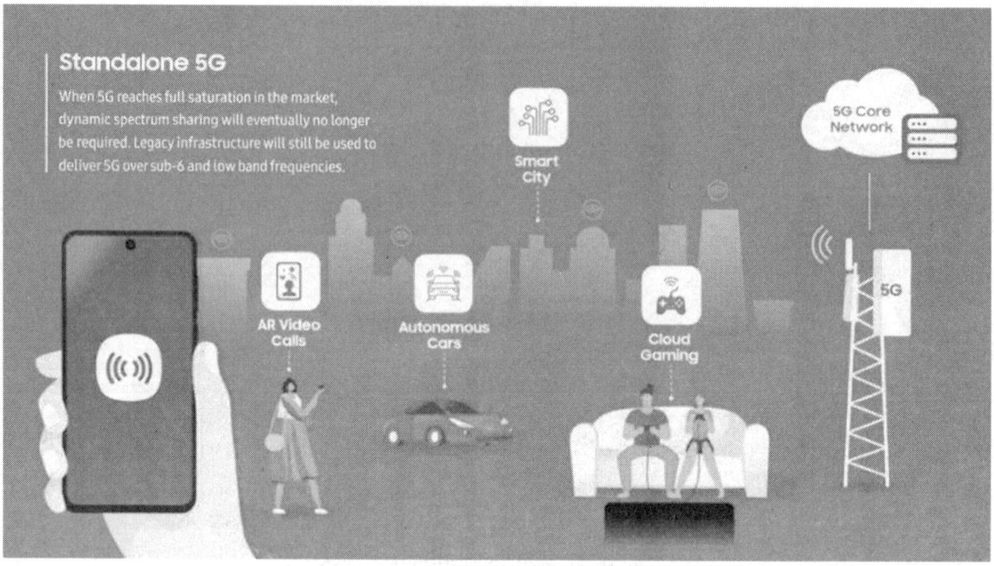

[그림 9-3] 단독모드(SA)

초고주파(mmWave)는 24GHz 이상의 주파수로 직진성이 높아 많은 양의 데이터를 빠르게 전송할 수 있지만, 장애물을 피해가는 회절성이 낮아 더 많은 기지국을 필요로 한다.

단독모드(SA)는 유무선망 모두 5G 장비를 활용한 기술이다. 데이터 지연이 거의 없고 처리효율이 뛰어나 스마트시티, 자율주행 자동차, AR 영상통화, 클라우드 게이밍 등에 활용할 수 있다.

단독모드(SA) 5G는 네트워크 대역폭도 향상시킨다. 1평방 킬로미터 이내 기준으로 기존 4G 네트워크가 기기 10만 개의 통신을 지원했다면, 단독모드(SA) 5G에서는 무려 1백만 개의 기기가 신호를 주고받을 수 있다.

삼성전자의 갤럭시 S20 시리즈는 삼성 5G 기술의 새로운 도약점을 상징한다. 갤럭시 S20, S20+, S20 울트라 세 모델 모두 단독모드(SA) 5G를 최초로 지원하는 제품이기 때문이다. 5G의 가장 큰 특징인 초고속·초저지연·초연결성을 모두 갖춰 증강현실, 클라우드 게임 등 새로운 차원을 경험할 수 있게 한다. 삼성전자는 이 같은 5G 네트워크 진화에 발맞춰 기기 라인업을 확대, 원칩 솔루션·최신 5G 기술 상용화·5G 글로벌 로밍 지원·기타 첨단 5G 기능을 통합한 5G 상품을 출시하고 있다.

전에 없던 5G 기술로 놀랍고 새로운 세상이 만들어지는 순간, 삼성전자는 그 진화의 선두에 서서 사용자들을 위한 모바일 경험을 선사해 나갈 것이다.

출처 : https://news.samsung.com/kr/5g로 가는길 -새로운 차원의 경험-5G 기술은 어떻게 진화했나.

9-2 5G 네트워크 기술의 응용

1. 5G 기반의 의료분야 응용

5G를 접목한 의료분야 산업이 성공적으로 안착하기 위해서는 명령에 즉각적으로 반응할 수 있는 '빠른 응답속도(Low Latency)'가 중요하다.

응답속도(지연속도 · Latency)는 크기가 작은 데이터가 단말기와 기지국 사이를 오가는데 걸리는 시간이다. ms(밀리세컨, 1/1000초)으로 표시하며, 4G(LTE)의 경우 10ms의 응답속도를 보이고, 5G는 10분의 1 수준인 1ms의 응답속도를 가진다.

5G의 의료부문에 적용도는 해결해야 할 과제가 하나 더 있다. 바로 우리나라는 의료법상 원격의료가 불가능하다는 것이다. 현행법상 환자가 멀리 떨어진 의사로부터 5G망을 통해 진료받는 것은 원격의료로 간주된다. 현재 우리나라의 원격의료는 보건복지부, 국방부, 법무부 등에서 제한적으로 시범사업만을 시행하고 있다.

2020년부터 거점 병원에서 의사들이 함께 진료하는 '5G 기반 원격협진 시범사업'을 하고, 2023년부터는 종합병원 이상의 의료기관 50%까지 확대한다는 계획을 가지고 있다.

2. VR/AR 기반 실감콘텐츠로 가상수술 및 맞춤 교육

의료분야 증강현실 · 가상현실 기술은 보다 더 높은 해상도와 안전한 대역폭 확보가 중요하다. 증강현실과 가상현실 기술을 통한 시간 · 장소의 제약이 없는 의료진, 환자교육 등으로 의료교육 효용성 향상 및 비용절감 가능하다.

1) 의료진 의료훈련, 교육, 수술가이드 등 제공

의료교육에 소요되는 비용절약이 가능하며, 수술 시뮬레이션 및 환부 확인 등을 통해 수술계획을 수립하고 정확하게 진단함으로써 의료사고 예방이 가능하다. 또한 시뮬레이션 기반의 수술, 진료 및 의료훈련을 통해 시간과 장소에 구애받지 않고 실제상황과 유사한 현실적 경험이 가능하다.

장기적으로는 세계 곳곳에 흩어져있는 각 분야 전문의들이 가상공간을 통해 수술에 동참할 수 있는 솔루션이 제공될 것으로 기대된다.

실제 인체 장기에 가깝게 재현할 수 있는 VR 시뮬레이터 등을 활용, 의대생이나

학습 9

수련의 교육에 소요되는 인체 장기 의료장비 등을 절약할 수 있고, 외과수술 및 정신과 재활치료 등에 활용하여 효율성 향상이 가능하다.

2) 환자의 재활치료, 정서적 관리 등에 활용

수술에 대한 불안감 해소 및 통증 완화가 가능하며 시공간 제약 없이 맞춤 치료도 가능하다. 가상/증강현실은 환자로부터 다양한 몸의 움직임을 유도해 낼 수 있으며, 환자가 고통스러운 재활 치료과정(뇌졸중, 파킨스, 다발성 경화증 등)을 이겨내고 참여할 수 있도록 지원한다.

또한 가상/증강현실을 통한 정서관리는 경험적이고 능동적인 환경을 제공함으로써 무력감에 빠지기 쉬운 환자나 고령자가 더 적극적이고 활동적인 행동을 할 수 있도록 동기를 부여한다.

3. 지속가능한 병원운영의 효율성 증대로 의료서비스 질 제고

5G와 IoMT 기술을 활용, 병원 내 분산되어 관리되고 있는 병원데이터의 실시간 모니터링 · 분석으로 개별 의료장비 상태추적, 공간활용 최적화, 원무 · 행정 · 진료 프로세스 개선 등 병원운영의 효율성 증대가 가능하다.

1) 병원자원 효율화

병원 내 물류, 공간(입원실, 수술실, 응급실 등), 의료장비 등 실시간 모니터링으로 병원자원 효율화할 수 있다. 5G 기반 병원 내 물류, 공간, 의료장비, 원무 · 행정 등 병원자원 활용을 최적화한다.

위험약품 위치 및 이동경로 관리, 질환별 재원기관 예측 및 인력배치 효율화, 의료장비 현황파악 등이 가능할 것으로 예상된다.

2) 의료와 인공지능 기술 연계

인공지능(AI) 기술과 의료데이터를 연계, 위험요소 예측 및 가이드 등 제공한다.

수술실 · 중환자실 · 응급실 · 감염병동 등에서 환자의 위험도 및 이상상태를 예측하고, 환자 모니터링 장비의 오류경보 등을 감소시켜 환자안전 향상 및 의료진의 업무피로도 절감이 가능하다.

4. 응급의료 프로세스 효율화

5G 기술의 대용량 데이터 처리, 초지연성 등은 응급상황에서 의료진이 환자의 상태를 정확히 파악하기 위해 고해상도 영상의 지연 없는 전송을 지원하고, 원격에서도 무중단 고화질 영상을 통한 실시간 시술위치 파악 등이 가능하다.

1) 대용량 응급데이터 전송

5G 기반, 고속주행 중인 구급차에서 대용량 응급데이터 전송이 가능하다. 현재 구급차에서는 부상자나 환자를 병원에 이송하기 위한 기본적인 응급조치만 취해지고 있지만, 5G로 통신할 수 있는 구급차 안에서는 구급차와 의사가 원격으로 연결되어 신속한 치료가 가능해질 것으로 예상된다.

또한 환자의 과거 병력과 같은 데이터뿐만 아니라 카메라 영상, 3D, VR영상도 구급차 안에서 데이터 서버와 연결해 실시간으로 송·수신이 가능하다.

2) 5G 기반 응급의료시스템 구축

국내에서도 다부처 협업(과기정통부, 복지부, 소방청)으로 5G 기술을 적용한 응급의료시스템 개발사업을 추진중이다.

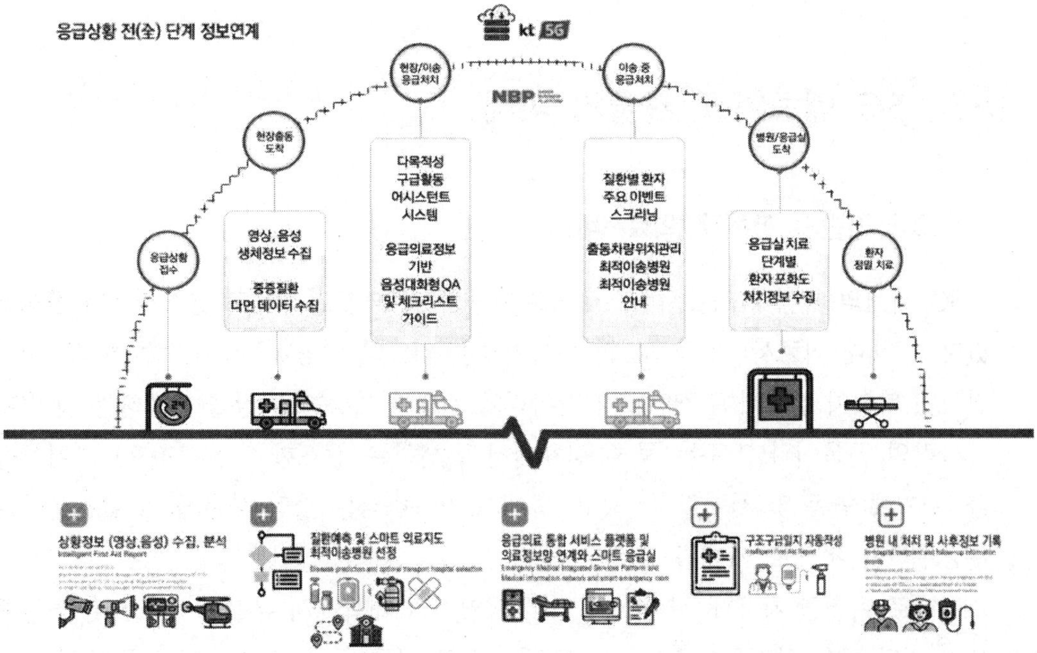

[그림 9-4] 5G 기반 응급정보 연계

학습 9

4대 응급질환(심혈관질환, 뇌혈관질환, 중증외상, 심정지) 대상으로 응급의료 단계(상황실 신고접수 → 구급차 내 응급처치 → 환자이송 → 응급실)에 5G AI 기술 적용이 가능하다.

5G 기반 응급인프라 시범구축 및 구급대원용 AI구급활동 지원서비스(지능형 응급상황 인지, 응급환자 생체정보 자동측정, 지능형 응급처치 환자분류 등) 등의 개발이 가능하다.

5G 기반 구급현장 응급데이터 송수신 모니터링을 위한 웨어러블 카메라 스마트 글래스 360도 카메라 등을 구축하고, 구급차와 병원응급실 간 스마트 의료지도 서비스 지원도 가능하다.

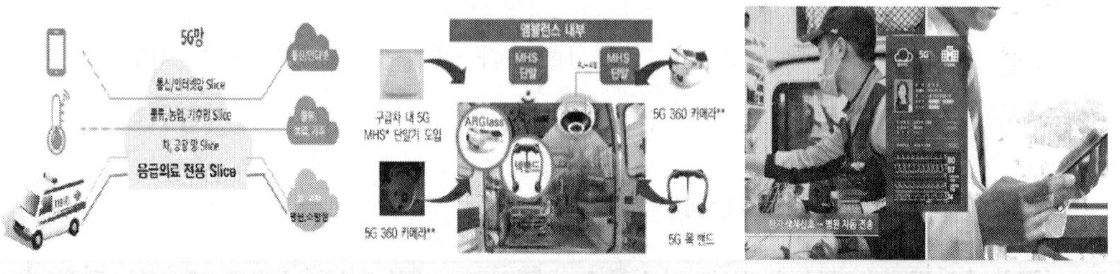

(a) 5G 기반 응급인프라 구축 (b) 119구급차 내 5G 기술 적용 (c) 데이터 자동측정 및 병원전송

[그림 9-5] 5G 기반 AI 응급의료 시스템

9-3 5G 네트워크 기술의 미래

1. 5G 기반의 차세대 의료서비스

5G 시대의 차세대 의료서비스로 5G 기술과 원격의료/스마트 헬스케어가 꼽히고 있다. 차세대 의료서비스와 5G의 융합기술은 의료와 인공지능(AI), 빅데이터, 사물인터넷 기술이 결합하여 개인별 건강관리와 진료가 가능한 환경을 제공하는 것이다.

사람의 근육이나 안구는 물론 생체에서 발생하는 신호까지 유기적으로 '웨어러블' 기기에 연동 및 제어할 수 있고, 휴대가 가능하다는 장점 때문에 그 활용분야는 무궁무진할 것으로 기대를 모으고 있다.

실제로 이러한 차세대 서비스는 영국 랭커스터 대학에서 우울증, 불안 및 조울증으로 진단 받은 사람들이 자신의 감정을 5G와 인공지능(AI) 시스템을 통하여 모니터링할 수 있도록 돕기 위한 방법으로 활용되고 있다.

'스마트 밴드'라는 이 웨어러블 기기는 다른 프로그램에 접근할 필요없이 오로지 사용자의 감성변화에 따라 색이 변하는 것을 보여줌으로써 자신의 감정을 모니터링하고 주변 사람들에게 알리는 도구로 활용되고 있다.

의료분야에서 5G의 영향은 의료의 개인화(Personalization of Healthcare)이며, 5G 네트워크 설비와 콘텐츠를 통하여 환자의 특정 데이터를 지속적으로 수집할 수 있게 할 뿐 아니라 데이터의 신속한 처리, 분석, 반환을 통해 환자에게 적합한 치료 조치를 수행함으로써 환자가 스스로 상태를 관리할 수 있는 능력을 제고할 것으로 전망한다.

1) 진단 · 치료의 시공간 제약 극복

5G 기술을 활용하여 의료/헬스케어 분야에서 의료 사물인터넷(IoMT), 향상된 모바일 브로드 밴드(eMBB), 미션크리티컬 서비스인 고해상도 이미지 실시간 전송, 체내 모니터링 · 진단 등 연결이 끊어지거나 저지연 · 비정상 작동 발생시 치명적 영향을 줄 수 있는 서비스 등을 통해 대용량 · 고품질 의료데이터의 실시간 수집 · 분석 · 활용으로 진단 · 치료의 시공간 제약 극복을 위한 다양한 보건의료/헬스케어 혁신 서비스 제공이 가능하다.

2) 방대하고 다양한 의료데이터의 실시간 모니터링 강화, 데이터 기반 정밀진단

충분한 네트워크 속도가 뒷받침 되지 않으면 의료진이 신속한 의학적 결정을 내리기 위해 필요한 실시간 데이터 확보에는 한계가 있다.

5G 및 IoMT 장비를 활용, 대용량 의료데이터의 신속한 전송이 가능해지면서 실시간 건강상태 모니터링을 통한 개인화된 맞춤형 진단치료, 예방관리가 가능하다.

5G 기반으로 단일병원은 물론 여러 병원을 하나로 묶어 통합적인 모니터링도 가능하며, 이를 통해 환자상태 파악 및 이상상태 예측 · 발견 등의 서비스 제공으로 지역 간 의료서비스 격차 해소에도 기여할 것으로 예상한다.

3) 원거리의 의료인과 의료인, 환자 간 시간거리의 장벽 제거

(1) 원격수술

5G는 4G대비 약 10배 이상 감소된 짧은 지연시간, 초지연성을 제공한다. 5G 초지연성으로 수술실 내 다양한 의료기기에서 수집한 영상과 데이터, 환자의 생체 데이터 등을 통합적으로 연계하고 실시간 전송하여 원격수술의 정확도와 안전성 향

학습 9

상이 가능하다.

(2) 원격협진

병원간 대용량 의료 영상데이터 및 환자 생체데이터의 실시간 전송으로 원격지 의료진간 커뮤니케이션 및 진단 정확도 향상이 가능하다.

(3) 원격재활치료

5G와 가상현실 기반의 재활분야는 환자의 의료 비용절감 및 재입원율을 낮추는 효과를 가져올 것으로 예상한다.

(4) 원격진료

환자의 자료를 확인하기 위해 병원의 진료실 등에 가지 않아도 본인의 스마트폰이나 태블릿으로 용량이 큰 CT나 MRI 영상도 실시간으로 확인할 수 있어 원격에서 환자가 더 빠르게 진단치료를 받거나 전문의와 상담이 가능하다.

국내는 의사-환자 간 원격진료가 허용되지 않으나, 향후 제도개선이 된다면 5G 기반의 원격진료는 도서산간 등 의료진 방문이 힘든 곳에 있는 환자들의 시간과 거리 장벽을 제거해 줄 것으로 예상된다.

수행 내용

재료 · 자료

- IT 분석 및 응용 관련 자료

기기(장비 · 공구)

- 컴퓨터, 문서작성 프로그램, 프린터, 주변기기

안전 · 유의사항

- IT 분석 및 응용 관련 장비의 안전 및 유의사항을 숙지한다.

수행 순서

01 1G에서 5G까지 이동통신 기술의 세대별 특성 비교에 대하여 분석하라.

우리나라에서 이동통신 서비스가 처음 시작된 것은 1984년이다. 1세대(1G)라고 불리는 당시의 이동통신 서비스는 아날로그 방식으로 음성통화만 가능했다. 이후 1996년에는 디지털 방식의 2G 이동통신 서비스가 개시됐다. 이때부터는 음성통화뿐만 아니라 문자나 저속의 데이터 통신도 가능했다. 2002년 시작된 3G 이동통신 서비스에서는 데이터 통신 속도가 빨라져 저화질의 영상통화나 동영상 서비스가 가능해졌다. 하지만 통신속도의 한계로 텍스트나 이미지 중심의 모바일 웹서비스나 팟캐스트 같은 오디오 스트리밍 서비스가 주로 이용되었다.

그리고 2011년 7월 시작된 4G 서비스에서는 통신속도가 더욱 빨라져 초고속 무선 인터넷 및 고화질 동영상 서비스를 이용하는 것이 가능해졌다. 품질보장을 위해 기존에 회선교환 방식으로 제공되던 음성통화 서비스도 데이터 통신에 사용되는 패킷교환 방식에 통합되었다. 뿐만 아니라 그 동안 PC에서 주로 이용하던 다양한 온라인 서비스들을 스마트폰에서 이용할 수 있게 되었다. 여러 개의 상품 이미지로 구성됐던 온라인 쇼핑과 자신들의 일상을 사진이나 동영상으로 찍어 공유하는 모바일 SNS 서비스가 대표적이다. 통계청

학습 9

〈표 9-3〉 이동통신 기술의 세대별 특성 비교

	1G	2G	3G	4G	5G
서비스 개시	1984년 3월	1996년 1월	2002년 1월	2011년 7월	2019년 4월
통신방식	아날로그	디지털	디지털	디지털	디지털
교환방식	회선 교환	회선(음성) + 패킷(데이터)		패킷 교환	패킷 교환
통신속도		14.4~153.6Kbps	2~14.4Mbps	75~1000Mbps	1~20Gbps
주요 서비스	음성	음성 문자 저속인터넷	음성고속 인터넷 영상통화	고음질 통화 초고속 인터넷 고화질 동영상	AR/VR 홀로그램 자율 주행차 스마트시티 등

자료에 따르면 실제로 국내에서는 2012년부터 모바일 쇼핑의 비중이 빠른 속도로 증가하기 시작했으며, 2016년을 기점으로 모바일 쇼핑이 전체 온라인 쇼핑에서 차지하는 비중이 50%를 넘기 시작했다.

또한 2017년 이후 국내에서 가장 많이 사용된 스마트폰 어플리케이션은 카카오톡이나 페이스북보다는 동영상을 기반으로 하는 유튜브(YouTube) 서비스다. 모바일 쇼핑 비중이 세계 어느 나라보다도 높게 나타나고 동영상 기반의 SNS 서비스를 이용하는 시간이 가장 많은 것은 무엇보다도 뛰어난 이동통신 속도가 뒷받침된 결과일 것이다. 사실 이러한 진화과정, 즉 더 빠른 속도가 더 많은 것들을 가능하게 한다는 것은 이동통신 서비스에서뿐만 아니라 유선인터넷 서비스나 기타 모든 산업분야에서 흔히 발견되는 모습이다. 그러나 5G 서비스는 다르다. 물론 5G 서비스에서도 이런 진화의 패턴은 유지되고 있으나, 5G 서비스의 통신속도가 4G 서비스의 그것보다 최대 20배나 빠르다는 점은 이 사실을 잘 말해준다. 하지만 5G에서는 고속 특성뿐만 아니라 저지연 및 대용량 특성까지 제공한다는 점에서 차이가 있다.

02 5G의 고속통신(eMBB)을 가능하게 하는 기술에 대하여 분석하라.

5G 서비스에서 제공하는 고속통신(eMBB) 특성은 증강현실(AR)이나 가상현실(VR)뿐만 아니라 혼합현실(MR) 및 이들을 모두 포함하는 확장현실(XR) 서비스는 물론, 4K/8K UHD 서비스, 홀로그램 서비스 등과 같은 대용량 멀티미디어 서비스를 가능하게 한다.

또한 미국이나 중국, 유럽과 같이 국토가 넓거나 인구밀도가 낮은 나라에서는 초고속 유선 인터넷을 대체하는 고정형 무선접속(FWA : Fixed Wireless Access) 서비스도 가능하게 한다.

5G의 eMBB 특성은 다음과 같다.

1. 넓어진 주파수 대역폭

이동통신을 포함한 무선통신에서 통신속도를 결정하는 요소에는 여러 가지가 있겠지만, 가장 기본적이며 핵심적인 것은 주파수 대역폭(Bandwidth)이다. 국내의 경우 5G에서는 3.5GHz 대역과 28GHz 대역의 주파수 대역을 이용하는데, 통신사별로 Sub-6 대역이라 불리는 3.5GHz 대역에서는 80 혹은 100MHz의 대역폭을 이용하고 있으며, 밀리미터웨이브(mmWave) 대역이라 불리는 28GHz대역에서는 각각 800MHz씩의 주파수 대역폭을 이용한다.

통신사별로 대략 900MHz 정도의 주파수 대역을 이용하는 것인데, 이는 4G LTE에서 각 이통사가 이용하는 주파수 대역에 비해 적어도 6.7배에서 많게는 9.47배 많은 것이다. 주파수 이용방식이나 데이터 변조 등의 방법이 모두 동일하다고 가정하더라도 사용하는 주파수가 6.7~9.47배 가까이 많다는 것은 통신속도도 그만큼 빨라질 수 있다는 것을 의미한다. 여기에 다른 기술들이 결합됨으로써 LTE 대비 최대 20배 빠른 속도를 제공할 수 있게 되는 것이다.

5G에서는 사용 주파수 대역에 따라 네트워크의 구조 및 서비스 특성도 달라진다. 3.5GHz 대역은 기존의 3G나 4G 서비스에 사용되는 주파수 대역과 가깝게 위치하기 때문에 비교적 커다란 통신 반경을 제공하는 셀을 구축하는데 이용되며, 28GHz 대역은 통신 반경이 수백 미터 이내의 소규모 마이크로 셀을 구축하는데 이용된다. 반면 28GHz 대역을 이용하는 경우 더 빠른 통신속도를 제공할 수 있다. 따라서 미국의 버라이즌 같은 통신사는 해당 주파수 대역을 이용하여 5G Home과 같은 고정형 무선접속 서비스를 제공하고 있다.

2. 주파수 이용방식의 변화

4G 서비스를 위해 어떤 이동통신사업자가 100MHz의 주파수 대역을 이용한다고 할 때, 이 중의 50%는 업링크(Uplink)용으로 이용되며 나머지 50% 정도는 다운링크(Downlink)용으로 이용된다.

즉 전체 주파수의 절반은 사용자 단말에서 기지국으로 데이터를 전송(Uplink)하는 목적으로 이용되며, 나머지 절반은 기지국에서 사용자 단말로 데이터를 전송(Downlink)하는

학습 9

목적으로 이용된다.

이처럼 업링크 및 다운링크용으로 주파수 대역을 구분하여 이용하는 것을 두고 주파수 분할 방식(FDD : Frequency Division Duplex)이라고 부르는데, 데이터의 업로드 및 다운로드를 위한 주파수가 서로 달라 안정적으로 데이터를 전송하는 것이 가능해진다. 그러나 스포츠 중계나 인기 드라마를 여러 사람들이 동시에 시청하는 경우처럼 다운로드 트래픽은 많지만 업로드 트래픽이 거의 없는 상황에서는 주파수 이용 효율이 떨어진다는 단점이 있다.

이런 문제를 해결하기 위해 5G 서비스에서는 다운링크와 업링크 구분없이 전체 주파수 대역을 이용해서 데이터를 송수신하게 된다. 대신 상황에 따라 다운로드와 업로드 시간을 가변적으로 정해서 데이터를 전송하게 된다. 즉 전체 주파수 대역을 아주 작은 타임슬롯(Time Slot)으로 나누어 놓고 트래픽 상황에 따라 다운로드와 업로드 시간을 변경해 가면서 유연하게 데이터를 업로드 및 다운로드 하게 된다. 이를 시간분할방식(Time Division Duplex, TDD)이라고 부르는데, 주파수 효율이 높아지기 때문에 동일한 주파수 대역에서 더 많은 트래픽을 교환하는 것이 가능해 진다.

3. 다중 경로 전송제어 프로토콜(MPTCP)의 이용

기존의 2G, 3G, 4G 서비스가 그러했던 것처럼 5G 서비스도 5G 서비스를 위한 모든 기술표준이 완성된 상태에서 서비스가 개시되는 것은 아니다.

즉 서비스 초기인 지금은 5G에서 목표로 하는 20Gbps의 통신속도를 누릴 수가 없다. 실제로 2019년 6월 대부분의 이동통신사가 제공하는 5G 서비스의 통신속도는 대략 2.5Gbps 수준이다. 놀라운 것은 이 중 1.5Gbps는 5G 기술에 의해 제공되는 속도이며 나머지 1Gbps는 4G LTE를 통해 제공된다는 사실이다.

이처럼 통신속도를 높이기 위해서 5G망과 4G망을 함께 이용하게 되는데, 단말의 관리나 이동통신 서비스의 제어기능을 어디에서 구현하느냐에 따라 NSA(Non-Stand Alone) 방식과 SA(Stand Alone) 방식으로 구분된다. 먼저 5G NSA에서는 단말의 이동성 관리 등을 담당하는 제어채널의 동작은 4G LTE의 EPC(Evolved Packet Core) 코어가 담당을 한다. 반면 5G SA에서는 5G 코어를 이용해서 5G 서비스 및 단말을 제어하고 관리하게 된다. 물론 이 구조에서도 더 빠른 통신을 위해 스마트폰은 4G와 5G의 두 무선 접속을 동시에 지원하게 된다. 5G NSA로 서비스를 제공하다가 5G SA로 전환하는 것이 일반적인 네트워크 진화의 모습이 될 것으로 예상되며, 이러한 이유로 4G 서비스에 이용되는 네트워크 장비와 동일한 회사의 네트워크 장비를 이용해서 5G 네트워크를 구축하는 경우가 많다.

이처럼 5G 망과 4G 망을 동시에 이용하게 되면 통신속도는 빨라질 수 있을지 모르지만, 지연 측면에서는 더 특성이 나쁜 4G의 특성을 계승하게 된다. 5G와 4G망으로 분리되어 전송되는 데이터들을 완전하게 결합하기 위해서는 속도가 느린 4G망을 통해서 전송되는 데이터들이 도착할 때까지 기다려야 하기 때문이다. 결과적으로 어느 정도 고속통신은 가능해지지만 저지연 특성을 제공하는 것은 불가능하게 된다.

통신속도를 올리기 위해 5G와 4G 네트워크를 함께 이용하는 경우에 대해서만 설명했지만, 개념적으로 4G뿐만 아니라 와이파이 혹은 유선 네트워크를 함께 이용할 수도 있다. 이런 경우 서로 다른 여러 네트워크를 통합 제어할 필요가 발생하는데, 이때 사용되는 기술이 다중 경로 전송제어 프로토콜이다.

4. Massive MIMO와 빔포밍

일반적으로 전파는 무지향성이거나 제한적인 범위에서 지향성을 제공한다. 즉 이동통신 기지국에서 특정한 방향으로 전파를 쏘더라도 여러 사용자들이 동시에 동일한 신호를 받을 수밖에 없는 구조였다. 이러한 문제를 해결하기 위해 사용자별로 시간대를 할당하거나 주파수 특성을 변형하는 식으로 통신을 했다. 겉으로 보기에는 마치 여러 사용자들이 동시에 서비스를 이용하는 것처럼 보이기는 하지만, 사실상 제한된 무선자원을 나누어 써야 하기 때문에 통신속도가 떨어질 수밖에 없었다.

반면 5G에서는 주파수가 전파되는 공간을 분할함으로써 여러 사용자가 동시에 같은 주파수 자원을 이용하는 것을 가능하게 한다. 즉 특정한 공간에 있는 소규모의 사용자들을 하나의 그룹으로 설정하고 이들에게 전체 주파수를 할당하게 되면 상대적으로 더 적은 사용자들이 주파수 대역을 공유하게 되므로 더 빠른 통신이 가능해지는 것이다. 이 때 그 옆에 있는 다른 사용자 그룹도 동일한 주파수 대역을 이용해서 이웃 사용자 그룹에 대한 간섭없이 통신을 하는 것이 가능해진다.

만약 사용자 그룹을 더 작게 만들 수 있다면 개별 사용자들이 각각 동시에 전체 주파수를 이용해서 통신하는 것도 가능해질 것이다. 이처럼 동일한 전파자원을 동시에 여러 사용자 그룹을 대상으로 서비스 할 수 있도록 하는 것을 두고 Massive MIMO(Multi-Input Multi-Output)이라고 하며, 이를 가능하게 하는 것이 빔포밍(Beam Forming) 기술이다. 즉 빔포밍은 기지국 안테나가 특정한 공간에 있는 사용자 그룹을 향해 전파를 집중해서 조사하는 기술을 말한다.

03 5G의 초저지연 및 고신뢰 통신(URLLC)을 가능하게 하는 기술에 대하여 분석하라.

5G 서비스에서 제공하는 초저지연 및 고신뢰 통신(URLLC) 특성은 실시간성이 필요한 자율주행 기반의 차량이나 드론은 물론 스마트 공장에서 사용되는 로봇 등의 제어에 필수적이다. 물론 이 외에도 금융거래나 아주 중요한 업무용 서비스 그리고 실시간성이 필요한 인터랙티브 게임에 있어서도 매우 중요하다. URLLC 특성을 제공하기 위해 여러 가지 요소기술들이 사용되는데, 그 중 대표적인 것이 네트워크 슬라이싱 기능과 에지 클라우드다.

1. 네트워크 슬라이싱

5G 서비스의 기본적인 철학은 하나의 통합된 네트워크를 통해 다양한 특성을 갖는 모든 서비스들을 제공하는 것이다. 반면 다양한 서비스들을 수용하면서 개별 서비스들의 서비스 품질을 보장하기 위해서는 서비스별로 서로 구분되는 네트워크를 이용해야만 한다. 네트워크 슬라이싱(Network Slicing)은 이처럼 서로 상충되는 목적을 만족시키기 위해서 개발된 것으로 말 그대로 네트워크를 잘게 나눈다는 뜻이다. 즉 하나의 물리적인 5G 네트워크를 서비스 특성에 따라 여러 개의 가상 네트워크로 만들어서 이용하겠다는 것이다.

이를 가능하게 하는 것이 네트워크 기능 가상화(NFV : Network Function Virtualization)와 소프트웨어 정의 네트워크(SDN : Software Defined Network)이다. 이 두 가지 개념은 기존의 네트워크 장비를 네트워크 기능을 제공하는 소프트웨어가 탑재된 서버장치로 대체함으로써 구현된다. 조금 더 구체적으로 설명하면, 서버의 컴퓨팅 리소스를 가상하화여 여러 개의 가상머신(VM : Virtual Machine)을 만들고 개별 VM에 필요한 네트워크 기능을 구현하게 된다. 그러면 서버 한 대가 마치 여러 서비스를 구분하여 처리할 수 있는 여러 대의 가상 네트워크 장비가 되는 것이다.

일반적으로 네트워크 장비는 데이터 패킷의 교환과 관련된 전송부와 데이터의 전송경로 및 방식 등을 결정하는 제어부로 구성되는데, 이는 네트워크 장비를 복잡하게 만들뿐만 아니라 장비의 가격을 올리는 주요 원인으로 작동한다. SDN은 이런 문제를 해결하기 위해 여러 네트워크 장비들에서 제어부를 분리하여 이를 하나의 서버를 통해 제공하도록 한다. 즉 SDN은 여러 네트워크 장비에 존재하는 동일한 서비스에 대한 VM들을 서로 연결함으로써 네트워크 슬라이싱을 완성하는 기능을 하게 되며, 결과적으로 다양한 서비스 유형 및 통신환경에 맞는 네트워크 구조설계가 가능하도록 한다.

2. 에지 클라우드

기존의 이동통신 시스템에서는 코어(Core) 장치라 불리는 중앙통신센터의 트래픽 처리 장치를 이용해서 모든 통신을 제어했다. 이는 네트워크 시스템의 운영 및 관리적인 측면에서는 매우 합리적인 방법이었지만, 물리적으로 중앙통신센터와 멀리 떨어져 있는 사용자들이 서비스를 이용할 때는 트래픽의 전송 및 처리에 따른 지연을 수반했다. 4G 서비스에서 이러한 지연은 대략 40~60msec 정도였는데, 이는 실시간 서비스를 제공하는데 있어서는 바람직하지 않은 수준이다.

5G 에지 클라우드(Edge Cloud)는 이런 문제를 해결하기 위해 기존에는 중앙통신센터에 존재하던 CU(Central Unit)나 UP(User Plane) 같은 기능들을 각 지역의 광역국사에 있는 클라우드 장치에 가상화시키고 사용자 단말의 데이터 처리를 수행하는 모바일 에지 컴퓨팅(MEC) 서버들도 위치시키게 된다. 이를 통해 통신경로를 단축시킬 뿐만 아니라 데이터 처리를 효율화함으로써 통신지연을 최소화 할 수 있게 된다. 대표적인 응용분야가 스마트 공장이다. 공장에 있는 다양한 장치들이 촬영한 이미지와 측정한 데이터들은 근처의 광역국사에 있는 클라우드 서버에서 필요한 프로세싱을 거쳐 거의 실시간으로 그 결과를 다시 공장의 장치들에게 전송해주게 된다. 만약 인터랙티브 게임이나 방송처럼 초실시간으로 사용자 반응에 대응해야 할 필요가 있는 서비스를 상용화하고자 한다면 스마트 공장처럼 각 지역에 있는 여러 개의 에지 클라우드에서 서비스를 제공하는 방법을 고민해야 한다.

04 5G의 대용량(mMTC) 특성을 제공하는 기술에 대하여 분석하라.

5G 서비스에서 제공하는 대용량(mMTC) 특성은 스마트시티 서비스처럼 특정한 공간에서 수많은 디바이스를 연결할 때 필요하다. 통상적으로 4G LTE가 $1Km^2$ 범위에서 최대 10만 개의 디바이스를 수용할 수 있는 반면에, 5G 서비스에서는 최대 1백만 개의 장비를 수용할 수 있어야 한다. 5G 서비스에서는 이런 목적을 달성하기 위해서 여러 기술들이 사용되고 있지만, 가장 대표적인 기술이 가변적 채널대역폭 할당기술이다.

학습 9

1. 가변적 채널 대역폭 할당

4G 이전의 이동통신 서비스나 우리가 집이나 사무실에서 많이 이용하는 와이파이(Wi-Fi)와 같은 무선통신 기술들은 통신을 위해 기본적으로 20MHz 대역폭의 채널을 사용한다. 즉 한 사용자 혹은 하나의 단말이 통신을 하기 위해서는 전체 주파수 대역의 20MHz를 할당받아 통신을 하게 된다는 것이다. 물론 시간, 주파수, 주파수 위상 등을 달리하여 마치 여러 사용자들이 동시에 같은 주파수를 이용해서 통신을 하는 것처럼 만들게 된다.

그러나 이런 방식은 근본적으로 동시 사용자수를 제한하게 되어 있으며, 20MHz의 주파수 대역이 필요하지 않은 서비스에 대해서는 주파수를 낭비하게 되는 결과를 초래하게 된다. 이런 문제를 해결하기 위해 4G 서비스에서부터 LTE Cat.M1이나 NBIoT 같은 기술들이 개발되어 조금씩 이용되고 있다. Cat.M1은 최대 1Mbps의 통신속도면 충분한 서비스들을 위해 20MHz 대신 1.4MHz만 사용하도록 하며, NB-IoT는 최대 100Kbps의 통신 속도면 충분한 서비스들을 위해 200KHz의 대역폭만 사용하도록 한다.

그러나 5G 서비스는 다양한 통신속도를 포함하여 다양한 서비스 품질특성을 요구할 것이므로 이들만으로는 모든 서비스를 효과적으로 수용하는 것이 불가능해진다. 이러한 문제를 해결하기 위해 5G에서는 채널 대역폭을 가변적으로 이용하여 다양한 서비스를 수용함과 동시에 주파수 자원을 효율적으로 활용하도록 하고 있다. 이를 두고 가변적 채널 대역폭 할당(Scalable Numerology)이라고 부르는데, 15KHz로 고정된 OFDM 부반송파를 2n 비율로 확장하여 다양한 통신속도를 필요로 하는 서비스를 지원하도록 하고 있다.

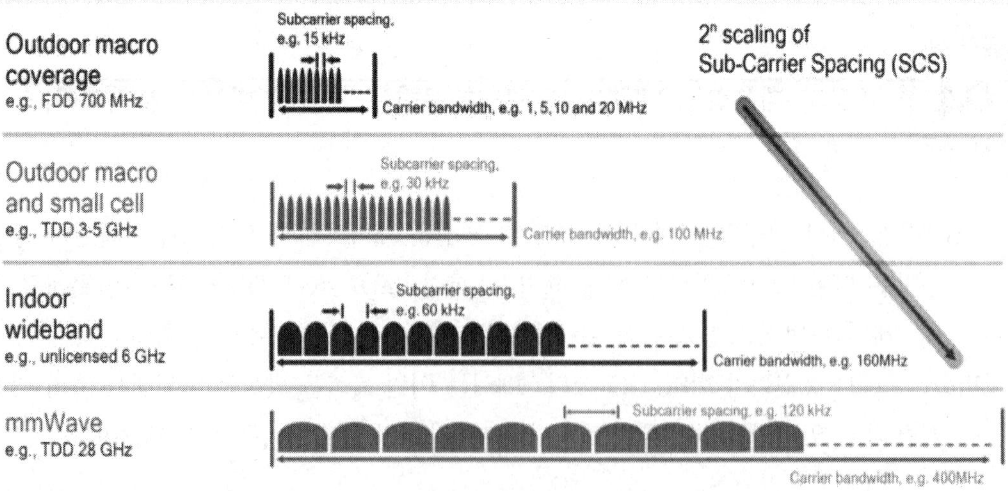

[그림 9-6] 가변적 채널 대역폭 할당의 개념

05 5G의 MIMO 기술에 대하여 분석하라.

1. MIMO의 개념

MIMO(Multiple-Input and Multiple-Output, 미모)는 무선통신의 용량을 높이기 위한 스마트 안테나 기술이다. MIMO는 기지국과 단말기에 여러 안테나를 사용하여, 사용된 안테나 수에 비례하여 용량을 높이는 기술이다. 여기서 기지국은 송신단을 의미하고 단말기는 수신단을 의미한다.

예를 들면 기지국에 M개, 단말기에 N개를 설치할 경우 min(M, N)만큼 평균 전송용량이 늘어난다. 특별히 N=1로 기지국에만 여러 개의 안테나를 사용하는 경우를 MISO, M=1로 단말기에만 여러 개의 안테나를 사용하는 경우를 SIMO 그리고 (M,N)=(1,1)인 경우를 SISO라 부른다.

2. MIMO 기술의 활용

MIMO 기술의 필요성에 대해 수신처리 입장과 송신처리 입장의 다른 해석이 있다. 수신처리 입장은 간섭제거를 중심으로 한 해석이고, 송신처리 입장은 용량증대를 중심으로 한 해석이다. 두 해석 모두 무선통신에서 다중 안테나 기술의 중요성을 잘 반영하고 있다. 송신처리 입장은 MIMO의 중요성을 설명하며, 수신처리 입장은 MIMO의 필요성을 설명하고 있다고 할 수 있다.

1) 수신기 입장

셀룰라 이동통신에서는 셀간 원활한 동적인 주파수 할당을 위해서 공간간섭의 제거가 중요하다. 뿐만 아니라 무선랜에서도 AP수의 증가로 인해 다른 AP에서 오는 공간간섭의 처리가 중요하다. 공간간섭의 처리방법으로는 동적 또는 위치에 적응적으로 주파수 재사용 비율의 감소 등을 이용할 수 있다. 하지만 이런 방법은 주파수 자원의 손실을 발생시킨다. 한편 이를 다중 수신 안테나를 통해 처리하면 주파수의 손실없이 가능하게 된다. 그러나 이런 장점에도 불구하고 단말기가 무선간섭이 없는 위치에 가게되면 다중 수신 안테나의 능력을 백분 발휘할 수 없다. 이를 역이용하여 무선간섭을 발생시키면서 이로 인해 다른 이득을 가져오는 방법이 있다면 전체적인 성능향상에 도움이 될 것이다. 이에 대한 한 가지 방법이 기지국 다중 안테나 다중 스트림 전송이다. 기지국간 간섭이 존재하면 다중 수신 안테나들은 다중 기지국 공간간섭을 제거하고, 기지국간 간섭이 없는 위치에서는 MIMO 방식으로 다중 스트림 간섭을 제거하여 용량을 증대하는 데 기여한다.

2) 송신기 입장

이 입장은 기지국간 또는 AP들 간의 간섭이 없는 경우에 주로 설명이 된다. 간섭이 없는 경우에는 수신 안테나의 간섭처리기능을 기지국의 다중 안테나 다중 스트림 전송을 통한 용량증대에 활용할 수 있다. 이렇게 되면 기지국과 단말기에 설치된 안테나들 수 중 적은 안테나수에 비례하여 이론적인 용량증대가 가능해진다.

06 원격의료의 성장요인 및 저해요인에 대하여 분석하라.

1. 성장요인

① 서비스 공급자의 사무실 및 응급실로부터 환자 격리 필요성
② COVID-19 환자에 대한 규제완화
③ 전염성이 높은 환자집단에 대해 정확한 원격검사를 수행할 수 있는 기능
④ 자기부담률에 따른 가치기반 지불 또는 DTC 검사 제공
⑤ 직원에게 회원 당, 월별 요금 및 추가 사용요금으로 원격의료서비스 제공

2. 저해요인

① 표준 상환율 부족
② COVID-19에 대한 급격한 대응 증가로 규모 확장성 문제 확대
③ 의료 및 소비자 등급 솔루션의 혼합
④ 보안 및 개인정보 보호에 대한 우려
⑤ 상호 운용성 및 통합문제, 여러 공급업체의 환경에 대한 우려

07 5G 의료분야의 혁신사례를 분석하라.

5G는 농경부터 게임, 운전까지 우리의 일상생활에서 유비쿼터스 혁신의 기반이 될 것으로 예상된다. 특히 최근 5G가 혁신을 가져올 분야 중 하나로 의료분야가 꼽히고 있는데, 의료분야에서는 5G로 인해 의료진의 업무방식과 환자들이 진료를 받는 방식이 혁신될 것으로 예상되며, 아래 4대 분야를 중심으로 실제 사례와 시도가 진행중이다.

1. 병리학 및 진단(Pathology and Diagnoses)

최근 삼성서울병원(SMC)과 KT가 병리서비스 개선, 질병 및 질환의 원인과 효과 연구 등 스마트 병원 개발을 지원하기 위한 5G 의료서비스 개발을 위해 파트너십 제휴를 체결했다. KT는 SMC에 5G급 디지털 병리 분석기능을 갖춘 기업 전용 5G 네트워크를 구축했는데, 해당 디지털 병리학적 분석은 5G 기술을 현장 의료문제에 사용한 세계 최초의 사례다.

기존 한국병원의 진단 병리학에는 수술 중 환자로부터 채취한 조직을 인접한 방의 병리학자들에게 보내는 것이 포함됐는데, 이 과정은 약 20분이 소요되고 현장분석 또한 도전적이었다. 이제 의사들은 5G 네트워크의 빠른 속도와 낮은 전송지연을 활용하여 수술 중에 얻은 병리데이터에 효율적이고 빠르게 접근할 수 있을 뿐만 아니라, 세계 어디서나 관련 자료와 파일에 접근할 수 있게 되어 의료서비스가 향상될 전망이다. 이 정보를 신속하게 얻는 것은 시술중 환자의 상태를 결정하는 데 매우 중요하다.

중국에서 ZTE와 차이나텔레콤(China Telecom)이 최신 5G 기술로 뒷받침된 중국 최초의 신종코로나바이러스 5G 원격진단을 개발했다고 주장하고 있다. 신종코로나바이러스 발병이 2019년 12월 31일 중국 우한에서 처음 보고된 이후 ZTE와 차이나텔레콤이 빠르게 움직이고 있다. 우선 1월 25일에 서중국 병원의 원격진단 및 치료를 위한 회의실을 원격진단 및 치료시스템에 연결하는 서로 연결된 5G 실내 기지국을 개설했다. 그 다음 날, 다른 원격진단 및 치료시스템의 핵심 지점에서 5G 실내 유통시스템을 시공하고 최적화, 속도 테스트 및 커미셔닝(Commissioning)을 완료하였다.

5G 원격상담시스템은 쓰촨보건위원회와 협의해 환자를 수용하고 치료한 27개 병원에 접근할 예정이다. ZTE는 이후 쓰촨성, 시, 군을 아우르는 중국 최초의 5G 원격진단 코로나바이러스 감염 시스템을 구축해 일선 병원의 원격진단을 위한 단일 네트워크를 제공할 것이다.

학습 9

2. 원격 수술 및 환자케어(Remote Surgery and Patient Care)

많은 사람들은 5G가 의료진이 수술하고 치료하는 방식에 혁명을 일으킬 것이라고 전망한다. 이러한 혁신에는 의사들이 실시간으로 수술을 지켜보고 전문가 지원을 제공할 수 있는 '원격현실(Tele-presence)'과 의사가 원격으로 수술장치를 작동하는 '원격수술(Tele-surgery)'이 포함된다. 4G 네트워크는 입력과 출력 사이의 지연시간이 때로는 2초까지 걸릴 수 있기 때문에 이러한 유형의 적용에 적합하지 않다. 반면 5G는 기기 간 전송 지연을 거의 즉각적인 2밀리세컨드로 줄이는 것을 목표로 한다.

또한 의료분야에 대해 5G 서비스가 확대됨에 따라 환자가 더 이상 특정 진료소나 전문의를 찾아갈 필요가 없어질 것이다. 원격상담을 통해 의사와 환자의 시간을 절약하고, 치료를 필요로 하는 환자들이 더 적절한 치료를 받을 수 있을 것이다. 최근 모스크바의 스콜코보 혁신센터에서 5G를 이용한 첫 복강경 수술을 진행했다. 광섬유 기구를 복벽을 통해 삽입하는 수술에서, 그들은 5G 네트워크에 연결된 복강경 및 4K 카메라를 사용하여 암 종양제거에 성공했다.

3. 직원-환자 의사소통(Staff-patient Communication)

미국 AT&T는 서던 캘리포니아 대학교(USC)의 'Lawrence J. Ellison Institute for Transformative Medicine'과 협력하여 다원적 암 연구 생태계를 더욱 발전시키기 위한 '스마트 시설'을 열고 있다. 파트너십 목표 중 하나는 통신사의 5G 네트워크를 사용하여 연구자와 환자 간의 의사소통을 혁신하는 것이다. 해당 건물을 암 연구, 치료, 웰니스 교육을 위한 시설으로 작동시키기 위해 AT&T는 다중 접근 에지 컴퓨팅(MEC), 인공지능(AI) 및 다양한 기술을 지원할 것이라고 보도자료를 통해 발표했다. 솔루션에는 분산 안테나 시스템(DAS), 밀리미터파 스펙트럼을 이용한 5G, 멀티 액세스 에지 컴퓨팅, IoT 플랫폼 등이 포함된다.

5G가 환자경험을 개선할 것으로 예상되는 구체적인 방법으로는 환자-의료진 상호작용을 추적할 연결된 센서의 구현인데, 이는 환자에게 더 나은 결과와 몰입적이고 개인화된 경험을 제공하기 위한 분석을 제공할 것이다.

4. 의료자료(Medical Data)

5G는 빠른 속도로 수집해 처리할 수 있는 값진 의료데이터의 양과 품질을 획기적으로 높여 의료분야를 혁신할 것이다. 의료 기록에서부터 MRI나 CAT 스캔과 같은 더 큰 이미지 파일까지, 매일 수백 기가바이트의 데이터가 한 명의 환자로부터 생성될 수 있다. 이

데이터의 전송은 5G의 구현에 의해 크게 향상될 수 있으며, 진단과 치료까지 걸리는 시간을 단축시킴으로써 환자케어를 개선한다. 더 나아가 외과의사들은 수술중에 환자로부터 실시간 데이터를 받을 수 있고, 의료 전문가들은 전세계적으로 함께 일할 수 있게 될 것이다.

출처 : 바이오타임즈(http://www.biotimes.co.kr)

08 원격의료 확대 및 도입을 둘러싼 갈등구조와 메커니즘을 분석하라.

의료규제 완화를 통한 원격의료 도입과 확대는 4차산업혁명 시대의 ICT 혁신기술의 사회적 수용 차원에서 중요한 정책문제이다.

원격의료 도입을 둘러싼 갈등의 양상을 분석해 보면 원격의료 도입 확대가 난항을 겪는 이유는 정부의 과대포장 및 의료계와 시민단체의 과잉우려가 갈등의 중심에 있기 때문이다. 의료서비스 접근성 향상과 의료서비스 선진화라는 정부의 규범적 목적 제시에도 불구하고 의료계와 시민단체에서는 의료영리화라는 차원에서 이를 해석하고 있다.

또한 정부에서는 이득적 목적을 추구하는 차원에서 의료산업화를 통한 편익을 강조했지만, 그 편익이 불확실하고 불분명하다는 점에서 정책대상 집단인 의료계와 시민단체의 정책 순응으로 이어지지 않고 있다.

보건의료 보다는 산업적 차원에서 원격의료 정책이 시행되고 있다는 점 역시 정책불응을 야기하였다. 향후 원격의료의 확대 도입을 위해서는 정부가 분명한 근거를 바탕으로 합리적으로 설득하여 상이한 가치와 이해구조 하에서 나타나는 감정적 불만이 완화될 수 있도록 하는 접근이 필요할 것이다.

정책적 합의는 원격의료 도입과 확대를 위해 정책행위자의 다차원적 동기를 반영한 정책결정이 이루어져야 함을 제시하였다는 것을 들 수 있다. 원격의료 도입 확대 정책은 수혜집단과 비용부담 집단 모두에게 큰 영향을 미치는 특성을 갖고 있기 때문에 납득할 만한 정당성과 근거가 없다면 비용부담 집단에서는 크게 반발할 수밖에 없다. 따라서 원격의료 정책을 집행하는 정부에서는 비용부담자에게 정책집행의 당위성을 입증하고 정책에 대한 수용성을 높여야 한다. 그래야만 계획했던 정책목표를 효율적으로 달성할 수 있고, 긍정적인 정책결과가 산출될 것이다.

그러기 위해서는 정책과 관련된 이해당사자와의 협력과 소통이 제일 중요한 선결과제일 것이다. 법안추진과 정책실행에 앞서 정책 관계자가 참여하는 협의체 형식의 가칭 '원격의료위원회'를 구성하여 충분한 이해와 세부사항에 대한 논의가 먼저 선행되어야 함을 시사한다.

〈표 9-4〉 원격의료 확대 도입을 둘러싼 갈등의 구조와 메커니즘 분석 결과

<table>
<tr><th colspan="4">변 수</th><th>분석 결과</th></tr>
<tr><td colspan="4">정책문제</td><td>의사 - 환자 간 원격의료 도입 확대</td></tr>
<tr><td colspan="4">정책환경</td><td>• 스마트 의료기술 도입
• 고령화 및 만성질병 증가로 인한 의료서비스 체계 변화</td></tr>
<tr><td colspan="4">제도적 제약</td><td>• 강한 의료규제제도, 시장친화형 의료체계의 모순
• 의료영리화 추진의 어려움</td></tr>
<tr><td rowspan="4">행위자</td><td colspan="3">능력</td><td>• 정부 : 정책역량 강화 vs 의료계 : 강한 영향력
• 산업계 : 약한 영향력 vs 시민단체 : 약한 영향력</td></tr>
<tr><td rowspan="3">정향</td><td>감정</td><td>쾌락적 목적</td><td>• 정부 : 원격의료 찬성(적극) vs 의료계 : 원격의료 반대(반발,저항)
• 산업계 : 원격의료 찬성(기대) vs 시민단체 : 원격의료 반대(분노, 두려움)</td></tr>
<tr><td>선호</td><td>이득적 목적</td><td>• 정부 : 의료산업 육성, 의료접근성 제고, 의료비 절감
• 의료계 : 병의원 도산, 의료체계 붕괴
• 산업계 : 규제 완화로 의료시장 활성화
• 시민단체 : 의료영리화 및 민영화 저지</td></tr>
<tr><td>인식</td><td>규범적 목적</td><td>• 정부 : 의료개혁, 규제혁신, 의료선진화
• 의료계 : 진료자율성 침해, 의료 질 저하, 의학적 유효성 및 기술적 안전성 미흡
• 산업계 : 규제개혁
• 시민단체 : 의료 공공성 실현, 국민 건강권 수호</td></tr>
<tr><td>배열</td><td colspan="3">목적 프레임에 따른 전략조합</td><td>• 정부 : 규범적 목적 강조, 이득 목적 달성 추구
- 법 개정 지속 추진, 시범사업 실시, 정책효과 홍보
• 의료계 : 이득 목적 최우선, 규범적 목적 표면화, 쾌락적 목적 동시 추구
- 협의체 불참, 파업 등 강력 저지 반대 투쟁
• 산업계 : 소극적 요청, 회의적 반응, 미온적 대응
• 시민단체 : 반대 성명서 발표, 낙선운동 전개 경고</td></tr>
<tr><td colspan="4">상호작용 유형</td><td>• 협상된 합의(Negotiated Agreements) : 분배적 흥정, 쟁점 연계
- 의료계와 시민단체의 반대로 인한 전면 도입 실패
- 우회적 방식으로 정부의 정책효과 실현</td></tr>
<tr><td colspan="4">정책산출</td><td>• 원격의료 점진적 확대</td></tr>
</table>

09 원격의료에서의 설명의무와 입법론에 대하여 분석하라.

1. 한국의 원격의료 규정

우리 「의료법」 제34조 제1항에서는 원격의료를 "컴퓨터 · 화상통신 등 정보통신기술을 활용하여 먼 곳에 있는 자에게 의료지식이나 기술을 지원하는 원격의료"라고 정의한 후, 의료인과 의료인 사이의 원격의료에 대하여만 규정하고 있다. 또한 제34조 제2항에서는 원격의료를 하려는 자는 보건복지부령에 따라 시설 및 장비를 갖추어야 한다고 정하고 있으며, 동법 시행규칙에서 이를 규정하고 있다.

위와 같은 원격의료 관련 규정은 도서 · 벽지 등의 의료기관에서 원격의료의 시범사업에 필요한 근거 규정이 되었으며, 정보통신업체의 원격지 화상진료시스템 개발과 운영에 도움이 된 측면이 있다. 하지만 이러한 「의료법」 규정은 실질적으로 의미가 없는 조항이나 마찬가지였다. 「의료법」 제34조가 도입되기 전에도 의료인 사이에 전화와 컴퓨터 등의 장비를 이용하여 의료지식을 교환하고 의료기술을 지원하는 원격자문 행위는 이미 이루어지고 있었기 때문이다. 오히려 「의료법」제 34조와 그 시행규칙에서 의료인간의 원격자문의 내용을 정하고 필요한 장비를 규정함으로써 그동안 규제없이 자유롭게 이루어졌던 원격자문을 어렵게 만들었고, 심지어 '우리 법제가 대면의료를 원칙으로 하고 있기 때문에 의료인과 환자사이의 원격의료를 원칙적으로 금지하고 있다'는 주장의 근거가 되고 있는 등 본격적인 원격의료라 할 수 있는 의사와 환자간의 원격의료의 시행을 어렵게 만들고 있다.

이에 정부는 2009년 도서벽지 등 의료서비스의 접근성이 낮은 지역의 환자들을 위하여 의사와 환자 사이의 원격의료 규정을 포함하고 있는 의료법 개정안을 입법예고 하였으나 의료계 등의 반발로 입법이 되지 못하였으며, 이후 지속적으로 의사와 환자간의 원격의료를 포함한 법안을 상정하였으나 아직까지도 입법이 되지 못하고 있는 실정이다.

2. 한국 의료법의 설명의무 규정

의사의 설명의무와 관련한 규정들은 「응급의료에 관한 법률」 제9조, 「보건의료기본법」 제12조 및 그 외의 개별 법률 등에서 다루어지고 있었다. 하지만 위 규정들은 제재규정이 없어 선언적 의미에 그치거나, 특수분야의 의료행위에만 적용되는 등의 문제점이 있었다.

학습 9

이에 소비자단체들은 의료법에 설명의무에 관한 일반 규정을 두어 설명의무를 강제할 필요성이 있다고 주장해왔다.

특히 2015. 1.경 일부 성형외과에서 대리시술(소위 유령수술) 사건이 공론화되면서 의사의 설명의무 규정(의료법 제24조의2)이 포함된 의료법이 2016.12.20. 일부개정(법률 제14438호)되어 현재 시행되고 있다. 하지만 개정의료법의 설명의무 규정은 의료단체의 반발로 인하여 적용범위가 수술 등으로 제한되었으며, 제대로 된 처벌규정도 도입하지 못하는 등의 문제점이 지적되고 있다.

특히 원격의료와 관련하여 위 규정들은 대면의료에 해당하는 수술 등을 중심으로 규정되어 있어, 비대면의료에 해당하는 원격의료의 특유의 설명의무 내용은 규정하지 못하는 한계를 지니고 있다. 따라서 원격의료를 시행함에 있어 환자에게 충분한 설명이 이루어 질 수 있도록, 원격의료에 대한 의사의 설명의무 근거규정을 도입할 필요성이 있다 할 것이다.

3. 원격의료에서의 설명의무 구조의 변화

원격의료는 비대면성이라는 특성이 있지만, 기본적으로 의료행위라는 본질은 동일하다. 따라서 원격의료에 있어서 의사의 설명의무 또한 본질적인 면에서는 달라지지 않는다. 일반적인 의료행위에서 논해지던 설명의무의 내용은 원격의료에서도 큰 차이 없이 그대로 적용될 것이다. 하지만 원격의료의 경우 의사가 비대면으로 진료 및 진찰을 하기 때문에 원격의료장비에 의하여 전송된 한정된 정보를 바탕으로 진단을 할 수밖에 없으며, 의사와 환자가 원격지에 있으므로 진료중의 일부 행위를 환자가 직접해야한다는 등의 문제가 있다.

환자가 혈당 · 혈압을 측정하거나 검사하는 등 기본적인 의료행위를 해야 하는데, 의료장비의 조작이 능숙하지 않으며 의료지식도 부족한 환자에 의하여 잘못된 정보가 전달되어 오진이 발생할 수도 있다. 이러한 문제들을 해결하기 위하여 원격의료에서는 의사의 설명의무가 더욱 강화되어야 하며, 설명의무의 대상과 영역 또한 늘어날 것이다.

원격의료에서의 의사의 설명의무는 일반적인 의료에서 논의되던 설명의무에 더하여 비대면성으로 인하여 발생하는 설명의무의 내용이 추가된다. 따라서 원격의료에서의 의사의 설명의무는 원격의료를 시행하기 전 대면방식이 아니라 정보통신기술을 이용한 비대면방식으로 의료행위가 진행된다는 점에 대하여 설명하는 '1단계 원격의료 특유의 설명의무'와 '2단계 기존의 설명의무'라는 2단계 구조를 지니게 된다.

원격의료를 함에 있어 의사는 1단계 설명의무와 관련하여 원격의료의 사용에 관한 장점과 단점을 환자에게 충분히 설명하여야 하는데, 정보통신 기술수단을 통하여 환자에게 원격의료를 시행한다는 점, 그 과정에서 영상이나 음성이 녹화 또는 녹음이 될 수 있다는 점, 기타 원격의료 중 위험한 상황이 발생할 수 있는 점 등에 대하여 환자에게 자세하게 설명해주고 동의를 얻어야 한다. 또한 원격의료 중 발생할 수 있는 위험으로는 정보통신장비의 오작동으로 인한 원격의료서비스가 중단될 가능성, 환자의 상태에 대한 이미지 또는 정보가 잘못 전달될 가능성, 기기의 사용방법과 결함 가능성 등이 있는데 이러한 위험은 환자의 건강에 직접적인 영향을 미치므로 이에 대하여는 특히 주의하여 설명의무를 이행할 필요가 있다.

4. 미국에서의 의격의무와 설명의무

미국에서는 이미 1970년대부터 현대적 의미의 원격의료를 시행하고 있으며, 2000년대부터는 각 주마다 관습법 및 제정법을 통하여 원격의료에서의 충분한 설명에 의한 동의를 입법화하였다. 이에 충분한 설명에 근거한 동의 이론과 규정들을 살펴보고 우리나라의 원격의료에서의 의사의 설명의무 입법방안에 대하여 살펴보기로 한다.

1) 충분한 설명에 근거한 동의 이론

의사의 전단적인 의료행위와 불평등한 관계로부터 환자의 자기결정권을 보호하기 위한 의사의 설명의무는 독일의 경우 의사의 의료행위의 위험에 대한 설명을 구체화하면서 발전하였고, 영미에서는 의사로부터 충분한 설명을 듣고 난 후에 이에 근거하여 결정한 환자의 동의가 유효하다는 이론인 '충분한 설명에 의한 동의(Informed Consent)' 이론으로 발전하였다.

충분한 설명에 근거한 동의는 영미법의 의료행위 법리에 있어 매우 중요한 요소이며 환자의 핵심적인 권리이다. 충분한 설명에 근거한 동의는 불법행위법에서 정립되었는데, Schloendorff v. New York Hospital 사례에서 "성인이며 건전한 정신을 보유한 모든 사람은 자신의 신체에 무엇이 행하여지는 지를 결정할 수 있는 권리를 가지며, 환자의 동의도 없이 수술한 의사는 폭행을 행사하는 것이며, 그에 따라 손해배상의 책임을 진다."라고 하였다. 환자는 의료행위에 앞서 의사로부터 충분한 설명을 제공받아야 하며, 이 과정에서 의료행위의 시술방법과 치료수단에 대한 내용뿐만 아니라 잠재적인 위험과 부작용까지 모두 알고 난 후에 의사가 제안한 의료행위에 대하여 동의하여야 한다.

환자는 의료행위에 대한 충분한 설명을 제공받음으로써 자신의 신체의 변화에 대한 결정과 통제를 할 수 있게 되었고, 이것이 현대적 의미의 설명의무의 기초가 되었다.

2) 미국의 원격의료에 관한 설명의무 관련 규정

미국의 경우 원격의료를 시행하는 경우 의사는 환자에게 충분한 설명에 근거한 동의를 받을 의무가 있는데, 여기에서 설명의 내용에는 제안된 치료방법과 절차 등에 대한 설명뿐만 아니라 정보통신 기기를 이용하여 원거리에서 제공되는 원격의료서비스에 대한 위험들에 대한 설명도 포함되며, 이러한 동의는 원칙적으로 서면에 의하여 이루어져야 한다.

이러한 내용의 설명의무 관련 규정은 2000년대부터 미국의 애리조나(Arizona), 캘리포니아(California), 오클라호마(Oklahoma), 텍사스(Texas) 등의 주에서 제정법으로 규정되어 시행되고 있다.

미국에서 시행되고 있는 원격의료에서의 의사의 설명의무와 관련하여 주요 내용을 정리하면 원격의료를 행함에 있어 의사는 최소한 다음과 같은 내용을 충분히 설명하여야 한다.

① 원격지의사와 현지의사가 있는 경우 정보통신기기를 이용하여 환자의 건강정보를 공유하고 토론할 수 있다.

② 의사가 있는 원격지와 환자가 있는 현지 두 장소에서 의료기술 · 기기를 작동하기 위하여 비의료인이 관여할 수 있다.

③ 원격의료 상황이 오디오 · 비디오 등의 매체에 의하여 녹음되고 보관될 수도 있다.

④ 원격의료가 생소한 대부분의 환자에게 원격의료의 구체적인 내용과 비대면 방법으로 진행되는 의료행위에 의하여 발생할 수 있는 위험들에 대한 사실 등이 그 내용에 해당한다.

이렇게 엄격하게 강화되어 적용되던 미국 원격의료에서의 설명의무는 2011년경 캘리포니아주 원격보건 개정법에서 원격의료에만 적용되는 특별한 서면통지 및 동의 절차들 중 비효율적인 부분을 삭제하는 등 설명의무의 절차를 완화하는 모습도 보이고 있으나, 이는 오랜 기간동아 원격의료를 시행하면서 환자들의 원격의료에 대한 인식이 높아졌기 때문에 불합리한 절차부분에 대하여 정비를 하는 것이며 모든 설명의무를 완화하거나 제거하는 것은 아니다.

5. 원격의무에 있어서 의사의 설명의무 근거 규정도입에 대하여(입법론)

원격의료에서의 의사의 설명의무는 '1단계 원격의료 특유의 설명의무'와 '2단계 기존의 설명의무'로 이루어진 2단계 구조로 구성되어 있다.

원격의료는 비대면성으로 인하여 의료사고 등의 위험이 높아질 것으로 예상되므로 1단계 설명의무인 원격의료 특유의 설명의무에 관하여 특히 엄격하고 강화된 설명의무를 적용할 필요성이 있다. 그러나 아직까지 우리나라 의료법에는 원격의료에서의 의사의 설명의무에 관한 규정이 없는 실정이다.

환자의 자기결정권과 국민의 건강을 보장할 수 있도록 의사의 설명의무에 대한 근거규정을 도입할 필요가 있으며, 다음과 같은 규정들이 포함되어야 할 것이다.

① 의사는 환자에게 의료행위가 비대면 방식으로 이루어진다는 사실에 대하여 설명하여야 한다.

② 촉진, 타진 등의 대면 의료행위가 없기 때문에 이와 관련하여 오진이 발생할 가능성이 있으므로 원격의료 과정에서 이에 대한 상세한 문답이 필요하다는 점을 환자에게 충분히 인식시켜야 한다.

③ 원격의료행위의 필요성 · 방법 · 내용과 원격의료행위 과정에서 발생할 수 있는 인터넷 연결문제, 장비의 결함 · 고장, 의료정보 전달오류 등 정보통신기기를 사용함에 따른 위험에 대하여 설명해야 한다.

④ 원격의료 과정에서 환자가 의료기기 등을 조작 · 사용하여 검사 · 진단 · 투약 등의 의료행위를 할 수 있다는 점과 의료기기 등의 사용방법, 오작동의 가능성과 대처방법 등을 이해시켜야한다.

⑤ 원격의료는 정보통신 장비에 의하여 진행되므로 이에 따라 진료기록 및 환자의 건강정보가 보관되고 활용된다는 사실을 설명해야 한다.

⑥ 방법적인 측면에서 살펴보면, 설명의무의 이행에 대하여 서명으로 확인하는 방법만 규정한다면 제대로 된 설명도 없이 서명만 받는 등 설명의무가 형식화할 가능성이 크다. 따라서 환자에게 충분한 설명이 이루어 질 수 있도록 설명의무의 이행 과정을 영상 · 음성자료로 보관하여 설명과정이 형식화하는 것을 방지하고, 의사의 설명의무를 실질적으로 강화할 수 있는 방안을 마련하여야 할 것이다.

학습 9

원격의료에서의 의사의 설명의무 규정(신설)

의료법 제34조의2(원격의료행위에 관한 설명)

① 의사 · 치과의사 또는 한의사는 원격의료행위를 하는 경우 제2항에 따른 사항을 환자(환자가 의사결정능력이 없는 경우 환자의 법정대리인을 말한다. 이하 이 조에서 같다)에게 설명하고 동의를 받아야 하며, 설명 및 동의 방법은 제3항에 따라야 한다.

② 제1항에 따라 환자에게 설명하고 동의를 받아야 하는 사항은 다음 각 호와 같다.

1. 원격의료를 한다는 사실과 의료행위가 대면이 아닌 비대면으로 진행된다는 사실
2. 원격의료행위의 필요성, 방법 및 내용
3. 원격의료행위 과정에서 발생할 위험과 부작용
4. 원격의료행위 과정에서 환자가 의료기기 등을 조작 · 사용하여 검사 · 진단 · 투약 등의 행위를 할 경우, 의료기기 등의 사용방법, 오작동의 가능성과 대처방법
5. 원격의료행위의 위험성

6. 환자의 진료기록 및 건강정보에 대한 수집, 보관, 활용
7. 원격의료행위 전후 환자가 준수하여야 할 사항

③ 제1항에 따라 환자에게 설명하고 동의를 받는 방법은 다음 각 호와 같다.

1. 제1항에 따라 동의를 받는 경우에는 서면(전자문서를 포함한다)에 의하여야 하며, 해당 환자의 서명(전자서명을 포함한다) 또는 기명날인이 있어야 한다.
2. 제1항에 따른 설명 과정은 영상녹화, 음성녹음 등의 자료로 작성하여 보존·관리하여야 한다.
3. 제1항에 따른 동의 및 설명의 방법·절차 등 필요한 사항은 대통령령으로 정한다

일반적인 의료와 원격의료는 비대면으로 의료행위를 한다는 점에서 차이가 있을 뿐 질병을 예방하고 치료하기 위한 행위라는 점에서 본질은 동일하다. 현재 우리나라는 의사와 환자사이의 원격의료는 허용되지 않고 있으나 격지와 오지의 환자, 만성질환을 앓고 있는 환자, 전염병의 확산으로 인한 긴급상황 등에서 원격의료의 필요성은 커지고 있으며, 국민에게 수준 높은 의료서비스를 제공하기 위하여 원격의료는 조속히 도입되어야 할 것이다. 하지만 원격의료는 정보통신기술의 발달로 인하여 새롭게 등장한 의료영역이며, 비대면으로 진행된다는 점 때문에 의료사고 및 부작용이 증가할 것으로 예상된다.

원격의료 시대에서는 환자가 비대면 의료서비스인 원격의료를 통하여 치료를 받을 것인지를 스스로 결정할 수 있어야 하고 원격의료 과정에서 발생할 위험에 스스로 대비해야 할 필요성이 커졌다. 따라서 환자에게 의료행위에 대하여 충분하게 설명하고 그에 따라 동의를 받아야 하는 의사의 설명의무가 더욱 중요해지고 있다.

그러나 현재 시행중인 의료법을 살펴보면 제24조의2에서는 설명의무에 대하여 규정하고 있으나 대면의료를 중심으로 규정하고 있으며, 제34조에서는 의사와 의사 사이의 원격의료 허용에 관하여만 규정하고 원격의료에서의 설명의무에 대하여는 따로 규정을 하지 않고 있다. 아직까지 우리나라 의료법에는 원격의료에서의 의사의 설명의무에 관한 규정이 없는 실정이다. 우리나라는 의사와 환자 사이의 원격의료를 도입하기 위하여 의료법 개정을 계속 시도하고 있다.

하지만 원격의료에서의 설명의무에 대하여는 개정안에서도 구체화되지 못하고 있는 실정이다. 원격의료의 도입과 관련하여 혼란을 최소화 하고 환자의 자기결정권과 국민건강의 보호·증진을 모두 보장할 수 있도록 원격의료에서의 의사의 설명의무에 대한 명문의 근거규정을 도입하여야 할 것이다.

학습활동.9 교수 · 학습 방법

교수 방법

- 5G 네트워크 기술 및 응용에 대한 관련 용어, 구성, 방식 이해 정도를 파악한 후 수업을 진행한다.
- 교수자의 주도로 5G 네트워크 기술 및 응용 등의 내용을 PPT 자료로 제시한 후 설명한다.
- 가능하면 사전에 개인별 학습 자료를 준비하여 모든 학생이 참여할 수 있는 문제 해결식 수업, 협력 수업이 가능하도록 한다.
- 5G 네트워크 기술 및 응용 전 과정을 작업의 순서에 따라 단계적으로 실습이 이루어질 수 있도록 지도한다.
- 교재를 통해 수업을 준비하는데 있어서 필요한 모든 정보나 팁, 힌트 등 도움이 될 만한 내용들을 확인할 수 있다.
- 학생들이 만들게 될 각 모델들은 수업시간에 중점적으로 다뤄질 부분과 어휘, 질문, 답을 포함하고 있으며 또한 탐구할만한 추가적인 아이디어들도 포함하고 있다.

학습 방법

- 5G 네트워크 기술 및 응용에 대한 관련 용어를 숙지하고, 5G 네트워크 기술 및 응용에 대해 이해한다.
- 5G 네트워크 기술 및 응용의 각 단계별 중점 사항을 체계적으로 학습한다.
- 5G 네트워크 기술 및 응용의 수행순서의 전 과정을 실습한다.
- 5G 네트워크 기술 및 응용의 내용을 이해한다.
- 5G 네트워크 기술 및 응용을 이해하고 숙달이 될 때까지 학습한다.

학습활동.9 평가 및 피드백

평가 준거

- 평가자는 피평가자가 수행 준거 및 평가 내용에 제시되어 있는 내용을 성공적으로 수행할 수 있는 지를 평가해야 한다.

학습내용	평가항목	성취수준		
		상	중	하
5G 네트워크 기술 및 응용	5G 네트워크 기술 및 응용을 이해할 수 있다.			

학습 9

평가 방법

• 작업 포트폴리오

학습내용	평가항목	성취수준		
		상	중	하
5G 네트워크 기술 및 응용	5G 네트워크 기술 및 응용을 이해할 수 있다.			

• 필기시험

학습내용	평가항목	성취수준		
		상	중	하
5G 네트워크 기술 및 응용	5G 네트워크 기술 및 응용을 이해할 수 있다.			

• 체크리스트를 통한 관찰

학습내용	평가항목	성취수준		
		상	중	하
5G 네트워크 기술 및 응용	5G 네트워크 기술 및 응용을 이해할 수 있다.			

• 피드백

1. 작업 포트폴리오
   - 제출한 보고서를 평가한 후 주요 사항에 대하여 표시하여 돌려준다.
2. 필기시험
   – 평가 결과 성적이 저조한 학생은 보고서 제출 기회를 부여한다.
3. 체크리스트를 통한 관찰
   – 실습 과정에서 평가한 후 개선해야 할 사항 등을 정리하여 돌려둔다.

참 | 고 | 문 | 헌

- 김선의 · 이현정, 원격의료도입을 둘러싼 갈등에 대한 행위자 중심 제도주위 분석, 한국정책학회, 추계학술대회, 2019.
- 김수범, 글로벌 의료사물인터넷 시장동향, 보건산업브리프, 2017.12.1.
- 김주한, 빅데이터 기반의 개인 맞춤의료 서비스, BioINpro 13호, 2015.
- 김진한, 신약개발 프로세스 혁신을 위한 AI 활용, 한국제약바이오협회정책보고서, 2017.
- 김태형, 데이터가 생명을 살린다. 바이오협회, 2020.6.
- 김학용, 5G 서비스 구현기술의 이해 http://www.kibme.org/, 방송과 미디어 제24권 3호
- 김학용, 5G 시대, 서비스와 비즈니스 혁신, 멀티캠퍼스 집합교육 교재, 2019.7.
- 김학용, 고객가치 중심의 5G 요금제를 기대한다, 과학과 기술, vol.599, pp.51-54, 2019.4.
- 김학용, 사물인터넷 시대, 모바일 비즈니스 패러다임의 변화, MOIBA 웹진, 2019.7.
- 문유정 · 강지민, 데이터 3법개정과 의료빅데이터 활용방안, 경기도경제과학진흥원, 2002.3.16.
- 박민주, 심사평가원, 블록체인 활용 보건의료분야 디지털 전환 기초마련, 헬스코리아뉴스(http://www.hkn24.com), 2020.12.28.
- 박세환, 보건의료 빅데이터 활용 의료산업 동향, HIRA 빅데이터 브리프
- 박소영, 중국의 빅데이터 시장 트랜드와 시사점, 국제무역통산연구원, 2020.11.
- 박순영, 인공지능을 활용한 신약개발 연구동향, 융합연구정책선터, 2018.1.
- 박재은, 헬스케어 분야에서의 빅데이터 활용 동향, KDB산업은행, 2019.10.28.
- 박찬호 · 이장우, 인공지능 헬스케어 산업의 실용화 동향, 정보통신기획평가원, 2020.6.17.
- 배수인, 4차 산업혁명 시대, 제약산업에서의 빅데이터 활용, 한국제약바이오협회정책보고서, 2017.
- 배영우, 4차 산업혁명 시대, 인공지능을 활용한 신약개발, 한국제약바이오협회정책보고서, 2017.
- 배영우, 인공지능을 이용한 신약개발 동향 및 활용사례, 생명공학정책연구센터, BioINpro, 2017.
- 유성진 · 박기성 · 김종현 · 박영호 · 최한준, 헬스케어 산업에서의 블록체인 기술의 활용, 보건산업브리프, 2017.5.12.
- 이관용 외, 의료 인공지능 현황 및 과제, 한국보건산업진흥원, 보건산업브리프, 2016.
- 이승관, 글로벌 디지털 헬스케어 기술동향과 과제, IITA, 2017.12.13.
- 이은지, 블록체인 기술의 국외 보건의료분야 적용사례 및 시사점, HIRA,, 3030sus 14권 2호
- 이준영, 5G시대, 디지털 헬스케어동향, 정보통신산업진흥원, 2019.12.26.
- 임지윤, 보건의료 블록체인 기술 활용 방안, 바이오협회, 2020.3.
- 전종홍 외 7, 감염병 재난에 대응하기 위한 의료인공지능의 기술 표준동향, ETRI Insight, 2020.01.
- 최연석, 원격의료에 있어서의 의사의 설명의무에 관한 연구, 제주대 법과정책, 2020.8.30.
- 공개키 암호알고리즘 개발에 관한 연구, 정보통신부 한국정보보호센터, 1992.12.
- 디지털 세계의 신뢰를 확보하는 블록체인의 의미와 과제, 그리고 미래. IDG Tech Report, 2017.
- 디지털헬스케어 알쓸신잡, 미래에셋대우, 2017.9.5.
- 메디컬 증강현실(AR)/가상현실(VR) 시장동향 분석, 보건산업진흥원, 2017.12.1.
- 미국 원격의료 시장 현황 및 전망, 생명공학정책연구센터, 2020.8.
- 블록체인이 일으키는 금융, 유통, 의료, 에너지 업계의 변화. IDG DeepDive, 2017.
- 빅데이터 및 인공지능(AI) 기술이 적용된 의료기기의 허가 · 심사 가이드라인(민원인 안내서), 식품의약품안전처, 2017.
- 삼성전자, 5G 국제표준의 이해, 2018.6.

- 스마트 헬스케어 유망시장 동향 및 진출전략, KOTRA, 2019.10.
- 스마트 헬스케어 의료기기 기술, 표준 전략 보고서, 식품의약품안전평가원, 2018.8.
- 안성의 기자, 5G 의료분야에 혁신을 가져온다, 바이오타임즈(http://www.biotimes.co.kr)
- 양자 컴퓨팅에 안전한 NTRU 기반 상용 기술 동향에 관한 연구, 한국통신학회, 2017.
- 유헬스케어 진단지원시스템 임상시험계획서 작성 가이드라인(민원인 안내서), 식품의약품안전처, 2015.
- 의약품 임상시험 통계 가이드라인(민원인 안내서), 식품의약품안전처, 2016.
- 체외진단용 의료기기의 임상적 성능 허가심사 가이드라인(민원인 안내서), 식품의약품안전처, 2015.
- 퀄컴 코리아, 5G NR에 담긴 5가지 혁신 기술, 2018.1.16.
- 프로스트 앤 설리번, EU4 Tele-consultation Market-Companies-to-Action, 2020.2.
- 프로스트 앤 설리번, Global Digital Health Outlook(2020), 2019.8.
- 프로스트 앤 설리번, Telehealth - A Technology-Based Weapon in the War Against the Coronavirus, 2020.4.
- 한 손에 잡히는 임상연구 : 설계와 실행의 모든 것, 임상시험리뷰 연구회 옮김, 2015.
- 혁신성장 실현을 위한 5G+ 전략, 관계부처 합동, 2019.4.8.
- AHA(American Hospital Association), Fact Sheet : Telehealth, 2019.2.
- CDC, Uses of Telehealth during COVID-19 in Low Resource Non-U.S. Settings, 2020.7.21.
- CMS, MEDICARE TELEMEDICINE HEALTH CARE PROVIDER FACT SHEET, 2020.3.17.
- Combining genomics and epidemiology to track mumps virus transmission in the United States, PLOS Biology, 2020, https://doi.org/10.1371/journal.pbio.3000611
- Data-sharing brings hope to rare disease patients around the globe, https://www.ga4gh.org/news/data-sharing-brings-hope-to-rare-disease-patients-around-the-globe/
- Evaluate, World Preview 2016, Outlook to 2022, 2016.
- Frost & Sullivan, "Internet of Medical Things (IoMT) is an amalgamation of medical devices and applications that can connect to healthcare information technology (IT) systems using networking technologies," 2017.
- Global Blockchain Technology Market in the Healthcare Industry, 2018-2022.
- HHS, Telehealth: Delivering Care Safely During COVID-19, 2020.7.15.
- https://news.samsung.com/kr/5ㅎ 기술은 어떻게 진화했나
- https://www.nexeonmed.com/
- iPatientCare, Contribution of Telehealth from free-for-service payment to value-based payment 2020.4.6.
- ITU, Setting the Scene for 5G : Opportunities & Challenges, 2018.
- Mayo Clinic to sequence 100K participants to build genomic database for improved care and research in collaboration with Helix, https://newsnetwork.mayoclinic.org/discussion/mayo-clinicto-sequence-100k-participants-to-build-genomic-database-for-improved-care-and-research-incollaboration-with-helix/
- McKinsey&Company, Telehealth: A quarter-trillion-dollar post-COVID-19 reality?, 2020.5.
- OECD, BRINGING HEALTH CARE TO THE PATIENT : AN OVERVIEW OF THE USE OF TELEMEDICINE IN OECD COUNTRIES, 2020.1.17.
- PR Newswire, Remote Patient Monitoring Market to Reach USD 2.14 Billion by 2027 | Reports And Data, 2020.6.18.

- Public health surveillance and data collection: general principles and impact on hemophilia care, Hematology, 2012, https://doi.org/10.1179/102453312X13336169156537
- Statistical Guidance on Reporting Results from Studies Evaluating Diagnostic Tests, FDA, 2007.
- Steven R. Steinhubl et al, The emerging field of mobile health, 2016.
- Through partnership with Color, 10K NorthShore patients will get whole genome sequencing. https://medcitynews.com/2019/01/color-northshore/
- Use of Real-World Evidence to Support Regulatory Decision-Making for Medical Devices, FDA, 2017.
- Verizon Wireless, 5G Ultra Wideband Wireless Home Network, https://www.verizonwireless.com/5g/home/
- WHO, mHealth - New horizons for health through mobile technologies, 2011.
- 2020년도 AIoT 서비스 제품 및 기업편람, 한국지능형사물인터넷협회, 2020.
- 3GPP, 5G-NR Workplan for eMBB, 2017.3.9.
- 5G Mobile : Impact on the Health Care Sector, Qualcomm, 2017.10.26.
- 5G, 미국 헬스케어 산업에 새로운 기회 창출, KOTRA, 2019.3.5.
- 5G가 촉발할 산업생태계 변화, 삼성KPMG 경제연구원, 2019.3.19.

학습 목표

1. 디지털 콘텐츠 기술 및 응용을 이해할 수 있다.

10-1 디지털 콘텐츠 기술의 개요

1. 디지털 콘텐츠의 정의

디지털 콘텐츠는 영화, 음반, 게임 등과 같은 콘텐츠의 기획, 제작, 유통, 소비 등과 이에 관련된 다양한 이용 범위에 따라서 서비스 형태가 다양하다.

2. 디지털 콘텐츠의 범위

디지털 콘텐츠산업은 정보 콘텐츠산업 및 교육 콘텐츠산업과 함께 콘텐츠산업을 구성한다. 다만 디지털 콘텐츠산업의 개념상 분류는 비교적 용이하나 실제로는 디지털 콘텐츠산업의 범위가 명확하게 설정되어 있지 않아 디지털 콘텐츠산업 관련 통계가 체계적으로 정비되어 있지 못한 실정이다.

분류기준이 비교적 명확하고 디지털 콘텐츠 산업 내 매출규모가 상대적으로 큰 게임, 출판, 방송, 음악 등의 분야를 중심으로 디지털 콘텐츠산업을 분석한다.

3. 디지털 콘텐츠의 분류

콘텐츠산업의 범위는 최근 정보통신기술의 발전 및 디지털화의 진전 등으로 크게 확대된다. 콘텐츠의 분류는 기술적용방식, 콘텐츠 구현 매체, 유통경로, 콘텐츠 내용 등에 따라 다양하게 이루어진다. 콘텐츠 이용 형태 측면에서 보면 디지털 콘텐츠산업은 정보 콘텐츠산업 및 교육 콘텐츠산업과 함께 콘텐츠산업을 구성된다.

〈표 10-1〉 디지털 콘텐츠의 분류

<table>
<tr><th colspan="3" rowspan="2">구 분</th><th colspan="3">이용 형태</th></tr>
<tr><th>디지털 콘텐츠산업</th><th>정보 콘텐츠산업</th><th>교육 콘텐츠산업</th></tr>
<tr><td rowspan="3">기술 적용 방식</td><td rowspan="2">디지털 콘텐츠</td><td>온라인 콘텐츠</td><td>MP3, 음악파일 전자책 콘텐츠, 그래픽, 온라인용으로 제작 및 편집된 방송프로그램 등의 영상물 등</td><td>웹페이지, 전자메일 등의 형태로 유통되는 교육, 보건, 산업 등 각종 정보콘텐츠, DB콘텐츠 등</td><td>원격강의</td></tr>
<tr><td>오프라인 콘텐츠</td><td>디지털 영화, 디지털 애니메이션, DVD, CD-ROM 타이틀 음반 CD 등</td><td>디지털로 작성되었으나 온라인에서 유통되지 않은 각종 정보콘텐츠</td><td>교육용 타이틀 및 소프트웨어 등</td></tr>
<tr><td colspan="2">일반 콘텐츠</td><td>영화, 애니메이션, 서적, 그림, 사진 등 디지털화 되지 않은 문화콘텐츠</td><td>디지털화 되지 않은 일반 정보콘텐츠</td><td>디지털화 되지 않은 학교 학원 등 각종 교육내용 및 정보</td></tr>
</table>

자료 : 최봉현, 디지털 콘텐츠산업의 현황과 정책적 시사점 산업연구원, 2002. 12 재구성

의료부문과 IT부문의 융합측면에서 콘텐츠 시장의 주도권 경쟁을 [그림 10-1]과 같이 아날로그 기반의 올드 미디어 의료 콘텐츠들은 디지털 기술발전에 따른 신기술 및 새로운 VR/AR/MR의 융합 콘텐츠의 확산이 기존 콘텐츠부문에 심각한 위협을 초래할 것이라는 판단 하에 디지털 콘텐츠 융합을 기반한 의료용 콘텐츠로 빠르게 전환될 것으로 본다.

즉 그동안 수직적 통합모델에 초점을 맞추어 왔으나, 융합시대를 맞이하여 제휴와 협력을 기반으로 하는 수평적 인터넷 및 모바일 비즈니스의 모델로 의료부문 등과 새로운 서비스의 융합으로 전환하여 시장경쟁에 뛰어 들게 될 것이다.

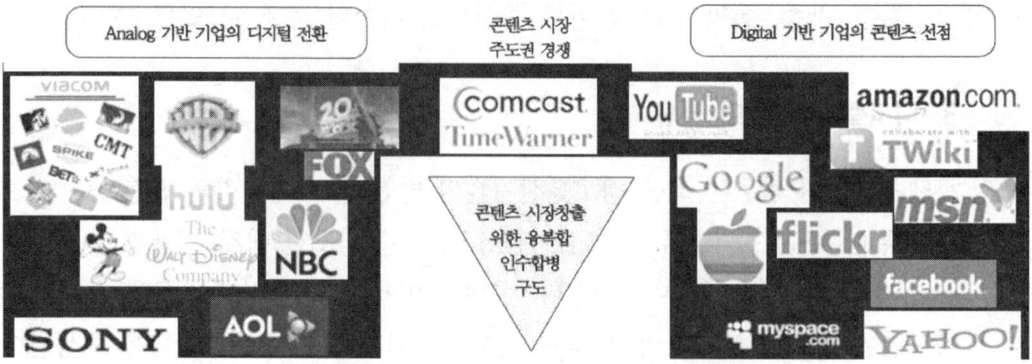

[그림 10-1] 의료와 콘텐츠 융합을 통한 시장구조변화

10-2 디지털 콘텐츠 기술의 응용

1. 의료분야의 디지털 콘텐츠 응용

의료와 IT기술과 융합하면서 HW기기 및 인간중심의 의료서비스가 SW 중심 콘텐츠 서비스로 변화하며 새로운 의료융합 서비스 형태의 콘텐츠 유형으로 신사업의 융합규모가 증가하고 있다.

IBM이 만든 인공지능 왓슨을 의료분야에 적용한 닥터 왓슨은 암을 진단하는데 전문의들과 비슷한 수준의 정확도를 기록했다. 현재 왓슨은 현행법상 법적 인격을 인정할 수 없어 의사의 지위를 취득하는 것이 불가능해 의사의 의료적 조력자 역할을 하고 있다.

데이터 수집 · 분석 · 시각화 · 실감화 등의 IT 기술의 발전으로 인한 의료산업의 변화는 다음과 같다.

① 자동화 : 자동화는 의료행위에 인공지능 기술이 활용되면서 인간(의사)에 의존하였던 진단 · 수술 · 처방 · 치료 등 행태의 자동화가 추진되고 있다.

② 정밀화 : 정밀화는 개인 유전체 분석 및 ICT 기술의 발전과 더불어 의료서비스는 보다 정밀화된 맞춤화가 진행된다.

③ 일상화 : 일상화는 모바일 기기와 IoT 기술이 발전하면서 의료서비스는 치료중심에서 일상적인 예방중심으로 변화한다.

④ 효율화 : 효율화는 인공지능이 R&D 단계에서 활용됨에 따라 신약개발 기간 단축 및 개발 성공률 향상으로 인한 R&D 효율화 추진된다.

〈표 10-2〉 의료융합 콘텐츠 서비스 변화

구 분		As Is	To Be
정상인		• 정신건강 관련 콘텐츠 및 서비스 부족 • 획일화된 헬스테인먼트 콘텐츠 • 공급자 중심의 획일적인 건강관리 서비스	• AI기반 정신건강 모니터링 · 관리서비스 및 실감 콘텐츠를 통한 힐링서비스 • 개인 맞춤형 건강관리 콘텐츠 서비스 • 개인 맞춤형 콘텐츠와 결합된 건강유지 서비스
환 자		• 병원, 의사의 일방적인 콘텐츠 공급	• 진단 데이터와 결합된 개인 맞춤형 정보서비스 제공
의료인	교육	• 텍스트, 이미지 중심의 교육 • 도제식 교육	• AR/VR, 시뮬레이터 등 실감콘텐츠 활용 체험형 교육 • 지능형 가이드 방식 교육
의료인	진단	• 의사 지식에 기반한 진단	• AI, 의료 빅데이터 기반의 지능형 진단보조 서비스
의료인	치료	• 의사 개인 술기에 기반한 시술 및 수술	• AR 기반 영상 가이드 콘텐츠 활용 • 사전수술(Pre Surgery) 계획 및 수술 가이딩 콘텐츠
의료인	의료현장	• 의사 지시에 의한 의료현장 관리	• 멀티미디어 콘텐츠 기반의 의료현장 관리 가이드
실 버		• 노인 감성 서비스 부족	• 노인 감성 콘텐츠 서비스 제공 (예 노인 우울증, 외로움 대응 서비스)

출처 : 과학기술정보통신부 휴먼케어발전전략

2. 기능성 게임분야의 디지털 콘텐츠 응용

게임산업은 경제적으로 부가가치가 높은 문화산업임에도 불구하고 게임 과몰입, 사행성 조장 등과 같은 일부 역기능으로 인해 청소년들에게 유해하다는 인식이 많이 퍼져 있다. 하지만 게임의 근본적인 목적은 규칙에 맞게 행동하고 그 결과에 이르는 일련의 과정에서 수반되는 즐거움을 통해 삶의 행복을 느낄 수 있게 해주는 긍정적인 기능을 갖고 있다. 바로 이러한 게임의 본질적인 순기능을 살리는 환경, 운동, 교육 등과 같은 더욱 다양한 목적들을 이루며 공공과 개인들에게 도움을 제공하는 것이 기능성 게임이다.

기능성 게임은 질병통제 및 예방, 대중보건교육, 건강관리 홍보, 보건정보 제공 등을 목적으로 환자에게 치료효과에 대한 이해를 돕고 치료과정의 불안감과 공포심을 이겨낼 수 있도록 한다.

1) 가능형 게임 사례

(1) 버추얼 키친

주방보조 영역의 직업훈련을 통해 발달장애 학생들의 독립적인 생활능력과 사회 적응력을 향상시킬 수 있는 가상현실 기반 콘텐츠 및 훈련 VR 게임이다.

[그림 10-2] 비츄얼 키친 게임 사례

① 게임 소개 : 발달지체, 자폐성 장애, 정서행동장애와 같은 광범위성 발달장애 학생들의 직업교육의 어려움이 나타나 있고 이를 위해 주방보조 영역의 직업훈련을 제공하는 VR 게임이다. 손님을 응대하는 방식으로 타이쿤 게임을 하는듯한 재미와 흥미요소를 통해 독립적인 생활능력과 사회 적응력을 향상시킬 수 있고, 음식 재료 손질부터 음식 전달까지 주방의 전체적인 업무를 게임화하여 학습과 재미를 모두 추구하는 가상현실 기반의 몰입형 직업훈련 게임이다.

(2) 특수체육 게임

발달장애 학생을 위한 동작인식, 체육, 기능성 게임, 특수체육 게임은 발달장애 아동과 학생의 체육 활동을 위한 기능성 게임 프로그램으로 동작인식 기술을 사용하여 아동이 집중력을 잃지 않고 플레이 할 수 있도록 했다. (사)스페셜올림픽코리아의 자문을 받아 개발한 기능성 게임이다.

① 게임 소개 : 정확한 동작인식을 통한 특수체육활동과 연계된 기능성 게임으로 각 단계는 게임요소 접근법으로 구현 다음단계로 진행하고자 하는 목표와 동기를 부여한다. 3종의 인지게임 〈하노이타워〉, 〈짝맞추기〉, 〈사탕공장〉과 3종의 동작게임 〈스노우슈잉〉, 〈골키퍼〉, 〈태껸〉으로 구성되어 있다.

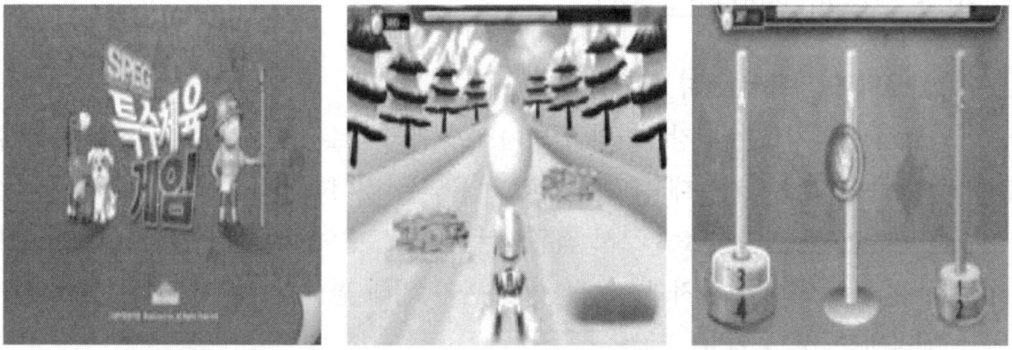

[그림 10-3] 특수체육 게임 사례

(3) 두더지

스마트폰에 저장되어 있는 핸드폰 속 전화번호를 '두더지 잡기' 게임을 통해 외우며 두뇌 트레이닝 및 치매예방을 하게 하는 기능성 게임이다.

① 게임 소개 : 스마트폰 사용자가 암기하고 있는 전화번호 수는 평균 7.2개 이다. 지금 당신이 암기하고 있는 전화번호는 몇 개 인가? 두더지 게임으로 내 핸드폰 속 전화번호를 재미있게 외우자. 그리고 재미있는 브레인게임으로 매일 두뇌스트레칭도 하자.

2) 음악치료 분야

음악은 호흡의 리듬을 조절하고 근육경직을 이완하고 편안한 분위기를 조성해 심장박동 및 혈압을 낮추고 뇌의 알파 파장을 증가시켜 긴장을 완화하는 효과를 준다.

음악치료에서의 치료방법은 매우 다양하며 환자의 나이, 감정적 상태, 인지적 상태, 신체적 상태 등을 고려하여 여러 가지 다양한 음악활동 들을 적용할 수 있다. 중요한 것은 치료사가 일방적으로 음악을 제공하는 것이 아닌, 함께 만들어 나가는 과정 안에서의 능동적인 음악적 경험이다.

(1) 수행음악 의료

기능적 음악이란 음악치료의 외부 구성요소이다. 의료기관에서 다양한 배경음악의 사용, 레크레이션을 위한 음악, 의료인의 사기진작을 위해 사용하는 음악 등이다.

수행음악 의료란 음악인 자신들의 의료적이고, 심리적 문제를 치료하기 위해 사용하는 것이다. 음악소리가 클 때와 템포가 빠를 때는 심장박동이 증가하고, 음악이 느리고 작을 때에는 감소한다는 사실이 밝혀진 것이다.

정신신경 면역학이라는 학문이 새롭게 등장하면서 음악이 면역증가에 크게 기여한다는 사실이 증명되기도 했다.

(2) 음악과 의료의 분류 모델

의료적 음악치료는 건강유지와 질병치료에 음악치료 전략을 사용하는 것으로, 환자의 통증을 감소시키는데 음악이 직접 사용되는 것이다. 환자가 치료받기 좋은 여건을 만들어 주는 지지 요소로서 적용되는 것이고, 음악치료와 의료가 같은 비중으로 사용되는 것이다. 환자가 질병을 극복하기 위해 환자의 생활방식을 변화시키는데 적용하는 것 등이다.

(3) 음악치료 적용대상

의사소통기술, 학습기술, 운동기술, 정서적 행동, 사회적 기술, 조직화 능력, 음악적 기술의 영역에서 각 아동/청소년에게 가장 적절한 치료를 시행한다. 또한 불안 및 우울한 성인, 정신질환, 섭식장애, 공황장애, 대인공포 등을 가지고 있는 성인, 각종 스트레스, 알콜/도박 중독, 약물남용, 폭력피해의 성인, 내적 성장, 통찰력 증진, 자아발견 및 정체성 강화를 원하는 성인, 뇌졸중 및 뇌손상으로 인한 언어, 보행, 호흡/운동기능 정서장애 성인, 치매 및 파킨슨 증후군 등으로 어려움을 겪고 있는 노인, 건강한 노화를 경험하고자 하는 노인 등에게 적용할 수 있다.

(4) 음악치료 적용 사례

① 마취제 또는 진정제의 기능 : 음악은 고통, 불안, 스트레스를 줄여 주는 마취제 또는 진정제의 기능이 있다. 신장투석 시 오랜 시간 동안 불편한 상태(고통, 어지러움 등)를 해소하기 위한 기분 전환 역할로 음악을 사용한다.

한편 신생아실에서는 자장가가 신생아의 움직임과 체중 증가에 도움을 주었으며 미숙아 또는 아픈 아기들의 체중을 늘리고 고통과 스트레스를 줄여 입원 기간을 7~10일 단축하기도 했다.

수술 전후 야기되는 긴장의 정도에도 음악을 감상한 환자들의 경우 그렇지 않은 환자에 비해 훨씬 덜 긴장한 것으로 나타났다. 구체적으로 불안을 죽이고 마음을 편안하게 하는 목적으로 음악을 사용했을 때 스트레스 호르몬이라 칭하는 콜티졸, 부신피질 자극 호르몬, 플로락틴(뇌하수체 전엽의 성 호르몬), 베타-엔돌핀의 수치가 음악을 사용하지 않은 환자보다 현저히 낮게 나타났다. 또한 수술 후 48시간 동안에 필요한 마취제 양을 줄여 주고 마취제로 인한 두통, 구역질, 불면 등을 덜어 주기 위해 음악을 사용했다. 한편 음악을 사용한 그룹이 그렇지 않은 그룹보다 진정제나 신경안정제의 양을 약 절반으로 줄일 수 있었으며, 더욱이 음악 사용에 대해 환자들 97퍼센트가 호의적이었다고 한다.

㉮ 공격적 성향을 가진 아동 A는 다른 사람들을 때리는 행동으로 분노조절 및 스트레스 완화를 위한 음악치료 프로그램에 의뢰되었다. A는 다른 악기보다 특히 큰 북을 연주하는 것을 좋아했으며 충분히 해소될 때까지 쉬지 않고 북을 연주하는 모습을 보였다. 1년이 넘은 지금, A는 화를 내는 횟수가 줄어들었고 스스로 참으려는 노력을 하였으며, 집에서는 화가날 때 음악을 듣거나 실로폰을 치며 감정을 조절할 수 있게 되었다.

② 주의를 집중하고 호흡력 증진 : 음악은 주의를 집중하고 운동을 조직화하여 근육 수축으로 인한 고통을 덜어 주며, 뼈와 관절의 운동을 증진시킬 뿐만 아니라 호흡력 증진을 도와준다. 음악은 호흡의 리듬을 조절하고 근육경직을 이완하고 편안한 분위기를 조성해 심장박동 및 혈압을 낮추고 뇌의 알파파장을 증가시켜 긴장을 완화하는 효과를 준다.

음악치료 프로그램에 참여한 산모들이 그렇지 않은 산모들보다 출산에 대해 훨씬 긍정적인 반응을 보였다. 음악은 산통과 출산 시 호흡을 조직적으로 도와주었고 통증을 줄여 주기 위해 사용되었다. 또한 산모에게 출산 시 배경 음악을 들려 주었을 때 출산의 고통이 훨씬 줄어든 것을 발견했는데, 이것은 산모가 느끼는 긴장과 고통의 표현을 측정함으로써 알 수 있었다. 또한 재활목적으로 보행 향상을 위해 걸음걸이의 길이, 폭, 리듬을 잡아 주고 지속성을 증대하기 위해 음악을 사용하기도 한다.

③ 인간관계 강화 : 음악은 치료사와 환자 및 가족 간의 관계를 강화해 준다. 자신이나 가까운 사람의 질병(말기 암, 영구장애, 심각한 병)으로 인한 심한 정신적 고통을 겪는 환자들이나 가족들에게 음악은 카운셀링 작용을 할 뿐만 아니라 정신적 고통과 쇼크 및 불안을 줄여 준다. 또한 한 가지 음악활동에 적극적으로 참여하도록 하는 것은 환자들로 하여금 통증에서 주의를 돌릴 수 있게 하며 걱정과 불안의 짓눌림에서 벗어나게 한다.

④ 오감 자극을 통한 의식 강화 : 음악은 청각과 다른 종류의 감각(촉각, 후각, 시각등)을 자극함으로써 의식을 강화시킨다. 교통사고로 혼수상태인 13세 소년이 전두엽 뇌 절단 수술 후 자극에 대한 반응이 없어서 음악치료사는 환자가 선호하는 음악을 선택하여 청각을 자극하고 음악과 관련된 기억들을 회생시키고자 후각(꽃, 사과, 레몬, 바닐라 향등)과 촉각(가벼운 터치, 마사지) 등 다양

학습 10

한 자극활동과 병행함으로써 환자의 뇌 자극을 활성화시켰다. 이후 환자는 반응능력이 크게 향상되어 넉 달 반 만에 퇴원했는데, 이때 환자는 음악치료사에게 "음악이 나를 행복하게 해요."라고 말했다고 한다.

또한 격리된 화상환자, 장기이식 환자들이나 이런 장기 입원환자들은 고립으로 인한 심한 우울증으로 고통 받는 경우가 많다. 음악치료가 우울증 완화에 효과가 있을 것이라는 이론적 근거는 음악활동이 신체적 활동량을 자연스럽게 늘리고 뇌의 자극과 집중력, 인지력, 상상력 등을 증가시킨다는 데에서 출발한다. 우울증 환자들을 대상으로 조사한 결과 각 곡마다 특별히 강조하는 이미지들을 밝혀 내어 우울증 환자를 위한 음악의 치료적 활동에 크게 기여했다. 음악은 우울증 환자가 흔히 겪는 수면장애를 해소하는 데도 기여할 수 있는데, 이 경우 음악을 선곡할 때 수면장애자가 잘 모르는 새 곡이라든가 갑작스러운 템포나 리듬의 변화가 많은 음악은 오히려 수면을 청하는 데 방해를 주므로 피해야 한다.

⑤ 지각과 자기통제, 조절기능 향상 : 음악은 생리적 반응을 강화하여 생리상태의 지각과 자기 통제, 조절기능을 향상시킨다. 음악은 교감 신경계(심장, 맥박 등)와 부교감 신경계(위장, 침, 소화액)등 자율신경에 대해 영향을 미친다. 간질 환자인 경우 발작 직전 징후인 극도의 피로감과 스트레스를 음악으로써 안정감을 유도하여 발작 횟수를 줄이는 데 사용하였다.

또한 음악이 인체의 호르몬 분비 및 혈액수치에 영향을 미친다는 여러 연구결과에 의하면, 음악이 엔돌핀 호르몬의 증가와 당뇨환자들의 당뇨수치를 감소시킨 것으로 나타났다. 한편 음악은 인체의 면역체계 호르몬인 인터루킨과 콜티졸 변화에도 영향을 가져왔다고 나타났다.

⑥ 긍정적인 인간관계 : 음악은 즐겁고 긍정적인 인간관계를 이루게 하여 장기입원 환자들이나 특히 아이들에게 입원으로 인한 스트레스를 줄여 준다. 즉 병원과의 그룹 음악활동은 노래, 작곡, 즉흥 연주 또는 적극적인 음악감상과 토의를 통해 환자들과의 상호 긍적적인 유대관계를 이끌어 자유롭고 편안한 공간을 제공하여 좀 더 즐거운 병원생활을 위한 중요한 역할을 담당한다.

3) 미술치료 분야

미술치료는 미술이라는 상징적 언어를 통해 은유적으로 표현하도록 함으로서 저항을 줄이고 안전감(Sense of Safety)속에서 표현을 돕고, 촉진하는 심리치료이다.

나아가 미술치료에서의 미술작업은 그 자체가 심리치료과정에서 요구되는 공감대적인 그릇(Emphatic Vessel)과 적절한 치료환경(Facilitating Environment)을 가능하게 한다.

대상마다 치료목표는 조금씩 다를 수 있으나, 공통적으로 가장 중요시 여기는 부분은 자기주도성이다. 심리적 고통을 겪는 많은 경우가 자기주도성을 잃고 적절하게 자신을 표현하지 못한 감정들이 쌓여서 여러 가지 형태의 심리적 증상을 나타내는 경우가 많다.

자기주도성이 보장된 창의적 미술치료 과정을 통하여 억압되고 내재된 자신의 욕구를 발현하고 강한 생명력을 느끼게 되는데, 이러한 과정 안에서 진정한 자신을 만날 수 있게 된다. 이것이야말로 미술치료의 본질이다.

미술치료는 아동, 청소년, 중년, 노인들의 다양한 심리학적 문제들을 다루며 신경증, 정신증, 정서 및 발달지체, 각종 약물중독, 비행청소년, 치매노인 뿐만 아니라 내적성찰을 하고자 하는 사람들에게도 적용할 수 있다. 미술치료는 '치료'라는 단어 때문에 '아픈 사람(환자)'을 전제로 하는듯한 인상을 주지만, 삶에 고민이 있거나 생활속에서 겪게 되는 우울감이나 스트레스와 같은 심리적 불편감을 가지고 있는 사람, 삶을 더 의미 있게 알아가고자 하는 사람에게도 효과적이다. 그리고 아동, 청소년에게는 집중력 강화, 창의성 향상의 목적으로 이용되고 있다.

또한 건강하고 균형 있는 발달을 지속할 수 있도록 쓰이기도 한다. 정신과적 증상의 경우 약물치료등과 함께 시너지 효과를 발휘해 증상완화에 도움이 될 수 있다.

㉦ 교통사고 후 엄마가 다가오는 것을 거부하고 말을 거의 안하던 5세 여아는 놀이형식으로 진행된 미술치료를 통하여 사고당시의 놀라고 무서웠던 감정을 표현하고, 현재는 살아있다는 안전감(Sense of Safety)을 느끼면서 웃음을 되찾았다.

학습 10

10-3 디지털 콘텐츠 기술의 미래

1. 4차산업혁명과 디지털 콘텐츠의 미래

전통적인 IT기술은 콘텐츠, 플랫폼, 네트워크, 디바이스가 유기적으로 결합한 IT 생태계인 CPND로 요약된다. CPND의 C는 콘텐츠를 의미하며, 장치와 플랫폼이 발전할 수 있는 윤활유 역할을 한다. 중장년층은 아직도 대형 TV로 콘텐츠를 시청하지만 젊은층은 TV리모콘으로 향하던 손길을 빠르게 스마트폰으로 돌리고 있다. 이와 같은 현상을 반영하여 한국에서도 2,000명 이상의 제작자들이 다양한 분야의 동영상 콘텐츠를 제작하고 있으며, 자신들만의 콘텐츠로 중장년층이 인지하지 못하던 사이 어린이와 청년층을 빠른 속도로 공략하고 있다.

4차산업혁명 관련 기술의 발달로 로봇과 인공지능은 전통적으로 인간의 몫이었던 콘텐츠의 기획과 방송출연을 대체하고 있으며, 진화하는 그래픽기술은 버추얼아이돌을 만들어 인간 연기자를 대체하고 있다.

IT기술의 핵심 중 하나인 콘텐츠의 발전과 멀티채널네트웍(MCN)는 4차산업혁명을 선도할 기술과 함께 이들 산업에 대단한 영향을 미치게 될 것이다.

2000년대 웹2.0의 시기로 접어들면서 누구나 쉽게 인터넷에 콘텐츠를 올리기 쉽도록 웹이 변화하였고, 대여섯 단계만 거치면 지구인 전체를 알 수 있는 단계로 긴밀하게 연결되기 시작했다. 이러한 장점은 2000년대에 불었던 블로그나 페이스북 등의 열풍으로 번졌다.

웹2.0의 시대는 2005년 유튜브라는 동영상 공유 플랫폼이 등장하면서 UCC(사용자 제작 동영상)가 널리 보편화되기 시작했다는 점이다. 유튜브는 안드로이드를 인수한 구글의 지원에 힘입어 한국 내에서도 동영상 트래픽의 70%를 차지하고 있고 비메오 등 후발주자가 있지만 이제는 누구도 넘볼 수 없는 1위 플랫폼이 되었다. 유튜브는 이내 구글에 인수되면서 구글의 광고프로그램인 애드센서와 통합되며 동영상을 유튜브에 올린 사람들은 수익을 공유받게 된다.

유튜브의 새로운 수익모델로 인하여 혼자서 게임을 해설하는 퓨디파이는 혼자서 연간 130억원 이상이 넘는 수익을 거둔다. 이안 헤콕스 등이 운영하는 코미디채널도 매년 100억원 이상이 넘는 매출을 기록했다. 이제는 카메라 1대와 마이크만 있으면 누구나 콘텐츠로 수익을 얻을 수 있게 되었다.

스마트폰으로 TV용 광고를 촬영할 정도로 스마트폰의 성능도 향상되었다. 유튜브 등에서 초기에는 독립된 개인들이 수익을 제공 받았으나 이내 베보, 머시니마, 메이커스튜디오 등 멀티채널 너트워크(MCN)사업자들이 등장하여 체계적으로 동영상과 제작자들을 관리해주었고, 개인들보다는 높은 비율로 수익을 분배받는 사업모델이 생성되었다.

유튜브와 관련된 수익모델의 예를 들면 유튜브가 45%의 수익을 가져가고 MCN 사업자가 16%, 제작자가 38% 정도의 수익을 가져간다. MCN은 연예인들의 매니

저나 소속사 역할을 훌륭하게 수행한다. 유트브 등 동영상 공유 플랫폼의 등장으로 기존 지상파에 출연하는 연예인을 지금은 점차 인터넷 자키나 비디오자키, 중국의 왕홍들이 대신하고 있다.

세계적으로 인기를 끌었던 워크맨 제조사였던 소니는 1980년대 CD플레이어 시장으로 진출하였으며, 막대한 자산으로 영화산업에 뛰어들었다. 스마트폰의 시대의 도래로 전통적인 휴대용 음악재생기기의 쇠퇴기가 도래했으며, 소니도 인터넷 음원과 뮤직비디오 시장의 가능성도 바라보게 되었다. 소니는 드디어 2009년 유니버설 뮤직그룹, 구글, 아부다비 미디어 등과 베보(Vevo)를 설립했다. 베보는 뮤직비디오를 제작하여 CD앨범으로 출시하는 것이 아니라 유튜브에 업로드했다. 그리고 사용자들은 잠깐씩 광고를 보거나, 별도의 비용을 지불하고 유튜브레드에 가입하여 콘텐츠를 이용하게 되었다. 베보가 지원하는 캐나다 가수 저스틴비버의 동영상은 유튜브에서 지난번에 까지 28억회 이상 시청되었고, 영국가수 아델의 동영상은 21억번 이상이나 클릭되었다.

싸이의 강남스타일의 조회수 29억회 이상에는 미치지 못하지만 대단한 성공이다. 유튜브는 2021년 이미 39조원에 가까운 매출을 기록하고 있고, 동영상을 유튜브에 공급하는 베보는 약 5조원 이상에 가까운 매출을 올렸다. 또 다른 MCN인 머시니마는 3만개 이상이 넘는 자료를 보유하고 4억명 이상이 넘는 구독자를 기록하기도 하였다.

한국시장에서는 아프리카TV, 네이버TV, 카카오TV 등을 플랫폼사업자로, 샌드박스, 다이아TV, 트레져헌트 등이 MCN이 활약하고 있다. 도티, 캐리앤토이즈,악어, 대도서관, 양띵 등의 다양한 제작자들이 활동하고 있다.

이중 아프리카TV는 비교적 초기에 양방향 채팅기능을 지원하였고, 별풍선제도를 도입하여 인기를 끌었다. 별풍선의 경우 60%가 제작자에게 지급되었고, 별풍선을 받기 위한 과열된 경쟁이 벌어지기도 하였다.

이중 아이들이 즐겨찾는 도티의 사례를 보면 대학교 법학과를 나온 창업자는 자기소개서에 사용하기 위하여 콘텐츠를 만들고 구독자 1,000명 이상을 모아보고자 시작했으나, 누적 조회수가 15억뷰 이상에 달할 정도로 큰 성공을 거두었다. 도티는 샌드박스라는 MCN을 설립하고 현재 120팀이상이 넘는 제작자를 거느리고 있다.

흔히 유튜브 등으로 많은 돈을 벌 것처럼 생각하나, 클릭 1회당 수익은 평균 1.2원에 불과하다. 그럼에도 샌드박스는 최근에 100억원 이상의 매출액을 달성하였고 10억원 이상의 당기순이익까지 기록했다.

중국에서는 빌리빌리, 룽주즈보 등의 동영상 플랫폼이 있으며 다수의 미녀 왕홍이 활약하고 있다. 최근에는 왕홍들이 입는 옷과 사용하는 화장품들이 매출과 직결되기 때문에 한국업체가 여행비용을 지불하며 이들을 모셔오기도 한다.

이미 도래한 웹3.0 시대는 컴퓨터가 웹페이지에 담긴 내용을 스스로 이해하고 개인별 맞춤형 정보를 제공해주는 시기이다.

유튜브의 인공지능 알고리즘은 이미 사용자가 특정한 동영상을 시청하면 관심도를 파악하여 다음에 시청할 적절한 동영상을 추천해준다.

더 발전된 인공지능 시스템은 카메라로 사용자의 표정과 눈의 움직임을 관찰하여 프레임 단위의 관심도를 파악하고 있다.

빅데이터기술은 더 나아가 전세계 사람들의 관심사를 실시간으로 알아내고 분석해낸다. 과거 동영상을 제작하던 비디오자키나 인터넷 자키는 인간이었으나 이 자리도 로봇이나 대체인간에 의하여 대체되는 메타버스 시대가 되었다.

일본에서는 1996년 세계 최초의 사이버가수인 다테 교코를 선보였다. 사이버가수 아담은 1998년 한국에서 데뷔했고, 다국적의 가상밴드 고릴라즈는 800만장의 음반을 판매하기도 하였다. 90년대 가상 캐릭터를 움직이는데 많이 비용이 들었으나, 컴퓨팅기술의 발달로 이들은 더욱 정교해지고 적은 비용으로 구현이 가능해졌다.

일본에서 2014년 등장한 실리콘으로 된 로봇 아나운서인 코도모노이드, 오토나로이드는 제작자가 지시대로 아름답게 원고를 읽어 주었다.

한국 내에서도 최소한 2,000명 이상의 제작자들이 활동하는데, 목소리 연기에 자신이 없는 제작자들은 구글번역기에서 지원하는 텍스트투스피치 프로그램으로 그들의 목소리를 대신하고 있다.

더 나아가 버추얼아이돌은 목소리뿐만 아니라 몸연기까지도 소화한다. 키즈나아이는 몇 년 전 일본에서 등장한 버추얼아이돌이다. 방송에 나와서 체조도 하고 한자능력검정 시험문제를 풀기도 한다. 몇 년 전에는 키즈나아이가 출연한 동영상은 이미 190만회 이상의 조회수를 기록하고 있다.

몇 년 전에는 중국의 화쟈쯔보 플랫폼에는 토토와 링링이라고 하는 로봇이 출연했다. 왕홍미녀에 질린 사람들은 열광했고, 이 로봇들은 하루만에 8천만원을 벌어들였다. 영화 '리얼스틸'에는 사람들이 로봇간의 격투기를 보며 열광하는 장면이 나오는데, 점차 실현 가능한 미래의 이야기로 다가 오고 있다.

샌프란시스코에 본사를 둔 트위치TV에는 블라디미르와 에스트라곤이라고 하는 인공지능스피커 2대가 출연하여 각각 남자와 여자목소리로 여자친구에 대하여 이야기를 하기도 하고 실제 사람처럼 말싸움을 하기도 했다. 관련 동영상 조회수는 12만회 이상이었고, 2대의 아마존 인공지능 에코가 대화하는 동영상도 32만회 이상이 클릭되었다.

유튜브에서 Seebotschat을 검색하면 사람들이 인공지능이 작성한 스포츠나 증권기사를 읽는 수준을 넘어, 똑똑한 인공지능간의 대화를 방송콘텐츠로 여기기 시작했음을 알 수 있다.

과거에 제작자들이 만드는 동영상은 인공지능으로 대체되고, 가상세계에 존재하는 버추얼아이돌은 보도와 교육, 오락분야에서 활발히 활동하면서 사람 못지않은 인기를 누리는 메타버스 시대가 점점 확대될 것이다.

충분히 발전하지 못한 일부 인공지능이 흑인을 고릴라로 판단했다는 논란이 있었다. 이런 점을 고려하면, 인공지능이 만드는 동영상이 애니메이션에서 교육프로그램, 게임해설에서 시사보도까지 지속적으로 확대됨에 따라 인공지능의 알고리즘이 인간의 사상과 감정형성에도 깊이 영향을 미칠 날도 머지않다.

현대 산업구조는 디지털 컨버전스의 진전으로 IT, BT, NT, CT 등의 기술발전 및 융합이 가속화되고 있으며, 융합기술의 정의가 점차 광범위 하게 확대되고 있다. 따라서 다양한 융합 · 복합(Convergence · Compositness) 기술들의 생성과정과 이에 대응하는 미래의 글로벌 융합미디어 콘텐츠들의 비즈니스 전략을 예측하기가 점점 어려워지고 있다.

미래기술인 디지털 콘텐츠 동향은 IT 주력산업이 약화되고 고부가가치 산업이 성장하면서 디지털 콘텐츠와의 IT 기술융합으로 좀 더 지능화 · 개인화 · 고부가가치화로 진화될 것으로 예견된다.

글로벌 환경변화에 대응하며 디지털 영상 콘텐츠의 비즈니스 효율성 극대화를 위한 IT 기술환경의 발전과 미래 디지털 콘텐츠 산업동향을 예측함으로써 융합 콘텐츠, 특히 디지털 영상 콘텐츠 산업의 비즈니스 전략을 도출하는 모델로 발전하게 될 것이다.

2. 디지털 콘텐츠와 미래산업의 전략

1) 사용자 연결관계

(1) 네트워크 효과

4차산업혁명 시대에 성공을 좌우하는 것은 네트워크 효과라고 말한다. 네트워크 효과란 사용자가 많을수록 구매자가 증가하고, 반대로 사용자가 적으면 가치가 하락하는 것을 말한다.

페이스북, 인스타그램 등의 SNS가 대표적인 예다. 때문에 네트워크 효과의 핵심은 사용자 연결이다. 콘텐츠 사업자는 콘텐츠 자체의 품질에만 집중하는 콘텐츠의 함정에 빠진다.

하지만 콘텐츠 비즈니스는 콘텐츠 자체가 아닌 네트워크의 힘으로 자신의 존재를 알려야 한다. 비슷한 사용자들 사이의 연결에서 발생하는 직접적 네트워크 효과를 활용하거나, 서로 다른 유형의 사용자와 공급자 사이의 연결에서 발생하는 간접적 네트워크 효과를 활용해야 한다.

[그림 10-4] 콘텐츠 함정 벗어나기 1 : 사용자 연결관계

출처 : https://halfstart.tistory.com/6

네트워크 효과를 활용할 때, 다음의 네 가지를 기억하자.

① 제품의 품질로 이기려 할 필요가 없다 : 어떤 산업 내에서 일단 1위가 되면 기존 사용자들이 새로운 고객을 끌어 모으는 영업자 역할을 대신한다. 제품의 특징보다 네트워크 효과가 더 큰 힘을 발휘하는 것이다.

② 네트워크는 실수에서 당신을 보호해준다 : 제품의 품질보다 네트워크의 힘이 더 크기 때문에, 제품이 다소 약하더라도 네트워크 효과를 통해 보완할 수 있다.

③ 네트워크는 더 많은 가치와 연결을 창출할 수 있다 : 같은 이치로 콘텐츠와 플랫폼 중 더 막강한 것은 플랫폼이다. 아마존 마켓플레이스, 넷플릭스, 에어비앤비, 우버 등은 모두 플랫폼을 통해 네트워크의 힘을 효과적으로 활용한 대표적인 예다.

④ 네트워크 효과의 수익과 규모의 수익은 다르다 : 규모의 수익은 고정비에서, 네트워크의 수익은 의사소통에서 나온다.

(2) 연결로 커진 대중의 힘, 위키피디아

위키피디아는 대중의 참여를 이끌어 낸 대표적인 모범사례 중 하나다. 무조건적인 참여가 중요한 것은 아니다. 공유를 통한 연결관계의 최적화가 필요하다. 위키피디아는 대중이 서로의 의견에 기여하며 긍정적인 방향으로 콘텐츠를 창출할 수 있도록 했다. 기준과 규칙을 두고 시스템과 알고리즘을 통해 콘텐츠를 통제하고 관리한 것이다.

(3) 고정비 관리, 월마트와 아마존

디지털로의 전환은 제조, 유통, 소매점 운영 등에 드는 비용을 절감하는 효과가 있다. 그러므로 디지털로 완전히 전환하는 것이 오히려 기업들에게 이익일 것이다. 그러나 문제가 있다. 전환 과정에서 기존 사업과 디지털 사업이 공존하는 시기가 반드시 존재한다는 점이다. 그리고 그러한 세상에서 디지털 사업과 경쟁하는 기존 사업은 큰 타격을 입는다. 고정비 지출 때문이다.

고정비를 부담해야 하는 기존 사업의 입장에서 디지털 경쟁자로 인한 작은 매출 감소가 큰 손실로 이어진다. 때문에 효율적인 고정비 관리가 필요하다. 월마트와 아마존은 효율적인 고정비 관리로 사업을 성공시켰다. 두 기업 모두 고정비를 줄이기보다는 고정비를 미래를 위한 투자금으로 보고 적극 활용했다.

월마트는 도시가 아닌 지방에, 서로 가까운 거리에 점포를 운영하기 시작했다. 고객이 적은 지방이라는 단점, 상점 건설 및 임대지출 등을 고려하면 비효율적인 선택이다. 하지만 월마트는 오히려 경쟁자 없이 지방을 선점할 수 있었고, 가까운 매장 거리 덕분에 창고에 들어가는 고정비를 줄일 수 있었다. 더불어 고정비가 많이 드는 전산시스템에 투자해 재고를 효율적으로 관리하였다. 고정비를 적절히 활용한 것이다.

아마존의 경우도 이와 비슷하다. 아마존은 배달시간을 줄이기 위해 곳곳에 물류센터와 창고를 짓기 시작했다. 이를 통해 시장을 확장하고, 가격 우위를 선점할 수 있었다. 그리고는 다른 상인들이 자사의 웹사이트와 물류센터를 통해 물건을 판매할 수 있도록 하고 수수료를 챙겼다. 전산시스템에 투자해 자신의 서버와 클라우드도 개방하였다. 무조건적으로 고정비를 줄인 것이 아니라 적절히 관리한 것이다.

(4) 중국의 연결관계, 텐센트

중국의 대표적인 인터넷 기업이라고 하면 BAT, 다시 말해 바이두(Baidu), 알리바바(Alibaba), 텐센트(Tencent)가 떠오른다. 그중 텐센트는 중국을 넘어 세계 최대의 인터넷 회사이자 게임회사이다. 기존 유명 회사들을 따라하는 '짝퉁 기업'이라고 불리기도 했지만, 텐센트는 단순한 모방이 아니라 현지화를 통해 차별성을 확보하며 창조적인 모방으로 몸집을 키워왔다.

텐센트는 인터넷 메신저에서 시작해 다양한 사업으로 확장했는데, 그 중심에 사용자 연결관계가 있었다. 텐센트는 QQ를 거쳐 이제 위챗이 된 대표 메신저 서비스를 통해 모바일 결제, 송금, 배달, 쇼핑, 위챗 페이 등 다양한 서비스를 제공한다. 특히 위챗 게임은 카카오톡 게임 서비스를 벤치마킹 하였는데, 사용자는 게임중에 채팅을 하거나 자신의 아바타를 불러올 수 있다. 기존 서비스 사용자를 대상으로 신사업을 홍보하고, 자사 서비스들 간의 연결을 통해 사용자 경험을 끌어올린다. 신제품에 기존의 사용자 연결관계를 완벽히 활용한 것이다.

메신저와 게임 외의 다양한 서비스에도 사용자 연결관계가 적용된다. 국내 싸이월드를 벤치마킹한 QQ쇼, QQ존은 아바타 기반의 미니 홈페이지다. 사람들이 남들과 구분되는 자신만의 정체성을 온라인에서도 원한다는 점에 주목했다. 아바타를 꾸며 자신을 표현할 수 있게 했다. 아바타를 꾸미기 위한 가상제품 판매로 수익도 챙겼다. 사실상 전체 고객의 10% 미만만이 가상제품을 구매하지만, 구매자는 차별성을 위해 정체성을 구매한다. 일종의 가격 차별화다.

텐센트는 자사 플랫폼에서만 사용 가능한 가상화폐 Q코인을 발행하기도 했다. Q코인을 다시 위안으로 바꾸는 것은 불가능한데, 그렇기 때문에 오히려 사용자는 남은 Q코인을 사용하기 위해 재방문하게 된다.

텐센트는 수익 중 90%를 사용자 부과 요금으로부터 얻는다. 광고수익은 10%에 불과하다. 또 다른 세계적 SNS 플랫폼인 페이스북의 상황과 거의 정반대이다. 덕분에 텐센트는 페이스북과 달리 광고유지를 위한 불안정함과 과한 광고로 인한 고객 이탈로부터 자유로울 수 있었다. 광고가 아닌 연결관계에서 얻는 가치를 위해 자발적으로 돈을 지불하는 사용자들을 확보하려 애쓴 결과이다.

텐센트의 사업확장과 성공전략은 국내의 카카오톡을 떠오르게 한다. 그리고 실제로 텐센트가 위챗을 런칭할 때나, 위챗 게임서비스를 만들 때 카카오톡 사례를 벤치마킹했다고 한다. 카카오톡은 세계 최초 메신저 플랫폼이라는 이름 하에, 생활과 밀접한 다양한 서비스를 카카오톡을 매개로 연결해 제공해왔다. 그러나 그 수가 점점 많아지면서, 연결 과잉 문제가 대두되고 있다. 불필요한 기능과 콘텐츠가 증가하면서 카카오톡이라는 메신저 본연의 기능에 불편함을 준다는 것이다. 하지만 텐센트도 카카오톡도, 사용자 연결관계를 효과적으로 활용한 대표적인 사례라는 점에는 변함이 없다.

2) 제품 연결관계

(1) 보완재의 경제학

인터넷의 발달로 새로운 디지털 기반 사업이 등장할 때 마다 기존의 사업은 소리 높여 위기설을 주장한다. 하지만 바라트 아난드는 새로운 사업으로 발생하는 연결관계를 제대로 인식하지 못한 채 콘텐츠 중심으로만 생각하는 콘텐츠 함정에 빠진 것이라고 말한다. 그리고 보완재의 경제학을 활용해야 한다고 주장한다.

보완재란 두 제품을 각각 구매할 때의 가치보다 두 제품을 함께 구매할 때 가치가 더 높은 경우를 말한다. 그래서 한 제품의 가격이 하락하면, 다른 제품의 수요가 증가한다.

음원 CD와 콘서트의 관계가 바로 그렇다. 인터넷의 발달로 음원 불법공유가 기승을 부리면서 미디어 업계는 음악산업이 망할 것이라 확신했다. 하지만 불법공유로 CD의 가격이 하락하자 CD가 콘서트를 홍보하는 매개체가 되었고 콘서트의 수요가 증가했다. 애플의 아이팟과 아이튠즈 역시 보완재 관계이다. 손쉽게 음악 목록을 구경하고 구매하고 다운로드 가능한 아이튠즈 덕분에 아이팟의 수요가 증가한 것이다.

이처럼 성장과 혁신은 더 나은 콘텐츠 제공이 아니라, 더 좋고 더 싼 보완재에서 올 때가 있다.

그렇다면 적절한 보완재 가격과 공급량을 결정하는 방법은 무엇일까? 기존에는 한 기업이 하드웨어와 서비스(보완재)를 모두 만들었기 때문 하드웨어의 가격은 낮게, 보완재의 가격은 높게 책정하는 경우가 많았다.

면도기와 면도날이 대표적인 예다. 하지만 두 가지 모두를 만드는 경우가 아니라면 자신이 경쟁적 우위를 차지한 곳이 어디냐에 따라 가격책정이 달라져야 한다. 보통 우위를 차지한 대상의 가격을 높게 책정한다. 더불어 자신이 소유권을 보유한 자신에게만 이익인 독점적 보완재인지 아니면 모두에게 이익이 돌아가는 비독점적 보완재인지도 중요하다.

하지만 정확한 연결관계를 인식하기 쉽지 않다. 대부분 다음의 세 가지 이유로 어려움을 느낀다.

① 콘텐츠 중심 사고방식에 빠져 시장중심 전략을 소홀히 하게 되는 경우다. CD와 콘서트의 보완재 관계에 집중하기 보다 CD 저작권을 지키기 위해 법적 제재에만 집중했던 미디어 업계가 대표적인 예이다.

② 고객의 입장이 아닌 기업의 입장에서 경쟁사를 정의하게 되는 경우다. 예를 들어 전동공구의 경쟁자로 단순히 유사제품을 떠올리기 쉽다. 하지만 고객의 입장에서는 이미 전동공구를 가지고 있는 정비공, 전동공구가 필요 없는 이케아나 저렴한 렌탈 가구, 심지어 남편이나 아버지의 가족 선물 후보로 전동공구와 함께 거론되는 넥타이도 경쟁자가 될 수 있다.

③ 자료에 문제가 있는 경우이다. 대체제인지 보완재인지, 시장을 위협하는 진짜 원인이 무엇인지 등 정확한 자료를 통한 분석이 없기 때문이다.

(2) 스필오버 효과

제품 연결관계에서 보완재의 경제학만큼이나 스필오버 효과도 중요하다. 하나의 제품 혹은 서비스에 대한 관심이 다른 제품과 서비스에 대한 관심으로 이어지는 것이다.

예를 들어 타이거 우즈의 선풍적인 인기는 골프산업 전체에 긍정적인 영향을 주었다. 물론 부정적인 효과도 그만큼 발생한다. 거꾸로 미치는 스필오버도 있다. 무명밴드의 2집 앨범이 히트하면 덩달아 1집 앨범의 판매량도 올라가는 식이다. 스필오버 효과가 관련 제품에 대한 소비자의 인식을 높여주는 것이다. 하지만 대부분 기존에 인기 있던 콘텐츠보다는 인기 없는 콘텐츠일 경우 효과가 더 크다. 종합하

[그림 10-5] 콘텐츠 함정 벗어나기 2 : 제품 연결 관계

출처 : https://halfstart.tistory.com/6

자면, 스필오버 효과는 알려지지 않은 제품을 시장에 내놓기 위해 알려진 제품을 사용하는 것이라 할 수 있다.

3) 기능적 연결관계

기업의 모든 의사결정은 일관성을 유지해야 한다. 일관성 유지가 곧 기능적 연결관계이다. 조직의 선택은 연결되어 있다. 그래서 기능적 연결관계는 어떤 한 가지 결정이 미치는 영향을 증폭시킨다.

예를 들어 이코노미스트는 기사 논조의 일관성으로 독자를 사로잡았다. 이코노미스트 기사에는 기자가 누구인지 특정되어 있지 않다. 이코노미스트가 발행하는 모든 기사와 사설은 이코노미스트라는 신문사 전체가 지닌 관점과 논조 내에서 일관성 있게 유지된다.

다른 신문사가 기사의 기자 이름을 지운다고 해서 이코노미스트가 될 수 있을까? 경쟁사는 기능적 연결관계를 유지하는 기업의 전략을 따라할 수 없다. 어느 한 부분만 따라한다고 되는 것이 아니라, 그 전체를 따라해야 하기 때문이다. 문화의 차이라기보다는 인프라의 차이다.

예를 들어 중국에서는 개인정보와 사진 업로드가 어렵고 온라인 결제시스템이 갖춰지지 않았기 때문에 텐센트는 가상화폐 서비스를 성공시킬 수 있었다. 반면 미국은 이미 개인정보 및 사진 업로드가 자유롭고 온라인 결제 역시 상용화되어 있어 페이스북의 가상화폐 서비스는 실패할 수밖에 없었다.

그렇다면 기업의 일관성은 어떻게 만들어야 할까?

먼저 고객을 이해해야 한다. 맥락을 파악하고 관점을 만들어야 한다. 기업, 제품에서 시작하는 것이 아니라 아주 보편적인 것들로부터 시작해 가치관과 세계관을 구축해야 한다.

예를 들어 출판사는 '독서 인구가 증가할까, 감소할까?', '전자책이 종이책을 대체할까, 보완할까?' 등의 질문부터 던져야 한다. 관점을 만들었으면 차별화와 경쟁우위를 차지해야 한다. 가치관과 세계관을 기업의 제품과 서비스에 연결시키는 것이다. 모든 작업들과 의사결정을 하나로 정렬시켜야 한다. 이것이 바로 기능적 연결관계이다.

기능적 연결관계는 무엇을 제공하느냐의 문제가 아니다. 무엇을 제공하지 않느냐의 문제에 더 가깝다. 선택과 집중이 필요하다.

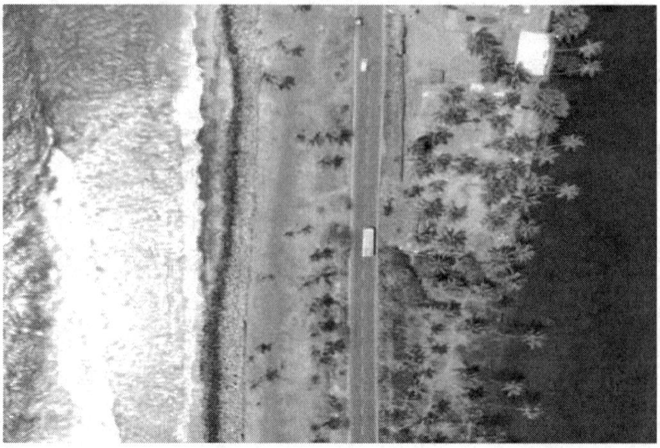

[그림 10-6] 콘텐츠 함정 벗어나기 3 : 기능적 연결 관계

〈출처〉 https://halfstart.tistory.com/6

연결관계를 창출하라, 지키기 위해 확장하라, 남들을 따라 하지 않을 용기를 가져라. 이 얼마나 간단한 아이디어인가. 그럼에도 우리는 종종 이와 정반대로 행동하며 함정에 빠져들고 만다.

수행 내용

재료 · 자료

- IT 분석 및 응용 관련 자료

기기(장비 · 공구)

- 컴퓨터, 문서작성 프로그램, 프린터, 주변기기

안전 · 유의사항

- IT 분석 및 응용 관련 장비의 안전 및 유의사항을 숙지한다.

수행 순서

01 의료에서 디지털 콘텐츠 기술의 의미에 대하여 분석하라.

초고령화 시대와 경쟁심화로 인한 심리질환 등 의료서비스 수요 증가에 대응하기 위해 의료 전문가육성 및 심리치료의 대안으로 디지털 콘텐츠 기술이 부상하고 있다. 높은 가격 및 윤리적인 문제 등으로 의료장비 및 인체를 수술, 치료훈련에 사용하기 어렵고 수술에 몰두하는 상황에서 의료교육을 진행하기 용이하지 않다. 일대일 대면치료 방식의 심리치료 및 재활치료에 디지털 콘텐츠 기술을 활용함으로써 한 명의 의료진이 다수의 의료서비스 수요에 대한 대응이 가능하다.

게임 중심으로 발전 중인 디지털 콘텐츠의 응용분야로 의료분야가 새롭게 부상하고 있다. IT와 같은 신기술 분야는 기술기업이 시장창출 노력을 추진중이나 의료분야의 경우 병원에서 디지털 콘텐츠 기술을 적극적으로 도입하려는 시도가 추진중이다.

디지털 콘텐츠 기술업계도 의료서비스가 대표적인 디지털 콘텐츠의 B2B 시장이 될 것으로 예측하고 전통적인 의료기업과 파일럿 프로젝트를 시도하며 영업력을 집중중이다. 의료진단, 모의수술, 재활훈련, 심리치료 등에 디지털 콘텐츠 기술을 적용할 경우 의료서비스의 생산성 향상과 부가가치 증가가 있을 것으로 예상된다.

의료와 디지털 콘텐츠 기술이 손을 잡고 있다. 기술력으로만 공존할 수 없으며, 거기에 따른 다양한 콘텐츠가 핵심이다.

스마트폰 환경의 메디컬 어플리케이션 콘텐츠인 병원찾기 서비스를 제공하는 것이다. GPS 시스템을 통해 내 주변의 병원위치를 검색 할 수 있고 질환 및 의학정보, 질환 환자교육자료, 최신 논문, 의료뉴스, 실시간 강의 등 의료 전반의 모든 콘텐츠를 실시간으로 제공하는 것이다.

의료, 헬스케어 산업에 사회전반으로 확산되고 있는 모바일서비스를 접목해 의료계에 더욱 다양한 마케팅 툴을 제공하고, 변화하는 의료소비자 트렌드에 발맞추는 것이다.

우리 병원만의 어플이나 또는 모바일 웹 환경을 구축해달라는 요청이다. 이미 다양한 어플을 가지고 있는 병원들이 있다. 서울아산병원의 중독정보 'toxicology' 등은 이미 잘 알려져 있으며, 분당서울대병원은 아이폰으로 EMR 환경구축이 가능하다고 발표해 이목을 끌었다. 의료진이 원내에서 실시간으로 환자정보를 검색할 수 있는 '스마트 EMR'을 개발했다는 것이다. 컴퓨터 없이도 환자정보를 검색할 수 있고 다른 과에서 의뢰한 진료내역도 바로 확인할 수 있게 됐다. 추가 개발을 통해서는 외래와 응급실 등에서도 활용할 수 있도록 용도를 확대하고, 진료기록과 처방내역 등 다양한 업무를 수행할 수 있도록 업그레이드한다.

어플 개발이 아닌 상대적으로 구축이 간단한 모바일 웹 환경구축으로 진료예약을 편하게 만든 병원들도 있다. 을지대병원은 모바일 홈페이지를 구축하여 서비스를 시작했다. 휴대폰 하나만으로 병원 소식, 병원과 의료진 소개, 진료시간표 조회, 온라인 상담과 진료예약 서비스를 실시한다.

서울대병원도 진료예약이 가능한 모바일 홈페이지를 정식 오픈하여 지난 기존 모바일 홈페이지에 예약시스템을 추가 개발한 것으로 음성지원서비스(Non-Active)를 제공한 데 이어 인터넷증명서 발급서비스, 다국어서비스, 진료예약 및 수납서비스 등도 제공하고 있다.

삼성서울병원도 진료예약이 가능한 스마트폰 어플 개발 계획을 검토하는 등 여러 병원에서 다양한 시도가 이어지고 있다.

그러나 보통 진료예약이 필요한 경우 스마트폰으로 하기 보다는 인터넷으로 하는 경우가 많기 때문에 큰 효용성은 기대하기 힘들다. 따라서 어플 개발과 마케팅 수단으로의 기대는 스마트폰 자체에 대한 관심을 보다 이끌어내고 사용하는 이들이 늘어나야 한다는 전제조건이 뒤따른다. 스마트폰에 대한 관심이 높지만 실제 사용하는 이들이 많지 않으면 고민이 될 것이다. 더욱이 병원 환자들의 경우에는 50대 이상의 중노년층 환자가 많은데, 스마트폰을 잘 모르는 이들을 타깃으로 하기에는 실효성이 있는지 검토가 필요하다.

단순히 정보를 제공하는 어플 하나만으로는 승부수를 띄우기 어렵지만 소비자들에게 보다 쉽게 가깝고 편리하고 무엇보다 즐겁게 접근할 수 있도록 하는 수단을 만들기 위해서는 필요하다.

그럼에도 스마트폰으로 환경 자체를 바꾸려는 시도는 많이 엿보인다. 전적으로 의존할 수는 없지만, 변화에 따르지 않으면 안된다는 것이다. 인피니트헬스케어는 스마트폰, 아이패드 등을 활용한 PACS 활용의 계획이며, 유비케어를 제외한 17개의 의료IT 협의체는 아이패드를 기반으로 한 EMR 플랫폼 통합을 진행하고 있다.

스마트폰 환경이 보다 강화되면 정보 공급자가 많이 늘어날 것이며 사전에 선점하는 것이 중요하다. 앞으로 어플에 다양한 정보를 제공하면서 단계별로 무료와 유료를 정하거나, 자신의 정보를 퍼트리고 싶어하는 이들로부터 비용이 발생해 수익을 내는 방법을 찾을 수 있을 것이다.

02 인공지능으로 만드는 미래 콘텐츠에 대하여 분석하라.

1. 방송사가 활용하는 인공지능 콘텐츠

방송사도 인공지능 기술을 활용한다. 인공지능 업스케일링 기술이 대표적이다. 현재 송출되는 방송영상의 화질은 대부분 FHD나 UHD에 맞춤한다. SD나 HD 영상을 다시 보려면 현재에 맞게 바꿔야 한다.

인공지능 업스케일링 기술은 사진 · 동영상의 픽셀 사이를 채워 화질을 높여준다. FHD는 가로 1,920×세로 1,080개 셀로 이뤄졌고, 4K로 불리는 UHD는 FHD의 네 배인 가로 3,840×세로 2,160개의 셀로 이뤄졌다.

반면 HD는 가로 1,280×세로 720개 셀로 이루어졌다. 인공지능 업스케일링 기술은 저해상도의 영상을 고해상도로 만드는 기술이다.

방송사가 UHD 플랫폼을 표준으로 확정하면, 과거 콘텐츠를 활용하는 과정에서 업스케일링이 필요하다. 여기엔 인공지능 기술을 활용할 가능성이 크다.

방송 제작에서도 인공지능을 활용한다. 고인이 된 가수의 목소리를 다시 듣는 프로그램들이 대표적이다. 지난해 12월 Mnet의 프로그램 〈AI 음악 프로젝트 다시 한번〉(이하 다시 한번)은 터틀맨 임성훈, 김현식 편을 방영했다. 올해 1월에는 〈SBS〉의 프로그램 〈세기의 대결!AI vs 인간〉(이하 세기의 대결)에서 김광석이 노래를 불렀다. 〈다시 한번〉은 가수의 생전 모습과 음성을 구현해 공연을 꾸몄고, 〈세기의 대결〉은 고인이 된 가수의 생전

[그림 10-7] AI 음악 프로젝트 다시 한번

참고 : ©Mnet 유튜브 갈무리

목소리를 디지털 음성으로 구현하는 데 집중했다.

M-net은 2020년 12월 9일부터 M-net에서 방영한 AI 프로젝트 방송이다. 1부는 터틀맨 임성훈, 2부는 김현식 편으로 구성됐다. 인공지능 기술인 페이스 에디팅 기술과 인간의 음색을 구현하는 딥페이크 음악이 사용됐다.

표현 대상을 인공지능으로 학습시켜 시각 결과물을 만드는 페이스 에디팅 기술, 기존 음성과 생성한 음악을 교차 학습시키는 인공지능의 생성적 적대 신경망 기술이 사용된 덕이다. 고인이 된 분을 다시 만날 수 있었기에 화제성도 높았다.

AI를 활용한 프로그램에서 시청자가 버추얼 캐릭터에 관한 거부감이 없어졌다는 사실을 주목해야 한다. 인간과 닮은 가상 캐릭터를 불편하게 느끼는 시청자가 많았는데, 요즘 시청자에게서는 사라졌다는 것이다. 〈MBC〉의 〈너를 만났다〉는 고인이 된 사람을 가상세계에서 만나는 다큐멘터리이다. 엄마, 남편이 인공지능으로 구현한 고인을 만난다. 생전 고인의 모습이 담긴 사진과 영상 등 시각데이터를 최대한 수집해 가상세계에 구현하고, 가족은 VR을 통해 가상세계 속에서 가족을 만난다.

지난해 장지성씨 편에 이어 올해는 김정수씨 편이 방영됐다. 시청자들은 유튜브 댓글에서 "마음 아프다. 그리운 사람을 다시 만난다는 것만으로 위로가 될 것"이라는 소감을 남기기도 했다. 과거였으면 거부감이 들었을 텐데, 지금은 시청자의 버추얼 캐릭터에 대한 거부감이 사라지고 있다.

인공지능 활용 콘텐츠에서 버추얼 캐릭터의 활용도가 높아질 것이다.

[그림 10-8] MBC-너를 만났다

참고 : © 〈MBC〉 갈무리

[그림 10-8] 2020년 2월에 방영한 〈MBC〉 다큐멘터리 〈너를 만났다〉에서는 어머니 장지성씨가 병으로 안타깝게 세상을 떠난 딸 강나연 양을 가상세계에서 만난다.

2. 가상인간(Virtual Human)과 콘텐츠

릴 미퀼라는 인스타그램 스타다. 인스타그램에 등장할 때 색다른 매력에 호응을 얻고, 명품 브랜드의 러브콜을 받으며 유명인사가 됐다. 인기에 힘입어 음악공유 프로그램 〈사운드 클라우드〉에서 싱글앨범도 냈다. 인간이 아닌 것 같다는 논란이 일며, 1년 넘게 논쟁이 붙었다. 2019년 그가 컴퓨터 그래픽으로 만든 가상인간이라는 것이 드러났지만 인기는 줄지 않았다. 릴 미퀼라는 패션회사의 모델로 활동하며 2019년에만 140억원 남짓한 수익을 냈다. 2020년에는 뮤직비디오를 찍기도 했다. 현재 인스타그램 팔로워만 311만 명(2021년 12월 6일 기준)이다.

가상인간(Virtual Human)은 인공지능 기술을 활용해 만든 가상의 인물이다. 릴 미퀼라가 대표적이다. 버추얼 캐릭터는 메타버스의 아바타와도 관련이 깊다.

가상세계를 구현하는 메타버스와 인공지능이 융합된 분야가 가상인간이기 때문이다. 릴 미퀼라가 성공하고 국내에도 버추얼 휴먼의 바람을 불었다. 그의 말처럼 한국의 '로지'

학습 10

[그림 10-9] 인스타그램의 가상 인간 릴 미퀠라

참고 : © 릴 미퀠라의 인스타그램 갈무리

라는 사이더스 소속 가상인간은 신한라이프 광고 모델이 되기도 했고, LG전자의 가상인간 김래아는 2021년 국제전자제품박람회(CES, The International Consumer Electronics Show)에서 연사로 출연하기도 했다.

가상인간을 만드는 건 어렵지 않지만, 실제 쓸 데가 있어야 한다. 가상인간이 하나의 콘텐츠로써 활용될 가치를 지니자면 시장이 형성되고 수요가 있어야 하기 때문이다. 최근 가상인간 로지가 매니지먼트사와 결합하며 시장이 커질 것이고, 앞으로 시장이 제대로 형성될지는 계속 지켜봐야 할 것이다.

아무 인지도 없는 가상인간보다 기존 아이돌을 모델로 한 버추얼 스타가 사람들의 호응을 더 빨리 얻을 가능성이 높다. 가상세계 아바타와 현실 아이돌이 융합한 아이돌그룹 에스파(Aespa) 사례가 대표적이다.

에스파는 메타버스의 아바타를 컨셉으로 데뷔한 4인조 그룹이다. 현실세계에서는 에스파가 가상세계에서는 아이-에스파(ae-aespa)가 활동한다.

[그림 10-10] 에스파(Aespa)

출처 : © SM 엔터테인먼트

자신의 또 다른 자아인 아바타를 만나 새로운 세계 'KWANGYA'(광야)를 경험하게 되는 것처럼 가상 세계관을 기반으로 활동한다. 아이-에스파는 뮤직비디오나 유튜브 채널 〈aespa〉의 콘텐츠로 나타난다. 처음 발표 때는 냉소 받았지만 대박이 났다.

SM에서 나온 메타버스와 세계관을 활용한 관심이 높아져, 이제 엔터산업에서는 세계관이라는 말이 중요해졌다.

3. 온라인 콘서트 vs 버추얼 콘서트

학습 10

전세계에서 온라인 콘서트를 만드는 기술은 한국이 제일 뛰어나고, 한국의 온라인 콘서트는 세계적인 수준이다. 높은 기술력과 케이팝 아이돌이라는 풍부한 콘텐츠가 있기 때문이다. 온라인 콘서트는 말 그대로 온라인을 통해 즐기는 콘서트를 말한다.

한국 엔터테인먼트 업계에는 크게 세 개의 온라인 콘서트 플랫폼이 있다. YG와 하이브 그리고 라이브 스트리밍 기업 키스위(Kiswe)가 만든 플랫폼인 베뉴 라이브(Venue Live), SM과 JYP가 네이버와 만든 비욘드 라이브(Beyond Live), 그리고 NC소프트에서 만든 유니콘이다.

[그림 10-11] 방탄소년단이 공연한 비대면 콘서트

참고 : © google 갈무리

방탄소년단이 공연한 비대면 콘서트는 라이브 스트리밍 플랫폼 위버스를 통해 개최한 온라인 콘서트였다. 단 하나(ONE)뿐인 온라인 에디션(ONline Edition)이라는 의미에서 'ON:E'이라고 이름 붙였다.

미래의 공연 콘텐츠에는 두 흐름이 있다. 가상세계 속 버추얼 콘서트와 K-pop 아이돌이 나오는 온라인 콘서트다. 두 콘텐츠 사이에는 차이가 있다. 버추얼 콘서트는 게임을 중점으로 한다. 게임을 좋아하는 사람들이 소비하는 콘텐츠라서, 팝 가수나 스타들도 본인 얼굴보다는 캐릭터 형태로 나온다. 반면 온라인 콘서트는 아이돌 자체가 중점이다. 소비자들은 게임을 좋아하지 않는다. 캐릭터보다 아이돌을 보는 것이 중요하다. 그래서 콘텐츠도 얼굴을 그대로 나오게 만든다. 외국의 게임회사 중심 버추얼 콘서트와 한국의 온라인 콘서트 차이가 나는 지점이다.

두 흐름이 곧 결합이 될 것 같다. 미래 콘텐츠 시장을 두고 벌어지는 경쟁이, 한국의 온라인 콘서트 중심 엔터테인먼트 회사와 버추얼 콘서트를 만드는 게임회사 사이에서 벌어지기 때문이다. 한국의 온라인 콘서트 중심 회사가 가진 기술력이 상당하고, 케이팝 팬덤 또한 견고하다. 온라인 콘서트가 세계시장을 석권할 가능성이 크다.

메타버스 바람을 타고 온 〈NC소프트〉의 콘텐츠 진출을 잘 봐야 한다. 캐릭터를 활용한 영화, 뮤직비디오 제작 등 게임업계가 콘텐츠에서 활로를 찾기 때문이다.

게임회사는 아무리 잘 나가도 하루아침에 망할 위험성이 있다. 새로움을 찾는 이용자들의 수요가 끊임없이 나타나기 때문이다. 게임업계가 새로운 돌파구를 찾으려 콘텐츠 시장으로 진출하려는 것이다. 온라인 콘서트 플랫폼 〈유니콘〉, 팬덤 앱 〈유니버스〉도 관심 깊게 볼 플랫폼이다.

4. 과거 제작 문법으론 미래 콘텐츠는 없다

콘텐츠와 미디어 쪽 혁신이 너무 빠르다. 과거에 해 온 대로 단순히 영상을 만드는 방식으로는 미래 콘텐츠를 설명할 수 없는 시대가 됐다. 미래 콘텐츠가 어떤 내용인지 사람들은 미래 콘텐츠의 무엇을 좋아하는지 적극적으로 알아보고 받아들일 때, 미래 콘텐츠를 이해하고 만들어 낼 수 있는 시대가 됐다는 뜻이었다.

[그림 10-12] 마이리틀텔레비전

〈마이리틀텔레비전〉은 라이브 방송을 방송영상으로 만든 포맷이다. 〈카카오tv〉, 〈트위치〉에서 3시간 라이브 방송을 진행하고, 라이브방송 영상과 현장 촬영영상을 결합해 토요일 정규방송을 내보냈다. 지상파의 〈마리텔〉 방송은 〈유튜브〉나 〈아프리카 TV〉 등 라이브 방송을 보던 사람에게 재미를 주지 못했다.

방송사에서는 제페토 같은 기술을 프로그램 제작에 녹이려고 어떤 시도를 하고 있나?" 라고 질문을 해보자. 기본적으로 지금까지 방송에서 메타버스나 인공지능을 활용하려는 시도가 있었고 지금도 시도하고 있지만, 성공하기 쉽지 않다.

올드미디어인 텔레비전에 인터넷과 모바일을 넣으려면 텔레비전에 맞게 신기술을 조정해야 하는 만큼 굉장히 구현하기 어렵고, 시청자도 원하지 않기 때문이다. 성공했던 프로그램의 대표적인 게 〈마이리틀텔레비전〉인데, 이 프로그램조차 〈유튜브〉나 〈아프리카

학습 10

TV〉에서 라이브 방송을 보던 사람에게는 "너무 재미없었다"고 말한다.

TV 방송은 〈유튜브〉나 〈아프리카 TV〉에서 소비되는 밈의 전환 속도, 소통방식의 변화 속도가 느리고, 각종 규제로 뉴미디어에서 활용되는 실험을 할 수 없기 때문이다.

그렇다면 어떻게 해야 할까.

새로운 기술에 옛날 콘텐츠를 집어넣을 수 있다. TV에서 만든 콘텐츠를 메타버스 공간에서 구현하기 쉽기 때문이다. OTT 플랫폼의 성공도 새로운 기술에 옛날 것을 접목하는 데서 왔다. 기존 방영 프로그램들을 OTT 플랫폼에 올려 소비자는 시간과 공간에 구애받지 않고 프로그램을 즐길 수 있었다. 재생시간 조절, 멈춤/재생 등 사용자 맞춤 인터페이스로, 이용자가 더 쉽고 익숙하게 콘텐츠를 즐길 수 있도록 한 것이다.

새로운 기술이 나오면 무엇보다 새로운 것을 담는 데 초점을 맞춰야 한다. 새로운 기술로 담아낸 새로운 콘텐츠다. 아바타와 가상세계에서 10대들이 어떤 놀이를 하는지 알려주고, 이는 버추얼 콘서트, 버추얼 드라마 등이었다. 인공지능과 융합해 나타난 새로운 콘텐츠 유형은 가상인간과 온라인 콘서트 같은 콘텐츠였다. 과거보다는 미래를 준비하는 제작자로서 새로운 기술을 스터디하고 그에 맞는 새로운 콘텐츠를 고민한다. 덧붙여 기술과 플랫폼, 그리고 콘텐츠를 분석할 때, 대중이 호응하는 지점을 파악하려는 자세가 중요한 것은 콘텐츠는 소비자를 향하기 때문이다.

03 디지털 콘텐츠 산업별 성장에 대하여 분석하라.

콘텐츠산업은 디지털 기술의 발전에 따른 제작, 편집, 공유의 용이성으로 인해 디지털 콘텐츠 중심으로 제작환경이 변화했다. 이러한 변화와 더불어 IT 인프라 개선으로 인한 콘텐츠에 대한 접근성이 향상되었으며 PC에서 스마트폰까지 디지털 콘텐츠를 소비할 수 있는 스마트기기가 다양화, 경량화, 이동 편의성을 보유하게 됨에 따라 소비자의 디지털 콘텐츠 소비가 확대되었다.

이에 콘텐츠산업의 디지털 트랜스포메이션 가속화로 VR/AR, AI 등 신기술과 결합된 융합콘텐츠가 확산됨에 따라 디지털 콘텐츠는 전방위 산업에서 영향력을 높이며 글로벌 경제 내 핵심산업으로 성장하고 있다.

5G 기술의 상용화로 4차산업혁명 기술은 디지털 콘텐츠와의 융합이 촉진되며 고부가가치를 창출하는 가운데 해외 주요국가 및 기업들은 관련 분야의 R&D 투자를 강화하고 있다.

이에 국내정부는 '5G+전략', '콘텐츠산업 3대 혁신전략', '가상융합경제 발전전략' 등 지속적으로 디지털 콘텐츠 정책을 발표하고 디지털 콘텐츠산업을 직간접적으로 지원하고 있다.

특히 세계 최초 5G 서비스 상용화 성공으로 4차산업혁명 기술기반의 실감 콘텐츠시장을 선점할 인프라 구축과 코로나19 팬데믹 장기화에 따른 공장폐쇄 및 이동제한으로 온라인 기반의 비대면 서비스 시장으로 디지털 콘텐츠 시장의 패러다임이 빠르게 변환됨에 따라, 글로벌 시장에서의 시장경쟁력 확보, 해외 진출, 산업성장 기반 조성 등을 위해 시의성 있는 정보의 필요성이 부각되고 있다.

해외시장 트렌드 변화에 발맞춰 국외 DC 분류체계 개선을 통한 시장통계 산출, 14대 장르별 시장동향, 융합기술 트렌드, 주요 경쟁국가의 정책 등의 관련 자료를 조사 · 분석하여 국내 디지털 콘텐츠 기업의 해외진출 확대를 위한 정부정책과 기업전략 수립의 기초자료이다.

핵심 기술별 융합 트렌드는 차세대 DC산업의 핵심기술인 XR(VR/AR/MR), 홀로그램, CG/VFX 등 3대 유망기술을 중심으로 기술동향 및 기술별 콘텐츠 융합트렌드에 대한 분석이다.

2019년 세계 디지털 콘텐츠 시장은 보호무역주의 확대 기반의 경제 불확실성에도 불구하고 모바일 중심의 콘텐츠 소비 확대, 스트리밍에 대한 수요 증가, 디즈니 · 애플 등 주요 기업들의 OTT 서비스 출시, 5G 네트워크 상용화로 인한 주요기술 기반의 콘텐츠 융합 확대, 다수의 영화 및 애니메이션 흥행작 개봉으로 전년 대비 11.6% 성장한 2조 3,310억 달러를 기록했다. 향후 세계 디지털 콘텐츠 시장은 코로나19에 따른 디지털 트랜스포메이션 가속화, 홈엔터테인먼트 콘텐츠 수요 증가와 실감콘텐츠 소비가 가속화되며 5년간 9.9%의 고성장세를 유지하며 2024년 3조 7,340억 달러에 이를 것으로 전망된다.

디지털 콘텐츠 산업별 성장률(2018-2019)의 비교 분석에서 2018-2019년 성장률을 기준으로 산업별 성장률을 비교한 결과 디지털 애니메이션이 59.2%로 가장 큰 성장을 기록했으며 실감콘텐츠, e-learning 순으로 성장률이 높게 나타났다. 또한 디지털 콘텐츠 분야별 연평균 성장률 전망(2019-2024)을 비교한 결과, 향후 5년간 CAGR 기준 실감 콘텐츠 시장의 성장률이 가장 높을 것으로 예측되며 e-Learning, 유통플랫폼 순으로 전망되었다.

이는 실감 콘텐츠 시장은 비대면 서비스 수요 증가에 따른 실감 콘텐츠 개발 확대 및 애플 AR 글래스 출시로 인한 본격적인 B2B시장 확산이 전망되었다.

디지털 콘텐츠 14대 산업분야별로 2019년을 기준으로 시장규모를 산출하였으며, 2020년부터 2024년까지 시장규모를 추정했다. 특히 2019년 실감 콘텐츠 시장은 전년 대비

31.3%의 높은 성장률을 보이면서 140억 7,200만 달러를 기록했다. 이는 독립형 VR HMD의 흥행, VR 콘텐츠 구독서비스 출시, 비즈니스용 AR 글라스 다양화 및 스마트폰 AR 시장의 성장 등에 기인하였다.

또한 향후 2024년까지 44.7%의 고성장세를 유지하며 892억 6,600만 달러 규모로 크게 성장할 것으로 전망된다. 그 이유로는 주요 글로벌 IT 기업들의 AR 특허출원 및 스마트글라스 출시 예정, 자동차 및 헬스케어 산업 내 VR/AR, 홀로그램 기술 접목 관심 증가, 홈엔터테인먼트 시장확대 등으로 보인다.

글로벌 디지털 콘텐츠 10대 기업과 코로나19로 인해 촉발된 비대면 시대에 맞춰 이러닝, 원격진료 등의 주요 서비스를 영위하는 4개 유망기업을 분석하면 애플, 아마존, 구글 등 10대 글로벌 디지털 콘텐츠 기업들의 최근 현황과 코로나19의 영향으로 인한 사업현황을 조사하였다. 이어 CPND 관점 기반 기업생태계 현황분석을 하였으며, 기업 핵심전략을 조사 및 분석하였다.

디지털 콘텐츠 핵심 유망기술별 융합 트렌드에 대해서 분석하였다. 우선 XR, 홀로그램, CG/VFX 등 유망기술별 최근 3개년 트렌드와 기술동향을 비롯하여 콘텐츠 융합 트렌드에 대해서 분석하였다. 이후 정부 정책기조에 맞춰 XR+α에 초점을 두고 건축과 부동산에서의 XR 공간의 활용, 실감기술을 통한 학습효과의 증대, 실감기술 기반의 군사훈련 확산 등에 대해서 조사 및 분석을 진행하였다.

미국, EU, 영국, 중국, 일본 등 주요 9개국의 실감 콘텐츠 및 5G/디지털 콘텐츠에 관한 정책동향에 대해서 분석한 실감 콘텐츠에 관한 정책동향을 살펴보면, 미국의 경우는 2016년 공공서비스 현대화 지원기술 선정, NITRD 자금지원 등을 통해 지속적으로 VR/AR R&D 분야 중심의 지원책을 펼치고 있다. VR/AR R&D는 산업적으로는 국방산업, 활용분야는 교육 및 훈련에 초점을 맞춰 진행하고 있다.

영국은 '디지털 전략 2017' 내 몰입형(Immersive) 기술을 핵심기술로 선정하며 VR/AR에 대한 높은 관심을 드러냈다. Innovate UK를 통한 자금 지원을 시작으로 Immerse UK, Digital Catapult, Immersive Labs 등을 운영하며 VR/AR 생태계를 강화하기 위한 다양한 지원책을 시행하고 있다. 특히 자금지원, 멘토링, XR 장비 대여 등의 스타트업 중심의 기업지원을 진행하고 있다.

중국은 VR 산업활성화 정책과 더불어 5G 발전정책 내 VR 기술을 활용하며 자국 기술력 향상 및 플랫폼 형성, 기업지원 등 포괄적인 산업활성화를 지원하고 있다. 중앙정부 주도의 산업활성화 정책에서 그치지 않고 각 행정구역별로도 지원전략 및 정책을 마련하여 시행하고 있다.

일본은 사이버 상의 가상공간과 물리적 현실공간을 결합하는 'Society5.0' 전략을 발표하며 AI, IoT, VR/AR 등 첨단기술의 중요성을 강조하고 있다. 정부주도의 응용산업 확대를 중심으로 R&D 비용지원, 지역특화 정책추진 등의 부수적인 지원책과 함께 산업활성화를 지원하고 있다.

5G 및 디지털 콘텐츠에 관한 주요국 정책동향을 살펴보면, 미국의 경우 국가 전역에 걸친 네트워크 인프라 확대, 미국 주도의 5G 생태계 구축 및 국제표준 수립을 위한 다양한 지원책을 발표하고 있다.

EU의 경우 디지털 기반의 콘텐츠에 대한 저작권 보호를 위한 지침을 발표하며 EU 가입국 모두 저작권 법령이 개선될 전망이다.

영국은 브렉시트가 본격화된 후 경제적 변화에 대한 우려가 높아 경제를 지원하기 위한 정책이 최우선시 되고 있다. 또한 AI, 온라인 등 기술의 이점을 이용한 악의적인 행동으로 인해 관련 규제가 다수 발표되고 있다.

중국은 5G 상용화 및 가속화를 위해 정부 주도의 지원책 마련, 5G 영업 허가증 발급, 인프라 구축에 투자를 발표하였다. 중국은 웹드라마, 웹예능 등 온라인 중심의 디지털 콘텐츠 제작이 활발해짐에 따라 해당 분야의 제작, 콘텐츠에 대한 관리감독 규정을 발표하였다.

일본은 자국 콘텐츠 산업을 보호하기 위해 인터넷 해적판 대응책, 지적재산추진 계획안을 발표하였다. 통신사별 주파수 할당 등 5G 상용화를 위한 기반작업이 완료되었으며, 기업들의 인프라 구축 활성화를 위해 세금감면 혜택을 발표하였다.

2020년 디지털 콘텐츠 산업의 핵심 이슈는 글로벌 모바일라이프 확산, 5G 기반 실감콘텐츠 시장 본격화, 전산업에서의 인공지능의 활용 본격화, 스트리밍 기반의 소비확대 등 2020년 디지털 콘텐츠 시장 기반으로 6대 이슈를 선정하였다.

또한 코로나19가 디지털 콘텐츠 산업 전체에 미치는 영향은 디지털 트랜스포메이션을 통한 디지털 뉴노멀의 확산, 비대면 콘텐츠 수요의 폭발적 증가 등 코로나19로 인해 디지털 콘텐츠 산업 전체에 영향을 미친다.

국내 디지털 콘텐츠 산업육성을 위한 정책적인 사사점은 콘텐츠 개발지원, 인프라 연계 확산, 해외진출 지원, 디지털 콘텐츠 산업규제 개선 등의 정책지원 방향이라고 본다.

학습활동.10 교수 · 학습 방법

교수 방법

- 디지털 콘텐츠 기술 및 응용에 대한 관련 용어, 구성, 방식 이해 정도를 파악한 후 수업을 진행한다.
- 교수자의 주도로 디지털 콘텐츠 기술 및 응용 등의 내용을 PPT 자료로 제시한 후 설명한다.
- 가능하면 사전에 개인별 학습 자료를 준비하여 모든 학생이 참여할 수 있는 문제 해결식 수업, 협력 수업이 가능하도록 한다.
- 디지털 콘텐츠 기술 및 응용 전 과정을 작업의 순서에 따라 단계적으로 실습이 이루어질 수 있도록 지도한다.
- 교재를 통해 수업을 준비하는데 있어서 필요한 모든 정보나 팁, 힌트 등 도움이 될 만한 내용들을 확인할 수 있다.
- 학생들이 만들게 될 각 모델들은 수업시간에 중점적으로 다뤄질 부분과 어휘, 질문, 답을 포함하고 있으며 또한 탐구할만한 추가적인 아이디어들도 포함하고 있다.

학습 방법

- 디지털 콘텐츠 기술 및 응용에 대한 관련 용어를 숙지하고, 디지털 콘텐츠 기술 및 응용에 대해 이해한다.
- 디지털 콘텐츠 기술 및 응용의 각 단계별 중점 사항을 체계적으로 학습한다.
- 디지털 콘텐츠 기술 및 응용의 수행순서의 전 과정을 실습한다.
- 디지털 콘텐츠 기술 및 응용의 내용을 이해한다.
- 디지털 콘텐츠 기술 및 응용을 이해하고 숙달이 될 때까지 학습한다.

학습활동.10 평가 및 피드백

평가 준거

- 평가자는 피평가자가 수행 준거 및 평가 내용에 제시되어 있는 내용을 성공적으로 수행할 수 있는 지를 평가해야 한다.

학습내용	평가항목	성취수준		
		상	중	하
디지털 콘텐츠 기술 및 응용	디지털 콘텐츠 기술 및 응용을 이해할 수 있다.			

평가 방법

• 작업 포트폴리오

학습내용	평가항목	성취수준		
		상	중	하
디지털 콘텐츠 기술 및 응용	디지털 콘텐츠 기술 및 응용을 이해할 수 있다.			

• 필기시험

학습내용	평가항목	성취수준		
		상	중	하
디지털 콘텐츠 기술 및 응용	디지털 콘텐츠 기술 및 응용을 이해할 수 있다.			

• 체크리스트를 통한 관찰

학습내용	평가항목	성취수준		
		상	중	하
디지털 콘텐츠 기술 및 응용	디지털 콘텐츠 기술 및 응용을 이해할 수 있다.			

• 피드백

1. 작업 포트폴리오
   - 제출한 보고서를 평가한 후 주요 사항에 대하여 표시하여 돌려준다.
2. 필기시험
   - 평가 결과 성적이 저조한 학생은 보고서 제출 기회를 부여한다.
3. 체크리스트를 통한 관찰
   - 실습 과정에서 평가한 후 개선해야 할 사항 등을 정리하여 돌려둔다.

참 | 고 | 문 | 헌

- 고찬수, 인공지능으로 만드는 미래 콘텐츠, 단비뉴우스,(http://m.danbinews.com/news) 2021.12.07.
- 김수범, 글로벌 의료사물인터넷 시장동향, 보건산업브리프, https://www.nexeonmed.com/, 2017.12.1.
- 김잔디, VR · AR 의료기기개발 돕는다…허가 · 심사 가이드라인 제정, retrieved from https://www.yna.co.kr/view/AKR20180314046800017, 2018.
- 김주한, 빅데이터 기반의 개인 맞춤의료 서비스, BioINpro 13호, 2015.
- 김진한, 신약개발 프로세스 혁신을 위한 AI 활용, 한국제약바이오협회정책보고서, 2017.
- 김태형, 데이터가 생명을 살린다, 바이오협회, 2020.6.
- 남현숙, 2020년 국외 디지털콘텐츠시자오사 및 동향 심층분석, SPRI, 2021.4.23.
- 류제택. 보건산업의 가상현실 기술 동향, retrieved from http://www.bioin.or.kr/InnoDS/data/upload/tech/824ebe2c31ae4a1890c56d7a779c09b1.pdf, 2019.
- 문유정 · 강지민, 데이터 3법개정과 의료빅데이터 활용방안, 경기도경제과학진흥원, 2002.3.16.
- 바라트 아난드〈콘텐츠의 미래〉, 콘텐츠 비즈니스의 핵심'연결성"에 주목하라, https://halfstart.tistory.com/6 2020.5.20.
- 박민주, 심사평가원, 블록체인 활용 보건의료분야 디지털 전환 기초마련, 헬스코리아뉴스(http://www.hkn24.com) 2020.12.28.
- 박세환, 보건의료 빅데이터 활용 의료산업 동향, HIRA 빅데이터 브리프
- 박세환, 의료 분야 VR/AR 적용 사례 및 시장성 분석, retrieved from http://www.ndsl.kr/ndsl/search/detail/report/reportSearchResultDetail.do?cn=KOSEN000000000001104, 2018.
- 박소영, 중국의 빅데이터 시장 트랜드와 시사점, 국제무역통산연구원, 2020.11.
- 박순영, 인공지능을 활용한 신약개발 연구동향, 융합연구정책선터, 2018.1.
- 박재은, 헬스케어 분야에서의 빅데이터 활용 동향, KDB산업은행, 2019.10.28.
- 박정식, 메디컬 증강 · 가상현실 시장 30조원 눈앞 "정부 · 기업 · 의료계 공론화 과정 거쳐 지원책 마련해야", retrieved from http://health.chosun.com/news/dailynews_view.jsp?mn_idx=294906, 2019.
- 박찬호 · 이장우, 인공지능 헬스케어 산업의 실용화 동향, 정보통신기획평가원, 2020.6.17.
- 배수인, 4차 산업혁명 시대, 제약산업에서의 빅데이터 활용, 한국제약바이오협회정책보고서, 2017.
- 배영우, 4차 산업혁명 시대, 인공지능을 활용한 신약개발, 한국제약바이오협회정책보고서, 2017.
- 배영우, 인공지능을 이용한 신약개발 동향 및 활용사례, 생명공학정책연구센터, BioINpro, 2017.
- 블록체인이 일으키는 금융, 유통, 의료, 에너지 업계의 변화, IDG DeepDive, 2017.
- 여정현, 4차산업혁명과 디지털콘텐츠의 미래, 이코리아(http://www.ekoreanews.co.kr/), 2017.11.13.
- 유성진 · 박기성 · 김종현 · 박영호, 양자 컴퓨팅에 안전한 NTRU 기반 상용 기술 동향에 관한 연구, 한국통신학회, 2017.
- 이관용 외, 의료 인공지능 현황 및 과제, 한국보건산업진흥원, 보건산업브리프, 2016.
- 이승관, 글로벌 디지털 헬스케어 기술동향과 과제, IITA, 2017.12.13.
- 이은지, 블록체인 기술의 국외 보건의료분야 적용사례 및 시사점, HIRA,, 3030sus 14권 2호
- 임지윤, 보건의료 블록체인 기술 활용 방안, 바이오협회, 2020.3.
- 전종홍 외 7, 감염병 재난에 대응하기 위한 의료인공지능의 기술 표준동향, ETRI Insight, 2020.01.
- 전황수, 가상현실의 의료분야 적용 동향, 2019.4.
- 최한준, 헬스케어 산업에서의 블록체인 기술의 활용, 보건산업브리프, 2017.5.12.
- 빅데이터 및 인공지능(AI) 기술이 적용된 의료기기의 허가 · 심사 가이드라인(민원인 안내서), 식품의약품안전처, 2017.

- 멀미 저감을 위한 머리 장착형 영상 장치 기반 가상현실 콘텐츠 제작 지침(TTAK.KO-10. 10130), 한국정보통신기술협회, 2017.
- 메디칼업저버, http://www.monews.co.kr
- 스마트 헬스케어 유망시장 동향 및 진출전략, KOTRA, 2019.10.
- 스마트 헬스케어 의료기기 기술, 표준 전략 보고서, 식품의약품안전평가원, 2018.8.
- 유헬스케어 진단지원시스템 임상시험계획서 작성 가이드라인(민원인 안내서), 식품의약품안전처, 2015.
- 의료기기 소프트웨어 허가 · 심사 가이드라인(민원인 안내서), 식품의약품안전처, 2015.
- 의약품 임상시험 통계 가이드라인(민원인 안내서), 식품의약품안전처, 2016.
- 체외진단용 의료기기의 임상적 성능 허가심사 가이드라인(민원인 안내서), 식품의약품안전처, 2015.
- 프로스트 앤 설리번, Global Digital Health Outlook(2020), 2019.8.
- 한 손에 잡히는 임상연구 : 설계와 실행의 모든 것, 임상시험리뷰 연구회 옮김, 2015.
- 한국 식품 의약품 안전 평가원, 가상 · 증강 현실(VR/AR) 기술이 적용된 의료기기의 허가 · 심사 가이드라인, 2018.
- 2020년도 AIoT 서비스 제품 및 기업편람, 한국지능형사물인터넷협회, 2020.
- 공개키 암호알고리즘 개발에 관한 연구, 정보통신부 한국정보보호센터, 1992.12.
- 국내VR산업 실태조사, 정보통신기술진흥센터, 2016.
- 기술영향평가보고서-가상 증강현실기술, 한국과학기술기획평가원, 2016.
- 디지털 세계의 신뢰를 확보하는 블록체인의 의미와 과제, 그리고 미래, IDG Tech Report, 2017.
- ASTM F2554:10, Standard Practice for Measurement of Positional Accuracy of Computer Assisted Surgical Systems, 2010.
- Combining genomics and epidemiology to track mumps virus transmission in the United States, PLOS Biology, 2020. https://doi.org/10.1371/journal.pbio.3000611
- Data-sharing brings hope to rare disease patients around the globe, https://www.ga4gh.org/news/data-sharing-brings-hope-to-rare-disease-patients-around-the-globe/
- Evaluate, World Preview 2016, Outlook to 2022, 2016.
- Frost & Sullivan, "Internet of Medical Things (IoMT) is an amalgamation of medical devices and applications that can connect to healthcare information technology (IT) systems using networking technologies," 2017.
- Global Blockchain Technology Market in the Healthcare Industry, 2018-2022.
- Image-guided surgery : what is the accuracy?, Robert F. Labadie, Bryan M. Davis and J. Michael Fitzpatrick, 2004.
- Mayo Clinic to sequence 100K participants to build genomic database for improved care and research in collaboration with Helix, https://newsnetwork.mayoclinic.org/discussion/mayo-clinicto-sequence-100k-participants-to-build-genomic-database-for-improved-care-and-research-incollaboration-with-helix/
- Public health surveillance and data collection: general principles and impact on hemophilia care, Hematology, 2012, https://doi.org/10.1179/102453312X13336169156537
- Simulator Sickness in Virtual Environments, Eugenia M. Kolasinski, 1995.
- Statistical Guidance on Reporting Results from Studies Evaluating Diagnostic Tests, FDA, 2007.
- Through partnership with Color, 10K NorthShore patients will get whole genome sequencing. https://medcitynews.com/2019/01/color-northshore/
- Use of Real-World Evidence to Support Regulatory Decision-Making for Medical Devices, FDA, 2017.
- Variation and extrema of human interpupillary distance, Neil A. Dodgson, 2004.

학습 1	4차산업 기술 및 응용
학습 2	의료기기 기술 및 응용
학습 3	의료용 로봇 기술 및 응용
학습 4	스마트 헬스케어 기술 및 응용
학습 5	디지털 치료제 기술 및 응용
학습 6	인공지능 기술 및 응용
학습 7	빅데이터 기술 및 응용
학습 8	사물인터넷 기술 및 응용
학습 9	5G 네트워크 기술 및 응용
학습 10	디지털 콘텐츠 기술 및 응용
학습 11	**디지털 트윈 기술 및 응용**
학습 12	블록체인 기술 및 응용
학습 13	메타버스 기술 및 응용

학습 목표	1. 디지털 트윈 기술 및 응용을 이해할 수 있다.

11-1 디지털 트윈 기술의 개요

1. 디지털 트윈 기술의 개요

디지털 트윈(Digital Twin) 기술은 실제 생산 공장, 플랜트, 선박, 항공기, 오일과 가스 설비, 에너지 등 자산중심의 산업분야에서 물리적인 물체 및 시스템을 운용상의 위험과 안정을 효과적으로 관리하면서도 고효율과 저비용의 혁신을 기대할 수 있는 가상의 디지털 세계에 고스란히 재현하는 방식의 복제하는 기술의 의미한다.

디지털 트윈 기술의 개념은 미 항공우주국 NASA가 지상에서 우주에서의 문제를 반영하고 진단하기 위해 초기 우주 캡슐의 실물모형을 완전한 디지털 시뮬레이션으로 대체하면서 시작하였다. 이후에 현실에서 존재하는 다양한 물리적인 사물 또는 프로세스를 가상에 구현함으로써 최적화를 위한 시뮬레이션을 해볼 수 있다는 개념으로 진화하고 있다.

디지털 트윈을 지원하는 기술은 계속 확대되어 지금은 빌딩이나 공장, 도시 등 거대한 실체까지도 재현의 대상이 되고 있을 뿐 아니라, 사람이나 프로세스도 디지털 트윈으로 재현할 수 있다는 의견도 대두하는 등 그 개념 자체도 계속 확장되고 있다. [그림 11-1]처럼 디지털 트윈 기술은 IoT, Cloud, AI, BigData 기술의 종합체이다.

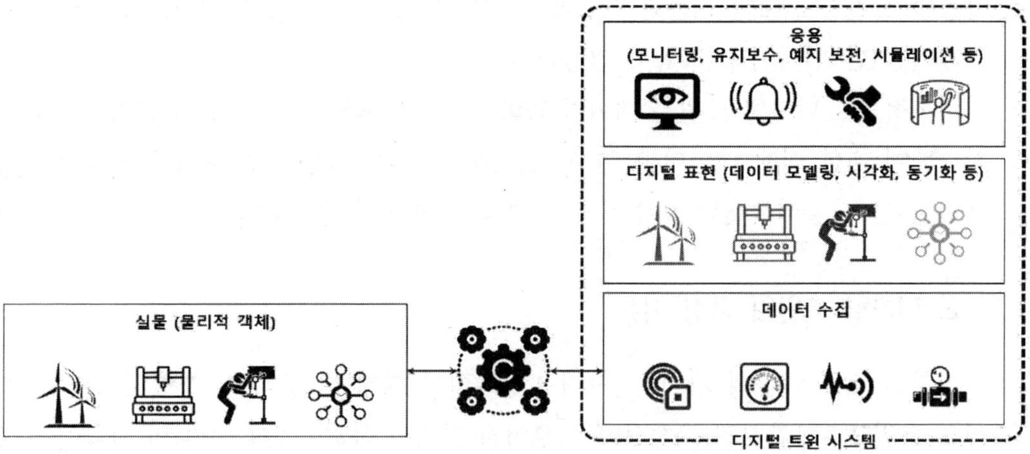

[그림 11-1] 디지털 트윈 기술의 종합체

완성된 디지털 트윈 모델은 실제 물리적인 물체 및 시스템의 성능과 잠재적인 문제에 대한 인사이트 제공이 가능하다.

디지털 트윈 기술 과정은 수학적 모델 개발(Development), 디지털 트윈의 구축(Generation), 최적화 가동(Operation)의 3가지로 구분한다.

1) 수학적 모델 개발(Development)

재현의 대상이 되는 현실의 물체나 시스템에 대한 데이터 수집 및 이를 기반으로 시뮬레이션 가능한 입/출력(Input-Output) 기반의 수학적 모델 개발(수학/통계/데이터전문가 참여)을 하여야 한다.

2) 디지털 트윈 구축(Generation)

수학적 모델을 기반으로 실제 특정 기계 및 장비에 특징을 고려하여 통계 및 프로그래밍 능력을 갖춘 현장 엔지니어가 참여하여 가상모형인 디지털 트윈을 구축해야 한다.

3) 최적화 가동(Operation)

실제 데이터를 입력, 시뮬레이션을 실행하여 완성된 디지털 트윈의 가동을 통한 성능과 잠재적인 문제에 대한 인사이트 제공이 가능해야 한다. 이후 컴퓨터 프로그램이 물리적 물체와 시스템에 대한 실제 데이터를 입력받아 그 데이터들이 어떻게 작용할 것인지에 대한 예측과 시뮬레이션을 출력, 이 과정을 통해 성능과 잠재적인 문제에 대한 인사이트 획득이 가능하다.

기본적으로 디지털 트윈은 데이터 과학 및 응용수학의 전문가들이 물리적 물체와 시스템에 대한 실제 데이터를 연구·조사하고, 이를 기반으로 디지털 공간에서 실제 원본을 시뮬레이션하는 수학적 모델을 개발하는 방식이다.

2. 디지털 트윈의 구성 기술

디지털 트윈의 구성 기술은 [그림 11-2]처럼 크게 현실 사물, 분석시스템 및 디지털 트윈으로 3가지의 구성으로 이루어져 있다고 볼 수 있다. 현실의 사물이 존재해야 하고,이를 바탕으로 분석과 처리를 수행할 수 있는 시스템과 3D의 가상세계를 구현하는 디지털 트윈(Digital Twin)이 구성되어야 한다.

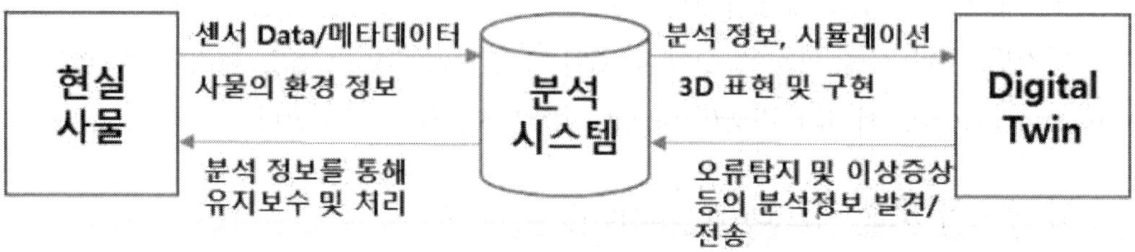

[그림 11-2] 디지털 트윈의 구성

[그림 11-2]처럼 디지털 트윈(Digital Twin)은 ① 실제 현실사물의 모델을 바탕으로, ② 현실과 가상화 모델을 통합 구성하고, ③ 가상화 모델 분석/시뮬레이션을 통하여, ④ 분석 피드백을 통하여 제어 모니터링의 오류를 탐지하게 된다.

〈표 11-1〉처럼 디지털 트윈의 상세 구성 기술로는 센싱을 위한 IoT, ZigBee, NFC 등의 센싱 기술과 환경의 정보를 취합할 수 있는 온·습도정보, 적외선 센서, 분석을 처리할 수 있는 Big Data와 AI 기술 등이 필요하며 마지막으로 시뮬레이션을 진행할 수 있는 3D 영상기술이 필요하게 된다.

〈표 11-1〉 디지털 트윈의 세부기술

구 분	구성기술	세부기술
현실세계 정보수집	• Sensor • Actuator • Controller	• 센서/메타데이터 수집 • 마모도 등 공정데이터 수집 • WPAN, PLC, Modbus, RS485
가상세계 구성측면	• 디지털 스레드 • 가상공간자산 • 3D 모델링	• 물리자산의 디지털화 • 디지털 사물 설계, 테스트, 피드백 등 공정의 디지털화
현실/가상 통합측면	• VR/AR 연계 • 양방향 전달 • 공정제어	• 현실세계와 가상세계 연결 • 가상세계에서 다양한 테스트 및 시뮬레이션 가능

1) 디지털 트윈의 요소기술

초소형 정밀센서 가격이 최근 10년 동안 1/3수준으로 하락, IoT · Al Big data, Cloud, 5G. VR/AR/MR 등의 다양한 핵심요소 기술 발전으로 디지털 트윈 시장이 본격적으로 하고 있다.

〈표 11-2〉 디지털 트윈의 요소기술

기 술	내 용
IoT	물리적 객체의 실시간 데이터 수집과 물리/기상 객체간 데이터의 원활하고 정확한 양방향 전송촉진
AI	새로운 데이터로부터 학습을 촉진하고 예측모델을 지속적으로 향상
Big Data	패턴을 유추 및 유용한 정보발굴을 위한 양적 데이터 제공
Cloud	센서, 다양한 플렛폼으로부터 온 엄청난 양의 데이터를 담아 유연성, 확장성 지원
5G	실시간 정보 전송 능력으로 디지털 트윈의 반응성 향상
AR/MR	실제 물리적 환경과 동시에 가상세계의 디지털 트윈 인식 지원
모델링	제품, 공정, 시스템 등의 형상을 가상공간에 구현

학습 11

2) 디지털 트윈 기술의 구성

디지털 트윈 관련 기술은 〈표 11-3〉처럼 가상공간을 구축하고 갱신하는 기술, 데이터로부터 정보를 얻는데 필요한 분석기술, 분석한 결과를 이해하기 쉽고 명료하게 표현하는 가시화 기술, 센서 들과 가상공간의 안정적 연결을 보장하는 초연결 기술, 각종 데이터와 정보를 외부침입으로부터 막을 수 있는 보안기술 등으로 구성된다.

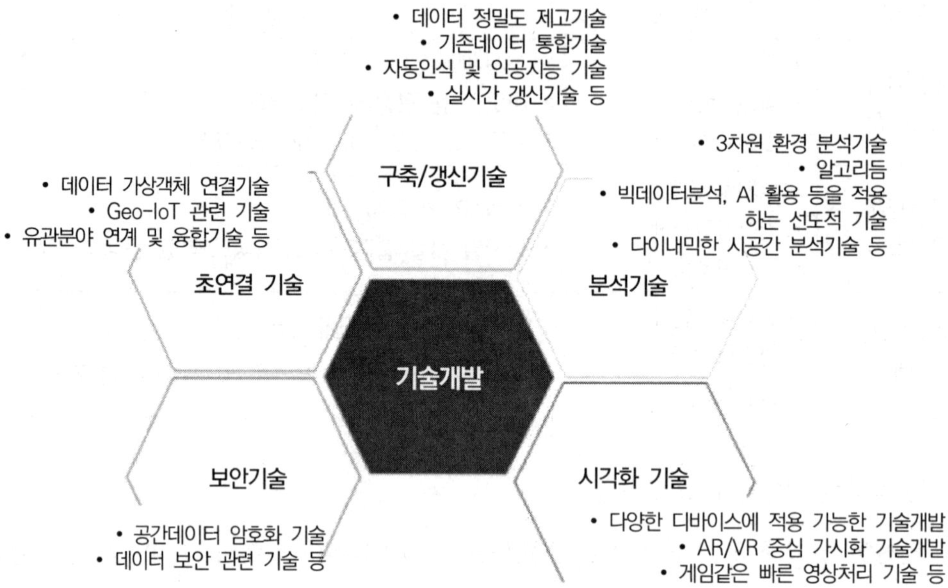

[그림 11-3] 디지털 트윈 기술의 구성

〈표 11-3〉 디지털 트윈의 주요기술

기 술	내 용
3D모델링 구축 갱신기술	3D 콘텐츠 제작, 데이터 정밀도 재고기술, 기존 데이터 통합기술, 자동인식 및 인공지능 기술, 실시간 갱신기술
분석기술	3차원 환경에 적합한 분석기술, 알고리즘 중심 분석기술, 빅데이터 분석 및 AI활용 등의 선도기술
기시화/시각화 운영기술	다양한 기기에 적용이 가능한 기술, AR/VR중심 가시화 기술, 게임의 빠른 영상처리기술과 같은 데이터의 압축/검색/운용기술
현실과 가상을 연계하는 연결기술	데이터와 가상객체의 연결기술, Geo-IoT 관련 기술, 유관부야 데이터와 연계/융합기술
보안기술	공간 데이터에 대한 암호화 기술, 데이터 보안 및 사이버 보안기술

11-2 디지털 트윈 기술의 응용

1. 의료분야의 디지털 트윈 응용

1) 가상공간에서 현실 조건 재현, 임상실험

디지털 트윈 기술은 의료 임상부문에서 매우 유용하다. 인간을 대상으로 직접 임상실험을 하기 곤란하거나 위험요소가 따르는 경우가 많다. 이런 경우 특정한 사람에게 실험중인 약물이나 치료제를 투입했을 때의 상황을 디지털 기술에 의한 가상적인 상황을 만들어 본다.

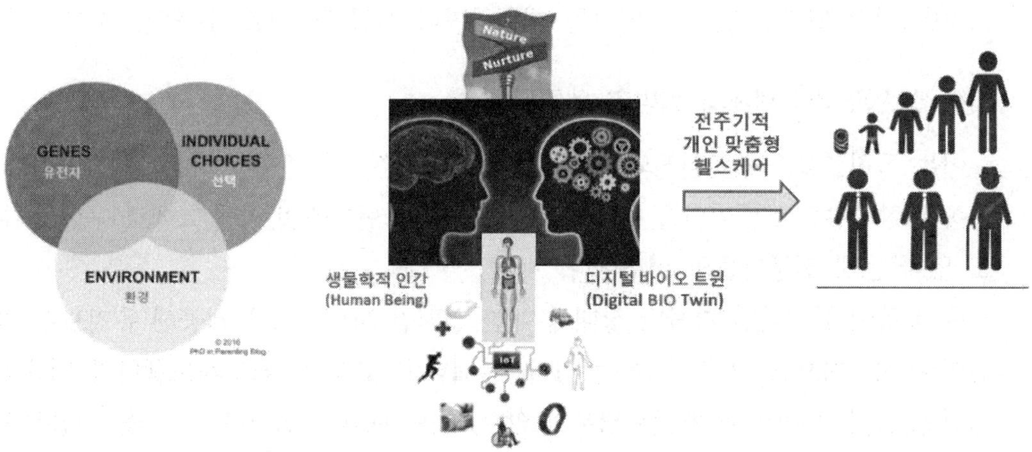

[그림 11-4] 디지털 트윈을 통한 전주기 맞춤형 헬스케어

그런 실제 인물과 똑같은 조건을 가준 가상인물에 대해 약물을 투여했을 때의 반응이나 치료효과, 혹은 부작용 등 위험요소를 정확하게 판단해낼 수 있다. 이 경우 임상실험 대상인 인물의 성별, 나이, 신장, 기저질환 여부 등과 같은 신체 조건에 따른 변화를 측정하고 이에 맞는 솔루션을 개발할 수 있다.

2) 코로나19 원천 퇴치의 비책

코로나19 확진자, 혹은 코로나19 감염의 위험도, 회복될 확률, 그리고 무증상 감염자를 포함해 이미 감염 상태인 사람을 대중속에서 식별해낼 수도 있다. 전문가들은 "만약 이런 디지털 트윈을 현재 개발, 보급 중인 스마트 시티에 적용하면 원천적으로 '코로나19' 등 감염 질환을 방지할 수 있을 것"이라고도 한다.

즉 스마트화된 도시 권역 전체에 대해 지역별 조건과 상황을 가상 공간화하고 감염과 전염 가능성과 조건 등 디지털 트윈을 적용하는 것이다. 그 결과 어느 자치구, 혹은 어느 동이나 특정 지역별로 안전 지역과 위험 지역을 구별하고 모니터링할 수도 있다는 게 전문가들의 예측이다.

3) IoT · 데이터링 · AI로 더욱 고도화

디지털 트윈 기술이 날로 발달하면서 사물인터넷(IoT), 인공지능, 데이터 분석 세계와 융합하면서 더욱 고도화되고 있다. 복잡한 '사물'과 연결되고 데이터를 생성할 수 있는 능력을 갖게 되면서 이젠 각종 산업이나 사회 각 분야에도 응용되고 있다.

예측하기 힘든 미래나 직접 해보지 않고는 알 수 없는 결과치 등을 미리 알아낼 수 있기 때문이다. 현실의 물체나 시스템에 대한 실제 데이터를 입력값으로 취하고 그것이 어떤 영향을 받을 것인가를 예측하거나 시뮬레이션할 수 있는 것이다.

4) 실존과 가상세계의 쌍방향 데이터 소통

이는 특히 "실존하는 실체와 가상의 객체가 단순하게 존재만 하는 것이 아니다. 양쪽은 양방향으로 데이터를 주고받으면서 각각의 변화를 반영해 그대로 구현할 수도 있다"는게 전문가들의 설명이다.

예를 들어 물리적인 자산의 상태에 대한 실시간 모니터링을 제공해 유지보수 비용이나 시행착오도 크게 줄일 수 있다. 무턱대고 고장 수리를 시도했다가 비용과 시간만 들며 번번이 실패하는 경우가 많다. 이럴 때 디지털 트윈 기술을 적용하면 미리 최적화된 유지 · 보수방법을 찾아낼 수 있어 매우 효율적이다.

5) 각종 감염병, 난치병 치료, 예방에도 요긴

이는 특히 각종 감염병이나 난치병 치료와 예방에도 요긴하게 응용될 수 있는 특성이다. 신약이나 각종 치료제 등을 개발할 때 혹은 업그레이드 시킬 때 직접 사람을 상대로 한 임상실험을 하면서 시행착오를 감수할 필요가 없다는 설명이다.

임상실험의 대상인 인물, 혹은 난치병 환자의 현재 질병조건을 가상공간에서 시뮬레이션화하고, 여러 결과치를 미리 파악할 수 있는 것이다. 그래서 최근엔 코로나19의 백신이나 치료제 개발, 그리고 광범위한 역학조사와 질병관리 등의 대안으로 디지털 트윈이 새삼 주목받고 있다.

이런 영향으로 인해 최근 마켓 앤 마켓에 따르면 오는 2020년 31억 달러이던 전세계 디지털 트윈 시장이 오는 2026년이 되면 482억 달러에 달할 것으로 예상되고 있다. '포스트 코로나' 시대의 가장 중요한 디지털 기술로 부상하고 있는 것이다.

6) 질병의 예측 및 통제

질병의 예측 및 통제 부분에서 전염병의 발생을 막기 위해 지리적 및 교통정보 등을 결합하여 활동과 관계 패턴을 매핑하는 디지털 트윈과 결합하여 확산을 정확하게 예측함으로써 사이버 공간에서 가상사회를 만들 수 있다.

교통 및 인간의 흐름을 제어하고 학교 또는 원격 학습에서 클래스 폐쇄에 대한 결정을 내리고 가장 적합한 병원의 자동검색 및 예약을 가능하게 하여 감염의 발생을 실시간으로 능동적으로 제어할 수 있다.

11-3 디지털 트윈 기술의 미래

1. 디지털 트윈과 미래 융합

현실세계와 똑같은 가상의 세계, 디지털 트윈(Digital Twin)이 디지털 전환의 핵심 키워드로 부상하고 있다.

디지털 트윈은 가상세계에 실제 사물의 물리적 특징을 구현하는 기술이다. 최근 주목받고 있는 메타버스와는 '거울세계'라는 개념적 특징은 유사하지만, 구현기술 및 활용의 측면에서 엄연히 구별된다.

메타버스는 가상세계와 현실세계가 융합된 플랫폼으로 이용자들에게 새로운 경제·사회·문화적 경험을 제공한다. 반면 디지털 트윈은 가상세계에 실제와 동기화한 시뮬레이션을 거쳐 현실 대상에 대한 의사결정에 활용하는 기술이다.

과거 일부 분야의 모의실험 형태였던 디지털 트윈은 AI·XR·5G 등 기술의 발전과 더불어서 의사결정이 필요한 모든 산업에 확장되는 추세다. 디지털 트윈에 대한 수요가 증가하면서 관련 생태계가 확장되고 있는 것은 분명해 보인다.

과학기술정보통신부는 최근에 '디지털 트윈 활성화 전략'을 의결하면서 본격적으로 디지털 트윈 산업 육성을 예고했다. 이미 '한국판 뉴딜 10대 대표과제', '한국판 뉴딜 2.0 디지털 초혁신 프로젝트 과제'에 포함돼 국가 경쟁력을 견인할 핵심기술로 선정되었고, 이제 전략적으로 관련 산업·시장 활성화에 속도를 내겠다는 의도다.

글로벌 시장의 성장세도 눈에 띈다. 마켓 앤 마켓스((Markets and Markets)는 글로벌 디지털 트윈 시장이 약 3조 5천억 원 규모로 형성되어 있으며, 연평균

57.6% 성장을 전망했다.

해외 주요 국가들과 글로벌 기업들 역시 다양한 산업분야에서 디지털 트윈을 활용해 생산성 향상을 확인하고, 미래 국가 경쟁력을 좌우하는 핵심기술로서 추진 전략을 세우고 있다.

디지털 트윈이 주목받는 이유는 경제성 · 안전성 향상과 융합기술을 통한 확장성을 들 수 있다. 디지털 트윈의 핵심은 실제세계와 가상세계의 실시간 통합이다.

현실세계를 동기화한 가상세계에 데이터를 전송 · 취합 · 분석 · 이해 · 실행하는 과정을 거치는데, 이 과정이 실제 실험보다 매우 빠르고 정밀하며 또 안전하고 비용도 적게 든다. 그렇다 보니 당초 제조업 서비스 기술로 활용되던 디지털 트윈이 고도화된 ICT 기술과 결합하여 다양한 산업에 활용되기 시작한 것이다.

디지털 트윈 요소기술은 그간 기술 경쟁력을 단단하게 다져왔다. 특히 D.N.A(Data · Network · AI) 분야는 세계 최초 5G 상용화, 데이터 및 AI · XR 인프라 확충과 기술 발전을 입증하며 디지털 트윈 성장의 단초를 마련했다는 평가를 받는다.

물론 이러한 기술이 디지털 트윈의 완성형은 아니다.

논문을 통해 사라코(Roberto Saracco, IEEE Digital Reality Initiative 공동의장) 토론토 대학 교수가 제시한 디지털 트윈 기술 5단계를 소개했다.

1단계 물리적 개체의 모델, 2단계 물리적 개체의 단순 미러링, 3단계 양방향 디지털 트윈, 4단계 지능형 디지털 트윈, 마지막 5단계는 로컬 데이터에서 글로벌 데이터 분석으로 확장하여 사이버 공간에서 자율 에이전트로서 상호작용하는 수준이라는 것이 주요 내용이다.

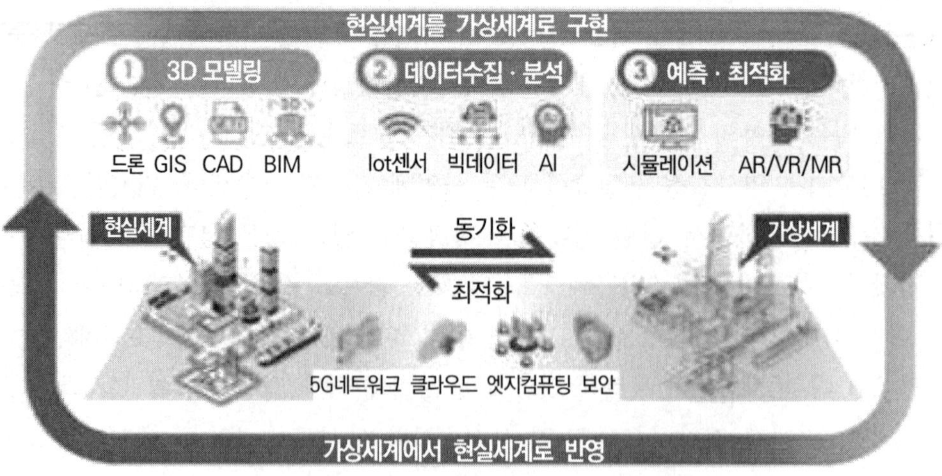

[그림 11-5] 디지털 트윈 요소기술 개념도

출처 : ⓒ과학기술정보통신부

이에 덧붙여서 현재 글로벌 디지털 트윈은 3단계 수준, 즉 물리적 세계와 디지털 시스템 사이의 양방향 동기화를 지원하는 정도라고 밝혔다.

한편 우리나라의 디지털 트윈 기술의 경우 선도국가 대비 83%의 기술 수준을 보이지만, 경제적 파급력이 큰 주요 사업을 중심으로 성공사례를 발굴·확산할 계획을 세우고 있다.

기존 제조·물류·의료중심 산업에 디지털 트윈을 적용하여 산업 경쟁력을 향상시키면서 대규모 시장창출을 통한 기술경쟁력을 강화하는 목표의 로드맵이다. 이를 위해 산업성장 기반을 조성하면서 동시에 도시, 안전, 에너지, 국방 등 공공 부문에 디지털 트윈을 도입할 예정이다.

대표적으로 국토 공간정보 사업과 '2050 탄소중립 시나리오' 본격화에 맞춘 탄소중립 기반 기술로 추진하기로 했다.

2. 디지털 트윈과 메타버스 융합

앞으로 디지털 트윈과 메타버스, 현실세계와 가상세계를 유기적으로 동기화한 기술이 개념을 넘어 실제 현실 적재적소에 필요한 기술로 안착하기 기대해볼 만하다.

특히 20년 전에 개발된 디지털 트윈은 정부가 추진하는 스마트시티나 제조기반 기업들의 상품이나 서비스의 관리와 운영의 효율화를 위하여 기술이 개발되고 적용되었다. 그래서 디지털 트윈은 일반사람들과는 거리가 멀었다.

그런데 메타버스가 등장하고 수많은 사람들이 여기에 몰려들고 이곳에서 소셜활동과 경제활동이 폭발적으로 늘어나면서 디지털 트윈이 메타버스 속으로 들어오기 시작했다. 다만 산업과 기술에 관련된 디지털 트윈이 아니고 보통사람들도 관심을 가질만한 분야가 접목되고 있다. 최근의 가상현실, 증강현실, 혼합현실, 디지털 트윈 기술이 결합하면서 재탄생하고 있는 상황이다.

메타버스에서 사람은 아바타의 형태로 가상공간에 존재하여 실생활 같은 가상현실 속에서 사회적·경제적 역할을 수행할 수 있도록 하고 있는데, 디지털 트윈은 여기에 접목되어 현실의 게임장이 메타버스의 게임장으로 존재하고, 메타버스 게임장의 게임 상태와 결과가 현실의 게임장에도 나타나서 사람들이 현실공간의 게임장에서 메타버스 세계의 경험을 그대로 이어갈 수 있게도 할 수 있다.

현실세계와 가상세계의 결합은 혼합의 정도(Degree of Mix)에 따라 다양한 모습으로 나타날 수 있고, 필요한 기술이 달라질 수 있다.

메타버스의 경험은 가상현실, 증강현실, 디지털 트윈, 혼합현실 등의 기술적 개념들이 결합하여 현실세계와 가상세계가 서로 결합하여 유기적인 동기화의 형태로 표출될 것으로 전망된다.

3. 디지털 트윈과 보건의료 융합

메디컬 트윈 기술이란 컴퓨터에 현실 속 사물의 쌍둥이를 만들고 시뮬레이션함으로써 결과를 예측해 최적화하는 기술인 디지털 트윈(Digital Twin)을 의료분야에 적용해 활용하는 기술이다.

최근 미래 혁신기술인 '디지털 트윈(Digital Twin)'을 의료분야에 접목해 활용하는 '메디컬 트윈' 기술개발 및 활용에 대한 관심이 증가하고 있으며, 선진국 중심으로 심장 · 환자 트윈 등을 구축해 임상 시뮬레이션 · 환자관리 · 모의 수술 등에 활용하는 시범사례가 증가하고 있다.

국내에서는 일부 기업 · 병원 · 연구기관에서 개발중이나 해외대비 기술이 부족한 상황으로 현장 의견수렴 및 논의를 통해 선제적 발전전략 수립이 필요한 시점이다.

현재 디지털 트윈을 헬스케어에 활용하는 사례는 많지 않지만 코로나19 감염병 유행 이후 이를 활용하는 시장규모가 확대될 것으로 전망했다. 또 현실세계의 디지털 트윈을 만들어 시뮬레이션을 기반으로 의료기관 내 진료 · 진단 결과를 예측하는 임상결정지원시스템(CDSS) 등을 주요 활용방안으로 제시했다.

해외 업체인 필립스, GE 등 메디컬 트윈(심장, 신체 등)에서 해외 구축사례가 있고 아산병원에서 개발한 간암 환자 대상 방문병원 · 치료법에 따른 기대여명 예측시스템을 구축했다. 이밖에도 디지털 트윈 구현 가능성 및 모델링 · 예측 정확성 등 관련된 다양한 이슈를 제시했다.

가상공간에서 의료서비스 제공사례가 확대됨에 따라 메디컬 트윈 활용이 확대될 것이고 의료서비스 접근성 및 효율성 확대, 정밀의료 실현 등 국민 건강에 미치는 영향에 대하여 검토가 필요하다. 또 성공적 사업모델 공유 및 기업 참여를 유도하는 선순환 구조 구축 필요성과 다양한 의료데이터의 실시간 결합 및 활용방향에 대한 지속적인 연구가 필요하다.

복지부는 제기된 다양한 이슈와 논의를 통해 메디컬 트윈 활용 활성화를 위한 전략 수립에 반영할 계획이다. 전세계적으로 메디컬 트윈 선도모델이 부재한 상황에서 선제적으로 전략을 수립해 정책을 추진한다면 메디컬 트윈 글로벌 선도국가로 성장할 수 있을 것이고, 디지털 트윈의 의료분야 활용 기반을 마련하고 국민건강증진을 위한 의료서비스 혁신으로 이어지기를 기대한다.

수행 내용

재료 · 자료

- IT 분석 및 응용 관련 자료

기기(장비 · 공구)

- 컴퓨터, 문서작성 프로그램, 프린터, 주변기기

안전 · 유의사항

- IT 분석 및 응용 관련 장비의 안전 및 유의사항을 숙지한다.

수행 순서

01 디지털 트윈이 부상하는 이유에 대하여 분석하라.

디지털 트윈은 왜 부상하고 있는가.

첫째, ICT만으로는 혁신활동과 생산성 개선을 더 이상 기대할 수 없기 때문이다. 미국 노스웨스턴대학 경제학지인 로버트 고든은 "최근의 ICT에 의한 혁신이 전기, 내연기관, 배관기술, 석유화학, 전화 등이 그런 것처럼 세상의 작동방식을 바꿀 정도로 혁신적이지는 않고 있다"고 말했듯이, ICT 단독에 의한 생산성이 최근 들어 기대했던 것보다 둔화 · 정체되고 있다.

둘째, 초연결 생태계 구축을 통해 생산성 향상과 사회문제 해결을 기대하기 때문이다. 다양한 사회주체, 경제주체가 보유하고 있는 유무형 자원을 효율적으로 연결하고 새로운 가치를 창출하는 시대가 도래하고 있다. 제조 관점에서는 단지 부문 최적화가 아닌 엔드-투-엔드 엔지니어링으로 확산되고 있다. 기획 단계에서부터 설치, 유지보수, A/S까지 통합되면 유휴자원을 최소화할 수 있고 이를 통해 생산성을 극대화할 수 있다고 본다. 도시 관점에서는 대규모 인프라 투자만으로는 한계에 도달했다. 디지털 트윈 생태계로 교통/주택/환경 등 사회문제를 저비용으로 해결할 수 있다.

학습 11

셋째, 인구 구조 변화 한계를 극복하는 근본적인 해결책이 필요했다. 독일, 일본, 미국 등에서는 20~30년 전부터 핵심 생산가능 인구가 감소하기 시작했다. 그때까지 우리가 선택했던 방법은 개도국으로의 공장 이전이었다. 그러나 개도국에서도 인건비가 오르면서 한계에 봉착했다. 디지털 트윈을 통해서 노동력 감소 부분을 해결하고 생산성 문제를 향상할 수 있다면 공장을 이전하지 않고도 충분히 인구 구조 변화에 따른 한계를 극복할 수 있다.

넷째, 도시화의 가속이다. 우리가 생각했던 것보다 도시화는 매우 빨라지고 있다. 개도국도 제조업의 발전 속도를 뛰어넘어서 사람들이 도시로 몰리고 있다. 도시화의 특성은 다양한 사람들이 모이기 때문에 다양한 요구를 하게 된다. 즉 고령화 가속, 1인 가구 증가, 이민 확대 등 도시로의 인구유입은 다양성 요구 증가와 함께 또 다른 사회적인 문제를 발생시킨다. 디지털 트윈은 고객 맞춤의 솔루션을 제공함으로써 도시화에 따른 다양한 난제를 해결할 수 있을 것으로 기대되고 있다.

다섯째, 기술의 대중화이다. 센서, 로봇 등 관련 요소기술 가격이 동시 다발적적으로 하락하면서 디지털 트윈 구현비용이 감소했다. 예를 들어 MEMS 센서의 경우 20년 전 개당 3.5달러 했던 가격이 2007년도에 스마트폰이 나오면서 빠르게 급락했고, 2014년 이후에는 평균 단가가 1달러 밑으로 떨어졌다. 생산자 입장에서는 대량생산을 하지 않으면 유지하기 어렵겠지만, 소비자 입장에서는 가격이 떨어졌기 때문에 이러한 신기술들을 도입하는 데 부담이 없어지고 있는 상황이다.

02 디지털 트윈의 주요 기술에 대하여 분석하라.

1. 디지털 트윈 공간 갱신기술

1) 데이터의 정확성과 정밀도를 높일 수 있는 기술

데이터의 정확성과 정밀도를 높일 수 있는 기술이 개발되어야 한다. 디지털 트윈 공간의 정확성과 정밀도가 높아질수록 디지털 트윈 공간의 활용도도 높아진다. 특히 분석이나 시뮬레이션을 수행하는 경우 데이터의 품질이 담보되지 않으면 결과를 신뢰하기 어렵다.

최근에는 모바일 매핑 시스템(MMS)에 장착된 센서를 이용하여 데이터를 취득하는 방법이 가장 유용하게 활용되고 있으나, 객체 추출의 자동화와 정확성을 확보하는 것이 주요한 숙제다.

2) 기존 데이터를 효과적으로 통합한 기술

기존 데이터를 효과적으로 통합해야 한다. 기존 데이터를 활용하여 디지털 트윈 공간을 구축하기 위해서는 우선 데이터를 변환 또는 통합할 수 있어야 한다.

개별적으로 구축된 3차원 공간정보, 실내 공간정보, 지하 공간정보 등을 변환, 또는 통합하여 디지털 트윈 공간을 구현하고 보완하는 것이 보다 효율적이다. 또한 CAD 형식의 빌딩 정보 모델링(BIM : Building Information Modeling)은 실내 공간을 구현하는 데 매우 중요한 데이터이다.

BIM 데이터를 이용하기 위해서는 BIM 데이터의 상대 좌표를 절대 좌표로 변환하는 기술을 개발해야 하며, BIM 데이터의 선택적 활용을 통해 적절한 LOD를 구현할 수 있는 변환기술 역시 개발해야 한다.

3) 자동인식 및 인공지능 기술

자동인식 및 인공지능 기술 역시 중요한 역할을 할 것이다. 현재는 MMS를 통해 취득된 클라우드 데이터로부터 객체를 추출하는 데는 많은 시간과 비용이 소요된다.

수시로 변하는 환경을 신속하게 디지털 트윈 공간에 반영하기 위해서는 센싱된 데이터를 공간데이터로 변환하는 시간이 짧아야 한다. 이를 위해서 원시데이터로부터 자동 또는 반자동으로 객체를 추출하는 기술이 필요하다. 향후 인공지능 기술을 적용한다면 객체를 인식하는 시간을 줄일 뿐 아니라 정확도도 높아질 것으로 예상된다.

4) 실시간 갱신기술을 개발

실시간 갱신기술을 개발해야 한다. 실시간으로 공간데이터를 갱신하기 위해서는 사람의 개입이 최소화되어야 한다. 기계가 읽고 판단하여 갱신하는 기술의 개발과 함께 차선이나 도로표식 등도 기계가 인식할 수 있도록 개선되어야 한다.

2. 분석기술

데이터와 정보는 엄밀히 구분됨에도 불구하고 우리나라에서는 데이터와 정보를 포함하여 '공간정보'라고 표현하고 있다. 경우에 따라서는 공간데이터는 그 자체가 정보가 되기도 한다.

예를 들면 고해상도 영상자료는 육안으로 약 70%의 정보를 얻을 수 있다. 그러나 엄밀히 말하면 우리의 뇌가 분석 소프트웨어가 되고, 이를 통해서 알고 싶은 정보를 얻는 것이다. 이처럼 정보는 데이터를 분석하여 얻어지게 되므로 분석기술은 디지털 트윈 공간의 핵심역량이라고 할 수 있다.

4차산업혁명은 5G, 빅데이터, 인공지능, 사물인터넷, 클라우드 컴퓨팅 등의 기술을 활용하여 자율주행차, 스마트 시티, 로봇 등의 관련 산업을 발전시키고 있다. 최신 지능정보기술과 활용분야를 연결시켜 주는 핵심 인프라가 공간정보기술이다. 예를 들면 자율주행을 위해서는 정밀 도로지도와 공간분석 및 인지기술이 필요하며 사물인터넷, 가상/증강현실 기술을 구현하기 위해서는 3차원 공간데이터와 분석기술의 역할이 추가되어야 한다.

디지털 트윈 공간에는 2, 3차원 공간데이터뿐만 아니라 실시간 센싱데이터, 속성데이터, 통계데이터, 행정데이터, 빅데이터 등 다양한 데이터가 존재한다. 미래에는 센서와 IoT 기술, 모바일 기술, 인공지능 기술 등의 발달로 인해서 지금과는 다른 종류와 수준의 데이터가 생겨날 가능성이 높다. 디지털 트윈 공간는 객체기반의 3차원 공간이면서 시공간이 자유롭기 때문에 다차원의 입체적 분석에 대한 수요가 증가할 것이다.

기술환경의 변화에 따라 데이터의 형태와 차원도 달라질 것이다.

〈표 11-4〉 기술환경의 변화에 따른 데이터 형태 및 차원의 변화

현 재	미 래
2차원	다차원
물리적 공간	Cyber/IoT/ICT 공간
공간(Space)	시공간(Temporal Space)
캡처(Capture)	모니터링(Monitoring)
Snap-Shot	Streaming
정적(Static)	동적(Dynamic/Moving)
Slow	Real-Time
소량(Small)	대량(Large/Big)
정형(Structured)	비정형(Non-Structured)
단순한 형식(Simple Format)	다양한 형식(Various Formats)

〈표 11-4〉에서 보는 바와 같이 미래의 공간정보는 2차원에서 다차원으로, 물리적 공간에서 사이버공간으로, 정적인 데이터에서 동적인 데이터로, 정형데이터에서 비정형데이터 등으로 데이터의 형태와 차원이 변화할 것으로 예상된다.

따라서 다양한 형태의 데이터 환경에 부합하는 새로운 공간분석 기술이 개발되어야 하며, 이러한 데이터와 기술을 기반으로 디지털 트윈 공간에서 다양한 정보를 생산할 수 있다.

현재 공간분석 기술은 대부분 2차원 공간데이터를 대상으로 하고 있으며, 대부분 안정된 상용 소프트웨어를 사용하고 있다. 그러나 3차원 벡터데이터, 3차원 격자데이터, 영상

자료의 입체적 분석과 관련한 기술은 아직 미비한 실정이다.

차세대 공간분석 기술을 개발하기 위해서는 순차적으로 접근해야 한다. 우선 2차원 벡터, 실내/지하 공간데이터 등과 같은 기존 데이터의 분석기술을 고도화한 후, 3차원 공간분석을 위한 기반기술과 비정형데이터의 분석과 같은 차세대 공간분석을 위한 기술의 개발에 집중하는 전략이 필요하다. 그 과정을 좀 더 자세히 세분하면 다음과 같다.

① 국가공간정보 사업을 통해서 구축한 데이터의 성격과 수준을 분석

② 디지털 트윈 공간에서 요구하는 공간정보 수요를 도출

③ 공간정보 수요에 부합하는 분석기술의 리스트를 정하고 우선순위를 고려한 공간분석 기술 로드맵을 작성

또한 종합적이고 체계적인 계획과 기반기술의 확립, 부가적인 분석기술, 융합활용기술 등이 유기적으로 이루어 질수 있는 생태계를 조성해야 한다.

디지털 트윈 공간 기반의 미래지능 정보사회를 구현하고 글로벌 수준의 공간분석 기술을 확보하기 위해서는 고급인력 양성 및 관리, 연구중심의 R&D 체계, 특화된 공간정보 연구기관 지원 등 중장기적인 정책도 필요하다. 특히 소프트웨어 개발인력을 양성하는데 상당한 시간이 소요되기 때문에 인력양성 전략을 조기에 추진할 필요가 있다.

3. 가시화 기술

가시화(Visualization)는 공간정보의 최대 장점 중 하나다. 우리는 시각적 표현을 통해서 상황을 이해하거나 유용한 정보를 얻을 수 있다. 공간특성을 가시화하면 부가적인 설명 없이도 직관적으로 정보를 얻을 수 있기 때문에 비전문가도 쉽게 아이디어를 제시하거나 의사결정에 참여할 수 있다. 그런데 공간을 구성하는 객체가 복잡할수록, 제공해야 할 정보가 많을수록, 입체적 요소가 많을수록 가시화가 어렵다. 또한 데이터가 무겁고 클수록, 모바일 장비와 무선통신을 사용할수록 시각적 표현이 느리다. 정보를 충분하게 표출하지 못하거나 표출하는 속도가 느리면 사용자와 멀어지게 된다. 따라서 디지털 트윈 공간에서 가시화 기술은 사용자에게 직접적인 영향을 미치기 때문에 중요하게 다루어야 할 과제다.

최근 3차원 공간데이터를 구축하고, 객체와 관련한 정보를 입체적으로 표현하는 기술에 관심이 집중되고 있다. 예를 들면 2차원 지도는 평면에 장소, 이름 등을 표현했지만 3차원에는 입체적으로 POI를 표현해야 한다. 이를 위해서 건물의 3차원 위치에 해당 POI를 표기하는 '3D POI'가 개발되고 있다.

가시화 기술을 개발하기 위해서는 다음과 같은 사항이 고려되어야 한다.

학습 11

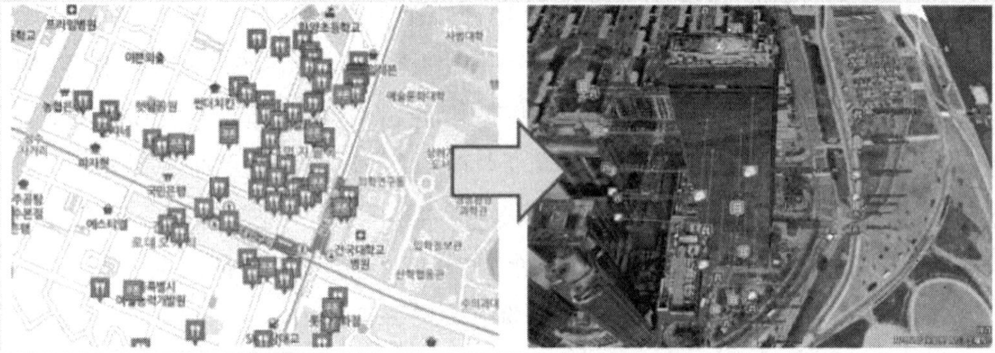

[그림 11-6] 기존 위치정보 표기와 3D POI 표기

1) 다양한 기기에 적용 가능한 가시화 기술개발

다양한 기기에 적용이 가능한 가시화 기술이 개발되어야 한다. 언제 어디서나 어떤 기기로 활용하더라도 일관된 서비스를 제공할 수 있는 가시화 기술이 중요하다.

디지털 트윈 공간을 활용한 서비스는 모바일 기기에서 활용될 가능성이 매우 높다. 모바일 환경에서는 표출대상 데이터의 압축과 선택적 표출 기술 등이 필수적 요소이다.

2) AR/VR을 고려한 가시화 기술개발

AR/VR을 고려한 가시화 기술이 개발되어야 한다. AR/VR은 미래의 서비스 기술로 주목받고 있으며, 사용자에게 실제와 같은 느낌을 주기 때문에 향후 디지털 트윈 공간의 주요한 표현 방식이 될 것이다. 따라서 디지털 트윈 공간의 가시화는 AR/VR로 표출될 가능성이 매우 높기 때문에 이를 위한 기술을 개발해야 한다.

3) 빠른 영상처리 기술과 데이터를 압축/검색/운용할 수 있는 기술개발

인터넷 게임처럼 빠른 영상처리 기술과 데이터를 압축, 검색, 운용할 수 있는 기술 등이 개발되어야 한다. 또한 방대한 이미지 데이터의 선택적 검색, 검색된 데이터의 선택적 표출, 선택되지 않은 데이터에 대한 압축 및 표출 등에 대한 기술을 지속적으로 개발해야 한다. 최근 GPS와 INS장치의 발전으로 차량에 공간정보 획득 센서를 탑재한 MMS (Mobile Mapping System)에서 생산되는 3차원 데이터 처리의 대부분은 외산 소프트웨어에 의존하고 있다. 향후 증가하는 3차원 공간정보의 수요를 고려한다면 하드웨어와 소프트웨어를 국내에서 개발해야 한다.

4. 초연결 기술

종전의 3차원 공간정보는 현실세계를 정적인 형태로 표현한 것인데 비해 디지털 트윈 공간은 사이버공간의 객체와 현실세계가 연결되어 있다는 점에서 다르다.

초연결 기술이 없었다면 현실세계와 가상세계를 연계한 사이버물리시스템은 세상에 나타나지 않았을 것이다. 따라서 초연결 기술은 디지털 트윈 공간의 필수적 요소이다. 국내외 정보통신 기업들은 초연결을 위한 통신 인프라를 개발하고, 초연결 서비스 시장을 선점하기 위해 치열한 경쟁을 벌이고 있다.

대표적인 예로 '커넥티드 카(Connected Car)'를 들 수 있다. 자동차 내부의 모든 장치가 서로 연결되어 있는 것은 물론이고, 외부에서 자동차의 상태를 모니터링하거나 원격으로 문제를 해결하기도 한다. 이와 같은 초연결 기술 때문에 디지털 트윈 공간을 구상하고 제안할 수 있게 된 것이다.

초연결의 대상은 디지털 트윈 공간상의 객체와 현실세계의 데이터로 이를 어떻게 효과적으로 연결할 것인가가 중요하다. 디지털 트윈 공간에는 매우 많은 객체와 이와 관련된 데이터가 존재할 것이다. 객체와 데이터를 얼마나 효율적으로 연계하고 관리할 수 있는지가 디지털 트윈 공간 운용의 핵심이 될 것이다. 따라서 초연결을 위해 우선적으로 객체와 데이터의 연계에 대한 기술을 개발해야 한다.

다음으로는 실시간 상태정보를 취득하는 기술이 중요하다. IoT 기술은 빠르게 발전하고 있지만 아직까지 공간적인 요소를 고려하지 못하는 한계가 있다. 예를 들면 자동차에 부착된 센서를 통해서 수집된 교통정보가 실시간으로 디지털 트윈 공간에 반영되기 위해서는 정확한 위치와 주변환경의 정보가 필요하다. 이때 위치정보와 함께 수집된 교통정보를 프로세스할 수 있는 기능이 센서에 장착되어 있다면 필요한 정보를 가공해서 디지털 트윈 공간으로 보낼 수 있으며, 이 경우 별도의 데이터 처리 없이 바로 디지털 트윈 공간에 반영되므로 시차가 발생하지 않을 뿐 아니라 데이터가 가벼워서 속도도 빠르고 전송에 필요한 에너지도 최소화할 수 있다. 이러한 과정을 지원하는 기술이 Geo-IoT 기반 실시간 정보의 연계 · 통합기술이라고 할 수 있다.

또한 유관분야의 데이터와 연계 및 융합하는 기술을 개발해야 한다. 디지털 트윈 공간의 활용을 높이기 위해서는 관련된 분야의 다양한 데이터를 연계 · 융합하는 것이 중요하다. 이를 통해 더욱 풍부한 서비스를 제공할 수 있다.

초연결을 기반으로 수집되는 다양한 데이터를 연계하고 통합하는 플랫폼 기반 서비스 기술이 개발되어야 한다. 디지털 트윈 공간은 수없이 많은 기기들로부터 데이터를 수집하게 될 것이며, 이에 따른 엄청난 양의 데이터를 직접 수용하기에는 한계가 있다. 따라서 데이터를 클라우드에 저장한 후 활용목적에 따라 연계하거나 통합하는 플랫폼의 기능이 필요하며, 이와 관련한 기술이 개발되어야 한다.

5. 보안기술

디지털 트윈 공간에는 공간데이터를 비롯하여 센싱데이터, 통계데이터 등 다양한 데이터가 존재하기 때문에 개인정보는 물론, 안보와 관련된 내용이 포함될 수밖에 없다.

특히 한국은 다른 나라에 비해 국가안보와 관련된 공간정보의 공개에 매우 민감하다. 디지털 트윈 공간 구축 및 운영시 이러한 정보에 대한 철저한 보안책이 없다면 디지털 트윈 공간의 가치가 훼손될 우려가 있다. 따라서 디지털 트윈 공간을 위한 보안기술의 개발은 필수적 사항이다.

보안과 활용은 동전의 양면과도 같다. 보안을 강화하면 활용이 제한되고, 활용성을 높이면 보안위험이 높아진다. 디지털 트윈 공간은 가능한 많은 분야와 사람들이 활용하게 될 것이므로 보안의 위협 또한 증가하게 될 것이다. 따라서 활용성을 저해하지 않는 보안기술의 개발이 중요한 과제다. 디지털 트윈 공간의 특성을 고려할 때 두 가지 접근방법이 있을 수 있다.

하나는 디지털 트윈 공간 구조 속에서 주요 정보나 주요 객체에 대한 보안을 강화하는 방법으로, 정보에 대한 제공 여부를 현재와 같이 지정하는 방식이다. 이 방식은 기술보다는 제도를 기반으로 운영되기 때문에 최초에 보안수준을 정할 때 많은 고민이 필요하다.

다른 방법은 신기술을 도입하여 보안을 강화하는 것이다. 4차산업혁명의 주요 기술 중 하나인 블록체인(Block Chain) 기술이 이에 해당한다. 블록체인은 네트워크를 통해 관리되는 분산형 데이터 기술로써 비트코인을 통해 그 실효성이 입증되고 있다. 블록체인 기술은 현재 은행 지불 시스템, 사이버 보안, 보험, 개인운송, 클라우드 스토리지 등 다양한 분야에서 활용 중이다. 따라서 디지털 트윈 공간에 블록체인 기술을 적용하는 방안을 모색해야 한다.

보안기술의 개발을 위해서는 공간데이터에 대한 암호화 기술이 개발되어야 한다. 현재는 데이터의 해상도나 위치에 따라 공개를 제한하고 있다. 이 방식은 해당 공간에 대한 서비스를 제약하는 원인이 되고 있다. 이를 보완하는 방안으로 서비스는 제공하되 공개하지 않아야 할 정보를 암호화하는 기술을 개발하여 적용하는 것이다. 공개하기어려운 정보를 암호화하거나 가상화해서 서비스 한다면 활용을 제한하지 않으면서 정보를 보호하는 효과를 거둘 수 있을 것이다.

다음으로는 해킹 등으로부터 데이터를 보호하는 보안기술이 중요하다. 디지털 트윈 공간상에 존재하는 데이터를 해킹하는 보안사고가 발생할 경우 그 피해를 예측하기 어렵다. 특히 사이버공간을 통해서 실제 교통상황이나 시설물 등을 제어할 경우 해킹은 심각한 문제를 일으킬 수 있다. 따라서 디지털 트윈 공간에 대한 사이버 보안기술의 개발이 필요하다.

〈표 11-5〉 보안기술의 분류

구성요소	분 류	필요 보안기술
공 통	암호기술 사용자 인증 보안 로그 규제 대응	대칭/비대칭, 해시/메세지 인증코드, 키 관리 패스워드 관리, 이중 인증, PKI 인증 접속 기록, 시각 동기화, 이용자 알림 프라이버시 보호, IoT 보안 인증
서비스	웹 서비스 보안 모바일 앱 보안	안전한 웹 인터페이스, TLS, 업데이트 보안, 앱 서명
디바이스	네트워크 기능 펌웨어 관리 디바이스 인증 권한 관리 하드웨어 보안	퍼징, 무선랜 인증, 정적 분석, 기기 방화벽 펌웨어 암호화 및 서명, 시큐어 업데이트, 패치 초기 키 주입, 상호 인증, 대칭키/인증서 기술 역할 기반 통제, 시큐어 디버그, 메모리 보안 시큐어 스토리지, 템퍼링 방지

〈표 11-6〉 주요 보안기술

구성요소	설 명	필요 보안기술
경량 암호화 기술	128비트 암호화 알고리즘(예 AES)을 실행할 수 없는 제약이 심한 기기에서도 적절한 수준의 암복호화 수행	LEA, HIGHT SIMON, SPECK
암호화	DB 및 파일로 저장되는 중요정보/개인정보에 대한 암호화	AES-128, ARIA, SEED, KCMVP
TLS/DTLS	Transport Layer Security의 약어로 통신구간 암호화 및 인증 Datagram Trasport Layer Security : IoT 환경에 적합한 경량 TLS 프로토콜	TLSv1.2 완전 순방향 비밀성 DTLS v1.0, v1.2
펌웨어 암호화 및 서명	펌웨어를 암호화 및 서명하여 기밀성, 무결성, 데이터 인증	AES-128 암호화 RSA-2048 서명
시큐어 업데이트	IoT 기기에 체계적이고 신뢰할 수 있는 방법으로 보안 패치를 적용하는 방법	주기적인 패치 제공 안전한 암호 알고리즘
SSO , IAM	다수 서비스에 대한 단일한 통합인증 체계를 제공하고 ID/PW, NPKI, GPKI, FIDO 등 다양한 인증수단 사용을 지원하고 인증토큰에 대한 발행 및 접근권한 관리	SSO, PKI, FIDO SAML, Oauth
상호 인증	기기는 서버를 인증하고 서버는 기기를 인증하여 상호 인증된 상태로 안전하게 통신	초기 키 주입 보안칩에 키 저장 키 개별화 및 갱신
공개키 핀	서버 인증서가 전송중에 변조되지 않음을 탐지하여 중간자 공격 차단	공개키 정보(SPKI) 체인 검증, 키 갱신
칩 보안	기기에 보안 칩을 장착하여 안정성 확보 후 소프트웨어를 실행하면서 이상 유무 확인	SE TEE PUF

학습 11

구성요소	설 명	필요 보안기술
시큐어 부팅	기기 부팅 및 실행 전 서명 검사를 통해 해킹이나 악성코드 침투에 의한 소프트웨어 위/변조를 근원적으로 방지	Root of Trust RSA 서명 및 검증
시큐어 디버그	디버그 포트에 전기적인 무작위 공격을 가하더라도 반응하지 않도록 응답을 차단하고, 별도의 하드웨어 장치를 연결하여 비밀 키를 송수신한 경우에만 접근 활성화	암호화 통신 시큐어 JTAG/UART
버퍼오버플로 방지	스택, 힙, 라이브러리 메모리 공간의 버퍼 오버플로가 발생하지 않도록 실행 방지, 메모리 랜덤 할당, 덮어쓰기 탐지 등을 OS 및 바이너리 빌드 시 적용	NX(Non-eXecute) ASLR Stack Smashing Protector
NW 접근통제	비인가 Device가 Network환경에 연결되는 것을 탐지/차단 주요 NW에 대한 비인가 접속 차단	NAC Firewall WIPS
침입탐지/차단	Network 상에서 악의적인 공격 탐지 및 차단	IPS
이상행위/ 패턴 모니터링	Sensing Layer의 다양한 Device에서 발생되는 이벤트를 분석해 비정상적인 행위에 대한 모니터링 및 대응	SIEM 지능형 보안관제
악성코드 방지	사용자 PC 및 모바일단말에 대한 악성코드 탐지 및 치료/삭제	모바일 백신
키로깅 방지	스마트시티 서비스 이용간 인증정보 및 결제정보 등 입력 시 키로깅툴에 의한 중요정보 유출방지	키로깅방지 SW
App 보안	스마트시티 앱 설치파일 분석을 통한 중요정보 노출, 앱 취약점 공격 등에 대한 방어	앱 난독화 Secure coding

03 디지털 트윈의 개념구조에 대하여 분석하라.

디지털 트윈의 개념구조는 생성, 전달, 종합, 분석, 이해, 행동의 6가지 단계로 구성된 연속된 절차이다.

1. 생 성

분석을 위해 사용되는 물리적 공정 성능 및 주변 환경과 외부 데이터의 중요한 입력값을 측정하는 센서를 설치하는 단계이다. 센서의 측정 데이터는 크게 두 종류로 분류되는데 장력, 배기량, 회전력, 색상 균일도 등 생산자산의 물리적 성능에 대한 관련 측정값과 온도, 압력, 습도 등 물리적 자산의 운용에 영향을 미치는 환경 혹은 외부 데이터의 측정값이다.

센서로부터의 신호는 제조 실행 시스템, 전사적 자원 계획 시스템, CAD 모델, 공급 사슬 시스템 등 다른 시스템으로부터의 공정 기반 정보로 강화될 수 있다. 이 시스템들은 분석을 위해 사용될 수 있는 입력값을 지속적으로 갱신해 디지털 트윈에 공급한다.

2. 전 달

물리적 세계와 디지털 플랫폼 간의 실시간 양방향 통합 및 연결을 지원하는 단계이다. 디지털 트윈의 네트워크 통신은 경계 프로세싱, 통신 인터페이스, 경계 보안 등 3가지 주요 구성요소로 이루어진다. 경계 프로세싱은 센서와 프로세스 기록을 연결하고, 신호와 데이터를 처리하고, 플랫폼으로 데이터를 전달해 통신장비 고유의 통신규약을 이해하기 쉬운 데이터 규약으로 변환하고, 네트워크 통신 양도 줄여준다.

통신 인터페이스는 센서기능으로부터 통합기능으로의 정보전달을 돕기 때문에 정보를 산출하는 센서들을 이론상 어디에나 설치할 수 있다는 점을 고려해 공장, 주택, 광산, 주차장 등 구상 중인 디지털 트윈의 위치와 구성에 따라 설계해야 한다. 경계보안은 새로운 센서 및 통신역량이 유발하는 새로운 보안문제를 해결하는 것이다. 가장 일반적인 보안방식은 방화벽, 암호화, 기기 인증 등이지만, 많은 자산의 지적 자산화가 이뤄짐에 따라 새로운 보안 솔루션에 대한 요구가 있다.

3. 종 합

데이터를 데이터 보관소에 이관하고, 데이터 분석을 위해 처리 및 준비하는 단계이다. 데이터 종합 및 처리는 자체 보유 시스템이나 클라우드 시스템을 통해 이뤄질 수 있다. 데이터 종합 및 처리역량을 강화하는 기술이 지난 수년간 크게 발전해서 설계자들은 과거보다 저렴한 비용으로 빠른 대규모 확장이 가능한 아키텍처를 만들 수 있다.

4. 분 석

실시간으로 통합된 데이터를 통해 알고리즘 기반의 시뮬레이션과 시각화 루틴을 통한 데이터 분석을 하는 단계이다. 데이터 과학자 및 분석가들은 고급 애널리틱스 플랫폼과 기술을 활용해 통찰력 권고안을 창출하고 의사결정을 지원하는 반복 모델을 개발할 수 있다.

5. 이 해

대시보드와 시각화를 통해 인사이트를 제시하고, 하나 혹은 그 이상의 차원에서 물리적 세계와 디지털 세계의 사이의 수용 불가능한 오차를 조명해 추가적인 조사와 변화가 필요한 영역을 확인하는 단계이다.

6. 행 동

이전 단계에서 얻은 행동 가능한 통찰력을 작동장치를 통해 물리적 세계의 공정으로 피드백하고 적용하여 디지털 트윈의 영향력을 실현하는 단계이다. 인사이트는 디코더를 통해 전달돼 물리적 공정상의 움직임이나 통제 메커니즘을 담당하는 작동장치로 입력되거나 공급사슬과 자재 주문활동을 통제하는 백엔드 시스템을 갱신하는 데 사용된다. 이런 상호작용은 물리적 세계와 디지털 트윈의 연결을 완성한다.

04 의료의 조기진단을 위한 디지털 트윈 기술의 5가지 핵심에 대하여 분석하라.

디지털 트윈 기술은 환자와 의사에게 조기진단을 위한 통찰력과 혁신적인 치료 옵션을 제공함으로써 개개인의 건강에 대한 통제력을 높이고 있다. 인간 생리학의 3D 모델링에서부터, 연구를 개념화하고 치료하기 위한 혁신 플랫폼에 이르기까지 개인화된 헬스케어의 추세를 주도하는 Top 5가지 핵심기술인 3D 모델링과 3D 프린팅, AI(인공 지능), 병용요법(Combination Therapy) 및 혁신 플랫폼을 사례별로 분석한다.

1. 3D 모델링

뇌동맥류, 뇌의 동맥류 파열은 생명이 매우 위태로운 상태로 파열 자체는 혈관 조영술을 통해 볼 수 있지만, 외과의사는 수술이 시작되기 전까지 무슨 일이 일어나고 있는지 정확히 알 수 없다. 하지만 인간 신체의 디지털 모델인 '디지털 트윈(Digital Twin)'을 통한 혁신 덕분에 이러한 상황이 개선되고 있다.

프랑스계 미국 기반 의료기술 기업인 Biomodex는 소프트웨어를 사용하여 CT, MRI 및 에코 스캔과 같은 의료 이미징들을 정확한 디지털 모델로 변환시킨다. 이 소프트웨어는 환자 혈관의 정확한 꼬임과 회전을 모델링 한 다음 환자의 생체 역학 특성을 디지털 모델에 추가하여 외과의사가 정확한 수술계획을 세울 수 있도록 돕는다.

인체 스캔 이미지 파일을 디지털 모델로 변환하는 것 외에도 Biomodex는 동맥류의 정확한 복제본을 3D 프린팅할 수 있다. Biomodex는 환자의 복잡한 뇌혈관을 파악할 수 있는 맞춤형 가상모델을 제작하여, 외과의사가 수술 전에도 수술에서 무엇을 해야 하는지 정확하게 파악하고, 미리 연습해 볼 수 있다.

Biomodex는 환자의 수술 중에 급하게 내리는 결정보다 수술 전에 안전하고 반복 가능한 환경에서 치료에 관한 더 많은 중요한 결정들을 내리도록 돕는 것이다. Biomodex가 하고 있는 일은 실제 세계의 증거들을 디지털 트윈에 입력하면 양자역학에서 인체 장기에 대한 시뮬레이션까지 헬스케어와 관련한 모든 시나리오들을 분석해 볼 수 있으며, 현실에서는 테스트가 불가능한 헬스 모델링을 만들어 낼 수 있게 된다.

가치 있는 의료서비스를 지원하기 위해 디지털 트윈과 가상인간 모델을 사용한다는 것이 과학 소설처럼 들릴 수 있다. Biomodex와 같은 기업은 대세를 바꾸는 진보한 과학기술을 적극 활용하여 현실과학으로 만들어 놓고 있다.

2. 3D 프린팅

3D 프린팅은 또 다른 획기적인 기술로서 각 환자의 필요에 따라 맞춤화된 경량의 저렴한 보철물을 생산할 수 있다.

Unlimited Tomorrow는 의수로 사용할 수 있는 매우 사실적인 3D 프린팅 로봇 손 전문이다. 이 기업은 의수가 필요한 환자의 가족들에게 휴대용 3D 스캐너를 제공하여 아직 남아있는 팔의 디지털 모델을 스캔해 보내도록 한다. Unlimited Tomorrow는 이 데이터를 사용하여 매우 정확한 마치 거울에 비친 듯 똑같은 의수를 들어 낸다. 이 의수에는 피부의 반점들도 표현되어 있고, 페인트 칠이 가능한 손톱도 가지고 있다.

전산화 된 센서, 제어장치와 함께 의수는 몸짓을 할 수도 있다. 보통 기존의 의수들은 미화 10만 달러 이상의 가격을 가지고 있어 많은 사람들이 쉽게 접하지 못하였으며, 특히 빠르게 성장하는 어린이들에게는 비실용적이었다. 하지만 Unlimited Tomorrow의 의수들은 약 5천달러 정도의 가격이다. 맞춤형 3D 모델 생성을 자동화 하고, 개인화된 의수를 3D 프린팅할 수 있게 한 소프트웨어 덕분이다.

한국의 SG 로보틱스는 하반신 완전 마비 환자가 다시 걸어 다닐 수 있게 해주는 웨어러블 로봇을 맞춤형 설계하는데 유사한 기술을 적용하고 있다. SG 로보틱스는 실제 모형을 만드는 데는 시간이 많이 걸리는데 물리적으로 조립하기 전에 소프트웨어를 사용하여 부품을 시각적으로 프로토타입 한다.

3. 인공지능

인공지능(AI)은 맞춤형 헬스케어의 또 다른 트렌드이다. Frost & Sullivan은 최근 세계 AI 시장규모는 약 100억 달러 시장으로 성장할 것으로 예상하여 복합 연평균 성장률 40%를 달성할 것으로 전망했다.

캐나다 기업 Meta는 AI를 사용하여 매주 발행되는 수천 개의 과학 논문을 읽고 분석한 후 연구원들에게 통찰력을 제공한다.

한편 영국의 제약 회사 글락소 스미스 클라인(GSK)은 AI의 전문화 된 형태인 머신러닝 기술을 이용해 보다 신속한 개발을 실현하고 있다.

영국 바이오 뱅크에 DNA를 기증한 50만 명의 지원자들의 유전 정보를 이용해 GSK는 모든 유전자의 질병에 대한 영향을 모델링하고 예측하기 위해 인공지능을 사용하고 있다. 특정 조건을 가진 사람의 유전자 패턴을 확인하면 GSK가 신약을 보다 빨리 개발할 수 있도록 어떤 유전자를 조정할지에 대한 로드맵을 제공받을 수 있다. GSK은 머신러닝을 통해 신약개발 시간을 약 5년에서 1년으로 단축 가능하다고 예측했다.

Axendia의 연구는 생명과학 기업들이 의미 없는 데이터들에 시달리고 있음을 보여준다. 업계는 법적 및 규제 요구사항을 충족시키기 위해 데이터를 수집, 보관하는 데 집착하고 있다. 하지만 안타깝게도 대부분의 회사들은 이를 이용하지 않는다. GSK가 추구하는 것은 AI가 신약의 품질과 효과를 개선함과 동시에 시장출시 시간을 단축시키기 위해 이러한 데이터의 가치를 높이는 데 기여할 수 있다.

4. 병용요법

때로는 약물이 다른 물질과 결합하여 더 잘 듣거나, 독창적인 장치 또는 포장으로 전달될 때 복용하기가 더 쉽다. 예를 들어 아스피린, 혈압 강하제 및 스타틴을 하나의 알약으로 병용하는 치료법은 환자의 복용 일정을 준수하면서 심장질환의 위험 요소를 줄이는 것으로 나타났다. 병용요법은 두 가지 이상의 약물, 생물학적 제제 또는 의료기기를 결합하는 등 다양한 형태로 제공될 수 있다.

미국 메사추세츠 주 캠브리지에 본사를 둔 의료기기 회사인 Portal Instruments는 대형 분자치료를 위한 신기술을 개발했다. 정밀 고압기술을 이용하여 바늘 없이도 피부를 직접 관통하여 머리카락보다 가는 주사액을 주입하는 주사기이다.

일본의 Takeda Pharmaceutical Company는 Portal과 제휴하여 궤양성 대장염을 앓고 있는 성인을 위한 단일 클론 항체인 Entyvio를 투여하기 위해 해당 주사기를 사용했다.

5. 혁신 플랫폼

자동차 공유 예약서비스나 음원 다운로드를 위한 수단으로 잘 알려져 있는 플랫폼 방식은 이제 여러 맞춤형 헬스 혁신 솔루션 개발을 촉진하는 수단으로도 사용된다. 예를 들어 클라우드 기반 플랫폼은 개별 시스템 간을 연결하여 작동될 수 있기 때문에 정보 교류를 가로막았던 장벽을 제거하여 문제해결을 촉진한다.

클라우드 기반 혁신 플랫폼은 인증된 사용자들이 인터넷에 연결된 웹 브라우저를 통해 간단히 접속할 수 있기 때문에 조직 내에서뿐만 아니라 여러 외부 파트너와의 공동작업도 가능하게 한다. 예를 들어 뇌동맥류 수술을 계획할 때, 환자의 손상된 뇌동맥을 모델링하는 것은 Biomodex만으로는 충분하지 않다. 파열된 동맥을 치료하기 가이드하기 위해 Biomodex는 동맥이 실제로 어떻게 움직이는지를 알 수 있는 방법을 개발해야 했다.

Biomodex는 환자의 정보와 진단 데이터 및 의사 입력을 결합하여 Invivotech라는 알고리즘을 개발했으며, 모든 필요 정보는 회사의 협업 플랫폼에서 자동으로 수집되고 구성, 분석 및 모델링 된다. 그 결과 몇 주 또는 몇 달이 아니라 몇 시간 만에 유기조직의 생체 내 역학을 모방한 3D 프린팅 모델을 만들어 낼 수 있다.

이것은 헬스케어 분야의 긍정적 의미의 파괴적 혁신이다. 혁신기술이 정밀의학 분야의 혁명을 가능하게 하여, 결과적으로 우리 모두의 건강을 증진한다.

학습 11

학습활동.11 교수 · 학습 방법

교수 방법

- 디지털 트윈 기술 및 응용에 대한 관련 용어, 구성, 방식 이해 정도를 파악한 후 수업을 진행한다.
- 교수자의 주도로 디지털 트윈 기술 및 응용 등의 내용을 PPT 자료로 제시한 후 설명한다.
- 가능하면 사전에 개인별 학습 자료를 준비하여 모든 학생이 참여할 수 있는 문제 해결식 수업, 협력 수업이 가능하도록 한다.
- 디지털 트윈 기술 및 응용 전 과정을 작업의 순서에 따라 단계적으로 실습이 이루어질 수 있도록 지도한다.
- 교재를 통해 수업을 준비하는데 있어서 필요한 모든 정보나 팁, 힌트 등 도움이 될 만한 내용들을 확인할 수 있다.
- 학생들이 만들게 될 각 모델들은 수업시간에 중점적으로 다뤄질 부분과 어휘, 질문, 답을 포함하고 있으며 또한 탐구할만한 추가적인 아이디어들도 포함하고 있다.

학습 방법

- 디지털 트윈 기술 및 응용에 대한 관련 용어를 숙지하고, 디지털 트윈 기술 및 응용에 대해 이해한다.
- 디지털 트윈 기술 및 응용의 각 단계별 중점 사항을 체계적으로 학습한다.
- 디지털 트윈 기술 및 응용의 수행순서의 전 과정을 실습한다.
- 디지털 트윈 기술 및 응용의 내용을 이해한다.
- 디지털 트윈 기술 및 응용을 이해하고 숙달이 될 때까지 학습한다.

학습활동.11 평가 및 피드백

평가 준거

- 평가자는 피평가자가 수행 준거 및 평가 내용에 제시되어 있는 내용을 성공적으로 수행할 수 있는 지를 평가해야 한다.

학습내용	평가항목	성취수준		
		상	중	하
디지털 트윈 기술 및 응용	디지털 트윈 기술 및 응용을 이해할 수 있다.			

평가 방법

• 작업 포트폴리오

학습내용	평가항목	성취수준		
		상	중	하
디지털 트윈 기술 및 응용	디지털 트윈 기술 및 응용을 이해할 수 있다.			

• 필기시험

학습내용	평가항목	성취수준		
		상	중	하
디지털 트윈 기술 및 응용	디지털 트윈 기술 및 응용을 이해할 수 있다.			

• 체크리스트를 통한 관찰

학습내용	평가항목	성취수준		
		상	중	하
디지털 트윈 기술 및 응용	디지털 트윈 기술 및 응용을 이해할 수 있다.			

• 피드백

1. 작업 포트폴리오
   - 제출한 보고서를 평가한 후 주요 사항에 대하여 표시하여 돌려준다.
2. 필기시험
   - 평가 결과 성적이 저조한 학생은 보고서 제출 기회를 부여한다.
3. 체크리스트를 통한 관찰
   - 실습 과정에서 평가한 후 개선해야 할 사항 등을 정리하여 돌려둔다.

참 | 고 | 문 | 헌

- 강민구, 비대면 융합산업 발전과 디지털 대전환, KISA report, 2021.07.
- 강지영, 인공지능기반 이상감지기술, 월간 SW중심사회, SPRi, 2021.4.
- 김광우, 메타버스는 차세대 플랫폼 혁명, tech42, https://www.tech42.co.kr, 2021.5.18.
- 김병필, 인공지능 개척시대, 메타버스 속 인공지능, 중앙일보, 2021.5.17
- 김봉수, 메타버스가 뭐죠, 아시아경제, https://www.asiae.co.kr/, 2021.06.06.
- 김상균 · 신병호, 메타버스 새로운 기회, 메가북스, 2021.
- 김상돈, 증강현실과 가상현실 그리고 디지털트윈, science time, 2021.6.15.
- 김서희, 가상현실의 확장 메타버스 도래, 2021 글로벌 ICT이슈 레포트, 2021.
- 김용운, 디지털트윈의 개념과 기술 및 산업분야별 활용사례, 지능정보기술동향, 21.7.8
- 김정호, 메타버스, 차세대 빅데이터 플랫폼 (1) 주목받는 이유, 테크데일리(TechDaily)(http://www.techdaily.co.kr), 2021.5.24
- 김하늬, 메타버스의시대, 핵심은 데이터, 공학저널 (http://www.engjournal.co.kr), 2021.5.20.
- 김현정, 디지털 트윈의 현재 그리고 미래는? 싸이언스타임, 2021.12.24
- 김현정, 새로운 미래공간이 된 메타버스, 사이언스타임즈, 2021.3.31
- 남현숙, 미국 VR · AR 기술정책의 진화, https://spri.kr/posts/view/22823?code=industry_trend, 2019.
- 노중호, 5차산업혁명의 실체를 분석한다, 노블사이언스, http://www.nobelscience.net, 2017.10.6.
- 박경일, 메타바스 새로운 기회, 로봇신문, 2021.05.16.
- 박민영, 메타버스 시대 주인공, '디지털 휴먼' 가치와 쓸모", 솔트룩스 인공지능 사이트, 2021.3.9.
- 박지혜, 다가오는 메타버스 시대 차세대 콘텐츠산업의 방향과 시사점, KIER, 산업경제, 2021.05.
- 박진호, K-인공지능 콘텐츠로 디지털 문화유산 한류 이룰 것, AI타임즈, 2021.3.23.
- 백승은, AI로 의상 디자인 가상 착장까지 ETRI패션상품 기술 개발. 2021.4.01
- 블로터, [블록먼데이]"NFT서 미래 봤다"…'더샌드박스'가 꿈꾸는 블록체인 게임, 2020.10.19.
- 서정욱 외, XR 콘텐츠 UI/UX 디자인 평가 가이드라인 및 체계 개발 보고서, 2020.12.17.
- 신정아, 뉴미디어와 스토리두잉, 칠월의숲, 2009.
- 심재우, 메타버스의 미래는 디지털트윈, https://brunch.co.kr/@brunchjwshim/297
- 오현주, 메타버스가 다시오고 있다. nia, 2021.03.
- 우운택, 강상융합세계 선도를 위한 디지터트윈 기반 DNA_XR전략, 한국문화정보원, 2021.01.
- 윤영혜, 메디컬 트윈 기술로 미래 의료 앞당긴다. 한의신문, 2021.11.26.
- 이상엽, XR의 기술개요와 동향, 정보통신기술진흥센터, iitp, 2018.12.19.
- 이승환, 로그린 메타버스 인간 x 공간 x 시간의 혁명, SPRi, issue report, 2021.03.17.
- 이승환 · 한상열, 메타버스 비긴즈 : 5대 이슈와 전망, SPRi, issue report. 2021.04.20.
- 이영호 외 4, 보건의료 분야 가상증강현실 기술동향, IITP, 2021.5.26.
- 이자연, 가상증강현실(AR · VR)산업의 발전방향과 시사점, KIET, 2019.02.
- 이종관, ESG, 메타버스 그리고 AI; 5차혁명? 한경닷컴, https://www.hankyung.com/it/article/202106166511i, 2021.6.17.
- 이진규, 메타버스와 프라이버시, 그리고 윤리-논의의 시작을 준비하며, 2021.3.2.
- 임용준 · 김진웅, 가상 · 증강 및 혼합현실을 위한 디지털 홀로그래피 기술 연구동향, IITP, 2018.12.26.
- 장한영, AI기반 메터버스에서 누구나 디지털뮤지션이 될 수 있다, 인공지능신문(http://www.aitimes.kr),

2021.5.21.
- 정득영 · 김상태 · 김연배, 디지털트윈의 기술정의와 세부적 발전 5단계 모델, 정보통신기획평가원, 2021.2.10.
- 정한영, AI 기반 메타버스에서는 누구나 디지털 뮤지션이 될 수 있다!, 인공지능신문, http://www.aitimes.kr, 2021.05.24.
- 주영재, 현실과 독같은 디지털 음원 아바타의 세계, 메타버스 각광, 주간경향 1417호 https://weekly.khan.co.kr/, 2021.3.08.
- 차종환, 5G만난 디지털트윈, 메타버스 이정표 세우다. 정보통신신문, 2021.3.16.
- 관계부처 합동, 가상융합경제 발전잔략, 2020.12.10.
- 대체불가토콘, 게임의 메타버스화 촉진할 블록체인경계의 핏줄, 글로벌 게임산업 동향, 한국콘텐츠 진흥원, 2021.3.
- 리본소프트, https://www.rebornsoft.co.kr/빅데이터 플랫폼
- 아주경제, 이번엔 부활할까? 싸이 월드 22년 흥망성쇠, 2021.02.03.
- 전자신문, 반지의 제왕 애플, 스마트 링 특허 등장, 2021.01.13.
- 조선일보, 42조원 가치, 로블록스...게임만들고 친구와 즐겨, 2022.03.22.
- 중앙일보, "아바타끼리 연애하고 회사도 만든다." 메타버스 플랫폼 '제페토'의 미래, 2021.04.03.
- 중앙일보, 세계 최초, 한국 최초의 게임들, 2008.9.23.
- 현대자동차그룹, VR technology for mobility development. https://www.youtube.com/
- 14th edition. https://www2.deloitte.com/us/en/insights/industry/technology/digital ᅮmedia-trends-consumption-habits-survey/summary.html
- Acceleration Studies Foundation. http://www.metaverseroadmap.org/overview/
- Accenture, A responsible future for immersive technologies. https://www.accenture.com/us-en/insights/technology/responsible-immersive-technologies, 2019.5.15.
- Alan JS Han, 3D Audio의 현재와 미래, http://www.alanjshan.com/3d-audio/
- AR MR XR, The Metaverse is coming : Nvidia Omniverse. https://www.youtube.com/
- Boost VC, Perkins Coie, & XR Association, 2020 augmented and virtual reality survey report. https://www.perkinscoie.com/images/content/2/3/231654/2020-AR-VR-Surveyᅮv3.pdf, 2020.
- cjr.org/the_news_frontier/aol_settled_with_unpaid_volunt.php, 2011.2.10.
- Coindesk Korea, NFT시장 급성장, 커지는 위작 · 저작권 분쟁, 2021.4.1.
- Dean Takahashi, Crucible is creating agents to keep the metaverse open. https://venturebeat.com/2021/01/27/crucible-is-creating-agents-to-keep-the-metaverseopen/, 2021.1.27.
- ETRI, AI 디자이너 모델 생성기술개발, 2021.4.1.
- Gartner, Gartner top 10 strategic technology trends for 2019. https://www.gartner.com/smarterwithgartner/gartner-top-10-strategic-technology-trends-for-2019/, 2018.10.15.
- her-in-the-metaverse/, 2021.2.4.
- ITBear, 증강현실 AR 내비 등장!! U+내비게이션. https://www.youtube.com/watch?v=a7RuuizGnlQ, 2020.8.11. Ÿ James Paul Gee, What video games have to teach us about leaning and literacy. St. Martin's Griffin, 2007.
- Jane McGonigal, Reality is broken : Why games make us better and how they can change the world. Penguin Books, 2011.

학습 11

- John Smart, Jamis Cascio, & Jerry Paffendorf, Metaverse Roadmap Overview, 2007.
- KB금융지주 경영연구소, 블록체인 시장의 다음 메가트렌드, NFT, 2021.03.02.
- Kevin Westcott, Jeff Loucks, Kevin Downs et al. (220.6.23). Digital media trends survey,
- kNGc, 2020.4.29.
- Lauren Kirchner, AOL settled with unpaid "volunteers" for $15 million. https://archives.
- LG CNS, 사람이 눈 앞에 있는데 비대면? 가상융합(XR)이 온다!. https://blog.lgcns.com/2454, 2021.1.5.
- Neal Stephenson, Snow Crash. Bantam Books, 1992.
- North, Snow Crash. Bantam Books, 1992.
- SMTOWN, SM 신인 걸그룹 aespa, 11월 17일 데뷔 확정! 싱글 'Black Mamba' 전격 공개!. https://www.smtown.com/artist/newsDetail/4154, 2020.11.2.
- S-Oil 공식블로그, 현실보다 더한 현실, 디지털트윈, https://story.s-oil.com/, 2021.6.09.
- SPRi, '비대면 시대의 Game changer, XR', 2021 ICT 산업전망 Conference, 2020.
- T Times 1년 만에 유니콘 건너뛰고, 2조 원 회사 된 호핀, 2020.10.22.
- theguru, 애플, VR 장갑 특허 획득…'메타버스' 시대 준비, 2021.01.05.
- Unity. (n.d.). What is AR, VR, MR, XR, 360?. https://unity3d.com/what-is-xr-glossary
- Unreal Engine, 언리얼 엔진 4 문서 - 디지털휴먼, https://docs.unrealengine.com/ko/Resources/Showcases/DigitalHumans/index.html
- VentureBeat, The Metaverse is coming. https://www.youtube.com/watch?v=rbhC6wo
- VT Staff, The blockchain-based virtual world that can help usher in the metavrse. https://venturebeat.com/2021/02/04/the-blockchain-based-virtual-world-thatcan-help-us
- watch?v=lcuGpLLeGWM, 2020.10.6.
- watch?v=Wdawq_s1Zzg, 2019.12.18.
- www.gatebox.ai/grande
- www.teamflowhq.com

학습 목표

1. 블록체인 기술 및 응용을 이해할 수 있다.

12-1 블록체인 기술의 개요

1. 블록체인의 개요

블록체인(Blockchain, 区块链, qū kuài liàn)이란 다수의 거래내역을 묶어 블록을 구성하고, 해시를 이용하여 여러 블록들을 체인처럼 연결한 뒤, 다수의 사람들이 복사하여 분산 저장하는 알고리즘이다. 블록체인 기술을 이용하면 데이터의 위변조가 불가능하여 권위 있는 중개기관이 없더라도 신뢰할 수 있는 안전한 거래와 데이터 처리를 할 수 있다.

블록체인은 비트코인과 이더리움 등 암호화폐에 사용된 핵심기술이다. 은행 등 제3의 중개기관이 없더라도 블록체인 기술을 이용하면 누구나 신뢰할 수 있는 안전한 거래를 할 수 있다.

블록체인은 암호화폐뿐 아니라, 온라인 거래내역이 있고 이력관리가 필요한 모든 데이터 처리에 활용할 수 있다. 블록체인 기반의 스마트 계약, 물류관리 시스템, 문서관리 시스템, 의료정보관리 시스템, 저작권관리 시스템, 소셜미디어관리 시스템, 게임아이템관리 시스템, 전자투표 시스템, 신원확인 시스템 등 다양한 활용이 가능하다. 블록체인은 4차산업혁명의 핵심기술 중 하나이다.

중개기관이 필요 없는 블록체인 기술을 활용함으로써 인류는 새로운 거래방식과 조직 운영원리를 바탕으로 과거 인터넷 기술이 가져온 것 이상의 큰 사회적 변화와 혜택을 누릴 수 있을 것으로 예측하고 있다.

① 초연결 기반의 지능화 혁명으로 정의되는 4차산업혁명에서 '초신뢰를 주도하는 핵심 인프라'로 블록체인(Block Chain)이 부상하고 있다.

② 4차산업혁명 핵심 인프라 기술 : DNA(빅데이터, 네트워크, 인공지능)+블록체인(과기정통부, 2018.1)이다.

- 사람과 사람, 사람과 사물, 사물과 사물 등 상호작용에 있어서 신뢰를 재정의함으로써 금융뿐만 아니라 산업 전반의 생태계를 변화시킬 잠재력을 보유하고 있다.

③ 블록체인은 네트워크 內 모든 참여자가 공동으로 거래 정보를 검증·기록·보관할 수 있는 분산장부기술(DLT : Distributed Ledger Technology)이다.

- 모든 거래의 기록 및 관리에 대한 권한에 대해 신뢰기관 없이 P2P 네트워크를 통해 분산된 정보들을 블록(Block)으로 기록하고 관리한다.
- 블록체인 기술의 핵심은 '중앙기관 없는 P2P 신뢰 네트워크' 구축이다.

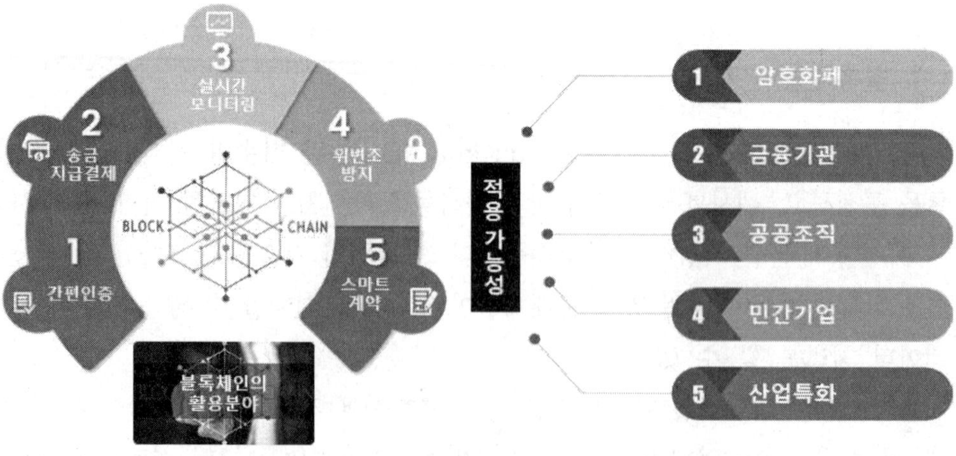

[그림 12-1] 블록체인의 활용

④ 최근의 블록체인에 대한 관심은 주로 '기술중심'에서 개념, 구조 및 특징과 암호화폐(가상통화) 거래 등에 치우쳐, 해당 기술의 응용 확산에 따른 산업 생태계 변화, 新서비스 시장창출 등 '시장중심'의 분석 및 대응이 부족하다. 블록체인은 간략히 '분산원장(分散元帳, Distributed Ledger) '기술이라고 한다. 즉 거래 내역을 기록한 원장을 다수의 사람들에게 분산하여 저장 및 관리하는 기술이다.

기술 · 구조적 특징		특징 상대적 이점 (기존 시스템 대비)		응용주체		응용분야
탈중앙 (Dencentralization)	⇒	보안성/신뢰성 (Secure/Reliability)	⇔	암호화폐 (Cryptocurrency)	⇒	화폐 결재
분산네트워크 (Distributed N/W)		투명성 (Transparent)		금융기관 (Finance)		송금 자동차
탈중개성 (P2P-based)	⇒	신속성 (Instantaneous)	⇔	산업특화 (Industry)	⇒	의료 유통
타임 스탬핑 (Time-stamping)		효율성 (Efficiency)		공공조직 (Public)		부동산 미디어
합의 알고리즘 (Consensus Algorithm)	⇒	안정성 (Stability)	⇔	민간기업 (Firm)	⇒	IoT ⋮

기술중심(Technology-centered) ◀────▶ 시장중심(Market-centered)

[그림 12-2] 블록체인 특성 및 응용

자료 : ETRI 미래전략연구소 기술경제연구본부

즉 블록체인이란 다수의 온라인 거래기록을 묶어 하나의 데이터 블록(Block)을 구성하고, 해시(Hash)값을 이용하여 이전 블록과 이후 블록을 마치 체인(Chain)처럼 연결한 뒤, 이 정보의 전부 또는 일부를 P2P 방식으로 전세계 여러 컴퓨터에 복사하여 분산저장 · 관리하는 기술이다.

2. 블록체인의 세대별 특징

블록체인은 분산원장 공유기술을 처음 도입하고 적용한 비트코인(Bitcoin)이 발표된 2009년부터 이더리움(Ethereum)이 발표되기 전 2015년까지를 1세대로 보고, 스마트계약 기술을 활용한 이더리움이 다양한 분야에서 응용되는 현재까지의 시기를 2세대로 구분할 수 있다. [그림 12-3]은 블록체인을 세대별로 구분하고 세대별 주요 특징 및 적용사례이다.

학습 12

구 분	1세대(2009~2014)	2세대(2014~현재)	3세대(향후)
주요 특징	• 가상통화 • 자산거래	• 스마트계약(비즈니스 자동화) • 분산 앱(Decentralized Application)	• 확장성(Scalabiltiy) • 블록체인 간 상호운용성 (Interoperability)
대표사례	• 비트코인	• 이더리움 • 하이퍼레저	• 다양한 블록체인 플랫폼 개발중
개발 현황	도입기	확산기	성숙기

[그림 12-3] 블록체인에 대한 세대별 특징

〈표 12-1〉은 1세대와 2세대의 블록체인을 대표하는 비트코인과 이더리움, 하이퍼레저 패브릭의 기술적인 특징이다.

〈표 12-1〉 비트코인, 이더리움, 하이퍼레저 패브릭에 대한 기술적 특징 비교

특 징	비트코인	이더리움	하이퍼레저 패브릭
인센티브	비트코인	이더, 사용자가 생성한 암호화폐	없 음
네트워크	공 개	공개형 또는 허가형	허가형
거 래	익 명	익명 또는 비공개	공개 또는 비밀
합 의	작업증명	작업증명(POW)	SOLO, Kafka, SBFT(지원예정)
스마트계약	없 음	있음(Solidity, Serpent, LLL)	있음(Chaincode)
언 어	C++	Golang, C++, Python	Golang, Java, Node.js

3. 블록체인의 서비스

블록체인은 P2P 네트워크 내의 모든 참여자가 공동으로 거래정보를 검증하고 기록·보관함으로써 공인된 제3자 없이도 거래기록의 무결성 및 신뢰성을 확보하는 기술로서 [그림 12-4]처럼 해시(Hash)기술, 전자서명(Digital Signature), 암호화(Cryptography) 합의(Consensus) 알고리즘(PoW, PoS) 등의 보안기술을 활용한 분산형 네트워크 인프라를 기반으로 다양한 응용서비스를 구현할 수 있는 구조를 가지고 있다.

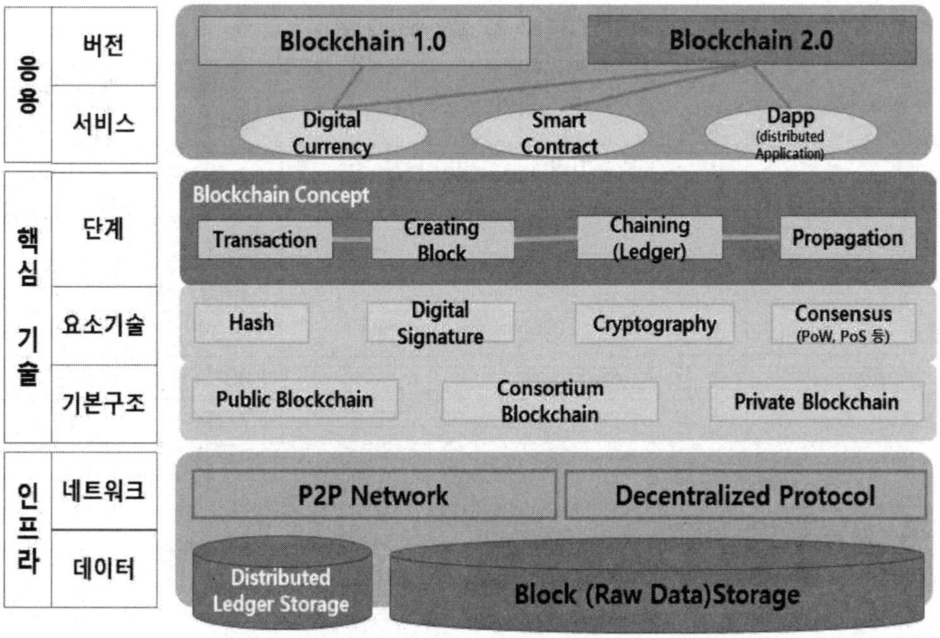

[그림 12-4] 블록체인의 구성

대표적인 블록체인 1.0의 기술적인 특징들은 〈표 12-2〉과 같다.

〈표 12-2〉 블록체인 1.0

사 례	적용 분야	합의 알고리즘	거래 처리속도	블록생성시간 (블록 크기)
Bitcoin	암호화폐	PoW(SHA-256 기반)	7TPS	10분(1MB)
Litecoin	암호화폐	PoW(Scrypt 기반)	56TPS	2.5분(4MB)
Ripple	국제송금	리플 프로토콜(노드들간 직접합의)	1,500TPS	당사자끼리 직접 거래
Stellar	국제송금	SCP(Stellar Consensus Protocol)	1,000TPS	당사자끼리 직접 거래
Minero	암호화폐	PoW (Cryptonight 기반)	Unknown	2분(크기 제한 없음)

대표적인 블록체인의 2.0 들의 특성은 〈표 12-3〉와 같다. 이들의 특성을 간단히 기술하면 합의 알고리즘이 전술한 PoW의 한계점을 극복하기 위한 다양한 방식이 도입되었다는 점이다. 또한 적용분야도 1세대의 금융화폐에서 확장되어 SNS를 포함하여 다양해진 점도 특징으로 보인다. 그러나 거래처리 속도는 시간에 따라 개선되고 있기는 하지만 아직 한계가 있다고 판단된다.

〈표 12-3〉 블록체인 2.0

사 례	적용 분야	합의 알고리즘	거래 처리속도	블록생성시간 (블록 크기)
Ethereum	범 용	PoW(Ethash 기반) → PoS로 변경 예정	20TPS	15초 (크기 제한 없음)
Steemit	SNS	DPoS(20인의 증인)	10만TPS (목표)	3초
Ethereum classic	범 용	PoW → PoS로 변경 예정	56 TPS	21초
NXT	범 용	PoS	100 TPS	1분(32KB)
ARK coin	범 용	DPoS(51인의 증인)	7 TPS	8ch

4. 블록체인의 동작

블록체인이 동작하기 위해서는 다수의 거래내역을 묶어 블록을 구성하고, 이 블록을 기존 블록체인의 끝에 연결하며, 다수의 컴퓨터에 P2P 방식으로 분산저장해야 한다.

1) 블록구성

블록체인을 만들기 위해 처음 해야 하는 일은 다수의 거래기록을 묶어 하나의 블록을 구성하는 일이다.

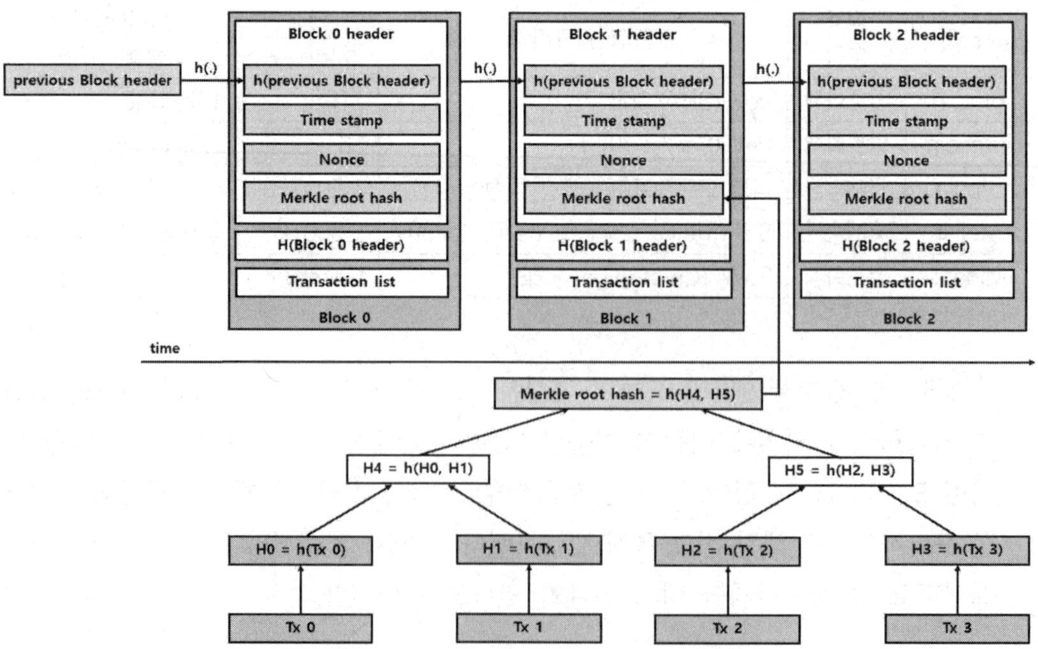

[그림 12-5] 거래 내역이 암호화되어 저장된 해시트리

거래의 최소 단위는 트랜잭션(Transaction, 약칭 'Tx')이다. 트랜잭션이란 더 이상 쪼갤 수 없는 업무처리의 최소 단위를 말한다.

인터넷 등 온라인에서 거래가 발생한 경우, 각각의 트랜잭션별로 하나의 거래내역을 구성한다. 이 거래내역은 해시(Hash)함수를 사용하여 암호화된다. 해시함수란 다양한 길이를 가진 데이터를 고정된 길이를 가진 데이터로 매핑하는 알고리즘이다. 각각의 거래내역을 텍스트로 표시할 경우 그 길이가 각각 다를 수 있지만, 이것을 해시함수로 변환하면 항상 일정한 길이의 해시값이 나온다.

예를 들어 SHA-256 해시함수를 사용할 경우, 거래내역이 아무리 짧거나 혹은 길어도 해시값은 항상 2진수로 256자리(즉 16진수로 64자리)의 고정된 길이를 가진 값으로 표시된다. 이러한 해시연산 과정을 거쳐 하나의 트랜잭션이 하나의 해시값이 대응하는 1:1 구조를 이루게 된다. 예를 들어 아래의 거래내역을 SHA-256 해시함수를 사용하여 변환한 해시값은 다음과 같다.

[거래내역1] A가 B에게 1,000원을 주었다. → [해시1] 1c51df95c6ecb0ece8d7610583d07a74cc
29acdd85021a2c97fc2529f581d83b
[거래내역2] A가 C에게 2,000원을 받았다. → [해시2] 3f6be801101b4000aa456f6a17bc627c86
cddcf12b7ef2882cc030137435e400

[그림 12-6] 거래내역을 SHA-256 해시함수를 사용하여 변환한 해시값

블록체인에서는 다수의 거래내역을 묶어 하나의 블록을 구성한다. 거래내역이 많든 적든 상관없이 항상 일정한 시간에 한 번씩 새로운 블록을 구성한다. 블록체인 기술을 적용한 대표적인 암호화폐인 비트코인의 경우 약 10분에 한 번씩 새로운 블록을 구성한다.

라이트코인의 경우 약 2분 30초에 한 번씩 새로운 블록을 구성한다. 하나의 블록에는 하나의 루트해시가 존재한다. 루트해시란 모든 하위 해시들을 다시 해시함수로 변환한 최종 해시값이다.

루트해시를 생성하기 위해 우선 각 거래내역에 1:1로 대응하는 해시값을 생성하고, 두 개의 해시를 합쳐 하나의 상위 해시를 생성하고, 그 상위 해시 2개를 합쳐 다시 더 상위의 해시를 생성한다. 만약 해시의 개수가 홀수이면 맨 마지막 하나의 해시는 자기 자신과 해시연산을 수행한다. 이 과정을 계속 반복하면 최종적으로 트리의 최상위 지점에 하나의 루트해시가 생성된다. 이러한 해시값의 구조를 해시트리 또는 머클트리라고 한다. 하나의 블록에는 반드시 하나의 루트해시가 존재한다.

만약 거래내역 중 하나라도 위·변조할 경우 해당 해시값과 그 상위의 모든 해시값이 변경되어 결과적으로 루트해시가 달라지게 된다. 따라서 블록의 루트해시만 비교해 보면 그 하위에 있는 해시를 일일이 비교 검사하지 않더라도 데이터가 위·변조되었는지 즉시 확인할 수 있다.

새로 구성된 블록은 타임스탬프 서버에 의해 생성된 시간이 기록되며, 전체 네트워크에 전파된다. 타임스탬프(Timestamp)는 전자문서가 특정한 시점에 존재하고 있었다는 '존재 증명'과 그 이후 데이터가 변경되지 않았다는 '내용 증명'을 해주는 일종의 전자도장이다.

2) 체인연결

하나의 새로운 블록을 구성한 경우, 마치 체인처럼 이전부터 이어져 내려오던 블록체인의 맨 끝에 이 새로운 블록을 연결시켜야 한다.

새로운 블록을 기존 블록체인의 끝에 연결시키려면, 해당 블록의 이름에 해당하는 해시값을 찾아내야 한다. 새로운 해시값을 성공적으로 찾아내는 경우 새로운 블록이 생성되어 기존 블록체인에 연결된다.

새로 구성한 블록의 이름에 해당하는 해시를 찾아내는 일은 수없이 많은 시도를 반복해야 하는 매우 힘든 과정이다. 왜냐하면 새로운 블록의 해시는 반드시 프로그램에 의해 미리 정해진 목표값보다 작아야 한다는 조건을 충족해야 하기 때문이다.

예를 들어 목표 해시값이 00ff32라고 가정하고, 새로 만든 블록의 해시값이 12fa3b라고 하면, 이 값이 목표값보다 더 크기 때문에 블록생성에 실패하게 된다. 하지만 새로 찾아낸 해시값이 00c3b1이라고 가정하면, 이 값은 목표값보다 더 작기 때문에 새로운 블록의 생성에 성공하게 된다.

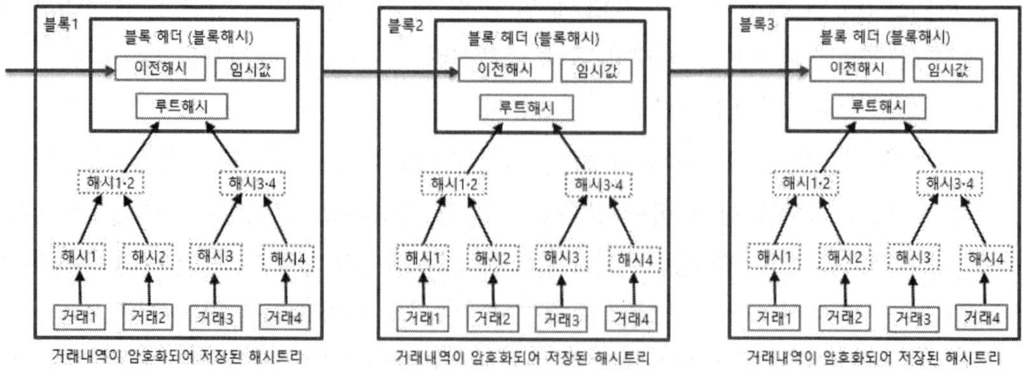

[그림 12-7] 블록의 체인연결 구조

다음은 2018년 5월 1일에 실제로 생성된 비트코인 520,654번째 블록의 해시값으로서, 숫자 앞부분에 영(0)이 18개가 표시되어 있다.

일반적으로 블록의 해시값은 해당 블록의 생성일시, 버전, 비츠(Bits), 루트해시, 이전 블록의 해시, 그리고 논스(Nonce)라고 불리는 임시값 등을 조합한 후 해시로 변환하여 생성한다.

해당 블록의 생성일시, 버전, 난이도, 루트해시와 이전 블록의 해시값은 이미 확정되어 정해진 값을 가지고 있지만, 논스라는 임시값이 달라짐에 따라 해시연산 결과로 생성되는 블록 해시값도 다양하게 나올 수 있다.

예를 들어 논스가 1인 경우의 해시값과 2인 경우의 해시값은 전혀 다르다. 이 논스 값을 수없이 바꿔가면서 하나씩 대입하다가 새로 생성된 해시값이 일정한 목표값보다 더 작을 경우에 새로운 블록이 성공적으로 생성된다. 이처럼 특정한 블록에 대해 목표값 이하의 크기를 가진 해시값을 찾음으로써 새로운 블록을 생성하는 행위를 작업증명(PoW)이라고 한다. 작업증명의 대가로 일정한 개수의 암호화폐를 지급받는 것을 채굴(採掘) 또는 마이닝(Mining)이라고 한다.

3) P2P 분산저장

블록체인은 거래를 처리하고 기록·관리하는 권위 있는 중앙조직이나 기구·기관이 없이 네트워크에 연결된 개별 참여자들의 협업에 의해 유지된다.

블록체인은 P2P 방식으로 운영된다. 피투피(P2P)란 Peer to Peer의 약자로서 인터넷에 연결된 다수의 개별 사용자들이 중개기관을 거치지 않고 직접 데이터를 주고받는 것을 말한다. 영어로 Peer란 '동료'라는 뜻으로서, P2P란 인터넷에 연결된 한 동료가 다른 동료에게 데이터를 직접 전송하는 시스템을 말한다.

P2P 방식은 기존의 서버-클라이언트 방식의 데이터 전송과는 본질적으로 다른 구조를 가지고 있다. 서버-클라이언트 구조에서 개별적인 참여자는 우선 서버에 데이터를 올려야 하고, 다른 참여자가 해당 서버로부터 데이터를 받아오는 방식으로 작동한다. 이런 점에서 서버-클라이언트 구조에서 서버는 중앙·중심·센터에 해당하고, 클라이언트는 서버에 연결된 종속적 위치에 놓이게 된다.

반면 P2P 방식을 따르는 블록체인에는 중앙이나 중심 또는 센터가 없다. 블록체인 네트워크에 참여하는 모든 참여자들은 서로 평등하다.

블록체인에 저장된 데이터는 네트워크에 연결된 모든 노드(Node)에 복사되어 분산 저장된다. 노드란 네트워크를 구성하는 각각의 개체를 말한다.

예를 들어 10대의 컴퓨터가 서로 연결되어 네트워크를 구성하고 있는 경우 각각의 개별 컴퓨터가 하나의 노드가 된다. 즉 이 시스템은 10개의 개별 노드로 구성된 네트워크 시스템이다.

서버-클라이언트 구조에서는 원본 데이터가 서버에 저장되어 있고 클라이언트는 서버에 접속하여 데이터를 열람 · 복사 · 다운로드 받지만, 블록체인 네트워크 구조에서는 중앙서버가 존재하지 않으며 네트워크에 참여하는 모든 노드들이 서로 데이터를 복사하여 동일한 자료를 분산저장하고 있다.

블록체인에 저장된 데이터는 원본과 사본의 구별이 없다. 블록체인 네트워크에 참여하는 개별 노드들은 다른 노드에 있는 데이터를 복사하여 저장함으로써 서로 동일한 데이터를 가지게 된다. 이 때 해당 데이터 전체를 100% 동일하게 복사하여 저장한 노드를 풀 노드(Full Node)라고 하고, 전체 데이터의 일부분만 복사하여 저장한 노드를 라이트 노드(Light Node)라고 한다.

블록체인 네트워크에서 새로운 거래가 발생할 경우 그 내역은 네트워크에 연결된 모든 노드들에게 전파되어 알려진다. 각 노드들은 일정한 시간 동안 이루어진 모든 거래를 하나로 묶어 새로운 블록을 구성하고, 목표값 이하의 해시값을 찾기 위해 경쟁한다.

네트워크에 참여한 수많은 노드들 중에서 가장 먼저 목표값 이하의 블록 해시값을 찾아낸 노드가 경쟁에서 승리하게 된다. 블록해시를 가장 먼저 찾아낸 노드는 자신이 경쟁에서 승리했음을 전체 네트워크에 알린다.

네트워크에 참여한 다른 노드들은 새로 생성된 블록의 유효성을 검사하고 아무런 이상이 없을 경우 해당 블록의 생성을 승인한다. 이런 방식으로 전체 네트워크에 참가한 노드들 중에서 과반수가 새로 생성된 블록을 승인할 경우, 해당 블록은 정식 블록으로 채택되어 블록체인에 추가된다. 만약 서로 다른 거래내역을 가진 블록이 동시에 생성될 경우 네트워크는 약 1시간 정도 기다리면서 지켜보다가 가장 긴 길이를 가진 체인을 선택한다. 이 때 선택되지 않은 다른 블록은 버려져서 고아

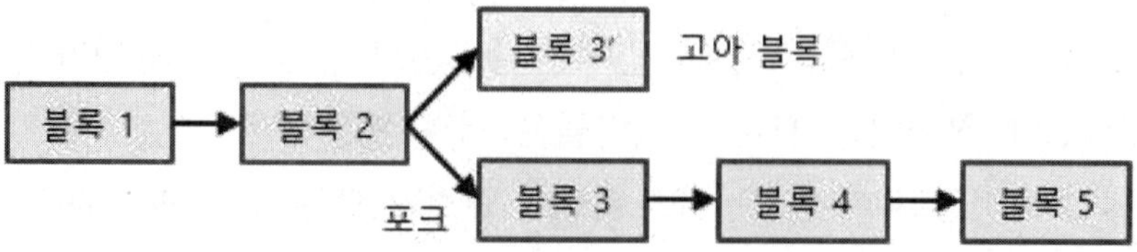

[그림 12-8] 블록체인의 고아블록

블록(Orphan Block)이 되고, 더 긴 길이를 가진 블록체인의 끝에 새로 생성된 블록이 연결된다.

이러한 과정을 통해 블록체인은 거래를 처리하고 승인하는 권위 있는 중앙기관이 없이도 네트워크 참여자들의 협업을 통해 안전하고 신뢰할 수 있는 시스템을 운영할 수 있다.

블록체인에 저장할 수 있는 데이터는 두 종류가 있다. 하나는 텍스트 · 이미지 · 문서 · 음악 · 동영상 등 원본데이터이고, 다른 하나는 이 원본 데이터를 해시함수를 이용하여 변환한 해시데이터이다.

블록체인에 원본데이터와 해시데이터를 모두 올리는 것이 불가능하지는 않지만, 파일 용량이 커지면 전체적인 속도가 저하되고 관리의 효율성이 떨어질 수 있다. 따라서 대개의 경우 블록체인에는 해당 원본데이터를 변환한 해시값만 기록하고, 원본데이터는 별도의 서버에 저장하게 된다. 만약 해커가 원본데이터가 저장된 서버를 공격하여 데이터를 위 · 변조하더라도 해당 해시값을 가지고 있는 전세계 모든 노드의 해시값을 동시에 위 · 변조하지 않는 한, 조작사실이 드러나고 정상적인 데이터로 인정받지 못하게 된다.

블록체인에 기록된 데이터는 위 · 변조가 거의 불가능하여 누구나 신뢰할 수 있고 안전하며, 탈중앙화 방식의 시스템 운영이 가능하다.

5. 블록체인의 특징

1) 신뢰성

블록체인에 기록된 데이터는 해킹을 통한 위 · 변조가 매우 어렵기 때문에 누구나 신뢰할 수 있다. 블록체인에 기록된 내용은 해시함수에 의해 변환되어 암호화된 형태로 저장된다. 만약 내부자 또는 외부 해커가 시스템에 침입하여 특정 데이터를 위 · 변조할 경우, 해당 데이터의 해시값이 변경되어 위 · 변조 사실을 즉각 알아낼 수 있다. 블록체인에 기록된 데이터의 양이 아무리 많아도 그 중에서 단 한 글자만 변경해도 전혀 다른 해시값이 나오기 때문에 다른 사람이 모르게 데이터를 변경 · 삭제 · 추가하는 일은 불가능하다. 게다가 해시트리 구조로 데이터를 관리하기 때문에 어떤 위치에서 어떤 내용이 위변조 되었는지를 즉각 알아낼 수 있다. 따라서 블록체인에 기록된 데이터는 단지 '블록체인에 기록되어 있다'는 이유만으로도 누구나 신뢰할 수 있다.

블록체인 자체를 해킹하는 유일한 방법은 전체 네트워크의 50% 이상에 해당하는 막강한 해시연산 능력을 보유하고, 다른 정직한 노드들보다 더 빠른 속도로 신규 블록을 생성하여 네트워크에 전파함으로써, 다른 노드들이 정상적인 데이터가 아니라 위변조된 데이터가 포함된 블록체인을 채택하도록 만드는 것이다. 이것을 흔히 51% 공격이라고 부른다. 51% 공격을 성공하려면, 해당 블록체인 네트워크에 참여한 다른 모든 노드들의 해시연산 능력을 합친 것보다 더 큰 해시파워를 보유해야 하는데 사실상 불가능에 가깝다. 물론 아주 예외적이기는 하지만 참여자가 매우 적은 블록체인인 경우 51% 공격이 성공할 수 있다. 실제로 2018년 5월 15일 모나코인에 대한 블록보류공격(BWA)으로 약 1억 원의 피해가 있었고, 다음 날인 5월 16일 비트코인골드에 대한 51% 공격이 성공하여 약 200억 원의 코인을 해킹한 사례도 있다. 하지만 블록체인 네트워크에 참여자 수가 늘어남에 따라 50% 이상의 해시파워를 확보하는 것이 매우 어렵기 때문에, 51% 공격이 사실상 불가능해진다. 실제로 네트워크 참여자가 가장 많은 비트코인의 경우 2009년 1월 처음 만들어진 이후 단 한 번도 블록체인 자체가 해킹을 당한 적이 없다.

2) 안전성

블록체인에 기록된 데이터는 분산저장하기 때문에, 특정 노드에 대한 디도스 공격이나 랜섬웨어 공격 등으로부터 안전하다. 디도스(DDoS)란 Distributed Denial of Service의 약자로서 다수의 분산된 컴퓨터를 이용하여 특정 서버 컴퓨터가 처리할 수 있는 용량을 초과하는 정보를 한꺼번에 보내 과부하로 서버가 다운되거나 정상 접속되지 못하도록 만드는 공격을 말한다. 또한 '분산서비스 거부 공격'이라고 한다.

예를 들어 최대 1,000명이 동시 접속할 수 있는 서버에 2,000명이 동시 접속을 시도하면, 서버가 부하를 이겨내지 못하고 다운되거나 먹통이 되어 정상적인 서비스를 제공할 수 없게 된다. 기존의 서버-클라이언트 구조에서는 중앙서버에 디도스 공격을 함으로써 전체 서비스를 마비시킬 수 있다. 랜섬웨어(Ransomware)란 컴퓨터나 시스템을 감염시켜 정상적으로 이용할 수 없게 만든 후 일종의 몸값(Ransom)을 요구하는 악성 소프트웨어를 말한다. 해커가 요구하는 몸값을 지불하면 복호화할 수 있는 암호를 알려준다. 기존의 서버-클라이언트 구조에서는 중앙 서버가 랜섬웨어 공격을 당하면 전체 서비스가 마비되는 문제가 있었다.

기존의 서버-클라이언트 구조와 달리, 블록체인 구조에서는 다수의 노드들이 동일한 데이터를 복사하여 분산저장하고 있기 때문에 디도스 또는 랜섬웨어 등 외부의 공격으로부터 안전하다는 장점이 있다. 블록체인 네트워크에 참여하는 특정 노드를 공격하여 해당 시스템을 마비시키더라도, 다른 노드에 있는 서버 컴퓨터들이 정상 작동하기 때문에 서비스를 안정적으로 제공할 수 있다. 블록체인 네트워크를 구성하는 전세계 모든 노드들을 상대로 동시에 분산서비스 거부 공격(DDoS)이나 랜섬웨어 공격을 하여 전세계 모든 시스템을 동시에 마비시키지 않는 한, 블록체인에 기록된 데이터는 외부공격으로부터 안전하다. 블록체인 네트워크에 참여하는 전세계 모든 노드를 동시에 공격하는 것은 매우 큰 컴퓨팅 파워가 필요하기 때문에 사실상 불가능하다.

3) 탈중앙화

블록체인은 권위 있는 중앙조직 · 기관 · 단체 등이 없이 자유롭고 평등한 참여자들에 의해 자율적으로 유지되고 운영된다. 기존의 서버-클라이언트 구조에서는 모든 정보가 중앙에 있는 서버로 집중되기 때문에 중앙을 차지한 사람이 의사결정권한을 가지는 구조였다. 하지만 블록체인은 중앙이 없는 P2P 방식으로 운영되기 때문에 권위를 가진 중앙이 존재하지 않는다. 블록체인에서 의사결정 방식은 네트워크에 참여한 모든 사람들의 과반수 이상의 동의를 필요로 하는 탈중앙화(脫中央化, Decentralization) 방식이다.

블록체인 구조에서 중앙조직은 불필요하다. 블록체인 방식이 사회적으로 널리 퍼지면 기존의 중앙집중식 조직은 약화되거나 소멸된다. 예를 들어 블록체인 기반의 암호화폐가 널리 사용될 경우, 기존의 은행은 그 권한과 역할이 축소된다. 마찬가지로 블록체인 기반의 물류관리 시스템이 확산될 경우, 기존의 복잡한 물류관리 절

[그림 12-9] 블록체인의 탈중앙화 구조

학습 12

차가 대폭 간소화되고 관련 조직들의 역할이 축소된다. 블록체인 시스템이 확산될수록 기존의 은행, 보험사, 공증사무소, 포털사이트, 기업, 법원, 정부, 국가 등 다양한 중개기관들은 그 역할이 대폭 축소되거나 심지어 소멸할 것으로 예상되고 있다. 블록체인은 중개기관이 필요없이 참여자들이 직접 거래할 수 있는 시스템이고, 자유와 평등을 보장하는 탈중앙화 시스템이다.

12-2 블록체인 기술의 응용

1. 의료분야의 블록체인 기술 응용

사물인터넷, 클라우드, 빅데이터, 모바일 등 다양한 ICT 기술의 발전은 기존의 전통적인 보건의료체계를 환자 · 소비자 중심의 개인 맞춤형 건강관리, 예방 및 자가관리 등 새로운 패러다임으로 급격히 이동시키는데 크게 기여하고 있다. 이러한 변화는 기존의 비즈니스 프로세스와 업무처리 방식의 변화를 수반하게 되고, 더불어 폭발적으로 증가하는 의료데이터의 보관과 관리의 복잡성, 개인 건강정보의 보호와 이력 추적, 트랜잭션 비용과 책임 추적성, 데이터 소유권 문제 등도 이러한 변화의 크기와 영향도를 증폭시키고 있다. ONC-HIT의 상호 운용성 요구사항 증대, MACRA 프로그램과 FDA의 디지털 헬스케어 기술의 적용 확대 움직임 등은 이러한 변화에 부응하기 위한 제도적인 움직임의 일부인데 블록체인 기술은 이러한 니즈(Needs)를 해결해 줄 방안으로 가장 주목받고 있는 기술 중 하나이다.

블록체인 기술은 헬스케어 사물인터넷에 적용되어 개인의 건강정보 관리 능력 증대, 보험청구 · 심사 프로세스 효율화, 의료기기 및 약물 유통채널 추적, 임상시험의 안전성 향상, 연구데이터의 공유와 활용 증대, 개인의료 · 건강정보의 보호 강화, 의료정보 무결성 확보와 책임추적성 강화 등 헬스케어의 다양한 분야에서 유용하게 쓰일 수 있을 것으로 기대된다.

특히 기존에는 개인 의료정보의 보호와 정보활용성은 상호 배타적인 관계여서 정보보호 능력이 향상될수록 정보 활용성은 떨어져 원하는 효과를 위해서는 다른 측면의 희생을 필요로 했지만, 블록체인은 정보보호와 정보활용이라는 서로 모순적인 두 가지 측면을 모두 만족시키면서 효과를 극대화시킬 수 있다는 점에서 헬스케어 분야의 파괴적 혁신을 주도할 기술이라고 할 수 있다.

블록체인 기술은 헬스케어 분야 내부의 문제해결에도 효과적이지만 다른 산업이나 분야와의 연계를 통해 새로운 기회를 창출할 수 있다는 점에서도 차별적인 기술이다. 금연이나 운동에 대한 보상 등 금전적 인센티브(현금, 쿠폰, 보험료 할인 등)를 원하는 사용자에 한해 의료기록과 보험기록을 연계시키는 행동경제학 기반 블록체인 보험상품을 출시 할 수 있다. 또한 자동차 운행기록과 운전습관에 따른 보험료 연동, 운전 중 긴급상황 시 최단거리 응급센터와의 호출 및 운전자 질병 · 수술 이력의 자동전송 등은 개인 동의 기반을 전제로 새로운 가치와 혜택을 데이터 소유자에게 직접적으로 부여할 수 있다. 혜택의 수여자가 명확하고 트랜잭션 이력이 추적되고 책임추적성이 확보되면 다양하고 새로운 기술의 발전과 폭발적인 산업간 융합을 촉발시킬 수 있다는 점에서 블록체인 기술은 의미가 크다고 볼 수 있다.

아직까지 헬스케어 분야에는 활용사례가 풍부하지 못하고 기술적인 한계들도 존재하지만 동형암호, 양자암호, BaaS(Blockchain as a Service) 등 다양한 기술들의 도움으로 진화하고 On-Chain과 Off-Chain으로 관리대상 데이터를 이원화시키고 비즈니스 특성과 업무유형에 따라 퍼블릭 · 컨소시엄 · 프라이빗 블록체인 등 적절한 유형을 적용하면서 발전시켜 나간다면 여전히 많은 기회를 제공할 수 있다는 점에서 잠재가치가 매우 높은 기술이라고 할 수 있다.

1) 개인주도형 건강관리 지원

블록체인 기술은 정밀의료와 맞춤형 의료 등 환자중심의 의료환경 패러다임 전환을 지원하는 다양한 ICT 기술들 중에서 개인의 의료 · 건강정보의 소유권(Ownership) 문제를 해결할 수 있는 가장 핵심적인 기술로 평가받고 있다.

기존 의료정보는 환자데이터에 대한 적시 접근성, 시스템 상호호환성, 분산 · 저장되어 있는 데이터, 데이터의 불일치, 의료진의 소견이나 2차 생성한 데이터 문제 등으로 인해 환자생성 데이터에 대한 소유권이 불명확하고 환자데이터의 접근성이 매우 떨어져 있었다. 미국의 경우에도 뉴햄프셔주(州) 정도만 환자 소유권을 인정하고 있다.

블록체인은 개인의 진료정보, 약제 투약정보, 의료진 · 의료기관 정보, 신체 · 생체정보, 유전체정보 등 의료분야 데이터뿐만 아니라 식이 · 운동 · 수면 · 이동거리 · 운전상태 등 개인의 건강과 관련한 모든 데이터의 기록 · 저장 · 유통에 대한 소유권(Ownership)을 확보함으로써 개인의 건강관리 향상과 맞춤형 치료에 기여할 수 있는 기술적 구현방안으로 활용될 수 있다.

2) 보험청구 · 심사 프로세스 적용

미국의 경우 과다 청구나 부적절한 의료서비스 제공으로 인해 전체 의료비용의 5~10% 정도가 부당청구로 의심되고 있다. CMS(Centers for Medicare and Medicaid Services)에 따르면 2014 회계연도에만 부정수급 등 의료사기 판결로 33억 달러가 회수되었으며, 1997년부터 시행된 의료사기 및 남용 통제(HCFAC : Healthcare Fraud and Abuse Control) 프로그램을 통해 278억 달러가 회수되었다.

블록체인 기반 시스템은 이러한 의료 비용청구 관련 사기를 최소화할 수 있는 현실적인 솔루션을 제공할 것으로 기대된다. 청구판결 및 지불처리 활동의 대부분을 자동화함으로써 블록체인 시스템은 검증이나 조정단계의 필요성을 없애고, 공급자 및 지불주체의 관리비용 및 시간을 줄이는 데 도움이 될 수 있다.

또한 블록체인은 신뢰성 기반 유지보수(RCM : Reliability-Centered Maintenance)의 장애요인을 추적하는 거대 의약품 · 의료기기 물류정보를 개선하기 위한 중요한 수단으로 활용될 수 있다.

블록체인은 공개된 원장(Open Ledger) 기술을 통해 전체 트랜잭션에 대한 감사추적을 제공하여 처방전 발급, 의료비 청구, 환자 신원사기 등 여러 분야에서 이러한 낭비를 방지할 수 있다. 최근 Gem Health는 Capital One과 함께 의료비 청구관리 솔루션을 블록체인 기반으로 개발, 환자의 고유 확인체계(A Singular Form of National Patient Identifier)가 없어 사회보장번호(Social Security Numbers), 운전면허증(Dirver's Licenses), 보험번호(Health Insurance Numbers) 등 다양한 식별체계를 혼용하고 있는 미국에서는 환자신원 확인문제를 해결하는데 블록체인 기술의 활용이 더욱 주목받고 있다.

국내에서는 건강보험심사평가원을 대상으로 청구하는 의료기관의 국민건강보험 및 요양급여 비용 청구 프로세스에 적용하여 과다 · 허위 · 중복청구 등 부정 청구행위, 의료기관간 비급여 진료비 비교, 환자의 의료쇼핑, 보험사기 예방 및 적발에 활용이 가능하다.

의료기록과 환자 개인의 가입보험 청구약관을 연계하여 의료보험에 대한 청구 프로세스를 자동화함으로써 미지급 의료보험비를 최소화하고 환자 편의성을 향상시키는데 쓰일 수 있다.

3) 의료기기, 의약품 유통채널 적용

제약업계는 위조약으로 인해 전세계적으로 연간 2,000억 달러의 손실이 발생하는 것으로 보고 있으며, 개발도상국에 판매되는 의약품의 30% 정도는 위조품으로 추정된다. 블록체인 기반 시스템은 개별 약물이나 제품 수준에서 공급망의 각 단계를 추적함으로써 관리 연속성(CoC : Chain of Custody)을 보장할 수 있을 것으로 기대된다. 또한 개인키(Private Key, 공개키 암호체계 상 비밀키)와 스마트 계약(Smart Contract) 기능을 활용해 공급망의 어느 시점에서든 의약품의 소유권을 증명하고 서로 다른 당사자 간의 계약을 관리하는데 도움을 줄 수 있다.

최근 iSlove LCC라는 회사는 의약품 공급망 체인의 무결성을 관리하는데 효과적인 ADLT(Advanced Digital Ledger Technology) 블록체인 솔루션을 여러 제약 회사들과의 협업을 통해 구현한다. 의약품 유통관리에 적용하여 유통기한 관리, 약물 부작용 관리, 중복 처방 및 과다 처방 관리 등에 활용할 수 있다.

기존 인체 삽입형 의료기기에 대한 추적관리 및 3D 프린팅 의료기기, 인체삽입형 로봇, 수술형 로봇, 혈관 투입형 드론 등 첨단 의료기기에 대한 임상, 인·허가, 인·허가 후 유통과정, 시술·수술 후 부작용 탐지 등에 블록체인 기술을 활용하여 의료 안전사고에 대한 예방 및 문제발생시 신속한 원인 규명, 문제해결, 책임 소재 추적에 활용할 수 있다.

4) 임상시험 안전성 향상과 데이터 공유

통상 임상연구의 50% 정도가 보고되지 않고, 연구자가 종종 연구결과를 공유하지 못하는 것으로 추정된다. 이러한 현상은 환자의 안전성 확보에 위협이 되며 보건정책 입안자들과 의료관계자 간 정보격차를 유발시킬 수 있다.

블록체인은 임상시험, 임상 프로토콜, 임상결과에 대해 변경 불가능한 시간 기록 레코드를 부여함으로써 결과 조작이나 선택적 보고문제를 해결할 수 있으며, 임상시험 기록의 조작 및 오류 발생률을 줄일 수 있다. 또한 블록체인 기반 시스템은 정밀의학 등 의료연구분야의 혁신에 참여하는 연구자들 간에 전례 없는 협력을 이끌어 낼 수 있을 것으로 기대된다.

임상데이터에 대한 블록체인 기술 적용으로 임상연구 참여자의 안전성 확보 및 효능·부작용을 추적·관리할 수 있다.

임상데이터, 생체정보데이터, 오믹스데이터, 약물특성데이터, 독성데이터, 약물-타겟정보 등에 대한 기술적용으로 약물 부작용 최소화 및 안전관리 확보가 가능하다.

5) 개인 의료정보 및 건강정보의 보호

Protenus Breach Barometer 보고서에 따르면 미국에서 2016년도에 450건의 건강 관련 데이터의 유출이 있었고, 이로 인해 2천 7백만 명의 환자에게 영향을 미쳤다. 데이터 유출의 약 43%는 내부자에 의해 발생했으며, 27%는 해킹 및 랜섬웨어 등 외부자에 의한 공격이다.

디지털 헬스케어 기기와 기술의 발전으로 헬스케어 사물인터넷(IoMT : Internet of Medical Things) 디바이스의 사용이 급격히 증가되고 있어 현재 수준의 Health IT 인프라 및 아키텍처로는 진화하는 IoMT 생태계를 지원하는 것은 매우 어려울 것으로 예상된다.

2025년까지 전세계적으로 600~1000억 개의 IoMT 디바이스들이 사용될 것으로 예측되며, 블록체인 지원 솔루션은 IoMT 디바이스 사용에 있어서 보안 · 개인정보 보호 및 안정성을 강화시킴과 동시에 데이터 상호 운용성을 보장하는 좋은 수단이 될 것으로 기대된다.

Telstra(생체인식 및 스마트 홈), IBM(인지 컴퓨팅 및 사물인터넷), Tierion(산업용 의료기기 예방관리)와 같은 회사들이 이러한 사례를 적극 활용하고 있다.

암호화된 공개 · 비공개 키 엑세스, 작업 증명, 분산데이터에 대한 블록체인의 고유 속성은 헬스케어 분야에 새로운 차원의 무결성을 제공할 수 있다. 블록체인 네트워크에 연결된 각각의 참여자는 개인키(비밀키)와 공용키(공개키)를 지니고 있으며 블록체인의 어떤 정보가 프로필과 관련이 있는 지를 밝히려면 개인키가 반드시 필요하므로, 해커가 식별 가능한 가치 있는 정보에 접근하려면 블록체인 네트워크에 연결된 개별 사용자를 모두 해킹해야 하는 어려움으로 인해 잠재적인 해킹에 대한 악영향은 제한적이다. 또한 블록체인에 연결된 모든 의료기관 등 헬스케어 관련 기관은 헬스케어 블록체인 원장을 유지할 수 있으며, 만약 정보의 이력을 조정해야 할 경우에는 네트워크 참여자의 51%로부터 변경 승인을 받아야 하는데 이러한 블록체인 기능들은 보안을 향상시키고 악의적인 위 · 변조 위험을 방지하며 해킹으로부터 안전한 원장보존을 가능케 한다.

12-3 블록체인 기술의 미래

1. 블록체인과 데이터 보관

블록체인의 사전적 정의는 '누구나 열람할 수 있는 디지털 장부에 거래내역을 투명하게 기록하고, 여러 대의 컴퓨터에 이를 복제해 저장하는 분산형 데이터 저장기술'이다. 다소 복잡하게 들릴 수 있지만, 용어의 기본 개념을 잘 들여다보면 정보보호와 깊은 관련성이 있음을 이해할 수 있다.

먼저 '누구나 열람할 수 있는 디지털 장부'라는 말의 의미부터 살펴보자. 사실상 공개되고 공유된 기록은 조작이나 왜곡이 어렵다. 이 때문에 블록체인에서도 변조나 왜곡을 막기 위해 '블록(Block)' 단위로 생성되는 기록을 여러 장소에 나눠(분산) 저장한다. 따라서 블록체인에선 해킹이 불가능하고, 정보가 온전하게 저장될 수 있다.

'디지털 장부'란 컴퓨터에 저장된 기록물을 뜻한다. 실제로 컴퓨터는 현대인 삶에 큰 영향을 미치고 있다. 컴퓨터의 도입은 일상의 자료를 쉽게 저장하고, 복사할 수 있도록 만들어 주었다. 하지만 이러한 장점은 복사된 자료와 원본 간 품질 차이마저 없애버리면서 약점으로도 작용하기도 한다. 누군가 악의를 갖고 기록을 조작하거나 잘못된 기록을 남겨도 수정된 사본과 원본 간 차이가 구분되지 않기 때문이다.

블록체인은 이러한 문제를 해결하기 위해 암호 SHA-256 기반의 암호 '해시(Hash)함수'를 사용한다. 이 때문에 블록체인에 처음 만들어진 기록이 제대로 보관되는 것이다. 특정 기록물을 본래대로 변치 않게 다룰 수 있는 기술이 갖는 영향력은 이미 비트코인 사례에서 확인했듯 상당하다.

이렇듯 블록체인은 기술이 가진 파급력을 토대로 일상의 각 영역으로 녹아들 준비가 한창이다.

2. 블록체인과 공공서비스

학습 12

2018년 6월부터 기술개발이 이루어진 공공 블록체인 시범사업 6개가 본격화되면서 '제2의 인터넷'으로 불리는 블록체인의 가치가 조금씩 현실화될 전망이다. 먼저 과학기술정보통신부(이하 과기부)와 관세청이 협업한 '전자상거래물품 개인통관

시범서비스'는 전자상거래업체의 주문정보와 운송업체의 운송정보를 블록체인에 실시간으로 공유한다. 이로써 시범사업을 통해 정보를 자동으로 취합해 정리하고, 서류의 위·변조 위험과 통관에 필요한 시간을 단축할 수 있게 됐다. 즉 12시간 이상 소요되던 통관처리 방식이 블록체인을 통해 실시간으로 처리된 셈이다. 이를 통해 일평균 3만 6,000건에 그쳤던 통관처리량도 급증할 전망이며, 1건당 약 5일 이상 걸리던 통관절차도 2일 이내로 대폭 줄어들 예정이다.

농림수산식품부에서 진행중인 '블록체인 기반 축산물 이력 관리시스템 시범사업'은 2018년 12월 전북 농가를 시작으로 2019년 전국 지방자치단체로 확대될 예정이다. 이는 블록체인과 사물인터넷(IoT)을 활용한 사업이다.

IoT 디바이스로 수집된 정보를 블록체인에 자동 입력하고, 쇠고기 유통 단계별 이력정보와 증명서를 블록체인에 저장·공유하는 시스템 구축 사업이다. 기존 시스템에서 쇠고기 이력 신고규정은 5일 이내였으며, 신고 전에 문제가 발생하면 이력 조회가 어렵다는 한계점이 있었다. 하지만 블록체인과 IoT를 기반으로 실시간 유통경로를 추적할 수 있어 한계점을 해결할 것으로 기대된다. 아울러 블록체인을 통해 데이터를 입력하면 데이터 조작이 불가능하기 때문에 축산물 등급분류의 신뢰도도 크게 높아질 것으로 예상된다.

이외에도 국토교통부에서 2019년 구축을 목표로 진행중인 부동산 거래 블록체인 시범사업, 중앙선거관리위원회의 온라인 투표 블록체인 시범사업이 있다. 외교부에서는 국가 간 전자문서 유통에 블록체인 기술을 활용할 예정이며, 해양수산부의 블록체인 시범사업은 컨테이너 관리와 운송업무에서 이루어질 전망이다. 마지막으로 한국조폐공사와 주택공사 등 공공기관의 블록체인 기술도입의 성과도 공개된다. 특히 한국조폐공사는 LG CNS와 손잡고 블록체인 기반의 지방자치단체 암호화폐 플랫폼 개발에 착수한 상태다. 이처럼 정부의 규제 및 시장의 불안성으로 적극적이지 못했던 블록체인이지만, 올해부터는 공공이 나서서 기술을 뒷받침 하는 방향으로 달라질 전망이다.

3. 블록체인과 새로운 혁신

현재 암호화폐와 블록체인을 바라보는 시선은 두 가지로 갈린다. 사기라고 주장하는 이들이 있는가 하면, 마치 인터넷 초창기를 거치는 과정과 비슷하다고 주장하는 이들도 있다.

4차산업혁명과 블록체인 컨퍼런스에서 "비트코인 등 암호화폐의 핵심인 블록체인은 이제 막 시작한 단계에 불과하다. 이 기술이 성숙하면 미래 스마트사회에서 각종 서비스 인프라를 뒷받침할 수 있을 것이다.

이처럼 미래가 어떻게 될지는 예측하기 어렵지만, 전문가들이 바라보는 블록체인의 전망은 다양하다.

블록체인은 금융을 비롯해 보험, 교통, 헬스케어, 에너지, 물류와 배송, 음악, 제조, IoT, 소셜 미디어 그리고 공공분야 등 거의 모든 주요 산업분야에 적용될 예정이다. 그만큼 블록체인이 산업구조를 바꿀 만큼 영향력이 클 것으로 예상한다.

우리가 일반적으로 가장 많이 사용하는 결제시스템을 예로 들어보자. 현재 물건을 구매할 때 체크카드나 신용카드로 결제하면, 그 정보는 VAN(Value Added Network)사, 카드사, 은행 등 관련 기관을 거쳐 거래된다. 이 과정에서 VAN사는 결제 건당 수수료를 가져가고, 카드사와 은행은 결제금액의 일정 비율을 수수료로 가져간다.

온라인도 마찬가지다. 우리가 온라인 쇼핑몰을 통해 물건을 구매하고 결제할 때 PG(Payment Gateway)사를 통해 결제정보가 전달되고, 은행과 카드기관과 같은 관련 기관이 이를 처리하고 수수료를 가져가는 시스템이다.

국내의 경우 이런 수수료는 판매자가 부담을 지기 때문에 대부분의 판매자는 현금과 같은 수수료가 낮은 결제수단을 선호한다. 이런 시스템에 블록체인을 적용한다면, 중간과정을 없애고 구매자가 직접 판매자에게 물건대금을 지불할 수 있다. 이때 사용하는 결제수단이 바로 암호화폐다.

암호화폐의 경우 변동성이 크기 때문에 실제 결제에 쓸 수 없다는 의견도 있다. 하지만 결제시 적용되는 암호화폐를 법정화폐와 1:1로 연동한다면 변동없이 안정적으로 사용할 수 있다. 블록체인은 결제 외에도 담보 및 신용대출, 송금, 환전, 융자 등 금융분야에 있어 혁신을 제공할 예정이다.

블록체인 기술은 현재 진행형인 기술로, 미래가 어떻게 될지 그 누구도 쉽게 답하지 못한다. 마치 2000년대 스마트폰이 가져온 혁신을 예측하기 힘들었던 것처럼 말이다. 현재 국내외 연구진은 블록체인이 각종 사회서비스에 적용되기 위한 서로 상충되는 상황인 트릴레마(Trilemma)를 풀기 위한 연구를 진행중이다. 이를 위해 블록체인 기술의 확장성(Scalability), 분산화(Decentralized) 및 보안성 등은 해결해야 할 과제이다.

이러한 노력을 통해 우리 세상은 하나, 둘 조금씩 변화할 것이다. 10년 뒤 블록체인과 암호화폐 기술이 발전한 세상은 어떻게 변해있을지 자못 궁금해진다.

4. 블록체인의 미래전망

블록체인은 향후 인공지능(AI)이나 사물인터넷(IoT) 등 4차산업혁명을 이끄는 핵심기술들과도 융·복합될 가능성이 높다. 대용량 데이터의 수집과 운용이 중요해지는 4차산업혁명 시대에 블록체인은 데이터 보안은 물론 개별데이터에 대한 개인의 통제권을 강화시킴으로써 빅데이터 시장의 확산을 이끌 것으로 예상된다.

한 예로 급격히 확장되고 있는 글로벌 사물인터넷 시장의 경우 서비스 확장성과 보안강화를 위해 블록체인을 활용하려는 시도 역시 증가하고 있다. 즉 중앙서버가 모든 데이터를 처리하는 기존 사물인터넷에서는 새로운 기기 증가에 따른 비용과 확장성의 문제, 중앙집중형 구조로 인한 데이터 위·변조의 위험, 중앙처리 시스템의 네트워크 안정성 문제 등이 발생할 여지가 있으나 블록체인 기반 사물인터넷을 통해 이러한 문제점들의 개선이 가능해진다.

블록체인을 통한 사물인터넷 기기 간 연결은 별도의 중앙처리 시스템 없이도 새로운 노드가 손쉽게 네트워크에 참가하는 것을 허용함으로써 비용을 줄이고 확장성을 높일 수 있으며, 데이터를 노드별로 분산·저장함으로써 중앙서버로의 해킹 시도를 무력화시킬 수 있다.

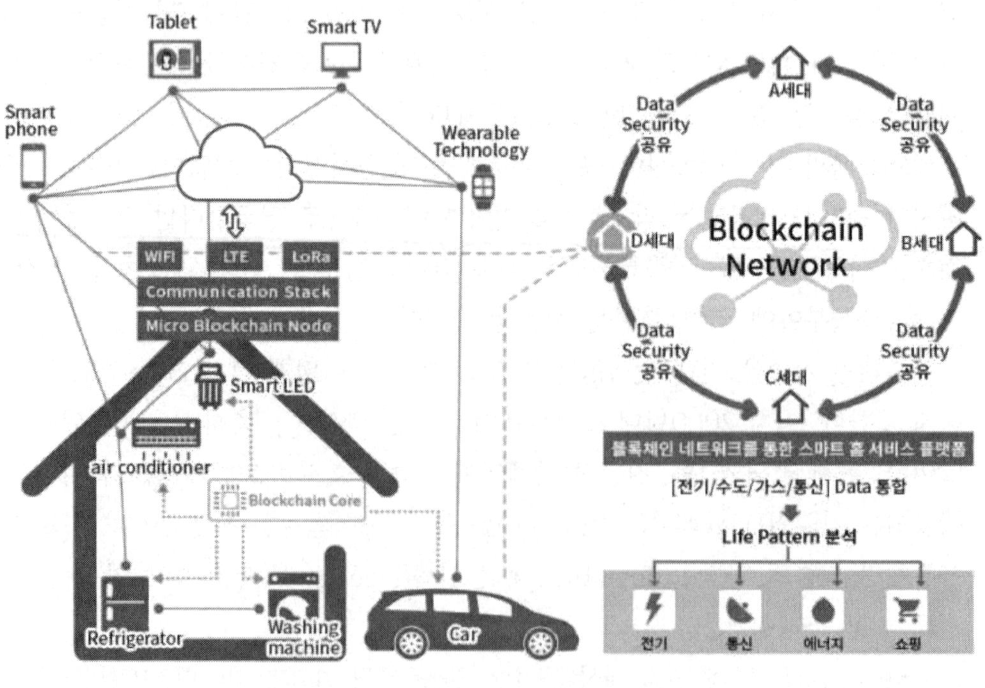

[그림 12-10] 블록체인과 사물인터넷의 융합개념도

공급망 관리(Supply Chain Management, SCM) 분야에서 블록체인 기반 사물인터넷 시스템은 제조업체와 기업, 소비자를 네트워크 노드로 연결시킴으로써 제품 공급 및 소비와 관련된 일련의 과정(생산, 마케팅, 매매 등)에서의 투명하고 신뢰성 높은 정보를 제공한다.

블록체인은 나아가 지능형 교통시스템(Intelligent Transport System, ITS)과 같이 인공지능 기술과 결합되어 운행중인 차량, ITS 서비스 공급자 및 관리자 간의 데이터 전송 및 분석을 위한 기반기술로 활용되면서 보다 원활한 교통 흐름 통제에 기여할 수 있을 것이다.

이렇듯 블록체인이 향후 다른 4차산업혁명 핵심기술들과 결합될 때 보다 파괴적이고 혁신적인 미래서비스 창출이 가능해질 것으로 예상된다.

블록체인의 산업적 활용가능성에 대한 기대가 높아지면서 서로 다른 시스템 간의 상호연결성을 확보하는 작업이 점점 더 중요해지고 있다. 향후 블록체인, 암호화폐와 관련된 다수 기술의 난립이 예상되면서 이종 플랫폼 간의 융합과 생태계 활성화를 지원할 수 있는 표준개발의 필요성이 높아지고 있는 것이다.

현재 블록체인 표준화는 세계적으로 아직 초기단계이며 관련 작업이 국제표준화기구(ISO, ITU)를 중심으로 활발히 진행되고 있는 만큼 국내에서도 블록체인 기술 선도를 위한 표준화 활동이 강화되어야 한다.

국내 산업이 강점을 가지고 있는 분야를 중심으로 구성원들의 요구에 맞춘 특화된 블록체인 기술을 개발하고, 이렇게 발굴된 단체 표준을 국제 표준으로 확장함으로써 글로벌 블록체인 시장을 리드해 나가는 국가차원의 전략이 필요한 시기이다.

수행 내용

재료 · 자료

- IT 분석 및 응용 관련 자료

기기(장비 · 공구)

- 컴퓨터, 문서작성 프로그램, 프린터, 주변기기

안전 · 유의사항

- IT 분석 및 응용 관련 장비의 안전 및 유의사항을 숙지한다.

수행 순서

01 블록체인의 역사에 대하여 분석하라.

1. 사이퍼링크 운동으로 블록체인을 시작

블록체인은 사이퍼펑크(Cypherpunk) 운동에 뿌리를 두고 있다. 사이퍼펑크란 중앙집권화된 국가와 거대 기업들에 대항하여 개인의 프라이버시를 보호하기 위해 암호기술을 이용하여 익명성을 보장하는 탈중앙화 시스템을 만드려는 사회운동가들이다. 1990년 데이비드 차움은 디지캐시(Digicash)라는 회사를 설립하고 최초의 상업적 암호화폐인 이캐시(Ecash)를 창시하고 익명 거래시스템을 제안했다.

1993년 에릭 휴즈(Eric Hughes)는 〈사이퍼펑크 선언〉을 발표하고, 프라이버시를 보호하기 위해 암호화된 익명 거래시스템을 개발할 것을 제안했다.

1997년 아담 백(Adam Back)은 익명성을 보장하고 이중지불을 방지할 수 있는 해시캐시(Hashcash)라는 가상화폐를 만들었다. 1998년 웨이 다이(Wei Dai)는 익명성과 분산방식의 암호화폐인 비머니(B-Money)를 고안했다. 1998년 닉 재보(Nick Szabo)는 스마트계약 기반의 암호화폐인 비트골드(Bit Gold)를 고안하기도 했다. 그러나 당시의 기술적 한계로 인해 실제 개발이 어려웠으며, 널리 사용되지도 못하였다.

2. 사토시 나카모토의 비트코인 탄생

블록체인을 처음 만든 것은 사토시 나카모토(Satoshi Nakamoto)라는 가명을 쓰는 사람이었다.

그는 2008년 10월 31일 〈비트코인 : 개인 대 개인의 전자화폐 시스템〉이라는 논문을 작성하여 암호학계 관련자들이 공동으로 사용하는 메일링 리스트로 전송하였다.

[그림 12-11] 사토시 나카모토가 누군지 궁금하다

Tip

I've been working on a new electronic cash system that's fully peer-to-peer, with no trusted third party.
나는 새로운 전자화폐 시스템을 개발하고 있는데, 완전한 P2P 방식이고, 신뢰할 수 있는 제3자가 필요 없다.

– 사토시 나카모토(Satoshi Nakamoto), 2008.10.31.

이듬해인 2009년 1월 3일 사토시 나카모토는 블록체인 기술을 적용한 최초의 암호화폐인 비트코인(Bitcoin)을 개발하고 C++ 언어로 작성한 소스코드를 배포했다. 이후 비트코인의 소스코드를 일부 변형한 네임코인, 컬러드코인, 메타코인 등 몇 가지 새로운 코인들이 출현했다.

학습 12

3. 비탈릭 부테린의 이더리움 탄생

2013년 비탈릭 부테린(Vitalik Buterin)이 이더리움 백서를 작성하여 블록체인 기술을 이용한 스마트계약을 제안했다. 이듬해인 2014년 비탈릭 부테린은 ICO를 통해 개발 자금을 확보하고, 2015년 7월 30일 이더리움(Ethereum) 서비스를 시작했다. 기존의 비트코인이 가치의 저장과 전달기능을 가진 전자화폐 기능에 제한된 것과 달리, 이더리움은 블록체인 기술을 이용하여 각종 계약서 등을 위 · 변조 없이 관리할 수 있는 획기적인 기술이었다. 이런 점에서 비트코인을 '블록체인 1.0'이라고 부르고, 이더리움을 '블록체인 2.0'이라고 부른다.

4. 다양한 암호화폐의 탄생

2017년에서 2018년 사이에 카르다노(에이다)(ADA), 이오스(EOS), 스팀(Steem) 등 다양한 암호화폐가 출현했다. 이들은 기존의 비트코인을 제1세대 암호화폐, 이더리움을 제2세대 암호화폐라고 부르면서 스스로 제3세대 암호화폐를 자처했다. 기존 블록체인 기술은 작업증명(PoW) 방식에 따른 채굴(Mining)에 의해 새로운 블록이 생성되었으나, 이들은 지분증명(PoS), 위임지분증명(DPoS) 등 다양한 새로운 합의 알고리즘을 제안하면서 빠른 처리 속도와 확장성을 구현하고자 하였다.

나아가 탱글(Tangle), 해시그래프(Hashgraph), 홀로체인(Holochain) 등 블록체인 자체의 기술적 한계를 극복한 새로운 대안적 알고리즘이 제안되고 있다.

5. 블록체인의 발전

1) 블록체인 1.0 도입기

블록체인 1.0(도입기 : 2009~2013년)은 비트코인을 비롯한 암호화폐 시장의 성장, 시기라고 할 수 있다.

2) 블록체인 2.0 발전기

블록체인 2.0(발전기 : 2014~2016년)은 이더리움 등장과 프라이빗 블록체인 개발로 인하여 암호화폐 플랫폼에서 기업형 플랫폼으로 진화하고 있는 시기이다.

3) 블록체인 3.0 확산기

블록체인 3.0(확산기 : 2017~2022년)은 블록체인이 다양한 산업기술 적용을 연구개발이 지속적으로 이루어지는 시기라고 할 수 있다.

4) 블록체인 4.0 정착기

블록체인 4.0(정착기 : 2023~2030년)은 블록체인이 국가 공공서비스 및 인프라로써 정착하는 시기라고 할 수 있다.

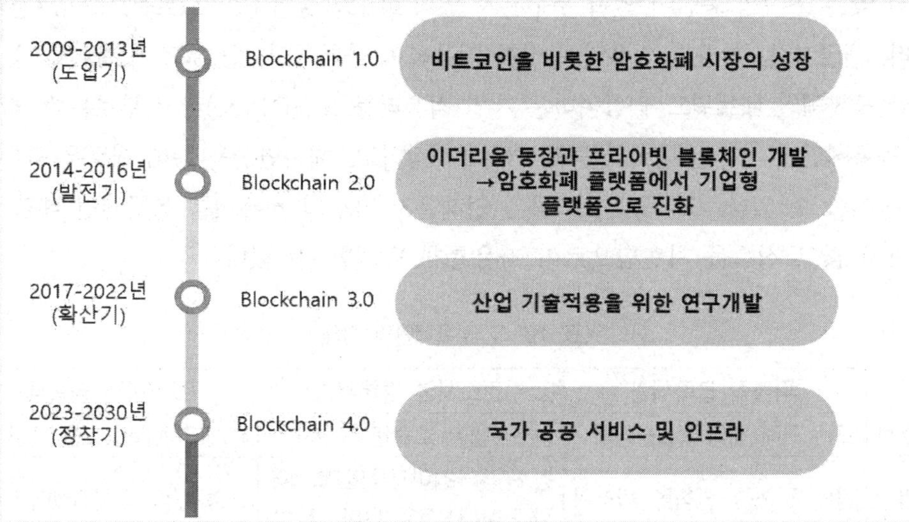

[그림 12-12] 블록체인의 세대별 분류

이렇게 블록체인 4.0으로 정착하기 위한 기술과제는 다음과 같다.

① 확장성과 성능(Scalability and Performance)
② 상호운용성(Interoperability)
③ 통합(Integration)
④ 신뢰와 보안성(Trust and Security)
⑤ 사용 편리성(Easy to Use)

02 블록체인의 종류에 대하여 분석하라.

학습 12

블록체인은 참여자의 범위에 따라 퍼블릭 블록체인과 프라이빗 블록체인으로 나눌 수 있다. 퍼블릭 블록체인은 인터넷처럼 누구나 참여할 수 있는 개방형이지만, 프라이빗 블록체인은 인트라넷처럼 제한된 사람들만 참여할 수 있는 폐쇄형 블록체인이다. 이 두 가지를 연결하거나 섞은 혼합형이 있는데, 하이브리드 블록체인이라고 부른다.

1. 퍼블릭 블록체인

퍼블릭 블록체인(Public Blockchain)이란 누구든지 자유롭게 참여할 수 있는 개방형 블록체인 네트워크를 말한다. 공공 블록체인 또는 개방형 블록체인이라고 한다.

권위 있는 조직의 승인이 없이 누구든지 인터넷에 연결된 PC, 노트북, 스마트폰, 서버 컴퓨터, 채굴기 등 다양한 컴퓨터 장비를 이용하여 블록체인 네트워크에 참여할 수 있다. 이러한 블록체인 네트워크에 참여하는 개별 컴퓨터를 노드(Node)라고 부르는데, 각 노드들은 블록체인에 저장된 데이터를 복사하여 저장하고, 해시연산을 통해 새로운 블록의 생성에 참여할 수 있다. 또한 각 노드들은 언제든지 자신의 컴퓨터를 블록체인 네트워크에 연결하지 않고 접속을 차단함으로써 자유롭게 탈퇴할 수 있다.

〈표 12-4〉 블록체인의 형태

	퍼블릭 블록체인	컨소시엄 블록체인	프라이빗 블록체인
관리주체	모든 거래 참여자(탈중앙화)	컨소시엄에 소속된 참여자	한 중앙기관이 모든 권한 보유
거버넌스	한번 정해진 법칙을 바꾸기 매우 어려움	컨소시엄 참여자들의 합의에 따라 상대적으로 용이하게 법칙을 바꿀 수 있음	중앙기관의 의사결정에 따라 용이하게 법칙을 바꿀 수 있음
거래속도	네트워크 확장이 어렵고 거래속도가 느림	네트워크 확장이 쉽고 거래속도가 빠름	네트워크 확장이 매우 쉽고 거래 속도가 빠름
데이터 접근	누구나 접근 가능	허가받은 사용자만 접근 가능	허가받은 사용자만 접근가능
식별성	익명성	식별 가능	식별 가능
거래증명	PoW, PoS와 같은 알고리즘에 따라 거래 증명자가 결정되며, 거래 증명자가 누구인지 사전에 알 수 없음	거래 증명자가 인증을 거쳐 알려진 상태이며, 사전에 합의된 규칙에 따라 거래검증 및 블록생성이 이루어짐	중앙기관에 의하여 거래증명이 이루어짐
장 점	안전성, 신뢰성, 익명성, 투명성 보장	• 높은 효율성과 확장성 • 높은 처리속도 • 민감정보를 처리하는 역할 부여 가능	• 높은 효율성과 확장성 • 높은 처리속도 • 기업별 특징에 따라 특화 가능
단 점	• 확장성이 낮음 • 거래속도가 느림	• 개입이 필요할 수 있음 • 투명성과 보안성이 낮음	보안성이 낮음
활용사례	비트코인, 이더리움	R3CEV, 하이퍼레저, 넥스레저, 모나체인, 에이치체인	나스닥의 비상장 주식거래소 플랫폼인 링크(Linq)

참고 : 소프트웨어정책 연구소, 2017, "블록체인 기술의 산업적 · 사회적 활용 전망 및 시사점

블록체인 네트워크에 참여 또는 탈퇴하는 것은 권위 있는 조직의 승인이 필요 없이 전적으로 해당 노드 참여자의 자유로운 의사에 따라 결정할 수 있다.

퍼블릭 블록체인의 경우 참여자들의 컴퓨터 사용에 따른 전기료 등 운영비용을 감당할 수 있도록 암호화폐를 발행하여 보상한다. 퍼블릭 블록체인 참여자들은 새로운 블록이 생성될 때마다 발행되는 암호화폐를 지급 받음으로써 컴퓨터 감가상각비, 전기료, 공간사용료, 인건비 등 각종 비용을 보상 받을 수 있다.

퍼블릭 블록체인 운영에 참가한 사람들은 지급받은 암호화폐를 실생활에서 사용하거나 혹은 암호화폐 거래소에서 판매함으로써 참여 비용을 회수할 수 있다. 이런 점에서 퍼블릭 블록체인과 암호화폐는 서로 분리할 수 없는 일체형 구조로 되어 있다. 만약 퍼블릭 블록체인에서 암호화폐를 지급하지 않는다면, 블록체인 네트워크 참여자들이 받을 수 있는 경제적 보상이 없기 때문에 소수의 헌신적인 기여자들을 제외하고는 참여자가 없게 되어, 최악의 경우 블록체인 네트워크가 붕괴할 우려가 있다. 따라서 퍼블릭 블록체인에서 암호화폐를 발행하는 것은 블록체인 네트워크를 유지하기 위한 필수사항이라고 할 수 있다.

비트코인, 이더리움, 비트코인캐시, 이오스, 스텔라루멘, 스팀, 모네로, 루니버스, 시그마체인, 심버스, 아이콘, 웨이브즈, 큐텀, 클레이튼, 테조스, 티티씨, 이콘 등 대부분의 암호화폐는 퍼블릭 블록체인 방식으로 운영된다.

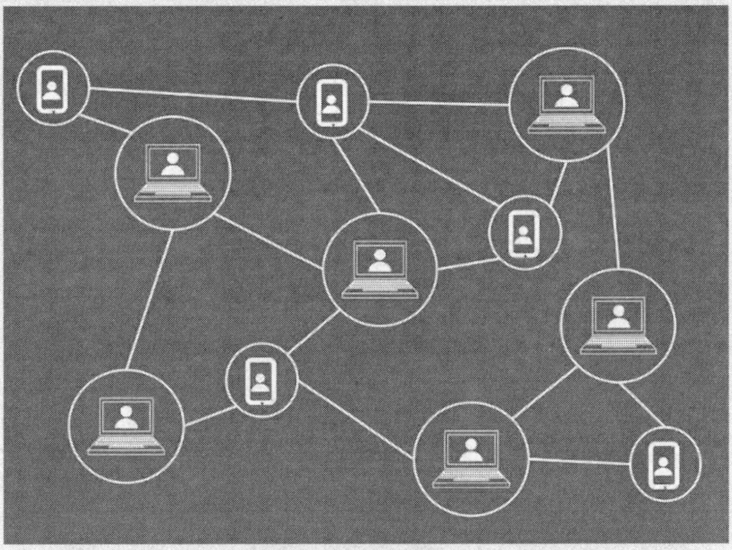

[그림 12-13] 퍼브릭 블록체인의 구조

학습 12

2. 프라이빗 블록체인

1) 개 요

프라이빗 블록체인(Private Blockchain)이란 미리 정해진 조직이나 개인들만 참여할 수 있는 폐쇄형 블록체인 네트워크를 말한다.

사적 블록체인, 폐쇄형 블록체인, 허가형 블록체인, 기업형 블록체인 또는 엔터프라이즈 블록체인(Enterprise Blockchain)이라고 한다.

퍼블릭 방식과는 다르게 채굴과정을 통한 해시파워 경쟁은 없지만, 여러 서버에 분산 데이터를 저장함으로써 보안을 강화시킬 수 있는 장점이 있다. 또 데이터 처리 비용이 적고 네트워크 속도가 빠른 장점이 있어 기업형 솔루션으로 적합한 블록체인 기술이다.

2) 특 징

프라이빗 블록체인은 하나의 중앙기관에서 독자적으로 사용하여 읽기, 쓰기, 사용 과정을 관리할 수 있는 시스템이다. 따라서 참여자를 미리 정하고 필요에 따라 추가하거나 삭제할 수 있는 권한을 가지고 있다.

프라이빗 블록체인에 참여하려면 반드시 권위 있는 조직의 승인을 받아야 한다. 프라이빗 블록체인 운영자의 승인을 받지 못한 조직이나 개인은 해당 블록체인 네트워크의 운영에 참여할 수 없다.

예를 들어 A 기업과 B 기업 및 C 단체가 서로 협의하여 프라이빗 블록체인을 운영하기로 한 경우, 오직 A, B, C 세 곳만 참여할 수 있으며 다른 제3자인 D 기업은 참여할 수 없다.

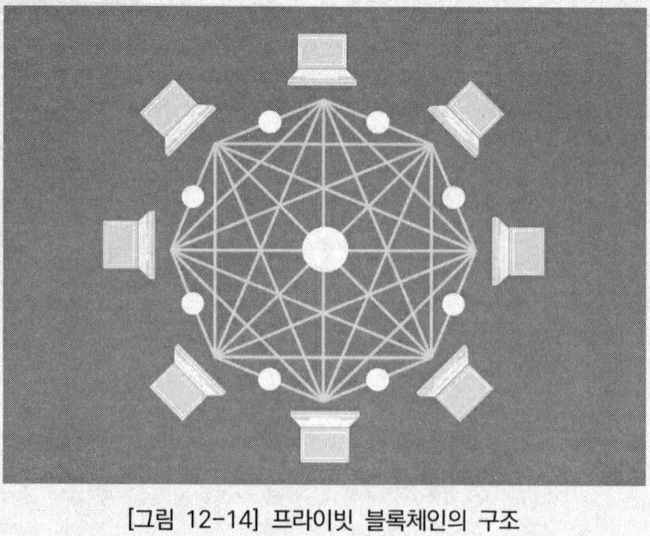

[그림 12-14] 프라이빗 블록체인의 구조

만약 D 기업이 해당 프라이빗 블록체인에 참여하고 싶다면, 관계자들과 협의하여 사전 승인을 받아야 한다.

프라이빗 블록체인의 운영을 위해서 암호화폐가 반드시 필요한 것은 아니다. 프라이빗 블록체인의 경우 굳이 암호화폐를 발행할 필요가 없이, 해당 프라이빗 블록체인의 참여자들이 컴퓨터 운영비용을 부담하면 된다.

물론 프라이빗 블록체인에서도 암호화폐를 발행할 수는 있다. 블록체인이 혈관이라면 암호화폐는 그 혈관 속을 흐르는 혈액과 같은 존재이기 때문에 프라이빗 블록체인에서도 암호화폐를 도입하는 것이 운영상 편리할 수 있다. 하지만 해당 암호화폐를 외부의 암호화폐 거래소에 판매하기 어렵기 때문에 사실상 내부정산 및 서비스 이용 등의 목적으로 제한적으로만 사용할 수 있다.

결국 프라이빗 블록체인에서 암호화폐의 발행은 필수사항이 아니며, 각 프라이빗 블록체인 운영자들의 필요에 의해 자체 암호화폐를 발행할 수도 있고, 그렇지 않을 수도 있는 선택사항(Option)이다. 국제 송금을 위한 리플(Ripple)은 프라이빗 블록체인으로서 암호화폐를 발행한 사례에 해당한다.

3) 종 류

프라이빗 블록체인의 대표적인 사례로 하이퍼레저 패브릭(Hyperledger Fabric), R3 코다, 삼성 SDS의 넥스레저(Nexledger) 등이 있다. 또한 ㈜엘지씨엔에스(LGCNS)의 모나체인(Monachain), 한화시스템의 에이치체인(H-Chain) 등이 있다.

이외에도 프라이빗 블록체인 플랫폼은 딜리버, 리플, 바이두 블록체인 엔진(BBE), 뱅크사인, 인솔라, 케이티 바스(KT BaaS), 코다, 코인스택, 쿼럼 플랫폼, 프롭테크 플랫폼, 하이퍼레저 버로우, 하이퍼레저 소투스, 하이퍼레저 이로하, 하이퍼레저 인디 등이다.

(1) 하이퍼레저

하이퍼레저는 리눅스재단에서 시작하여 세계 유수의 기업들이 공동으로 참여하고 있는 범산업용 분산원장 표준화 프로젝트이다. 여기에는 인텔, IBM 등 국제적 기업들이 참여하고 있다. 패브릭은 하이퍼레저 프로젝트 중 가장 활발하게 진행중인 프로젝트로 IBM이 주도하고 있고, 스마트 컨트랙트를 지원하며 스마트 컨트랙트에 체인코드라는 호칭을 사용하고 있다. 체인코드는 현재 프로그래밍 언어 중에서 Go나 Java로 작성할 수 있다. 현재 IBM은 스마트 컨트랙트를 이용한 물류 프로세스 간소화 프로젝트를 진행하고 있다.

(2) R3

R3(알쓰리)는 대형 글로벌 은행 주도로 80여 개의 은행이 참여하여 공동으로 구성한

블록체인 컨소시엄이다. R3는 2016년 12월 자신의 블록체인 플랫폼인 코다를 공개했는데, 코다는 금융권 요구사항을 만족하시 위하여 네트워크에 참여하는 모든 노드들이 데이터를 공유하는 기존의 블록체인 구조를 벗어나 이해 당사자들만 데이터를 공유하는 블록체인 플랫폼이다.

코다의 스마트 컨트랙트는 실제 코드로 구성된 계약코드와 계약의 상태인 볼트(Vault) 그리고 실제 제도권에서 사용하는 법적인 문서들을 지원하기 위한 법률언어(Legal Prose)로 구성된다.

R3는 사용자 및 법률 친화적인 스마트 컨트랙트 기능을 제공하기 위하여 영국의 바클레이(Barclays)은행과 함께 실제 계약서로 변형 및 계약서 상태에서 계약내용을 변경할 수 있는 스마트 컨트랙트 템플릿 개발 프로젝트를 수행하였다.

(3) 넥스레저

삼성 SDS는 자체 블록체인 플랫폼 넥스레저(Nexledger)를 개발했다. 넥스레저는 블록체인 장점인 인증과 보안성을 강화하면서도 실시간 대량 거래처리, 스마트계약, 관리 모니터링 등을 구현했다.

넥스레저 프로젝트에서 가장 주목받는 것은 국내 약 38개 기관이 참여하는 '해운물류 블록체인 컨소시엄'이다.

삼성SDS의 블록체인 플랫폼은 기존 블록체인 아키텍처를 참조하면서도, 보다 적용이 용이하고 안전한 동적 거래 파라미터 활용을 통하여 동적 데이터 참조에 따른 동적 처리가 가능하도록 구현되었다.

비트코인 블록체인만의 가장 강력한 장점인 보안성, 안정성, 무결성을 확보하였으며 스마트계약(Smart Contracts) 실행을 위하여 비트코인 블록체인 내 EVM(Ethereum Virtual Machine)을 구현하는 방식으로 기존 블록체인 기술의 장점을 취하였다.

신규 비즈니스 모델의 특화기능 및 거래 프로세스 자동화에 따른 비즈니스 룰 기반 블록체인 서비스 연계가 가능하므로 서비스 및 상품의 신속한 출시가 가능하며 업종, 채널, 지역의 제약 없는 글로벌 플랫폼 생태계 형성 및 지원이 가능하도록 설계하였다.

4) 사 례

최근 프라이빗 블록체인을 기술을 시험 서비스하고 있는 기업들도 생겨나고 있는 추세이다. 그 중에서도 세계 최대 유통기업인 월마트는 식재료의 생산과 유통과정 전체에 블록체인 기술을 적용하여 실시간으로 위생상태를 점검할 수 있는 데이터 저장방식을 도입한다.

해운회사 머스는 블록체인을 이용한 선박 물류시스템을 개발하여 서류없이 물건을 옮기고 주문하고 보관, 세관신고를 처리할 수 있는 물류시스템을 시험서비스하고 있다.

국내는 삼성 SDS가 중고차 시장에 위조가 불가능한 프라이빗 블록체인 기술을 적용하여 차량의 수리, 사고상태를 한 눈에 확인하고 구입할 수 있는 중고차 이력 서비스를 진행 중이다. 이렇게 글로벌 기업들이 관리 편의성, 효율성, 신뢰도, 안정성을 높이기 위해 관심을 가지는 것은 프라이빗 블록체인 방식이 많다.

3. 하이브리드 블록체인

하이브리드 블록체인(Hybrid Blockchain)이란 퍼블릭 블록체인과 프라이빗 블록체인을 서로 연결하거나 섞은 혼합형 블록체인을 말한다. 더블체인(Double Chain)은 퍼블릭 블록체인과 프라이빗 블록체인을 연결한 체인이다. 예를 들어 보안이 중요한 가정용 사물인터넷(IoT) 기기는 프라이빗 블록체인을 이용하고, 자동화된 결제를 위해 퍼블릭 블록체인에 연결하는 방식이다. 이 때 퍼블릭 블록체인은 메인넷이 되고, 여기에 연결된 다수의 프라이빗 블록체인은 1:N 구조의 사이드체인 방식으로 구성할 수 있다. 더블체인을 이용하는 블록체인에는 사물인터넷(IoT) 블록체인 플랫폼을 지향하는 에이치닥(Hdac)이 있다. 인터체인(Interchain)은 서로 다른 다수의 블록체인 네트워크를 하나로 연결하기 위한 체인이다. 인터체인 플랫폼 위에서 다수의 퍼블릭 블록체인과 프라이빗 블록체인들이 서로 연결될 수 있다. 대표적인 사례로 아이콘(Icon)이 있다.

컨소시엄 블록체인(Consortium Blockchain)이란 동일한 목적이나 가치를 가지고 있는 다수의 기업과 단체들이 하나의 컨소시엄을 구성하고 그 안에서 작동하도록 만든 블록체인이다. 예를 들어 리눅스재단이 주도하고 IBM 등이 참여하여 만든 하이퍼레저 패브릭(Hyperledger Fabric) 프로젝트가 있다. 넓은 의미에서 보면 컨소시엄 블록체인은 프라이빗 블록체인의 한 형태이지만, 이를 별도로 구별하여 하이브리드 블록체인으로 분류하기도 한다.

03 블록체인에 대한 긍정적 평가와 부정적 평가 및 블록체인의 미래전망에 대하여 분석하라.

학습 12

1. 긍정적 평가

블록체인은 새로운 시대를 여는 혁신적 기술이라는 긍정적인 평가를 받고 있다. 마치 1990년대 후반에 등장한 인터넷 기술이 세상을 바꾸었듯이, 블록체인 혁명을 통해 새로운 세상이 펼쳐질 것이라는 낙관론적 견해이다.

블록체인은 해시(Hash) 암호화 기술을 사용하여 이중지불 문제를 해결함으로써 인터넷을 통한 가치전달이 가능하도록 만들었다. 인터넷이 정보(Information)를 전달한다면, 블록체인은 가치(Value)를 전달한다.

인터넷 시대의 도래와 함께 기존에 오프라인에 존재하던 뉴스, 사전, 우편, 커뮤니티, 책, 음악, 만화, 쇼핑 등 다양한 정보가 온라인으로 올라온 것처럼 블록체인 시대의 도래와 함께 기존에 오프라인에 존재하던 화폐, 금융, 보험, 계약, 물류, 문서, 저작권, 투표 등 가치를 가진 대상이 온라인으로 올라올 수 있다. 이런 점에서 블록체인은 기존 인터넷을 한 단계 업그레이드한 인터넷 2.0이라고 불리기도 한다.

블록체인은 암호화폐의 기반 기술이 되고 있다. 인류는 수천년 간 조개껍질, 금, 은, 동전, 지폐 등을 화폐로 이용해 왔으나 21세기 초 블록체인 기반의 암호화폐가 등장함으로써 새로운 시대를 맞이하고 있다.

기존 화폐(貨幣, Money)는 금이나 은 또는 보석처럼 희소성이 있거나, 혹은 동전이나 지폐처럼 권위를 가진 국가의 지급 보증이 있기 때문에 사람들의 신뢰를 바탕으로 통화로 사용될 수 있었다.

암호화폐는 비록 권위를 가진 국가의 지급 보증은 없지만 발행 총량을 제한함으로써 희소성을 가질 수 있고, 블록체인 기술을 이용함으로써 가치를 보증하기 때문에 새로운 형태의 화폐가 될 가능성이 있다. 이런 점에서 블록체인 기반의 암호화폐를 디지털 골드(Digital Gold)라고 부른다. 다만 블록체인 기술 자체의 한계로 인해 기존 법정통화를 대체하기는 어렵거나 상당 기간 불가능해 보이지만, 제한된 영역에서 화폐와 유사한 기능을 수행하는 것은 가능할 수 있다.

특히 4차산업혁명 시대를 맞이하여 사물인터넷(IoT)이 확산될 경우, 기계와 기계의 M2M 거래에 암호화폐가 사용될 수 있다. 앞으로 블록체인의 기술적 한계를 넘어서는 새로운 기술이 출현함으로써, 인류는 지금까지 한 번도 경험하지 못했던 새로운 형태의 화폐를 가지게 될 수도 있다.

블록체인은 거래 참여자들이 중개기관을 거치지 않고 직접 거래를 할 수 있기 때문에, 탈중앙화(脫中央化, Decentralization) 방식의 운영이 가능하다. 기존의 조직은 중앙·중심·센터가 존재해야 하지만, 블록체인 방식의 조직운영원리를 따르면 권위 있는 중앙이 없이도 자유롭고 평등한 개인들이 상당히 공정하고 합리적인 의사결정을 내릴 수 있다. 이런 점에서 블록체인 혁명을 통해 기존의 사회질서를 부수고 새로운 조직운영원리에 따르는 탈중앙화 사회를 만들 수 있다.

사이퍼펑크 운동가들은 블록체인 기술을 바탕으로 자신들이 꿈꾸던 자유롭고 평등한 열린사회를 구현할 수 있다는 꿈을 꾸고 있다.

다만 블록체인 자체의 기술적 한계로 인해 완벽하게 합리적이고 공정한 의사결정 구조를 짜기는 어렵겠지만, 기존의 중앙집중식 조직운영원리에 비해 상대적으로 진일보한 새로운 조직운영원리를 만들어 낼 수 있을 것이다.

2. 부정적 평가

블록체인이 가진 다양하고 혁신적인 장점에도 불구하고, 블록체인의 비효율성과 투기 유발 등 여러 가지 문제들로 인해 부정적인 평가가 존재한다.

1) 비효율성

블록체인은 상당히 비효율적인 시스템이다. 기존의 서버-클라이언트 구조에서는 원본 데이터를 중앙에 있는 서버에 보관하고 다수의 클라이언트는 서버에 접속하여 필요한 정보를 이용하는 방식으로 효율적으로 운영된다.

하지만 블록체인 기술을 적용하면 네트워크에 참여하는 모든 사람들이 동일한 내용의 데이터를 복사, 중복하여 보관함에 따라 상당한 비효율성이 발생한다. 게다가 참여자들이 가지고 있는 데이터의 내용이 불일치하는 경우 단일한 의사결정을 내리기 위해 상당한 노력과 시간 및 비용이 들어간다.

예를 들어 작업증명 방식의 합의 알고리즘을 사용할 경우, 과도한 채굴경쟁으로 인해 막대한 전기가 낭비되고 전 지구적 환경문제를 유발할 수 있다. 물론 기존의 서버-클라이언트 시스템에서는 처리하기 어렵고 오직 블록체인 기술을 적용해야만 가능한 영역이 있는데, 바로 암호화폐 분야이다.

암호화폐는 블록체인 기술을 적용하기에 가장 좋은 분야이며, 오직 블록체인 기술로만 구현이 가능한 영역이기도 하다. 하지만 암호화폐를 제외한 다른 분야에서는 굳이 블록체인 기술을 적용할 필요없이 기존의 서버-클라이언트 방식으로 운영하는 것이 더 효율적이다. 반드시 블록체인 기술을 적용할 필요가 없는데도 불구하고 굳이 블록체인 기술을 도입함으로써 오히려 기존 서버-클라이언트 방식에 비해 효율성이 떨어지는 문제가 생길 수 있다.

2) 투 기

블록체인 기술을 활용한 암호화폐는 과도한 투기의 대상이 되고 있다. 암호화폐는 하루 24시간, 1년 365일 한시도 쉬지 않고 거래가 이루어지는데 가격등락이 극심하여 수많은 투자자들이 피해를 보고 있다. 특히 2017년 하반기부터 2018년 초까지 급등락을 보인

암호화폐 시세를 보면 튤립버블을 연상하게 된다.

튤립버블(Tulip Bubble)이란 17세기 네덜란드에서 발생한 튤립 꽃의 구근에 대한 과열 투기현상을 말한다. 튤립버블은 역사상 최초의 자본주의적 투기로서 대표적인 거품경제 현상이다.

물론 블록체인 자체는 투기의 대상이 아니며, 투기와 아무런 관련이 없다. 그럼에도 불구하고 블록체인 기반의 암호화폐가 투기의 대상이 됨에 따라, 그 기반 기술인 블록체인 자체도 부정적으로 보는 시각이 존재한다. 예를 들어 유시민은 비트코인 등 가상화폐는 '인류 역사상 가장 난해하고 우아한 사기'라고 비판했다.

하지만 이러한 부정적 시각에 대한 반론도 있다. 17세기 자본주의 도입 초기의 튤립버블이나 20세기 초의 닷컴버블 그리고 벤처거품 등 역사상 수많은 거품이 있었지만, 결국 시간이 지남에 따라 투기는 진정되었고 관련 산업은 크게 성장했다. 과도한 투기와 거품은 신산업 도입 초기에 나타나는 일시적 현상에 불과하며, 시간이 지나면 자연스럽게 해결된다는 반론이다.

2017년 9월 중국정부는 암호화폐에 대한 ICO를 금지했고, 뒤이어 한국정부도 어떠한 형태의 ICO든 상관없이 무조건 금지하는 조치를 취했다. 이러한 조치는 암호화폐에 대한 과도한 환상이나 투기를 예방하는 측면도 있지만, 새로 자라나는 신산업의 싹을 자르고 뿌리를 뽑는 어리석은 조치가 될 우려도 있다.

인터넷 초창기에 마약, 도박, 성인사이트가 넘쳐났지만 그것을 이유로 인터넷 자체를 금지하지 않았듯이, 블록체인 기반의 암호화폐에 대한 투기가 극심하다고 하여 정부가 모든 ICO를 무조건 금지하는 조치를 취해서는 안 된다는 비판을 받고 있다.

3. 전 망

블록체인은 하나의 거대한 실험이고, 암호학의 성과를 실생활에 적용한 결과물이다. 순수과학인 물리학의 성과를 실생활에 적용하여 전기 · 전자제품을 만들고 원자력 에너지 시대를 열었고, 정보학의 성과를 활용하여 컴퓨터와 인터넷이라는 새로운 시대를 열었듯이 암호학의 성과를 실생활에 적용하려는 실험이 블록체인이다.

블록체인은 해시(Hash)라는 암호 알고리즘을 사용함으로써 위 · 변조가 불가능하고 권위 있는 중개기구 없이도 거래의 신뢰성을 보장할 수 있는 혁신적인 기술이다.

블록체인 실험이 성공하느냐 아니면 실패하느냐에 따라 인류의 미래는 크게 달라질 수 있다.

블록체인은 4차산업혁명을 위한 핵심기술 중 하나가 될 수 있다. 4차산업혁명이란 인공지능(AI)과 사물인터넷(IoT) 기술을 적용한 새로운 산업혁신을 말한다. 또한 블록체인은 기계와 기계(M2M) 사이에 정보와 가치를 전달하는 수단으로 사용됨으로써 4차산업혁명의 핵심 기반 기술이 될 수 있다.

블록체인은 인간의 직접적 개입이 없이도 사물과 사물이 서로 정보를 교환하고 가치를 주고받으며, 인공지능 기반의 자율적 의사결정을 내릴 수 있는 4차산업혁명 시대를 앞당길 수 있다.

블록체인 혁명을 통해 인류는 커다란 사회적 변화와 진보를 달성할 수 있으며, 이를 통해 인류는 공정하고 합리적이며 더 풍요로운 미래를 맞이할 수 있을 것이다.

04 블록체인 기술의 한계점에 대하여 분석하라.

블록체인 기술은 아직 해결해야 될 여러 가지 과제들이 있는데, 가장 광범위하게 확산된 애플리케이션이 비트코인이다 보니 주로 이와 관련된 이슈들이 논의되고 있다.

① 확장성과 지연성 : 블록파일이 무한하게 성장하며 P2P 네트워크의 모든 노드에서 반드시 복제되어야 하므로, 확장성과 지연(Latency) 문제가 발생한다.

② 신뢰성 : 무결성(Integrity)은 네트워크의 노드수가 아니라 해시파워(Hashpower)에 의해 결정되므로, 강력한 연산자원을 가진 독립체가 해시파워를 축적해 제네시스 블록(Genesis Block, 블록체인의 첫번째 블록)에 다시 작성할 가능성 존재한다.

③ 처리 건수 : 비트코인의 경우 10분마다 1MB 용량의 블록이 추가 생성되는데 초당 7건의 거래내역 처리가 가능한 것으로 비자카드가 초당 5만 6천개의 거래내역을 처리하는 것과 비교해볼 때 매우 작은 용량이다. 블록용량은 거래검증 및 승인에 소요되는 시간과 연계되므로 무작정 용량을 증설하는 것은 어렵다.

④ 암호화 : 기본적으로 블록체인의 콘텐츠, 트랜잭션, 기록 그 자체를 암호화하지는 않는다

⑤ 실수나 악용 : 블록체인은 한번 쓰면 변경할 수 없는 기록 저장소이다. 실수를 저지르는 사람이나 악용하는 사기성 거래가 있을 수도 있어, 블록체인을 이용해 훨씬 쉽게 파악할 수 있으나 이를 방지하기는 어렵다.

학습 12

이외에 블록체인의 보안성과 신뢰성을 확보하는 과정이 과연 저비용인가에 대한 논란도 있다. 채굴자가 블록에 포함되어 있는 거래정보를 검증하기 위해 암호를 푸는 과정은 꽤

많은 에너지를 요구하며 이러한 채굴을 위해서는 컴퓨팅 파워와 이를 가동할 수 있는 전기에너지가 필요한데, 블록을 형성하고 이에 대한 보상을 받는 이는 가장 먼저 암호를 푸는 채굴자뿐이므로, 결과적으로 그 외의 모든 채굴자들은 의미 없이 컴퓨팅 파워와 전기에너지를 낭비한 셈이다.

다만 거래 내역 하나하나의 유효성 검증이 중요한 애플리케이션이 아니라, 특정 기업이 과거 기록을 임의로 수정하지 못하게 하는 기능에 초점을 맞춰 내부적으로 블록체인 기반의 문서기록 시스템을 구축하는 등의 경우에는 채굴과정이 필요치 않다.

블록체인 기술 확산에 있어서 가장 시급히 해결돼야 할 과제로 거버넌스가 꼽히기도 한다. 네트워크 외부성이 강한 오픈소스 프로그램의 특성상 기술의 안정적인 안착을 위해서는 누군가 강한 리더십을 가지고 초기 생태계를 효과적으로 만들어 갈 필요가 있으며, 합의에 도달할 수 있는 거버넌스 구조가 없다면 기술의 효용은 사용자에게 신속히 전달될 수 없다.

05 의료분야에 블록체인 기술을 활용시 고려사항에 대하여 분석하라.

블록체인이 특정 산업에의 적용에 제한이 있지는 않으나, 블록체인 기술을 헬스케어 분야에 활용하기 위해서는 몇 가지 고려해야 할 사항들이 있는데 가장 대표적인 두 가지는 데이터의 저장방식과 블록체인 시스템의 운영방식이다.

1. On-Chain Data, Off-Chain Data

국내 대형병원에서는 정보화 여부와 관계없이 수천가지 각종 서식을 사용하고 있으며, 서식 내에서 데이터 타입(Data Type)이 정해져 있지 않은 Doctor's Notes류의 자유형식(Free Style) 비정형 데이터가 여전히 많다.

또한 종류가 많을 뿐만 아니라 사용자에 따라 기록하는 용어나 형식도 다양해 전체 내용을 공유하기는 매우 어려운 상황이다. 또한 원무관리, 일반행정관리, 처방전달, 검사정보 등 모든 의료기관에서 사용하는 업무가 표준화 되어 있지 않고, 양(Size)으로 병원 데이터의 대부분을 차지하는 영상 이미지 등에 블록체인 기술을 직접 적용하기에는 어려움이 있다.

HIE(Health Information Exchange)와 마찬가지로 의료기관에서 사용하는 정보를 모두 유통시키거나 유통될 필요는 없으므로 블록체인을 사용할 때 효과적인 업무를 선정해 선별적으로 사용하는 것이 필요하며, 이런 고려이후에는 해당 업무 중에서도 블록체인에 직접 저장할 'On-Chain'과 기존 기간계 시스템(Legacy System)이나 DW(Data Warehouse) 데이터베이스에 'Off-Chain'으로 어떤 정보가 저장되어야 하는지 검토하는 과정이 필요하다.

블록체인은 인구통계 정보, 병력, 서비스 코드처럼 특정적이고 제한된 데이터 세트를 효율적으로 운영할 수 있으므로 블록체인에 저장할 데이터의 크기와 형식을 정의하기 위한 프레임워크와 표준화 작업이 용이한 데이터는 블록체인의 'On-Chain' 정보로 저장하고, X레이나 MRI 등 대용량 이미지 정보는 블록체인에 직접 저장하기보다 기존 데이터베이스에 저장하는 방식이 유리하다. 'On-Chain' 블록체인에 저장된 링크를 통해 'Off Chain' 데이터와 연계시키면 블록체인 네트워크에 영향을 주지 않으면서도 두 가지 유형의 정보를 모두 저장할 수 있는 장점이 있다.

2. 퍼블릭 · 컨소시엄 · 프라이빗 블록체인

블록체인은 '합의 프로세스'에 참여하는 사람들이 트랜잭션을 확인 · 전송할 수 있는 퍼블릭 블록체인, 사전에 정한 수의 노드만 장부를 사용할 수 있는 컨소시엄 블록체인, 하나의 조직만 장부를 쓸 수 있는 프라이빗 블록체인으로 구분할 수 있다.

누구나 네트워크에 참여해 거래를 할 수 있고, 스스로 채굴이나 거래승인 당사자로 활동할 수 있는 비트코인은 퍼블릭 블록체인의 대표적인 애플리케이션이다. 반면 이미 신뢰성이 검증되고 약속된 참여자를 지정하여 폐쇄적으로 네트워크를 운영하는 사례를 프라이빗 블록체인이라고 한다. 퍼블릭 블록체인의 경우 거래정보의 검증 및 승인절차에 따른 시스템 복잡성이나 인센티브로 인해 상대적으로 시스템 운영비용이 높다. 반면 프라이빗 블록체인의 경우 거래정보의 검증을 누가 하는지, 누가 어느 정보까지 열람 가능한지 등을 사전에 정해놓는 등 여러 가지 제약을 둘 수 있으며 별도의 채굴과정을 삭제할 수 있어 블록을 새로 생성하는 데 많은 비용이 들지 않는다.

결과적으로 프라이빗 블록체인은 시스템 복잡성이 낮고 운영비용도 저렴하며, 특정 기업 내부 또는 제한된 파트너 사이에서 일어나는 거래를 효율적이고 안전하게 처리하고자 할 경우 활용되기 쉽다. 컨소시엄 블록체인은 반공개형 블록체인으로 퍼블릭 블록체인과 프라이빗 블록체인이 결합된 형태로 선정된 주체들만이 참여 가능하며, 네트워크 확장이 용이하고 거래비용이 거의 들지 않으며 거래속도가 빠르다는 것이 장점이다.

블록체인을 활용한 의료산업 애플리케이션에 관심을 가지고 있는 'Gem'은 의료비 부과 및 정산과정의 비효율로 인해 연간 3,750억 달러가 낭비되고 있다는 연구결과를 토대로 의료비를 청구하는 과정에서 보험사, 의료기관의 관련 부서, 환자, 필요시 대출기관까지 하나의 블록체인으로 연계되어 지불 조정과 관리가 이뤄질 경우 환자의 비밀을 보장하면서도 전체 과정의 효율을 향상시킬 수 있을 것으로 기대된다.

국내의 경우 공적 의료보험에 대한 의료비 청구 · 심사 및 민간 보험사에 대한 의료비 청구 · 심사업무 프로세스에 가장 많은 이해관계자(환자, 의료기관, 보험사 등)가 참여하고 있으므로 퍼블릭 블록체인을 활용해 청구 · 심사기간 단축, 트랜잭션 비용 절감, 지불과정 효율성 향상 등을 기대할 수 있다.

정부나 건강보험공단, 심사평가원 등의 대형 참여자가 블록체인의 소유자가 될 경우 진정한 분산시스템의 가치를 방해할 수 있는 위험도 있으나, 다수의 헬스케어 참여자(의료기관)를 통한 전국적인 블록체인 네트워크는 상호운용성을 강화시킴과 동시에 보안을 더욱 강화시킬 수 있으므로 기관간 임상연구정보를 교류하는 업무 등에는 컨소시엄 블록체인의 적용이 가능할 것으로 보인다.

질병관리본부에서 전염병 관리, 식약처에서 통증완화제의 악용 등을 방지하거나 추적할 목적으로 프라이빗 블록체인을 활용할 수 있다.

데이터 구조에 대한 평가 스코어 카드를 만들어 [세 개의 비트에 데이터 특성을 표기, 첫번째 비트는 작업증명(Proof-of-Work), 두번째 비트는 탈중앙화(Decentralization), 세번째 비트는 변화 추적(Change Tracking)] 가장 적절한 데이터 저장 형태를 찾는 예시인데, 이런 툴을 활용해서 조직에 가장 적절한 데이터 저장 구조와 형태가 프라이빗 인지 퍼블릭 블록체인 형태인지 찾는데 도움을 받을 수 있다.

학습활동.12 교수 · 학습 방법

교수 방법

- 블록체인 기술 및 응용에 대한 관련 용어, 구성, 방식 이해 정도를 파악한 후 수업을 진행한다.
- 교수자의 주도로 블록체인 기술 및 응용 등의 내용을 PPT 자료로 제시한 후 설명한다.
- 가능하면 사전에 개인별 학습 자료를 준비하여 모든 학생이 참여할 수 있는 문제 해결식 수업, 협력 수업이 가능하도록 한다.
- 블록체인 기술 및 응용 전 과정을 작업의 순서에 따라 단계적으로 실습이 이루어질 수 있도록 지도한다.
- 교재를 통해 수업을 준비하는데 있어서 필요한 모든 정보나 팁, 힌트 등 도움이 될 만한 내용들을 확인할 수 있다.
- 학생들이 만들게 될 각 모델들은 수업시간에 중점적으로 다뤄질 부분과 어휘, 질문, 답을 포함하고 있으며 또한 탐구할만한 추가적인 아이디어들도 포함하고 있다.

학습 방법

- 블록체인 기술 및 응용에 대한 관련 용어를 숙지하고, 블록체인 기술 및 응용에 대해 이해한다.
- 블록체인 기술 및 응용의 각 단계별 중점 사항을 체계적으로 학습한다.
- 블록체인 기술 및 응용의 수행순서의 전 과정을 실습한다.
- 블록체인 기술 및 응용의 내용을 이해한다.
- 블록체인 기술 및 응용을 이해하고 숙달이 될 때까지 학습한다.

학습활동.12 평가 및 피드백

평가 준거

- 평가자는 피평가자가 수행 준거 및 평가 내용에 제시되어 있는 내용을 성공적으로 수행할 수 있는 지를 평가해야 한다.

학습내용	평가항목	성취수준		
		상	중	하
블록체인 기술 및 응용	블록체인 기술 및 응용을 이해할 수 있다.			

평가 방법

- 작업 포트폴리오

학습내용	평가항목	성취수준		
		상	중	하
블록체인 기술 및 응용	블록체인 기술 및 응용을 이해할 수 있다.			

- 필기시험

학습내용	평가항목	성취수준		
		상	중	하
블록체인 기술 및 응용	블록체인 기술 및 응용을 이해할 수 있다.			

- 체크리스트를 통한 관찰

학습내용	평가항목	성취수준		
		상	중	하
블록체인 기술 및 응용	블록체인 기술 및 응용을 이해할 수 있다.			

- 피드백

1. 작업 포트폴리오
   - 제출한 보고서를 평가한 후 주요 사항에 대하여 표시하여 돌려준다.
2. 필기시험
   - 평가 결과 성적이 저조한 학생은 보고서 제출 기회를 부여한다.
3. 체크리스트를 통한 관찰
   - 실습 과정에서 평가한 후 개선해야 할 사항 등을 정리하여 돌려둔다.

참 | 고 | 문 | 헌

- 박세열, '블록체인! 가상화폐를 넘어 산업생태계의 혁신을 선도하다', 2018.3.7.
- 이제영, 블록체인 기술의 전망과 한계 글고 시사점, Future Horizon, 2018.4.
- 최선미 · 김현진 · 송근혜 · 민대홍 · 박종현 · 민수진 · 박경진 · 조진실 · 최가은, "블록체인 어디에 응용하고 있나?(응용 사례와 분야별 특성을 중심으로)" ETRI Insight, 2018.6.30.
- 교보증권, '블록체인, 거인의 어깨 위에 서서', 2017.9.5.
- 금융보안원, '블록체인 응용기술 개발 현황 및 산업별 도입 사례', 2017.1.25.
- IBK경제연구소, '블록체인의 이해와 금융업의 활용에 대한 고찰', 2017.7.
- IBM, 'IBM 블록체인 플랫폼 기술 개요', 2017.1.
- KDB산업은행, 'R3CEV(글로벌 블록체인 컨소시엄) 최근 동향', 2017.7.17.
- KISA, '국내외 블록체인 기술 적용분야 및 사례 연구', 2016.12.
- KISTEP, '블록체인 생태계 분석과 시사점', 2017.9.
- NIA, '블록체인 활용 전자투표 주요사례 및 시사점', 2017.04.24.
- NIPA, '블록체인 기술의 이해와 개발 현황 및 시사점', 2018.3.28.
- STEPI, '블록체인(Blockchain) 기술동향과 시사점', 2017.7.25.

학습 1	4차산업 기술 및 응용
학습 2	의료기기 기술 및 응용
학습 3	의료용 로봇 기술 및 응용
학습 4	스마트 헬스케어 기술 및 응용
학습 5	디지털 치료제 기술 및 응용
학습 6	인공지능 기술 및 응용
학습 7	빅데이터 기술 및 응용
학습 8	사물인터넷 기술 및 응용
학습 9	5G 네트워크 기술 및 응용
학습 10	디지털 콘텐츠 기술 및 응용
학습 11	디지털 트윈 기술 및 응용
학습 12	블록체인 기술 및 응용

학습 13 메타버스 기술 및 응용

학습 목표

1. 메타버스 기술 및 응용을 이해할 수 있다.

13-1 메타버스 기술의 개요

1. 메타버스의 정의

메타버스(Metaverse)는 가상 · 추상을 의미하는 초월(Meta)과 현실세계를 의미하는 세계 · 우주(Universe)의 합성어로, 현실세계와 같은 사회적 경제적 활동이 통용되는 3차원 가상공간 세계가 실감기술을 통해 매개, 결합되어 만들어지는 융합세계로 정의한다. 실감기술은 헤드 마운티드 디스플레이, 3D 매핑, 모델링, 시청각 사용자 인터페이스 등 실제와 유사한 경험을 가능케 하는 기술이다. 미래에는 메타버스가 인터넷의 뒤를 잇는 가상현실 공간의 주류가 되면서 인터넷과 SNS를 잇는 차세대 서비스로 자라 잡을 것이다.

코로나19 팬데믹으로 뮤지션들이 가상세계에서 공연을 진행하면서 최근 메타버스에 대한 논의가 더욱 활발해졌다.

보다 구체적으로는 정치 · 경제 · 사회 · 문화의 전반적 측면에서 현실과 비현실 모두 공존할 수 있는 생활형 가상세계, 실생활과 같이 사회 · 경제 · 문화적 활동을 하게 되는 가상현실공간 세계라는 의미로 폭넓게 사용되고 있다.

메타버스 돌풍의 원인은 MZ세대에 익숙한 게임플랫폼의 사용으로 소비가 늘고 코로나로 인한 비대면 언택트 시대로 인하여 집에서 머무는 동안 메타버스를 교류의 장으로 택하여 시간과 공간의 한계를 극복해 이용자에게 더 많은 경험을 제공할 수 있는 방안을 찾으면서 메타버스를 찾기 시작했다.

[그림 13-1] 메타버스의 개념

출처 : https://science3m.tistory.com/238

메타버스는 2000년 초반에 가상현실 서비스 세컨트라이프(Second Life)가 등장하면서 새롭게 주목받기 시작했다. 세컨드라이프는 가상세계에서 아바타를 통해 전 세계 사람들과 교류하면서 경제적 활동까지 가능한 높은 자유도로 인기를 모았다.

10년이 지난 오늘날 메타버스가 주목 받는 이유는 일차적으로 메타버스 서비스가 현실과 유사하게 구현하는 3D 그래픽, 5G, 빅데이터, AI, 클라우드 플랫폼, XR,

블록체인, IoT 등 다양한 기술들의 급격한 수준 향상이다. 두 번째는 5G를 비롯해 관련 기술들의 비용이 현실과 유사한 수준의 가상공간을 보다 낮은 가격을 제공할 수 있기 때문이다.

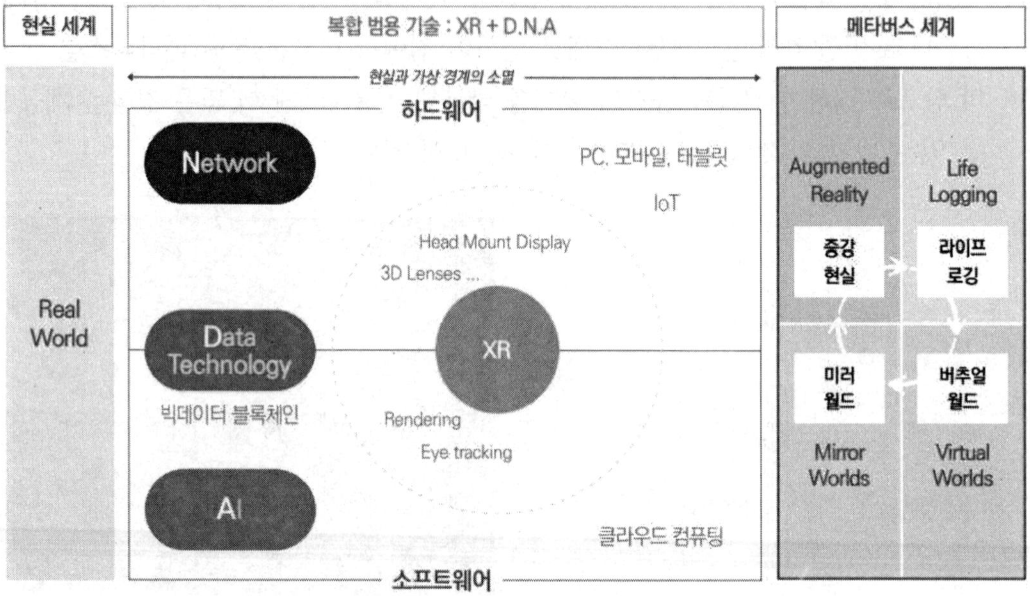

[그림 13-2] 복합 범용기술과 메타버스

출처 : 소프트웨어 정책연구소(2021)

기술이론 측면에서 메타버스가 혁명적 변화를 일으키는 이유는 메타버스가 범용기술 General Purpose Technology의 복합체로 구현되기 때문이다. 범용기술은 역사적으로 영향력이 큰 소수의 파괴적 기술을 의미하는 용어로 여러 산업에 공통으로 활용되어 혁신을 촉진하고 기술진화가 빠른 기술이다. 과거에도 범용기술은 혁명의 동력 역할을 해왔다. 바퀴, 증기기관, 전기를 비롯해 인터넷과 PC도 모두 범용기술이다. 이 기술들이 농업혁명, 산업혁명, 인터넷 혁명을 견인했다. 메타버스를 구현하는 핵심기술은 범용기술의 복합체 XR과 DNA로, 이를 통해 가상과 현실의 경계가 소멸 · 융합되어 새로운 가치가 창출된다.

전세계를 강타한 코로나19 역시 메타버스에 대한 수요를 키웠고, 코로나가 장기화되면서 사람들은 온라인 공간에서도 오프라인 공간과 유사한 경험을 원했고 메타버스는 이러한 욕구를 충족시켜줄 강력한 도구였다.

2. 가상현실을 넘어 새로운 미래공간 메타버스로 진입

현실과 가상의 경계를 넘어 새로운 미래공간이 된 메타버스(Metaverse) 콘텐츠가 급부상하고 있다.

메타버스는 가상공간에서 창작물 콘텐츠를 능동적으로 무한히 생산하고 상호 공유할 수 있으며, 생산된 창작물이 지적재산권 IP(Intellectual Property)와 블록체인의 대체 불가능한 토콘 NFT(Non-Fungible Token)과 결합하여 가치의 저장·증대·교환이 가능해 새로운 경제 활동영역이 창조되었다. 이는 창의적인 아이디어를 현실 세계보다는 다양한 방법으로 새로운 비즈니스를 만들어 낼 수 있어 기존의 단순 콘텐츠 생성·활용과 차별성이 있기 때문에 매력적이다.

컴퓨터를 기반으로 제공되는 네트워크 환경을 통해서 새로운 사회·문화적 공간이 등장했다. 이러한 인간문명의 공간을 사이버 스페이스(Cyber Space), 가상세계(Virtual World), 가상현실(Virtual Reality), 가상환경(Virtual Environment)이라고 한다. 사이버 스페이스는 깁슨의 SF소설 '뉴로맨서 Neuromance(1984)'에서 후기산업사회의 데이터베이스를 공감각적으로 재현한 환상 내지 환각을 뜻하는 표현으로 등장했다. 이것이 계기가 되어 이후 디지털 커뮤니케이션의 물적 인프라를 지칭할 뿐만 아니라, 정보의 바다 그리고 그 공간에 자료를 공급하고 항해하는 사용자까지 포함하는 개념으로 활용되고 있다.

엄밀한 의미에서 사이버 스페이스와 가상현실, 가상세계와 가상현실의 용어 사용은 구별되어야 만 한다.

메타버스는 물리적 공간의 한계를 넘을 수 있다는 장점을 앞세워 일부 콘텐츠에서 오프라인의 경험을 가상의 공간으로 확장해왔다. 즉 현실세계와 가상세계의 경계가 소멸된 것이다. 이제는 고도화된 관련 기술을 바탕으로 다양한 콘텐츠가 개발되어 플랫폼을 능숙하게 다루며 새로운 경험을 즐기는 MZ세대들에게 확산되는 추세다.

가상현실의 본질은 ① 시뮬레이션, ② 상호작용, ③ 인공성, ④ 몰입, ⑤ 원격현전, ⑥ 온몸몰입, ⑦ 망으로 연결된 커뮤니케이션, ⑧ 능동성과 수동성, ⑨ 조작과 수용성, ⑩ 격리된 현전감, ⑪ 증가된 실재이다.

사이버 스페이스는 고성능 컴퓨터와 광범위한 통신망에 의해 열려진 공간 혹은 장소이고, 가상현실이란 그 속에 존재하는 사물·사건 혹은 경험이라고 두 용어를 구별한다. 가상공간의 기술을 다시 네트워크 공간과 가상현실로 구분하는데, 이때 가상현실 영역은 인터페이스의 확장을 통해 상호작용성을 통한 몰입을 발생시키는

학습 13

기술적 수단으로 축소해 이해한다고 본다.

즉 가상현실은 협의의 기술적 공간이며, 가상세계란 기술이 아닌 기술을 매개로 탄생한 광의의 사회적·문화적 공간인 것이다. 이처럼 가상현실은 주로 인간의 신체가 가상현실 속에 일부로 흡수되는 시스템이나 물리적 장치를 지칭한다. 공간의 현실감, 즉 '거기에 있는 것 같은 느낌'을 전달하는 가상현실은 여러 가지 시각신호(Visual Cues)에 의해 이뤄지는데, 그 중 가장 강력한 것이 시각(Perspective)이다.

전형적인 예로 1968년 이반 서덜랜드(Ivan Edward Sutherland)가 고안한 HMD(Head Mounted Display), 촉감 인터페이스인 와이어드 글러브(Wired Glove), 몰입형 투명 디스플레이 CAVE(Cave Automatic Virtual Environment)를 들 수 있다. 이처럼 시각에 중점을 둔 가상현실의 작업을 '은유적 형상화'라고 칭하기도 한다.

그러나 기술이 발달함에 따라 인간 신체의 전부를 가상세계 안에 몰입시키는 신체형 가상현실보다 오히려 스크린 기반의 인터넷 가상세계가 활성화되고 있다. 현실이나 실재를 인위적으로 재현하거나 체험한다는 의미에서의 가상현실은 늘 현실을 모방(Imitation)하는 보조 도구로서의 역할밖에 하지 못한다.

일부학자는 입체안경을 끼고 매끄럽지 못한 재현 그래픽을 보는 기계적 가상현실을 '목경련을 일으키는 현상(Neck Jerk Reaction)'이고, "두 눈에 분리된 시각 영상을 전달하는 머리에 쓰는 디스플레이를 내던져야한다"고 말한다.

가상세계의 감각경험이 현실세계의 감각경험과 꼭 일치하거나 같은 속성을 갖는 것이 아니라는 것이 입증되면서, 협의의 가상현실에서 나아가 광의의 가상세계 개념이 구축되기에 이르렀다. 가상세계는 〈표 13-1〉처럼 6가지 특징을 제시한다.

〈표 13-1〉 가상세계의 6가지 특징

항 목	내 용
공용 공간(Shared Space)	다수의 사용자들이 동시에 참여할 수 있어야 한다.
GUI (Graphical User Interface)	공간을 시각적으로 표현해야 하며, 2D나 몰입형의 3D 환경에서 구현되어야 한다.
즉시성(Immediacy)	상호작용이 실시간(Real Time)으로 발생해야 한다.
상호작용성(Interactivity)	사용자들이 맞춤형 콘텐츠(Customized Content)를 변형, 개발, 제시할 수 있어야 한다.
지속성(Persistence)	개별 사용자의 접속 여부에 상관없이 세계 자체의 존재가 유지되어야 한다
사회화(Socialization)/ 커뮤니티(Community)	길드, 클럽, 당, 가족, 이웃 등 사회적 집단을 가상세계 내에서 형성할 수 있도록 허용하고 권장해야 한다.

컴퓨터 인터페이스의 기능과 역할의 확대 및 발전, 가상에 대한 패러다임이 전환됨에 따라 이제 가상은 현실을 복제하는 단계를 넘어서서 상상력을 통해 독자적인 '가상세계(Virtual World)'를 구현하기에 이른 것이다. 가상세계란 본질적으로는 가상현실 설계자에 의해서 설계된 것임에도 불구하고 '빈 공간'이 존재하기 때문에 그 공간의 사용자가 빈 공간을 활용해 자기를 표현하고 발견하는 대안적 장소가 될 수 있다. 메타버스, 말 그대로 현실세계(Universe)를 초월(Meta)하며 이제는 새로운 미래공간이 되었다.

3. 메타버스의 유형

비영리 기술 연구 단체인 미국 기반의 가속연구재단 ASF(Acceleration Studies Foundation)은 2007년에 발표한 메타버스 로드맵에서 현실세계의 대안 또는 반대로 보는 이분적 접근에서 벗어나 현실세계와 가상세계의 교차점(Junction), 결합(Nexus), 융합(Convergence)으로 이해할 것으로 제안했다. 또한 가상환경의 구현과 이용에 있어서 사물, 기기, 행위자, 인터페이스, 네트워크 등 현실세계의 요소들이 필수적으로 수반되고 '증강과 시뮬레이션', '사적인 것과 외적인 것'이라는 두 축을 가지고 [그림 13-3]과 같이 네 가지 범주로 분류했다.

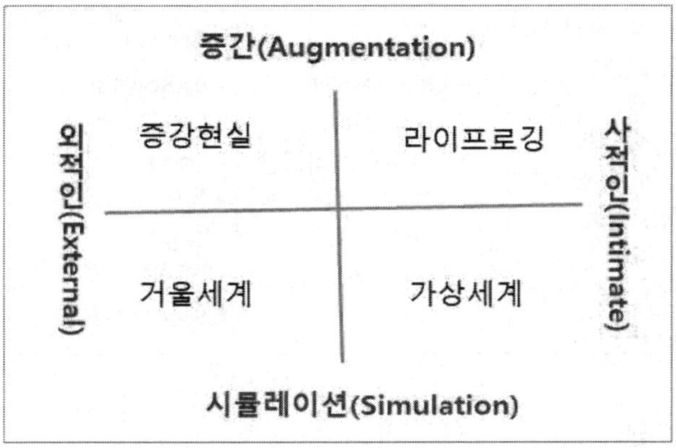

[그림 13-3] 메타버스의 유형

① 사적(Intimate) : 아바타, 온라인 프로필, 직접 등장 등의 방법으로 이용자의 정체성과 행위성의 발현에 초점을 둔 기술이다.

② 외적(External) : 이용자를 둘러싸고 있는 바깥 세계에 대한 정보와 통제력을 제공하는 기술이다.

③ 증강(Augmentation) : 이용자가 인식하는 물리적 환경 위로 새로운 제어 ·

학습 13

정보시스템 레이어를 쌓아 올리는 기술이다.

④ 시뮬레이션(Simulation) : 이용자 및 객체 간 상호작용을 위한 장소로서 현실을 모방한 가상의 세계를 제공하는 기술이다.

메타버스는 크게 증강현실, 거울세계, 라이프로깅, 가상세계로 분류되며 각 유형은 명확하게 분리되기 보다는 점차 유형간 경계가 허물어지는 경향을 보이고 있다.

〈표 13-2〉 4가지 유형의 메타버스 세계의 특징 비교

	증강현실	라이프로깅	거울세계	가상세계
정 의	현실공간에 가상의 2D 또는 3D 물체가 겹쳐져 상호작용하는 환경	사물과 사람에 대한 일상적인 경험과 정보를 캡처, 저장, 전송하는 기술	실제 세계를 그대로 투영한 정보가 확장된 가상세계	디지털 데이터로 구축한 가상세계
구현가치	현실세계와 판타지, 편의성을 결합한 몰입 콘텐츠 제공	방대한 현실세계의 경험과 정보를 언제든지 확인 가능하며 타자와 공유가능	외부정보를 가상공간에 통합, 확장함으로써 활용성 극대화	다양한 개인들의 활동이 가능한 현실에 없는 새로운 가상공간을 제공
핵심기술	• 비정형 데이터 가공 • 3D 프린팅 • 5G 네트워크	• 온라인 플랫폼 • 유비쿼터스 센서 • 5G 네트워크	• 블록체인 기술 • GIS 시스템 • 데이터 저장, 3D 기술	• 그래픽기술, 5G 네트워크, 인공지능, 블록체인 기술
서비스 사례	• 포켓몬Go • 운전석 앞의 HUD • SNOW앱 • 코카콜라 프로젝트 • 방탈출 게임 • 3D아바타를 통한 SNS 활동 • 에어버스, BMW의 증강현실 스마트 팩토리	• S-health, Apple • 나이키+러닝 • 차량 블랙박스 • SNS(인스타그램, 유튜브, 페북 등) 매체의 블로그, Vlog, 피드 등	• 구글 Earth, 네이버, 카카오 지도 • 에어비앤비 • 미네로바스쿨 • Zoom 회의실 • 폴드잇 디지털 실험실 • 배달의 민족 • 직방, 다방 등	• 포트나이트 • 마인크래프트 • 로블록스 • 동물의 숲 • 제페토 • 버버리 B서프 • 시뮬레이션 플랫폼
주요 대표기업	• 나이앤틱 • 잉그레스 • 마이크로소프트 • 아마존 • 페이스북	• 나이키 • 삼성, 애플 • 페이스북, 트위터 • 마이크로소프트 • 아마존	• 구글, 네이버, 카카오 • 에어비엔비 • 마이크로소프트 • 아마존 • 페이스북	• Epic games • X-box game studio • 네이버Z • 닌텐도 • 엔씨소프트 • 마이크로소프트 • 페이스북
부작용 (도전요소)	• 현실이 중첩된 증강현실 공간 속의 혼란 • 증강현실 속 캐릭터 등에 대한 소유권	• 초상권 및 재산권 침해 • 내부기밀 유출 및 겸업금지 위반 등	• 정보조작의 문제 • 거대플랫폼 락인 효과로 불공정거래	• 현실세계의 회피 • 도덕적, 윤리적 문제를 일으킬 무질서 우려

1) 증강현실

증강현실(Augmented Reality)은 현실공간에 2D 또는 3D로 표현되는 가상의 물체를 겹쳐 보이게 하면서 상호작용하는 환경을 의미하며, 이용자가 일상에서 인식하는 물리적 환경에 가상의 사물 및 인터페이스 등을 겹쳐 놓음으로써 만들어지는 혼합 현실

[그림 13-4] 증강현실의 사례

출처 : https://science3m.tistory.com/238

〈표 13-3〉 증강현실 서비스와 주요내용

대표 서비스	주요내용
포켓몬고 (나이언틱)	• 2016년 나이언틱(Niantic)이 닌텐도와 합작으로 출시한 게임으로 개발된 지 5년이 지났으나 엔터테인먼트 분야에서는 현재도 증강현실 대표 서비스로 꼽힘 • 나이언틱은 구글어스의 전신인 어스뷰어(Earth Viewer)를 기반으로 성장한 회사로 공간정보, 3D 모델링, 증강현실 기술에 대한 전문성에 기반하여 '12년 최초의 위치 기반 증강현실 게임인 인그레스(Ingress)를 출시한 바 있으며, 포켓몬고는 전작에 스토리와 문화적 감수성이 더해져 다양한 이용자에 소구하는 대표게임으로 발전
제페토 (네이버Z)	• 네이버가 증강현실 카메라 앱인 스노우(SNOW)를 별도 법인으로 분사시켜 제공중인 증강현실 아바타 서비스로 2018년 출시 후 2021년 1월까지 전세계적으로 1억 9천명의 누적 가입자 확보 • AI 기반 안면인식 기술을 통해 3D 아바타를 생성하는 것에서 나아가 제페토 월드를 구축해 셀레브리티 아바타와의 소통 기능 및 소셜미디어 기능 등을 추가하여 증강현실, 가상세계, 라이프로깅이 모두 결합된 서비스로 확장

사람들에게서 적은 거부감으로 보다 높은 몰입감을 유도할 수 있는 특징이 있다. 사용자가 단말기의 카메라를 통해 현재는 전소된 남대문을 촬영하면 디지털로 구축된 남대문이 사용자의 단말기에 중첩되어 보이는 것이 증강현실의 한 예라고 할 수 있다.

2) 라이프로깅

라이프로깅(Lifelogging)는 인간의 신체, 감정, 경험, 움직임과 같은 정보를 직접 또는 기기를 통해 기록하고 가상의 공간에 재현하는 활동정보를 캡처하고 저장하고 묘사하는 기술이다. 사용자는 일상생활에서 일어나는 모든 순간을 텍스트, 영상, 사운드 등으로 캡처하고 그 내용을 서버에 저장하여 이를 정리하고 다른 사용자들과 공유할 수 있다. 센서가 부착된 스포츠 웨어를 네트워크 연결이 가능한 MP3 플레이어와 연동하여 사용함으로써 달린 거리, 소비 칼로리, 선곡 음악 등의 정보를 저장 · 공유하는 등의 행위가 라이프로깅의 예시가 될 수 있다.

출처 : https://science3m.tistory.com/238

[그림 13-5] 라이프로깅의 사례

〈표 13-4〉 라이프로깅 서비스와 주요내용

대표 서비스	주요내용
페이스북 360 (페이스북)	• 페이스북은 2016년 360도 사진 및 영상을 게시할 수 있게 하는 페이스북 360 서비스를 도입하였으며, 2017년 자회사인 오큘러스(Oculus) 기기를 통해 콘텐츠를 이용할 수 있도록 공식앱 출시 • 페이스북은 2018년 디지털 비디오 카메라 제조사인 RED와 합작으로 3D 비디오 카메라를 출시하는 등 플랫폼-3D 기기-이용자 콘텐츠를 유기적으로 연동하는 서비스 추진
트레이닝 클럽 (나이키)	• 2000년대 말부터 부상한 자기 수치화(Quantified Self) 운동의 연장선상에 있는 서비스로 나이키에서 2009년 출시한 앱 • 개인별 맞춤형의 피트니스 프로그램을 제공하며, 이용자는 개인이 달성한 기록을 소셜미디를 통해 공유

3) 거울세계

거울세계(Mirror Worlds), 즉 미러월드는 실제 물리적 세계를 가능한 한 사실적으로, 있는 그대로 반영하되 추가정보를 더한 '정보적으로 확장된(Informationally Enhanced)' 가상세계를 말한다.

대표적인 예로 구글어스(Google Earth)를 들 수 있다. 구글어스는 세계 전역의 위성사진을 모조리 수집하여 일정 주기로 사진을 업데이트하면서 시시각각 변화하는 현실세계의 모습을 그대로 반영하고 있다.

기술의 발전이 계속될수록 미러월드는 점점 현실세계에 근접해갈 것이며, 이는 향후 가상현실의 커다란 몰입적 요소가 된다. 이같은 미러월드의 사용자는 가상세계를 열람함으로써 현실세계에 대한 정보를 얻게 된다.

출처 : https://science3m.tistory.com/238

[그림 13-6] 거울세계의 사례

〈표 13-5〉 거울세계 서비스와 주요내용

대표 서비스	주요내용
구글어스 (구글)	• 구글이 2004년 인수한 키홀(KeyHole)의 어스뷰어 서비스를 전신으로 하며, 위성 이미지를 3D로 재현하여 실제 공간정보를 제공하는 대표적 거울세계 서비스 • 어스스튜디오, 어스엔진, 어스VR 등의 응용서비스를 통해 영상제작, 시간별 공간 변화 파악, 지형 · 기후자료 수집, VR체험 가능
업랜드 (업랜드미)	• 업랜드미(Uplandme)에서 2019년 출시한 가상의 부동산 게임으로 대체 불가 토큰(NFT)을 사용하여 부동산 투자 및 거래 가능 • 2020년 미국 대선일에 업랜드상에서 트럼프 타워를 경매에 붙이고, 같은 해 10월부터 실제 통화와 업랜드상의 부동산 간 거래를 가능케하는 등 현실세계와의 연동성을 높이며 사업 확장

4) 가상세계

가상세계(Virtual World)는 디지털 기술을 통해 현실의 경제, 사회, 정치적 세계를 확장시켜 유사하거나 혹은 완전히 다른 대안적 세계를 디지털 데이터로 구축한 것이다.

가상세계에서 사용자들은 아바타를 통해 현실세계의 경제적, 사회적인 활동과 유

학습 13

사한 활동을 한다는 특징이 있다. 가상세계는 우리에게 가장 친숙한 형태의 메타버스로서 리니지와 같은 온라인 롤플레잉게임에서부터 린든 랩에서 개발된 세컨드 라이프와 같은 생활형 가상세계에 이르기까지 3차원 컴퓨터그래픽 환경에서 구현되는 커뮤니티를 총칭하는 개념이다.

사실 이미 메타버스는 우리 삶 속에 친근하게 다가와 있다. [그림 13-7]처럼 가상의 인물인 릴 미켈라(Lil Miquela)는 전세계에서 가장 유명한 인플루언서로 500만 명 이상의 SNS 팔로워를 보유하고 있는데, 한 해 동안 벌어들인 수익은 무려 1,170만 달러(약 132억 원)에 달한다. 이마(IMMA)는 33만 명의 인스타그램 팔로워를 보유한 인플루언서로 한 해 동안 벌어들인 수익은 7억 원에 달한다.

[그림 13-7] 가상인플루언서 릴미켈라(Lil Miquela)과 이마(IMMA)의 일상

가상 인플루언서들이 이렇게 많은 돈을 벌 수 있는 이유는 팬들이 이들이 광고한 제품을 보고 따라 구매하기도 하고, 공개 연애를 응원하기도 하며 실제 사람과 동일하게 인식하기 때문이다. 더 나아가 이들은 앨범을 내거나 자체 브랜드를 런칭해 활발하게 본인의 커리어를 확장시키고 있다. 가상 인플루언서들은 실존하지만 않을 뿐 현실과 가상의 경계를 넘나들며 인간이 살아가는 모든 삶을 누리고 있는 것이다. Z세대들은 가상공간에서 또 다른 자아를 형성해 현실세계에서 이루지 못했던 꿈들을 펼쳐나간다. 메타버스 플랫폼이 Z세대 사이에서 급부상하게 된 이유다.

출처 : https://science3m.tistory.com/238

[그림 13-8] 가상세계의 사례

〈표 13-6〉 가상계 서비스와 주요내용

대표 서비스	주요내용
세컨드 라이프 (린든랩)	• 2003년 린든랩(Linden Lab)이 출시한 온라인 가상세계 서비스로 로블록스, 마인크래프트 등에 앞선 초창기 샌드박스형 서비스 • 정부기관, 민간기업, 교육기관 등의 디지털 트윈 구축, 공연 · 전시회 개최, 가상 일자리 제공, 현실세계 화폐와의 환전시스템 도입 등 메타버스 비즈니스 모델의 원형 제공
포트나이트 (에픽 게임즈)	• 에픽 게임즈(Epic Games)가 2017년 출시한 3인칭 슈팅게임으로 최근 가장 주목할 만한 메타버스 서비스로 성장 • 실제 뮤지션과 협업한 콘서트 개최, 패션 브랜드(나이키, 루이비통 등)와 라이센스를 맺은 스킨 출시, 업무회의 공간 제공 등 게임을 넘어 현실과 가상을 잇는 종합적 문화 · 생활서비스로 성장 • 에픽 게임즈의 CEO인 팀 스위니(Tim Sweeney)는 오픈 메타버스의 옹호자로 포트나이트를 크로스 플랫폼 게임으로 성장시키는 한편, 이용자 관점에서 자유로운 이동이 가능한 메타버스 생태계 구축을 위한 논의 확산
STRIVR	• 2014년 스탠포드 대학교의 연구 프로젝트로 시작해 2015년 공식 설립된 기업으로 VR 기술을 실생활에 접목시킨 서비스 제공 • 월마트(Walmart) 직원을 대상으로 한 상황기반 교육 · 훈련이 대표적 이며, 운동선수 훈련, 고객 응대 훈련, 기계 작동 훈련, 안전 교육 등의 분야에서 활용 사례 증가

학습 13

[그림 13-9] 포트나이트에서 열린 래퍼 트레비스 스캇의 콘서트

4. 메타버스의 킬러 콘텐츠

저렴해지는 HMD, 메타버스 플랫폼의 등장은 VR 디바이스를 살 수밖에 없는 환경을 만들 것으로 예상된다. 기기성능 개선으로 디바이스를 장시간 착용 가능해짐에 따라, 메타버스로 만들어지는 인간의 새로운 사회적 관계는 무시하기 어려워질 것이다.

어린 학생들이 많이 이용하는 로블록스의 사례를 보더라도 가상현실 공간은 그들에게 이미 중요한 공간이며, 계속 머물러야만 하는 공간이 될 수도 있다. 이러한 세상의 변화에 따라 글로벌 기업들도 공개되지 않았던 개발현황을 공개하거나, 관련 업체와의 제휴, 인수 등 빠른 움직임을 보이고 있다. 이는 콘텐츠(C)-플랫폼(P)-네트워크(N)-디바이스(D) 생태계를 형성중이다.

글로벌 IT업체들이 가상현실 기기 시장을 주목하고 있는 것은 VR 디바이스가 스마트폰에 버금가는 새로운 IT기기 혹은 큰 시장규모를 형성할 수 있다는 판단일 것이다. 현재 앞서 나가고 있는 Facebook(Oculus), 마이크로소프트(Hololens), Google(Google Glass)외에도 삼성전자와 애플도 스마트글래스에 대한 기술개발을 진행하고 있다.

또한 수익창출에 있어서 핵심이 되는 콘텐츠, 플랫폼 분야에서도 네이버, 로블록스, 페이스북 등이 시장선점을 하기 위해 적극적인 행보를 보이고 있다. 암호화폐 업계도 메타버스 내 경제활동으로 암호화폐가 소비될 수 있다는 점에서 많은 프로젝트가 진행중이기도 하다.

13-2 메타버스 기술의 응용

1. 디지털 자산과 메타버스의 결합

기존의 디지털 자산은 가치를 지니기가 어려웠다. 아무리 노력해서 디지털 작품 및 콘텐츠를 만들더라도, 복제되기가 매우 쉽기 때문이다. 실제로 우리는 지금도 Ctrl+C, Ctrl+V(복사 및 붙여넣기) 한 번으로 유명 작가의 그림이나 사진파일을 여러 장 만들어낼 수 있다. 그런데 NFT의 등장으로 디지털 자산에도 '가치'가 만들어지기 시작했다. 다양한 디지털 자산에 대해 블록체인 기반의 대체 불가한 고윳값으로 유일성이나 희소성을 부여할 수 있게 된 것이다.

이러한 디지털 자산의 '가치화'는 진정한 의미의 메타버스를 만들기 위해서 필수적이다. 메타버스는 디지털에 존재하거나, 디지털을 활용하는 새로운 세계를 추구하고 있다. 그러기 위해서는 많은 사람들이 디지털 세상에서 활동하고 현실과 똑같이 삶을 영위할 수 있어야 한다. 다양한 사람들이 콘텐츠를 소비하고 오랫동안 활동하기 위해서는 화폐를 바탕으로 한 경제시스템이 필요하다. 그리고 NFT는 디지털 자산에 유일성을 부여하여 거래가 가능한 새로운 경제시스템을 만들어내고 있다.

실제로 메타버스에서 NFT를 통한 디지털 자산의 유통은 빠르게 진행되고 있다. 고유한 가치를 지닌 게임 아이템, 아티스트의 디지털 예술작품, 디지털 명품과 부동산 등이 지금 이 순간에도 활발히 거래되고 있다.

1) 나만의 집행검 : 게임 속의 메타버스와 NFT

집행검은 리니지 게임에 등장하는 아이템으로 한국 온라인 게임에서 고가 아이템을 대표하는 존재이다. 게임 아이템 하나가 현금으로 수천만 원에서 수억 원에 거래되는 것으로 유명해서, 리니지를 잘 모르는 사람도 많이 알고 있는 편이다. 이러한 기존의 게임 아이템은 아무리 희소성을 갖고 있더라도, 게임이 더 이상 운영되지 않으면 소유권의 의미가 없다는 특징이 있다.

그리고 최근 들어 많은 게임사는 이러한 게임 아이템을 NFT로 만들겠다고 발표하고 있다. 하나의 아이템을 다른 게임에서도 사용하고, 필요하다면 자유롭게 거래하여 수익을 창출할 수 있게 만들겠다는 것이다. 현재 국내에서 가장 유명한 NFT 게임은 '위메이드'가 개발한 '미르4'이다. 참고로 '미르4'의 드레이코는 흑철을 환전할 수 있는 게임 내 코인으로서 아직 대체 가능한 토큰(Fungible Token)이지 NFT는 아니다.

위메이드를 비롯해서 컴투스, 게임빌, 펄어비스, 카카오 게임즈, 넷마블, 엔씨소프트, NHN 등이 앞다투어 메타버스와 NFT에 관한 사업계획을 발표했다. 이미 해외의 '엑시 인피니티'나 '크립토 키티' 게임은 NFT 게임의 대명사로서 높은 가치를 인정받고 있다. 그리고 앞으로 더욱 많은 기업이 NFT를 통해 아이템에 가치를 부여하고, 돈을 벌 수 있는 P2E(Play to Earn) 시스템 구축을 목표 삼을 것으로 전망된다.

2) 핸드폰 속의 모나리자 : 예술이자 취미가 된 메타버스와 NFT

사람들은 모나리자를 보기 위해 지구 반대편에서 프랑스 루브르 박물관까지 찾아간다. 그리고 세상에 몇 개밖에 없다는 전설적인 스포츠 선수의 카드를 갖기 위해 기꺼이 수십, 수백억 원을 지불한다. 원작과 구분이 어려운 똑같은 예술품이나 카드를 쉽게 구할 수도 있지만, 그러한 것들은 가치를 인정받지 못한다.

그리고 이러한 예술과 취미의 영역이 이제는 메타버스와 NFT로 확장되고 있다. 디지털 아티스트 비플(Beeple)이 NFT로 제작한 '매일 : 첫 5000일'이라는 작품은 6930만 달러에 판매되었고, 디지털 아바타 수집품을 판매하는 크립토펑크의 NFT 이미지 하나는 1170만 달러에 거래되기도 했다. 현재 트위터 창업자 '잭 도시'의 NFT 트윗, 시계 NFT, 한국 프로야구 NFT 카드 등 수많은 NFT 작품과 수집품이 거래되었거나 준비 중에 있다.

3) 여기선 내가 건물주 : 새로운 자산이 된 메타버스와 NFT

메타버스와 NFT는 새로운 자산으로서의 가능성도 보여주고 있다. 이미 비트코인과 같은 암호화폐는 하나의 투자자산으로 인정받고 있고, 주식시장에는 비트코인 선물 ETF가 상장되기도 했다. 그리고 이제는 메타버스와 NFT 열풍을 타고 가상 부동산 투자가 활황을 보이고 있다.

대표적으로 '더 샌드박스'는 게임 속 아바타가 거래할 때 사용하는 샌드박스 코인을 이용해 가상 부동산이자 NFT인 '랜드'를 살 수 있는 구조를 갖고 있다. 현재 하나의 랜드는 약 550만 원으로, 서울 아파트 평당 가격과 비슷한 수준이다. 샌드박스에는 총 16만 개의 랜드가 있고, 땅 주인은 1만 6000여 명에 달한다고 한다. '어스 2'라는 기업은 구글어스 정보를 바탕으로 지구와 동일한 크기로 가상지구를 만들고 땅을 쪼개서 팔고 있다. 다른 플랫폼인 '업랜드'의 경우에는 건물과 교통시설 등을 옮겨와서 부동산을 활용해 임대료를 받고 재투자할 수도 있다. 부동산 경제시스템을 메타버스에 구현한 것이다.

2. 가상 디지털 자산과 메타버스 플랫폼 융합

메타버스 플랫폼으로는 가상현실 게임 중심의 로브록스(Roblox)와 가상공간에서 원격현실 행사와 이벤트(Tele-presence Events)를 지원하는 제페토(Zepeto), 가상세계의 부동산과 자산거래 서비스 디센트럴랜드(Decentraland) 등이 대표적인데, 현재 급속도로 새로운 서비스들이 런칭되고 있다.

메타버스 환경에서 사용자들은 게임에 필요하거나, 가상현실 행사나 모임에 참여하기 위하여 다양한 아이템을 구입하게 되고 이러한 것을 지원하는 아이템샵, 아바타 패션샵이 메타버스에 입주하게 되었고, 메타버스 화폐가통용되어 이러한 메타버스 가상 디지털 사물의 결제대금으로 지급하게 된다.

스마트 컨트랙트 기반의 디지털 자산거래를 위한 거래와 경매 플랫폼 (Trading and Auction Platform) 시장을 만들었는데, 메타버스 플랫폼에서는 가상 디지털 자산거래와 가상환경의 비즈니스를 지원하는 가장 완벽한 환경을 제공하게 된다. 가상환경 디자이너들이 패션샵 또는 아이템샵을 개장하여 아바타에 필요한 옷 등을 판매하기 시작하였고, 구찌 등 명품 브랜드 들이 로브록스 또는 제페토 등의 메타버스 환경에 아바타샵을 입점하고 있다.

사용자들이 메타버스 환경에서 자신의 아바타를 원하는 패션으로 치장하여 가상공간 또는 자신의 SNS에서 활동할 수 있도록 지원하게 된다. 아바타는 가상공간에서 또 다른 나의 분신으로써 많은 사용자들이 각자의 개성과 멋을 표현하고 싶어하기 때문에 아바타 패션샵 서비스에 대한 수요는 매우 성장할 전망이다.

디지털 금융은 우리가 금융에 접근할 수 있게 하는 게이트이다. 디지털 자산은 디지털 화폐의 안착을 의미한다. 디지털 금융의 사용성이 커질수록 디지털 자산 시장의 수요는 증가할 수밖에 없다. 이에 따라 현재 우리가 부르고 있는 가상자산의 의미가 재해석 될 가능성이 크다.

디지털 화폐와 디지털 자산시장은 더욱 금융의 한계를 극복해서 산업을 이어주는 새로운 시대를 열어 줄 것이다. 그러나 한편으로는 디지털 자산시장은 부익부 빈익빈의 새로운 판을 만들 것이고 그 격차는 전통 자산시장과는 판이하게 다를 것이라고 예상된다. 타 산업군은 핀테크 리터러시, 블록체인 리터러시, 디지털 에셋 리터러시 등을 통해 미래를 준비해야 할 것이다.

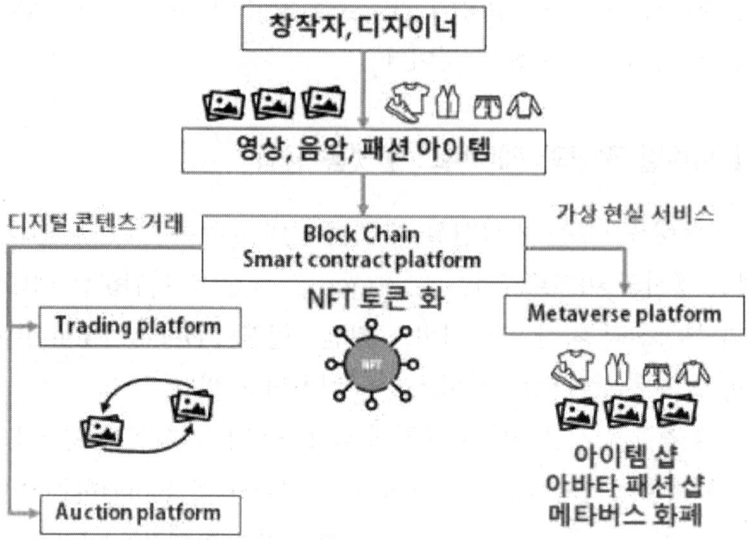

[그림 13-10] 메타버스 플랫폼에서 NFT이용 가상 디지털 자산거래

핀테크 중에서 디지털 화폐와 디지털 에셋에 있어 중요하게 봐야할 다른 산업은 게임업계이다. 금융과 게임은 거리가 먼 산업이라고 생각할 수 있지만 디지털에서 가장 쉽게 핀테크와 디지털 금융, 디지털 화폐를 가장 빨리 도입하고 활용할 수 있는 산업 중에 게임만 한 것이 없다.

게임은 메타버스와 긴밀하게 엮여 그 경계선이 모호해지는 부분도 있을 것이라 생각된다. 게임을 메타버스의 연장선상에서 바라보고 쓰는 글임을 미리 언급해 둔다.

가상의 공간에서 자산을 쌓고 불리고 관리하는 일이 증가하고 있다. 게임에서 가상화폐로만 취급되던 것이 금융으로 발전해 나가는 것을 볼 수 있다.

예를 들면 부동산 자산 운용사들의 일들이 게임으로 만들어져서 개인이 직접 부동산 프로젝트를 만들 수 있다. 부동산 펀드 없이 개인들을 통해 '투자-개발-수익 창출' 모델을 만들 수 있다. 가상의 공간에서 쌓인 화폐는 디지털 자산으로 활용될 수 있고, 금융사업이 가상의 세계로 들어오고 있다.

가상의 공간은 게임뿐만 아니라 동영상 플랫폼과 소셜네트워크 플랫폼도 포함된다. 이 모든 사용자들에게 메타버스는 다음 세대의 플랫폼을 의미하는 것인지도 모른다.

가상공간에 머무는 사용자는 가상의 공간, 즉 메타버스에 머무는 시간은 늘어난다. 가상공간에서 콘텐츠 소비와 소셜 활동이 늘어난다. 여기에 경제활동이 연결되면 메타버스는 플랫폼 이상의 가치를 가지게 될 것이다.

가상공간에서의 경제활동이 현실세계의 경제활동과 연동된다면 메타버스는 게임 산업만을 지칭하기는 어렵다.

가상공간에서의 놀이와 소비에 대한 보상이 디지털 자산과 연동되고 이것이 금융으로 설계되는 일이 현실로 나타나고 있다. 가상공간에서 누적된 보상은 디지털 자산이 되고 이것은 다시 금융자산으로 운용되거나 금융상품으로 발전시켜 나갈 수 있다.

3. 디지털 자산과 가상현실 기기의 융합

디지털 자산 관련 콘텐츠의 개발과 가상현실 기기의 발전과 더불어 융합하는 시기가 다가오고 있는 것이다. 디지털 자산 관련 모든 콘텐츠를 가상현실 기기를 통하여 미래의 본인의 자산의 형태를 그려보는 콘텐츠를 통해 메타버스 가상현실의 투자에 대한 이해가 가능할 것이다.

이러한 가상현실 기기의 증강현실(VR) 및 가상현실(AR) 하드웨어 시장은 Oculus Quest 2를 시작으로 한 독립형 헤드셋의 보급 증가 등의 영향으로 성장할 것으로 전망된다. 2021년 하드웨어 출하량은 760만대로 COIVD-19로 둔화된 2020년 대비 73% 증가할 것으로 추정되며, 2025년까지 중장기적으로 62.3%의 연평균 성장세를 보일 것으로 예상된다.

지금까지 가상현실시장은 보편화되지 않은 초기시장에 불과했으나, 소비자들의 인식변화 및 다양한 기업들의 참여, 새로운 디지털 자산 관련 콘텐츠의 등장으로 큰 규모의 디지털 자산을 융합하는 IT 디바이스 시장으로 자리잡을 수 있을 것으로 전망된다.

[그림 13-11]처럼 다양한 가상현실 기기의 등장과 더불어 여러 분야로 사용되고 있는 현실이다. 현재 VR 디바이스 시장을 선도하고 있는 기업은 페이스북의 Oculus이며, 출하점유율은 59.5%, 금액점유율은 49.4%이다. 또한 콘솔과 연동한 소니의 점유율은 각각 6.8%, 4.2%이며, 마이크로소프트는 상업용 초고가제품 판매로 인해 매출규모 2위를 기록하고 있다.

메타버스의 개념 자체는 분명 새로운 것이 아니다. 다만 사회적 인식변화와 이를 뒷받침해줄 기술발달로 인해 점차 우리의 생활과의 접점이 많아지고 있는 상황으로 판단된다.

물론 디지털 자산의 주식시장 관점에서는 단기 수혜주 찾기에 한계가 있을 수 있다. 당장 떠올려볼 수 있는 건 디지털 자산 관련 비즈니스를 시작한 일부 플랫폼

[그림 13-11] 가상현실 기기의 현황

업체들이나 디바이스 제작 업체들이 되겠으나, 아직 태동기에 불과한 산업인만큼 많은 변화들이 수 년 내에 이루어질 것이기 때문이다.

물론 디지털 자산과 메타버스 세상 융합기술의 한계를 정해서는 안 된다. 아직까지는 가장 개념 적용이 쉬운 '게임'을 중심으로 발전하고 있지만 머지않은 미래 디지털 자산에 콘텐츠 산업전반으로 확산될 가능성이 높으며, 조금 더 궁극적으로는 우리생활의 대부분을 대체할 것으로 보인다.

핵심은 변화의 물결이 기성세대가 아닌 Z세대를 중심으로 시작되고 있다는 점이다. '제페토'의 전세계 2억 명의 가입자 중 80%는 10대라는 사실을 간과해서는 안 된다. 당장의 나의 생활이 크게 달라지지 않는다고 해서 멈춰있다가는 새로운 시대의 디지털 자산환경에 적응을 하지 못할지 모른다.

13-3 메타버스 기술의 미래

1. 메타버스의 미래

메타버스의 개념적 탄생과 발전 과정, 그리고 최근의 현황을 살펴봤다. 이를 통해 메타버스가 최근에 갑자기 등장한 개념이 아니라 거의 30년간의 발전을 통해 꾸준히 진화해 온 것을 알 수 있었다. 또한 컴퓨팅 및 네트워크의 성능, 블록체인 가상화폐의 등장을 적극적으로 수용하며 최근의 놀라운 성장을 이끌어 낸 것을 봤다.

여기에 인공지능 기술이 가미돼 가상세계의 효용과 즐거움이 더 커진다면 메타버스의 성장은 더욱 놀라울 것이다. 그리고 실세계와 가상세계의 본격적인 연결로 새로운 부가가치의 창출은 가속될 것이다.

메타버스가 새로운 트렌드로 떠오른 데는 몇 가지 배경이 있다.

첫째, 기술적 난제 때문에 해결하지 못했던 가상현실과 증강현실을 쉽게 구현할 수 있게 된 것이다. 또한 메타버스를 만들고 콘텐츠 제작을 용이하게 하는 게임 엔진의 개발이다. 이를 통해 이용자들은 손쉽게 자신의 세계를 만들어 나갈 수 있게 되었다.

둘째, 부캐에 대한 욕망을 실현하고 싶은 MZ세대의 출현이다. 그들은 현실세계에서 충족되지 못한 욕망을 찾아 또 다른 자아를 만들고 싶어서 가상세계로 들어가는 것이다.

미래를 보려면 기술의 발전 측면만 보지 말고 디지털 네이티브인 MZ세대의 욕망을 잘 이해해야 한다. 이들의 욕망을 담고 있기 때문에 BTS의 노래와 오징어 게임과 같은 드라마 등 K컬처가 세계로 뻗어 나가고 있는 것이다.

메타버스는 다가올 미래가 아니라 이미 와 버린 미래이다. 미국의 로블록스, 한국의 제페토는 이미 많은 이용자를 확보했고, 페이스북의 호라이즌, 엔비디어의 옴니버스 등이 속속 출현하고 있다.

미래를 잘 준비하려면 기술개발도 중요하지만, 정확한 응용영역을 찾아내는 것도 중요하다. 메타버스는 게임, 문화콘텐츠, 국방, 의료, 교육, 제조업, 관광 분야와 결합하면 충분한 시너지 효과를 낼 수 있다. 이미 와 버린 미래에 기대감과 공포감만 가질 것이 아니라 한국이 가장 잘할 수 있는 응용영역을 찾아내는 것이야말로 최고의 준비인 것이다.

최근의 다양한 현황을 모두 담을 만한 메타버스에 대한 합의된 정의는 아직 없는 것 같다. 어쩌면 그러한 정의가 불필요하거나 불가능할 수도 있다. 실세계에도 수많은 문화와 국가 마다 각자의 사정이 있는 것처럼, 메타버스도 다양하다.

가상세계가 눈 앞에 펼쳐지는 모습도 다르고 실세계와 연동되는 방식과 목적도 상이하다. 연결, 창조, 확장, 체험 그리고 새로운 가능성을 내가 주도할 수 있다고 한다면 그 형태에 상관없이 사용자들은 그 메타버스를 환영할 것이다. 따라서 실세계의 제약조건에서 자유로울 수 있는 다양성의 보장은 메타버스의 중요한 매력이자 성공요소일 수 있다.

이를 위해 메타버스 내에서의 물리 규칙, 정치, 경제, 문화적 규범이 자체적으로 정의되고 진화할 수 있어야 한다. 과거의 메타버스에서도 자율적인 성장, 정화, 쇠락의 과정을 목격했다.

하지만 이러한 자율적 운영은 실세계 경제나 다른 시스템과 연결되면서 필연적으로 제약을 받게 될 것이다.

국가 간 경계를 넘는 새로운 경제체제 탄생의 어려운 과정을 블록체인 가상화폐의 발전 과정에서 목격하고 있다. 실세계와 가상세계의 본격적 연결이 역사상 최초로 실험되고 있으니 아직 정답이 있을 수 없다. 거대한 실험에 적극적으로 도전하며 결과를 지켜봐야 한다.

메타버스의 가상세계는 하부 IT 인프라의 성능과 규제에 결정적인 영향을 받는다. 따라서 거대 IT 기업에게 유리하며 독점적인 플랫폼의 등장이 예상되기도 하며 우려의 목소리도 높다. 다양한 메타버스의 탄생과 메타버스 간 연동을 통해 본격적으로 더 큰 세상, '우주들의 우주'를 맞이하기 위해서는 오픈 메타버스를 위해 표준화도 중요한 이슈가 될 것이다.

2. 메터버스 플랫폼과 전망

1) 메타버스 플랫폼으로의 진화

초기 메타버스는 게임 등 가상세계 유형의 유희적 서비스 형태가 주류를 이루었다. 2D 형태의 전자게임은 3D 그래픽 기술과 인터넷 발전에 힘입어 가상세계로 많은 이용자를 불러 모았다. 이후 PC, 스마트폰 확산과 더불어 싸이월드(Cyworld), 세컨라이프(Second Life), 페이스북(Facebook) 등 생활·소통(Life communication) 서비스 형태의 라이프로깅 메타버스가 대중화되었다.

ASF에서 전망한 바와 같이 메타버스는 가상세계, 라이프로깅 등 기존 유형 간 융복합이 활발히 이루어지는 형태로 진화하고 있다. 3D 아바타(Avatar) 커뮤니티 서비스를 제공하는 제페토(Zepeto)는 가상세계에서 아바타를 통한 라이프로깅 서비스를 제공한다. 이용자들은 아바타를 통해 가상공간을 돌아다니며 친구 아바타와 사진을 찍고, 아바타를 주인공으로 한 미니 드라마를 만들기도 한다.

영국 호핀(Hopin)의 가상세계 기반 컨퍼런스/이벤트 서비스는 회의 참가자 및 진행사항 등 라이프로깅 정보분석이 가능하다. AR, VR 등 가상-현실 간 융합을 촉진하는 XR(eXtended Reality) 기술의 발전과 더불어 메타버스의 4가지 형태 간 상호작용과 융복합은 더욱 가속화될 것으로 전망된다.

최근 메타버스 서비스는 외부 지식재산권(Intellectual Property, IP) 사업자들과의 제휴를 통한 '양면시장형 생태계 구축', 이용자가 아이템 등 콘텐츠를 직접 제작할 수 있는 '창작도구 도입', 창작물의 수익화를 지원하는 가상화폐 등 '거래시스템 구축'을 통해 플랫폼 비즈니스로 발전하고 있다. 제페토의 경우, 다양한 외부 IP 사업자와의 협력관계를 확대하고 있다(표 13-7).

제페토 전체 사용자 수 2억명 중 80%가 10대 청소년이다. 10대~20대가 주요 소비자인 패션, 엔터테인먼트, 제조, 방송 등 분야의 IP 사업자에게는 메타버스는 자사 홍보 및 보유 IP 사업을 확장할 수 있는 기회이다. IP를 접목한 가상 아이템을 출시하거나 전용 홍보공간을 마련하여 브랜드 이미지 향상 및 부가수익 창출이 가능하다.

〈표 13-7〉 메타버스 플랫폼과 IP 사업자 제휴 · 협력사례

구 분	내 용
구찌(패션)	SNS기반 메타버스 플랫폼, '제페토'와 제휴하여 구찌 IP를 활용한 아바타 패션 아이템 출시 및 브랜드 홍보 전용공간을 구축
YG, JYP 외 (엔터테인먼트)	'제페토'에 소속 연예인에 특화된 전용 가상공간을 만들고 소속 연예인 아바타들을 배치하여 사인회, 공연 등 이벤트 개최
LG전자(제조)	게임기반 메타버스 플랫폼, '동물의 숲' 게임 공간에 LG 올레드 TV소개, 게임 이벤트 등을 개최하는 올레드 섬(OLED ISLAND) 마련
다이아TV(방송)	'제페토'와 CJ ENM의 1인 창작자 지원 사업 다이아TV(DIA TV)가 제휴를 맺고 상호 인플루언서(Influencer) 진출 협력 추진
순천향대(교육)	SKT 메타버스 플랫폼, '점프VR' 내 순천향대 본교 대운동장을 구현한 뒤에 대학총장과 신입생들이 아바타로 입학식 진행
한국관광공사(공공)	'제페토'에 익선동, 한강공원 등 서울의 관광지를 모사한 가상공간을 만들고, 제페토 해외 이용자를 대상으로 한국여행 홍보 이벤트 진행

자료 : 이승환 · 한상열(2021.4.20.), 「메타버스 비긴즈(BEGINS): 5대 이슈와 전망」,『SPRi 이슈리포트』, 일부 수정

미국 온라인 게임 플랫폼인 로블록스(Roblox)는 이용자가 직접 게임을 제작할 수 있는 '로블록스 스튜디오(Roblox Studio)'라는 창작도구를 제공하고 있다. 스튜디오를 이용하면 프로그래밍 지식이 부족해도 간단하게 게임을 제작하고 로블록스 플랫폼에 등록 및 판매가 가능하다.

로블록스에는 7백만명의 개발자가 있으며, 등록된 게임 수는 5,000만개가 넘는다. 제페토도 이용자가 직접 아이템을 만들 수 있는 '제페토 스튜디오'를 제공하고 있다. 제페토의 전체 아이템 중 80% 이상이 이용자 제작 아이템이며, 아바타 의상 아이템의 경우에 하루 7,000~8,000개씩 신제품이 만들어지고 있다.

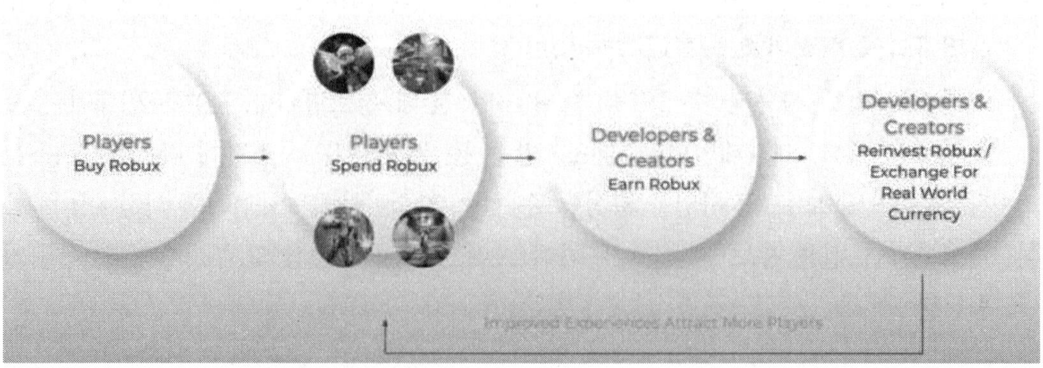

[그림 13-12] 메타버스 창작 콘텐츠 거래 구조(예 로블록스)

로블록스와 제페토에서 아이템 거래는 전용 가상화폐를 통해서 이루어진다. 로블록스의 경우, 게임이나 아이템 구매는 자체 가상화폐인 '로벅스(Robux)'로 가능하다. 이용자들은 로벅스를 구매하여 게임이나 아이템 취득에 사용한다. 게임을 만든 개발자는 판매대금으로 로벅스를 받아 현금으로 교환할 수 있다. 로블록스에 따르면, 2020년 9월30일 기준으로 개발자 커뮤니티에 지급한 금액이 2억 달러를 넘었다. 더샌드박스(The Sandbox), 디센트럴랜드(Decentraland) 업랜드(Upland) 등 블록체인 기반 메타버스 게임 플랫폼에서는 자체 발행한 특정 암호화폐를 사용해 아이템 거래가 가능하다.

즉 다양한 외부 사업자와의 연계, 사용자 창작 콘텐츠 활성화, 가상화폐 등의 거래 시스템 구축은 메타버스 플랫폼으로의 새로운 콘텐츠 유입, 콘텐츠 제작자의 수익 향상으로 이어진다. 이는 새로운 사용자 참여와 콘텐츠 제작자의 재투자를 유도하는 선순환적 네트워크 효과를 통한 메타버스 플랫폼의 지속적인 성장을 가능하게 한다.

다양한 산업으로 향하는 메타버스 플랫폼 로블록스, 제페토 등 메타버스 플랫폼은 현재 B2C 분야 가운데 주로 게임, 엔터테인먼트, 생활·소통 분야에 초점을 맞추고 있다. 이외에도 제조, 의료, 건축 등 다양한 전문분야 종사자를 대상으로 개발한 메타버스 플랫폼들도 등장하고 있다.

(a) 엔비디아 옴니버스 : 연구 및 개발

(b) 애플 AR : 원격 기술 지원

(c) 마이크로소프트 메쉬 : 원격 협업

(d) 페이스북 인피니트 오피스 : 가상 사무실

[그림 13-13] 메타버스 플랫폼을 활용한 업무수행(예시)

엔비디아(NVIDIA)의 실시간 3D 디자인 협업 플랫폼, '옴니버스(Omniverse)'는 다수의 개발자 협업이 가능한 가상세계 메타버스를 빠르게 구현할 수 있다. 디지털 트윈(Digital Twin)을 통한 다양한 산업분야의 시뮬레이션도 가능하다. 예를 들어 자동차 제조회사는 옴니버스를 활용해 새로운 자동차 생산라인을 디지털 트윈으로 가상세계에 구현한 시뮬레이션을 통해 비효율적인 부분이나 오류를 미리 파악할 수 있다.

마이크로소프트의 원격 협업 플랫폼 '메쉬(Mesh)'는 서로 다른 지역에 있는 사용자들이 아바타를 통해 서로 같은 공간에서 일하는 것처럼 느끼도록 지원하는 혼합현실(MR : Mixed Reality) 기반의 메타버스 플랫폼이다.

현실객체와 가상정보를 동시에 볼 수 있어 환자 수술, 장비 수리, 시제품 검토 등 의료, 제조, 디자인 등 다양한 영역에서 시공간적 제약을 극복한 협업이 가능해진다. 마이크로소프트 메쉬 외에도 스페이셜(Spatial), 글루(Glue) 등 메타버스 기반의 다양한 협업 플랫폼들이 개발되고 있다.

구글과 애플은 AR 기반의 메타버스를 쉽게 구현할 수 있도록 개발자 플랫폼, AR 코어(ARCore)와 AR키트(ARKit)를 각각 발표하였다. 제조, 디자인, 교육, 유통 등 다양한 분야에서 본 플랫폼을 활용한 메타버스 애플리케이션 개발이 진행되고 있다. 특히 애플은 고수준의 AR 구현을 위해 주변환경을 정밀하게 스캔(Scan)할 수 있는 라이다(Lidar)센서를 자사 스마트폰 및 태블릿 제품에 장착하고 있으며, 향후 VR/AR 글래스를 출시할 가능성도 제기되고 있다.

페이스북은 메타버스 기반의 차세대 컴퓨팅 플랫폼 구현을 목표하고 있다. 2014년 VR 헤드셋 업체인 오큘러스를 인수하였고, 페이스북 서비스와 VR 서비스 연계성을 높이고 있다. 가상 사무실 환경인 인피니트 오피스(Infinite office), 가상 생활 플랫폼인 호라이즌(Horizon), AR필터 제작 플랫폼인 스파크 AR(Spark AR), 웨어러블 콘트롤러(Wearable controller) 개발 등 메타버스 주도권 확보를 위한 전사적 투자를 진행중이다.

2) 메타버스, 새로운 기회로의 초대

메타버스 플랫폼이 성장하면서 게임부터 일상, 산업까지 적용영역이 확대되고 있다. 미래학자인 로저 제임스 해밀턴(Roger James Hamilton)은 "2024년에 우리는 현재의 2D 인터넷 세상보다 3D 가상세계에서 더 많은 시간을 보낼 것"으로 예측하였다. 실제 로블록스 이용자의 하루 평균 사용시간은 틱톡(TikTok)이나 유튜브(Youtube)보다 긴 것으로 조사된 바 있다. 즉 앞으로 사람들은 메타버스에서 보내는 시간이 늘어나고, 현실의 더욱 많은 경제 · 사회적 활동들이 가상과 연결되거나 융합하는 메타버스 전환이 가속화될 것으로 전망된다. 그렇다면 경제주체인 기업, 개인, 정부는 어떠한 변화와 기회를 맞이하게 될까?

우선 기업은 새로운 생산성과 매출 향상 기회를 찾을 수 있을 것이다. 유무형의 IP를 보유한 기업들은 가상 - 현실이 융합하는 메타버스에서 보유 IP를 활용한 새로운 콘텐츠를 개발하여 신규고객 발굴, 매출확대의 기회를 찾을 수 있다.

디즈니랜드는 AR, AI, 사물인터넷 등을 활용해 현실 - 가상이 융합하는 새로운 경험을 제공할 수 있는 '테마파크 메타버스(Theme Park Metaverse)'를 계획중이다. 국내 사례를 살펴보면 방탄소년단(BTS)의 소속사 빅히트(하이브)는 글로벌 팬 커뮤니티 서비스 '위버스'를 출시하였으며, 글로벌 아티스트(Artist), 네이버 등 플랫폼 업체와의 협업을 통해 메타버스 플랫폼으로의 발전을 도모하고 있다.

게임기업인 NC소프트는 게임제작 기술을 활용한 K-POP 메타버스 플랫폼을 출시하였으며, 암호화폐 거래사이트 코빗은 아바타로 화폐거래가 가능한 가상공간 '코빗타운'을 구축 및 시험중이다. K팝 등 해외 인지도가 높은 국내 IP를 잘 활용한다면 메타버스 이용자 확보 및 플랫폼 확장에 좋은 기회가 될 수 있을 것으로 기대된다.

기업의 업무환경에도 업무용 메타버스 플랫폼 활용을 접목하여 업무 효율성 향상, 업무 교육시간 절감 등 생산성 혁신방안을 모색할 필요가 있다.

개인들은 메타버스 플랫폼에서 생성되고 있는 새로운 일자리, 경력 기회를 활용할 필요가 있다. 가상세계 메타버스 플랫폼은 아바타가 사용하는 의상이나 아이템 제작, 아바타 활동 공간 구축, 게임개발 등 사용자가 참여하여 함께 공간을 만들어 가는 기회를 늘려가고 있다. 이를 통해 플랫폼은 개발비용을 줄이면서 다양한 콘텐츠를 확보 할 수 있고, 개인들에게는 새로운 창업/부업의 기회가 생길 수 있다. 이미 로블록스에는 700만명의 개발자가 있으며, 제페토에는 누적 창작자만 6만명에 이른다.

유튜브 플랫폼이 사용자 제작 콘텐츠를 통해 성장하면서 유튜버(Youtuber)/인플루언서(Influencer) 등 새로운 직업군을 창출한 것처럼, 메타버스 플랫폼에서도 사용자의 직접 참여를 통한 새로운 변화와 기회가 기대된다.

정부는 기업과 개인들이 메타버스 플랫폼을 충분히 활용할 수 있도록 지원하고, 메타버스 관점에서 공공분야 혁신 방안을 모색할 수 있을 것이다. 이를 위해 메타버스 플랫폼 공간에서의 창업지원, 보유 IP의 메타버스 전환, 메타버스 1인 창업자/창작자 지원 등 메타버스 시대에 적합한 정책 지원방안이 마련되어야 한다. 공공서비스 측면에서는 정부, 교육, 행정, 의료 등 다양한 공공분야에서 메타버스 플랫폼을 활용한 혁신방안을 고민할 필요가 있다.

공공서비스를 메타버스 플랫폼에서 구현한다면 이용자 시공간적 한계를 벗어나 직관적이고 편리한 서비스 구현이 가능해질 수 있다. 가령 메타버스 공간에 시청·구청 등 가상 행정기관이 생긴다면 이용자는 아바타를 이용해 오프라인에서처럼 자신이 필요한 민원구역에 찾아가 기관 아바타와 대화하거나 필요한 정보를 찾아볼 수 있다. 도서관은 메타버스 플랫폼에 가상 도서관을 구축하여 이용자에게 실제 도서관을 방문한 듯한 몰입감과 새로운 열람 경험 제공이 가능해질 것이다.

비대면 교육 격차, 지리적 격차에 따른 지방소외 등 시공간적 제약이 주요 원인인 사회적 이슈 대응 차원의 메타버스 플랫폼 활용방안도 구상해 볼 수 있다.

수행 내용

재료 · 자료

- IT 분석 및 응용 관련 자료

기기(장비 · 공구)

- 컴퓨터, 문서작성 프로그램, 프린터, 주변기기

안전 · 유의사항

- IT 분석 및 응용 관련 장비의 안전 및 유의사항을 숙지한다.

수행 순서

01 메타버스와 NFT에 대하여 분석하라.

메타버스도 생소하고 이해하기 쉽지 않은데, 이제 더 낯설고 생소한 이야기를 해보려고 한다. 바로 대체 불가 토큰으로 불리는 NFT(Non-Fungible Token)이다. 요즘 연일 매스컴에 소개될 정도로 굉장히 뜨거운 관심을 받고 있다. 뜬금없이 NFT 이야기를 하는 것은 메타버스가 성장할수록 가상세계에서 여러 아이템을 거래할 수 있어야 한다. 이때는 현실세계가 아닌 가상세계에서의 룰이 필요하기 때문이다. 그리고 그중 가능성이 높은 것이 바로 NFT이다. 테슬라의 일론 머스크가 자신의 트위터를 통해 2분 분량의 음성 게시물을 NFT로 팔겠다고 하면서 많은 사람들의 관심을 받았고, 세계적인 경매회사인 크리스티와 소더비(Sotherby's)가 NFT 시장에 진출하겠다고 선언하며 NFT에 대한 궁금증은 커지고 있다.

NFT란 대체 불가 토큰(Non-Fungible Token)의 약자로 하나의 토큰을 다른 토큰으로 대체 불가능한 토큰을 의미한다.

[그림 13-14]처럼 쉽게 예를 들어, 내가 가지고 있는 만원짜리 지폐와 내 친구가 갖고 있는 만원짜리 지폐는 같은 가치를 지니기 때문에 언제든지 교환 가능하다. 비트코인이나

이더리움 역시 마찬가지다. 내가 갖고 있는 비트코인 1개와 친구가 갖고 있는 비트코인 1개의 가격은 같다. 이들은 모두 대체 가능하다.

반면 NFT는 토큰 1개의 가치가 모두 다르다. 같은 고양이(크립토 키티)라도 그 가치가 모두 다르다. 앞에서 예를 들었던 게임 '리니지'의 집행검 가격도 모두 다르다. 토큰 1개당 가치와 가격이 모두 다르기 때문에 예술작품, 게임 아이템, 가상세계의 아바타 등에 활용될 수 있다.

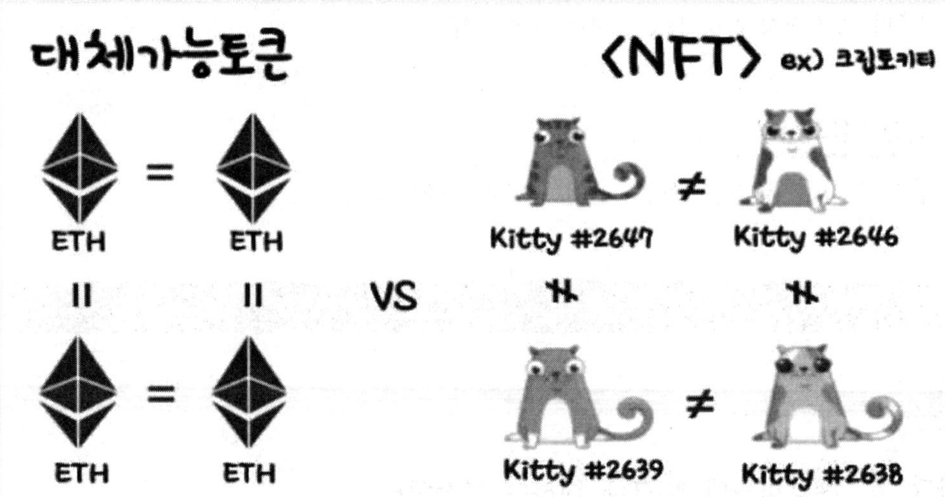

[그림 13-14] 대체가능토큰과 대체불가능한토큰의 비교

NFT는 이더리움의 블록체인에서 ERC(Ethereum Request for Comment)-721 기반으로 발행이 가능하다. 참고로 이더리움과 이더리움 기반의 암호화폐는 ERC-20 기반이다. 블록체인 기반으로 발행되다 보니, 위 · 변조는 불가능하다. 따라서 예술품을 비롯한 사치품에도 널릴 사용될 수 있다. 부분 소유권이 인정되는 것도 특징이다. 쉽게 말해 NFT란 토큰에 일종의 일련번호를 부여해 그림과 같은 작품의 무분별한 복제를 막을 수 있고, 블록체인 기술을 활용, 발행내역을 장부에 기록해 소유권의 변동을 손쉽게 확인할 수 있다. 그리고 디지털 작품으로 탈바꿈해 미술관에서만 보던 작품을 온라인상에서도 쉽게 볼 수 있다. 예술품뿐만 아니라 게임 아이템, 부동산, 스포츠까지 모든 자산을 블록체인에서 토큰화해 디지털 자산을 생성할 수 있다.

중개자 없이 발행자와 투자자를 연결할 수 있다는 점도 장점이다. 그리고 앞서 설명했던 메타버스의 게임에서도 적용이 가능하다. 메타버스 게임인 디센트럴랜드의 어느 유저는 자신의 게임 내 건물을 매각하기도 했다.

예술과 게임, 스포츠 분야를 중심으로 NFT 시장은 빠르게 성장하고 있다. 2018년 4천만 달러에 불과했던 시장은 지난해 3.4억 달러의 시장으로 성장했고, 올해는 작년의 시장 규모를 가뿐히 넘어설 것으로 전망된다.

02 디지털 자산과 메타버스의 시너지 효과에 대하여 분석하라.

1. 플랫폼 내 불확실했던 아이템 소유권을 블록체인으로 증명

블록체인을 기반으로 하는 메타버스는 경제활동의 범위가 크게 넓어진 것이 특징이다. 블록체인 기술을 통해 아이템에 대한 소유권이 위·변조가 불가능한 블록체인에 담기고, 이를 통해 가상세계 속 자산에 대한 소유권을 증명할 수 있다. 전세계 이용자들에게 해당 아이템이 내 것임을 알릴 수 있다.

또한 아이템의 판매·구매 기록 역시 블록체인에 남게 되어 투명한 거래가 가능해진다. 이미 현실세계의 중고거래에는 블록체인 기술이 활용되어 그간의 거래이력을 모두 확인할 수 있다. 투명한 거래시스템은 공정한 마켓플레이스 형성에 기여한다. 블록체인을 통해 이루어지는 거래는 기본적으로 개인 간(P2P) 거래 형태를 띤다. 이렇게 신뢰를 바탕으로 하는 구조는 이용자들의 네트워크를 더욱 견고하게 만든다.

2. 게임 속 돈을 바깥세상으로 꺼내는 것이 가능(가상공간과 현실세계의 연결)

인터넷은 수많은 정보를 하나의 공간으로 가져왔고, 블록체인은 수많은 데이터베이스를 하나의 공간으로 가져오고 있다. 게임과 소셜미디어 산업에서는 독자적으로 저장되어있는 데이터베이스를 한 곳으로 모았을 때 가장 큰 시너지를 낼 수 있는 분야이다. 이러한 산업에서 데이터베이스는 플랫폼 내 아이템, 콘텐츠 등의 디지털 자산들을 의미한다. 기존의 이들 자산은 분명한 한계를 가지고 있다. 이 자산은 게임 밖으로 나갈 수도 없고, 나간다 한들 게임 밖에선 아무런 의미가 없는 자산이기 때문이다.

하지만 블록체인의 NFT(Non-Fungible Token, 대체 불가능한 토큰) 기술을 활용한다면 이용자가 플랫폼 내 아이템이나 콘텐츠를 소유할 수 있고, 자유롭게 거래할 수도 있다. 암호화폐와 연동된다면 아이템과 콘텐츠의 가치를 매겨 시장경제를 따르는 거래 또한 가능해진다. 뿐만 아니라 이러한 모든 데이터는 블록체인에 기록, 영구 저장되기 때문에 게임이 사라져도 이용자의 재산을 지킬 수 있다.

학습 13

[그림 13-15] 디지털 레고인 복셀(Voxel)을 이용해 콘텐츠를 제작

NFT란 토큰 1개 당 가격이 같은 일반적인 가상자산과 달리, 토큰 1개 당 가치가 모두 다른 것을 말한다. 주로 게임 아이템 같은 희소성 있는 상품을 블록체인 상에서 토큰화할 때 쓰인다.

희소성 있는 상품이 가장 빛을 발하는 곳이 메타버스다. 메타버스 내에서 경제활동이 이루어지려면 모든 재화가 희소성이 있어야 하고, 희소성에 따라 수요가 창출되어야 한다. 세상에 하나밖에 없는 'NFT'는 그 자체로 희소성을 가진다. 그리고 그 희소성은 블록체인 상에서 증명된다.

일례로 '디센트럴랜드'에선 토지(랜드)가 NFT다. 토지를 소유한 이용자는 건물도 지을 수 있다. 희소성이 있으므로 토지는 당연히 가치를 지니고, 게임 내 마켓플레이스에서 이 토지를 판매할 수 있다.

'더 샌드박스'에서도 마찬가지다. 게임 내 부동산 '랜드(LAND)'가 NFT이며, 현재 랜드는 판매 기간마다 완판 행진을 이어가고 있다. 또 이용자들은 [그리 13-15]처럼 디지털 레고인 복셀(Voxel)을 이용해 콘텐츠를 제작할 수 있고, 이 콘텐츠를 NFT로 변환해 소유권을 확립할 수 있다.

3. 희소성이 가치가 되어 네트워크를 강화

최근 게임 산업계에서는 '확률형 아이템'이 논란이 되고 있다. 특정 확률에 따라 아이템을 획득할 수 있는 확률형 아이템 시스템에서 이용자들이 수천만 원을 지불하고도 원하는 아이템을 획득하지 못 하는 일이 비일비재하게 발생했다. 게임사가 부정확한 확률정보, 허위정보로 소비자를 기만했음이 밝혀지며 과징금 수억 원이 부과되기도 했다.

블록체인의 스마트 컨트랙트는 특성상 한번 설정(배포)하면 임의로 조작할 수 없는 특징이 있기에, 확률형 아이템이 지니고 있는 문제를 해결하고 신뢰를 회복할 돌파구가 될 수 있다. 게임사들은 블록체인 시스템을 통해 유저들의 신뢰를 얻을 수 있으며, 유저들 또한 자신들이 보유한 아이템의 가치를 인정받을 수 있다.

이는 확률형 아이템에만 국한되는 이야기가 아니다. 메타버스 내 크리에이터들이 희소성에 대한 가치를 보장받을 수 있다면 그들은 더 양질의 창작물을 내놓기 위해 노력할 것이고, 생태계 퀄리티의 상승은 더 많은 유저를 불러오는 선순환 시스템이 만들어질 수 있다.

IT 기술의 발달 역사를 살펴보면 폭발적인 사용자 니즈를 불러일으켜 관련 하드웨어나 인프라까지 급속하게 발달한 현상이 매번 있었다. '비지칼크(VisiCalc)', '엑셀(Excel)' 등은 PC 사용을 대중화시켰고, 이후 구글 · 유튜브 · 페이스북 · 카카오 등의 킬러 앱은 거대 플랫폼 산업구조를 만들어냈다. 아직은 본격적이라 할 수 없는 블록체인 산업이 궤도에 오르기 위해서는 킬러앱의 등장이 절실하다. 오늘날 몇몇 전문가들은 '메타버스'가 그 킬러앱이 될 수 있을 거라 전망한다. 메타버스가 블록체인 기술이 필요하듯, 블록체인도 메타버스와의 결합을 바라는 이유다.

03 메타버스 가상세계의 생태계 혁신에 대하여 분석하라.

1. 메타버스의 실감환경 구현을 위한 핵심 기술력 강화

메타버스 서비스 확산에 따른 디스플레이 폼팩터의 다양화와 수요증가에 대응하기 위한 핵심 요소기술 개발에 전략적인 투자 · 지원이 필요하다.

① MicroOLED, OLEDoS 등은 OLED 시장에서 거센 추격을 벌이고 있는 중국기업과의 격차를 벌릴 수 있는 미래 먹거리로서의 의미 또한 크다.

② 고도의 소프트웨어 기술로 훌륭한 메타버스 콘텐츠를 만들었다고 해도 결국 그것을 투사하여 이미지화 시켜주는 디스플레이 장비가 얼마나 현실감 있게 구현하는지에 따라 실감의 차이는 크게 달라진다.

③ 메타버스 디바이스의 완제품 시장을 글로벌 빅테크 기업들이 장악하고 있지만, 그 핵심이 되는 디스플레이의 요소기술에서는 국내기업의 공략 가능성이 있다.

2. 범용성과 개방성에 초점을 둔 기술개발 및 프로그램 지원

① 현재 우리나라는 K-POP, K-Culture 등 특정 부문에 집중한 콘텐츠에서 한류열풍에 힘입어 높은 경쟁력을 갖고 있으나, 메타버스 비즈니스 영역이 활대될수록 Universal하게 적용 가능한 콘텐츠의 필요성이 증대될 것이다.

- 메타버스 콘텐츠 분야의 경쟁력은 결국 B2B 콘텐츠에서의 경쟁력이 좌우할 가능성이 있다.
- 유니티 엔진이나 언리얼처럼 실시간으로 진화하는 메타버스 서비스 환경에서 호환성을 무기로 효과적인 콘텐츠를 생산·제공하는 기업들이 부상중이다.

② 분야별 새로운 콘텐츠 환경에 유연하게 연동 가능하고, 설계내용을 쉽게 접목할 수 있도록 저작툴의 범용성 및 고도화, 전문인력 양성을 추진할 필요가 있다.

- 이들은 하나의 콘텐츠를 다양한 환경에서 서비스할 수 있도록 개발과정에서 범용성과 유연성에 초점을 두고 개발언어 공유와 관련하여 별도의 훈련 프로그램을 마련하고 있다는 공통점을 보이고 있다.

③ 필요한 경우 국내외 주요 기업과의 전략적 인수합병 및 협력 제휴시 세제혜택 등의 유인을 제공하는 방안의 도입 가능성이 있다.

3. 메타버스 공간 내 활발한 창작과 경제활동을 지원하는 거래환경 조성

① 각 플랫폼마다 기준이 다를 경우, 혼란과 법적 분쟁의 소지가 발생할 것으로 예상되므로 향후 기업의 자율성을 침해하지 않는 수준에서의 합리적인 메타버스 저작권 가이드라인이 구체화되어야 한다.

- 메타버스 가상세계를 기존 온라인 세계와 차별화한 핵심요소 중 하나는 바로 '사용자의 경제적 수익 창출'이다.
- 주요 메타버스 플랫폼 기업들은 사용자의 락인과 몰입을 유인하기 위해 저마다의

사용자 리워드 및 수익 모델을 홍보하고 있다.

② 현재 플랫폼 내에서 폭넓게 통용되는 자체화폐를 가지고 실질화폐로 교환까지 가능한 기업은 소수이지만, 이 같은 인센티브를 제공하는 흐름은 더욱 확대될 것으로 예상된다.

- 사용자의 창조적 행위와 상업적 행위에 부합하는 보상의 기준이 적법하게 적용되는 가에 대한 검토도 논의되어야 할 주제이다.
- 향후 2차 창작자로서 사용자의 저작권, 원저작툴을 제공한 플랫폼과의 사용권한 등을 중심으로 더 세부적인 가이드 라인이 요구될 것으로 보인다.

③ 국내외 거래소 간 원활한 거래가 가능하고 편의성과 보안성이 증진된 환경이 구축되도록 관리가 필요하며, 실질적인 역할을 수행할 크리에이터 전문가에 대한 육성도 필요하다.

- 메타버스 공간에서의 디지털 자산에 대해 정품 인증서와 같은 'NFT(대체 불가 토큰 : Non Fungible Token)' 기반의 창작물에 대한 생태계 육성이 필요하다.
- 메타버스 세상에서 가상자산과 NFT의 활용은 필연적으로 증가할 것으로 전망되나 국내에선 명확한 법률적 제도적 장치가 구비되어 있지 않다.
- 특히 NFT가 '창작물에 선택적으로 소유권 부여 · 양도,' '희소성/상징성, 제작자 명성 등에 기반한 가치 산정,' '자신의 디지털 창작물을 상품화,' '다른 창작활동에 재투자' 등과 같은 본연의 기능을 수행할 수 있어야 한다.

04 메타버스 서비스 활용의 주요 쟁점에 대하여 분석하라.

1. 개인정보보호 문제

향후 메타버스 산업육성과 선순환적 생태계 발전을 위해서는 개인정보보호와 보안 문제의 개선이 필요할 것으로 전망된다.

① 현재 메타버스 공간 내에서 개인정보보호, 사이버 폭력 등 사용자 보호를 위한 세부적인 정책들은 미흡한 상태이다.

② 메타버스에서는 각 개인을 상징하는 아바타를 통해 개인 간 상호관계가 맺어지고 있기 때문에 소통과정에서 모욕 · 비하 · 인신공격과 같은 문제가 발생할 수 있다.

- 기존 블로그 · SNS 환경과 메타버스가 어떻게 다른지 살펴보고, 그 차이에 맞게

적절한 대응 방안을 마련해 이용자를 보호할 필요성이 제기된다.

③ 국회입법조사처는 메타버스에서 아바타가 움직이는 과정에서 발생하는 문제에 대한 대응도 중요함을 지적한 바 있다.

- 다른 사람 아바타의 사적 공간에 동의를 구하지 않고 들어가서 프라이버시를 침해하는 문제가 커지고 있기 때문이다.
- 아바타가 다른 아바타가 있는 가상공간의 사물(건물, 조형물, 차량 등)을 침범하고 훼손하는 문제까지 발생할 수 있으므로 이에 대한 제도적 · 윤리적 대응방안 마련의 필요성이 제기되고 있다.

2. 유해 콘텐츠의 무분별한 노출

다수의 메타버스 플랫폼에서 유해 콘텐츠가 통제받지 않고 유통되고 있는 문제가 발생한다.

① 최근 정부 게임물관리위원회에서는 메타버스 플랫폼을 게임으로 구분할 수 있다고 밝히고 있다.

- 메타버스 플랫폼의 등급 분류가 부재하며, 게임의 분류기준 도입이 대안으로 제기되고 있으나 새로운 산업의 발전을 막아서는 안 된다는 의견 또한 첨예하게 대립 중이다.

② 메타버스의 주요 이용자인 10대에게 불법 유해 콘텐츠가 무분별하게 노출될 가능성이 있다.

- 이미 불법 성인물의 이미지를 삽입한 아바타와 아바타 간 성폭력 논란 등이 해외에서 제기된 바 있으며 아동 성범죄(아바타 스토킹 · 몰카 · 성희롱 등) 발생 가능성도 존재한다.

3. 가상재화의 소유권 · 저작권 이슈

현재 메타버스 공간에서는 가상재화에 대한 소유권 인정, 저작권 침해 기준이 모호한 상황이다.

① 메타버스 내에서 아이템 혹은 창작품과 같은 가상재화 소유권을 이용자에게 주고, 플랫폼이 종료될 때는 메타버스 운영사가 해당 자산가치를 이용자에 보존해주는 것과 같은 방안을 마련해야 한다는 주장이 제기되고 있다.

② 메타버스 내에서 이루어진 활동의 현실적인 효력 여부, 상거래의 과세 여부, 창작과 표현물의 권리 정의, 메타버스 시스템이 해킹되거나 침해될 경우 이용자 보호는 어떻

게 할 것인지 등이 대표적 이슈이다.

4. 기타 법 · 제도적 보완 이슈

또 하나의 디지털 세계인 메타버스 가상세계에서 발생한 범죄에 대한 판단 근거를 마련해야 할 필요성이 제기되고 있다.

① 두 세계 간의 경계가 모호해지고, 심지어 현실세계를 대체하는 활동들이 증가하면서 현실의 문제들이 메타버스 공간에서도 발생할 수 있는 가능성이 높아지고 있지만, 물리적 실제공간에 적용되는 법 · 제도를 그대로 적용하기에는 정합성이 부족하다.

② 메타버스 산업은 점차 영역 간 융합을 기반으로 진화하고 있으며, 파편적인 전담조직과 거버넌스의 형태로는 효과적인 지원과 대응이 어려운 이슈가 존재한다.

③ 가상자산을 활용한 경제활동과 이에 따른 조세 포탈 문제도 심각하게 제기될 것으로 예상되고 있으며, 금전적 탈취나 사기를 예방할 수 있는 사이버 보안의 문제가 발생하고 있다.

학습 13

학습활동.13 교수 · 학습 방법

교수 방법

- 메타버스 기술 및 응용에 대한 관련 용어, 구성, 방식 이해 정도를 파악한 후 수업을 진행한다.
- 교수자의 주도로 메타버스 기술 및 응용 등의 내용을 PPT 자료로 제시한 후 설명한다.
- 가능하면 사전에 개인별 학습 자료를 준비하여 모든 학생이 참여할 수 있는 문제 해결식 수업, 협력 수업이 가능하도록 한다.
- 메타버스 기술 및 응용 전 과정을 작업의 순서에 따라 단계적으로 실습이 이루어질 수 있도록 지도한다.
- 교재를 통해 수업을 준비하는데 있어서 필요한 모든 정보나 팁, 힌트 등 도움이 될 만한 내용들을 확인할 수 있다.
- 학생들이 만들게 될 각 모델들은 수업시간에 중점적으로 다뤄질 부분과 어휘, 질문, 답을 포함하고 있으며 또한 탐구할만한 추가적인 아이디어들도 포함하고 있다.

학습 방법

- 메타버스 기술 및 응용에 대한 관련 용어를 숙지하고, 메타버스 기술 및 응용에 대해 이해한다.
- 메타버스 기술 및 응용의 각 단계별 중점 사항을 체계적으로 학습한다.
- 메타버스 기술 및 응용의 수행순서의 전 과정을 실습한다.
- 메타버스 기술 및 응용의 내용을 이해한다.
- 메타버스 기술 및 응용을 이해하고 숙달이 될 때까지 학습한다.

학습활동.13 평가 및 피드백

평가 준거

- 평가자는 피평가자가 수행 준거 및 평가 내용에 제시되어 있는 내용을 성공적으로 수행할 수 있는 지를 평가해야 한다.

학습내용	평가항목	성취수준		
		상	중	하
메타버스 기술 및 응용	메타버스 기술 및 응용을 이해할 수 있다.			

평가 방법

• 작업 포트폴리오

학습내용	평가항목	성취수준		
		상	중	하
메타버스 기술 및 응용	메타버스 기술 및 응용을 이해할 수 있다.			

• 필기시험

학습내용	평가항목	성취수준		
		상	중	하
메타버스 기술 및 응용	메타버스 기술 및 응용을 이해할 수 있다.			

• 체크리스트를 통한 관찰

학습내용	평가항목	성취수준		
		상	중	하
메타버스 기술 및 응용	메타버스 기술 및 응용을 이해할 수 있다.			

• 피드백

1. 작업 포트폴리오
   - 제출한 보고서를 평가한 후 주요 사항에 대하여 표시하여 돌려준다.
2. 필기시험
   - 평가 결과 성적이 저조한 학생은 보고서 제출 기회를 부여한다.
3. 체크리스트를 통한 관찰
   - 실습 과정에서 평가한 후 개선해야 할 사항 등을 정리하여 돌려둔다.

학습 13

참 | 고 | 문 | 헌

- 권영은, 디지털자산과 메타버스, https://www.techm.kr/, 2021.5.27.
- 김시호, 디지털 자산 거래와 메타버스 생태계, KISA report, 2021.7.
- 남상엽 · 강민구 외, 메타버스 기술, 상학당, 2021.09.30.
- 노경탁 · 주영훈 · 이헌지, 메타버스 어디가지 해봤니?
- 서성은, 메타버스 개발동향과 발전전망 연구, 한국컴퓨터게임학회논문지, no.12, pp.15-23. 2008.
- 윤정현, 김가은, 메타버스 가상서계 생태계의 진환 전망과 혁신전략, 2021.12.22.
- 윤정현, 메타버스 가상과 현실의 경제를 넘어, 과학기술정책연구원
- 윤형섭, 메타버스는 미래일까? 가품일까? 한국일보(https://www.hankookilbo.com/News) 2021.10.05.
- 이승환, 로그인(Log In) 메타버스 : 인간x공간x시간의 혁명, SPRi 이슈리포트. 2021.3.17.
- 이승환, 메타버스와 HR 채용에서 교육까지, 국가과학기술인력개발원, 2021.
- 이승환 · 한상열, 메타버스 비긴즈(BEGINS): 5대 이슈와 전망, SPRi 이슈리포트, 2021.4.20.
- 이주행, 메타버스의 현황과 미래, https://journal.kiso.or.kr/?p=10985, 21.6.25.
- 이지현, 암호화폐 다음은 NFT, KOTRA, 2021.5.06.
- 정재원, 「메타버스(Metaverse) 시대의 도서관 운영」
- 한상열, 메타버스 플랫폼 현황과 전망, 미래포커스
- 로블록스는 향후 업무(Work) 플랫폼으로의 진화 계획을 발표(출처: Roblox Investor Day, 2021.2.26.
- 매일경제, "네이버 '제페토' 이용자만 2억명... '메타버스'무섭네~", 2021.4.7.
- 중앙일보, 아바타끼리 연애하고 회사도 만든다, 메타버스 플랫폼 '제페토'의 미래".2021.4.3.
- 호박너구리, 메타버스와 NFT가 만들어 나갈 미래 엿보기, https://yozm.wishket.com/, 2021.
- Acceleration Studies Foundation, "Metaverse Road map, Pathway to the 3D Web", 2006.
- Blooloop, "Disney is creating a 'theme 2020.11.18.
- Blooloop, "Disney is creating a 'theme park, 2020.11.18.
- developer.apple.com/kr/augmented-reality/arkit/
- developers.google.com/ar
- https://tech.fb.com/ar-vr/
- park metaverse' using AI, AR and IoT"
- Roblox, Investor Day Presentation. 2021.2.26.
- Roblox, https://corp.roblox.com/ko/
- tech.fb.com/ar-vr/
- www.microsoft.com/en-us/mesh

저자약력

■ 남 상 엽

- 삼성종합기술원 근무
- 모토로라반도체 기술연구소 근무
- 국제대학교 의료IT학과 교수(현재)

■ 최 선 정

- 삼성SDI기술연구소 근무
- 국제대학교 의료IT학과 교수(현재)

■ 홍 재 혁

- 삼성전자 / 삼성전기 근무
- 국제대학교 의료IT학과 교수(현재)

■ 임 용 순

- LG전자 근무
- 국제대학교 e-크리에이터 전공 교수(현재)

IT 분석 및 응용

2022년 3월 10일 1판 1쇄 발행

저 자 남상엽 · 최선정 · 홍재혁 · 임용순

발행인 남 승 우

발행처 도서출판 상尙 학學 당堂

서울특별시 동작구 사당로9가길 6

TEL : 02) 595-1692~4

FAX : 02) 595-1394

E-mail : namdoo6@unitel.co.kr

신고 : 2-155호 (1968. 11. 29)

정가 33,000원

ISBN 978-89-6587-224-5 93560

〈디자인〉 편집 엄해숙 / 표지 토틀컴